裴文中教授考察柳城巨猿洞

桂林岩溶所所长袁道先院士一行考察白莲洞遗址

美国密执安大学渥尔波夫教授考察白莲洞遗址

日本成城大学铃木尚教授和东京大学赤泽威教授考察白莲洞遗址

1987年2月22日，时任国务委员陈慕华到白莲洞参观陈列展

1994年11月，“中日古人类与史前文化渊源关系国际学术研讨会”在白莲洞召开，
大会主席贾兰坡教授致词

1998年11月，“‘柳江人’发现四十周年学术恳谈会暨贾兰坡教授九十华诞祝寿会”在白莲洞举行

2001年11月，“中国博物馆学会史前遗址专业委员会第四届学术年会”
与会代表在白莲洞遗址前合影

1982年，童恩正（中）、刘兴诗（右）和周国兴（左）教授指导白莲洞遗址研究工作

2007年1月，吴新智院士、张森水教授考察白莲洞遗址

吴新智院士观察白莲洞遗址出土的人牙化石

张森水教授对白莲洞遗址馆藏所有出土石器进行重新分类和鉴定

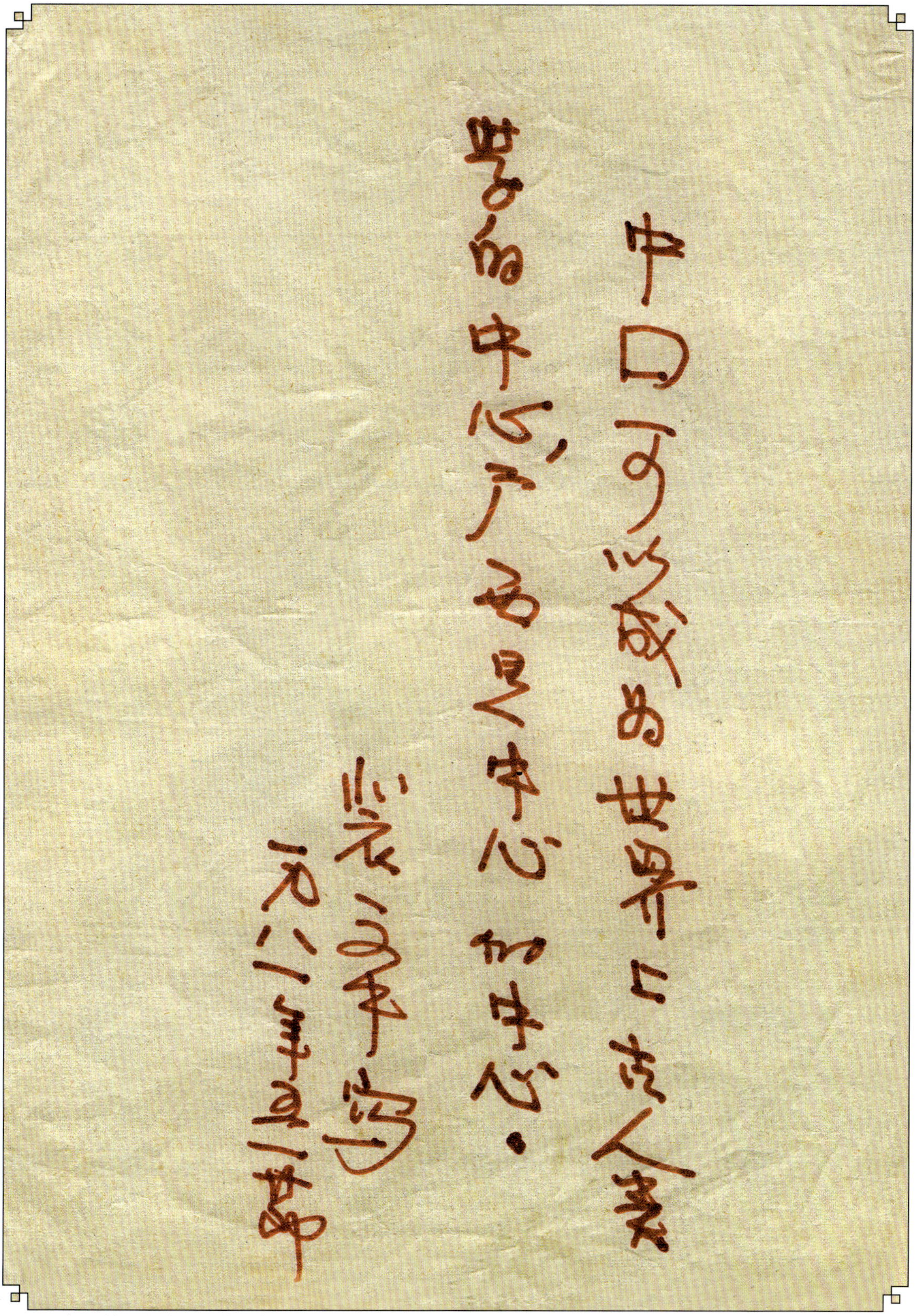

中国科学院院士、著名第四纪地质学家、古脊椎动物学家、中国史前考古学的奠基人之一、
白莲洞博物馆创始人——裴文中教授题词

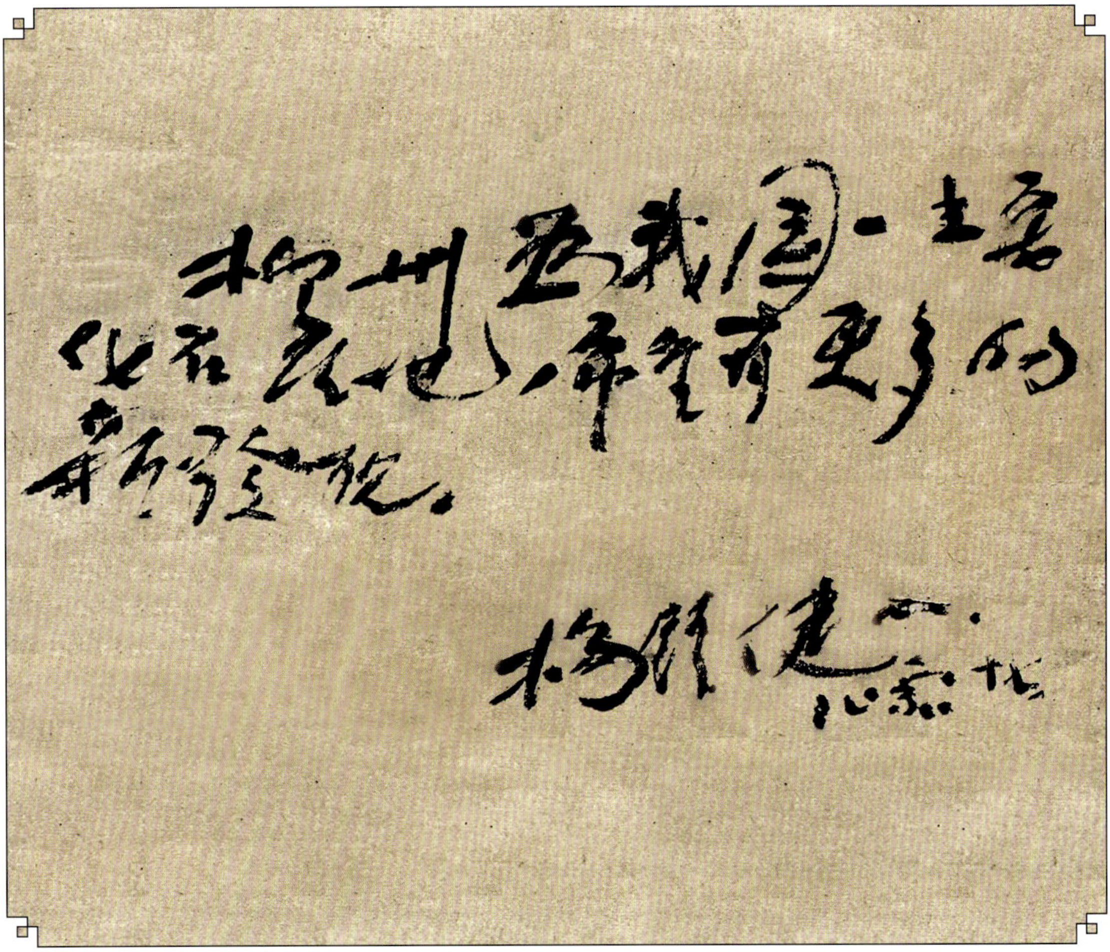

中国科学院院士、中国古脊椎动物学奠基人、地质学家——杨钟健教授题词

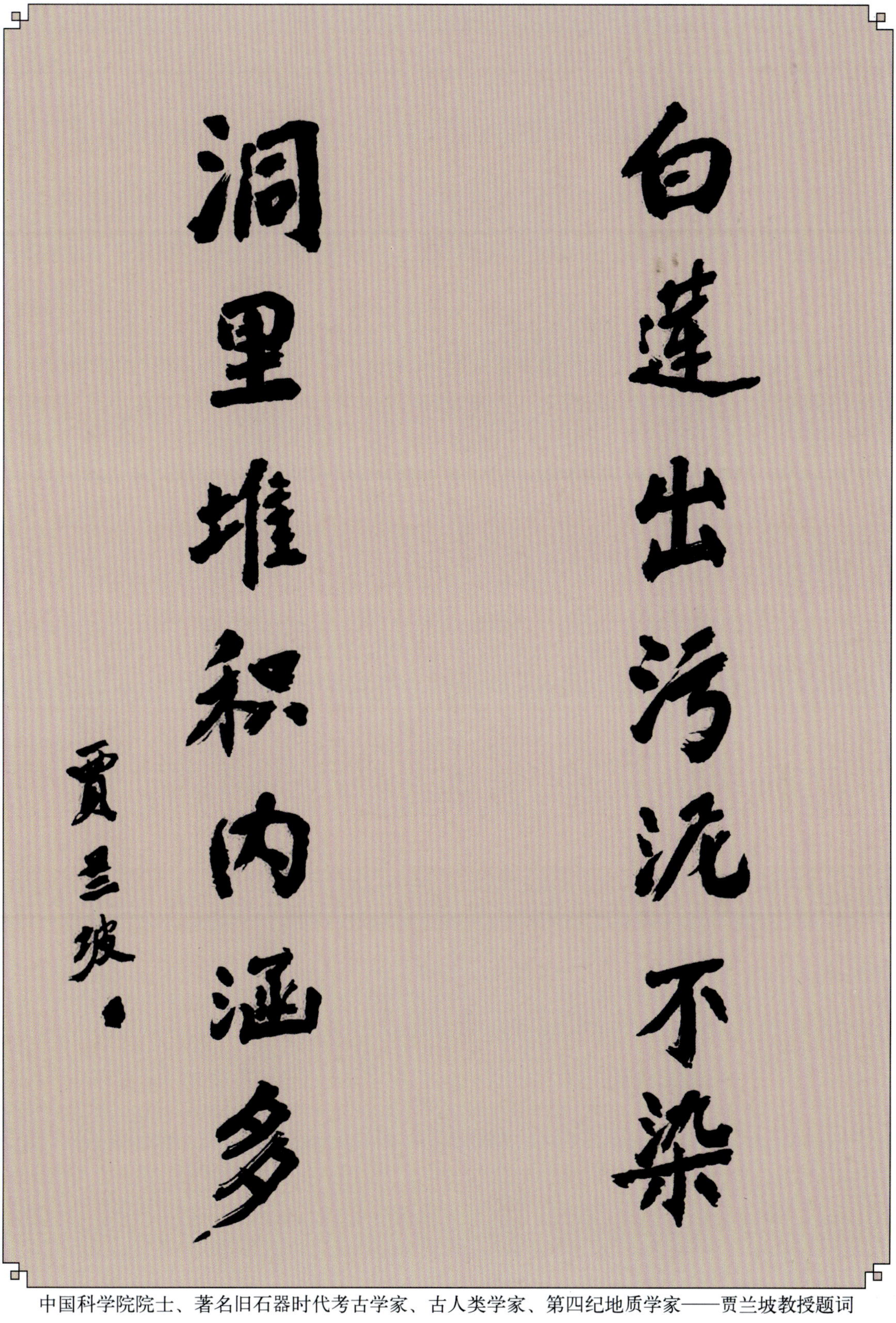

中国科学院院士、著名旧石器时代考古学家、古人类学家、第四纪地质学家——贾兰坡教授题词

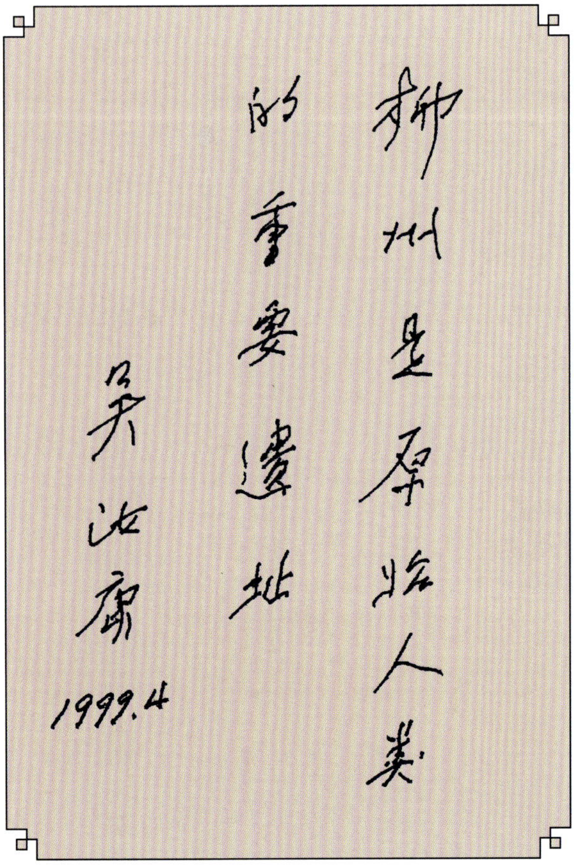

柳州是原始人类
的重要遗址
吴汝康
1999.4

中国科学院院士、著名古人类学家——
吴汝康教授题词（刘文提供）

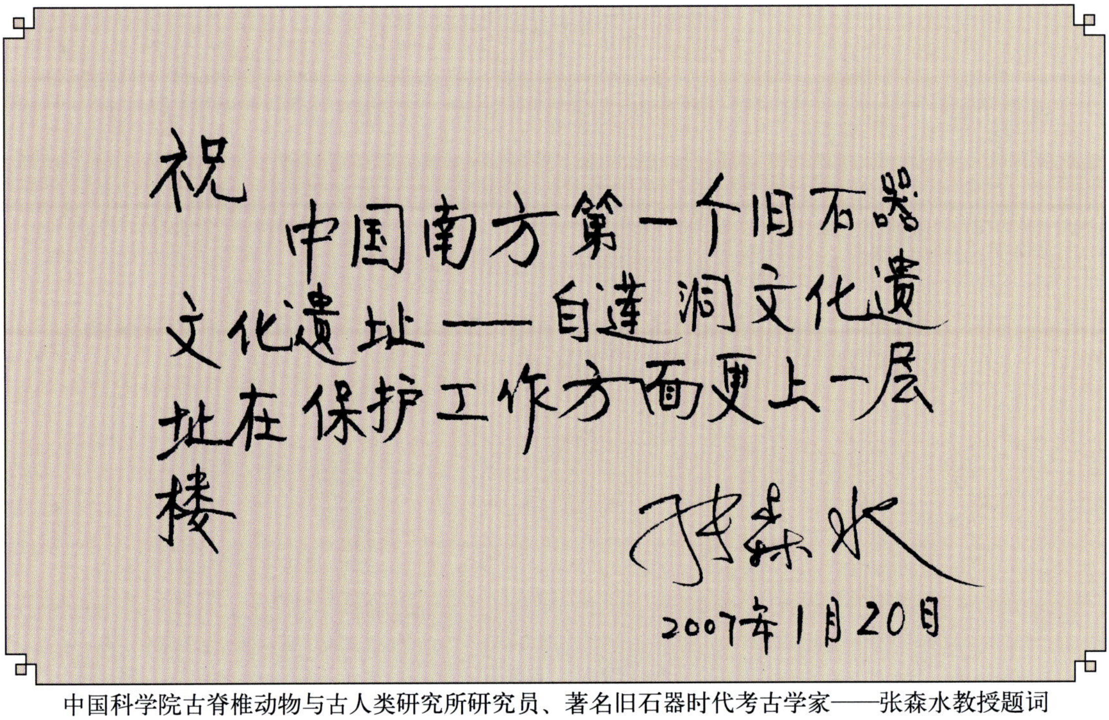

祝
中国南方第一个旧石器
文化遗址——白莲洞文化遗
址在保护工作方面更上一层
楼
张森水
2007年1月20日

中国科学院古脊椎动物与古人类研究所研究员、著名旧石器时代考古学家——张森水教授题词

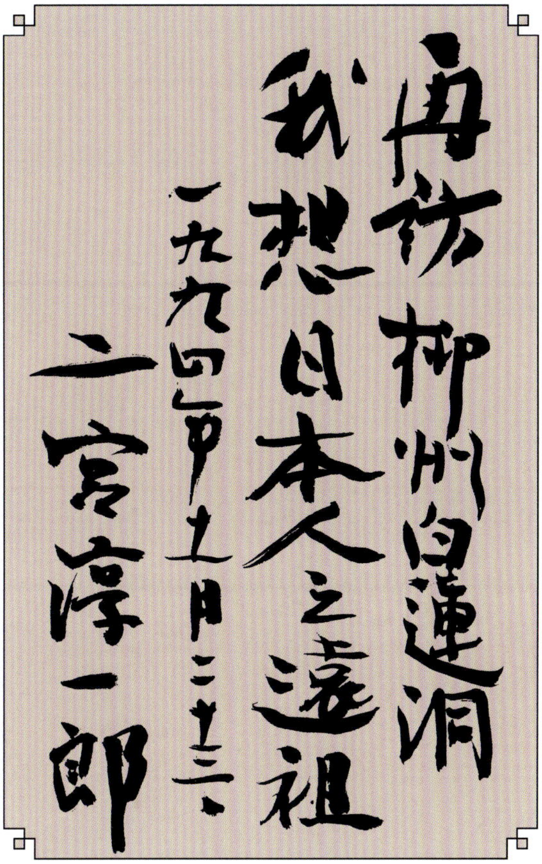
再访柳州白莲洞
我想日本人之远祖
一九九四年七月二十三
二宫淳一郎

日本别府大学二宫淳一郎教授题词

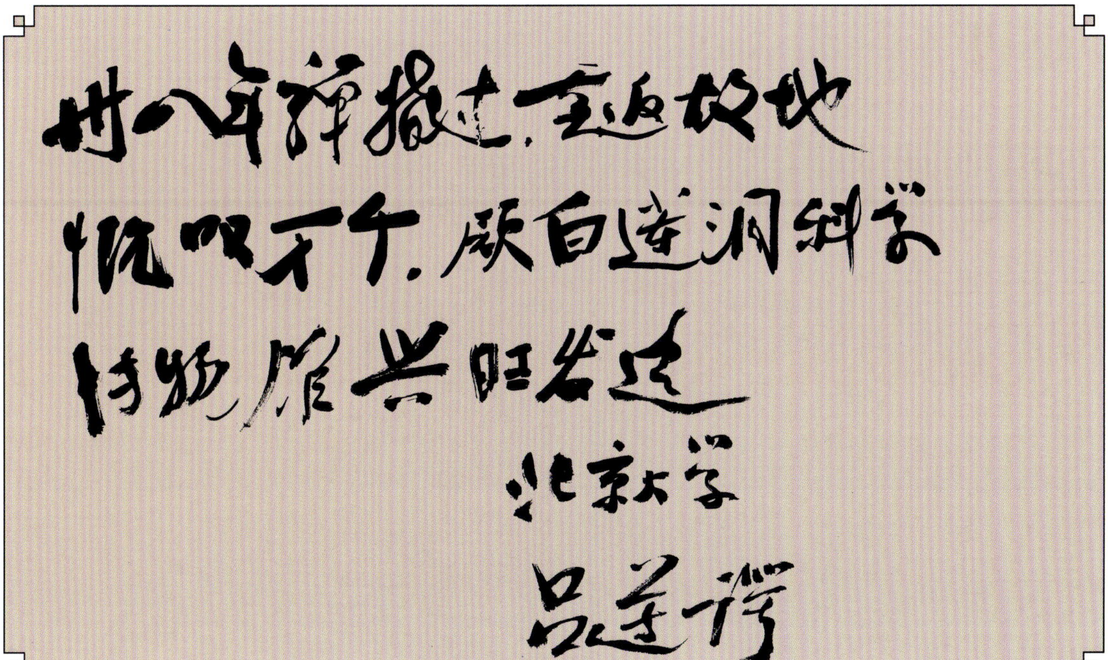
卅八年弹指过，重返故地
慨叹不已，欣白莲洞科学
博物馆兴旺发达
北京大学
吕遵谔

北京大学吕遵谔教授题词

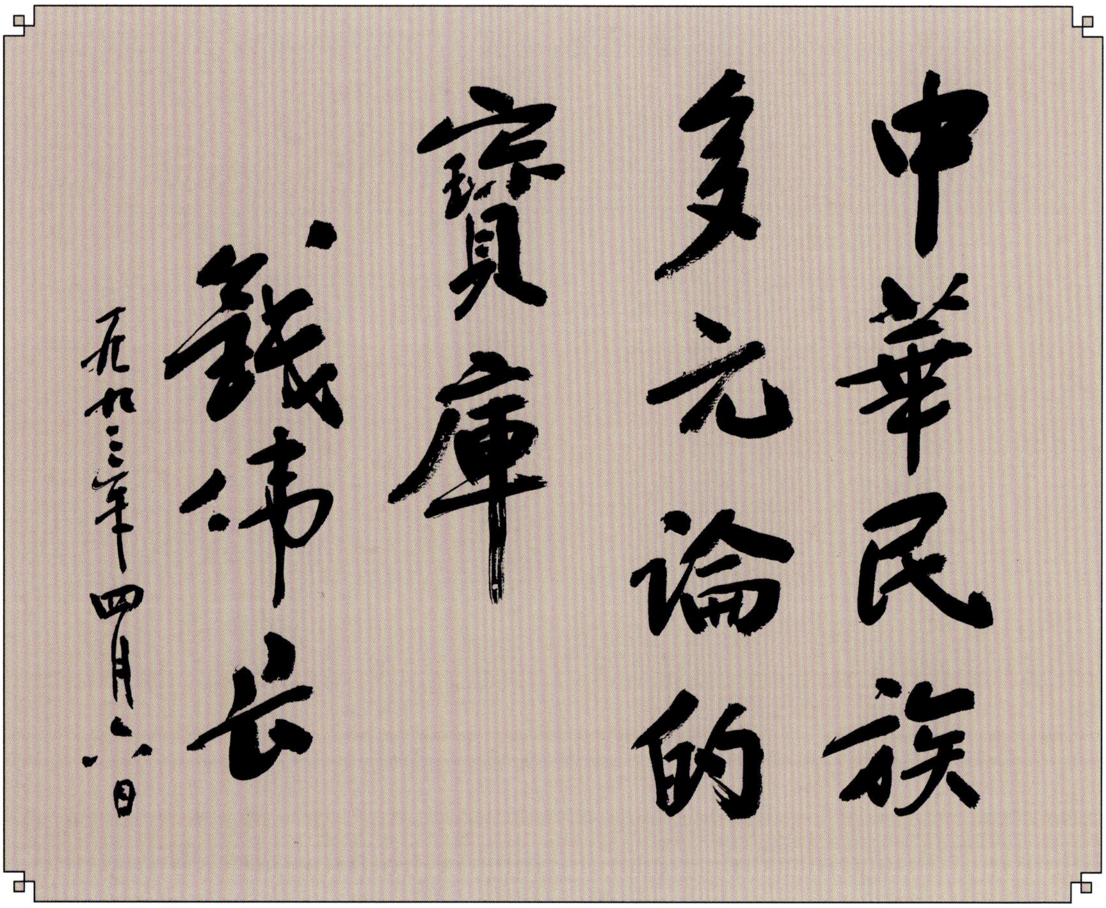

原全国政协副主席——钱伟长题词

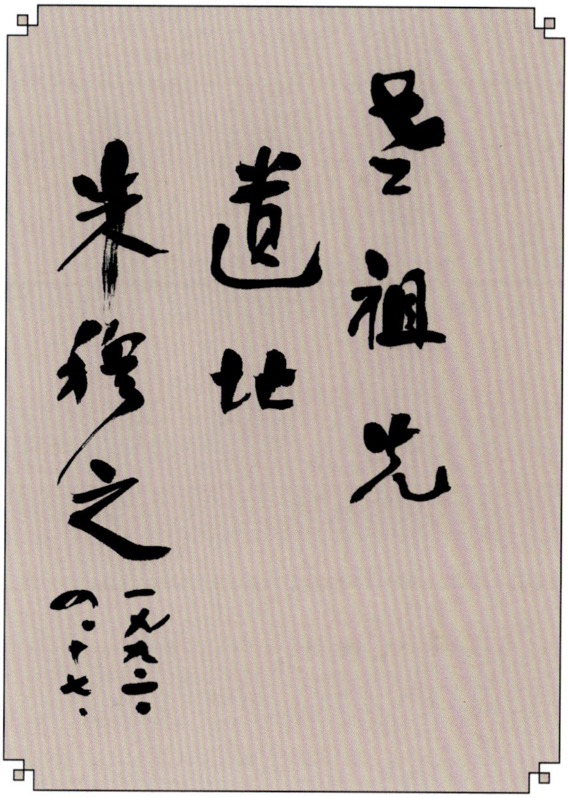

原新华社社长、文化部部长——朱穆之题词

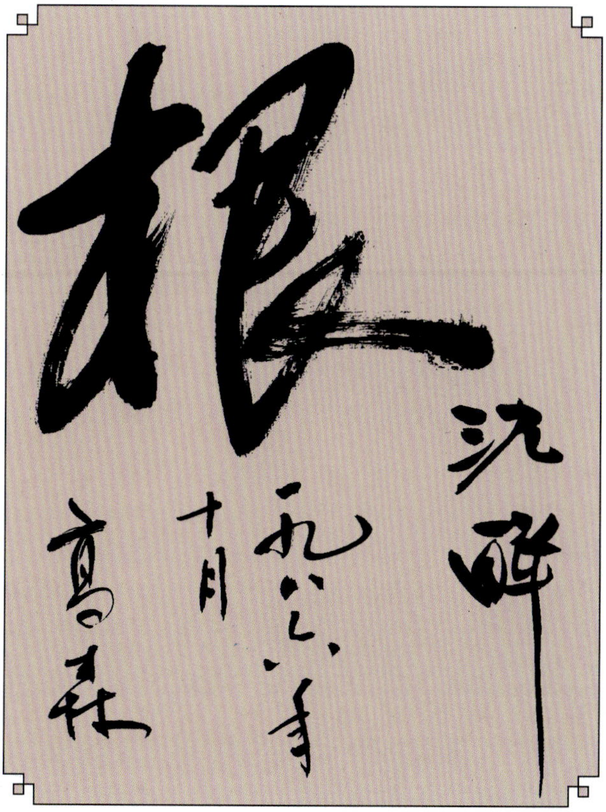

原全国政协委员——沈醉题词

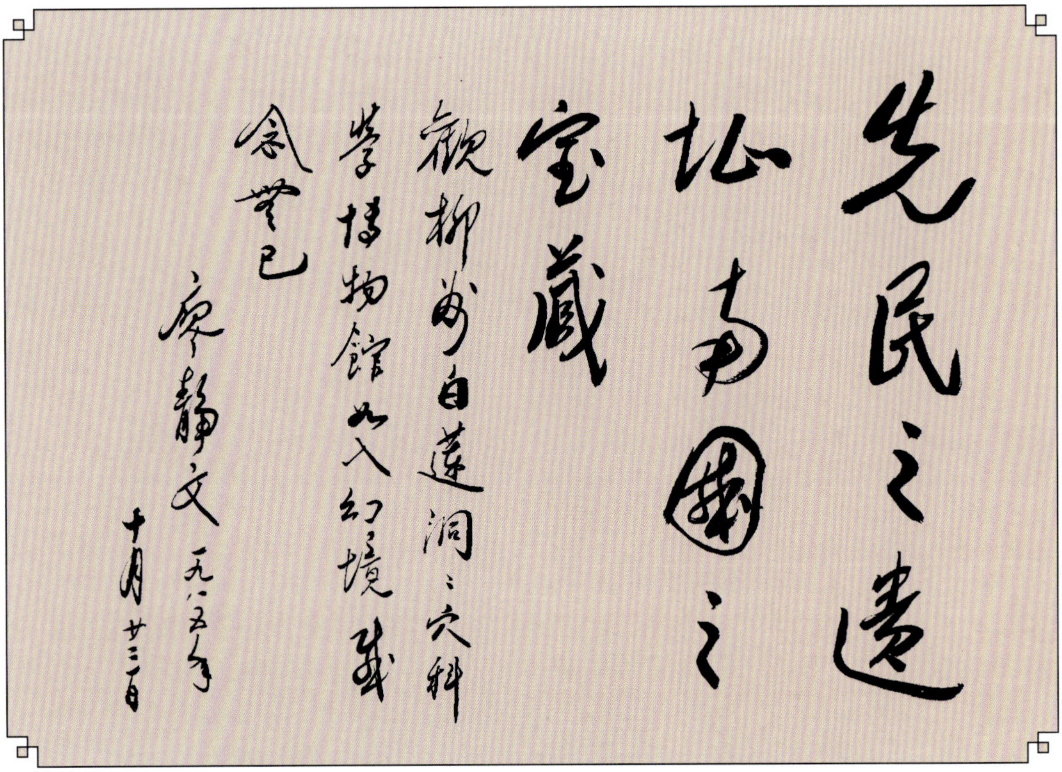

原徐悲鸿纪念馆馆长、政协全国委员会常委——廖静文女士题词

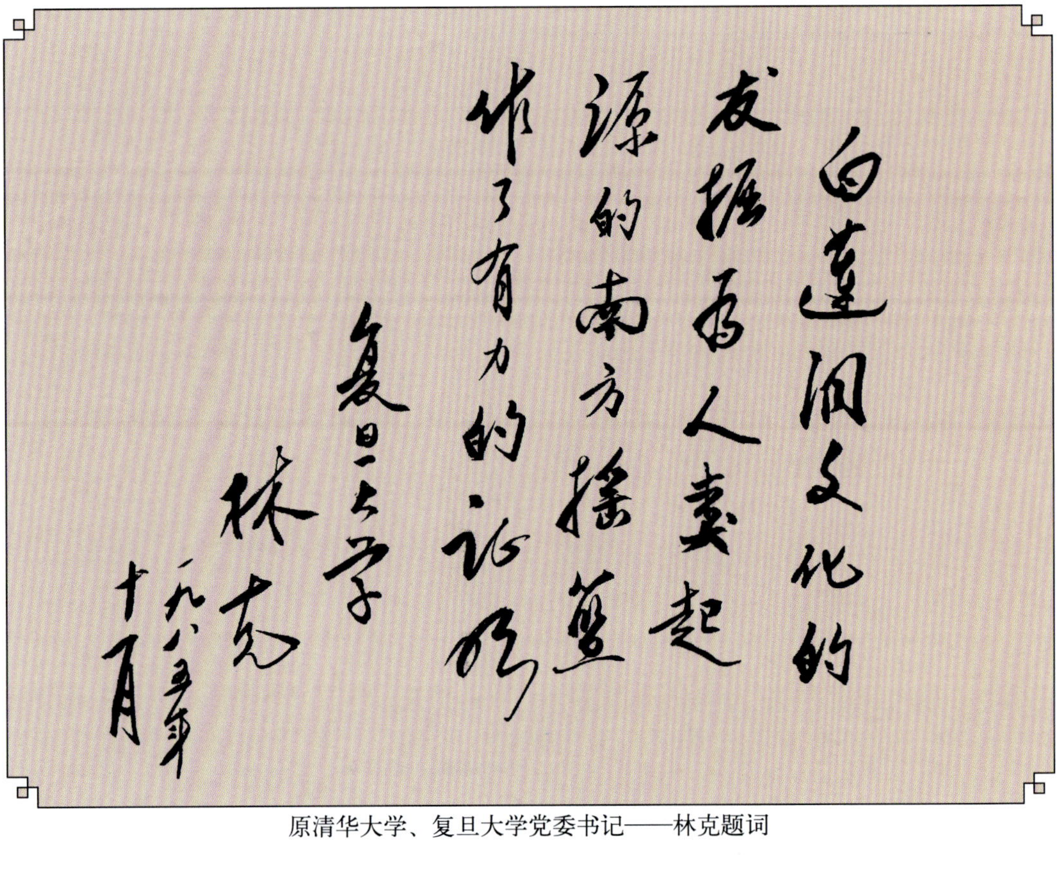

原清华大学、复旦大学党委书记——林克题词

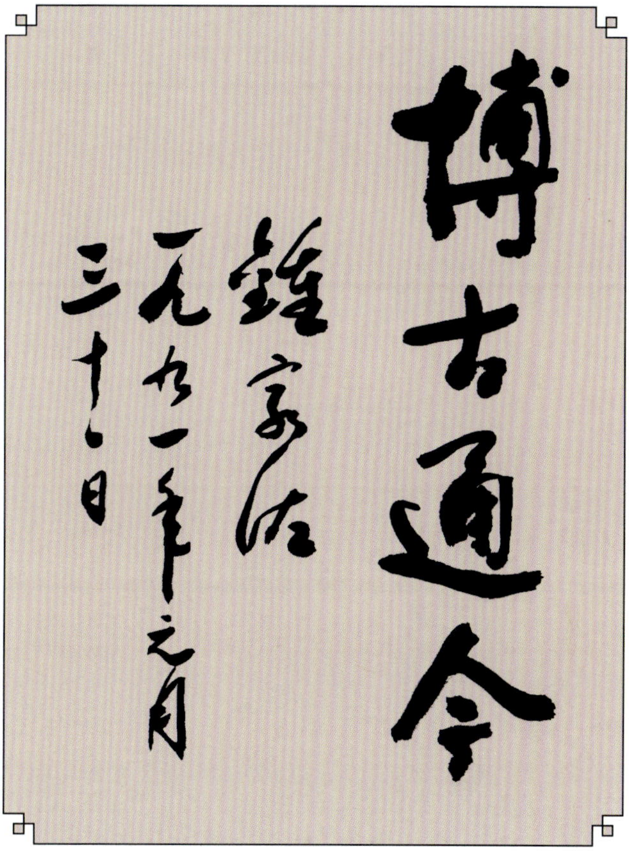

书法家——钟家左题词

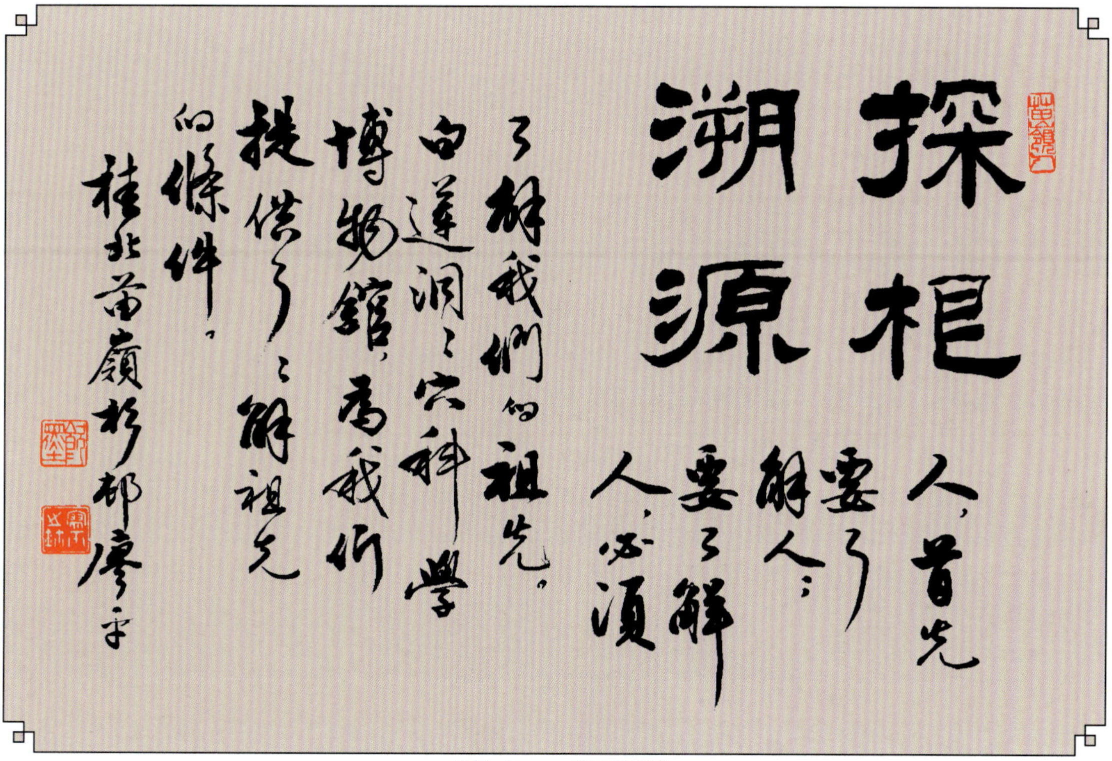

书法家——廖平题词

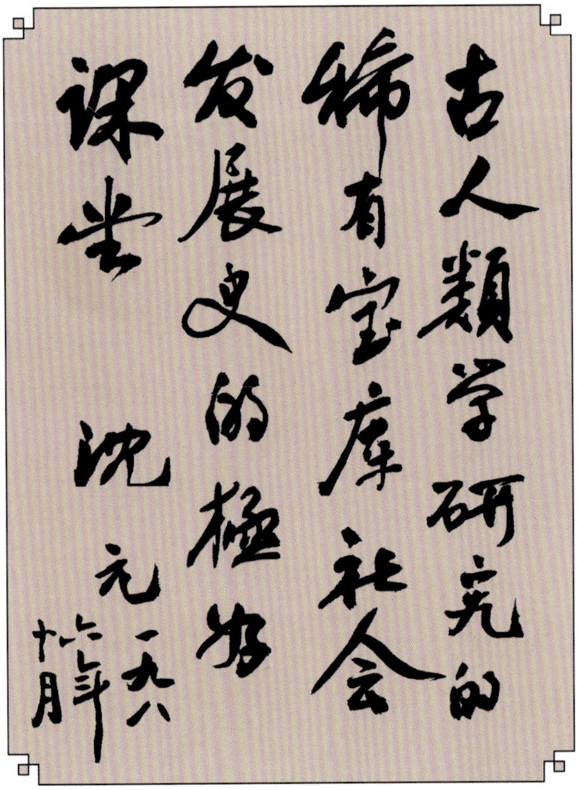

书法家——沈元题词

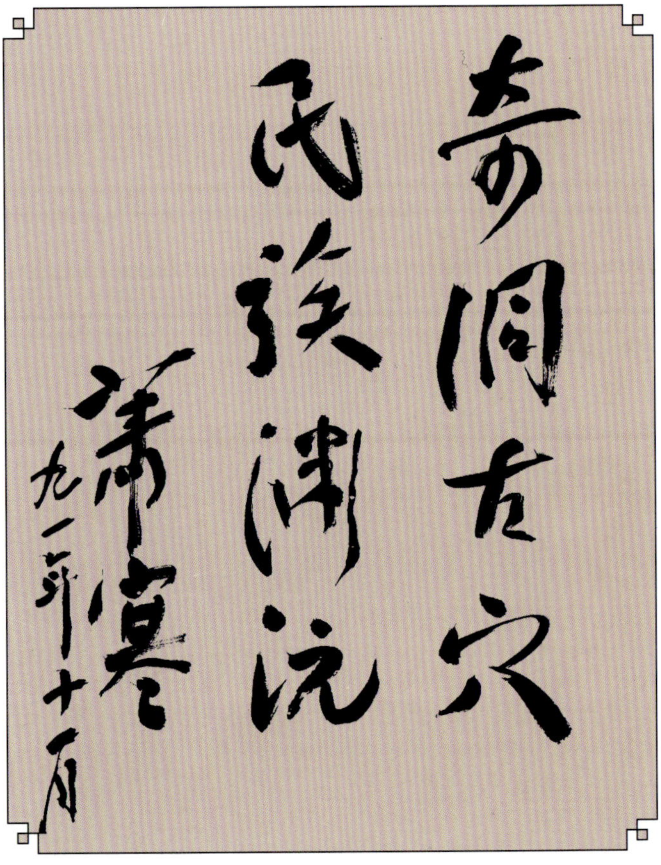

书法家——萧寒题词

本报告出版得到

国家重点文物保护专项补助经费

资　助

谨以此书献给

五十年来为白莲洞遗址发掘、研究和保护

付出心血的全体工作者

柳州白莲洞

广西柳州白莲洞洞穴科学博物馆　编著

蒋远金　主编

科学出版社

北京

内 容 简 介

本书为全国重点文物保护单位——柳州白莲洞石器时代洞穴遗址历年的发掘和研究报告。白莲洞遗址经多次发掘和清理，获得了丰富的人类文化遗物、伴生动物化石和晚期智人化石及其活动遗迹。经北京大学测年，遗址年代为距今3.6万~0.7万年，是华南地区一处重要的旧石器时代向新石器时代过渡的关键性遗址。

研究显示，白莲洞遗址包含了旧石器时代晚期、中石器时代和新石器时代三个不同时期的文化遗存。其地层产状所反映的古气候、伴生动物群与孢粉所反映的古生态环境表明，华南地区古气候、古生态环境的变化与全球性古气候的变化趋势是同步的，它们的复原为探讨华南地区原始文化的演化提供了重要的古环境背景。白莲洞遗址各文化层所揭示的白莲洞文化系列发展模式，不仅证实了我国南方中石器时代的客观存在，并为探索华南地区旧石器向新石器时代的转变提供了珍贵的材料，同时亦为华南乃至东南亚等地区同期遗址的研究提供了对比的标尺。

本书可供考古学、古人类学、古生物学、古环境学、地质学和民族学等相关学科的研究人员以及高校相关专业的师生阅读、参考。

图书在版编目(CIP)数据

柳州白莲洞／广西柳州白莲洞洞穴科学博物馆编著；蒋远金主编．—北京：科学出版社，2009

ISBN 978-7-03-025505-1

Ⅰ．柳…　Ⅱ．①广…②蒋…　Ⅲ．中石器时代－文化遗址－研究报告－柳州市　Ⅳ．K878.04

中国版本图书馆CIP数据核字（2009）第158370号

责任编辑：刘　能　曹明明／责任校对：陈玉凤

责任印制：赵德静／封面设计：王　浩

科学出版社 出版

北京东黄城根北街16号

邮政编码：100717

http://www.sciencep.com

中国科学院印刷厂 印刷

科学出版社发行　各地新华书店经销

*

2009年11月第　一　版　　开本：787×1092　1/16

2009年11月第一次印刷　　印张：31　插页：32

印数：1—1 600　　字数：704 000

定价：218.00元

（如有印装质量问题，我社负责调换〈科印〉）

前　言

“岭树重遮千里目，江流曲似九回肠”，这是唐代柳州刺史柳宗元描绘风貌独特的柳州山水的千古名句。柳州，地处广西中部，古为“骆越要害”、“地属要冲”。千万年来，蜿蜒曲折的柳江就用她那甘甜的乳汁，不废万古地滋润、浇灌着这片张扬生命、钟毓灵秀的热土，孕育了灿烂夺目的柳州史前文化。

柳州自古为人类宜居之地。6万多年前，天地造化就在这里为柳江人搭起了偌大的“舞台”。其后，伴随着人类文明的每一个进程，这里均有着极为丰富的文化层累。柳州，自柳江人温润了这片热土之后，史前文化就一直在这里不断演进。早在20世纪50年代，应和着柳江人的召唤，这里一度成为人类起源研究的热土。其后，伴随着白莲洞遗址、鲤鱼嘴遗址的发掘与研究，柳州更以其丰富的内涵和魅力吸引着世人的眼球。

驰名中外的全国重点文物保护单位——柳州白莲洞遗址位于柳州市郊东南12公里的白面山南麓，她犹如一颗璀璨的明珠，镶嵌在广西腹地。

1956年，中国科学院古脊椎动物与古人类研究所古人类研究室华南调查队在裴文中、贾兰坡教授的率领下，在广西调查巨猿和人类化石时发现了白莲洞遗址。1973年8月至1981年2月，柳州市博物馆的专业人员多次对白莲洞遗址进行了小规模清理。白莲洞遗址此后成为我国古人类学界老前辈十分关注的史前遗址。

我国古脊椎动物学奠基人杨钟健教授曾两次致函柳州市博物馆，指出“柳州为我国一主要化石产地”，殷切希望白莲洞遗址有更多的新发现。白莲洞遗址的发掘与研究工作亦获得贾兰坡教授的支持和关怀，贾老在1981年2月7日给柳州市博物馆馆长易光远的来信中，对白莲洞遗址的发掘和研究做出了具体指导。

裴文中教授更是自始至终对白莲洞遗址的发掘倾注了极大热情。1981年3月5日，在裴文中教授的亲自指导下，北京自然博物馆与柳州市博物馆签订了联合发掘白莲洞遗址的协议书。1981年4月和1982年3月，北京自然博物馆和柳州市博物馆在裴文中教授的指导下对白莲洞遗址进行了两次联合发掘。在整个发掘过程中，裴老不但亲自观察典型标本，还多次指出，要以严格的考古学方法对白莲洞遗址进行发掘和清理。期间，他还致函柳州市博物馆，表示将赴柳参加白莲洞遗址的发掘，裴老这一心愿后来因病未能成行。此次考古发掘，基本搞清了堆积的层位关系，清理出了遗址的剖面，为今后的进一步研究工作奠定了良好的基础。发掘后的遗址仍保留了较多的原生堆积，层序清晰，年代分明。为保护好这一有科研价值的洞穴遗址，裴文中教授建议柳州市人民政府筹建遗址博物馆，并亲自担任筹备处主任。该馆于1981年开始筹建，1985年正式对外开放。

白莲洞遗址的发掘与研究同样得到了学术界的普遍关注和重视。北京大学、四川大学、成都地质学院、中国国家博物馆、中国科学院古脊椎动物与古人类研究所先后派出专业人员对遗址发掘进行指导，并对白莲洞遗址进行多学科综合性研究，从而确立了白莲洞遗址在华南史前研究中的学术地位。

白莲洞遗址文化堆积物厚达3米，其时间跨度为距今3.6万~0.7万年。遗址经历了两次发掘，共发现人类用火遗迹——火坑两处。所获标本有人类牙齿化石2枚、石器500多件、陶片若干、动物化石3500多件和动物牙齿化石300多枚。白莲洞遗址采用^{14}C年代测定法，特别是应用AMS ^{14}C测定法获得了30多个很有价值的年代数据，这是迄今为止国内洞穴遗址具有最详细测年数据的遗址之一。研究表明，白莲洞遗址堆积拥有连续完整的地层，是华南地区洞穴遗址群中不可多得的晚更新世—早、中全新世的标准剖面和地点。研究还表明，白莲洞遗址是罕见的南亚热带晚更新世玉木冰期以来全球性古气候信息的储存库。白莲洞遗址古生态环境的复原，提供了探讨华南地区古人类演化及其生产活动，特别是原始农耕与动物驯养活动的环境背景。中国科学院院士、美国科学院外籍院士贾兰坡教授曾为白莲洞遗址题词："白莲出污泥不染，洞里堆积内涵多。"安志敏教授认为："白莲洞遗址是解决旧石器时代文化如何过渡到新石器时代文化的关键性遗址。"香港中文大学邓聪教授则认为："白莲洞遗址的发掘，完全解决了中国考古学上旧石器文化如何经中石器时代过渡到新石器时代文化的长久不解之谜，白莲洞遗址的发掘是伟大的，是中国人的光荣。"白莲洞遗址的发现与研究，其重要意义就在于证实了我国南方中石器时代文化的存在，并为探索中国南方旧石器时代文化向新石器时代文化转变提供了十分珍贵的实证材料。

白莲洞遗址的考古研究工作已走过了50年的风雨历程。在过去50年的流光岁月里，以裴文中、贾兰坡、周国兴教授为代表的各方专家、学者通力合作，用自己的智慧与汗水，培育、浇灌着这朵绚丽多姿的白莲之花，并初步弄清了白莲洞文化的面貌。历史已悄然成为过去，白莲洞遗址考古研究50年来的成就已彪炳史册，展望未来却任重道远。50年来，白莲洞遗址的考古研究虽然取得了可喜的成绩，但还有很多工作有待我们去进一步努力探索和研究，需要我们去补充和完善。

其一，对白莲洞文化系列框架的调整、补充和完善。依托于白莲洞文化构筑起来的白莲洞文化系列框架，得到了许多专家的赞同和默认，但仍有部分学者对此持怀疑、观望态度。限于白莲洞本身有限的部分材料构筑起来的"白莲洞文化系列"框架，还仅仅是个"框架"（framework），有待于充实更多的内容，使之更加完善。中石器时代是一个过渡阶段，是旧石器时代与新石器时代诸因素相互消长的过渡，更是人与自然环境交互作用的过程，生态环境的多样性、人类文化发展的不平衡性决定了这一文化框架内涵的多样性。这种多样性虽是客观存在的，但有时又因学者们认知度的不同而改变，故要使人信服，还需要对白莲洞遗址出土的全部材料进行系统的分析与梳理。白莲洞遗址目前的考古研究面相对狭窄，研究的方法和手段也比较落后，尽管在一些专项研究与具体问题的探讨上取得了一定的成果，但是大规模的综合性研究尚开展得不够。石器时代考古涉及地质学、古生物学、埋藏学等多学科，因此，白莲洞遗址的研究需要开展多学科综合研究。将上述行之有效的考古手段和方法与我国传统的考古学有机地结合起来，将会极大地提高白莲洞遗址的整体研究水平。处于广西中部的柳州区域是否还存在与白莲洞过渡时期文化类似的同期遗址？对于这个问题的回答应该是肯定的。我们可以通过对这些可能是中石器时代的遗址进行对比研究，用获取的可靠信息来验证和补充现有框架，以构筑起让世人瞩目的、完整的更新世晚期至全新世以来的“白莲洞文化系列框架”。

其二，与华南、东南亚史前文化的比较研究。史前无疆界，石器时代的先民们的疆域往往是以自然地理单元为界。柳州地处广西中部，在地理上与岭南、东南亚属同一个地理单元，在自然环境和生态上拥有诸多的共性。他们的经济生活及其创造的文化与其所处的自然环境息息相关，并受到当地自然环境的制约。人类正是自然环境的产物，所以他的每一步发展都无不打下自然环境的烙印。鉴于斯，生活在不同地域的原始人群，由于自然环境的相似性，这些不同的原始人往往会创出相同或相似的文化。此外，由于不同种群之间的接触和交往，从而发生文化交流，使得彼中有我，我中有彼。人是文化的创造者，又是文化的携带者，不同人种基因的交流也意味着不同文化因素的交流与融合。所以，白莲洞遗址所代表的文化系列不是孤立的现象，在进一步研究中，必须考虑外来因素的参与和影响。因此，在研究白莲洞文化时，不仅要探讨其自身的文化面貌，还应以更高的视角，将其与邻近地区、邻省、邻国的同期文化进行对比研究，从中找出自身的特点，从而确立白莲洞文化在中国南方乃至东南亚地区史前文化中的地位。白莲洞遗址与华南、东南亚地区史前文化的对比研究目前还处在起步阶段，这一课题的研究将具有更加广阔的前景。

回顾白莲洞遗址50年研究的风雨历程，其间，几多发现令人兴奋，几多成果令人难忘，几多辛酸催人泪下。但历史已悄然成为过去，往后的征程，更是一种挑战。我们坚信，只要我们矢志不移，同心协力，在不久的将来，一幅更加完美的、全景式的白莲洞石器时代画卷将会展现在世人面前。届时，这朵绚丽的白莲之花亦将绽放得更加璀璨夺目！

目　录

插图目录

插表目录

彩版目录

第一章　自然地理资源与区域生态环境

第一节　自然地理概况

柳州市位于广西中部偏东北，地处柳江中游，地理坐标为东经 108°50′～109°44′，北纬 23°54′～24°50′（图一）。现辖四区六县，全市总面积 18677 平方公里，市区面积 651 平方公里（图二）。市区山环水绕，呈壶状。除 23% 的面积为非喀斯特丘陵外，余皆属喀斯特区。柳江自北方蜿蜒绕城而过，折向东南方向流去，历程达 74 余公里。两岸山峦错落，奇峰竞秀。本区地貌以喀斯特峰林—河曲平原为特色。平原波状起伏绵延百里，峰林峻峭巍峨，奇山突兀，异峰拔地而起，好一派“拔地奇峰画卷开”的

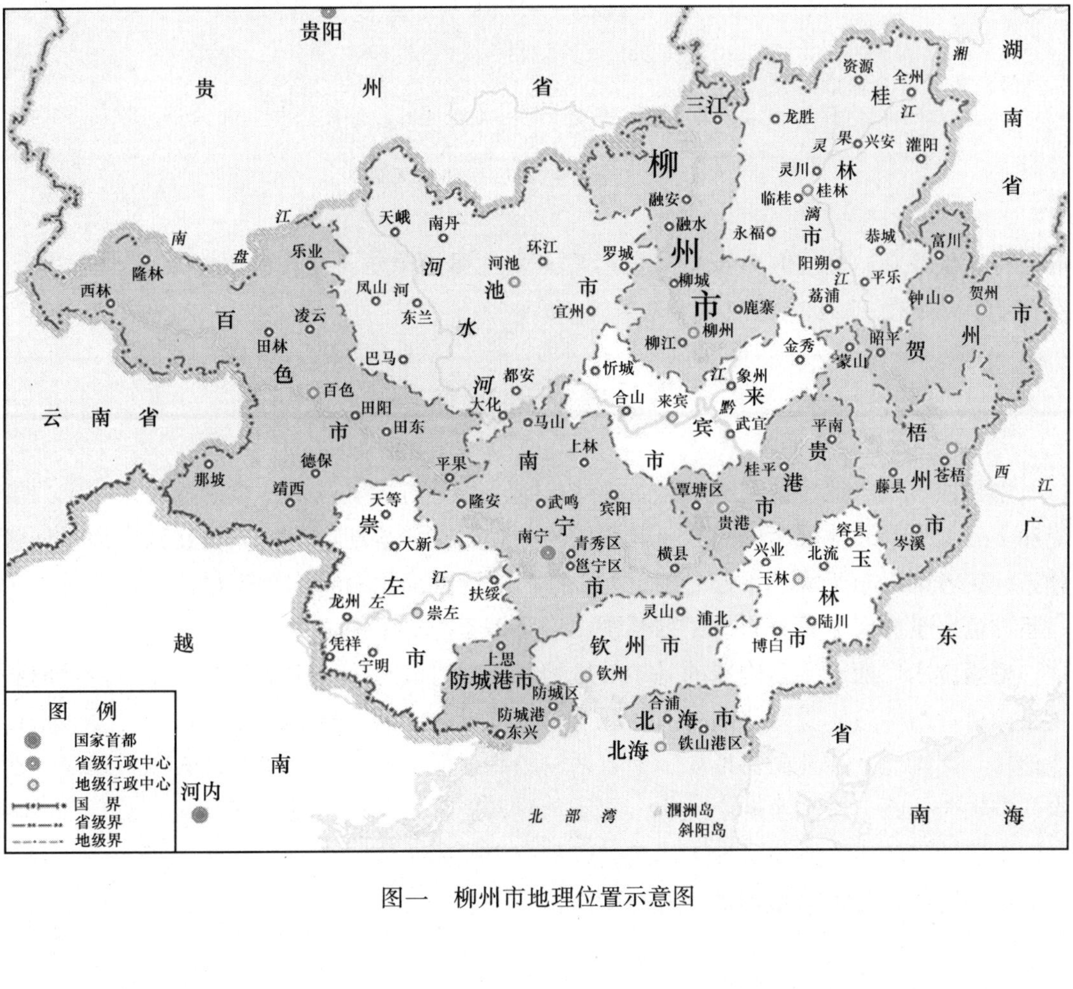

图一　柳州市地理位置示意图

图二　柳州市行政区划和政区图

喀斯特地貌景观。其间闻名于世的全国重点文物保护单位——白莲洞遗址就坐落其上，发育于市郊东南12公里的白面山南麓（彩版一）。

一、自然地理背景

柳州地层自上泥盆统到上三叠统连续出露。除下石炭统及下二叠统孤峰组、上二叠统和上三叠统部分地层为碎屑岩、硅质岩外，均为碳酸盐地层。前者仅在区内边界地带分布，后者则广布于峰林平原之中，尤以中石炭统大埔组白云岩分布最广。白垩系—第三系红色岩系亦有零星分布，第四系则广泛覆盖于峰林平原之中。

柳州位于广西山字形构造的马蹄形盾地与脊柱过渡地段，主要包括柳州、沙塘向斜及太阳村背斜构造，受南北向构造体系及新华夏系的影响，据其展布的格局可分三个构造地块：即柳北及沙塘向斜地块，属东西向的柳州弧形构造区；柳西及太阳村地块，属南北向构造体系；柳东及柳南地块，属新华夏构造系（唐民一等，1985）。

上述地貌表明，柳州盆地大体经过以下两个发展阶段。

第一阶段，为古喀斯特盆地发育阶段。

大体上包括柳江形成之前的整个阶段，即侏罗纪—第三纪的漫长历史时期。在印支运动形成的构造架的基础上逐步发育了一个古喀斯特盆地，其中有过较稳定的沉积阶段，形成了一定厚度的湖湘红层沉积。盆地发展过程中，由于构造运动的影响，盆地范围曾有所变化，但总体趋势是逐步扩大，至晚第三纪，盆地范围已大体与今日柳州盆地相当。

第二阶段，为喀斯特—河谷平原阶段。

早更新世，柳江河谷出现，至晚更新世初，柳州地貌基本定型。

晚更新世以来，本区城地壳运动加剧，上升中伴随着下降，此阶段喀斯特发育强度增大。既有规模甚大的古地下河（如白莲洞就是古地下河抬升的结果），又有深切的古溶槽。这一时期为本地区喀斯特洞穴发育的活跃期。

晚更新世末至全新世初，由于气候的变化，柳江河流量减少，侵蚀能力下降，在二级阶地上上叠了以亚砂土为主的一级阶地沉积。至此，柳州盆地完全定型。

二、地貌基本特征

柳州属于典型的喀斯特地貌，这里石山奇特秀美，岩洞瑰丽神奇，泉水幽深碧绿，江流弯曲明净。从区域上看，柳州地貌形态，除沙塘和太阳村外，包括其南部柳江县的一部分，是一个东、北、西三面被碎屑岩丘包围的喀斯特盆地。盆地范围大致与柳州向斜一致，呈南北向分布。由于多次构造运动，向斜已遭破坏。而其中的地貌虽历经沧桑，但大致仍保持构造盆地的特色。

柳州市区地形平坦微有起伏，地面标高为海拔 85 ~ 105 米，东、西、北三面环山，具有典型的岩溶地貌特征。由于柳江穿流市区及气候、岩性、构造的影响，形成河流阶地地貌、岩溶地貌叠加的天然盆地，其地貌单元可分为：城中河曲地块、柳北孤峰岩溶平原、柳东孤峰、峰丛岩溶地带、柳南峰林峰丛谷地、柳西多级河流阶地、沙塘向斜岩溶盆地及低山丘陵等（图三）。

孤峰岩溶平原、峰林丛地、岩溶盆地由岩溶及地面水流共同作用形成，其特征是平原波状，伴有稀疏孤峰。平原标高 85 ~ 120 米，条形及圆形洼地发育覆盖层厚达 5 ~ 25 米，分布在南面的西鹅乡、北面的长塘乡一带。柳北北面三面傍水，形成河曲平原。市区东南羊角山—白莲洞一带峰林谷地以峰林与开阔的谷地为特征，谷地内岩溶泉及地下河发育，孤峰密集，峰林、连座山峰定向排列，其间为条形谷地及少量圆形洼地，地面标高 80 ~ 100 米。西面的太阳村为谷地，往南形成谷地—峰林—峰丛地貌的过渡形式。分布在市区的石碑平、沙塘、长塘乡岩溶盆地，其内地形波状起伏，条形洼地发育，地表及地下水汇流排泄到柳江。分布于西鹅乡西部、石碑坪乡北部、柳东乡北部及洛埠镇、沙塘镇、长塘镇东北部的溶丘、低洼山地，高程一般为 160 ~ 350 米，由砂页岩组成的岩屑岩分布区，丘顶多呈馒头状，连绵起伏，冲向发育，部分形成长流小溪。

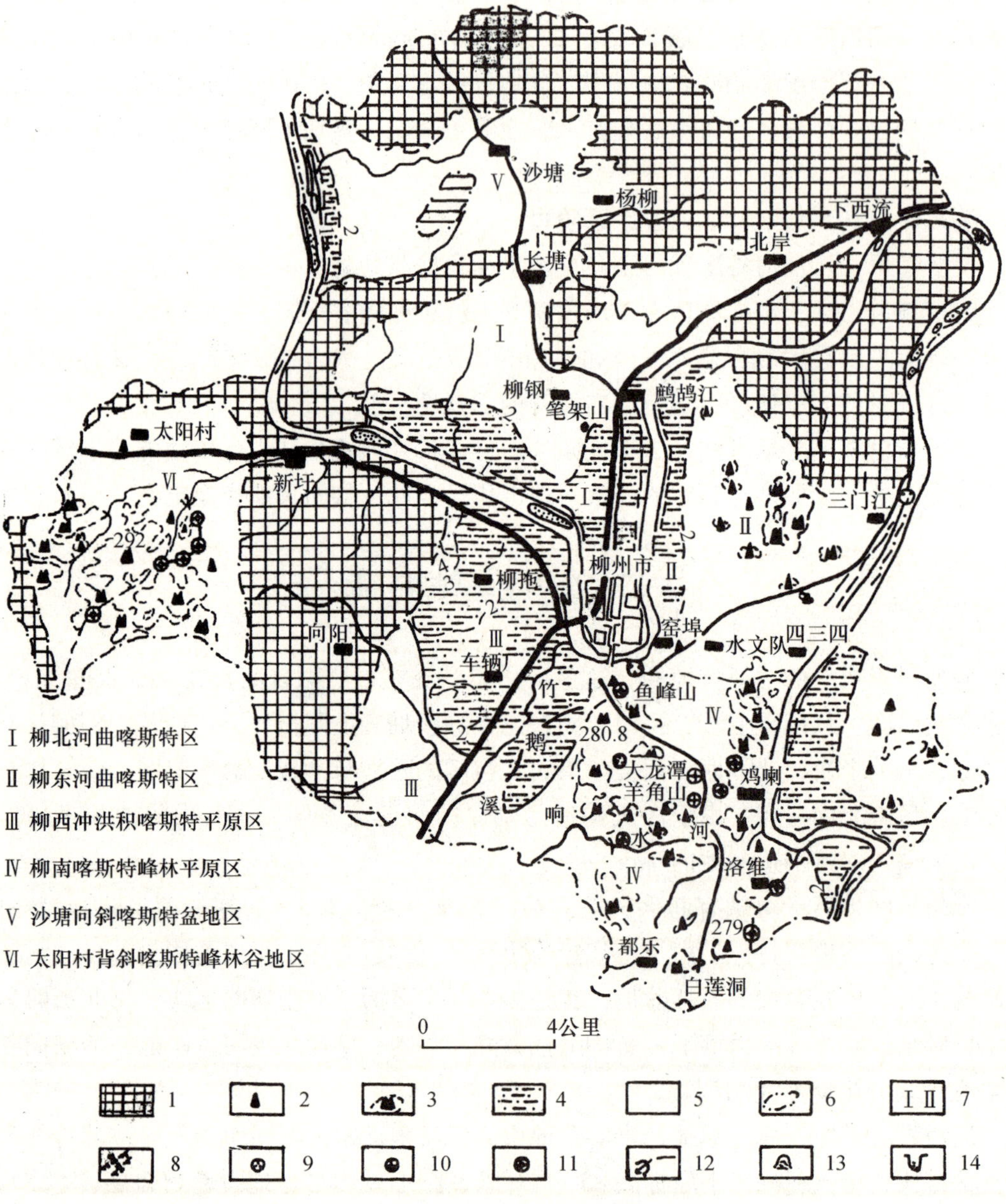

图三　柳州市喀斯特地貌图

1. 非喀斯特丘陵地貌　2. 孤立峰林　3. 连座峰林　4. 侵蚀溶蚀堆积平原　5. 溶蚀堆积平原　6. 类型分界线　7. 地段类型代号　8. 一、二级阶地　9. 喀斯特泉　10. 落水洞　11. 天窗　12. 地下河出口　13. 覆盖红层残丘　14. 覆盖深溶槽

柳江自西北露塘农场进入市区，从洛维向南流出市区，在市区内流程达 70 多公里，在柳江两岸形成多级阶地，它们与不同的地貌作用产物互相叠加，蔚为一大特色（图四）。

分布在柳江两岸的河流阶地，堆积阶地一般延伸在 25～1000 米，最宽达 5000 米，高出

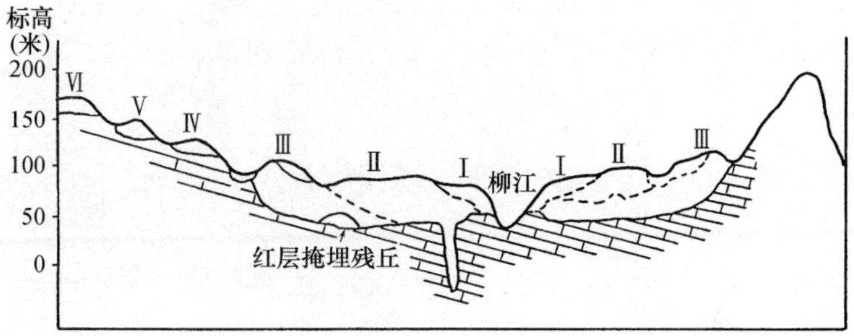

图四 柳州附近柳江河谷剖面示意图

柳江正常水位线 10～40 米，标高可达 120 米。基座阶地分布于低丘边缘及丘顶，高出柳江正常水位线 60～85 米，标高可达 130～160 米。此类地貌土层深厚，地形平坦（表一）。

表一 柳江阶地特征简表

阶地序号	形成时代	堆积物岩性特征	堆积厚度（米）	相对高差（柳江枯水面）	绝对标高（米）	备 注
I_0	Q_4^2	砂砾石。砂砾成分主要为石英岩	2～3	1～2		
Ⅰ	Q_4^1	亚砂土	1～10	10～18	80～80	堆积阶地
Ⅱ	Q_3^2	棕黄色黏土及砾石，局部有粉砂质黏土及泥炭，砾石成分主要为石英岩，砾径几厘米到十几厘米	10～20	20～30	90～100	^{14}C 测定：（表面）16100 ± 600 年堆积阶地
Ⅲ	Q_3^1	顶部为砾石层，中部为网纹状黏土及高岭土，底部为黏土夹砾石，砾石成分以石英岩为主	15～20	30～40	105～116	堆积阶地
Ⅳ	Q_2^2	砾石层，主要为石英砾，砾径 1～5 厘米，底部局部有铁壳，局部地段砾石层之下有一层红色网纹状黏土	2～10	50～65	120～135	基座阶地，其砾石比较细小而与其他各级阶地相区别
Ⅴ	Q_2^1	上部为砾石夹黏土，砾石成分为白云母细致粉砂岩，砾径 5～20 厘米左右，砾石强烈风化，黏土中有少量的铁锰结核，呈疏松状。中部为疏松状黄褐色亚黏土。下部为铁壳、砖红色杂褐红色及其他斑点，中间带有各种角砾，其表面带包裹一层铁质黏土	1～2	70～75	140～145	基座阶地，仅在柳西柳铁瓦厂 143 小丘上发现，砾石成分与其他阶地不同
Ⅵ	Q_1	砾石层，主要为石英岩，直径 2～10 厘米	1～10	90～95	160～165	基座阶地

第二节　区域生态环境

一、气 候 状 况

柳州市地处亚热带，四季较分明，气候温和，雨量充沛（柳州市地方志编纂委员会，1998）。

年平均日照时数达1634.9小时，无霜期长达310～340天。9月光照最充足，日照时数达56%，3月最少，日照时数只有16%。年平均积温6682.2℃。

年平均气温20.5℃。1月最冷，平均气温10.3℃，极端最低气温-3.8℃；7月最热，平均气温28.8℃，极端最高气温39.4℃。

年均降水量近1450毫米，主要集中在4～8月，占全年降水量的70%。5月降水量最多，占年降水量的16.9%；1月降水量最少，占年降水量的2.7%。

全年盛行南北风，绝少东西风。4～8月以偏南风为主，9月至次年3月以偏北风为主。风力月平均有28.5天少于3级，年平均风速1.6米/秒。

这种气候条件十分有利于植物、农作物的生长和动物、鱼类及软体动物的繁殖。

二、河 流 水 系

柳州市总体上属珠江水系西江流域的柳江流域（柳州市地方志编纂委员会，1998）。

流经柳州市境的河流，流域面积在50平方公里以上的17条；流域面积大于10000平方公里的河流1条，即柳江（包括干流融江和大支流龙江）；流域面积在100～1000平方公里的河流10条，即大桥河、沙埔河、瓦泥河（又名大渡河）、东泉河（又名大帽河）、凤山河、流山河（又名逢吉河）、中回河（又名杨柳河）、里雍河、王眉河（又名红罗江）、浪江；流域面积在50～100平方公里的河流6条，即勤俭河、鹅湾、浑水河、葛麻河（又名大保河）、蚂蝗河、新圩河。市境内主要河流是柳江。除瓦泥河注入红水河外，其余都是柳江河系的小支流。各小支流分别从柳江两岸汇入，构成了柳州市的河流系统。

柳江是西江水系的一级支流，为境内最大河流，发源于贵州省独山县更顶村。其上游为都柳江、寻江和融江。融江在柳城县凤山与来自贵州的龙江汇合后称为柳江。柳江流经柳城县、柳江县、城中区、鹿寨县，到象州县石龙附近的三江口，全长（自河源至三江口）773公里，流域面积58397.5平方公里，河道平均坡降1.4‰。自河源至柳州水文站，河长588公里，控制集水面积45413平方公里，流域形状似扇形，便于洪水汇集。

白莲洞区域内不见大的河流水系，但在其下方（即第一层洞）为一地下暗河，终年积水。白面山所在的胡广山脉西侧亦有都乐河绕山而过。

三、土地资源

全市土地总面积186.86万公顷（其中市城区6.58万公顷），占广西壮族自治区土地总面积的7.89%。市内土壤大多数厚度适中，质地较好，适合开垦耕作，但土壤中有机质含量低，肥力较低。土壤依其成土的母质大致可分为水稻土、红壤、石灰土和冲积土4种类型。下分亚类12个，土属25个，土种44个（柳州市地方志编纂委员会，1998）。

白莲洞一带地处石灰岩孤峰平原及峰林谷地，受母质的影响，在离石灰岩较近的坡地上有少量棕泥土，较远地带则多为红壤铁子土。

四、植物资源

广西拥有23.6万平方公里的土地，位于北纬20°54′~26°23′，东经104°29′~112°03′。因而在温度上有南北之间的差异，降水量上有东西之间的差异。西部比较干燥少雨，东部比较湿润多雨，六大多雨中心都位于东部。有许多石灰岩地区，其中的植被和动物都与砂页岩、花岗岩地区有较大差异，加上地貌类型多样，这就必然引起植被及栖息在其中的动物类群产生差异。根据生物种类构成和生物群落的分布情况，可以把广西划分为六个生物地理区：桂东北、柳州区域、桂西北、桂东南、桂西南、桂南。

柳州地处亚热带向南亚热带的过渡地带，气候温暖，雨量充沛，土壤地形多样，利于多种喜温、耐热的植物生长，属于柳州区域生物地理区范围（广西壮族自治区地方志编纂委员会，2000）。本区原生的植被是含有热带成分的常绿阔叶林，随着海拔升高，山地分布有较典型的山地常绿阔叶林、山地针阔混交林和在山顶山肩上的山顶矮曲林。按人为影响的深浅，又可分为各种不同的植被。如火烧地灾后发育起来的首先是草丛，接着是灌草丛、灌丛，进而发展成森林。石灰岩地区由于生境特殊，形成的植被与砂页岩、花岗岩地区酸性土上生长的植被完全不同。由于受人为活动的干扰，次生的植被主要是常绿与落叶混交林。而在人为干扰比较大的地方，乔木大部分被砍伐，残留的多是藤刺灌丛，甚至是只有地衣生存的裸岩。

含热带成分的常绿阔叶林　本区砂页岩地区原生植被为含热带成分的常绿阔叶林。但由于人类活动的影响，大部分地方已经荡然无存，只在大瑶山等远离居民点的大山区仍有局部地方小面积留存。这类森林的乔木主要以壳斗科（Fagaceae）、樟科（Lauraceae）为主，如青钩栲、细刺栲（*Castanopsis tonkinensis* Seem.）、锥栗栲（*Castanopsis echinocarpa* J. D. Hooker et Thomson ex Miquel）、刺栲（红椎）、罗浮栲（*Castanopsis fabri* Hance）、刨花润楠（*Machilus pauhoi* Kanehira）、黄枝润楠、阴香（*Cinnamomum bur-*

mannii（C. G. et Th. Nees）Bl.）、华润楠（*Machilus chinensis*（Champ. ex Benth.）Hemsl.）、黄果厚壳桂（*Cryptocarya concinna* Hance）、西南香楠（*Aidia cochinchinensis* Lour.）、广东山胡椒（*Lindera kwangtungensis*（Liou）Allen）、罗浮泡花树、红山梅、红叶树、单室茱萸（*Mastixia pentandra* Blume subsp. cambodiana（Pierre）Matthew）、猴欢喜（*Sloanea sinensis*（Hance）Hemsl.）、小冬桃、谷木冬青、异叶木犀榄、薄叶青冈（*Cyclobalanopsis kontumensis*（A. Camus）Y. C. Hsu et H. W. Jen）、白花含笑（*Michelia mediocris* Dandy）、多花山竹子、鸭脚木（*Schefflera octophylla*（Lour.）Harms）、橄榄（*Canarium album*（Lour.）Rauesch.）、斜脉暗罗（*Polyalthia plagioneura* Diels）、臀果木（*Pygeum topengii* Merr.）、罗伞树（*Ardisia quinquegona* Blume）等。灌木层除上述乔木幼树外，还有金花树（*Blastus dunnianus* Levl.）、九节枫（*Sarcandra glabra*）、三桠苦（*Evodia lepta*（Spreng.）Merr.）、杜茎山（*Maesa japonica*（Thunb.）Moritzi. ex Zoll.）、小九节、华南木姜子（*Litsea greenmaniana* Allen）、黄杞（*Engelhardia roxburghiana* Wall.）、掌叶榕、平阳厚壳、倒卵叶紫麻（*Oreocnide obovata*（C. H. Wright）Merr.）、山竹子（Guttiferae）、小狗骨柴（*Diplospora fruticosa* Hemsl.）、山牡荆（*Vitex quinata*（Lour.）Will.）等。草本层主要有狗脊（*Woodwardia japonica*（L. F.）Sm.）、山姜（*Alpinia japonica*（Thunb.）Miq.）、乌毛蕨（*Blechnum orientale* Linn.）、金毛狗（*Cibotium barometz*（Linn.）J. Sm.）、华南紫萁（*Osmunda vachellii* Hook.）、微红新月蕨（*Pronephrium megacuspe*（Bak.）Holtt.）、线条楼梯草、山菅兰（*Dianella ensifolia*（Linn.）Redouté）、露兜树（*Pandanus tectorius* Sol.）、马兰（*Kalimeris indica*（Linn.）Sch.-Bip.）等。藤本植物有土茯苓（*Smilax glabra* Roxb.）、当归藤（*Embelia parviflora* Wall. ex A. DC.）、藤黄檀（*Dalbergia hancei* Benth.）、长圆叶木姜子、厚叶素馨（*Jasminum pentaneurum* Hande-Mazzetti）、买麻藤（*Gnetum montanum* Markgr.）、胡椒藤、星毛冠盖藤（*Pileostegia tomentella* Hand.-Mazz.）、七姐妹、匍茎榕（*Ficus sarmentosa* Buch.-Ham. ex J. E. Sm.）等。

山地常绿阔叶林 在海拔较高处分布较典型的常绿阔叶林。乔木层主要树种有：细枝栲（*Castanopsis fargesii*）、水椎栲、栲（*Castanopsis fargesii* Franch.）、铁椎栲（*Castanopsis lamontii*）、粤桂柯（*Lithocarpus halophyllus*）、硬叶柯（*Lithocarpus crassifolius* A. Camus）、华东润楠（*Machilus leptophylla*）、基脉润楠（*Machilus decursinervis* Chun）、阴香（*Cinnamomum burmannii*（C. G. et Th. Nees）Bl.）、华南木姜子（*Litsea greenmaniana* Allen）、毛叶木姜子（*Litsea mollis* Hemsl.）、广东山胡椒（*Lindera kwangtungensis*（Liou）Allen）、黄樟（*Cinnamomum porrectum*（Roxb.）Kosterm.）、银木荷（*Schima argentea* Pritz. ex Diels）、木荷（*Schima superba* Gardn. et Champ.）、毛杨桐（*A dinandra glischroloma*）、广西木莲（*Manglietia tenuipen*）、深山含笑（*Michelia maudiae* Dunn）、光叶木兰（*Magnolia dawsoniana* Rehd. et Wils.）、小冬桃、猴欢喜（*Sloanea sinensis*（Hance）Hemsl.）、马蹄荷（*Exbucklandia populnea*（R. Br.）R. W. Brown）、阿丁枫（蕈树）

(*Altingia chinensis* (Champ.) Oliver ex Hance)、华南山矾 (*Symplocos handelii*)、网脉山龙眼 (*Helicia reticulata* W. T. Wang)、瑶山梭罗树 (*Reevesia glaucophylla* Hsue)、虎皮楠 (*Daphniphyllum oldhami* (Hemsl.) Rosenth.)、腺叶野樱 (*Laurocerasus phaeosticta* (Hance) Schneid.)、罗浮柿 (*Diospyros morrisiana* Hance)、银钟树 (*Halesia macgregorii* Chun)、少叶黄杞 (*Engelhardia fenzelii* Merr.)、青榨槭 (*Acer davidii* Franch.)、海南木五加 (*Dendropanax hai nanensis*) 等。有些地方有苦竹 (*Pleioblastus amarus* (Keng) Keng f.) 和甜竹 (*Dendrocalamus latiflorus* Munro) 出现。有时也出现零星的热带性树种，如细刺栲 (*Castanopsis tonkinensis* Seem.)、厚壳桂 (*Cryptocarya chinensis* (Hance) Hemsl.)、青钩栲 (*Castanop sis kaw akam i*) 等。黄枝润楠 (*Machilus versicolora*) 甚至在局部地方成为共优种。灌木层除乔木幼树外，尚有密花树 (*Rapanea neriifolia* (Sieb. et Zucc.) Mez)、细柄五月茶 (*Antidesma filipes*)、野锦香 (*Blastus cochinchinensis* Lour.)、羊角杜鹃 (*Rhododendron cavaleriei* Levl.)、西南香楠 (*Aidia cochinchinensis* Lour.)、小山柳 (*Clethra bodinieri* Lévl.)、三花冬青 (*Ilex triflora* Bl.)、九节枫 (*Sarcandra glabra*)、细枝柃 (*Eurya loquaiana* Dunn)、小狗骨柴 (*Diplospora fruticosa* Hemsl.)、杜茎山 (*Maesa japonica* (Thunb.) Moritzi. ex Zoll.)、常山 (*Dichroa febrifuga* Lour.)、光粗叶木 (*Lasianthus glaberrima*)、毛桂 (*Cinnamomum appelianum* Schewe)、赤楠 (*Syzygium buxifolium* Hook. et Arn.) 等。草本层有狗脊 (*Woodwardia japonica* (L. F.) Sm.)、山姜 (*Alpinia japonica* (Thunb.) Miq.)、黑莎草 (*Gahnia tristis* Nees)、扇叶铁线蕨 (*Adiantum flabellulatum* L. Sp.)、锦香草 (*Phyllagathis cavaleriei* (Lévl. et Van.) Guillaum.)、双盖蕨 (*Diplazium donianum* (Mett.) Tard. -Blot)、中华复叶耳蕨 (*Arachniodes chinensis* (Rosenst.) Ching)、金星蕨 (*Parathelypteris glanduligera* (Kze.) Ching)、江南野海棠 (*Bredia fordii*)、华东瘤足蕨 (*Plagiogyria japonica* Nakai)、书带蕨 (*Vittaria flexuosa* Fee) 等。藤本植物常见的有土茯苓 (*Smilax glabra* Roxb.)、大样酸藤子 (*Embelia rudis*)、三叶木通 (*Akebia trifoliata* (Thunb.) Koidz.)、短柱络石 (*Trachelospermum brevistylum* Hand. -Mazz.)、野木瓜 (*Stauntonia chinensis* DC.)、小扁藤 (*Tetrastigma hemsleyanum* Diels et Gilg)、牛老药藤 (*Thysanospernmum diffusum*)、匍茎榕 (*Ficus sarmentosa* Buch. -Ham. ex J. E. Sm.) 等。

中山针阔混交林 在海拔 1250 米以上的中山山地，有部分裸子植物出现，与阔叶树形成针阔混交林。针叶树主要有：长苞铁杉 (*Tsuga longibracteata* W. C. Cheng)、广东松 (*Pinus kwangtungensis* Chun ex Tsiang)、福建柏 (*Fokienia hodginsii* (Dunn) A. Henry et Thomas)、银杉 (*Cathaya argyrophylla* Chun et Kuang)、短叶罗汉松 (*Podocarpus macrophyllus* (Thunb.) Sweet var. maki Siebold & Zuccarini) 等。阔叶树主要有：光叶水青冈 (*Fagus lucida* Rehd. et Wils.)、金毛柯 (*Lithocarpus chrysocomus* Chun et Tsiang)、马蹄荷 (*Exbucklandia populnea* (R. Br.) R. W. Brown)、红岩杜鹃、广西山茉莉 (*Huodendron tomentosum* Y. C. Tand ex S. M. Hwang var. guangxiense S. M. Hwang et C. F. Liang)、

阔瓣白兰花（*Michelia platypetala* Hand. -Mazz.）、树参（*Dendropanax dentiger*（Harms）Merr.）、少叶黄杞（*Engelhardia fenzelii* Merr.）、红楣（*Anneslea fragrans* Wall.）、桂南木莲（*Manglietia chingii* Dandy）、南岭山矾（*Symplocos confusa* Brand）、薯豆（*Elaeocarpus japonicus* Sieb. et Zucc.）、厚皮香（*Ternstroemia gymnanthera*（Wight et Arn.）Beddome）、银木荷（*Schima argentea* Pritz. ex Diels）、木荷（*Schima superba* Gardn. et Champ.）、毛杨桐（*A dinandra glischroloma*）、厚叶红淡比（*Cleyera pachyphylla* Chun ex H. T. Chang）、革叶冬青（*Ilex cochinchinensis*（Lour.）Loes.）、榕叶冬青（*Ilex ficoidea* Hemsl.）、红苞木（*Rhodoleia championii* Hook. f.）、绿樟（*Meliosma squamulata* Hance）、深山含笑（*Michelia maudiae* Dunn）、毛叶木姜子（*Litsea mollis* Hemsl.）、红楠（*Machilus thunbergii* Sieb. et Zucc.）、密花树（*Rapanea neriifolia*（Sieb. et Zucc.）Mez）、大果腊瓣花（*Corylopsis multiflora*）、光叶木兰（*Magnolia dawsoniana* Rehd. et Wils.）等。灌木层除上述乔木幼苗外，尚有箭竹（*Fargesia spathacea* Franch.）、西南香楠（*Aidia cochinchinensis* Lour.）、广东杜鹃（*Rhododendron kwangtungense* Merr. et Chun）、棱果花（*Barthea barthei*（Hance）Krass.）、光叶粗叶木（*Lasianthus glaberrima* Chun）、新木姜（*Neolitsea aurata*（Hay.）Koidz.）、苦竹（*Pleioblastus amarus*（Keng）Keng f.）等。草本层主要有狗脊（*Woodwardia japonica*（L. F.）Sm.）、中华里白（*Hicriopteris chinensis*（Ros.）Ching）、镰叶瘤足蕨（*Plagiogyria distinctissima* Ching）、苔草（*Carex dispalata*）、间型沿阶草（*Ophiopogon intermedius* D. Don）、鳞毛蕨（Dryopteridaceae）等。藤本植物主要有冷饭团（*Kadsura coccinea*（Lem.）A. C. Smith）、土茯苓（*Smilax glabra* Roxb.）、鸡眼藤（*Morinda parvifolia* Bartl. et DC.）、野木瓜（*Stauntonia chinensis* DC.）、三叶木通（*Akebia trifoliata*（Thunb.）Koidz.）、牛老药藤（*Thysanospernmum diffusum*）、藤黄檀（*Dalbergia hancei* Benth.）、爬山虎（*Parthenocissus tricuspidata*（Sieb. et Zucc.）Planch.）、扶芳藤（*Euonymus fortunei*（Turcz.）Hand. -Mazz.）等。

山顶矮曲林　在海拔1500米以上的山顶山脊，分布有以杜鹃花科为主的山顶矮曲林。高5～8米，枝干弯弯曲曲、布满苔藓，是由于在大风、低温、多云雾、高湿、日照少等特殊环境下形成的。乔木以变色杜鹃（*Rhododendron simiarum* Hance var. versicolor（Chun et Fang）Fang f.）和红岩杜鹃为主，常见树种还有广东厚皮香（*Ternstroemia kwangtungensis* Merr.）、广西铁仔（*Myrsine elliptica* E. Walker）、樱叶石楠（*Photinia prunifolia*（Hk. et A.）Lindl）、红果树（*Stranvaesia davidiana* Dcne.）、厚叶红淡比（*Cleyera pachyphylla* Chun ex H. T. Chang）、革叶冬青（*Ilex cochinchinensis*（Lour.）Loes.）、短梗新木姜子（*Neolitsea brevipes* H. W. Li）、华中山柳（*Clethra fargesii*）、阔瓣含笑（*Michelia platypetala* Hand. -Mazz.）、华南山矾（*Symplocos handelii*）、红苞木（*Rhodoleia championii* Hook. f.）、南烛（*Vaccinium bracteatum* Thunb.）、大果木五加（*Dendropanax macrocarpus* C. N. Ho）、折柄茶（*Hartia sinensis* Dunn）、厚皮香（*Ternstroemia gymnanthera*（Wight et Arn.）Beddome）、灯笼树（*Enkianthus chinensis* Franch.）、短叶罗汉松

(*Podocarpus macrophyllus* (Thunb.) Sweet var. maki Siebold & Zuccarini)、福建柏（*Fokienia hodginsii* (Dunn) A. Henry et Thomas）等。灌木层除上述乔木幼树外，尚有细花杜鹃（*Rhododendron minutiflorum* Hu）、南岭山矾（*Symplocos confusa* Brand）、窄基红褐柃（*Eurya rubiginosa* Chang var. attenuata H. T. Chang）、女贞（*Ligustrum lucidum* Ait.）、箬竹（*Indocalamus tessellatus* (munro) Keng f.）、苦竹（*Pleioblastus amarus* (Keng) Keng f.）、满山香（*Schisandra micrantha* A. C. Smith）、假黄杨（*Syzygium buxifolium* Hook. et Arn.）、野锦香（*Blastus cochinchinensis* Lour.）、五列木（*Pentaphylax euryoides* Gardn. et Champ.）、新木姜子（*Neolitsea aurata* (Hay.) Koidz.）、杜鹃（*Rhododendron* sp.）、红皮木姜子（*Litsea pedunculata* (Diels) Yang et P. H. Huang）、大八角（*Illicium majus* Hook. f. et Thoms.）、凸脉冬青（*Ilex kobuskiana* S. Y. Hu）、羊角杜鹃（*Rhododendron cavaleriei* Levl.）、南岭杜鹃（*Rhododendron levinei* Merr.）等。草木层主要有沿阶草（*Ophiopogon bodinieri* Levl.）、金鸡脚（*Phymatopteris hastata* (Thunb.) Pic. Serm.）、狗脊（*Woodwardia japonica* (L. F.) Sm.）、华东膜蕨（*Hymenophyllum barbatum* (v. D. B.) Bak.）、卷柏（*Selaginella tamariscina* (P. Beauv.) Spring）、茅叶苔草（*Carex cryptostachys* Brongniart）、多花兰（*Cymbidium floribundum* Lindl.）、膜蕨（*Hymenophyllum* sp.）、镰叶瘤足蕨（*Plagiogyria distinctissima* Ching）、红毛禾叶蕨（*Grammitis hirtella* (*Blume*) Tuyama）等。附生植物发达，苔癣长满于树干、枝条以及岩石表面，地面上，暖地大叶藓（Rhodobryum giganteum (Sch.) Par.）十分突出。还附生有伏石蕨（*Lemmaphyllum microphyllum* C. Presl）、膜叶蕨（*Hymenophyllum barbatum* (v. D. B.) Bak.）和红毛禾叶蕨（*Grammitis hirtella* (*Blume*) Tuyama）等。但藤本植物少，只有土茯苓（*Smilax glabra* Roxb.）、来江藤（*Brandisia hancei* Hook. f.）、薯蓣（*Dioscorea opposita* Thunb.）、双飞蝴蝶（*Tylophora ovata* (Lindl.) Hook. ex Steud.）、梨叶悬钩子（*Rubus pirifolius* Smith）、棠叶悬钩子（*Rubus malifolius* Focke）等几种。

草丛　在森林被彻底砍伐或被火烧后，首先生长起来的是草丛，包括高草草丛和中草草丛。高草草丛主要以五节芒草丛为主，主要草类有五节芒（*Miscanthus floridulus* (Lab.) Warb. ex Schum et Laut.）、白茅（*Imperata cylindrica* (Linn.) Beauv.）、野古草（*Arundinella anomala* Stend.）、珍珠茅（*Scleria levis* Retz.）等。还散生一些灌木，如长叶冻绿（*Rhamnus crenata* Sieb. et Zucc.）、满山香（*Schisandra micrantha* A. C. Smith）、盐肤木（*Rhus chinensis* Mill.）等。中草草丛以纤毛鸭嘴草（*Ischaemum indicum* (Houtt.) Merr.）、金茅（*Eulalia speciosa* (Debeaux) Kuntze）、野古草、芒萁（*Dicranopteris dichotoma* (Thunb.) Bernh.）为主，其次为蕨（*Pteridium aquilinum* (Linn.) Kuhn var. latiusculum (Desv.) Underw. ex Heller）、白茅（*Imperata cylindrica* (Linn.) Beauv.）、珍珠茅（*Scleria levis* Retz.）、四脉金茅（*Eulalia quadrinervis* (Hack.) Kuntze）、五节芒、十字苔草（*Carex cruciata* Wahl）、地菍（*Melastoma dodecandrum* Lour.）、牡蒿（*Artemisia japonica* Thunb.）、羊耳菊（*Inula cappa* (Buch. -Ham.) DC.）、丝叶球柱草（*Bulbostylis densa*

（Wall.）Hand.-Mzt.）、仙茅（*Curculigo orchioides* Gaertn.）等。亦散生有零星的灌木，如长叶冻绿（*Rhamnus crenata* Sieb. et Zucc.）、单毛桤叶树（*Clethra bodinieri* Lévl.）、南烛（*Vaccinium bracteatum* Thunb.）、杜梨（*Pyrus betulifolia* Bge.）、细齿叶柃（*Eurya nitida* Korthals）、满山香（*Schisandra micrantha* A. C. Smith）、胡枝子（*Lespedeza bicolor* Turcz.）等。

灌丛和灌草丛　草丛自然发展，灌木和乔木幼苗逐渐增多长大，形成灌丛和灌草丛，常见的灌木和乔木幼树有枫香（*Liquidambar formosana* Hanc）、牛耳枫（*Daphniphyllum calycinum* Benth.）、杜梨（*Pyrus betulifolia* Bge.）、华南毛柃（*Eurya ciliata* Merr.）、桃金娘（*Rhodomyrtus tomentosa*（Ait.）Hassk.）、毛桐（*Mallotus barbatus*（Wall.）Muell. Arg.）、野牡丹（*Paeonia delavayi* Franch.）、杜茎山（*Maesa japonica*（Thunb.）Moritzi. ex Zoll.）、山指甲（*Desmos chinensis* Lour.）、地桃花（*Urena lobata* Linn.）、细齿叶柃（*Eurya nitida* Korthals）、三椏苦（*Evodia lepta*（Spreng.）Merr.）、山合欢（*Albizia kalkora*（Roxb.）Prain）、南酸枣（*Choerospondias axillaria*（Roxb.）Burtt et Hill）、岭南柿（*Diospyros tutcheri* Dunn）、山拐枣（*Poliothyrsis sinensis* Oliv.）等。草本以芒萁（*Dicranopteris dichotoma*（Thunb.）Bernh.）、肾蕨（*Nephrolepis auriculata*（L.）Trimen）、地菍（*Melastoma dodecandrum* Lour.）、鳞毛蕨属（Dryopteris）、画眉草（*Eragrostis pilosa*（Linn.）Beauv.）、纤毛鸭嘴草（*Ischaemum indicum*（*Houtt.*）Merr.）、五节芒（*Miscanthus floridulus*（Lab.）Warb. ex Schum et Laut.）、蔓生莠竹（*Microstegium vagans*（Nees ex Steud.）A. Camus）、乌毛蕨（*Blechnum orientale* Linn.）、蕨（*Pteridium aquilinum*（Linn.）Kuhn var. latiusculum（Desv.）Underw. ex Heller）、珍珠茅（*Scleria levis* Retz.）等。藤本有野葛（*Pueraria lobata*（Willd.）Ohwi）、海金沙（*Lygodium japonicum*（Thunb.）Sw.）、土茯苓（*Smilax glabra* Roxb.）、玉叶金花（*Mussaenda pubescens* Ait. F. Hort. Kew. Ed.）等。

油杉林　在大瑶山海拔1000米以下中低山阳坡、半阳坡的小片的油杉林，外貌绿色，结构简单。乔木主要为油杉（*Keteleeria fortunei*（Murr.）Carr.），还伴生有少量的水椎栲、黄杞（*Engelhardia roxburghiana* Wall.）、青冈（*Cyclobalanopsis glauca*（Thunberg）Oersted）、枫香（*Liquidambar formosana* Hance）、山合欢（*Albizia kalkora*（Roxb.）Prain）、岭南柿（*Diospyros tutcheri* Dunn）和马尾松（*Pinus massoniana* Lamb.）等。灌木有南烛（*Vaccinium bracteatum* Thunb.）、福建乌饭树（*Vaccinium carlesii* Dunn）、刺毛杜鹃（*Rhododendron championae* Hook.）、卵叶杜鹃（*Rhododendron callimorphum* Balf. F. et W. W. Smith.）、小叶石楠（*Photinia parvifolia*（Pritz.）Schneid.）等。草本层常见的有五节芒（*Miscanthus floridulus*（Lab.）Warb. ex Schum et Laut.）、珍珠茅（*Scleria levis* Retz.）、芒萁（*Dicranopteris dichotoma*（Thunb.）Bernh.）、美丽胡枝子（*Lespedeza formosa*（Vog.）Koehne）、狗脊（*Woodwardia japonica*（L. F.）Sm.）、华南鳞毛蕨（*Dryopteris tenuicula* Matthew et Christ）等。藤本植物主要有鸡眼藤（*Morinda parvifolia* Bartl. et

DC.)、土茯苓（*Smilax glabra* Roxb.）、白花酸藤果（*Embelia ribes* Burm. F.）等。

人工植被与半天然植被　在丘陵台地区，原生植被已被完全伐尽，除开垦成耕地种植粮食作物，经济作物及栽培经济林木外，主要的人工林与半天然林有马尾松和杉木林。马尾松林有人工种植也有半天然林，乔木以马尾松（*Pinus massoniana* Lamb.）占绝对优势，忻城古蓬松是著名的速生优质马尾松地理种源，有时混生有枫香（*Liquidambar formosana* Hance）等阔叶树。林下灌木多桃金娘（*Rhodomyrtus tomentosa*（Ait.）Hassk.）、南烛（*Vaccinium bracteatum* Thunb.）、细齿叶柃（*Eurya nitida* Korthals）、野牡丹（*Paeonia delavayi* Franch.）、赤楠（*Syzygium buxifolium* Hook. et Arn.）、毛果算盘子（*Glochidion eriocarpum* Champ. ex Benth.）等。草本层多芒萁（*Dicranopteris dichotoma*（Thunb.）Bernh.）、纤毛鸭嘴草（*Ischaemum indicum*（*Houtt.*）Merr.）、野古草（*Arundinella anomala* Stend.）、五节芒（*Miscanthus floridulus*（Lab.）Warb. ex Schum et Laut.）、扇叶铁线蕨（*Adiantum flabellulatum* L. Sp.）、狗脊（*Woodwardia japonica*（L. F.）Sm.）等。杉木林完全为人工种植，乔木是清一色的杉木（*Cunninghamia lanceolata*（Lamb.）Hook.），结构十分简单。林下灌木层主要有白背叶（*Mallotus apelta*（Lour.）Muell. Arg.）、杜茎山（*Maesa japonica*（Thunb.）Moritzi. ex Zoll.）、盐肤木（*Rhus chinensis* Mill.）、细枝柃（*Eurya loquaiana* Dunn）、草珊瑚（*Sarcandra glabra*（Thunb.）Nakai）等。草本层主要有弓果黍（*Cyrtococcum patens*（Linn.）A. Camus）、五节芒（*Miscanthus floridulus*（Lab.）Warb. ex Schum et Laut.）、叶底红（*Phyllagathis fordii*（Hance）C. Chen）、金毛狗（*Cibotium barometz*（Linn.）J. Sm.）、毛蕨（*Cyclosorus interruptus*（Willd.）H. Ito）等。此外还有一些人工种植的竹林和小片竹林，以丛生竹为主，如单竹（*Bambusa cerosissima* McClure）、青皮竹（*Bambusa textilis* McClure）、甜竹（*Dendrocalamus brandisii*（Munro）Kurz）、吊丝竹（*Dendrocalamus minor*（McClure）Chia et H. L. Fung）等。

石灰岩地区常绿与落叶阔叶林　柳州区域石灰岩地区原生植被亦应是常绿阔叶林，但由于人类活动的影响，原生植被已不复存在。现在于村庄背后的“风水林”已变成常绿与落叶阔叶混交林。乔木树种主要有青冈栎（*Cyclobalanopsis glauca*（Thunberg）Oersted）、大叶栲（*Castanopsis megaphylla* Hu）、麻轧木（*Lysidice brevicalyx* Wei）、华南皂荚（*Gleditsia fera*（Lour.）Merr.）、青檀（*Pteroceltis tatarinowii* Maxim.）、化香（*Platycarya strobilacea* Sieb. et Zucc.）、赛卫矛、朴树（*Celtis sinensis* Pers.）、小栾树、圆叶乌桕（*Sapium rotundifolium* Hemsl.）、菜豆树（*Radermachera sinica*（Hance）Hemsl.）、石苹婆、南岭黄檀（*Dalbergia balansae* Prain）等。灌木层主要有小果蔷薇（*Rosa cymosa* Tratt.）、灰毛浆果楝（*Cipadessa cinerascens*（Pell.）Hand.-Mazz.）、红背山麻杆（*Alchornea trewioides*（Benth.）Muell. Arg.）、火棘（*Pyracantha fortuneana*（Maxim.）Li）、雀梅藤（*Sageretia thea*（Osbeck）Johnst.）、石榕（*Ficus abelii* Miq.）、樟叶荚迷等。草本层主要有苔草（*Carex dispalata* Boott ex A. Gray）、千里光（*Senecio* scandens Buch. -Ham. ex D. Don)、沿阶草（*Ophiopogon bodinieri* Levl.）、土麦冬（*Liriope spicata*（Thunb.）Lour.）等。藤本植物常见的有龙须藤（*Bauhinia championii*（Benth.）Benth.）、飞龙掌血（*Toddalia asiatica*（L.）Lam.）、蛇藤（*Colubrina asiatica*（Linn.）Brongn.）、野葡萄（*Vitis heyneana* Roem. et Schult）、来江藤（*Brandisia hancei* Hook. f.）等。

柳州地区植物种质资源丰富，据20世纪80年代大瑶山自然资源综合考察，90年代初九万山植物资源考察以及融水、融安、三江、鹿寨、忻城等县重点林区调查粗略统计，全地区高等植物（包括苔藓、蕨类）有327科1388属5400余种，占广西现有维管束植物8354种的65.5%，其中主要乡土树种有106科326属1047种（柳州地方志编撰委员会，1998）。

白莲洞区域内植物资源亦十分丰富。1992年，白莲洞博物馆专业人员蒋远金在北京自然博物馆张元真老师的指导下，对白莲洞遗址周围地区的现代植物标本进行采集，后由刘安仁、陈艺林、邢共侠诸先生鉴定。经鉴定，白莲洞附近共有现代植物59种（不完全统计），它们分属于樟科（Lauraceae）、木兰科（Magnoliaceae）、椴树科（Tiliaceae）、豆科（Leguminosae）、木犀科（Oleaceae）、桑科（Moraceae）、五加科（Araliaceae）、芸香科（Rutaceae）、蔷薇科（Rosaceae）、大戟科（Euphorbiaceae）、桃金娘科（Myrtaceae）、茄科（Solanaceae）、马鞭草科（Verbenaceae）、罂粟科（Papaveraceae）、十字花科（Brassicaceae）、禾本科（Gramineae）和菊科（Compositae）。2007年5～7月，白莲洞博物馆专业人员叶亮在广西师范大学黄云峰等的支持下，对白莲洞遗址附近的自然和人工植被的科、属组成，植被类型及特点，主要植物资源等课题再次进行了详细调查。此次调查采集到的现代植物标本经鉴定共有85科173种，具体种属见附录。

五、动物资源

柳州区域生物地理区陆栖脊椎动物比较丰富，单是大瑶山一地，即有陆生脊椎动物近400种（广西壮族自治区地方志编纂委员会，2000）。其中有哺乳动物34种，鸟类238种，爬行类80多种，两栖类44种。两栖类动物种数占广西两栖类动物的59.46%。尤其是树蛙科（Rhacophoridaae）即达11种占全国树蛙类的一半以上。另外有姬蛙科（Microhylidae Parker）4种，雨蛙（Hylidae Hallowell）2种，蛙科（Ranidae Bonaparte）14种，有鸣声如琴的弹琴蛙（*Rana adenopleura Boulenger*），鸣声梆、梆、梆的棘腹蛙（*Rana boulengeri Guenther*）；蟾蜍科（Bufonidae）3种；锄足蟾科（Pelobatidae Lataste）6种；有尾目（Caudata）4种，如大鲵（*Megalobatrachus davidianus*）生活在山区水流湍急而清澈的溪流中，匿于石隙间。最有名的还是爬行类的鳄蜥（*Shinisaurus crocodilurus Ahl*），这是我国特产，广西特产，广西也只有在大瑶山及其周围的平南、昭平和贺县有发现，是珍稀濒危动物，为一级重点保护动物。在柳州区域的爬行类中，龟鳖目（Testudinata）种类比较少，但蜥蜴目（Lacertilia）和蛇目（Serpentes）十分丰富。如蜥蜴目有丽棘蜥（*Acanthosaura lepidogaster*）、短肢树蜥（*Calotes brevipes*）、变色树蜥（*Calotes versicolor*）、四川龙蜥（*Japalura szechwanensis Hu et Zhao*）、长鬣蜥（*Physignathus cocincinus Cuvier*）、蹼趾壁虎（*Gekko subpalmatus Guenther*）、半叶趾虎（*Hemiphyllodactylus yunnanensis*）、石龙子（*Eumeces chinensis*）、蓝尾石龙子（*Eumeces elegans Boulenger*）、南滑蜥（*Scincella reevesi*）、棱蜥（*Tropidophorus sinicus Boettger*）、地蜥（*Platyplacopus*）、南草蜥（*Takydromus sexlineatus meridionalis Guenther*）、白尾双足蜥（*Dibamus bourreti Angel*）、蛇蜥（*Anguis fragilis Linnaeus*）等。蛇目有蟒蛇（*Python molurus*）、棕脊蛇（*Achalinus rufescens Boulenger*）、黑脊蛇（*Achalinus spinalis*）、钝头蛇（*Pareas chinensis Barbour*）、过树蛇（*Dendrelaphis p. pictus*）、尖尾两头蛇（*Calamaria pavimentata Dumeril et Bibron*）、钝尾两头蛇（*Calamaria septentrionalis Boulenger*）、黄链蛇（*Dinodon flavozonatum Pope*）、王锦蛇（*Elaphe carinata*）、百花锦蛇（*Elaphe meollendorffi*）、紫灰锦蛇（*Elaphe porphyracea*）、三索锦蛇（*Elaphe radiata*）、黑眉锦蛇（*Elaphe taeniura Cope*）、颈棱蛇（*Macropisthodon rudis Boulenger*）、游蛇（*Coluber constrictor Linnaeus*）、小头蛇（*Oligodon chinensis*）、翠青蛇（*Entechinus major*）、后棱蛇（*Opisthotropis* sp.）、斜鳞蛇（*Pseudoxenodon macrops*）、灰鼠蛇（*Ptyas korros*）、滑水蛇、尖喙蛇（*Rhynchophis boulengeri Mocquard*）、黑头剑蛇（*Sibynophis chinensis*）、乌梢蛇（*Zaocys dhumnades*）、繁花林蛇（*Boiga multomaculata*）、绿瘦蛇（*Ahaetulla prasina Boie*）、紫沙蛇（*Psammodynastes pulverulentus Boie*）、铅色水蛇（*Enhydris plumbea*）、金环蛇（*Bungarus fasciatus*）、银环蛇（*Bungarus multicinctus Blyth*）、丽纹蛇（*Calliophis macclellandii*）、眼镜蛇（*Naja naja*）、眼镜王蛇（*Ophiophagus hannah*）、竹叶青（*Trimeresurus stejnegeri Schmidt*）、白唇竹叶青（*Trimeresurus albolabris Gray*）、烙铁头（*Trimeresurus mucrosquamatus*）、山烙铁头（*Trimeresurus monticola Guenther*）等62种。大瑶山更是广西的鸟类中心，有鸟类238种，占广西鸟类种数（475）的50.1%。其中不少是珍稀鸟类和著名观赏。如红腹角雉（*Tragopan temminckii*）、白鹇（*Lophura nycthemera*）、珠颈斑鸠（*Streptopelia chinensis*）、山斑鸠（*Streptopelia orientalis*）、红翅凤头鹃（*Clamator cormandus*）、四声杜鹃（*Cuculus micropterus*）、褐翅鸦鹃（*Centropus sinensis*）、鹰（*Accipitridae* sp.）、夜鹰（*Caprimulgus indicus*）、红头咬鹃（*Harpactes erythrocephalus*）、翠鸟（*Alcedo atthis*）、多种啄木鸟、蓝背八色鸫（*Pitta soror*）、蓝翅八色鸫（*Pitta nympha*）、白头鹎（*Pycnonotus sinensis*）、黑鹎（*Microscelis leucocephalus*）、橙腹叶鹎（*Chloropsis hardwickii*）、松鸦（*Garrulus glandarius*）、红嘴蓝鹊（*Urocissa erythrorhyncha*）、褐河乌（*Cinclus pallasii*）、小燕尾（*Enicurus scouleri*）、小鹪眉（*Pnoepyga pusilla*）、红头穗鹛（*Stachyris ruficeps*）、斑颈穗鹛（*Stachyris striolata*）、多种噪鹛（*Garrulax*）、金头缝叶莺（*Orthotomus cucullatus*）、多种鹪莺（*Prinia*）、大山雀（*Parus major*）等，还有可以传播多种花粉的几种啄花鸟（*Dicaeidae*）和太阳鸟（*Nectariniidae*），小巧玲珑、美丽活泼。柳州区域的哺乳动物种数不

多，特别是灵长类只有猕猴（*Macaca mulatta*）偶尔发现。偶蹄目（Artiodactyla）只有河麂（*Hydropotes inermis*）在来宾、鹿寨有出现。食虫目（Insectibora）也只有水獭（*Lutra lutra*）、小灵猫（*Viverricula indica*）两种出现在都安一带。啮齿目（Rodentia）也不多，较常见的只有：棕鼯鼠（*Petaurista petaurista*）、白腹巨鼠（*Niviventer andersoni*）、笔尾树鼠（*Chiropodomys gliroides*）、社鼠（*Niviventer niviventer*）、板齿鼠（*Bandicota indica*）、以及一些家鼠，如小家鼠（*Mus musculus*）、针毛鼠（*Niviventer fulvescens*）、黄胸鼠（*Rattus flavipectus*）、褐家鼠（*Rattus norvegicus*）等。在一些石灰岩溶洞分布有成群的翼手目（Chiroptera）动物，如皮氏菊头蝠（*Rhinolophus pearsoni*）、褐扁颅蝠（*Tylonycteris robustula*）、小彩蝠（*Kerivoula lanosa*）等。

柳州地区野生动物资源据20世纪80年代广西林业勘测设计院珍贵动物资源调查队以及大瑶山自然资源综合考察资料，已知本地区的陆栖脊椎野生动物460余种，占广西884种的52.1%（柳州地方志编撰委员会，1998）。野生兽类主要有猕猴（*Macaca mulatta*）、短尾猴（*Macaca arctoides*）、熊猴（*Macaca assamensis*）、穿山甲（*Manis pentadactyla*）、华南兔（*Lepus sinensis*）、松鼠（*Sciurus vulgaris*）、豪猪（*Hystrix hodgsoni*）、中华竹鼠（*Rhizomys sinensis*）、赤狐（*Vulpes vulpes*）、籍、纺、黑熊（*Selenarctos thibetanus*）、舶狼、水獭、大灵猫（*Viverra zibetha*）、小灵猫（*Viverricula indica*）、斑林狸（*Prionodon pardicolor presina*）、果子狸（*Paguma larvata*）、红颊獴（*Herpestes auropunctatus*）、食蟹獴（*Paguma larvata intrudens*）、豹猫（*Felis bengalensis*）、云豹（*Neofelis nebulosa*）、华南虎（*Panthera tigris amoyensis*）、野猪（*Sus scrofa*）、林廊、獐（*Hydropotes inermis*）、小麂（*Muntiacus reevesi*）、黑麂（*Muntiacus crinifrons*）、毛冠鹿（*Elaphodus cephalophus*）、四川水鹿（*Cervus unicolor*）、苏门羚（*Capricornis sumatraensis*）等63种，占广西野生兽类136种的46.3%。两栖类主要有大鱼儿、黑眶蟾蜍（*Bufo melanostictus Schneider*）、中国雨蛙（*Hyla chinensis Gunther*）、华南雨蛙（*Hyla simplex Boettger*）、虎纹蛙（*Rana tigrina Daudin*）、棘胸蛙（山蚂蜗）（*Rana spinosa David*）、沼蛙（*Rana guentheri Boulenger*）、泽蛙（*Rana limnocharis Boie*）、日本林蛙（*Rana japonica Guenther*）、湍蛙（油蜗）（*Staurois Cope*）等50余种，占广西两栖类74种的67.6%。爬行类主要有平胸龟（*Platysternon megacephalum Gray*）、地龟（*Geoemyda spengleri*）、鳖（*Trionyx sinensis Wiegmann*）、鳝蜥（*Delma fraseri Gray*）、锦蛇（Elaphe）、老挝白环蛇（*Lycodon laoensis Guenther*）、黑背白环蛇（*Lycodon ruhstrati* Fischer）、眼镜蛇（*Naja naja*）、眼镜王蛇（*Ophiophagus Hannah*）、竹叶青亚种（*Trimeresurus stejnegeri stejnegeri*）、金环蛇（*Bungarus fasciatus* Schneider）等40余种，占广西爬行类动物157种的25.5%。鸟纲主要有苍鹭（*Ardea cinerea*）、绿鹭瑶山亚种（*Butorides striatus actophilus*）、池鹭（*Ardeola bacchus*）、牛背鹭（*Bubulcus ibis*）、白鹭（*Egretta garzetta*）、豆雁（*Anser fabalis*）、小天鹅（*Cygnus columbianus*）、鸳鸯（*Aix galericulata*）、苍鹰（*Accipiter gentilis*）、白眉山鹧鸪（*Arborophila gingica*）、灰胸竹鸡（*Bambusicola thoracica*）、红腹角雉（*Tragopan tem-

minckii)、黄腹角雉（*Tragopan caboti*）、白鹇（*Lophura nycthemera*）、环颈雉（*Phasianus colchicus*）、白颈长尾雉（*Syrmaticus ellioti*）、红腹锦鸡（*Chrysolophus pictus*）、山斑鸠（*Streptopelia orientalis*）、鹰鹃（*Cuculus sparverioides*）、棕腹杜鹃（*Cuculus fugax*）、四声杜鹃（*Cuculus micropterus*）、大杜鹃（*Cuculus canorus*）、小杜鹃（*Cuculus poliocephalus*）、乌鹃（*Surniculus lugubris*）、褐翅鸦鹃（*Centropus sinensis*）、普通夜鹰（*Caprimulgus indicus*）、林夜鹰（*Caprimulgus affinis*）、白腰雨燕（*Apus pacificus*）、普通翠鸟（*Alcedo atthis*）、白胸翡翠（*Halcyon smyrnensis*）、大拟啄木鸟（*Megalaima virens*）、山拟啄木鸟（*Megalaima oorti*）、棕腹啄木鸟（*Picoides hyperythrus*）、家燕（*Hirundo rustica*）、金腰燕（*Hirundo daurica*）、虎纹伯劳（*Lanius tigrinus*）、红尾伯劳（*Lanius cristatus*）、八哥（*Acridotheres cristatellus*）、红嘴兰鹊（*Urocissa erythrorhyncha*）、喜鹊（*Pica pica*）、大嘴乌鸦（*Corvus macrorhynchos*）、小嘴乌鸦（*Corvus corone*）、白颈鸦（*Corvus torquatus*）、画眉（*Garrulax canorus*）、红嘴相思鸟（*Leiothrix lutea*）、黄眉柳莺（*Phylloscopus inornatus*）、大山雀（*Parus major*）、山麻雀（*Passer rutilans*）等 290 种，占广西鸟类 520 种的 55.8% 。

第三节　白莲洞洞穴发育与时代的确立

一、洞穴发育与形态

被国际洞穴协会主席誉为“世界岩溶心脏”的柳州，发育了一系列大大小小的溶洞，其中我国第一座洞穴博物馆——柳州白莲洞洞穴科学博物馆就设立在该地带南缘的白莲洞（彩版二）。

白莲洞因洞口正中有一块巨大的白色钟乳石，形似莲花蓓蕾而得名。它位于柳州市郊东南 12 公里的白面山南麓，距著名的柳江人洞仅 3 公里，离鲤鱼嘴遗址直线距离不足 5 公里。白面山原名水岩山，因山体南壁陡直、灰白，形似人面，故方言称之为“白面山”。白面山由石炭系上统马平组石灰岩和白云岩构成。其基部与北侧的胡广岩等丘陵相连接，为一巨大的连座峰林山体的一部分。其地理坐标为北纬 24°12′54″，东经 109°25′37″（图五；彩版三）。

白莲洞共有五层溶洞。白莲洞全长 1870 米，其主洞长 973.6 米，可分为上中下三层，其中上层洞长 124、中层洞为 461、下层洞为 298.6 米。洞穴主要发育方向为南北、东西、北东及北西向，基本形态以不规则的地下河廊道式洞穴为主，各层通道又以斜向通道相连，具有明显的继承性（图六）。

白莲洞上层洞口为一半隐蔽的岩厦式洞窟，其沉积物为白莲洞文化堆积。在洞厅有一横贯窟室东西的巨厚钙华板，该钙华板由两道古边石坝上下叠置构成，标志异常明

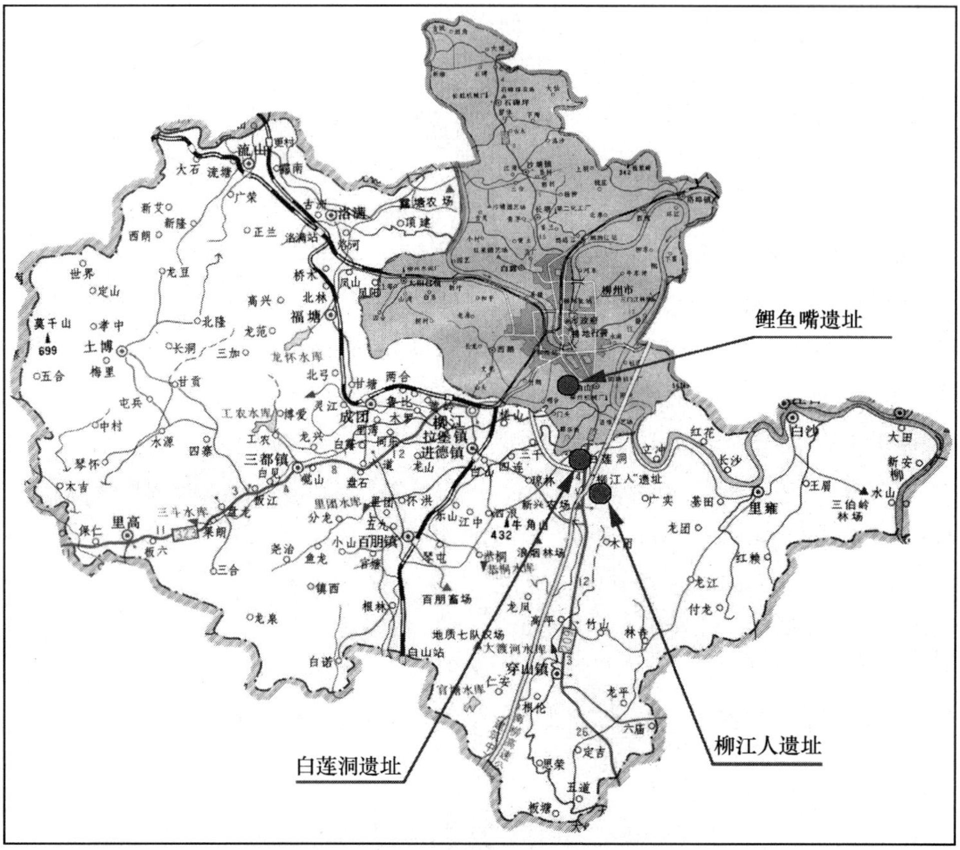

图五　白莲洞遗址地理位置示意图

显。以这个大钙华板为界，可以划分出二套洞穴堆积：钙华板以下为晚更新世红褐至黄褐色堆积物，含智人化石及大熊猫—剑齿象动物群化石。其文化遗物除砾石工具外，燧石类工具亦占很大部分。大钙华板以上，为晚更新世末次冰期主冰段以来的堆积物，包括末次冰期晚冰段灰黄色和早全新世、中全新世灰色堆积。含鹿—竹鼠现生种动物群化石，并有大量螺类。其文化遗物上层以含陶片为特征，下层以打制的砾石工具为主，充分体现了晚更新世末次冰期晚冰段至中全新世新石器时代文化鼎盛期的发展历程。

上层洞洞内堆积从人工开挖剖面由上至下可分为：

（1）钙华板，厚 45 厘米，浅黄—灰黄色，疏松状，夹一层厚 0.5 ~ 1.5 厘米的钙质胶结砂土，含灰褐色磷酸盐类，产状近似水平。

（2）钙华土，厚 80 厘米，浅黄—黄褐色，疏松状。

（3）结核状钙华土层，厚约 100 厘米，浅黄色，结核（穴珠）0.5 ~ 1 厘米，由钙华土组成，中间夹 0.2 米厚的透镜状薄层褐色钙华板，每层钙华板下侧产出雪白的石花，花瓣由放射状的细小晶簇组成，并为疏松的钙质黏土充填。

（4）结核（穴珠）状含角砾钙华土，浅黄色，1.1 米未见底，角砾为风化硅质岩。

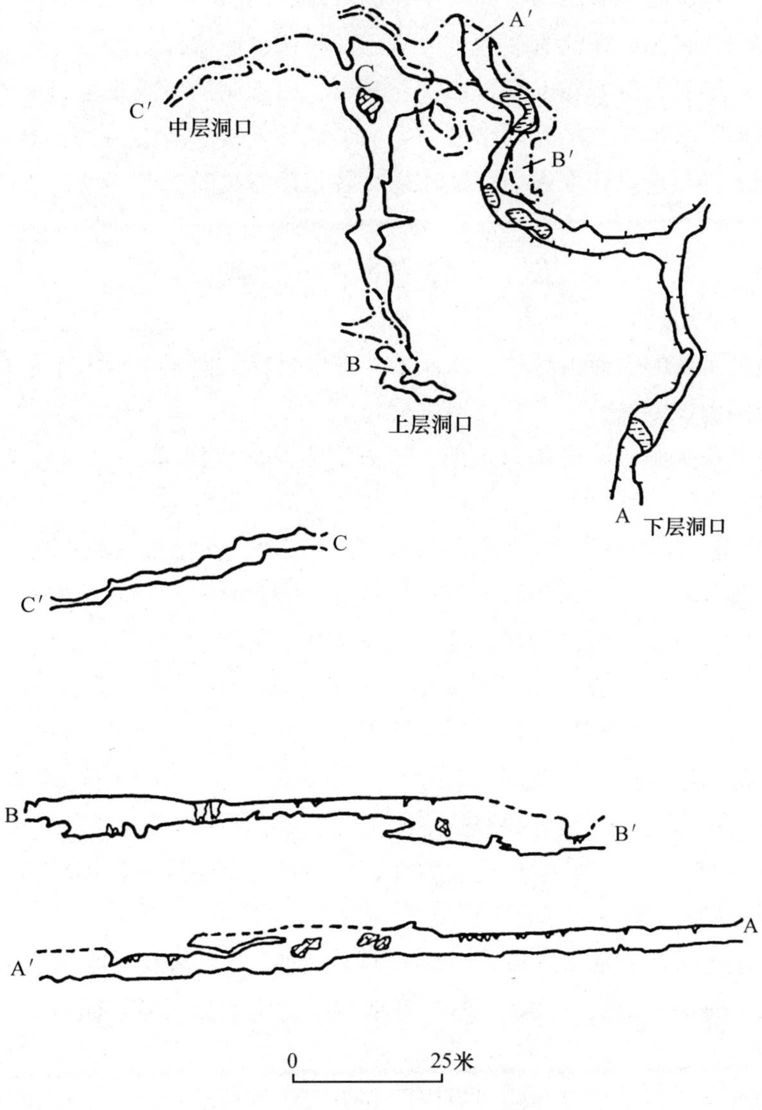

图六　白莲洞洞穴形态及剖面图

该层中部有一厚 0.2 厘米的页片状钙华土层，呈浅褐色。

此外，在厅室的东北角钙华板之下尚有浅黄色钙质胶结的已风化了的硅质岩碎石土。洞内的石柱有的被水流冲刷溶蚀，留有明显的指向流痕。洞壁旁所附黏土层中有多层钙华板，壁上有多级边槽和不同形态的涡穴。

中层洞内的沉积物主要是粉砂质黏土，下部呈黄色夹灰、棕黄色，具纹理。上部浅黄色，沉积厚，可能几乎全被黏土填充后再次被洪水入侵，将大部分堆积层冲走。洞穴内具有各种形态的碳酸盐沉积，如石钟乳、石笋、石柱、石幔、穴珠、流石坝、钙华以及石枝、鹅管等。

下层洞为一地下暗河，石壁上亦有明显的水流刷的涡痕，暗河内有多处石坝。暗河尽头有一巨大的落水洞，在此有一地下河道与其相接直通柳江。

从上述三层溶洞的沉积物发育可以明显看出，白莲洞的形成是更新世以来本区域地壳运动加剧、地下暗河多次抬升的结果，它的形成与气候湿阔多雨和相对干燥的频繁波动，洪水反复入侵与消退，堆积和溶蚀作用交替密切相关联。

二、洞穴分布与时代

白莲洞遗址所处的白面山海拔 249.8 米，高出附近的地平面约 152 米。在其面向开阔的溶蚀平原的南坡陡壁上，有五层溶洞分布。

第一层　系一水洞，洞口朝向正南，十分宽敞。底板海拔 94.5 米，低于洞外地面约 2.7 米。洞内有地下暗河，长达 380 米左右，流向变化在 340°～360°之间。该地下河全长达 7.25 公里，是经白面山、葡萄山、磨盘岭等地，在洛维农场附近汇入柳江的洛维地下河的一部分。

第二层　主洞口在白面山西麓，洞口朝向 260°，相对高程约 14 米。自白莲洞后厅向东逶迤而下，亦有同期的水平溶洞分布。该层溶洞的洞体规模较小，钟乳石不发育，洞顶常出露产状倾斜的中厚层至厚层岩层钙板，可以作为特征。

第三层　即白莲洞遗址所在层位。洞口海拔 123.3 米，高出附近地面约 27 米，洞体十分宽敞。测量第二、三层洞的洞身走向、钟乳带，与构造裂隙相比较，清晰可见它基本沿东—西向和南—北向两组构造裂隙发育，洞身受岩层走向和倾斜向影响，成复杂的棋盘状和菱形格式。

第四、五层　洞高悬在山腰以上，相对高程约 50～60 米和 90～100 米。虽然其生成与层面有关，然而与低层溶洞相比较，其层状构造仍十分明显，应是新构造运动间歇性上升的产物。

白面山的五层溶洞，可以和柳江沿岸的五级阶地相对比。后者划分如下。

一级阶地，高 10 余米，由疏松的全新世亚砂土和砂砾层组成，含绳纹陶片和磨制石器，分布范围较狭小。

二级阶地，高约 20 余米，由 10～20 米的棕黄色黏土覆盖 3～10 米的黏土砾石层所构成，黏土层顶部常见高岭土条带构成的网纹。在现今柳州上汽通用五菱汽车股份有限公司附近取得炭化木，测得其^{14}C 年代为距今 16100±600 年和 23600±1900 年。

三级阶地，高 30～40 米，由两组二元结构相叠置而组成。自上而下依次是：红色砾石层，1～2 米；网纹状红色黏土，下部渐变为黄色，5～7 米；红褐色铁壳，0.3～0.9 米；灰至灰白黏土（高岭土），偶含小砾石，5～7 米；黏土夹砾石，4～7 米。

柳州地区的第二、三级阶地分布最为广泛，柳州市即坐落于其上，地形稍有起伏，河间地区如白面山、都乐岩一带，以及柳城巨猿洞附近的波状起伏的溶蚀平原面与其可以相当。第一、二级阶地的砾石层的成分较复杂，不乏径达10余厘米的岩浆岩和变质岩砾石，而以一级阶地保存最为新鲜，未见显著风化迹象，这点很值得注意，因为白莲洞内所发现的砾石石器中屡见浅变质粉、细砂岩和闪长岩、辉绿岩等成分，可以推知当时加工的石料来源，即主要出自柳江沿岸的河漫滩和一级阶地，当时古人类的活动半径至少可达5~6公里以上。

四级阶地，高50~65米，残余的红色砾石层厚2~10米，表面有起伏变化不定的红褐色铁壳，向上过渡为厚1米左右的透镜状黄褐色砾石层，有同色调的薄层黏土覆盖。

五级阶地，高90~100米，只有厚1~3米的砾石层残留。

四、五级阶地经后期切割破坏均已呈丘陵状，砾石成分十分单一，以石英为主。

一级阶地无风化淋滤所产生的次生剖面分异现象，时代十分新近。二级阶地局部网纹化发生，但尚未发育成红色风化壳。三级以上则有发育良好的网纹红土剖面，表明曾经经过了长期湿热风化，这是我国华中、华南地区中更新统的一个鉴定特征。

白面山的五层溶洞除可以与柳江沿岸的阶地对比外，还可以从洞穴层序与附近的一些化石地点相比较，这样就可以大致推知白面山洞穴层的生成时代（表二）。

表二　柳州区域溶洞与阶地分层及时代对比表

时代		阶地级数	溶洞
Q_1		雏形河流高级阶地	巨猿洞高110米　Q_1
Q_2	Q_2^1	Ⅴ	
	Q^2	Ⅳ	笔架山洞相对高度60米　Q_2
Q_3	Q_3^1	Ⅲ	白莲洞高30~40米　Q_3
	Q_3^2	Ⅱ	柳江人洞相对高度25米　Q_4
Q_4		Ⅰ	

第五层溶洞相当于柳城巨猿洞生成于早更新世；第四级溶洞相当于柳州笔架山动物群化石产地，生成于中更世；第三级溶洞，即白莲洞生成于更新世与晚更新世之交；第二层溶洞相当于柳州人化石产地，生成于晚更新世；第一层溶洞，即白莲洞水洞，略早于大龙潭遗址，生成于晚更新世与全新世之交（表三）。

表三　白莲洞五层溶洞与阶地分层及时代对比表

白面山洞穴层	柳州地区含化石层洞穴	柳江阶地	时代
第五层溶洞	柳城巨猿洞（110米）	五级阶地	早更新世（Q_1）
第四层溶洞	笔架山洞（60米）	四级阶地	中更新世（Q_2）
第二层溶洞（白莲洞）	白莲洞遗址（27米）	三级阶地	中更新世至晚更新世（Q_3）
第二层溶洞	柳江人洞（25米）	二级阶地	晚更新世（Q_3）
第一层溶洞（水洞）		一级阶地	全新世（Q_4）

白莲洞遗址所在的白面山有五层溶洞分布，可与柳江五级阶地对比，显示出其是同一地区新构造运动间歇性抬升的结果。从白莲洞遗址和柳州地区其他化石地点，可以清楚推知各该洞穴层和阶地层次的生成时代。这一现象在其他地方并不多见。

第二章 发掘与研究概况

第一节 发现与发掘概况

从洞口岩壁上残留的游人题词可知，早在清雍正十三年（1735 年）就有人在此活动。

1956 年，中国科学院古脊椎动物研究所古人类研究室华南调查队在裴文中、贾兰坡教授率领下，在广西调查巨猿和人类化石时，于洞内扰乱土层中发现 4 件石器、1 件扁尖的骨锥和 1 件粗制的骨针。这批文化遗物后经贾兰坡教授和邱中郎先生鉴定，认为该洞的堆积“属于旧石器时代晚期”（贾兰坡等，1960）。

1965 年，裴文中教授在《柳城巨猿洞的发掘和广西其他洞的探查》一书中称白莲洞已发现有磨光石斧，因之“该洞堆积应为新石器时代者”（裴文中，1965）。

1973 年 8 月 22 日，柳州市博物馆的专业人员对该洞东北部螺壳堆积物进行小规模清理，发现一件用灰黑色石英岩砾石打制的石器。此外还发现木炭颗粒、烧骨与烧石等用火遗迹以及猕猴、果子狸、竹猴、鹿、羊五种动物残破的牙齿化石和鱼的喉齿。由于这次清理发掘过程中仍没有发现磨制石器和陶片，故发掘者撰文称：“再一次证明白莲洞文化遗址的下限不可能晚于旧石器时代晚期”（柳州市博物馆，1975）。

白莲洞此后成为我国古人类学界老前辈十分关注的史前遗址。我国古脊椎动物学奠基人杨钟健教授曾于 1974 年和 1977 年两次致函柳州市博物馆，指出“柳州为我国一主要化石产地”，殷切希望白莲洞有更多的新发现。

1979 年 6 月 22 日至 7 月底，博物馆专业人员对东部扰乱层进行清理，并试掘一东西向 4 米 ×2 米的探沟。此次发掘共找到有人工痕迹的石制品 87 件，另有残石料 11 件。这些石器所用原料大多为砾石，并首次发现有少量黑色燧石制品。此外还找到不少破残的哺乳动物化石，计有猪、牛、羊、鹿四种，其中牛、猪是新发现的种类。这次发掘依然没有找到磨制石器和陶片，但在扰乱层中出土一件穿孔砾石，因它与桂林甑皮岩新石器时代洞穴遗址出土的“穿孔石器”相近，因此发掘者指出白莲洞遗址的时代“也可能延续到全新世”（杨群，1979），即经过中石器时代延续到新石器时代初期。

1980 年 2 月起，博物馆专业人员在遗址的西部扰乱层进行清理，并试掘另一 4 米 × 2 米东西向的探沟，此外，在洞口外侧开挖稍小深沟一个，以摸清洞口外沿的堆积情况。在这次清理发掘过程中，于 4 月 15 日由第四层中采到人牙化石一颗（易光远，

1980）。此外还找到石制品与石器残件约150件以及用火遗迹和烧骨、烧石等。各类动物化石19种，其中有大熊猫、熊、竹鼠等新发现的哺乳动物种类。

白莲洞遗址的发掘与研究工作亦获得贾兰坡教授的支持和关怀，贾老在1981年2月7日给易光远同志的来信中，对白莲洞遗址的发掘和研究做出了具体指导。

1981年3月5日，在裴文中教授亲自指导下，北京自然博物馆与柳州市博物馆签订了联合发掘白莲洞遗址的协议书。

1981年4月和1982年3月，北京自然博物馆和柳州市博物馆在裴文中教授指导下对白莲洞遗址进行联合发掘，专业人员除清理了第二探沟和第一探沟周围的扰乱层外，还按照考古学的方法，布方进行了一定规模发掘。在这两次清理和发掘过程中，获得更多种类的哺乳动物化石以及文化遗物。在整个发掘过程中，裴老自始至终对白莲洞遗址的发掘十分关心，他不但亲自观察典型标本，还多次指出，要以严格的考古学方法对白莲洞遗址进行的发掘和清理，期间还致函柳州市博物馆，表示将于9、10月间赴柳参加发掘白莲洞遗址的心愿，后惜因病未能成行。此次考古发掘，清理出了遗址的剖面，基本搞清了堆积的层位关系，为今后的进一步研究工作奠定了良好的基础。经历次清理和发掘，共获得人类文化遗物计有：人类牙齿化石2颗，石制品500多件，动物化石3000多件，动物牙化石300多枚，人类用火遗迹火坑2处。发掘后的遗址仍保留了较多的原生堆积，层序清晰、年代分明。为保留好这一有科研价值的洞穴遗址，裴文中教授建议柳州市人民政府将其筹建为遗址博物馆，并亲自担任筹备处主任。该馆1981年开始筹建，1985年已正式对外开放。

白莲洞遗址的发掘与研究得到了学术界的普遍关注和重视。北京大学、四川大学、成都地质学院、中国历史博物馆、古脊椎动物与古人类研究所先后派出专业人员对遗址发掘进行指导，并对白莲洞遗址进行多学科综合性研究，从而确立了白莲洞遗址在华南史前研究中的学术地位。

第二节　研究经历

白莲洞遗址的研究历经四个阶段。

一、前期研究概况（1960～1980年）

1960年，贾兰坡、邱中郎对白莲洞遗址1956年出土的遗物进行鉴定，认为白莲洞的堆积属“旧石器时代晚期”（贾兰坡等，1960）。

1965年，裴文中教授在其《柳城巨猿洞的发掘和广西其他洞的探查》一书里有一注脚称白莲洞已发现有磨光石斧，因之“该洞堆积应为新石器时代”（裴文中，1965），即白莲洞石器时代文化遗址其文化性质并非旧石器时代晚期文化，而应属新石器时代文化。

1975 年，柳州市博物馆专业人员通过对白莲洞遗址 1973 年出土标本的研究，称“再一次证明白莲洞文化遗址的下限不可能晚于旧石器时代晚期”（柳州市博物馆，1979）。

1979 年，由柳州市博物馆的专业人员再次对白莲洞遗址进行清理，这次清理依然没有找到磨制石器和陶片，但在扰乱层中出土一件穿孔砾石，因为它与桂林甑皮岩新石器时代洞穴遗址出土的“穿孔石器”相近，因此该报道的作者杨群认为白莲洞石器时代文化遗址的时代“也可能延续到全新世，即经过中石器时代，延续到新石器时代初期”（杨群，1979）。

1980 年 3 月起，柳州市博物馆的专业人员又对西部扰乱层进行清理并另开一探方。在这次清理过程中，采集到一颗人牙化石以及一些石器，以后在裴文中教授指导下，对这些采集物进行整理（易光远，1980）。20 世纪 30 年代初，裴文中教授与我国著名的古生物学家杨钟健以及法国考古学家德日进在广西考察新生代地层时，在桂林和武鸣的几个溶洞中找到一些打制石器。裴文中教授在研究了这些石器后，撰文提出广西可能存在中石器时代文化的论断（裴文中，1935）。鉴于此，时任北京自然博物馆馆长的裴文中教授对白莲洞新近的出土文物十分关心，亲自观察典型器物并指出“目前所见的石器可能代表了新石器时代早期文化”。

白莲洞文化遗址的研究工作亦获得贾兰坡教授的支持和指导，贾兰坡在 1981 年 2 月 7 日写给易光远同志的信中，对白莲洞石器时代文化遗址的研究给予具体指导。

二、白莲洞文化的初步识别（1981 ~ 1990 年）

1981 年，北京自然博物馆周国兴和柳州市博物馆易光远对 1981 年以前柳州市博物馆采集的化石材料，包括白莲洞、都乐岩和甘前岩出土的 9 枚人牙化石进行了初步研究。研究的基本结论如下，“这三个遗址的洞穴堆积的时代，其上限不会早于更新世晚期，而下限不会晚于早全新世”，“白莲洞的打击石器除具有我国旧石器文化传统特点外，它的本身还具有一定的特点，暂可作为旧石器时代的晚期文物”，“这个旧石器时代晚期的文化综合体可能为探索柳江人的文化特点提供了重要线索”。“而且白莲洞文化的发现，并与柳州市大龙潭鲤鱼嘴新石器时代遗址下层文化的对比研究，还将会有助于阐述本地区旧石器时代晚期文化与新石器时代早期文化之间的相互关系，并为探索本地区旧石器文化向新石器文化的过渡提供了重要线索”（周国兴等，1983）。

1982 年，白莲洞遗址的研究得到四川大学历史系的协助，在整理文化遗物的过程中，童恩正教授亲自到现场给予指导。中国历史博物馆宋兆麟研究员亦参与了文化遗物的整理与研究。1982 年夏，童恩正、刘兴诗和周国兴考察“柳江人洞”，论证该洞并非古人类的居住地或墓葬，只是人化石的埋藏地点，人体遗骸系由暴风雨泥石流冲入洞内。“柳江人”实际是白莲洞文化的创造者，其本身就是白莲洞人；或者说，白莲洞人偶然被埋入了“柳江人”洞内而成为著名的柳江人（周国兴等，1982）。

其后，中国科学院植物研究所的孔昭宸与杜乃秋两位专家对白莲洞的堆积物进行了孢粉鉴定与分析。北京大学考古系^{14}C实验室对白莲洞的主要层位进行绝对年代的测定，取得了首批重要的年代数据（原思训等，1990；原思训，1994）：

东1层　7080±125年

东3层　8000±800年

东7层　11670±150年

西2层　19910±180年

西4层　26680±625年

西6层　28000±2000年

西10层　37000±2000年

1982年11月6日至11日，中国自然科学博物馆协会首届年会在柳州召开，周国兴和易光远在会上宣读并分发论文单行本《中国第一座洞穴科学博物馆——白莲洞遗址的重要发现》（周国兴等，1982），1983年12月再次印发该论文。文中对白莲洞整个主堆积物进行分层，并将其初步划分为三个不同的时代（表四）。

表四　白莲洞主堆积早期分层及时代划分简表

Q_4	含原始陶片的钙板层 含原始磨光石器的，以砾石工具为主的文化层 含原始穿孔砾石的以砾石工具为主的文化层	新石器早期
	……………………大钙板间断………………………	过渡 …………… （中石器时代?）
Q_3	含原始穿孔砾石，出现大量燧石质工具的文化层 具有鲜明的旧石器时代风貌打击石器的文化层	旧石器时代晚期

1984年，白莲洞遗址初步研究的成果于《史前研究》第2期上以《白莲洞遗址的发现及其意义》为题正式对外报道（周国兴，1984）。作者周国兴对白莲洞石器时代的文化遗存进行了分析研究，根据堆积物的岩性和所含动物群的特点，认为白莲洞内上部堆积当为全新世早期堆积物，而下部堆积为晚更新世堆积物，它们之间以大钙华板间隔之。又据各层的出土器物和文化遗物，将洞穴主要堆积物划分为若干组，它们分别代表着石器时代晚期的三期文化：

Ⅰ期文化（5）——旧石器时代晚期文化；

Ⅱ期文化（4~2）——由旧石器时代文化向新石器时代文化过渡（中石器时代）；

Ⅲ期文化（1）——新石器时代早期文化。

1985年4、5月间，周国兴教授应美国考古学会主席的邀请赴美进行讲学和学术交流，在美国考古学会成立50周年纪念会及美国西北人类学会第38届年会上，宣读了有关白莲洞遗址的论文。会上宣讲的论文后以《白莲洞文化——兼论华南地区的中石器时代》为题正式发表（周国兴，1986）。该文对白莲洞石器时代的文化遗存进行了分析研究，将白莲洞洞穴中含文化遗物的主堆积诸层划分为若干组，各组的文化遗物有所不同（周国兴，1986）。

（1）东1层。东部主堆积物的最上层钙华板中含原始陶片。

（2）东3、4层。以灰黄色螺壳堆积为其特征，含原始磨光石器，磨制角凿、骨器和磨制装饰品。打制石器以砾石工具为主，仅含少量小燧石石片制品，有用火遗迹。

（3）东6层。为含螺壳的棕黄色亚黏土堆积，含穿孔砾石（“重石”）和砾石工具，有用火遗迹。

（4）西2、3层。含螺壳的黄褐色亚黏土堆积，含穿孔砾石（“重石”），磨制小砾石切割器，大量由燧石石片制作的带有细石器风貌的小石器，其中包括箭镞。少量砾石工具，制作粗犷。有用火遗迹。

（5）西5、7层。堆积物中螺壳极少，到第7则缺如。无论砾石工具，还是小石器均具有很明显的旧石器时代风貌。

与上述这五组相应有5个连续的文化层，自上而下为：

（1）含原始陶片的钙华板层；

（2）含原始磨光石斧，以砾石工具为主的灰黄色螺壳文化层；

（3）含原始穿孔砾石，以砾石工具为主的棕黄色螺壳文化层；

（4）含原始穿孔砾石，出现众多细石器风貌燧石小石器的螺壳文化层；

（5）含绝灭种哺乳动物、明显旧石器风貌打击石器，并出现不少燧石小石器的文化层。

在第3、4组之间有钙华板间隔之。

在这5个连续的文化层中，以下各具特色的器物出现顺序是：

典型的旧石器—原始穿孔砾石、细小燧石石器—粗犷的砾石工具—原始磨制石器—原始陶片。

而这五组文化层尚可进一步作如下划分，代表着石器时代的三期文化：

Ⅰ期（5）：旧石器时代晚期文化；

Ⅱ期（4～3）：由旧石器时代文化向新石器时代文化过渡（中石器时代文化）；

Ⅲ期（2～1）：新石器时代早期文化。

这里要指出的是，该文与1984年先于此发表在《史前研究》第2期上《白莲洞遗址的发现及其意义》（周国兴，1984）一文中的划分稍有区别，即第Ⅲ期文化仅限于第1文化层，而不包括第2文化层；也就是说，第Ⅱ期文化包括了第2至第4文化层。1986年之所以有这一变动，是因为：东3层测得距今年代为距今8000±800年，这是一个相当晚的数据；加之已有通体磨光的器物（锛形切割器）出现，故将第2文化层划分为第Ⅲ期文化期即新石器时代。作者认为白莲洞的三期文化，代表了由旧石器时代晚期文化，经过渡期，即中石器时代文化，发展至新石器时代早期文化的过程。白莲洞文化对研究我国华南地区旧石器时代文化如何向新石器时代文化过渡，具有重要意义。此外，该文还依据白莲洞文化，对华南地区的同时代遗址进行了归纳和分类，论证华南地区中石器时代的存在，并与东南亚“和平文化”进行了初步的对比。

白莲洞遗址发掘报告（1981～1982年）发表于《南方民族考古》1987年创刊号上。文章综合了白莲洞遗址前期研究成果，认为该遗址包含了自旧石器时代晚期经中石器时代过渡到新石器时代早期（或更晚）的文化发展序列。这些发现对研究华南地区古人类和古文化的发展及其与邻近地区古文化的关系，特别是探讨旧石器晚期文化，如何向新石器早期文化过渡，具有重要的科研价值（柳州白莲洞博物馆等，1987）。与此同时，该创刊号上还附有张小骅与谢崇安的论文——《试论白莲洞石器时代遗存——兼论相关问题》。该文试图对岭南地区晚更新世到早全新世的白莲洞遗存及其同一文化系统的诸遗存作一探讨和复原，同时也兼论一些有关工艺、分期和文化命名的问题（张小骅等，1987）。

至此，白莲洞石器时代文遗址前期研究的基本结论归纳如下。

第一，白莲洞遗址的堆积物包含着自更新世晚期至全新世中期以来的连续层位，其时间跨度为距今37000～7000年。它的主要剖面东侧可划分为8层，西侧可分为10层（未见底）。从构造上看，东7层与西2层在中间可连接，形成一个连续的厚钙板层，以它为界，其上部堆积物中的哺乳动物为现代动物群，其下为含智人化石的大熊猫—剑齿象动物群。

第二，根据分层出土的文化遗物可将白莲洞中主堆积物诸层划分为若干组，与之相应则有5个连续的文化层：

第1组（东1层）：第1文化层，含原始陶片文化层；

第2组（东3、4层）：第2文化层，含原始磨光石器，以砾石工具为主文化层；

第3组（东6层）：第3文化层，含原始穿孔砾石，以砾石工具为主文化层；

第4组（西2、3层）：第4文化层，含原始穿孔砾石，出现众多细石器风貌燧石小石器文化层；

第5组（西5、7层）：第5文化层，含旧石器风貌的打制石器，并有燧石小石器文化层。

第三，结合^{14}C和铀系法年代测定数据，将上述五个连续文化层划分为石器时代的3个文化时期，即：

白莲洞第三期文化（第1、2文化层）：新石器时代早期文化；

白莲洞第二期文化（第3、4文化层）：过渡期（中石器时代文化）；

白莲洞第一期文化（第5文化层）：旧石器时代晚期文化。

三、白莲洞文化系列的确立（1991～1994年）

经过前期的发掘与室内研究，白莲洞课题虽然取得了较大成绩，然而在早期研究中还存在明显的问题。

其一，层位在年代上还有值得探讨的地方。从结构上看，东 7 层—西 2 层连为一体、形成厚钙板层是无可置疑的，但测得东 7 层的^{14}C绝对年代为距今 11670 ± 1500 年，而西 2 层钙板的^{14}C年代却为 19910 ± 180 年，两者相差竟达 8240 年！它们真能连为一体吗？

其二，如果东 7 层的年代确为距今 11670 年，其上诸层位当在 10000 年之内，应属全新世范围，那么更新世晚期距今 11500 年至 20000 年之间的层位到哪里去了？致使有些学者认为层位有所缺失，提出了“可能由于人为破坏，白莲洞遗址在距今 20000 年到 11500 年左右中间有一段空缺，文化发展的脉络不很清楚”的看法。

其三，白莲洞遗址其年代跨度在 30000 年左右，经历旧石器时代至新石器时代，这正是人类的经济形态由攫取性向生产性飞跃的阶段。如果层位有了缺失，发展的脉络自然不会清楚，对探讨经济形态的转化，必然会带来困难，该遗址的价值也就会大大减低。此外，这个阶段区正是原始农耕活动产生的时期，研究这段时期的生态环境对探讨原始农耕活动产生的背景很有意义，而这些却是前期工作未能深入进行的不足之处。

为此，1990 年初，白莲洞洞穴科学博物馆与北京自然博物馆联合向国家自然科学基金委员会提出了“白莲洞洞穴堆积物的年代与古生态环境”项目的申请。1990 年 8 月项目的申请获得了批准。在自然科学基金委员会的资助下，为期 3 年（1991 ~ 1993 年）白莲洞新一轮的研究于 1991 年初开始。参加此次研究工作的有六个科研机构的 13 位科研人员：北京自然博物馆周国兴、张元真，白莲洞洞穴科学博物馆易光远、张小骅、蒋远金、陈国康，北京大学原思训、高世君，中国科学院植物研究所孔昭宸、杜乃秋、宋长青，成都工学院刘兴诗和桂林冶金地质学院（后改名桂林工学院）谢静波。课题负责人为周国兴与易光远。

白莲洞项目研究工作至 1993 年底完成，获得了突破性的进展（柳州白莲洞博物馆等，1994），它们主要体现在以下几个方面。

首先，在西侧堆积物原有分层的基础上，添加了两个新的层位。新的考察发现，在原有堆积之上有一残存的含螺壳堆积层，其颜色较淡，它们不仅叠压在西侧主堆积物之上（后因农民采挖岩泥，只剩下少量附着在西侧主堆积物后面的乳钟石上部表面上），还延至主堆积物的西侧相当大的范围，从中发现了砾石工具和燧石碎片。这一层编号为新的西 1 层，^{14}C年代测定，其上部的年代为距今 10310 ± 290 年，其下部年代为距今 17680 ± 300 年，就在这一层之下和西侧主堆积物之间，还有由 5 个薄层钙华板所组成的“钙板层”，在钟乳石的基部可明显看到它的残迹。经测定，最上一层钙板的^{14}C年代为距今 12775 ± 180 年，最下层钙板为距今 19145 ± 200 年，它被编号为新的西 2 层。这样，原有的西 1 层改为西 3 层，原有的西 2 层至 4 层，经分析研究应合并，改为西 4 层，原有的三层成为西 4 层中的三个亚层。除了这一变动外，其余层位编号仍保持不变（表五）。

表五 白莲洞主堆积原划分层序与新划分层位对照表

原划分层序	新划分层序
西侧堆积上方	西 1 层
	西 2 层
原西 1 层	西 3 层
原西 2 层	西 4 层
原西 3 层	
原西 4 层	

其次，层位的^{14}C 年代有了新的数据，这是使用了新的^{14}C 测定法（AMS）所获得的。原有年代数据中，有一个很不协调的数值，即东 7 层原测得为距今 11670±150 年，一方面，它与同为构成大钙华板的西侧部分（西 2 层）所测数据 19910±180 年相差悬殊，另一方面，与其上方文化层中螺壳的^{14}C 年代 12980±150 年和钙板^{14}C 年代 13905±250 年也不协调。新的地层学研究揭示了原东 7 层年代数据是个误判，原先测试样采自东 7 层中的方解石条带，这个条带原来是次生胶结物！新的测定，东 3 层炭粒^{14}C 年代，为 11160±580 年（要比原测得东 3 层骨化石的铀系法年代 8000±800 年远正确得多），东 4 层炭粒^{14}C 年代为 13550±590。东 7 层之下东 8 层中的烧骨^{14}C 年代大于 20000 年。东 7 层新测得年代为 19645±200 年，这就与大钙板西侧的数据吻合了。东侧剖面新的数值详见表六：

表六 白莲洞东侧堆积新测年代数据表

东 1………7080±125 年	
东 2………7140±60 年	
东 3………11160±580 年	
	………东剖面文化层 12980±150 年
东 4………13550±590 年	
	………东壁第二层钙板 13905±250 年（相当东 5 层）
东 6………14650±230 年	
东 7………19645±200 年	
	………次生方解石条带 11670±150 年
东 8………20240±660 年	

上列的这些新数据充分证实了白莲洞洞穴堆积确实拥有完整的连续堆积层，距今 20000～11500 年并不缺失层位。在这之前，之所以造成层位有缺失的印象，不过是以往缺乏精确的测年方法和适宜的测年试样而未能测得确切年代所致。

第三，鉴于地层年代的进一步确定，对文化层的层位构成作了适当调整，主要是东 3 层由第 2 文化层上移至第 1 文化层：

第 1 文化层由东 3 和东 1 层组成；

第 2 文化层由东 4 层构成；

第 3 文化层由东 6 层；

第 4 文化层由西 4 层构成；

第 5 文化层由西 5 和西 7 层组成。

由此，白莲洞文化系列的新框架随之确立：

白莲洞第三期文化——第 1 文化层；

白莲洞第二期文化——第 2、3 文化层；

白莲洞第一期文化——第 4、5 文化层。

这里，第 2 文化层由白莲洞第三期文化移入白莲洞第二期文化，第 4 文化层下移到白莲洞第一期文化之中。

第四，通过地层学的研究和孢粉分析，充分揭示了 30000 年来古生态环境和古气候变化的趋向，它与全球性古气候变化趋向是同步的。事实上，白莲洞遗址很清楚地表明了它是南亚热带罕见的晚更新世冰期以来全球性气候信息的储存库。白莲洞古生态环境的复原，提供探讨华南地区原始农耕活动产生的背景。新研究进一步表明，结合古气候和古生态环境背景所展示的白莲洞文化的这一发展模式，具有普遍性和典范意义，它在探索旧石器文化如何过渡到新石器文化具有不可估量的价值。

总之，此次对白莲洞文化新的研究，不仅肯定了长期研究所获结论的正确性，并且还有了发展，同时建立了白莲洞文化系列新的框架，新框架的时间跨度在距今 30000 ~ 7000 年。可划分五个文化层，涵盖了从旧石器时代晚期过渡到新石器时代早、中期的全过程。

1994 年 11 月 21 日至 25 日，“中日古人类与史前文化渊源关系国际学术研讨会”在柳州召开，这是中日史前学学者空前的一次盛会。在这次学术研讨会上中方 10 人与日方 8 人作了学术报告，涉及古人类学、史前考古学、第四纪地质诸多方面。发表的论文中方 32 篇、日方 10 篇，均在会前结集成册出版。会议期间中外学者参观了柳江人洞、白莲洞、大龙潭诸遗址，观察了学者们带来的实物标本，充分交流各自的学术观点，展开热烈的讨论，探讨了许多问题，如白莲洞遗址的重要性与白莲洞文化系列框架确立的意义的问题、中日史前史分期的对比问题、中石器文化问题，柳江人与白莲洞的关系、细石器与陶器起源的时间与地区等（蒋远金等，1996；别府大学，1994）。

著名学者贾兰坡教授、安志敏教授应邀参加了这一学术盛会。贾老担任本次学术研讨会主席，欣然为白莲题词：“白莲清香泥不染，洞内堆积内涵多。”安老在仔细察看了白莲洞遗址和出士标本后，对白莲洞遗址给予了高度评价，他认为白莲洞遗址是解决旧石器时代文化如何过到新石器时代文化的关键性遗址。其后，在庆祝广西区博物馆建馆六十周年纪念会上的发言上，安老认为广西具有柳江人洞、白莲洞、大龙潭、豹子头等一大批很有影响的遗址，应该考虑把这些内涵一致的文化给予一个统一的名称，并指出这个名称最好具备两个条件，其一是这个文化具有代表性、典型性；其二是裴文中先生在广西考察发现的最重要的遗址。

会议编辑的《中日古人类与史前文化渊源关系国际学术研讨会论文集》中，有关“白莲洞洞穴堆积的年代与古生态环境”专题下的五篇论文，全面介绍了1991～1993年白莲洞遗址课题研究的成果：《白莲洞遗址的发现研究与新进展》、《白莲洞遗址年代的再测定》、《再论白莲洞文化》、《白莲洞遗址地层学研究及其科学意义》及《白莲洞遗址孢粉分析及对植被和自然环境的探讨》（易光远等，1994；原思训等，1994；周国兴，1994；刘兴诗等，1994；孔昭宸等，1994）。研究表明，地处低纬地区的柳州盆地虽无明显的冰川分布，但这次事件亦有清晰表现，即白莲洞内生成纵贯整个洞穴的大钙华板，它和剖面内其他分布局促的薄层钙华板有显著区别。尤值得注意的是，在与主玉木期相当的该大钙华板西侧部分，即西3层与西4层，距今17930±410至20960±150年间，尚可解析为上、下两个古边石坝，显示了当时古气候曾经出现两个极大的干冷峰值，代表两个积极活动的亚冰段，这一切均反映出白莲洞无疑是晚更新世的玉木冰期以来南方亚热带罕见的全球性古气候信息储存库。它所提供的古气候信息，为研究华南地区从旧石器时代向新石器时代过渡的古生态环境提供必不可少的背景资讯。白莲洞洞穴遗址地层的产状所反映的古气候、与伴生动物群和孢粉谱所能反映的古生态环境，构成了白莲洞石器时代人类原始文化演化发展的背景。人类文明的演化与发展，是人本身与自然环境交互作用的产物，所以，在研究华南地区旧石器文化向新石器文化过渡时不能忽视环境的重要作用与影响。

四、对白莲洞文化系列的调整（1995～2006年）

1994年，白莲洞洞穴堆积层位的^{14}C AMS年代数据公布后，1995年原思训等在提交第15届国际^{14}C年会的论文中（^{14}C AMS Dating the Transition from the Paleolithic to the Neolithic in South China by S. Yuan et al.）对这些数据有所修正（即半衰期由原5730改为5568年）（原思训，1995）。1997年，他们在另一篇论文中，即：Application of AMS Radiocarbon Dating in Chinese Archaeological Studies by S. Yuan et al.（载Application of Accelerators in Research and industry，edited by J L Duggan and I L Morgan，AIP Press，New York，1997，PP392）再次公布这些修正后的数据（原思训，1997）。鉴于这些修正后的数据已在国外学术界广为流传，因此有必要在国内文本中对原有数据也予以修正，以求统一。

现将部分修正后的数据并列在原数据后，列表公布以供对照：

	修正前（5730）	修正后（5568）
东1层	7080±125年	6880±125年
东2层	9520±90年（下部）	9250±90年
西1层	10310±290年（上部）	10020±290年

东 3 层	11160 ± 580 年	10840 ± 580 年
西 2 层	12780 ± 180 年（顶部）	12420 ± 180 年
东 4 层	13550 ± 590 年	13170 ± 590 年
东 6 层	14650 ± 230 年	14240 ± 230 年
西 3 层	18450 ± 410 年	17930 ± 410 年
东 7 层	19645 ± 200 年	19090 ± 200 年
西 4 层	19910 ± 180 年（上部表层）	19350 ± 180 年
东 8 层	20240 ± 660 年	19670 ± 660 年
西 4 层	21575 ± 150 年（上部）	20960 ± 150 年
西 4 层	26680 ± 625 年（下部）	25920 ± 625 年
西 10 层	37000 ± 2000 年（上部）	36000 ± 2000 年

2001 年 4 月，南京师范大学海岸与第四纪研究所沈冠军等学者在《地层学杂志》上发表论文，公布利用铀系法测得白莲洞年代的新数据。据测定，西 6 层的钙华和石笋的铀系年代为距今 16 万年，故沈冠军等人认为西 7 层的人牙化石年代应大于此数据，且“白莲洞式”石片打制法呈清晰的演化脉络，时间跨度至少为 15 万年。该文还指出，附近的柳江人地点与甘前岩铀系测年的结果以及白莲洞人牙的年代一致，故此作者认为具现代解剖特征的智人在中国出现的年代，很可能比原先认定的要早得多。将白莲洞出土人牙化石的年代由距今 30000 多年，一下推前到距 15 万年以上，无疑是一个全新的说法（沈冠军等，2001）。2001 年 11 月，中国博物馆学会史前遗址博物馆专业委员会在白莲洞文化遗址举办第四届学术研讨会。周国兴教授在会议作“三论白莲洞文化”报告，对沈冠军等人的上述论点进行评述（周国兴，2001）。

2002 年，根据修正后的地层年代，并将西 1、3 层添入第二期白莲洞文化中后的白莲洞文化系列框架：

白莲洞第三期文化：第 1 文化层（东 3、1 层）

白莲洞第二期文化：第 2、3 文化层（西 3、1，东 6、4 层）

白莲洞第一期文化：第 4、5 文化层（西 7、5、4 层）

综观上文所述，白莲洞文化系列框架从 1986 年首次提出，8 年之后，即 1994 年进行了调整，又经 8 年，在 2002 年又一次调整。这里需要特别说明的是，白莲洞文化系列框架的调整不但与年代测定的数据密切相关，更是基于新材料、新方法和新的研究成果的出现。为便于了解白莲洞文系列框架的来龙去脉，现将从 1986 年至 2002 年白莲洞文化系列框架的调整情况浓缩如下：

1986 年时的白莲洞文化系列框架，其时的西 2、3 层于 1994 年调整后并入新的西 4 层：

白莲洞第三期文化：第 1、2 文化层（东 4、3、1 层）　　——新石器时代早期文化

白莲洞第二期文化：第 3、4 文化层（西 3、2、东 6 层）——过渡期（中石器时代文化）

白莲洞第一期文化：第 5 文化层（西 7、5 层） ——旧石器时代晚期文化

1994 年新的白莲洞文化系列框架，调整较大，缘于新测得地层的绝对年代明显推前：

白莲洞第三期文化：第 1 文化层（东 3、1 层）

白莲洞第二期文化：第 2，3 文化层（东 6、4 层）

白莲洞第一期文化：第 4，5 文化层（西 7、5、4 层）

2002 年根据修正后地层年代，将西 1、3 层添入白莲洞第二期文化中后的白莲洞文化系列框架：

白莲洞第三期文化：第 1 文化层（东 3、1 层）

白莲洞第二期文化：第 2，3 文化层（西 3、1，东 6、4 层）

白莲洞第一期文化：第 4，5 文化层（西 7、5、4 层）

至此，白莲洞遗址的考古研究工作已走过了 50 年的风雨历程。本节根据前人特别是周国兴教授的研究成果梳理、汇编而成。

第三章 地层堆积与成因

第一节 地层堆积

白莲洞遗址位于白莲洞口的一处半隐蔽的岩厦式洞窟内（彩版四，1），遗址面积150多平方米（图七；彩版四，2）。除洞底的石灰岩风化生成的残积黏土外，洞内堆积由老及新大略可分三套（刘兴诗等，1994）。

最早的堆积物于东侧的洞口处，是一套厚约1.5米的微砾—细砾层，具层理，倾向洞内，含较多的石英成分，以次棱状为主，通体胶结十分坚硬，其上为巨厚的石灰华堆积，两者已浑然成为一体。这个砾石层是洞外水流流入洞穴而堆积成的，其时代应晚于成洞时期，可能在晚更新世之初。当其洞内延续部分被后期剥蚀破坏后，堆积了以下两套沉积物，与其呈内叠接触关系。

横贯窟室东西部分有一巨厚钙华板，由两道古边石坝上下叠置构成，标志异常明显。以这个大钙华板为界，可以划分出其他两套最主要的洞穴堆积。

钙华板以下为晚更新世红褐至黄褐色堆积物，含化石智人及大熊猫—剑齿象动物群。其文化遗物除砾石工具外，燧石类石器亦占很大部分。

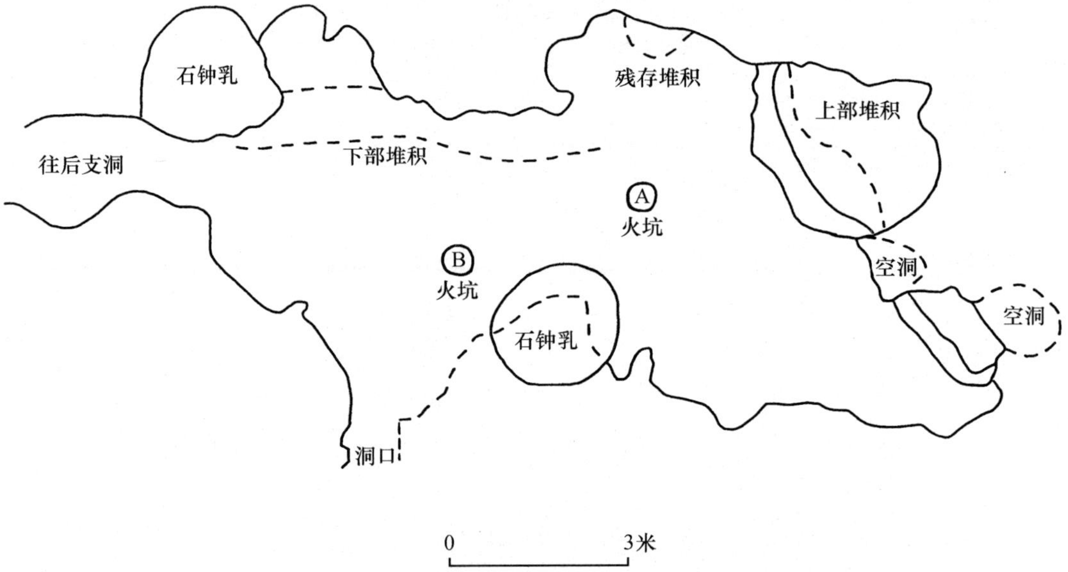

图七 白莲洞遗址平面图及重要遗迹分布图

大钙华板以上，为晚更新世末次冰期主冰段以来的堆积物，包括末次冰期晚冰段灰黄色和早全新世、中全新世灰色堆积。含鹿—竹鼠现生种动物群，并有大量螺类。其文化遗物上层以含陶片为特征，下层以打制的砾石工具为主，充分体现了晚更新世末次冰期晚冰段，至中全新世新石器时代文化鼎盛期的发展历程。

由于洞穴沉积的特殊性，受洞形、水流方向和大小、物质来源等因素的影响，白莲洞遗址原生堆积即以多套重叠和不均匀分布为特点。以后再经人为破坏，剖面更加不完整，对地层研究和对比造成困难。

洞内残存堆积物主要保存在东侧、西侧和西南侧部分地方。

一、西部地层堆积

西侧剖面划分为10层，以大钙华板以下的晚更新世堆积物为主（图八；彩版五，1）。

第1层　灰褐色亚黏土

堆积物主要存在于剖面西部，少量附着石笋周围。该层表面被2厘米左右的薄层状钙华板覆盖。其下是含螺壳的灰褐色亚黏土层，含哺乳动物化石、打制石器、原始穿孔砾石、少量灰岩角砾、燧石石块及烧骨、炭粒等。该层自上而下胶结渐疏松，厚20~56厘米。^{14}C年代上部为距今10310±290年（修正年代为10020±290年），下部距今年代为17680±300年。

第2层　乳黄色钙华板

该层由数层厚1~2厘米的薄层状钙华板组成，呈裙状由石笋基部向四周延展，厚度渐薄。其表层钙华板^{14}C年代距今12780±180年（修正后年代为12420±180年），底层为距今19145±180年。内部小层之钙华板因构造疏密不同，经差异风化后，断面呈凹凸不平的参差状。厚度约40厘米。

第3层　浅黄褐色厚层钙华板

上部由边石坝类沉积物组成，顶部可见小型边石坝构造。其下是钙质胶结的亚黏土，较致密坚硬。该层与东侧第7层构成贯穿洞室东西的“大钙华板”，作为划分上、下两套堆积物的明显标志。层内可细分为三个亚层，总厚度15~35厘米。

上部：为上边石坝沉积，厚薄不均，由黄色钙华板组成，结构较疏松，具水平细层理，局部见隆状边石坝断面。厚3~5厘米。

中部：红褐色钙质胶结亚黏土，含大量螺壳，少量灰岩角砾、灰屑、碎骨及砖红色土粒，胶结较紧密，厚约25厘米。^{14}C年代距今18450±410年（修正年代为17930±410年）。

下部：浅黄褐色钙质胶结亚黏土，致密胶结，不显层理，层内见较多细小砖红土粒，含少量动物化石碎片、烧骨及灰岩角砾，偶见燧石石块和铁锰质小球，底部胶结较疏松。厚约25厘米。

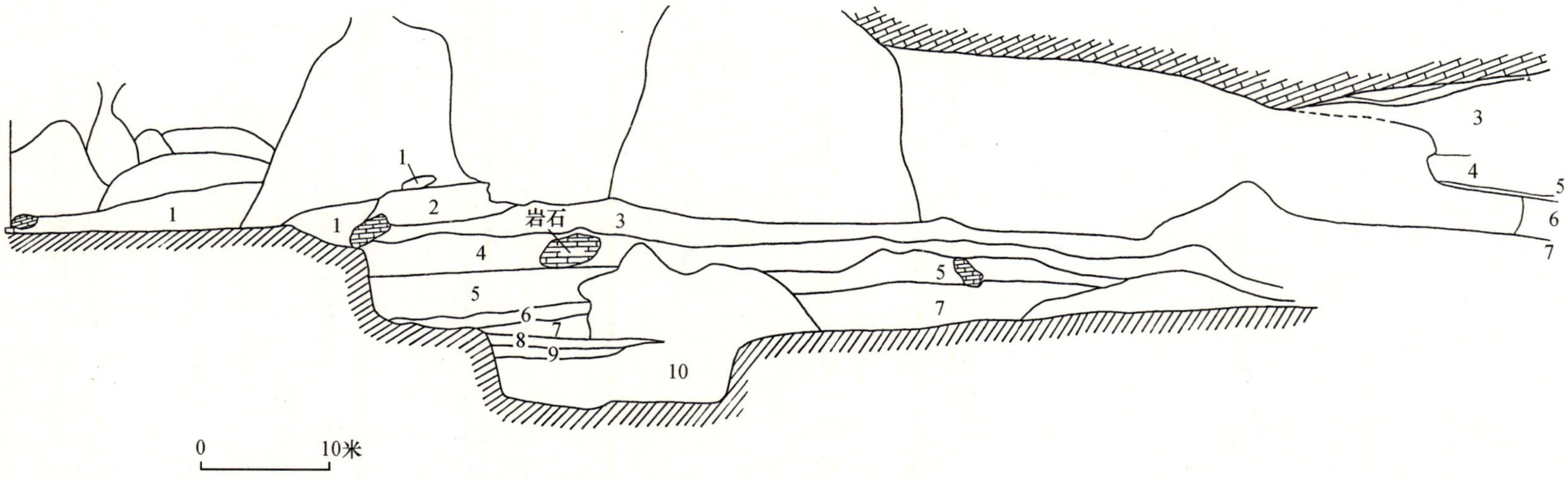

图八　白莲洞遗址西侧堆积剖面图

1. 灰褐色亚黏土　2. 乳黄色钙华板　3. 浅黄褐色厚层钙华板　4. 浅黄褐色厚层钙华板　5. 红褐色亚黏土
6. 浅黄色钙华板　7. 黄褐色亚黏土　8. 灰黄色钙华板　9. 棕褐色亚黏土　10. 乳黄色钙华板

第4层 浅黄褐色厚层钙华板

本层与上层同系“大钙华板”的一部分，呈上下叠置关系产状。在本层表面的边石坝构造和上层平整的底板之间，有空隙生成。层内可划分为三个亚层，共厚约50厘米。

上部：为下边石坝沉积。局部出露，厚约12厘米，断面呈灰白色，略显层理。^{14}C年代距今21575±150年（修正年代为20960±150年）。

中部：棕红色亚黏土。紧密固结，含灰岩角砾、钙华板碎块及少量铁锰小球、砖红色土粒等。可见骨化石碎片及少量螺壳。厚18厘米。

下部：黄褐色亚黏土。钙质胶结紧密。含较多动物化石碎块、螺壳及灰岩角砾。角砾大者可达50厘米。层内出土有打制石器，石器中黑燧石质增多。堆积物中有炭粒。层底见厚约4厘米左右的薄层状钙华板，向东渐灭，底面平坦，产状345°<6°，^{14}C年代距今26680±625年（修正年代为25920±625年）。

第5层 红褐色亚黏土

该层顶北倾，略显层理，胶结较疏松，层内局部见薄层状钙质胶结带和不规则胶结团块。含少量灰岩角砾、钙板碎块及穴珠。层内出土有动物化石、打制石器，其中燧石质增多。厚30~55厘米。

第6层 浅黄色钙华板

厚约10厘米。东部产状335°<20°西部倾角小。铀系测年代28000±2000年。

第7层 黄褐色亚黏土

松散胶结，含大小不等的灰岩角砾和钙质小穴珠。偶见铁锰质结核。含动物化石、打制石器及古人类臼齿化石。厚18厘米。

第8层 灰黄色钙华板

厚10厘米。

第9层 棕褐色亚黏土

局部呈黄色、黄褐色、黑色等杂色。层内见黑色铁锰质条带和铁锰质结核。厚12厘米。

第10层 乳黄色钙华板

数层钙华板组成。层间夹黏土，偶见动物化石碎片，以下未见底。^{14}C年代距今37000±2000年（修正年代为36000±2000年）。

二、东部地层堆积

东侧剖面可划分8层，以大钙华板以上的晚更新世末和早中全新世堆积物为主（图九；彩版五，2）。

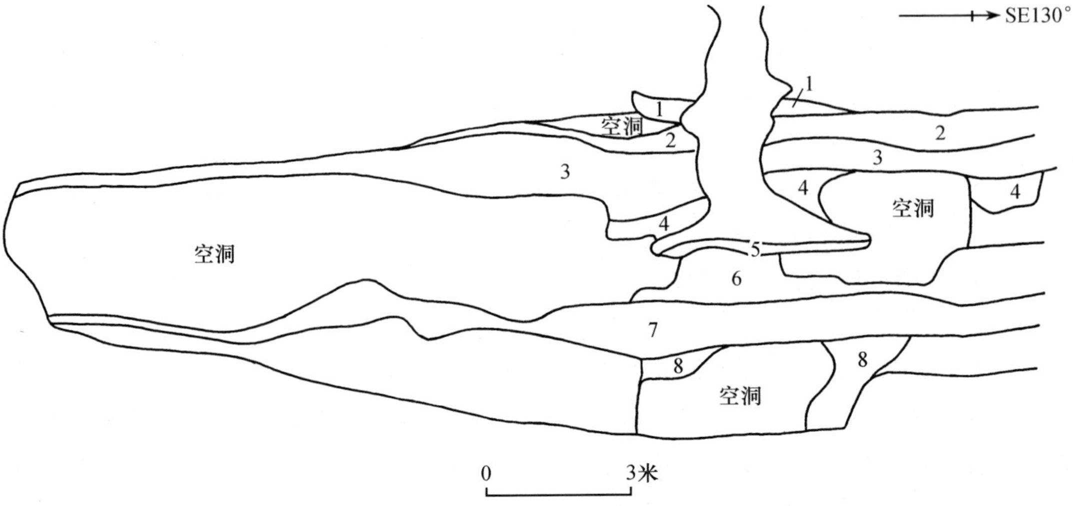

图九　白莲洞遗址东侧堆积剖面图

1. 灰褐色含陶片钙华板与钙质胶结亚黏土　2. 乳白色钙华板　3. 灰黄色亚黏土　4. 黄褐色亚黏土　5. 灰白色钙华板　6. 棕褐色亚黏土　7. 浅黄褐色厚层钙华板　8. 红褐色亚黏土

第1层　灰褐色含陶片钙华板与钙质胶结亚黏土

局部残存于洞壁内凹处。顶部为2～4厘米薄层状钙华板数层，具层理，顶面平坦。含陶片，部分夹在钙华板中、部分附着于钙华板上。中部为灰褐色钙质胶结亚黏土，含螺壳及少量灰岩角砾。最大厚度28厘米。层底悬垂若干小钟乳，与下层相隔，形成一较明显分层界线。局部与下层紧密接触。^{14}C年代距今7080±125年（修正年代为6880±125年）。

第2层　乳白色钙华板

顶面大致平坦，局部与洞顶胶结一体，产状35°∠25°。由该层在洞内残留的痕迹推测，该钙华板在洞内分布广泛，构成文化堆积的“盖板”。^{14}C年代距今7140±60年。钙华板下为灰褐色钙质胶结亚黏土，含少量螺壳及骨骼化石。^{14}C年代距今9520±90年（修正年代为9250±90年）。

第3层　灰黄色亚黏土

局部呈灰白色或黄褐色，呈微细层理，含大量螺壳，动物化石以及磨光石器、穿孔砾石、打制石器、烧骨、炭粒等。层内含灰岩角砾，向下部逐渐增多，砾径一般数厘米，大者可达27厘米×15厘米，扁平面与钙华板产状一致。胶结程度自上而下渐弱。因后期各种作用及人工发掘，部分堆积物悬空附着于洞壁。厚30～37厘米，^{14}C年代距今11160±580年（修正年代为10840±580年）。

第4层　黄褐色亚黏土

含细小岩屑和砖红色黏土小团块。钙质胶结紧密坚硬，含有大量螺壳及动物化石，见磨刃石器、打制石器及炭粒。层内含钙质条带和灰岩角砾，向下部角砾逐渐增多，砾径数厘米，扁平面与钙质条带产状一致。平均厚38厘米。^{14}C年代距今13550±590年（修正年代为13170±590年）。

第5层　灰白色钙华板

由2~3层薄层状钙华板组成，产状50°<8°，厚1~4厘米。^{14}C年代距今13905±250年（修正年代为14240±230年）。

第6层　棕褐色亚黏土

顶部富集螺壳，有一定胶结，向下渐趋坚硬。有打制石器及穿孔砾石，含少量角砾，有炭粒及少量砖红色黏土小团块，厚48厘米。^{14}C年代距今14650±230年。

第7层　浅黄褐色厚层钙华板

即前述横贯窟室的大钙华板。顶、底面大致平齐，表面有大型边石坝构造。胶结坚硬，与上、下层松散堆积物有明显差异。全层可分上、中、下三部分。共厚44厘米。

上部：呈浅黄褐色，胶结紧密，含灰岩岩屑及少量铁锰质小球。厚15~21厘米。

中部：红棕色亚黏土，胶结较疏松。层内空隙多被钟乳状、枝状、葡萄状白色次生方解石所充填。其中方解石小钟乳石密集分布，成为该部特征。厚5~10厘米。

下部：棕褐色亚黏土，胶结较紧密。顶面含白色次生方解石条带。该条带两端尖灭，顶面平坦，底面参差不齐呈锯齿状。镜下观察此条带由纯净方解石晶体组成。该条带样品做^{14}C年代测试，结果为11670±150年，应代表次生胶结年代。下部厚13~18厘米，^{14}C年代测得为距今19645±200年（修正年代为19090±200年）。

第8层　红褐色亚黏土

含大量灰岩、白云岩角砾，砾径小的2~3、大的10厘米左右不等。顶部胶结紧密，向下胶结程度逐渐减弱，有动物化石及黑色燧石碎片，出露厚度约1米，未见底。^{14}C年代距今20240±660年（修正年代为19670±660年）。

三、南部地层堆积

位于南侧“白莲”石笋下，受钙华板保护，在“帽状”钙板下，残留部分含螺壳的堆积物，呈悬空附着状态。可分为三层。

第1层：灰褐色含螺壳的亚黏土，胶结紧密，含灰岩角砾，打制石器等。

第2层：薄层状钙华板，厚约1厘米。^{14}C年代距今15120±200年。

第3层：灰褐色含螺壳的亚黏土。胶结较紧密，含灰岩角砾，砖红色黏土小团块及骨化石等，以下悬空。

四、西南部地层堆积

位于洞室西南侧的凹壁下，残留一处以含螺壳堆积为主的堆积物。自上而下共分五层（图一〇）。

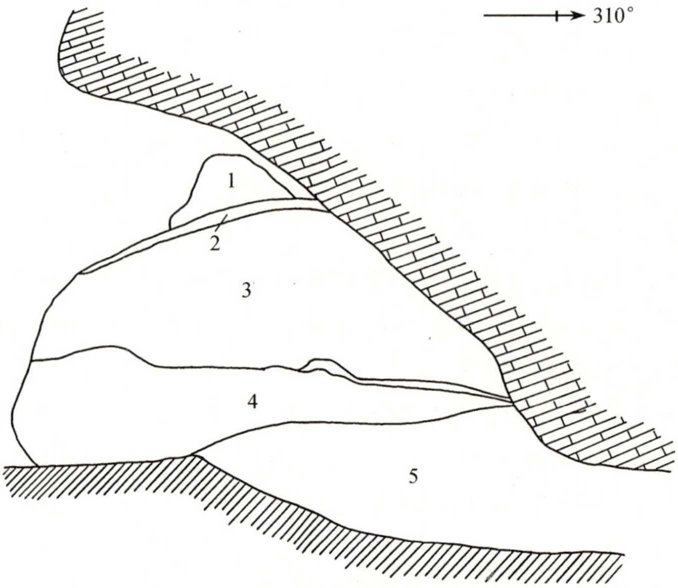

图一〇　白莲洞遗址西南侧堆积剖面图

第 1 层　帽状。顶面为灰白色钙华板层，其下为含螺壳的灰褐色亚黏土。厚 40 厘米。

第 2 层　乳黄色钙华板，产状 80° <23°。厚约 10 厘米。^{14}C 年代距今 9260 ±90 年。

第 3 层　外观颜色分为上、下两部分。

上部：灰白色，新鲜面为灰褐色之亚黏土，含砖红色黏土小团块、炭粒、烧骨、螺壳等。胶结紧密。厚 50 厘米。^{14}C 年代距今 17320 ±330 年。

下部：灰绿色新鲜面为棕褐色之亚黏土。含炭粒、烧骨、螺壳等。胶结较疏松。上、下两部分均含大量灰岩角砾。^{14}C 年代距今 18570 ±210 年。

第 4 层　上部为乳黄色钙华板，局部出露，其下为黄褐色亚黏土，胶结较紧，厚 35 ~60 厘米。

第 5 层　红棕色亚黏土，含灰岩角砾，不规则钙质胶结团块，较松散。以下未见底。

第二节　地层堆积成因分析

由于洞穴沉积的特殊性，受洞形、水流方向和大小、物质来源等因素的影响，白莲洞遗址原生堆积即以多套重叠和不均匀分布为特点。虽然由于自然力和发掘前的人为破坏，致使层位过渡关系部分缺失，虽然对地层研究和对比造成一定的困难，但白莲洞东西两侧的地层堆职仍可大致对比如下（表七）。

表七 白莲洞遗址东、西部地层堆积及时代对应表

<table>
<tr><th colspan="2">西侧</th><th>东侧</th><th colspan="3">时代</th></tr>
<tr><td rowspan="8">西1层
灰褐色
亚黏土

上部
10020±
290年

下部
17680±
300年</td><td rowspan="4"></td><td>东1层
含陶片钙华板与
钙质胶结亚黏土
6880±125年</td><td colspan="2" rowspan="3">全新世</td><td rowspan="2">大西洋期
7500年

北方期
9500年</td></tr>
<tr><td rowspan="2">东2层
乳白色钙华板与
7140±60年

钙质胶结亚黏土
9250±90年</td></tr>
<tr><td>前北方期
10000~11000年</td></tr>
<tr><td>东3层
黄褐色亚黏土
10840±580年</td><td rowspan="16">晚更新世</td><td rowspan="3">晚冰期</td><td>阿尔路德温暖期
12000年</td></tr>
<tr><td rowspan="4">西2层
乳黄色多层钙华板

顶层：
12420±180年

底层：19145±
180年</td><td>东4层
黄褐色亚黏土
13170±590年</td><td rowspan="2">博林温暖期
14000年</td></tr>
<tr><td>东5层
灰白色钙华板
13905±250年</td></tr>
<tr><td>东6层
棕褐色亚黏土
14240±230年</td><td rowspan="13">玉木冰期</td><td rowspan="6">主玉木期
26000年</td></tr>
<tr><td rowspan="3">东7层
浅黄褐色厚钙华板
（上边石坝构造）

（中央次生胶结带11670±
150年）
19090±200年</td></tr>
<tr><td colspan="2">西3层
浅黄褐色厚层钙华板
上边石坝构造
17930±410年</td></tr>
<tr><td colspan="2" rowspan="2">西4层
浅黄褐色厚层钙华板
下边石坝构造
顶部
20960±150年

底部
25920±625年</td></tr>
<tr><td rowspan="9">东8层
红褐色亚黏土
20240±660年
以下未见底</td></tr>
<tr><td colspan="2" rowspan="2">西5层
红褐色亚黏土</td></tr>
<tr><td rowspan="3">帕多夫间冰期
28000年</td></tr>
<tr><td colspan="2">西6层
浅黄色钙华板
28000±2000年</td></tr>
<tr><td colspan="2" rowspan="2">西7层
黄褐色亚黏土</td></tr>
<tr><td rowspan="4">早玉木期</td></tr>
<tr><td colspan="2">西8层
灰黄色钙华板</td></tr>
<tr><td colspan="2">西9层
棕褐色亚黏土</td></tr>
<tr><td colspan="2">西10层
乳黄色钙华板
36000±2000年
以下未见底</td></tr>
</table>

从遗址剖面底部的西 10 层，至顶部的东 1 层，基本连续堆积了自晚更新世玉木冰段，即早玉木期以来，直至中全新世大西洋期的不同时期堆积物。在剖面中可见，干冷的冰期时代，由于水溶液内的碳酸钙易发生沉淀而倍增，生成了厚薄不一的钙华板，蔚为一种特征。与此相应，剖面内其他厚薄不一的钙华板，也分别标志了各该时期的干冷气候特征。

岩溶过程中生成的可溶的钙盐——碳酸氢钙，遇到合适的外界条件时又会以碳酸盐的形式重新沉积下来：$Ca(HCO_3) \rightarrow CO_2 + H_2O + CaCO_3 \downarrow$ 其产物就是一般我们所说的钙华板。洞穴遗址文化层形成前后，均有钙华板产生。洞穴碳酸钙沉积主要形成于洞穴渗流带阶段，其沉积情况与这个阶段中的气候条件、地球化学环境及其变化有着密切的关系。钙华板和其他化学沉积物的 ^{14}C 年龄代表了洞穴发育阶段中一个化学沉积作用的记录。从上述大量 ^{14}C 年龄资料对比中，可将白莲洞距今 40000 年以来洞穴化学沉积作用大致划分为五个阶段：第一阶段距今 37000 ~ 34000 年；第二阶段距今 30000 ~ 23000 年；第三阶段距今 19000 年；第四阶段距今 15000 ~ 12000 年；第五阶段距今 7000 年左右（蒋远金等，2007）。

洞穴黏土层堆积代表着一个潮湿多雨的洪水泛滥时期，而钙华沉积则是在洪水消退之后，由于洞顶滴水或片状流水而产生沉积，代表着周围温暖、较干的环境。由上可知，白莲洞遗址距今 37000 ~ 34000 年的钙华沉积在许多洞内均有发生。在这层钙华之下常常有很厚的黏土堆积和大熊猫—剑齿象动物群化石堆积。这个时期为本区气候的一个转折点，即由潮湿多雨转变到温暖干燥阶段。其后，从距今 30000 ~ 23000 年左右，大体上是这两种气候多次更迭，表现为洞穴沉积剖面上文化层与钙华多次互层出现。

距今 19000 年左右，由于末次冰期盛冰期来临，在玉木冰期第二冰段，即阿尔卑斯等地中、高纬地区晚更新世冰川活动最盛的主玉木期，虽然本区域并无冰川分布，但全球性的这一特别干冷气候，亦在白莲洞遗址文化堆积层中有清晰表现，由于干冷的气候促使洞内化学沉积物蒸发迅速，从而生成了纵贯整个窟室的大钙华板，这一巨厚钙华板和剖面内其他分布局促的薄层钙华板有着显著区别。值得注意的是，经 ^{14}C 年龄测定，与主玉木期相当的大钙华板西侧，尚可解析为上、下两个边石坝构造。暗示当时古气候曾经出现两个极大的干冷峰值，代表两个积极活动的亚冰段。由于气候趋向多灾的环境，从而驱使自然界的动物向南迁徙或某些大型哺乳动物绝迹。

在距今 15000 ~ 12000 年期间，由于末次冰期盛冰期消退，气温转向温暖湿润，此时洞内仅出现少量化学沉积物。自大约距今 12000 年以来，随着全球性气温的回升，海面升高，大气环流改变，夏季风明显增强，气候较热较干，洞内滴水明显减少，这个时期洞内没有大量的化学沉积物记录。

需要指出的是，白莲洞遗址内，东 7 层大钙华板的空洞内，有距今约 11670 ± 150 年的次生方解石晶体填充，形成透镜状构造。其生成机制与前述原理相同，亦是干燥期含碳酸钙浓度较高的水溶液，渗入剖面，在大钙华板的空洞内沉淀结晶而成者。虽然内部结晶良好，其总体构造形态却受原有空洞的制约，次生填充现象十分明显。从 ^{14}C 测年可知，其次生生成期为晚冰期内的中德里阿斯干冷期。虽然由于气候干燥，以致沉积减少，在剖面内其他部位造成地层缺失，却在这里有所表现，通过这一特殊沉积方式表达了整个剖面沉积的连续性。大钙华板中方解石条带的年代是不能代表该层钙华板的真实年代，它所代表的应是次生胶结年代，不能以它的距今年代作为过渡期的起始时间。

尔后，在距今 7000 年左右的全新世中期，在以温湿著称的中全新世大西洋期堆积的顶部，亦有大量钙华板分布，应代表其末期向干热的亚北方期过渡的表征。干燥促使蒸发作用加剧，水溶液中碳酸钙浓度增加，达到过饱和状态，从而发生沉淀。这时期是洞穴化学沉积物发育的兴旺时期。

第四章 文化遗存

白莲洞遗址中的文化遗存十分丰富。遗址经历次发掘，共发现人类用火遗迹——火坑2处，人牙化石2枚。所出标本计有骨角器2件，陶片12件。石器成品、半成品及废石料共500多件，其中较为典型的有450余件，包括石核55件，断块32件，石片221件，石叶1件，有使用痕迹的石片23件和各类加工成形的石器（包括石锤、砍砸器、敲砸器、刮削器、尖状器、雕刻器、石斧、切割器、研磨器、穿孔小砾石、穿孔重石等）112件（表八）。

表八 白莲洞遗址出土遗物统计表

名称 \ 数量 \ 层位			东1层	东3层	东4层	东6层	西1层	西4层	西5层	西7层	其他	合计
打制石器	石锤			4		4		1			4	13
	砍砸器			5	2	2	1	7	1	1	9	28
	刮削器	砾石		11	3	5		5	4	3	8	39
		燧石		1				8	3	3		15
	尖状器				1			1				2
	雕刻器							2				2
	石叶							1				1
	石核	砾石		7	2	5		4			8	26
		燧石				4		1	10	14		29
	石片	砾石		11	2	4		6	1	2		26
		燧石	8	3		1		33	126	24		195
	有使用痕迹的石片	砾石		3	2	1		2	11			9
		燧石				1		7	5	1		14
	断块	砾石				1		4			6	11
		燧石		1		1		18	1			21
磨制石器	石斧			1								1
	切割器			1	1			2				4
	研磨器					1						1
	穿孔小砾石			2								2
	穿孔“重石”			1	1	1	1				1	5
石棒											1	1
骨角器					2							2
陶片			12									12
人牙										2		2
合计			20	51	16	31	2	102	152	50	37	461

白莲洞遗址各层出土的文化遗物表明其出土的文化遗物似可划分为五个不同时期的文化，下面就五个不同时期的文化分别记述如下。

第一节　第一期文化遗存

本期主要由西10层西7层、西5层构成。该堆积为不含螺壳的红褐色或黄褐色亚黏土堆积，钙质胶结较疏。西7层和西5层虽然没有具体的测定年数据，但介于其下的西10层为距今36000±2000年，其间的西6层的铀系法测年距今为28000±2000年，其上与西5层顶部相交的西4层底部的测年经校正后在距今年代25920±630年，故其年代应在距今36000～26000年前。第一期文化遗存包括人牙化石2枚、人类用火遗迹2处及各类石制品207件。

一、人牙化石

白莲洞内共出土人牙化石两枚（周国兴等，1983）。这两颗人牙石化程度较深，齿冠表面呈淡黄色，光泽较好，齿根表面有黑色铁锰质的斑点，牙齿保存状况颇佳，除齿根局部有缺失上外，齿冠均完整（表九；图一一；彩版六，1）。

两者均出自西侧堆积第7层中。1980年4月15日发现的为下左侧第三臼齿，1982年8月14日出土的为下右侧第三臼齿。

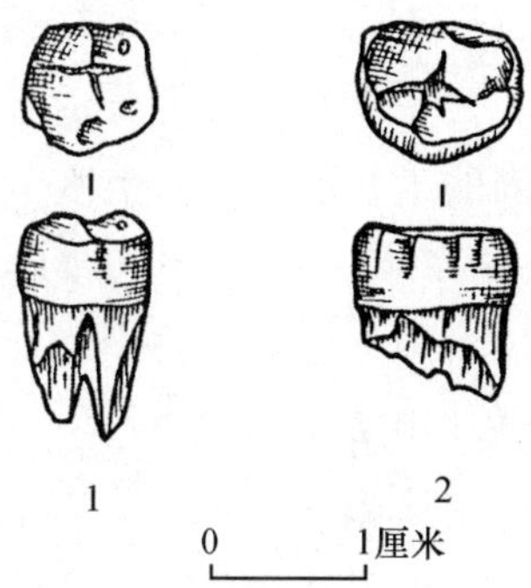

图一一　出土的人牙化石
1. 人牙Ⅰ（BLWS⑦:205）
2. 人牙Ⅱ（BLWS⑦:206）

人牙Ⅰ：齿冠硕大粗壮，齿冠咬合面磨蚀程度较大，诸齿尖已基本磨平，似代表一中年男性个体。此牙形态有所变异，即其与前面第二下臼齿的接触小面不在近中侧，而处在舌侧，表明生前当该牙在牙床上着生的位置有变异，或牙齿着生方向扭转90度，或向前外侧方位移，但因牙面磨蚀程度较匀，似前者可能性为大。诸齿尖虽已磨平，但分隔诸尖的沟纹以及五个基本齿尖尚可辨认。齿冠舌面较平直，上有一狭长形接触小面。颊面明显朝舌侧内倾，其釉质下延程度比舌侧为大。齿根局部已缺失，近中侧尤甚。

人牙Ⅱ：保存状况较前者为佳，除齿根有被啮齿类轻微啃噬的痕迹外，齿冠完整。牙齿体积较小，咬合面有一定程度磨蚀，颊侧磨蚀程度较舌侧为大，整个牙显得较纤细，似为青年女性个体。下后、下内和下原三尖大小相近，下次尖和下次小尖较小，在下后尖和下原尖上有龋点。这些齿尖都比较光滑，没有明显的附嵴。齿冠舌侧较平直，齿冠颊侧面朝舌侧方向内倾，在其基部有较明显的齿带痕迹，齿带向近中和远中方向稍外延。颈部明显收缩，齿根根干长于齿冠高度，齿根由根干分出近中和远中两支，这两支较为扁平，呈前后方向排列。

表九　白莲洞出土人牙测量数据表

	齿冠			齿根	
	近中—远中径（mm）	颊—舌径（mm）	高（mm）	近中根长（mm）	远中根长（mm）
左 M	13	10.8	6.6*	破	破
右 M	10.8	9.7	7	11.5	11.2

“*”表示有磨损。

总的来看，这两颗牙虽然在个别性状上表现出一定的原始性，如右侧第三臼齿齿冠基部有齿带的痕迹，但在更多性状上与现代人牙并没有显著差异，故它们均属智人，它们是晚期智人的代表。

二、用火遗迹

最初报道发现坑灶（烧火坑）三处，经进一步核对，其中第一烧火坑（坐标 $A_{1'}$ 方）有误，应系铁锰结核层，其余两烧火坑无误（图七；彩版六，2）。

现第一烧火坑位于 G2 方中，第二烧火坑为 I_1 方，并靠近洞口，均处于相当于西剖面的第 5 层中，并坐落于第 6 层，即钙华板之上。均呈椭圆状。前者大，面积 0.66 厘米 ×1.03 厘米，厚 0.3 米；后者小，面积为 0.2 厘米 ×0.45 厘米，厚 0.15 米，没有发现包围火堆的石块。烧土处土质发红，有灰白色灰烬夹在其间，并有烧过的小动物骨骼，炭屑和小的烧石块，局部含有较多的烧灰胶结。在靠近洞口的一处烧火坑附近，亦有小量烧骨。

根据这两个烧火坑处于洞室中央及洞口，火堆中燃烧物燃烧得较充分，厚度只有 15～30 厘米诸点来看，可能主要用来烧烤食物。根据所处层面，应为更新世晚期，为旧石器时代晚期人类所遗留下的。

三、石　制　品

第一期共发现各类石制品 200 件。可分为燧石制品和砾石制品两大类，以燧石质石器居多，占石制品总数的 94%；而砾石制品仅占石制品总数的 6%。类型包括砍砸器、刮削器、有使用痕迹的石片、石片、断块等（表一〇）。这些器物中拥有旧石器时代遗址中常见的器物，如由砾石石核和石片制作的砍砸器、刮削器。燧石小石器中，多直接使用的石片，到晚期少量器物经过精细加工，可划分不少明确的器型。颇具特色的“白莲洞式打片法”，即由砾石断面上用锤击法取得圆形石片，其周围仍保留一圈或部分砾石的岩皮，这种特殊的石片制备法在本层可追溯到它的早期踪迹。

表一〇　白莲洞遗址第一期石制品统计表

类型	砍砸器	砾石刮削器	燧石刮削器	燧石石核	砾石石片	燧石石片	有使用痕迹的砾石石片	有使用痕迹的燧石石片	砾石石核	合计
数量	2	7	6	24	3	150	1	6	1	200
%	1	3.5	3	12	1.5	75	0.5	3	0.5	100

（一）砾石制品

12件，占本期石制品总数的6%。其种类包括砍砸器、刮削器、有使用痕迹的石片、石片、石核等。

1. 石核

1件。占本期石制品总数的0.5%，为双台面石核（彩版七，1）。

2. 石片

3件。占本期石制品总数的1.5%。岩性多为砂岩。石片尺寸不大，为自然台面。打击点比较清晰，半锥体不甚突出。打片采用锤击法，石片保留较多的砾石面。

标本BLWS⑤:112，砂岩质，为一打制的砾石石片，器身背面全部保留砾石面。长6.1、宽7、厚1.5厘米，重8克（图一二，1；彩版七，2）。

标本BLWS⑦:110，砂岩质，为一打制的砾石石片，其劈裂面放射线较明显，背面全部保留砾石面。长3.4、宽5.3、厚0.8厘米，重19克（图一二，2）。

标本BLWS⑤:256，砂岩质，为一打制的砾石石片，器身部分保留砾石面。长3.3、宽2、厚0.5厘米，重7克（图一二，3；彩版七，3）。

3. 有使用痕迹的石片

1件。占石制品总数的0.5%。

标本BLWS⑤:117，砂岩质，是用“白莲洞式打片法”打制的砾石石片，器身两侧为劈裂面，周边保留一小圈自然面，刃部有使用痕迹，长4.3、宽5.4、厚1.9厘米，重47克（图一二，4；彩版七，4）。

4. 石器

8件。占石制品总数的4%。可分为砍砸器、刮削器两种，其中刮削器最多，占砾石石器总数的75%，砍砸器占砾石石器总数的25%。

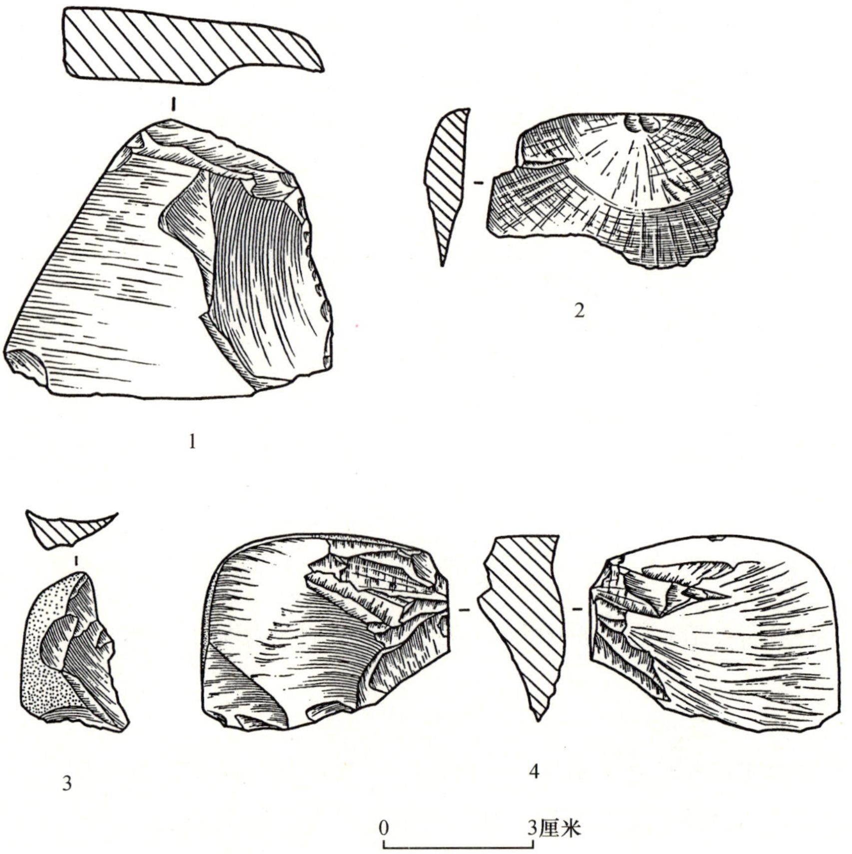

图一二　第一期石片

1～3. 砾石石片（BLWS⑤: 112、BLWS⑦: 110、BLWS⑤: 256）　4. 有使用痕迹石片（BLWS⑤: 117）

（1）砍砸器

2 件，占该期石器总数的 13.3%。均为单面加工，利用砾石核在其一侧反向加工而成，刃角陡直，大部分刃缘没有经过二次加工。

标本 BLWS⑦: 48，硅质岩质，为一石核砍砸器，背面保留部分灰白色石皮，反向单面加工，刃角大，呈陡刃状。长 6.4、宽 8.3、厚 4.4 厘米，重 214 克（图一三，1；彩版七，5）。

标本 BLWS⑤: 65，变质砂岩质，为一石核砍砸器，器身呈四边形，背面及周边保留砾石面，反向单面加工，刃角陡直，长 6.9、宽 9.6、厚 3.9 厘米，重 394 克（图一三，2；彩版七，6）。

（2）刮削器

7 件，占第一期石器总数的 46.7%。系利用砾石石片在其一端直接加工而成。岩性以砂岩为最多，还有硅质岩。器体大小不一，长度最大值为 7.8、最小值为 3 厘米；宽

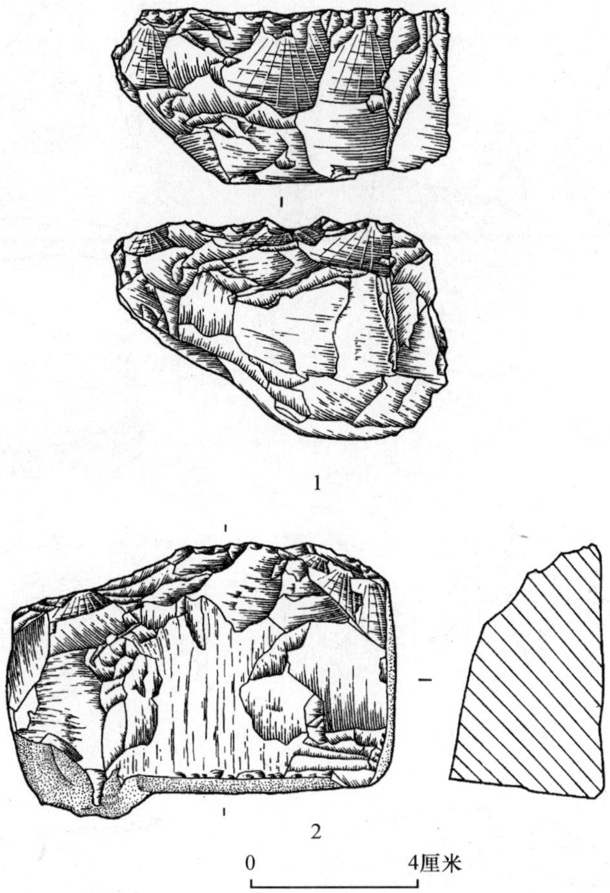

图一三 第一期砍砸器

1. BLWS⑦:48 2. BLWS⑤:65

度最大值为 8.2、最小值为 4 厘米；厚度最大值为 5.4、最小值为 0.5 厘米；重量最大值为 278、最小值为 8 克。多为单面反向加工而成，刃角平缓，为 40°～70°。以锤击法简单加工，器身局部保留砾石面。大部分刃缘没有经过二次修整。根据刃缘可分为单边直刃、凹刃、弧刃刮削器。

① 单边直刃刮削器

标本 BLWS⑦:60，砂岩质，器身略呈梯形，刃缘平直，器身保留大部分砾石面，长 7.8、宽 6.5、厚 5.4 厘米，重 278 克（图一四，1；彩版八，1）。

标本 BLWS⑤:27，砂岩质，器身略呈扇形，由一用“白莲洞式打片法”打制的砾石石片在其一侧加工而成，刃缘平直，器身周边保留大部分砾石面，长 3、宽 4、厚 0.5 厘米，重 8 克（图一四，2；彩版八，2）。

② 单边凹刃刮削器

标本 BLWS⑦:70，浅色硅质灰岩质，由“白莲洞式石片”加工而成，器身呈近方

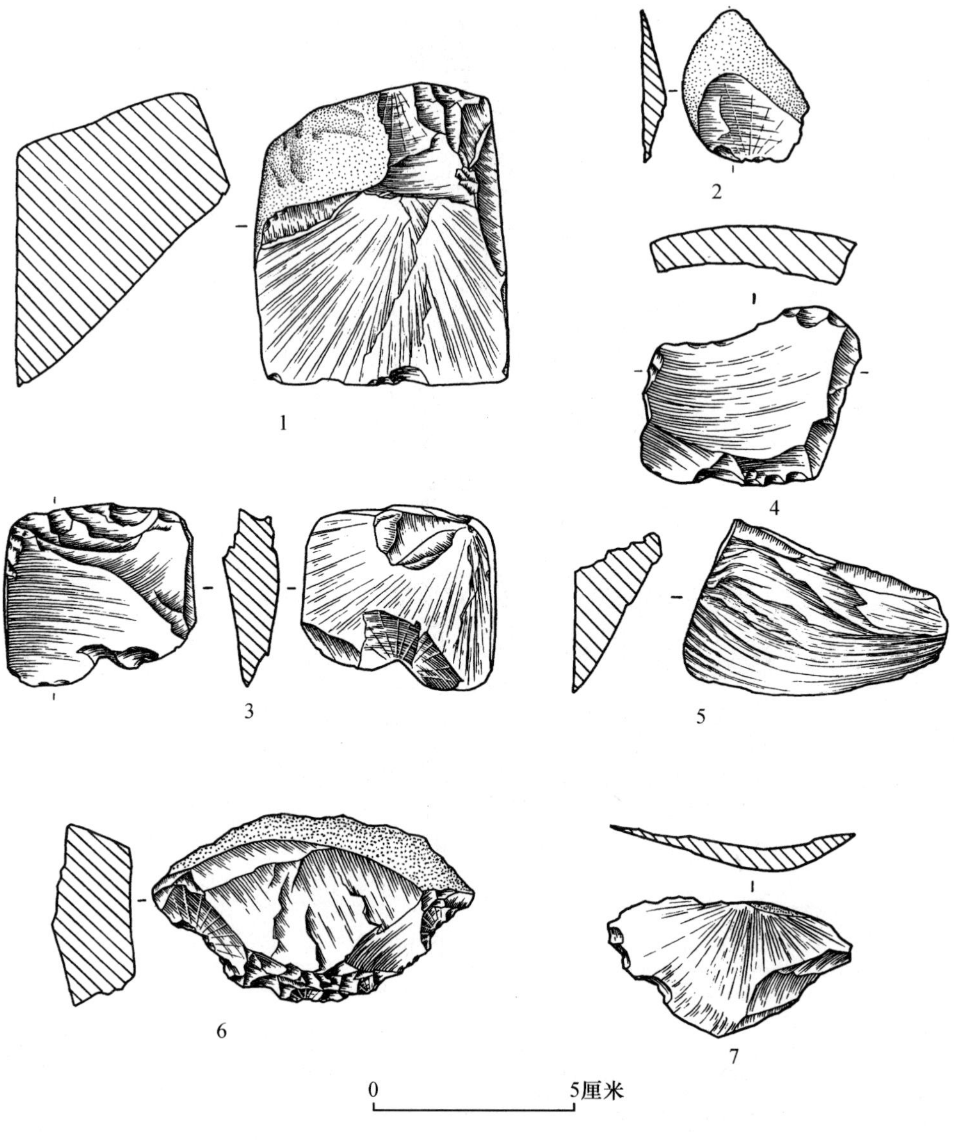

图一四　第一期砾石刮削器

1. BLWS⑦: 60　2. BLWS⑤: 27　3. BLWS⑦: 70　4. BLWS⑤: 24　5. BLWS⑦: 107
6. BLWS⑤: 56　7. BLWS⑤: 62

形，刃端修有半圆形深凹刃口，适宜于刮削箭杆、骨锥之类器物，长4.7、宽4.9、厚1.5厘米，重34克（图一四，3；l彩版八，3）。

标本BLWS⑤: 24，砂岩质，器身呈四边形，由一打制的砾石石片向一侧加工而成，刃缘有深凹刃口，器身背面保留自然面，长5.1、宽4.5、厚1厘米，重30克（图一四，4；彩版八，4）。

③ 单边弧刃刮削器

标本BLWS⑦: 107，砂岩质，器身略成扇形，弧刃，器身一侧保留小部分砾石面，长4.5、宽6.7、厚2.2厘米，重54克（图一四，5）。

标本BLWS⑤:56，灰色硅质岩质，系利用一采用了“白莲洞式打击法”的砾石厚石片单面反向加工其弧状刃缘，相对刃缘的一边，则保留粗糙的石皮。器身为短柄。长4.8、宽8.2、厚2.1厘米，重87克（图一四，6；彩版八，5）。

标本BLWS⑤:62，矽质灰岩质，器身略成三角形，器身背部除打掉一块石皮外，保留部分岩面，长6、宽3、厚0.3厘米，重18克（图一四，7；彩版八，6）。

（二）燧石制品

187件，占石制品总数的93.5%。其种类包括刮削器、有使用痕迹的石片、石片、石核、断块等。以石片最多，占该期石制品的76.5%，其次为石核，占该期石制品的12%。

1. 石核

24件。占该期石制品总数的12%。石核以自然台面为主，从台面角和石片疤痕的特征看，剥片方法绝大部分采用直接砸击法，极少数采用锤击法。石核形状绝大多数为不规则形，少见或不见北方典型细石器中常见的船底型、船头型、锥状、楔状、漏斗状和柱状石核。石核器形较小，长度最大值为4.9、最小值为1.5厘米；宽度最大值为8、最小值为2.2厘米；厚度最大值为4.3、最小值为0.5厘米；重量最大值为156、最小值为13克（图一五；图一六；彩版九）。

2. 石片

150件，占该期石制品总数的75%。绝大多数为自然台面。打击点除极少部分比较清晰外，余皆不明显，石片半锥体亦不突出。打片技术以砸击法为主，个别采用锤击技术或间接打制技术。石片中存在一定数量的几何形石片、尖状石片，但多数为不规则形。石片尺寸较小，长度最大值为4.5、最小值为0.9厘米；宽度最大值为4.1、最小值为0.8厘米；厚度最大值为1.3、最小值为0.2厘米；重量最大值为36、最小值不足1克（图一七；图一八；图一九；图二〇；图二一；彩版一〇）。

3. 有使用痕迹的石片

6件。占石制品总数的3%。均为采用砸击法取片获得的打击石片，多为自然台面。石片尺寸较小，形状不规则。长度最大值为4.1、最小值为2厘米；宽度最大值为3.2、最小值为1.5厘米；厚度最大值为1.1、最小值为0.1厘米；重量最大值为7、最小值不足2克。均没有进行第二步加工，而是直接利用石片的刃缘直接使用。

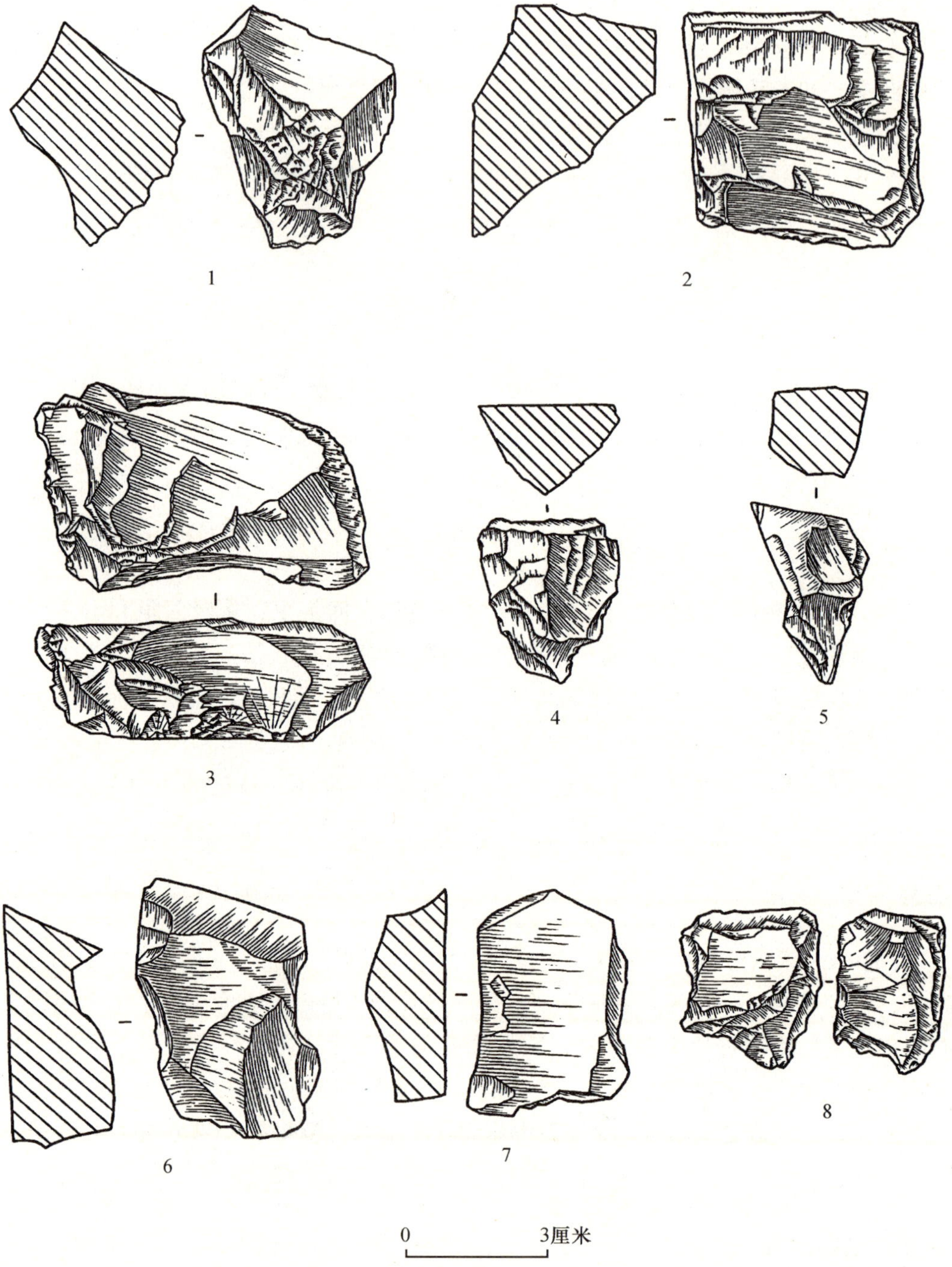

图一五　第一期燧石石核（1）

1. BLWS⑤: 98　2. BLWS⑤: 97　3. BLWS⑤: 86　4. BLWS⑤: 361　5. BLWS⑤: 359　6. BLWS⑤: 357　7. BLWS⑤: 358　8. BLWS⑤: 356

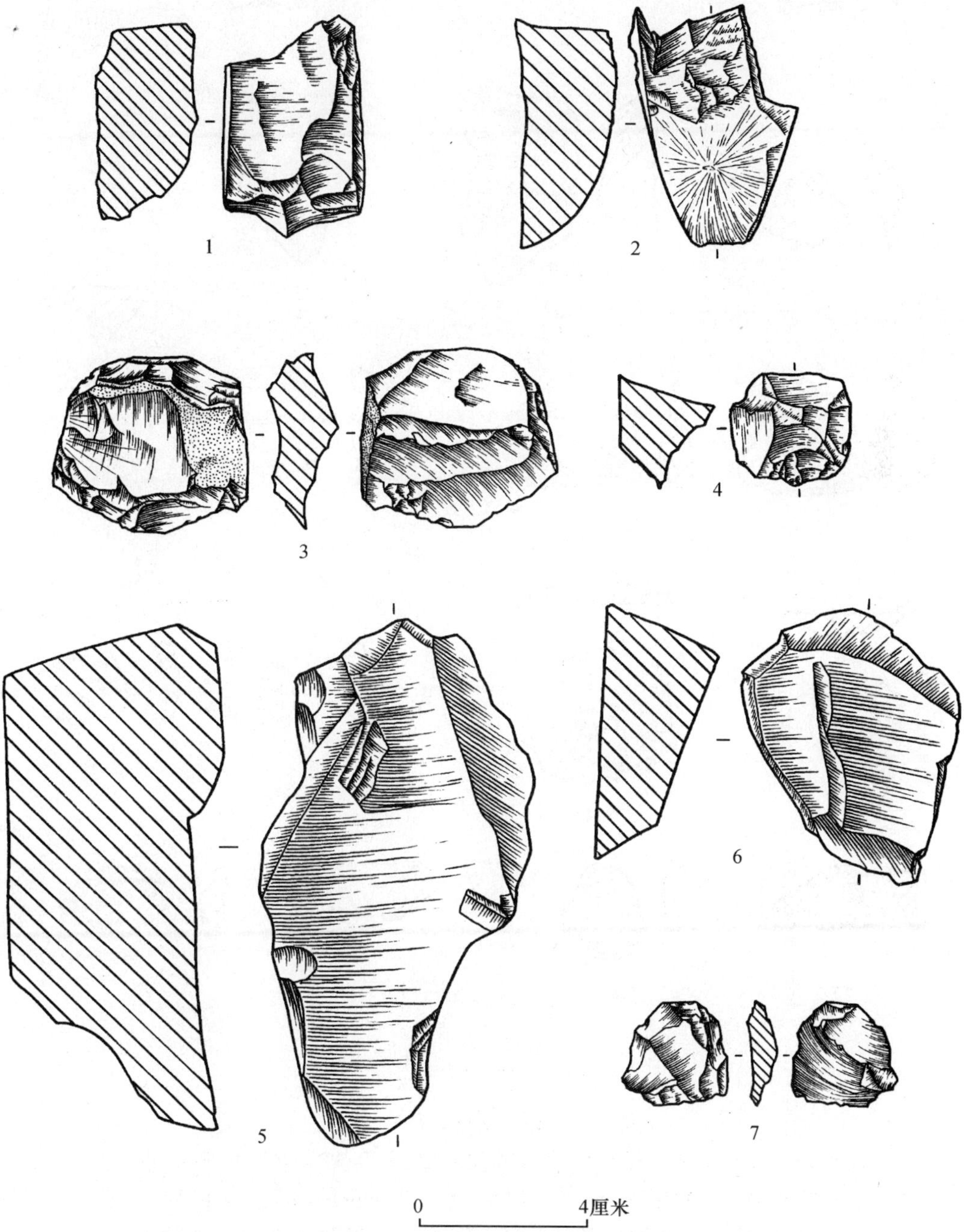

图一六　第一期燧石石核（2）

1. BLWS⑦: 389　2. BLWS⑦: 387　3. BLWS⑦: 106　4. BLWS⑦: 392　5. BLWS⑦: 388
6. BLWS⑦:　7. BLWS: 114

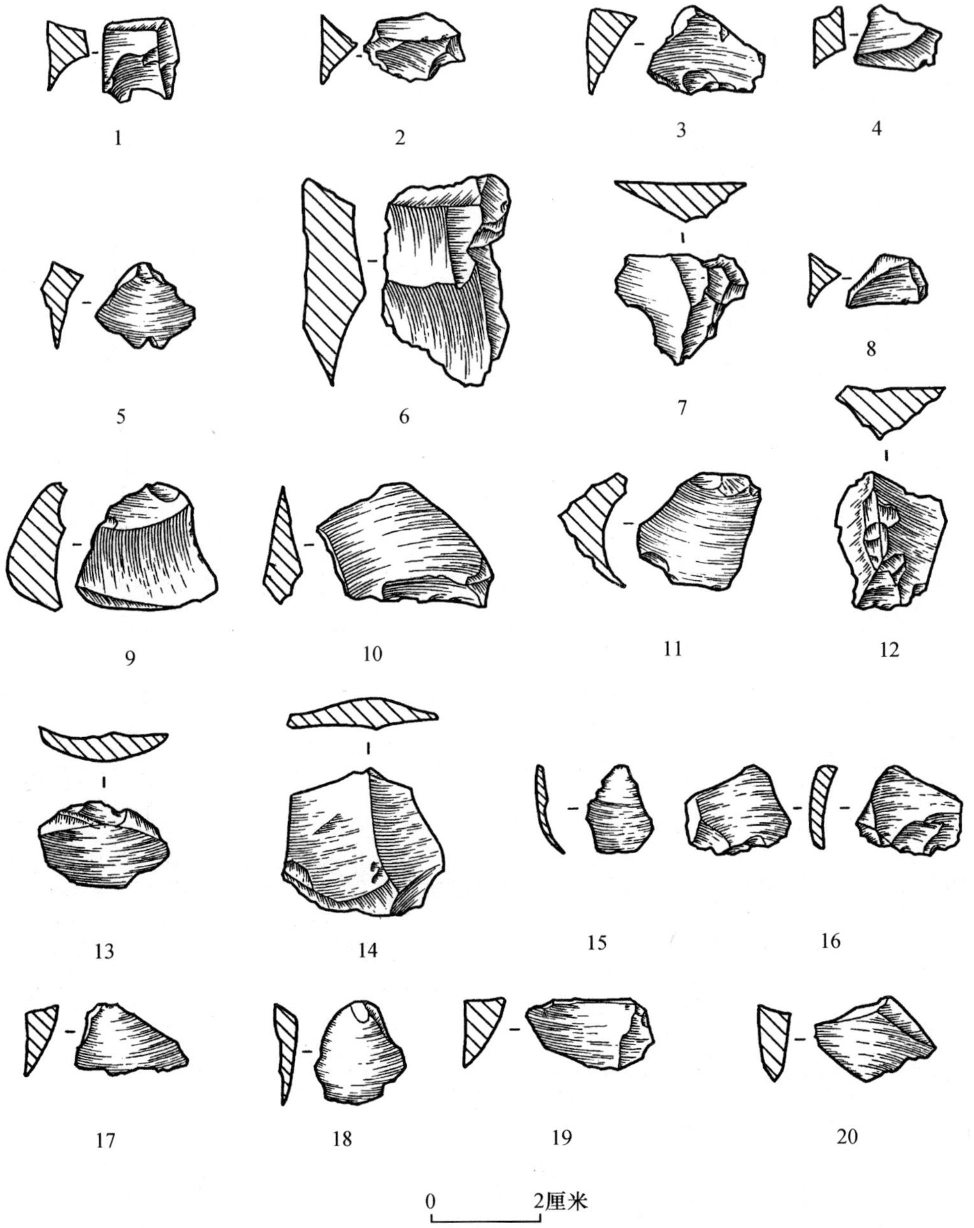

图一七　第一期燧石石片（1）

1. BLWS⑤: 281　2. BLWS⑤: 328　3. BLWS⑤: 287　4. BLWS⑤: 298　5. BLWS⑤: 300
6. BLWS⑤: 344　7. BLWS⑤: 364　8. BLWS⑤: 323　9. BLWS⑤: 257　10. BLWS⑤: 437
11. BLWS⑤: 438　12. BLWS⑤: 78　13. BLWS⑤: 83　14. BLWS⑤: 89　15. BLWS⑤: 310
16. BLWS⑤: 64　17. BLWS⑤: 285　18. BLWS⑤: 292　19. BLWS⑤: 268　20. BLWS⑤: 249

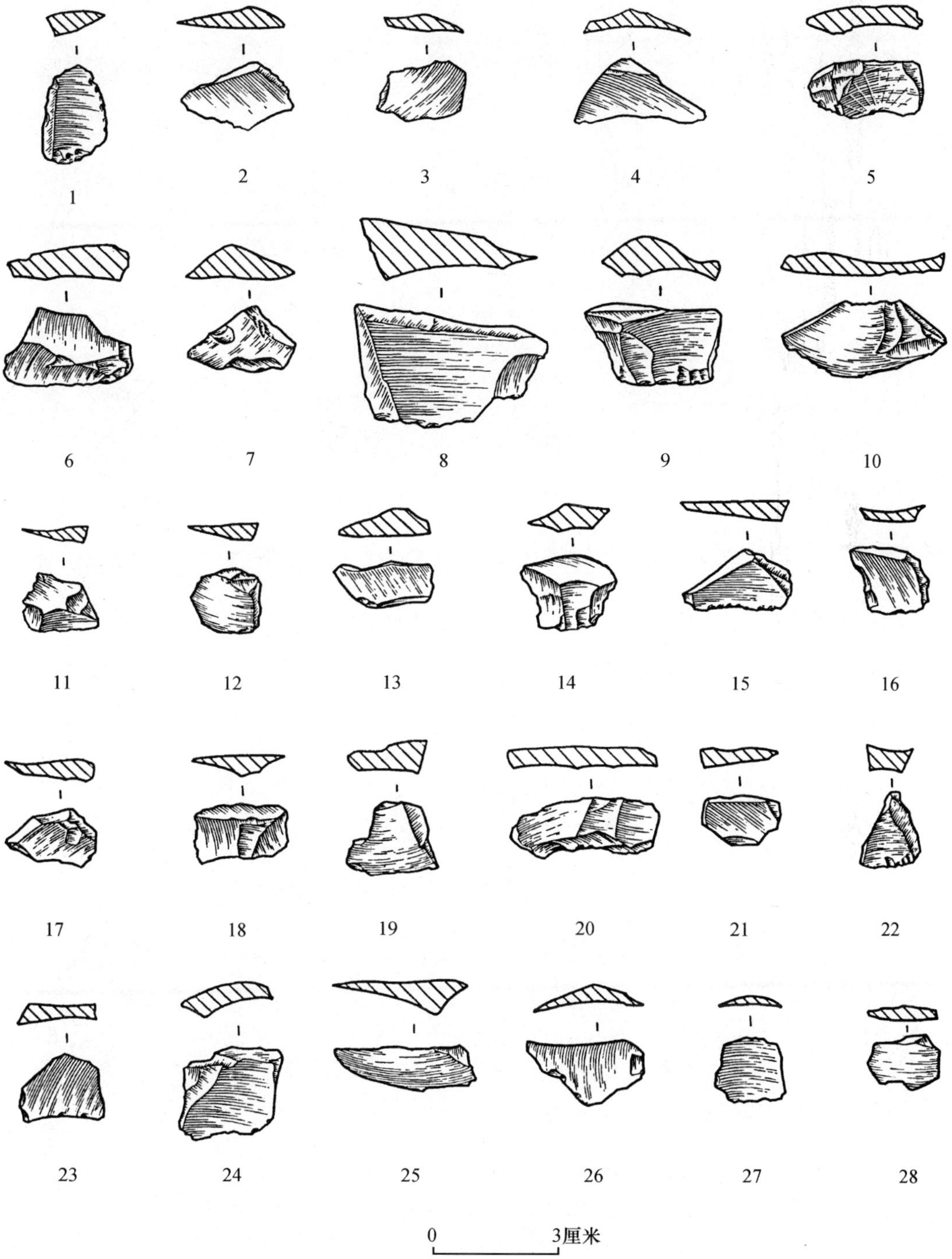

图一八　第一期燧石石片（2）

1. BLWS⑤: 280　2. BLWS⑤: 289　3. BLWS⑤: 277　4. BLWS⑤: 272　5. BLWS⑤: 84　6. BLWS⑤: 91　7. BLWS⑤: 282　8. BLWS⑤: 248　9. BLWS⑤: 336　10. BLWS⑤: 351　11. BLWS⑤: 326　12. BLWS⑤: 309　13. BLWS⑤: 234　14. BLWS⑤: 288　15. BLWS⑤: 276　16. BLWS⑤: 299　17. BLWS⑤: 271　18. BLWS⑤: 293　19. BLWS⑤: 258　20. BLWS⑤: 94　21. BLWS⑤: 291　22. BLWS⑤: 352　23. BLWS⑤: 354　24. BLWS⑤: 347　25. BLWS⑤: 274　26. BLWS⑤: 286　27. BLWS⑤: 267　28. BLWS⑤: 318

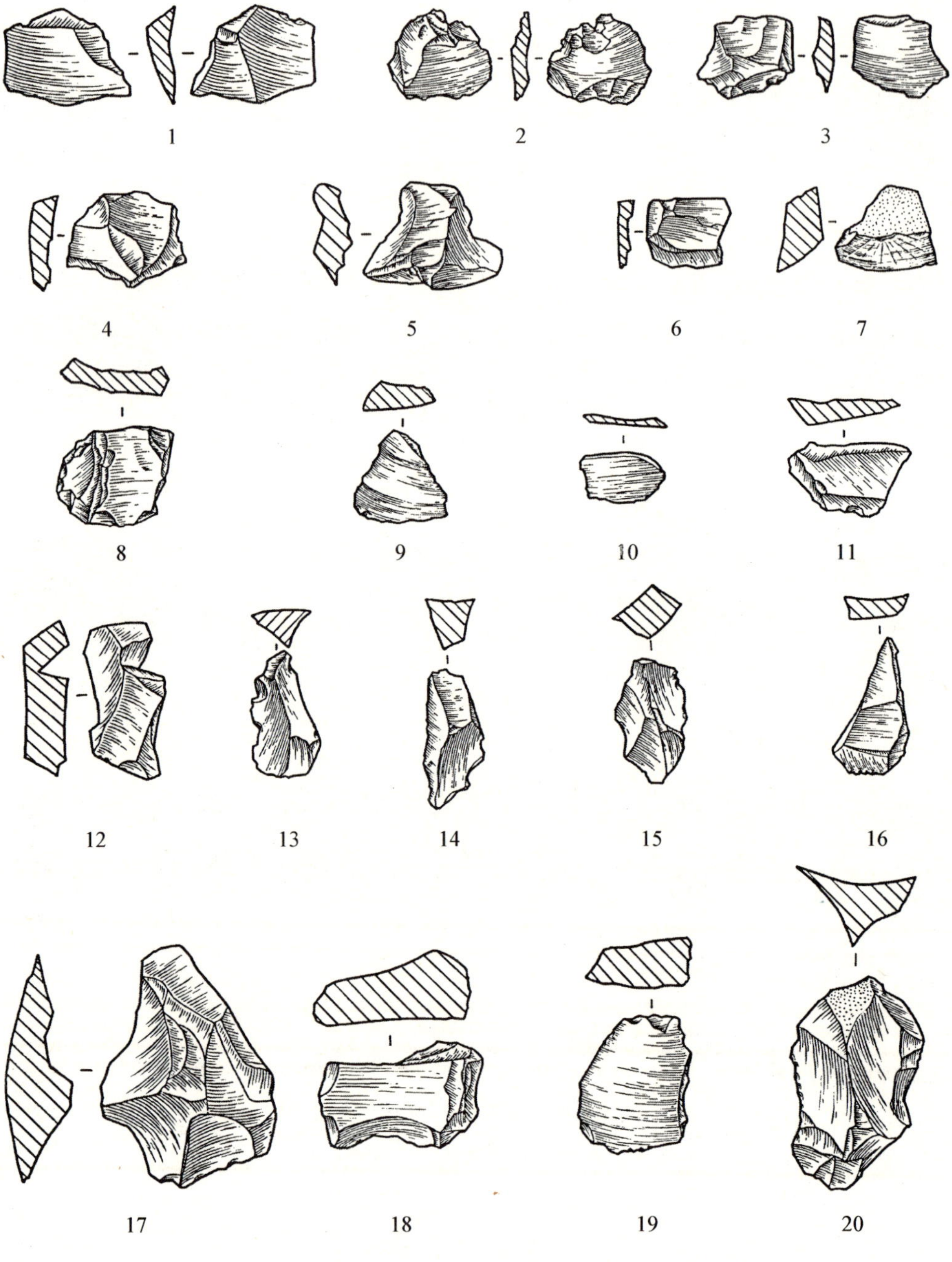

0　　3厘米

图一九　第一期燧石石片（3）

1. BLWS⑤: 85　2. BLWS⑤: 90　3. BLWS⑤: 273　4. BLWS⑤: 254　5. BLWS⑤: 338　6. BLWS⑤: 92　7. BLWS⑤: 95　8. BLWS⑤: 263　9. BLWS⑤: 84　10. BLWS⑤: 296　11. BLWS⑤: 252　12. BLWS⑤: 355　13. BLWS⑤: 82　14. BLWS⑤: 353　15. BLWS⑤: 77　16. BLWS⑤: 255　17. BLWS⑤: 115　18. BLWS⑤: 348　19. BLWS⑤: 247　20. BLWS⑤: 71

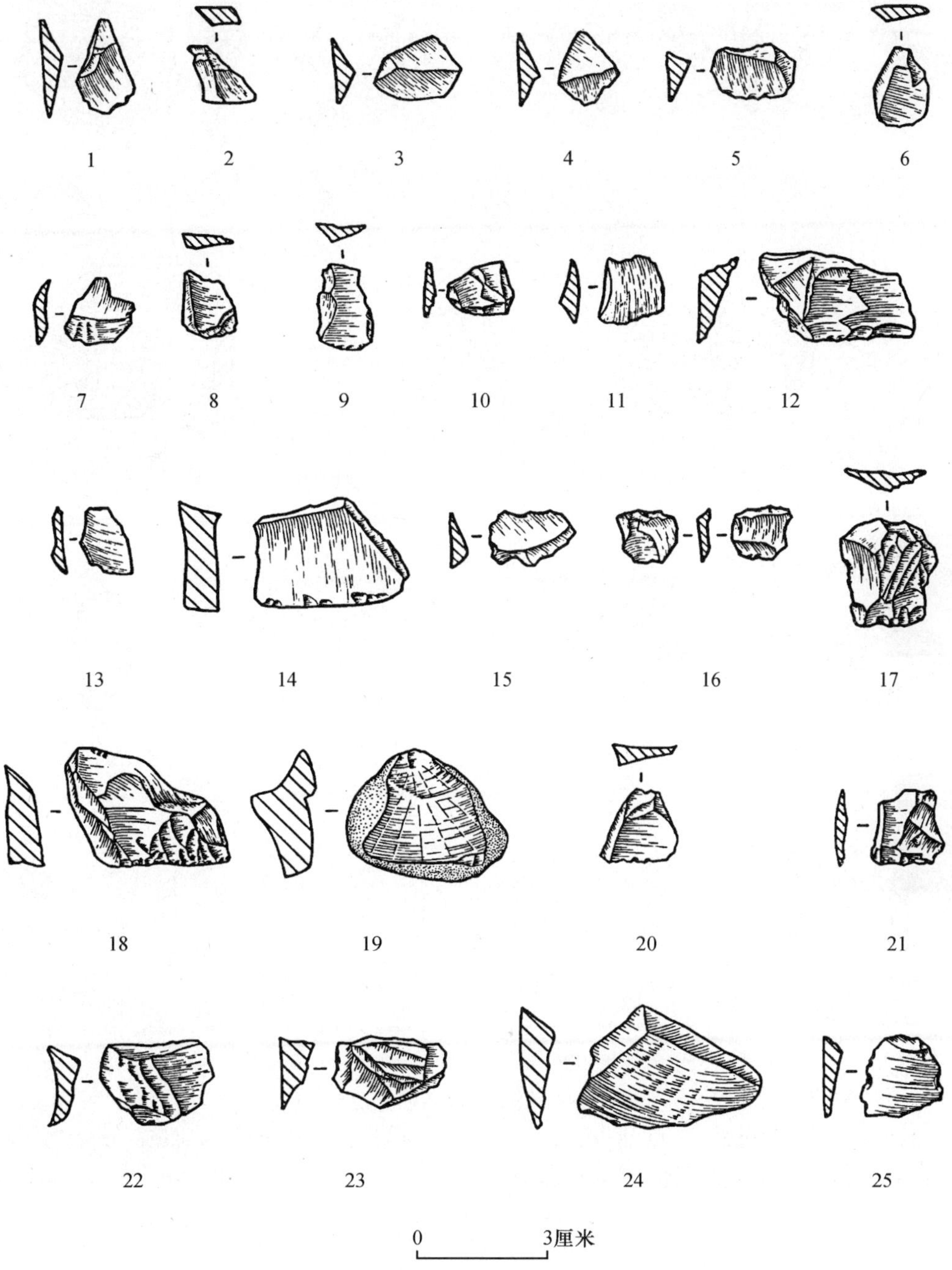

图二〇　第一期燧石石片（4）

1. BLWS⑤: 295　2. BLWS⑤: 329　3. BLWS⑤: 270　4. BLWS⑤: 303　5. BLWS⑤: 301　6. BLWS⑤: 304　7. BLWS⑤: 311　8. BLWS⑤: 259　9. BLWS⑤: 343　10. BLWS⑤: 345　11. BLWS⑤: 327　12. BLWS⑤: 63　13. BLWS⑤: 302　14. BLWS⑤: 96　15. BLWS⑤: 250　16. BLWS⑤: 315　17. BLWS⑤: 253　18. BLWS⑤: 80　19. BLWS⑤: 262　20. BLWS⑤: 305　21. BLWS⑤: 269　22. BLWS⑤: 333　23. BLWS⑤: 279　24. BLWS⑤: 349　25. BLWS⑤: 294

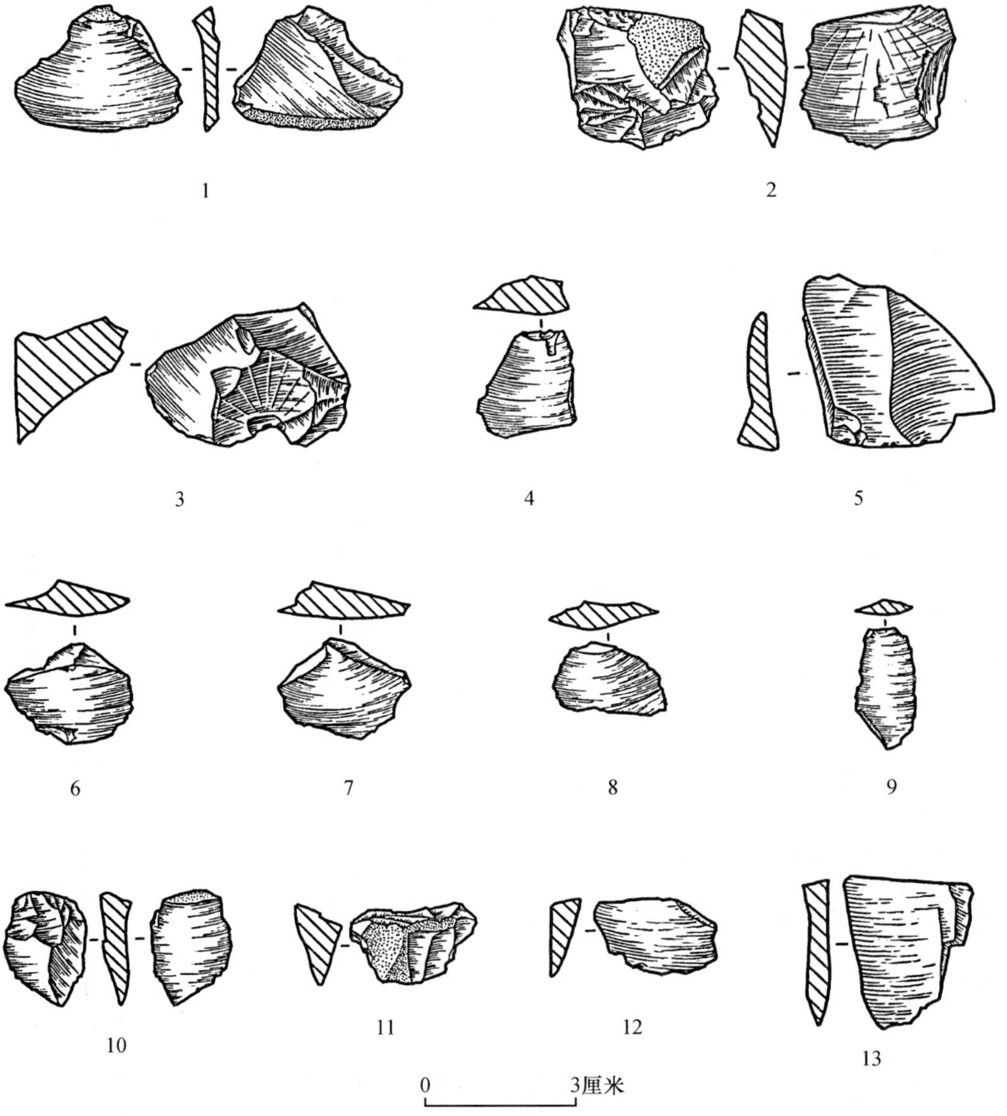

图二一　第一期燧石石片（5）

1. BLWS⑦: 369　2. BLWS⑦: 112　3. BLWS⑦: 113　4. BLWS⑦: 375　5. BLWS⑦: 380　6. BLWS⑦: 364　7. BLWS⑦: 374　8. BLWS⑦: 367　9. BLWS⑦: 373　10. BLWS⑦: 371　11. BLWS⑦: 366　12. BLWS⑦: 110　13. BLWS⑦: 370

标本 BLWS⑤: 113，黑色燧石质，器身呈菱形，刃部有使用痕迹，可作刮削器之用，长 2、宽 2、厚 0.4 厘米，重 3 克（图二二，1；彩版一一，1）。

标本 BLWS⑤: 85，黑色燧石质，器身略显五边形，刃部有使用痕迹，可作尖状器之用，长 3.2、宽 2.1、厚 0.7 厘米，重 4 克（图二二，2；彩版一一，2）。

标本 BLWS⑤: 74，黑色燧石质，器身略显四边形，刃部有使用痕迹，长 3、宽 2.7、厚 0.4 厘米，重 7 克（图二二，3；彩版一一，3）。

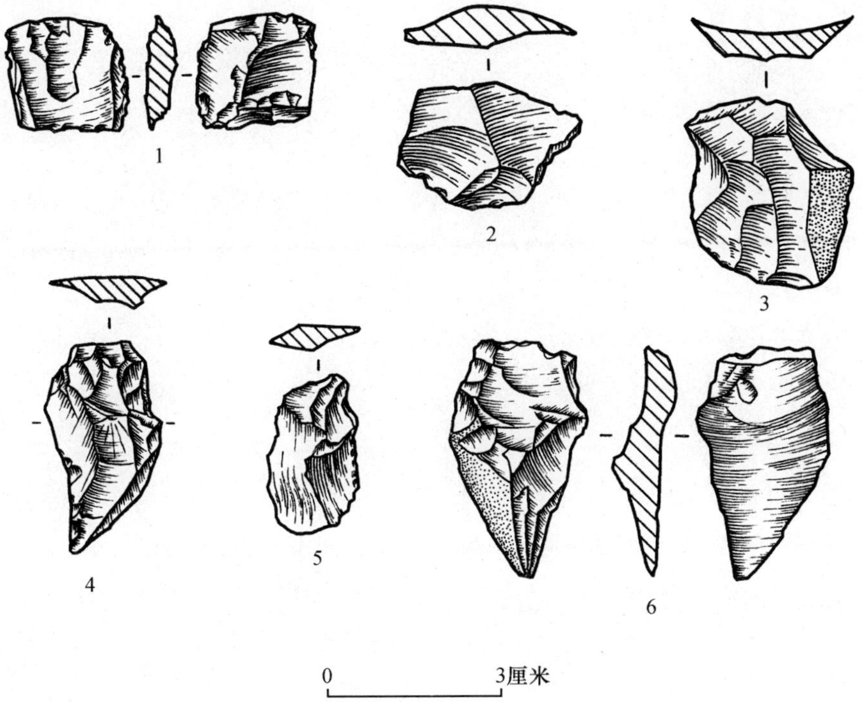

图二二　第一期有使用痕迹的燧石石片

1. BLWS⑤:113　2. BLWS⑤:85　3. BLWS⑤:74　4. BLWS⑤:68　5. BLWS⑤:70　6. BLWS⑦:72

标本 BLWS⑤:68，黑色燧石质，器身弯曲，尖部可作雕刻器之用，凹刃处亦可作凹刃刮削器之用，长 3.7、宽 2、厚 0.4 厘米，重 4 克（图二二，4；彩版一一，4）。

标本 BLWS⑤:70，黑色燧石质，器身略显四边形，长 2.7、宽 1.5、厚 0.1 厘米，重 2 克（图二二，5；彩版一一，5）。

标本 BLWS⑦:72，灰色燧石质石片，经加工尖部呈三棱状。值得注意的是柄部背侧剥去一小石片，可用于装杆，似可作箭镞使用。长 4.1、宽 2.4、厚 1.1 厘米，重 6 克（图二二，6；彩版一一，6）。

4. 石器

6 件。均为刮削器。占该期石器总数的 40%。系利用燧石石片加工而成。器体较细小，长度最大值为 5.4、最小值为 2.6 厘米；宽度最大值为 5、最小值为 3 厘米；厚度最大值为 1.3、最小值为 1 厘米；重量最大值为 30、最小值为 7 克。多以锤击法单面反向加工而成，刃角平缓，为 40°～55°。大部分刃缘没有经过二次修整。根据刃缘多少和形状可分为单边刃、复刃刮削器。

（1）单边刃刮削器

标本 BLWS⑦:71，黑色燧石质，略成三角形，用压削法加工而成，长 4、宽 2.5、厚 0.6 厘米，重 14 克（图二三，1；彩版一二，1）。

标本 BLWS⑤: 73，黑色燧石质，器身呈不规则形，利用一打制的燧石石片一侧为刃缘，刃缘有人工加工和使用的痕迹，器身保留小部分自然面，长 5.4、宽 4.7、厚 1 厘米，重 30 克（图二三，2；彩版一二，2）。

标本 BLWS⑦: 78，灰色燧石质，较厚石片，其台面经修理，边缘有明显的打击点，刃缘有压制加工的痕迹，器身背面有两条狭长的石片疤。长 3.3、宽 2.9、厚 1.2 厘米，重 16 克（图二三，3；彩版一二，3）。

标本 BLWS⑤: 114，黑色燧石质，器身略显四边形，利用燧石石片一侧为刃缘，刃缘有人工加工和使用的痕迹，长 3、宽 2.7、厚 0.4 厘米，重 7 克（图二三，4；彩版一二，4）。

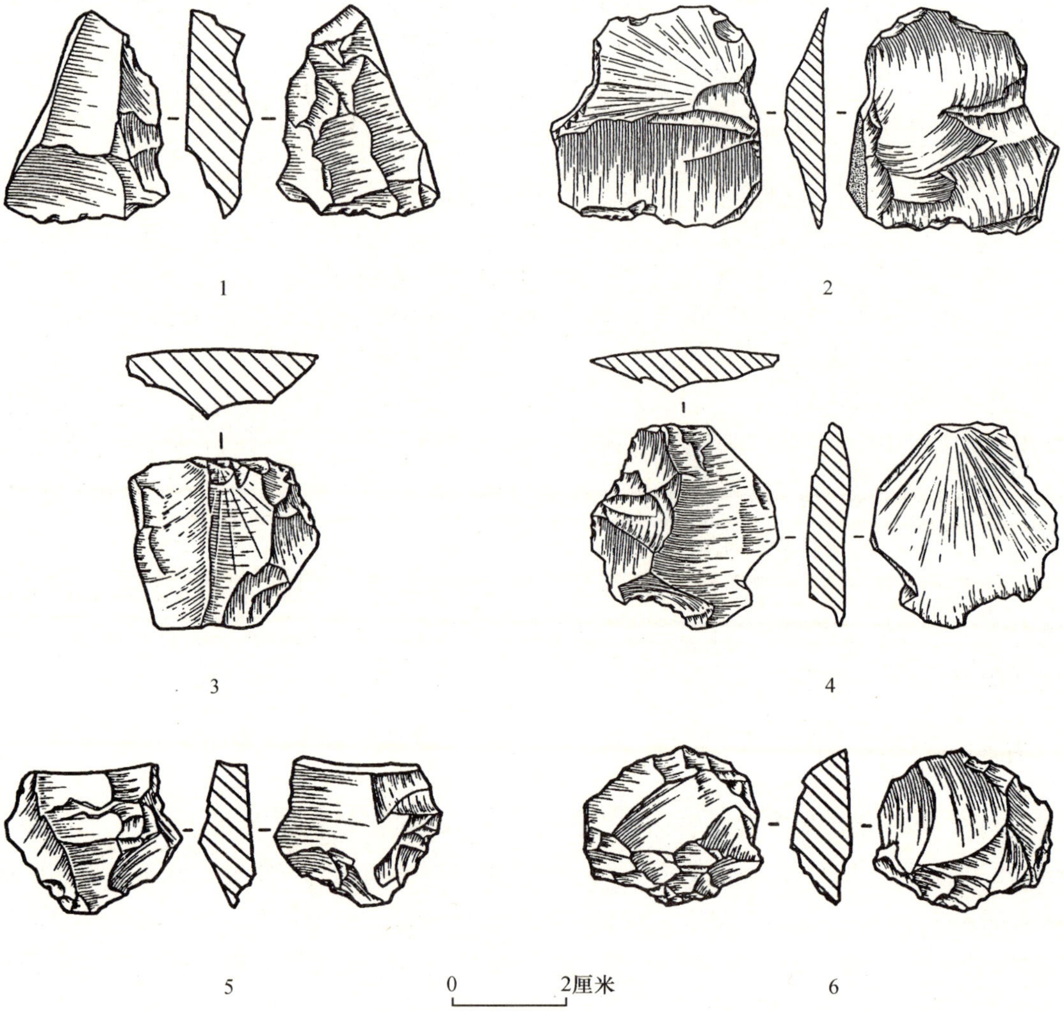

图二三　第一期燧石刮削器

1. BLWS⑦: 71　2. BLWS⑤: 73　3. BLWS⑦: 78　4. BLWS⑤: 114　5. BLWS⑦: 90　6. BLWS⑤: 87

（2）复刃刮削器

标本BLWS⑦∶90，黑色燧石质，将一器身略显五边形的石片在其两侧加工成刃缘，长2.7、宽2.5、厚0.5厘米，重8克（图二三，5；彩版一二，5）。

标本BLWS⑤∶87，黑色燧石质，器身呈圆盘状，加工圆形小石片的大部分边缘，局部有错向加工痕迹，长3.2、宽2.8、厚1厘米，重10克（图二三，6；彩版一二，6）。

第二节 第二期文化遗存

本期主要由西4层、东8层构成。其中，西4层为主要的文化层堆积层。该堆积为含少量螺壳的亚黏土堆积与薄层钙华板交织互现的堆积层，钙质胶结紧密。西4层测年经校正后为20960±150年～25920±625年。东8层测年为20240±660年。由此，本堆积层的年代当为距今25000～19000年。

第二期共发现各类石制品102件，其种类包石锤、石核、有使用痕迹的石片、石叶、石片、砍砸器、刮削器、切割器、尖状器、雕刻器、断块等（表一一）。

表一一　白莲洞遗址第二期石制品统计表

类型	砍砸器	石锤	砾石刮削器	燧石刮削器	砾石石核	燧石石核	砾石石片	燧石石片	有使用痕迹的砾石石片	有使用痕迹的燧石石片	雕刻器	切割器	尖状器	石叶	砾石断块	燧石断块	合计
数量	7	1	5	8	4	1	6	33	2	7	2	2	1	1	4	18	102
%	6.8	1	4.9	7.8	3.9	1	5.9	33	2	6.8	2	2	1	1	3.9	17	100

（一）砾石制品

上述石制品中，其中砾石制品31件，占该期石制品总数的30.4%。包括石锤、有使用痕迹的石片、石核、石片、砍砸器、刮削器、切割器、断块等。

1. 断块

4件，占第二期石制品总数的3.9%。岩性以砂岩为主。其共同特征是没有明显的打击点，属于打片时形成的断块。器体不大，长度最大值为6.8、最小值为3厘米；宽度最大值为5.4、最小值为3厘米；厚度最大值为3.8、最小值为1.6厘米；重量最大值为153、最小值为19克（图二四；彩版一三，1～4）。

2. 石核

4件，占石制品总数的3.9%。石核以自然台面为主，从台面角和石片疤痕的特征看，剥片方法均采用直接锤击法。

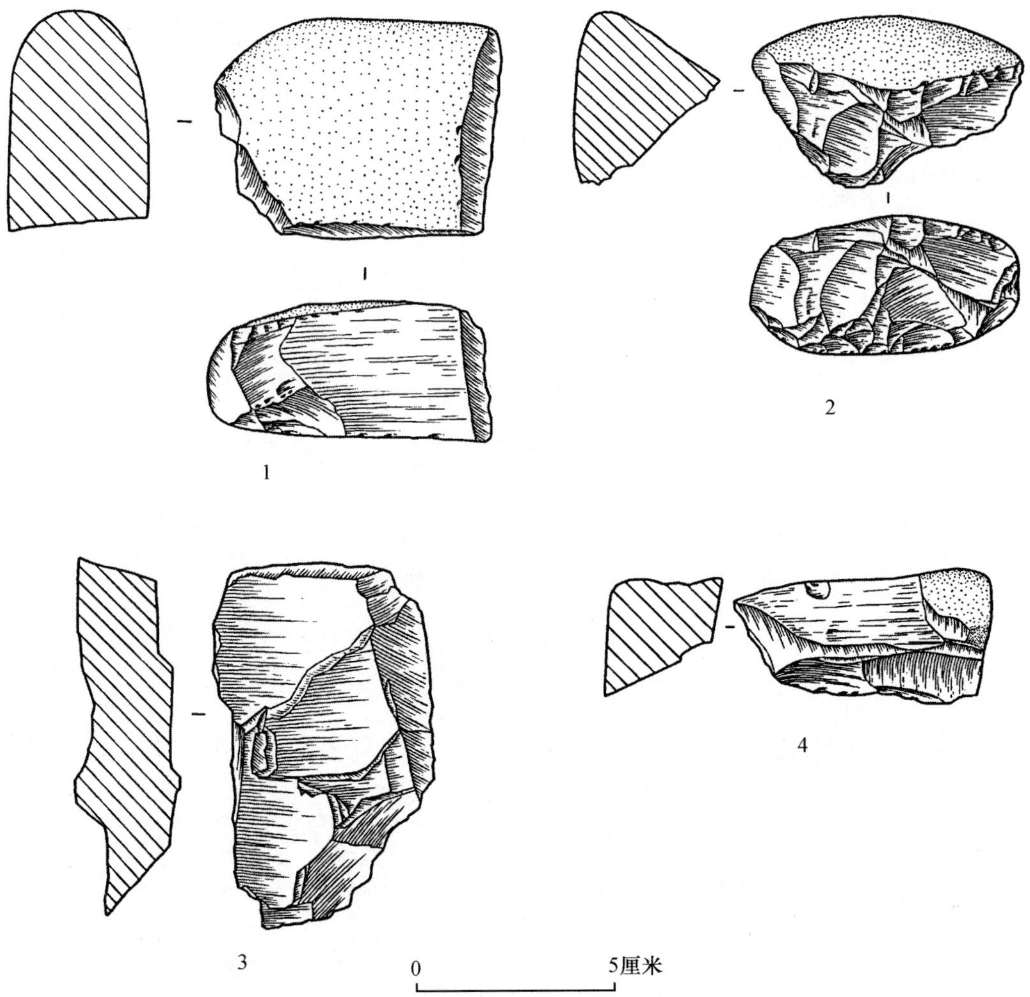

图二四　第二期砾石断块

1. BLWS④: 37　2. BLWS④: 216　3. BLWS④: 36　4. BLWS④: 20

标本 BLWS④: 149，双台面石核，石英岩质，在扁圆形砾石一端和一侧打击剥片而成，除劈裂面外均保留砾石面，长 8.1、宽 9.8、厚 3.5 厘米，重 457 克（图二五，1）。

标本 BLWS④: 114，双台面石核，硅质岩质，利用一“白莲洞打片法”获取的巨厚石片再在其上打击剥片而成，器身周边保留一大圈砾石面，长 4.1、宽 5.7、厚 4.9 厘米，重 94 克（图二五，2；彩版一三，5）。

标本 BLWS④: 408，变质粉砂岩质，系利用在一砾石石料两侧及一端打击而成，劈裂面及背部保留绝大部分砾石面。长 7.1、宽 6.5、厚 5.9 厘米，重 373 克（图二五，3；彩版一三，6）。

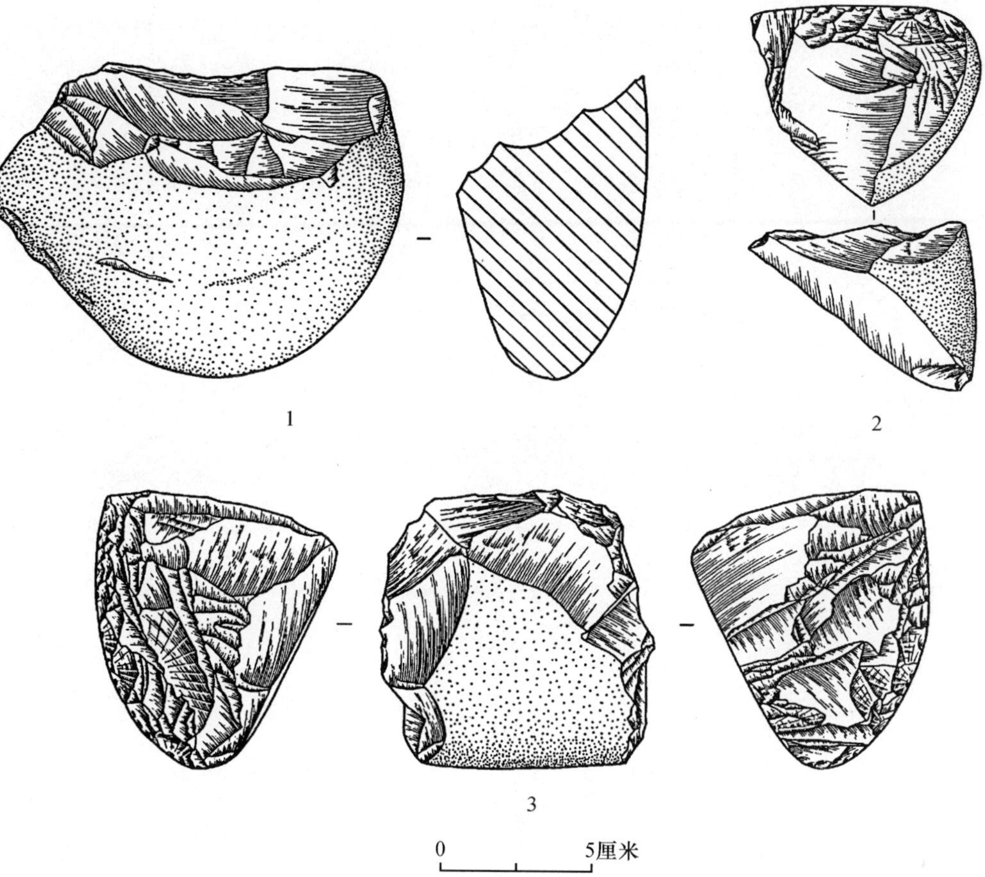

图二五 第二期砾石石核
1. BLWS④:149 2. BLWS④:114 3. BLWS④:408

3. 石片

6件，占本期石制品总数的5.9%。岩性以砂岩为主还有石英岩。均为自然台面。打击点较清晰，半锥体不甚突出。打片采用锤击法，石片保留较多的砾石面。石片尺寸、重量差别较大，长度最大值为9、最小值为3.5厘米；宽度最大值为9、最小值为4.5厘米；厚度最大值为3.4、最小值为1厘米；重量最大值为426、最小值为26克（图二六；彩版一四，1~4）。

4. 有使用痕迹的石片

2件，占本期石制品总数的2%。岩性有砂岩、石英岩。石片尺寸不大，均为自然台面。打片采用锤击法，没有进行第二步加工，而是直接利用石片的刃缘使用。

标本BLWS④:55，石英砂岩，器身呈长条形，为一打制的砾石岩皮，器身背面保留砾石面，一侧有人工使用的痕迹。长8.7、宽4.3、厚1.1厘米，重57克（图二七，

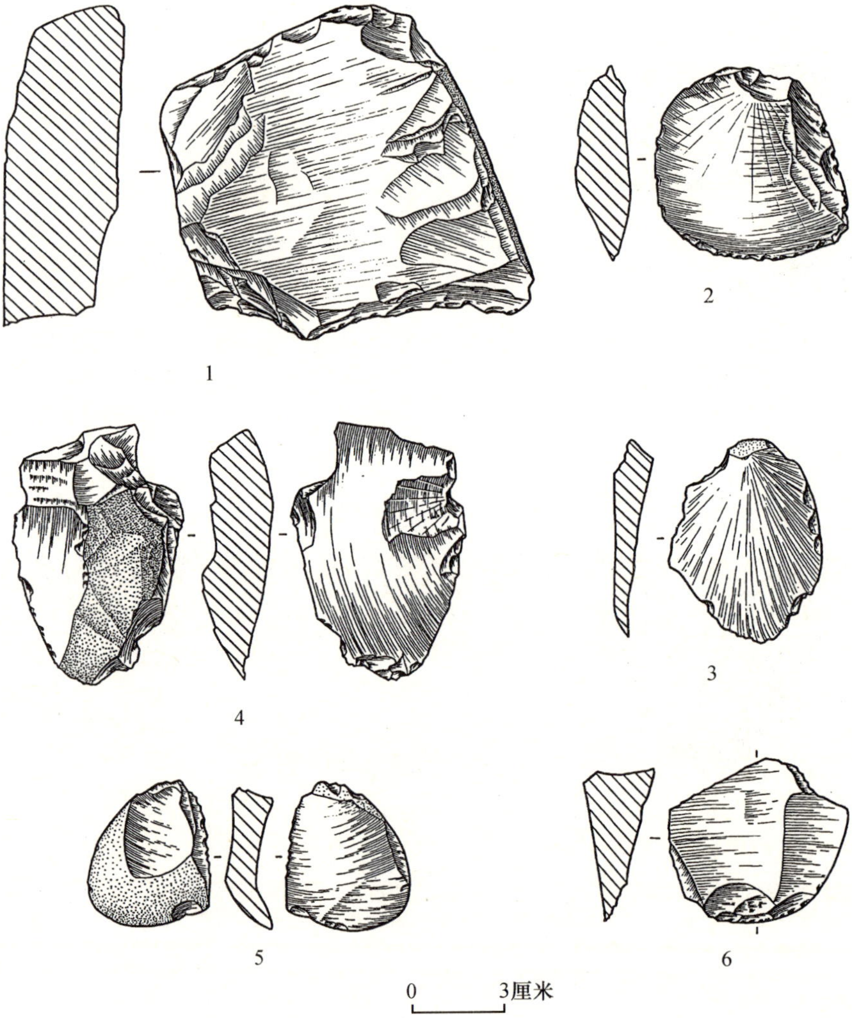

图二六　第二期砾石石片

1. BLWS④: 53　2. BLWS④: 156　3. BLWS④: 21　4. BLWS④: 40　5. BLWS④: 35　6. BLWS④: 33

1；彩版一四，5）。

标本 BLWS④: 25，砂岩质，利用一截断的椭圆形砾石石片边沿反向修理而成，器身除刃部外，周边保留一小圈砾石面，刃部有使用痕迹。长 4.5、宽 3、厚 0.8 厘米，重 17 克（图二七，2；彩版一四，6）。

5. 石器

15 件，占石制品总数的 14.7%。类型可分为石锤、砍砸器、刮削器、切割器等。其中砍砸器最多，占砾石石器总数的 46.7%；刮削器次之，占砾石石器总数的 33.3%；石锤最少，占砾石石器总数的 6.7%。

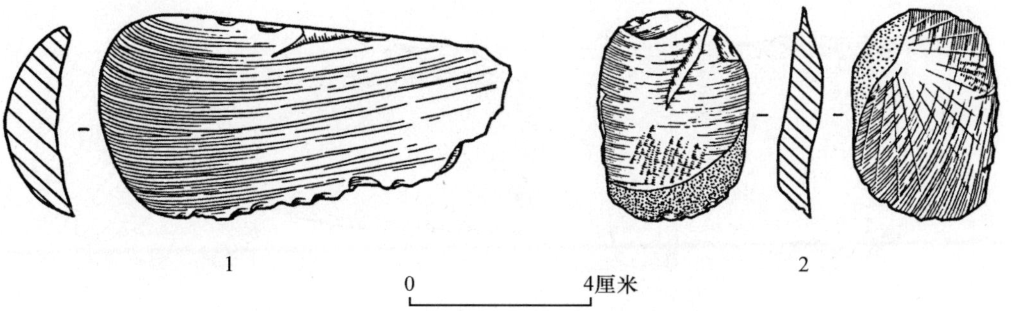

图二七　第二期有使用痕迹的砾石石片

1. BLWS④:55　2. BLWS④:25

（1）砍砸器

7件，占该期石器总数的26.9%。均利用砾石核或石片在其一侧反向单面加工加工而成，大部分刃缘没有经过二次加工。岩性以变质粉砂岩为最多，其次为石英岩，再次为硅质岩。器体较大，长度最大值为9.2、最小值为5厘米；宽度最大值为13、最小值为6.7厘米；厚度最大值为5.1、最小值为1.8厘米；重量最大值为606、最小值为132克。刃角均较平缓，为40°~70°，多为55°~70°。石器均为单面加工而成，器身都保留部分砾石面。大部分刃缘没有经过二次加工。根据刃缘多少可分为单边直刃砍砸器、单边弧刃砍砸器两种。

① 单边直刃砍砸器

标本BLWS④:46，硅质岩质，用一厚重石片加工而成，除劈裂面外，器身绝大部分保留砾石面，长7、宽6.5、厚1.5厘米，重132克（图二八，1）。

标本BLWS④:435，石英砂岩，将整块砾石截掉一端后，再在其较扁一侧单向加工而成，刃缘陡直，长5.5、宽9.1、厚4.5厘米，重109克（图二八，2；彩版一五，1）。

标本BLWS④:52，变质粉砂岩质，利用一截断的砾石石片边沿反向加工而成，器身周边保留一圈砾石面，刃缘处有明显的砍砸痕迹，长6.1、宽11、厚3.9厘米，重277克（图二八，3；彩版一五，2）。

标本BLWS④:66，硅质岩质，将一砾石石核一侧边加工为刃缘，背面及周边保留砾石面，长5、宽7.1、厚3.4厘米，重119克（图二八，4；彩版一七，3）。

② 单边弧刃砍砸器

标本BLWS④:59，变质粉砂岩质，由带有石皮的厚石片反向锤击加工其侧缘，使成弧状刃缘，由于石料较粗，第二步加工的痕迹比较粗犷。长6.4、宽13、厚2.8厘米，重253克（图二九，1；彩版一五，4）。

标本BLWS④:51，石英岩质，利用长方形砾石，一端修成把握端，不过上有敲砸痕迹，另一端对向加工成一横脊，可用于砍砸。长9.2、宽8.2、厚5.1厘米，重606

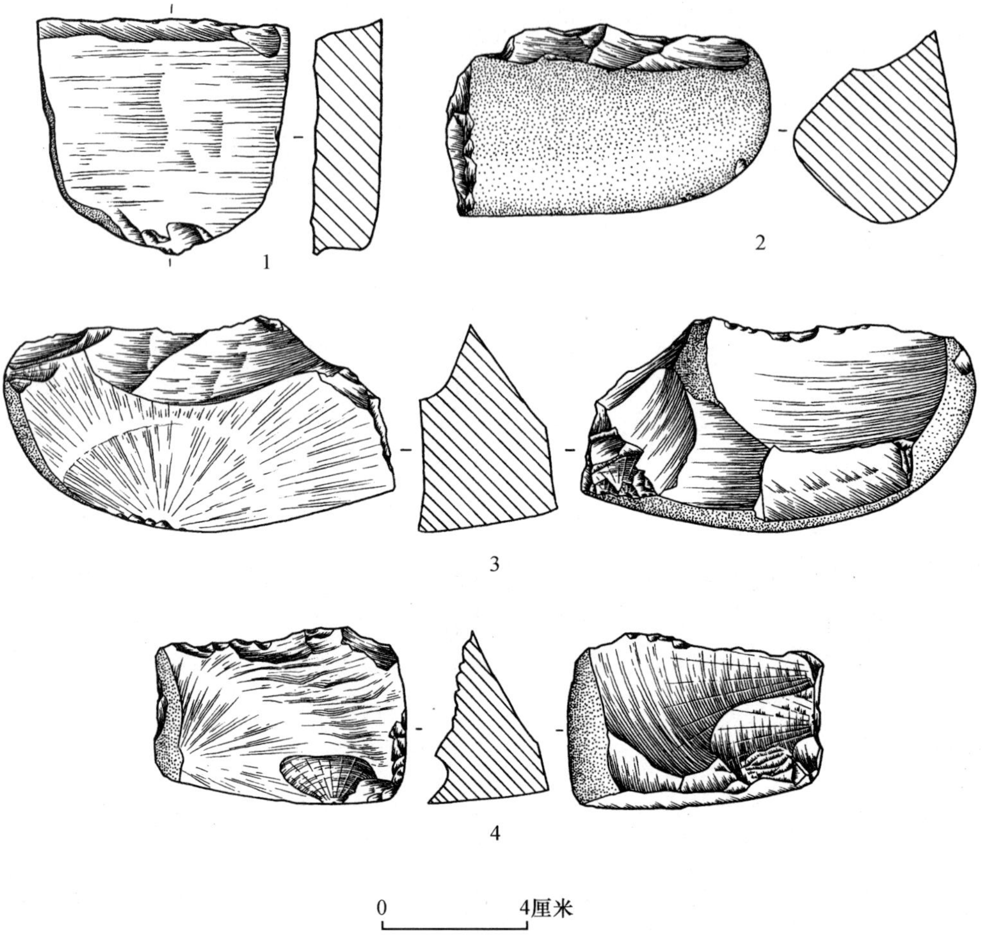

图二八　第二期单边直刃砍砸器

1. BLWS④: 46　2. BLWS④: 435　3. BLWS④: 52　4. BLWS④: 66

克（图二九，2；彩版一五，5）。

标本 BLWS④: 63，浅变质粉砂岩，将一厚的“白莲洞式石片”反向加工成刃，与刃缘相对的把握处仍保留大部分石皮，长 6、宽 6.8、厚 3.6 厘米，重 233 克（图二九，3；彩版一五，6）。

（2）刮削器

5 件，占该期石器总数的 19.2%。系利用砾石石片或石核在其一端或一侧直接加工而成。岩性有石英砂岩、变质砂岩、硅质岩等。器体较小，长度最大值为 8、最小值为 4.6 厘米；宽度最大值为 8.7、最小值为 6 厘米；厚度最大值为 3.4、最小值为 1.2 厘米；重量最大值为 165、最小值为 27 克。多为单面反向加工而成，刃角平缓，为 40°～65°。以锤击法简单加工，器身局部保留砾石面。大部分刃缘没有经过二次修整。根据刃缘可分为单边直刃、凹刃刮削器。

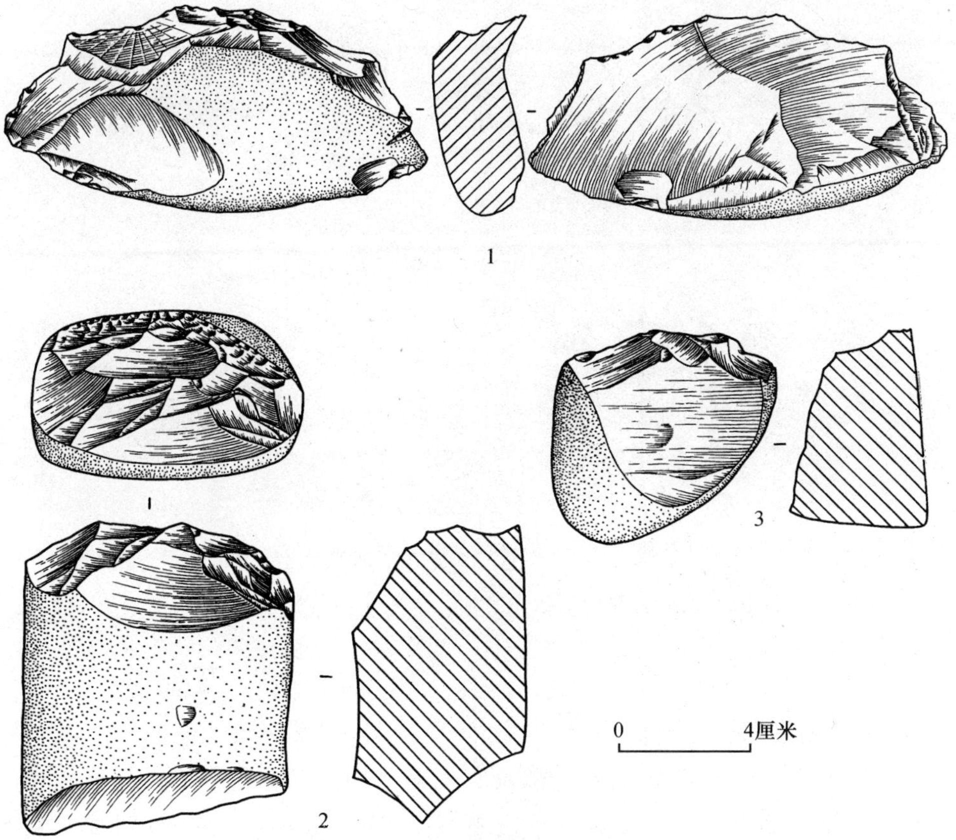

图二九 第二期单边弧刃砍砸器

1. BLWS④: 59 2. BLWS④: 51 3. BLWS④: 63

① 单边直刃刮削器

标本 BLWS④: 19，石英砂岩，利用扁圆形的厚砾石片反向加工使之成刃，与刃缘相对的把握处保留一圈砾石面，长 4.8、宽 7.3、厚 1.6 厘米，重 56 克（图三〇，1；彩版一六，1）。

标本 BLWS④: 64，硅质岩质，利用一砾石石核一侧边沿为刃缘，保留部分打击台面，器身背面及周边保留砾石面，长 4.6、宽 8.7、厚 3.4 厘米，重 165 克（图三〇，2；彩版一六，2）。

② 单边凹刃刮削器

标本 BLWS④: 30，变质砂岩质，将一“白莲洞打片法”获取的薄石片在其一端单向加工成凹刃，器身周边保留一圈砾石面。长 6.7、宽 6.2、厚 1.2 厘米，重 27 克（图三〇，3；彩版一六，3）。

标本 BLWS④: 54，硅质岩质，将一扁长形砾石片反向加工使之成刃，凹刃，其背部全为砾石面，长 8、宽 6、厚 1.2 厘米，重 158 克（图三〇，4；彩版一六，4）。

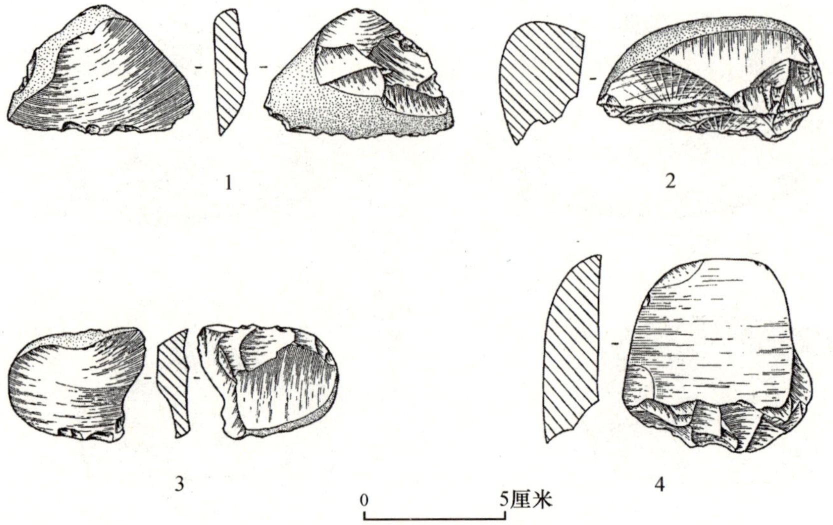

图三〇　第二期砾石刮削器

1. BLWS④: 19　2. BLWS④: 64　3. BLWS④: 30　4. BLWS④: 54

（3）石锤

1 件，占石器总数的 3.9%。

标本 BLWS④: 50，石英砂岩质，器身为上粗下细的长圆形砾石，修理粗大的一端以便于抓握，相对的钝尖端部有敲砸的痕迹，长 9.6、宽 6.8、厚 6.1 厘米，重 559 克（图三一，1；彩版一六，5）。

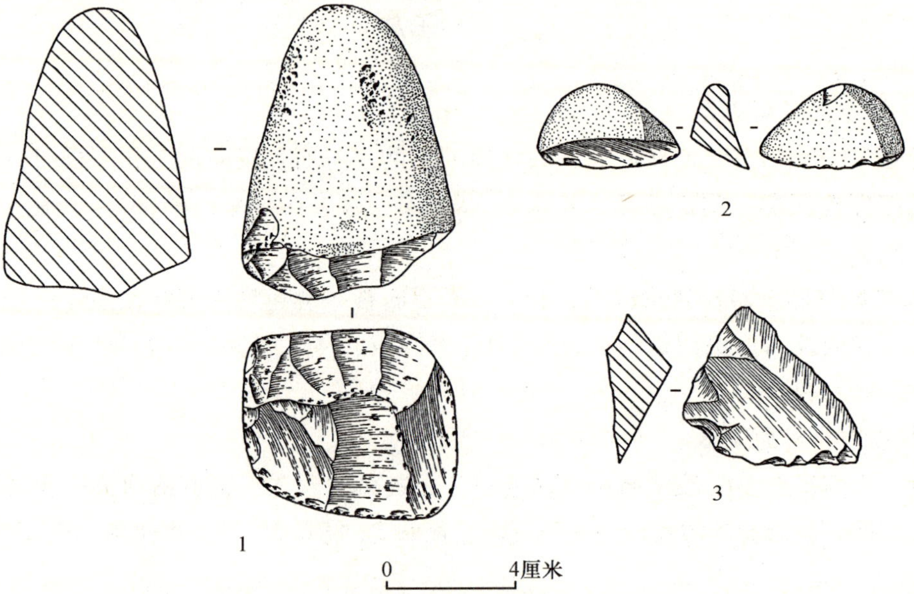

图三一　第二期砾石石锤、切割器

1. 石锤（BLWS④: 50）　2、3. 切割器（BLWS④: 57、BLWS④: 434）

（4）切割器

2 件，占石器总数的 7.7%。

标本 BLWS④:57，浅变质粉砂岩质，将一扁平小砾石器身稍加磨制，再在其一侧磨去一部分后使磨削的断面形成一斜刃，整个器物呈三角形，其上有使用痕迹。长 4.5、宽 2.7、厚 1.2 厘米，重 13 克（图三一，2；彩版一六，6）。

标本 BLWS④:434，砂岩质，将一“白莲洞式”石片在其一侧单向加工成刃，其上有明显的切割痕迹。长 5、宽 5.2、厚 2 厘米，重 44 克（图三一，3）。

（二）燧石制品

71 件，占石制品总数的 69.6%。其种类包括石核、有使用痕迹的石片、石叶、石片、刮削器、尖状器、雕刻器、断块等。以石片最多，占该期石制品的 32.4%；其次为断块，占该期石制品的 18.6%；最少为石叶，仅占该期石制品的 1% 左右。

1. 断块

18 件，占石制品总数的 17.6%。其共同特征是没有明显的打击点，属于打片时形成的断块。器体细小，长度最大值为 3.2、最小值为 0.9 厘米；宽度最大值为 2.5、最小值为 0.9 厘米；厚度最大值为 2、最小值为 0.4 厘米；重量最大值为 15、最小值不足 1 克（图三二；图三三，1 ~5）。

2. 石核

1 件。仅占该期石制品总数的 1%。

标本 BLWS④:41，双台面石核，器身呈不规则形，器身上有明显的剥片痕迹，长 10.1、宽 7.1、厚 4.6 厘米，重 317 克（图三三，6）。

3. 石片

33 件，占该期石制品总数的 33%。绝大多数为自然台面。打击点除极少部分比较清晰外，余皆不明显，石片半锥体亦不甚突出。打片技术以砸击法为主，个别采用锤击技术或间接打制技术。石片中存在一定数量的几何形石片、尖状石片，但多数却为不规则形。石片尺寸细小，长度最大值为 5、最小值为 1.4 厘米；宽度最大值为 4.1、最小值为 0.8 厘米；厚度最大值为 1.5、最小值为 0.2 厘米；重量最大值为 28、最小值不足 0.5 克（图三四；图三五，1 ~11；彩版一七）。

4. 石叶

1 件。仅占该期石制品总数的 1%。

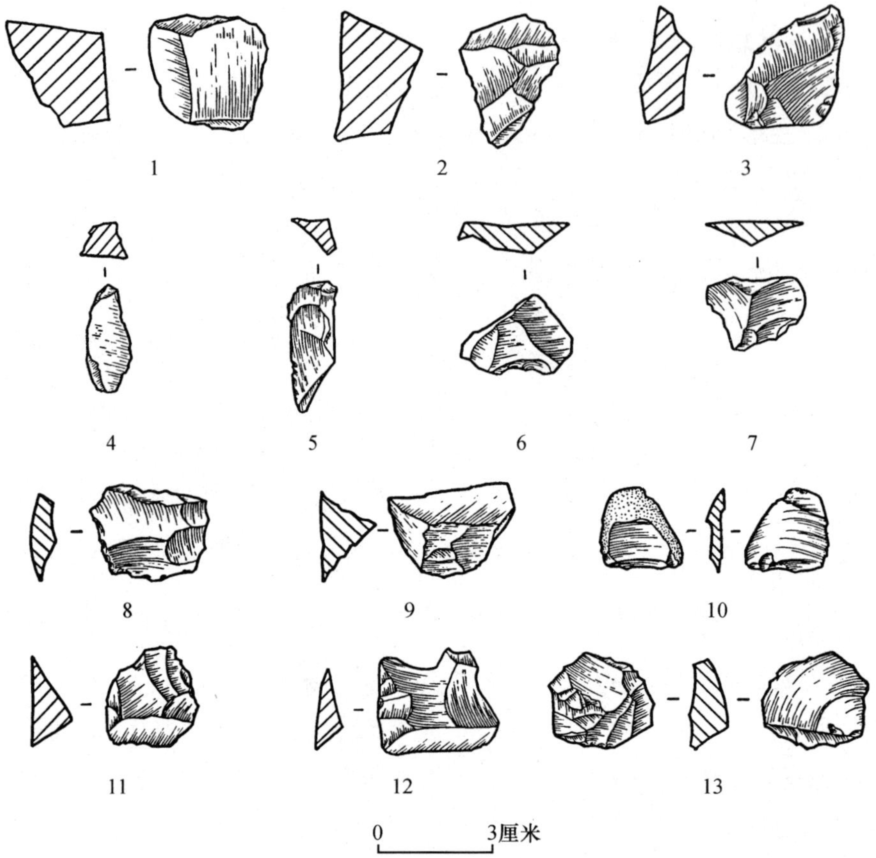

图三二　第二期燧石断块

1. BLWS④:246　2. BLWS④:243　3. BLWS④:215　4. BLWS④:219　5. BLWS④:225　6. BLWS④:227　7. BLWS④:222　8. BLWS④:229　9. BLWS④:427　10. BLWS④:226　11. BLWS④:224　12. BLWS④:44　13. BLWS④:221

标本 BLWS④:44，黑燧石质，器身成刀片状，长 5.2、宽 2、厚 0.5 厘米，重 6 克（图三五，12；彩版二〇，6）。

5. 有使用痕迹的石片

7 件，占石制品总数的 6.8%。均为采用砸击法取片获得的打击石片，多为自然台面。石片尺寸细小，形状不规则。长度最大值为 4.1、最小值为 2.1 厘米；宽度最大值为 3.5、最小值为 1 厘米；厚度最大值为 1、最小值为 0.8 厘米；重量最大值为 12、最小值不足 2 克。均没有进行第二步加工，而是直接利用石片的刃缘直接使用。

标本 BLWS④:148，燧石质，器身略成四边形，直刃，可作刮削器，刃缘有使用痕迹，长 3.9、宽 3.5、厚 1 厘米，重 12 克（图三六，1；彩版一八，1）。

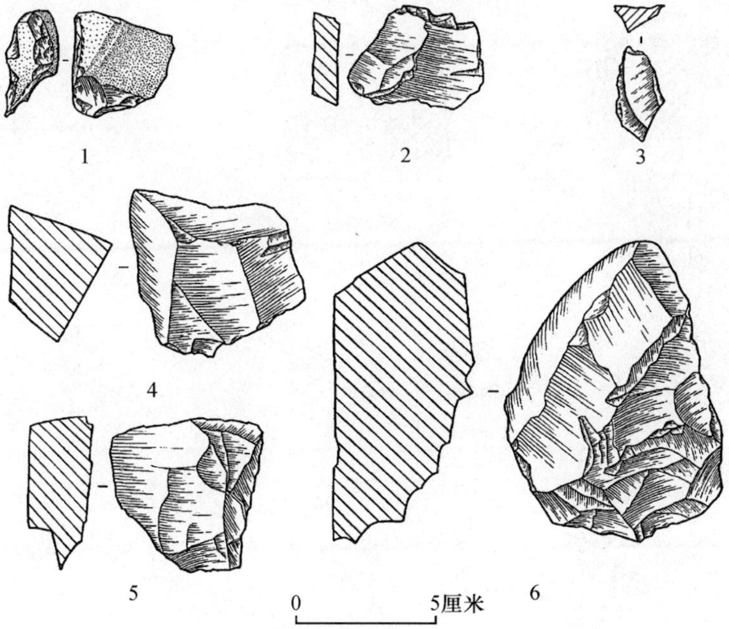

图三三　第二期燧石断块、石核

1～5. 断块（BLWS④: 245、BLWS④: 218、BLWS④: 227、BLWS④: 158、BLWS④: 42）

6. 石核（BLWS④: 41）

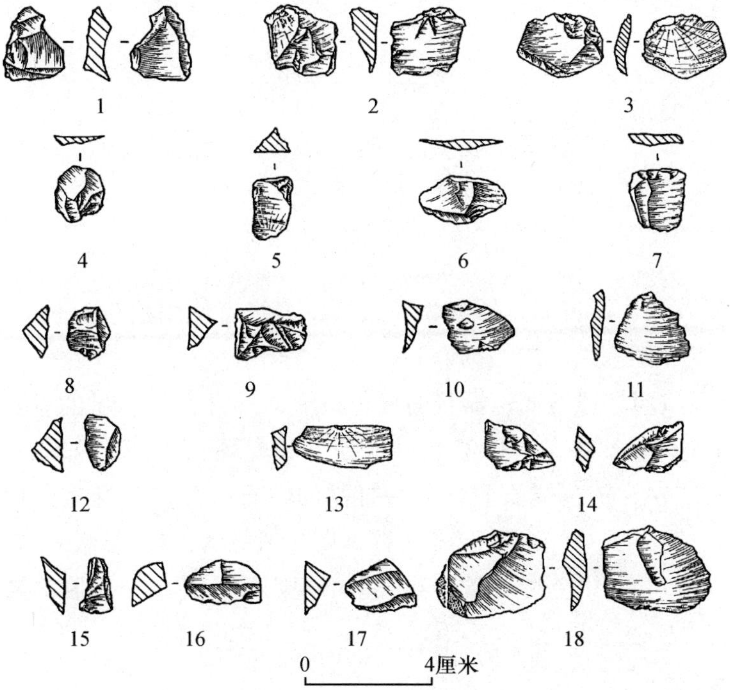

图三四　第二期燧石石片

1. BLWS④: 211　2. BLWS④: 48　3. BLWS④: 69　4. BLWS④: 234　5. BLWS④: 241　6. BLWS④: 240　7. BLWS④: 214　8. BLWS④: 238　9. BLWS④: 229　10. BLWS④: 230　11. BLWS④: 75　12. BLWS④: 210　13. BLWS④: 46　14. BLWS④: 49　15. BLWS④: 239　16. BLWS④: 209　17. BLWS④: 212　18. BLWS④: 55

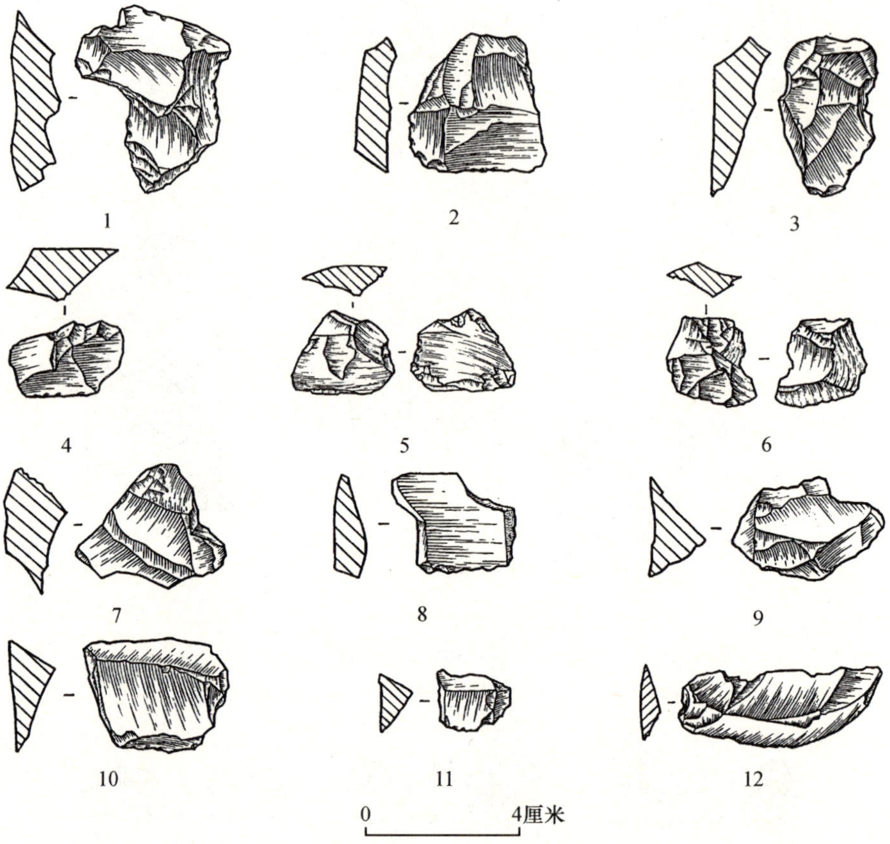

图三五　第二期燧石石片、石叶

1～11. 燧石石片（BLWS④:439、BLWS④:33、BLWS④:213、BLWS④:217、BLWS④:50、BLWS④:47、BLWS④:232、BLWS④:43、BLWS④:235、BLWS④:52、BLWS④:236）　12. 石叶（BLWS④:44）

标本 BLWS④:82，燧石质，器身为长条形，刃缘有使用痕迹，长 2.7、宽 1.4、厚 0.8 厘米，重 3 克（图三六，2；彩版一八，2）。

标本 BLWS④:154，燧石质，器身略成长条形，器身上有明显的剥片痕迹，刃缘具使用痕迹，长 4.1、宽 2.25、厚 0.85 厘米，重 7 克（图三六，3；彩版一八，3）。

标本 BLWS④:74，灰色燧石质，为一打制的燧石石片，器身呈三角形，一侧有使用痕迹，长 2.1、宽 2.2、厚 0.85 厘米，重 3 克（图三六，4；彩版一八，4）。

标本 BLWS④:146，黑色燧石质，器身呈不规则形，利用一打制的燧石石片一侧为刃缘，刃缘有使用痕迹，器身一端保留自然面，长 3.25、宽 3.1、厚 0.9 厘米，重 7 克（图三六，5；彩版一八，5）。

标本 BLWS④:151，黑色燧石质，器身呈锥形，一侧有使用痕迹，长 2.2、宽 1、厚 0.8 厘米，重 2 克（图三六，6；彩版一八，6）。

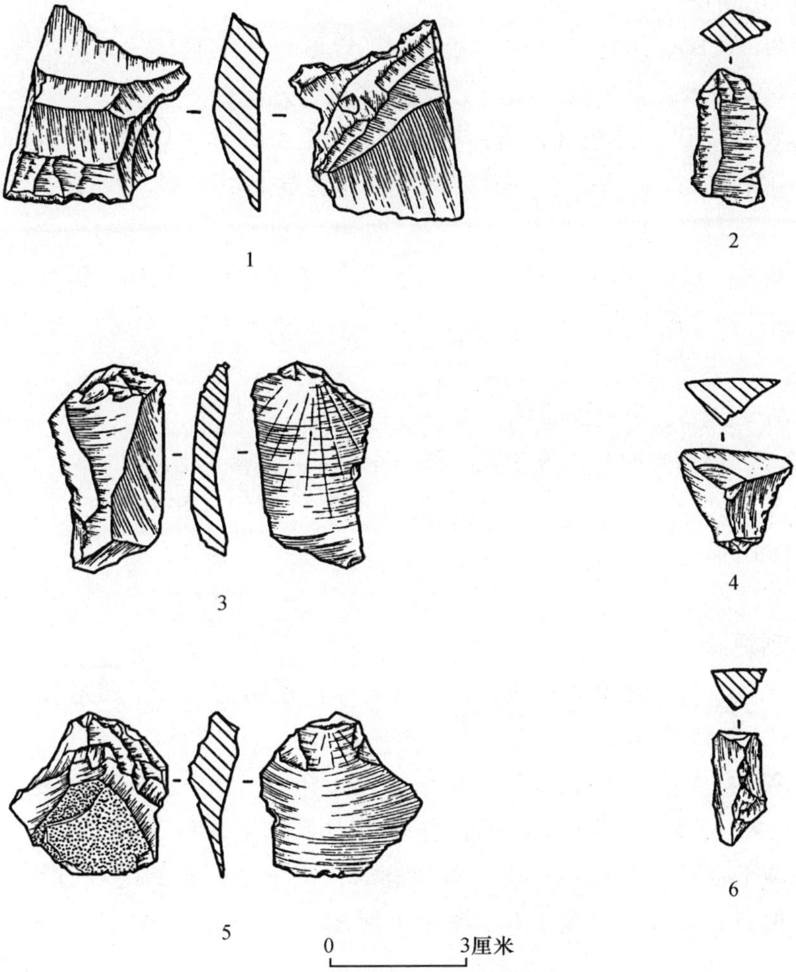

图三六　第二期有使用痕迹的燧石石片

1. BLWS④:148　2. BLWS④:82　3. BLWS④:154　4. BLWS④:74　5. BLWS④:146　6. BLWS④:151

6. 石器

10 件，占该期石制品总数的 38.5%。类型可分为刮削器、雕刻器和尖状器三种。其中以刮削器最多，占燧石石器总数的 80%。

（1）刮削器

8 件，占该期石器总数的 30.8%，系利用燧石石片加工而成。器体较细小，长度最大值为 5.3、最小值为 1.3 厘米；宽度最大值为 5.2、最小值为 1.8 厘米；厚度最大值为 1.8、最小值为 0.6 厘米；重量最大值为 24、最小值为 3 克。多以锤击法单面反向加工而成，刃角平缓，为 35°～50°。大部分刃缘没有经过二次修整。根据刃缘多少和形状可分为单边刃、复刃刮削器。

① 单边刃刮削器

标本 BLWS④: 86，黑色燧石质，利用一不规形石片压制其一侧，使之成凹刃，长3、宽3、厚0.8厘米，重9克（图三七，1；彩版一九，1）。

标本 BLWS④: 105，黑色燧石质，器身呈不规则形，为一打制的燧石石片，器身一端较厚，刃端有人工加工的痕迹，长3.4、宽2.8、厚1.8厘米，重12克（图三七，2；彩版一九，2）。

标本 BLWS④: 121，黑色燧石质，为一打制的燧石石片，利用一器身呈不规则形石片压制其一侧，使之成凸刃，长3、宽2.5、厚1.5厘米，重14克（图三七，3；彩版一九，3）。

标本 BLWS④: 83，黑色燧石质，为一打制的燧石薄石片，器身横截面略呈三角形，长1.3、宽2.6、厚0.6厘米，重3克（图三七，4；彩版一九，4）。

标本 BLWS④: 58，燧石质，器身呈不规则形，利用一黑色燧石一侧反向加工而成，刃缘有使用痕迹，长3.1、宽3.5、厚1.1厘米，重12克（图三七，5；彩版一九，5）。

② 复刃刮削器

标本 BLWS④: 70，黑色燧石质，将一薄石片压制两边而成，刃部有使用痕迹，长2、宽3.05、厚0.55厘米，重3克（图三七，6；彩版一九，6）。

标本 BLWS④: 47，黑色燧石质，将一多边形薄石片，在其多处边缘上压制加工，使成复刃，长4、宽5.2、厚0.8厘米，重15克（图三七，7；彩版二〇，1）。

标本 BLWS④: 78，黑色燧石质，器身呈锥状，为一打制的燧石石片，一端稍厚，两侧有使用痕迹，长2.4、宽1.8、厚1.1厘米，重3克（图三七，8；彩版二〇，2）。

（2）尖状器

1件，占该期石器总数的3.9%。

标本 BLWS④: 106，黑色燧石质，由一薄石片加工其一侧，使得尖部呈三棱状，长1.7、宽2.4、厚0.7厘米，重3克（图三八，1；彩版二〇，3）。

（3）雕刻器

2件，占石器总数的7.7%。

标本 BLWS④: 76，燧石质，由柱状石核进一步加工，尖部呈鸟喙状，长3.2、宽1.6、厚0.9厘米，重5克（图三八，2；彩版二〇，4）。

标本 BLWS④: 84，燧石质，器身略成三棱尖状，刃缘厚钝，长2.4、宽1.5、厚0.4厘米，重2克（图三八，3；彩版二〇，5）。

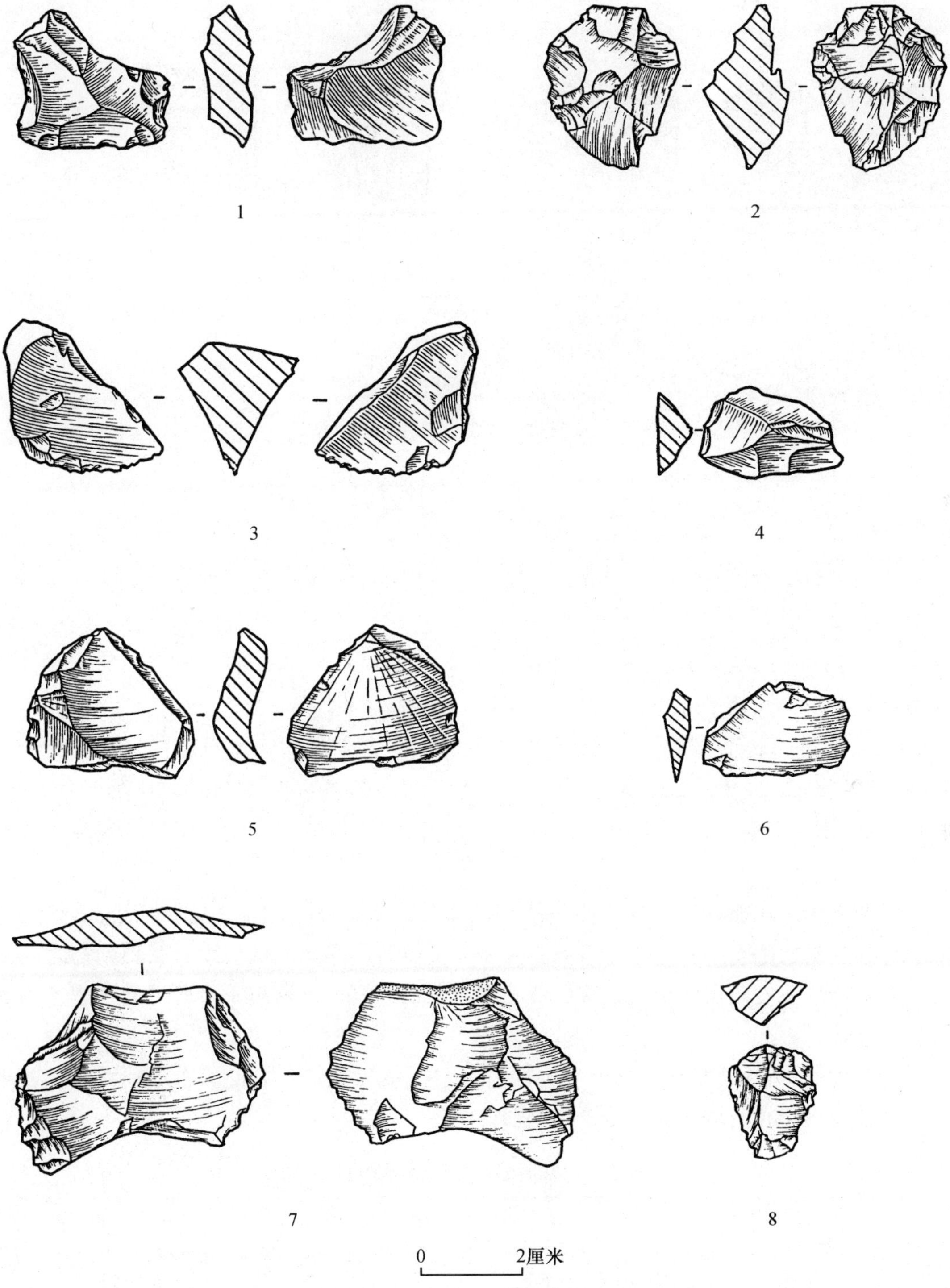

图三七 第二期燧石刮削器

1. BLWS④:86 2. BLWS④:105 3. BLWS④:121 4. BLWS④:83 5. BLWS④:58
6. BLWS④:70 7. BLWS④:47 8. BLWS④:78

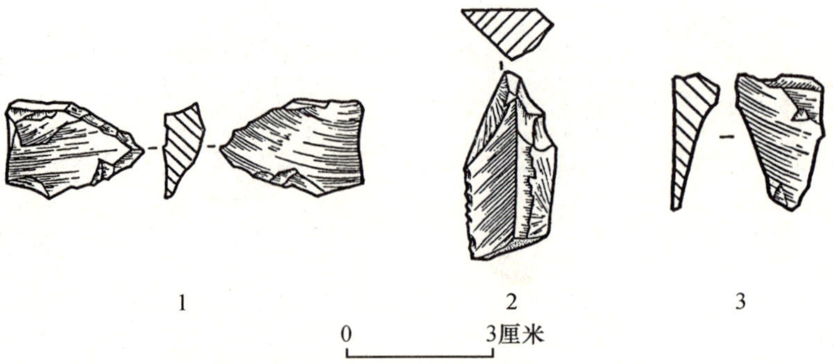

图三八　第二期燧石尖状器、雕刻器

1. BLWS④: 106　2. BLWS④: 76　3. BLWS④: 84

第三节　第三期文化遗存

本期主要由东 6 层、东 4 层和西 3 层、西 1 层构成。东 6 层系横贯主厅大钙华板之上的含有螺壳的文化层，距今年代为 14240 ± 230 年。东 4 层为黄褐色亚黏土堆积，距今年代为 13170 ± 590。西 1 层下部测年为距今 17680 ± 300 年。西 3 层中部为红褐色钙质胶结亚黏土，含大量螺壳，少量灰岩角砾、炭屑、碎骨及砖红色土粒，^{14}C 年代为距今 18450 ± 410 年。下部为浅黄褐色钙质胶结亚黏土，含少量动物化石碎片、烧骨及燧石石块，厚度约 25 厘米。该层无^{14}C 年代，但紧叠压在其下的西 4 层顶部^{14}C 测年为 20960 ± 150 年，其年代应在 2 万年内。经综合分析，我们认为该期文化的年代应为距今 2 万 ~ 1.2 万年。

该期出土文化遗物包括骨角器 2 件、各类石制品 47 件。本文化层中的石器绝大多数为砾石工具，砾石工具中不乏砾石石片制品。燧石制品出土数极少。联想到与之同期的大龙潭遗址下文化层中出土众多的燧石制品，白莲洞遗址所出不多所可能是遭人为破坏较大所致。

在发现的 47 件石制品，其种类包括石锤，石核、有使用痕迹的石片、石片、砍砸器、刮削器、穿孔石器、尖状器、切割器等（表一二）。

表一二　白莲洞遗址第三期石制品统计表

类型	砍砸器	砾石刮削器	石锤	砾石石核	燧石石核	砾石石片	燧石石片	有使用痕迹的砾石石片	有使用痕迹的燧石石片	切割器	尖状器	研磨器	穿孔石器	砾石断块	燧石断块	合计
数量	5	8	4	7	4	6	1	3	1	1	1	1	3	1	1	47
%	10.6	17.2	8.5	14.9	8.5	12.8	2.1	6.4	2.1	2.1	2.1	2.1	6.4	2.1	2.1	100

（一）砾石制品

上述石制品中，其中砾石制品40件，占石制品总数的85.1%。其种类包括石锤、有使用痕迹的石片、尖状器、石核、石片、砍砸器、刮削器、切割器、研磨器、穿孔石器、断块等。

1. 断块

1件，占石制品总数的2.1%。属于打片时形成的断块。

标本BLES⑥:69，砂岩质，器身及四周均有打击剥片疤痕，保留小部分砾石面。长7、宽8.4、厚3厘米，重257克（图三九，1；彩版二二，1）。

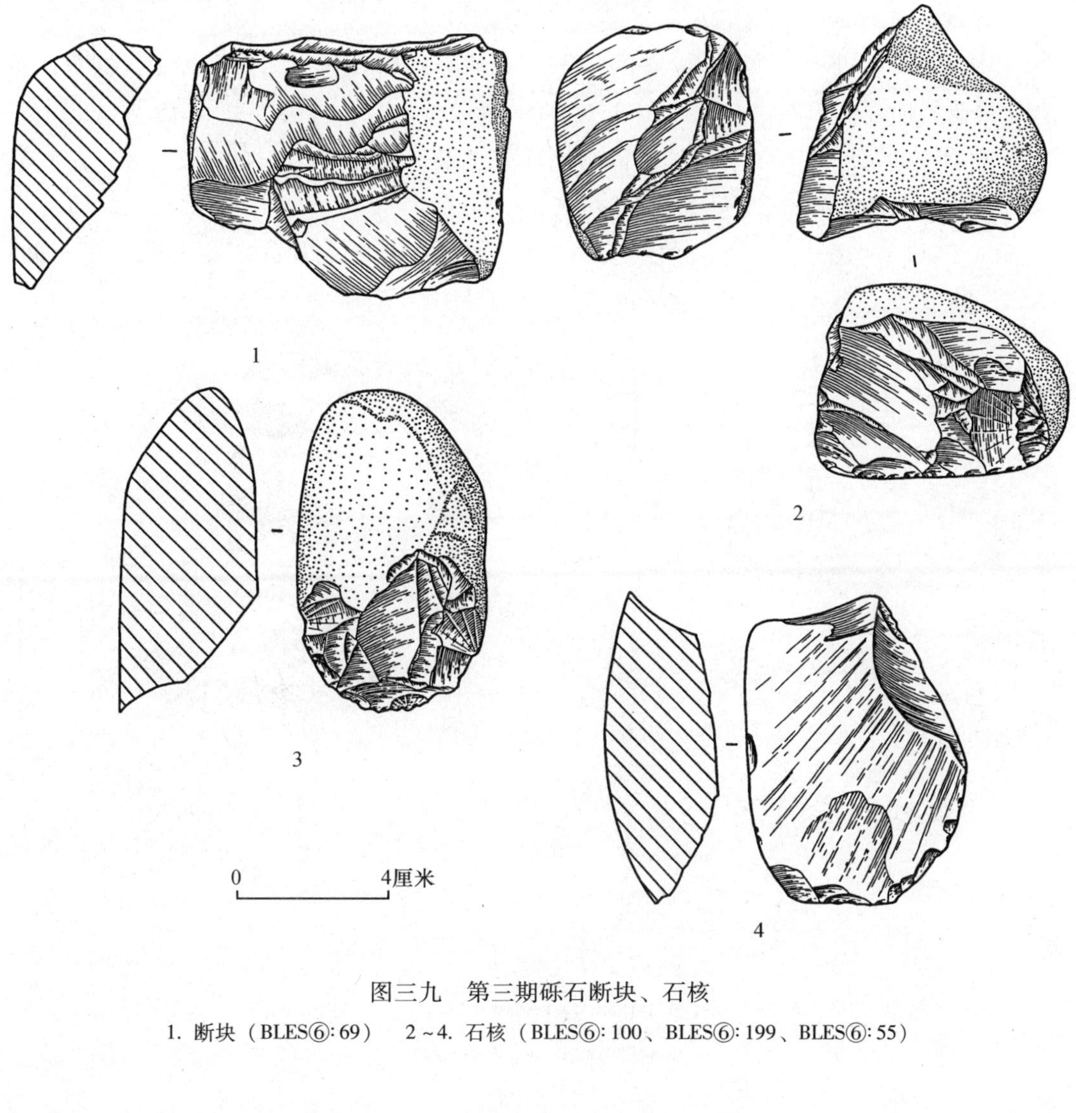

图三九　第三期砾石断块、石核

1. 断块（BLES⑥:69）　2～4. 石核（BLES⑥:100、BLES⑥:199、BLES⑥:55）

2. 石核

7 件，占石制品总数的 14. 9% 。大小不一，多为单台面。从台面角和石片疤痕的特征看，剥片方法绝大部分采用直接锤击法。长度最大值为 8. 8、最小值为 5. 7 厘米；宽度最大值为 10. 1、最小值为 4. 9 厘米；厚度最大值为 5. 1、最小值为 2. 8 厘米；重量最大值为 648、最小值为 36 克。石核以自然台面为主，台面角最大者超过 100°，最小的在 50°以上。

标本 BLES ⑥: 100，变质粉砂岩质，利用一砾石石料在其两侧打击而成，其余保留砾石面。长 5. 7、宽 6. 4、厚 5. 1 厘米，重 254 克（图三九，2；彩版二一，1）。

标本 BLES ⑥: 55，石英岩质，多台面石核，利用一长条形砾石石料在其一端打击，再将其劈裂成一厚片后两在其四周锤芬剥片，器身背面保留砾石面。长 8. 4、宽 5. 7、厚 2. 8 厘米，重 163 克（图三九，4；彩版二一，2）。

标本 BLES⑥: 199，石英岩质，利用一长条形砾石石料在其一端打击加工，器身保留绝大部分砾石面。长 8. 8、宽 4. 9、厚 3. 5 厘米，重 213 克（图三九，3；彩版二一，3）。

标本 BLES⑥: 38，石英岩，器身除横断面外，保留大部分砾石面。长 4. 8、宽 8. 6、厚 4. 8 厘米，重 363 克（图四○，1；彩版二一，4）。

标本 BLES⑥: 169，变质粉砂岩质，器身除四周被打击剥片外，其余保留砾石面。长 8. 5、宽 10. 1、厚 4. 7 厘米，重 648 克（图四○，2；彩版二一，5）。

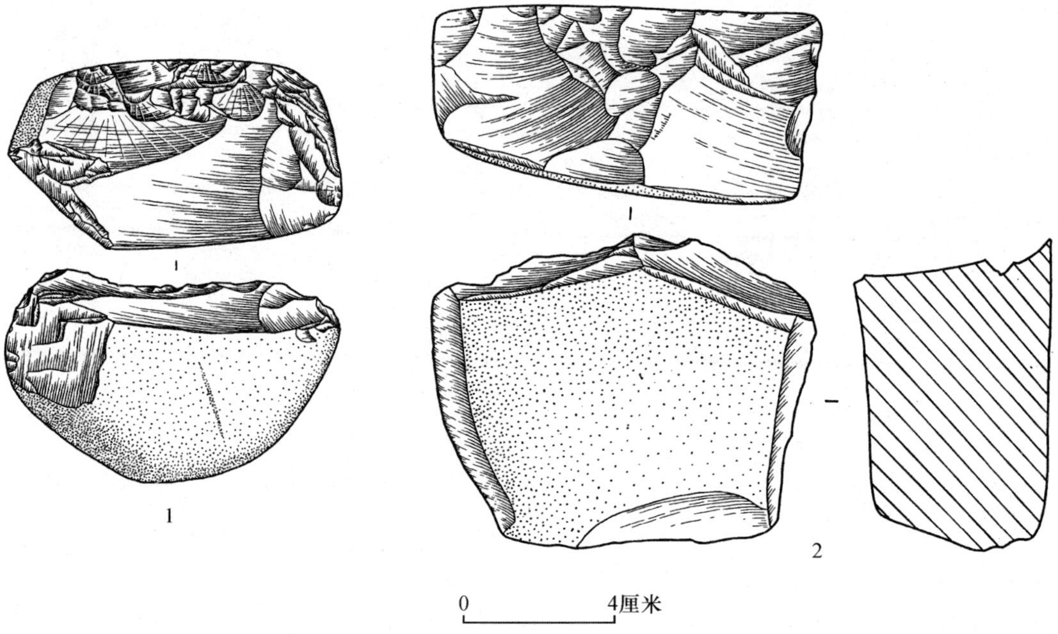

图四○　第三期砾石石核

1. BLES⑥: 38　2. BLES⑥: 169

3. 石片

6件，占石制品总数的12.8%。岩性以砂岩为主，另有砂岩、石英岩。均为自然台面。打击点大部分不清晰，半锥体不甚突出。打片采用锤击法，多为“白莲洞式打片法”打制的砾石石片，器身两侧为劈裂面，周边保留一小圈自然面。石片尺寸、重量差别不大，长度最大值为6、最小值为3.1厘米；宽度最大值为6.5、最小值为2.5厘米；厚度最大值为3、最小值为1.2厘米；重量最大值为118、最小值为18克。

标本BLES⑥:22，变质砂岩质，器身略呈四边形，为一“白莲洞式打片法”打制的砾石石片，器身周边保留一小圈自然面。长6、宽6.5、厚3厘米，重118克（图四一，1；彩版二二，2）。

标本BLES④:43，硅质岩质，为一“白莲洞式打片法”打制的砾石石片，器身周边保留一小圈自然面。长5.6、宽6.4、厚1.7厘米，重64克（图四一，2；彩版二二，3）。

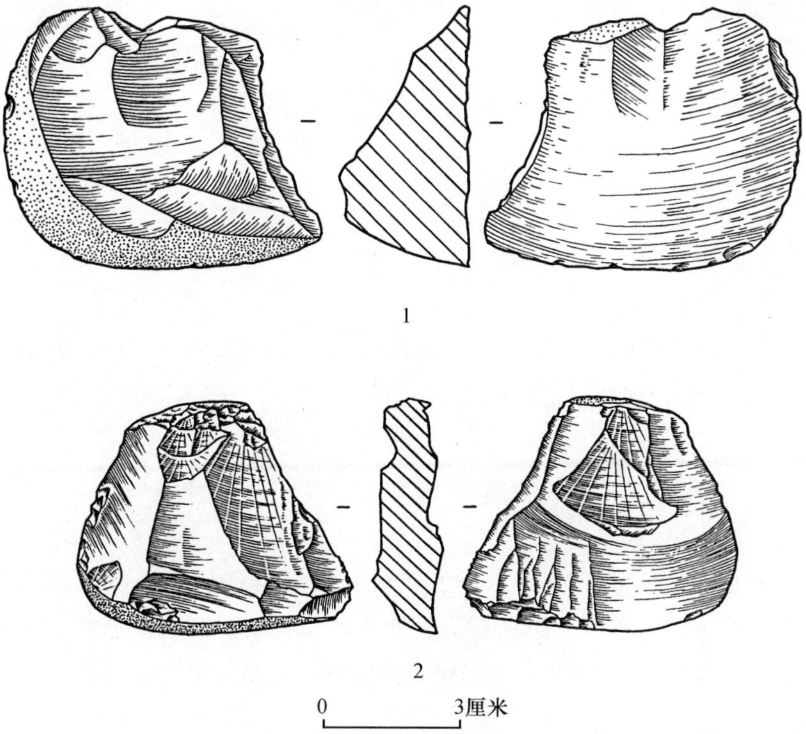

图四一　第三期砾石石片

1. BLES⑥:22　2. BLES④:43

4. 有使用痕迹的石片

3 件，占石制品总数的 6.4% 。岩性以砂岩为主。石片尺寸不大，多为自然台面。打片采用锤击法，石片多保留砾石面。石片没有进行第二步加工，而是直接利用石片的刃缘使用。

标本 BLES④: 166，变质粉砂岩质，器身呈不规则形，保留部分自然面，一侧有使用痕迹。长 6.5、宽 6、厚 1.1 厘米，重 64 克（图四二，1；彩版二三，1）。

标本 BLES⑥: 177，石英砂岩（砂岩质），器身略呈梯形，器身背面保留砾石面，有使用痕迹。长 4.3、宽 3.4、厚 0.6 厘米，重 21 克（图四二，2；彩版二三，2）。

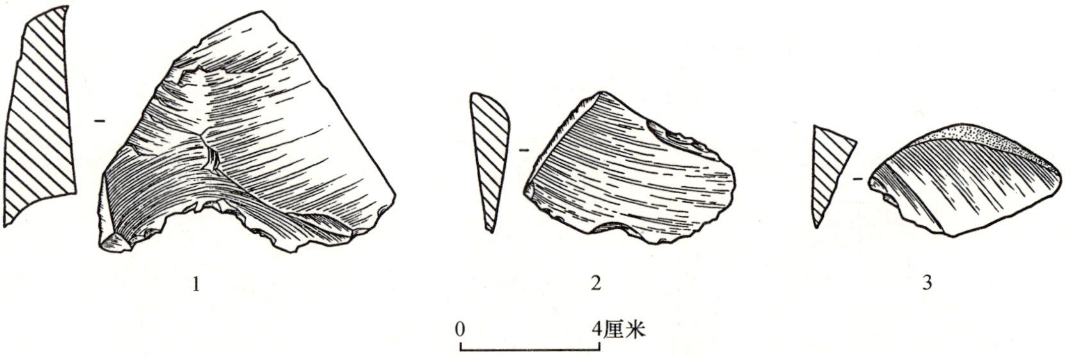

图四二　第三期砾石有使用痕迹石片

1. BLES④: 166　2. BLES⑥: 177　3. BLES④: 55

标本 BLES④: 55，砂岩质，利用一截断的砾石石片沿边沿反向加工而成，可作刮削器用，器身周边保留一小圈砾石面。长 4.6、宽 3、厚 0.7 厘米，重 14 克（图四二，3；彩版二三，3）。

5. 石器

23 件。占该期石器制品总数的 48.9% 。分打制石器和局部磨制石器两种。石器的类型有砍砸器、石锤、刮削器、穿孔石器、切割器、尖状器和研磨器等。石器中以刮削器最多，占砾石石器总数的 34.8% ，其次为砍砸器，占砾石石器总数的 21.7% 。

（1）砍砸器

5 件，占石器总数的 21.7% ，均利用砾石或砾石石片打制而成。岩性有变质粉砂岩、石英砂岩、硅质岩等。器体较大，长度最大值为 9.1、最小值为 5.6 厘米；宽度最大值为 9.3、最小值为 6.5 厘米；厚度最大值 5.5、最小值为 2 厘米；重量最大值为 421、最小值为 166 克。刃角均较平缓，为 40° ~65°，多为 45° ~60°。石器均为单面加工而成，器身都保留部分的砾石面。大部分刃缘没有经过二次加工。根据刃缘多少可分为单边刃砍砸器和多边刃砍砸器两种。

① 单边刃砍砸器

标本BLES④:163，石英砂岩质，器身呈三角形，用一砾石在其一侧打制加工而成，器身正面有明显的剥步疤痕，器身背面及一端保留部分自然面，长6.5、宽8.1、厚4.3厘米，重206克（图四三，1；彩版二四，1）。

标本BLES④:9，硅质岩质，用一砾石在其正面及一端打制加工而成，器身背面及把端保留部分自然面。长5.6、宽7.1、厚4.8厘米，重237克（图四三，2；彩版二四，2）。

BLWS①:61，硅质岩质，为一砾石片，经二步加工，劈裂面与岩面相交呈锛形，长8.2、宽6.5、厚2厘米，重161克（图四三，3；彩版二四，3）。

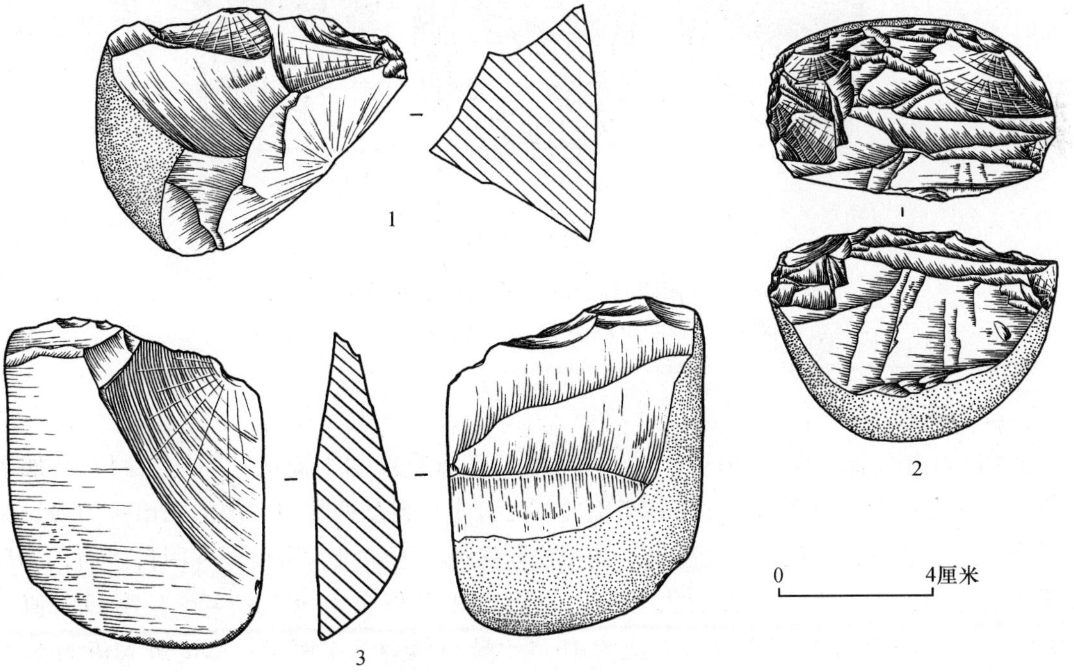

图四三　第三期单边刃砍砸器

1. BLES④:163　2. BLES④:9　3. BLWS①:61

② 多边刃砍砸器

标本BLES⑥:13，变质粉砂岩，系利用一长条形砾石在其一端和一边打击加工成刃，器身一端保留砾石面，器体较厚重，器身上打击点和放射线较明显，长6.3、宽9.3、厚4.7厘米，重295克（图四四，1；彩版二四，4）。

标本BLES ⑥:37，红褐色石英砂岩质，器身为一椭圆状砾石，背部布满石片疤，仅保留一小块岩皮，经反向的加工成盘状陡刃砍砸器，整个器型呈龟背状，长9.1、宽6.8、厚5.5厘米，重421克（图四四，2；彩版二四，5）。

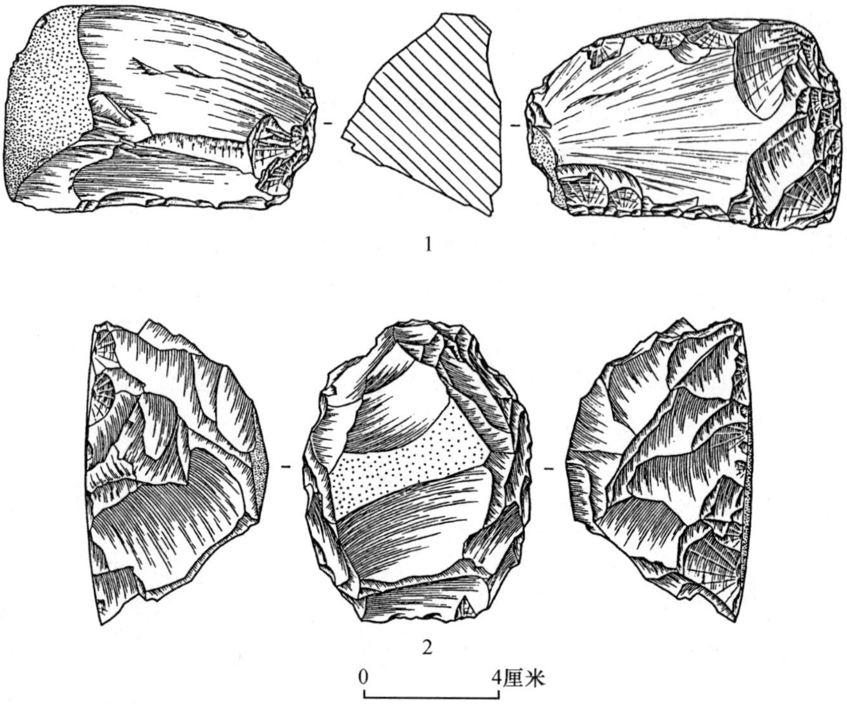

图四四　第三期多边刃砍砸器

1. BLES⑥: 13　2. BLES⑥: 37

（2）石锤

4 件。占石器总数的 17. 4% 。均利用大型砾石直接加工而成，不见利用石片加工者。多从砾石或较扁平的一面向较突出的一面打击，再从两侧向一端加工出一刃缘。原料有变质粉砂岩、石英岩、硅质岩。制作比较简单，通常最大限度地利用自然面，不见通体加工的标本，器身均保留大部分的砾石面。刃角多为 50° ~ 75°。长度最大值为 9. 6、最小值为 7 厘米；宽度最大值为 10. 4、最小值为 7. 4 厘米；厚度最大值为 6. 9、最小值为 3. 5 厘米；重量最大值为 666、最小值为 294 克。

标本 BLES ⑥: 12，白色石英岩质，利用一器身为长圆形的砾石在其一端交互打击一斜刃，长 9. 6、宽 7. 4、厚 6 厘米，重 419 克（图四五，1；彩版二五，1）。

标本 BLWS⑥: 7，硅质岩质，系利用一完整砾石在其较宽一端直接打击加工而成，刃缘厚钝，长 8. 6、宽 10. 4、厚 6. 9 厘米，重 666 克（图四五，2；彩版二五，2）。

标本 BLES⑥: 201，砂岩质，利用一截断的砾石石料在其一侧加工而成，刃缘陡直，长 8、宽 7. 9、厚 3. 5 厘米，重 338 克（图四五，3；彩版二五，3）。

标本 BLES⑥: 8，石英砂岩质，用一砾石在其一侧打制加工而成，器身保留大部分自然面，长 7、宽 7. 5、厚 6 厘米，重 294 克（彩版二五，4）。

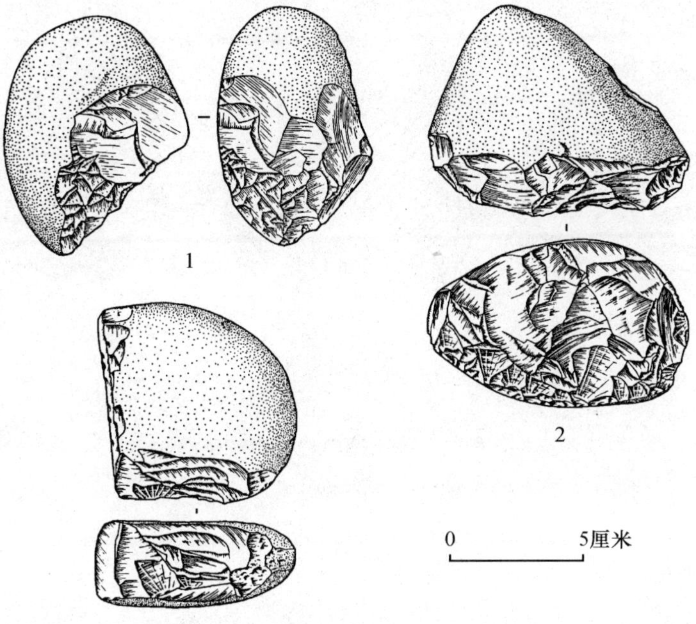

图四五 第三期石锤

1. BLES⑥: 12 2. BLES⑥: 7 3. BLES⑥: 201

（3）刮削器

8件，占石器总数的34.8%。系利用砾石石片或石核在其一端或一侧直接加工而成。岩性有石英砂岩、变质粉砂岩、硅质岩等。大小不一，长度最大值为9.6、最小值为4.7厘米；宽度最大值为11.8、最小值为1.1厘米；厚度最大值为4.1、最小值为1.4厘米；重量最大值为362、最小值为27克。多为单面反向加工而成，刃角平缓，为40°~55°。以锤击法简单加工，器身局部保留砾石面。大部分刃缘没有经过二次修整。根据刃缘可分为单边直刃、弧刃刮削器。

① 单边直刃刮削器

标本BLES④: 11，变质粉砂岩质，用一砾石直接在其一侧打制加工成一直刃，器身除刃端外均保留自然面。长5.8、宽5.6、厚3.3厘米，重129克（图四六，1；彩版二三，4）。

标本BLES⑥: 164，石英砂岩质，器身横截面略呈三角形，利用一砾石石核在其一侧打制加工而成一徒直刃缘，刃端有明显人工使用痕迹，器身保留大部分自然面，长7.3、宽8、厚4厘米，重75克（图四六，2；彩版二三，5）。

标本BLES⑥: 39，硅质岩质，利用一身上有明显剥落长石片疤痕的柱石核在其一侧加工成一直刃缘，长4.7、厚1.5、台面最大径长1.1厘米，重27克（图四六，3；彩版二三，6）。

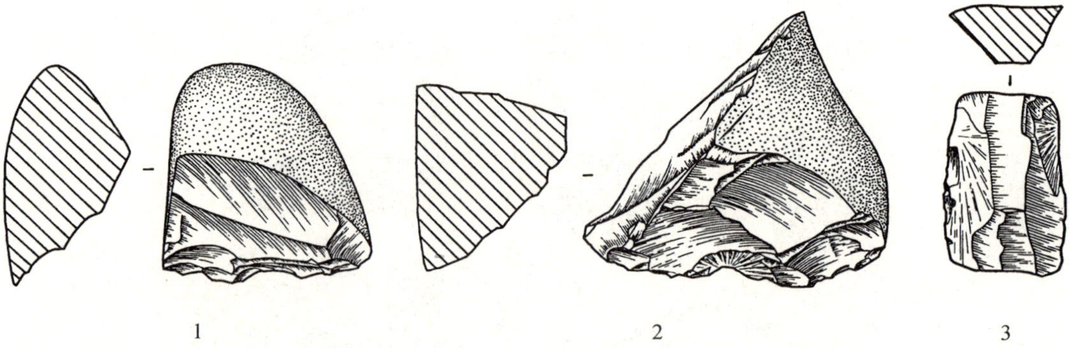

图四六　第三期单边直刃刮削器

1. BLES④: 11　2. BLES⑥: 164　3. BLES⑥: 39

② 弧刃刮削器

标本 BLES④: 17，浅变质粉砂岩，将一薄而呈椭圆状的“白莲洞式石片”，反向加工弧状刃缘而成，器身周边保留一大圈岩皮，长 7.6、宽 11.8、厚 1.4 厘米，重 140 克（图四七，1；彩版二六，1）。

标本 BLES⑥: 15，砂岩质，器身略成椭圆形，利用一截断的砾石石片边沿反向加工而成，打击台面、打击点明显，器身背面保留砾石面。长 9.6、宽 10.1、厚 3.6 厘米，重 362 克（图四七，2；彩版二六，2）。

标本 BLES⑥: 32，石英砂岩质，利用一打制的砾石石片在其一端及两侧修理成弧形刃缘，刃缘有使用痕迹，器身背面保留自然面，长 7、宽 4.7、厚 1.4 厘米，重 75 克（图四七，3；彩版二六，3）。

标本 BLES⑥: 30，浅变质粉砂岩质，利用一砾石片在其一端及两侧修理成弧形刃缘，在刃缘的局部还修有深凹的缺口，器身刃端背面保留少部分砾石面，。长 6.1、宽 5.2、厚 1.7 厘米，重 65 克（图四七，4；彩版二六，4）。

标本 BLES④: 115，石英岩质，利用一砾石石核在其一端及一侧修理成刃缘，刃缘有人工使用痕迹，器身未加工一侧保留自然面。长 5.5、宽 7.3、厚 4.1 厘米，重 144 克（图四七，5；彩版二六，5）。

（4）穿孔石器

3 件，占该期石器总数的 13% 。均利用扁平砾石在其中央对钻穿孔而成。

标本 BLES ④: 201，硅质岩，系利用一椭圆形砾石在其中中央穿孔而成，加磨孔壁，长 13、宽 12、厚 7 厘米，外沿孔径 4 ~ 4.5 厘米，中心孔径 1.5 厘米，重 1267 克（图四八，1；彩版二七，1）。

标本 BLES⑥: 101，硅质砂岩，残块，呈不规则状，尚未穿透孔部，砾石断裂处正

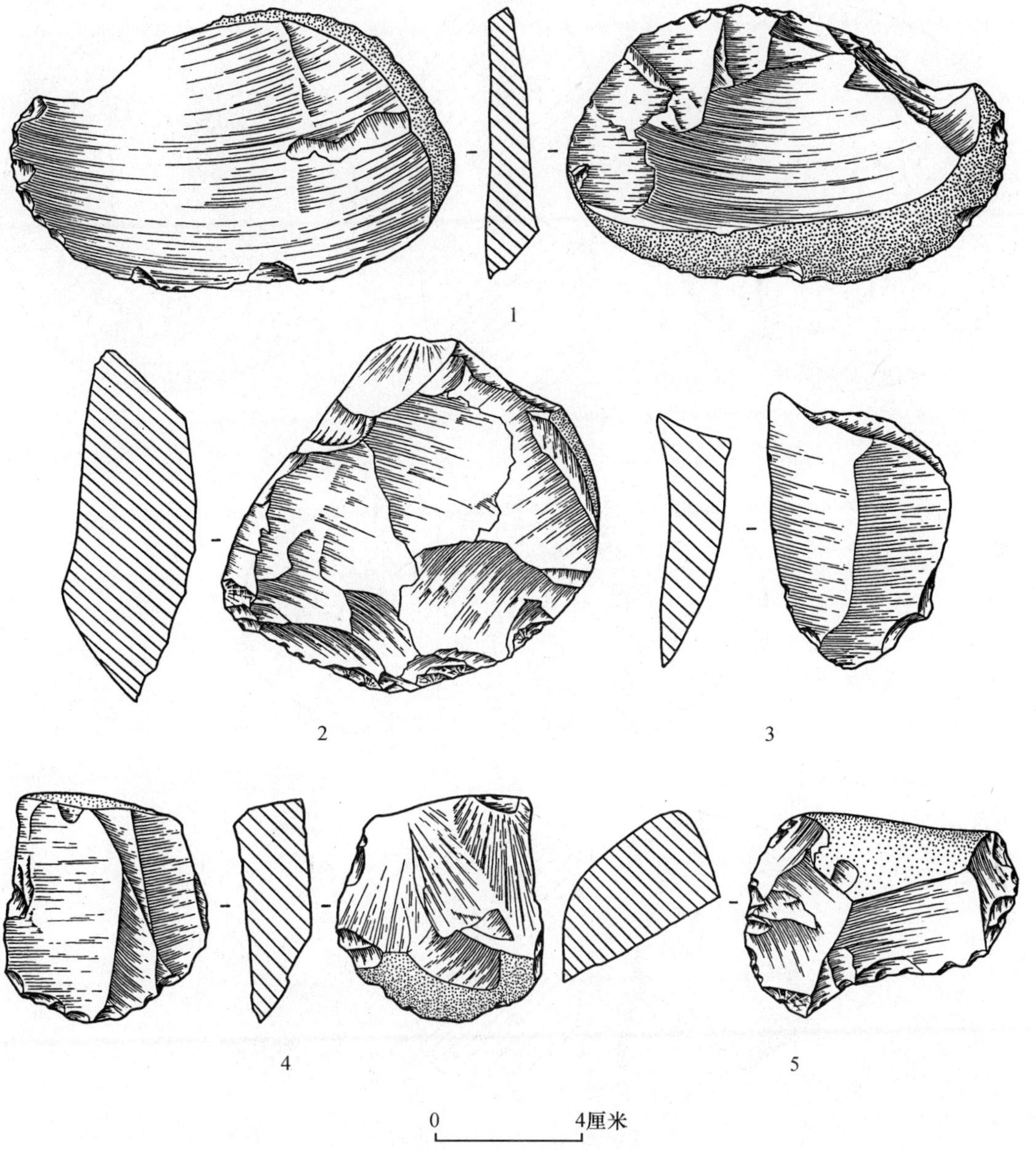

图四七　第三期弧刃刮削器

1. BLES④: 17　2. BLES⑥: 15　3. BLES⑥: 32　4. BLES⑥: 30　5. BLES④: 115

好通过穿孔处，穿孔的方法是琢凿，长 8.9、宽 5.8、厚 4.7 厘米，孔径（上沿部）3.2 厘米，重 212 克（图四八，2；彩版二七，2）。

标本 BLWS①: 102，硅质粉砂岩，残块，呈不规则状，尚未穿透孔部，砾石断裂处正好通过穿孔处，穿孔的方法是琢凿，长 9.4、宽 5.7、厚 5.6 厘米，孔径（上沿部）3.2 厘米，重 367 克（图四八，3；彩版二七，3）。

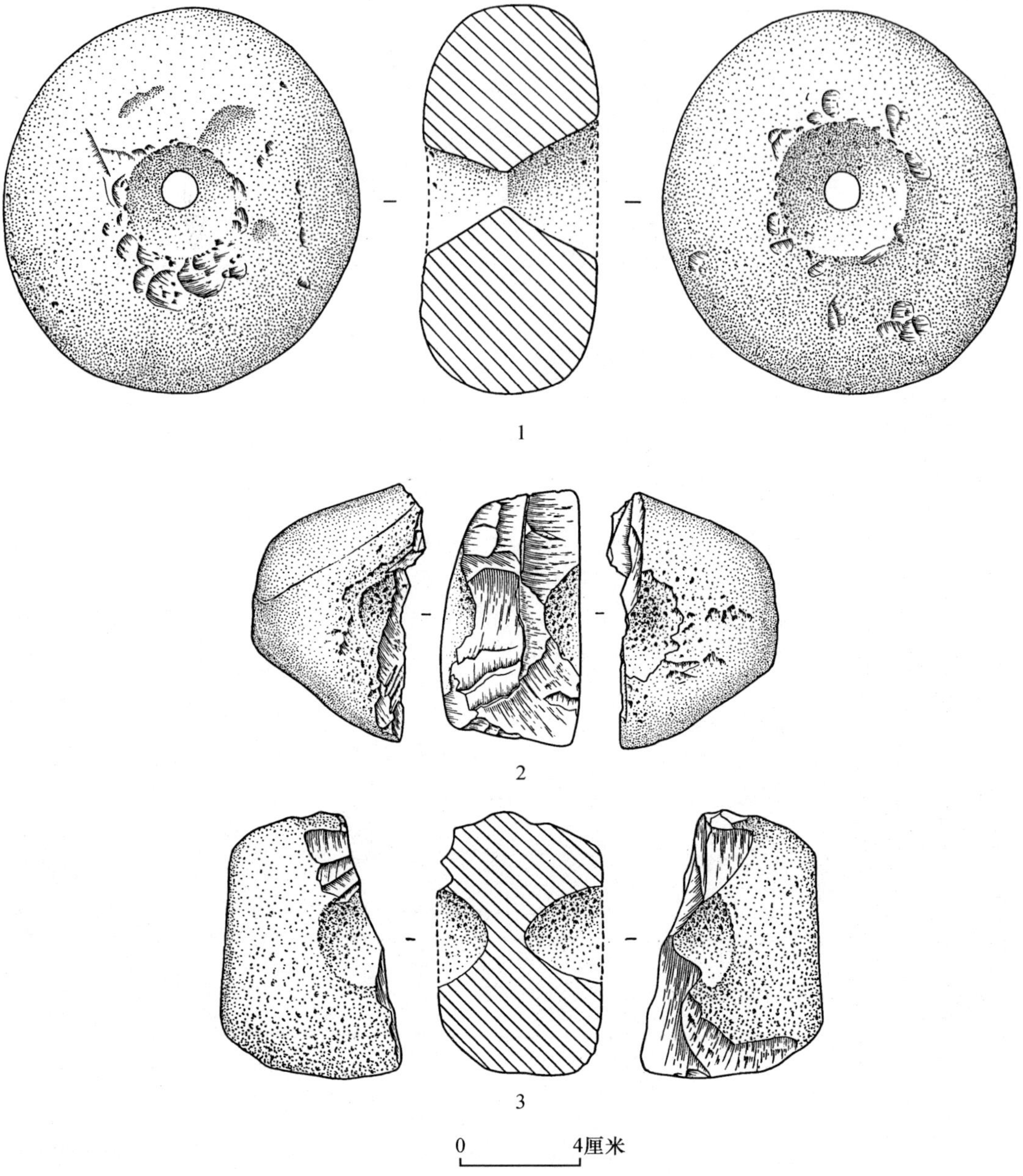

图四八　第三期穿孔石器

1. BLES④: 201　2. BLES⑥: 101　3. BLES①: 102

（5）研磨器

1 件，占该期石器总数的 4. 3% 。

标本 BLES ⑥: 208，细粒石英闪长岩质扁圆砾石。在砾石一面的中央保留赭石粉痕迹，边缘有三处带有磨蚀切面，切面上还有敲砸痕迹。推测它的使用方法可能是，先砸碎赭石块，然后用砾石面碾磨，也可用砾石边缘研磨。长 12. 2、宽 9. 2、厚 4. 9 厘米，重836克（图四九，1；彩版二八，1）。

（6）切割器

1件，占石器总数的4.3%。

标本BLES④:2，石英闪长岩质，利用一梯形的扁平砾石，在其弧形下沿磨削一侧成一锛形刃部，长8.8、宽5.3、厚1.25厘米，重72克（图四九，2；彩版二八，2）。

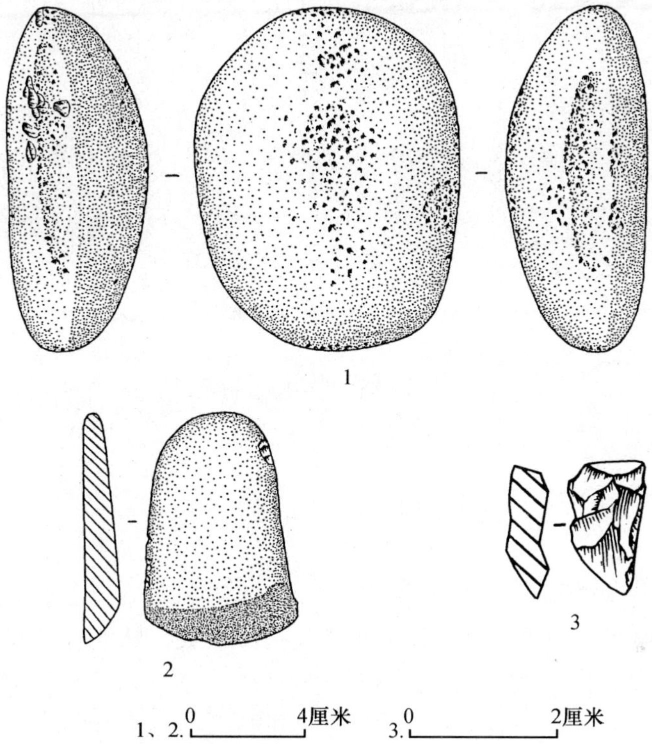

图四九　第三期砾石研磨器、切割器、尖状器

1. 研磨器（BLES⑥:208）　2. 切割器（BLES④:2）　3. 尖状器（BLES④:168）

（7）尖状器

1件，占石器总数的4.3%。

标本BLES④:168，石英砂岩质，利用一打制的砾石石片在其一端及两侧修理成尖刃缘，器身背面保留自然面，长2、宽1、厚0.5厘米，重3克（图四九，3）。

（二）燧石制品

如前所述，可能由于人工挖取岩泥所致，本期发掘的砾石制品数量仅有7件，占该期石制品总数的14.9%。其种类不见成型器物，只发现少量燧石石片、石核、断块和有使用痕迹的石片等。以石核最多，共4件，占该期燧石制品的57.1%，断块、石片和有使用痕迹的石片各1件（图五〇）。

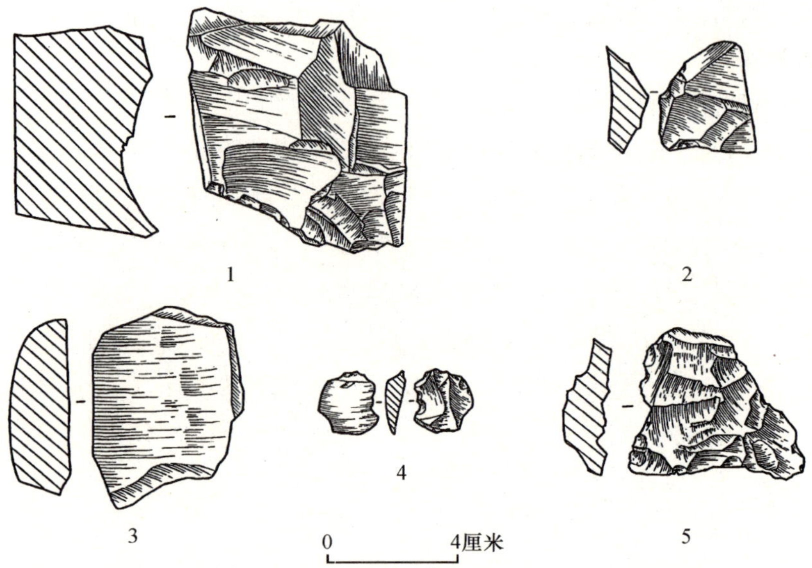

图五〇　第三期燧石制品

1. BLES⑥: 209　2. BLES⑥: 195　3. BLES⑥: 110　4. BLES⑥: 196　5. BLES⑥: 35

（三）骨角制品

2件，均利用斑鹿角磨其尖部而成。

标本BLES④: 104，角锥，利用斑鹿角磨其尖部而成，柄处有砍削的痕迹，长12厘米，重49克（图五一，1；彩版二八，3）。

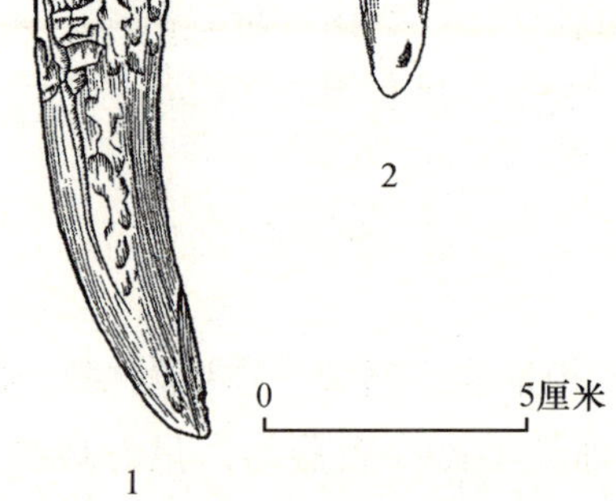

图五一　第三期骨角器

1. BLES④: 104　2. BLES④: 103

标本 BLES④: 103，角凿，亦为斑鹿角，角端部分被磨成斜刃，亦有人称之为“角铲”。残长 4.5 厘米（图五一，2）。

第四节 第四期文化遗存

本期主要由东 3 层和东 2 层下部构成，其中东 3 层为主要的文化层。东 3 层为灰黄色亚黏土堆积，层中螺壳密集，含大量动物化石以及磨光石器、穿孔砾石、打制石器、烧骨、炭粒等。此文化层的距今年代经校正后为 10840 ± 580 年。东 2 层为乳白色钙华板与钙质胶结亚黏土层，由该层在洞内残留的痕迹推测，该层上部的钙华板层在洞内分布广泛，构成文化堆积的“盖板”。这一钙华板层不是文化层的组成部分。钙华板下为灰褐色钙质胶结亚黏土，含少量螺壳及骨骼化石，当为文化堆积层。其 ^{14}C 修正年代为 9250 ± 90 年。本文化层的年代应在距今 11000 ~ 9000 年。

第四期出土文化遗物绝大多数仍为砾石工具，打制石器仍以砾石工具为主，发现少量燧石石片制品，出现通体磨光石制品。此外，还有经磨制并打孔的小砾石装饰品。

第四期共发现各类石制品 51 件，其种类包括石锤、石核、有使用痕迹的石片、石片、砍砸器、刮削器、穿孔石器、穿孔小砾石、石斧、切割器、断块等（表一三）。

表一三 白莲洞遗址第四期石制品统计表

类型	砍砸器	石锤	砾石刮削器	燧石刮削器	燧石断块	砾石石核	砾石石片	燧石石片	有使用痕迹的砾石石片	穿孔小砾石	切割器	石斧	穿孔石器	合计
数量	5	4	·11	1	1	7	11	3	3	2	1	1	1	51
%	9.8	7.8	21.6	1.96	1.96	13.7	21.6	5.9	5.9	3.9	1.96	1.96	1.96	100

（一）砾石制品

46 件，占该期石制品总数的 90.2%。其种类包括石锤、有使用痕迹的石片、石片、砍砸器、刮削器、穿孔石器、切割器、石斧、穿孔小砾石等。

1. 石核

7 件，占该期石制品总数的 13.7%。大小不一，多为单台面。从台面角和石片疤痕的特征看，剥片方法绝大部分采用直接锤击法。长度最大值为 9.5、最小值为 5 厘米；宽度最大值为 11、最小值为 4.5 厘米；厚度最大值为 6.6、最小值为 2.6 厘米；重量最大值为 683、最小值为 56 克。石核以自然台面为主，台面角最大超过 90°，最小在 45°以上。

标本 BLES③: 429，砂岩质，利用一器身呈四边形的扁平形砾石石料在其一端打击出台面后，再在其两侧及另一端打击剥片，器身背面和正面保留砾石面。长6.1、宽5.2、厚4.4厘米，重200克（图五二，1）。

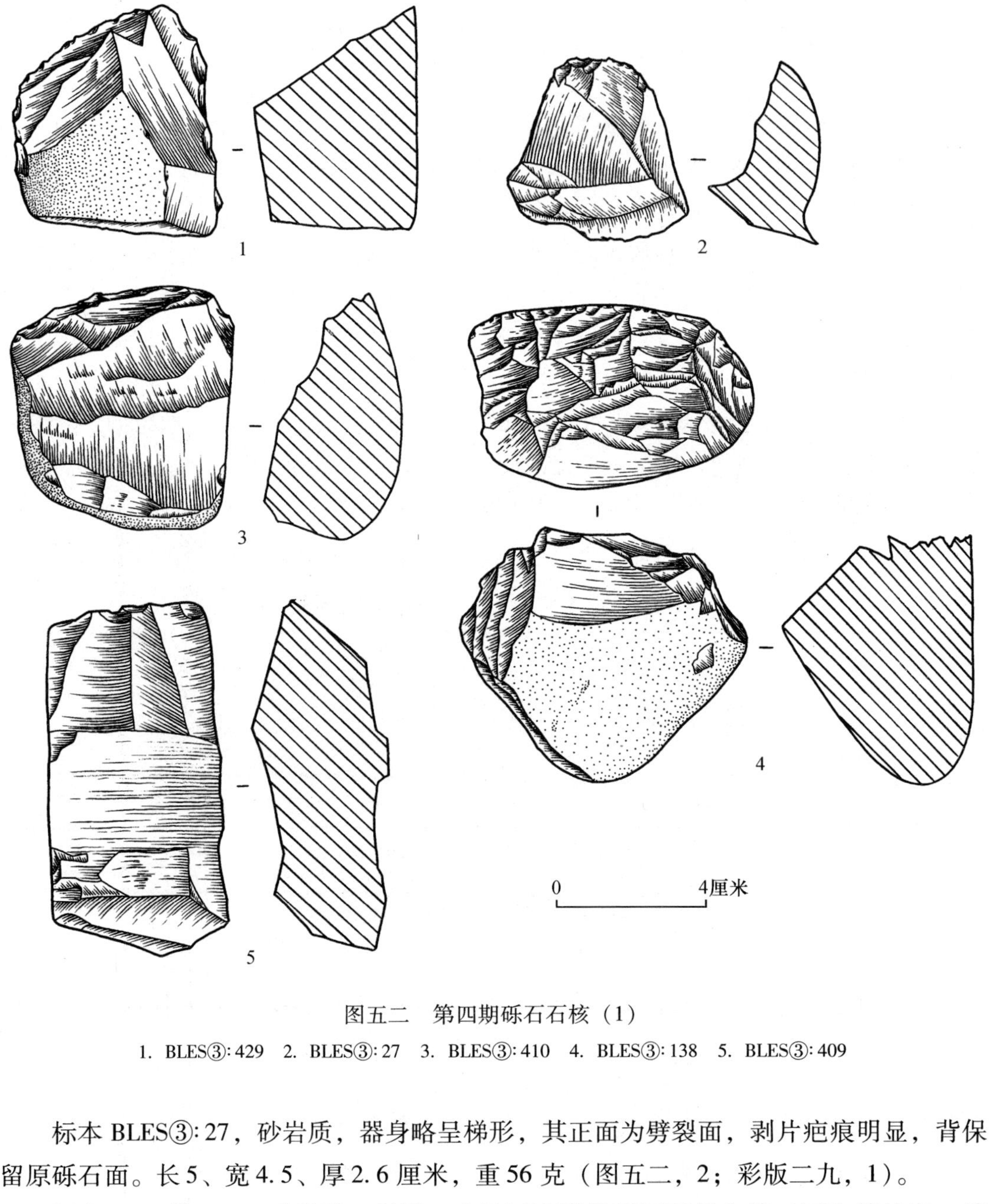

图五二　第四期砾石石核（1）

1. BLES③:429　2. BLES③:27　3. BLES③:410　4. BLES③:138　5. BLES③:409

标本BLES③:27，砂岩质，器身略呈梯形，其正面为劈裂面，剥片疤痕明显，背保留原砾石面。长5、宽4.5、厚2.6厘米，重56克（图五二，2；彩版二九，1）。

标本BLES③:410，砂岩质，利用一略呈四边形的砾石石料在其正面和其较宽一端打击剥片，器身除正面和被打击的一端外，保留绝大部分砾石面。长6.7、宽6、厚3.7厘米，重200克（图五二，3；彩版二九，2）。

标本BLES③:138，变质砂岩，利用一略呈四边形的砾石石料在其较宽一端及两侧打击剥片，器身保留绝大部分砾石面。长6.9、宽7.6、厚5厘米，重274克（图五二，4；彩版二九，3）。

标本BLES③:409，砂岩质，利用一条形砾石石料在其一端及一侧打击剥片，器身保留绝大部分砾石面。长9.5、宽4.6、厚3厘米，重345克（图五二，5；彩版二九，4）。

标本BLES③:11，砂岩质，利用一椭圆形砾石石料在其一面打击出台面后，再在其一端打击剥片，器身除台面和打击部分外保留绝大部分砾石面。长9.5、宽11、厚6.6厘米，重683克（图五三，1；彩版二九，5）。

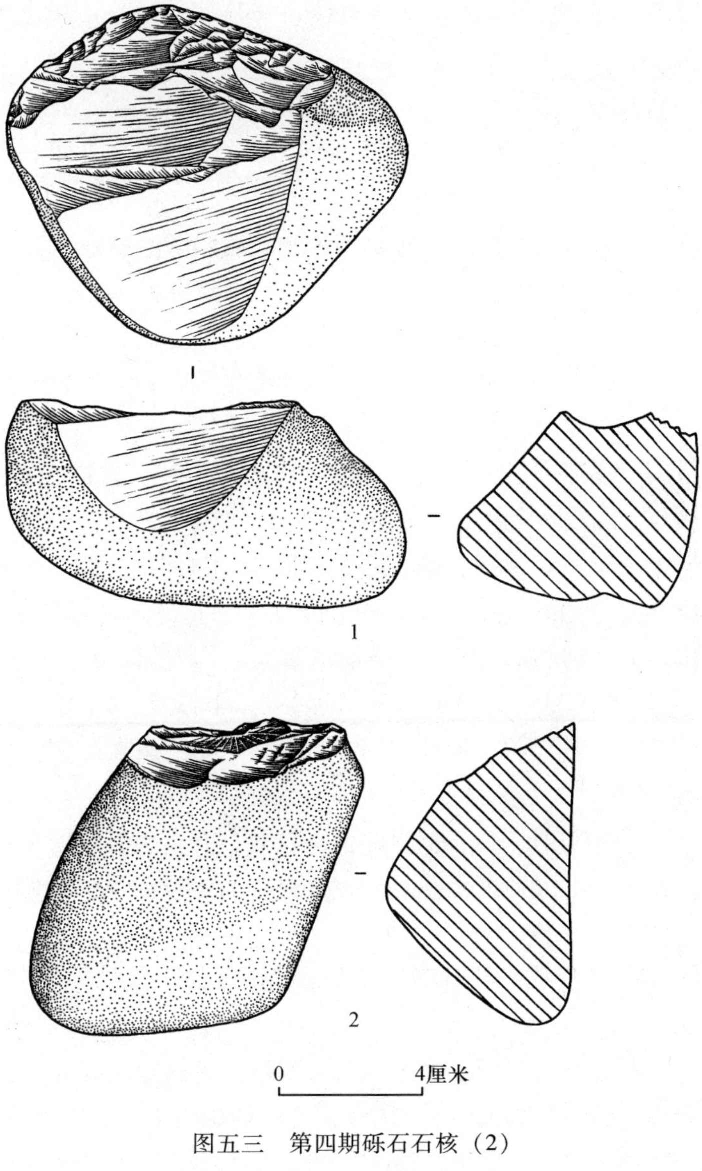

图五三　第四期砾石石核（2）

1. BLES③:11　2. BLES③:412

标本 BLES③:412，砂岩质，利用一长条形砾石石料在其一端打击剥片，器身保留绝大部分砾石面。长 9.1、宽 9.4、厚 5.3 厘米，重 555 克（图五三，2；彩版二九，6）。

2. 石片

11 件，占石制品总数的 21.6%。岩性多为砂岩，多为自然台面。打击点不甚清晰，打片采用锤击法，石片保留较多的砾石面。石片尺寸、重量差别不大，长度最大值为 7.8、最小值为 4.5 厘米；宽度最大值为 6.7、最小值为 3 厘米；厚度最大值为 2.9、最小值为 0.3 厘米；重量最大值为 110、最小值为 16 克。

标本 BLES③:159，硅质岩质，器身呈不规则状，一侧保留少许砾石面。长 6、宽 5、厚 0.8 厘米，重 57 克（图五四，1；彩版三〇，1）。

标本 BLES③:34，砂岩质，利用一小型扁圆形砾石石料在其正面打片，其正面具有明显的剥片疤痕，保留小部分砾石面。长 6.2、宽 3.6、厚 0.8 厘米，重 28 克（图五四，2；彩版三〇，2）。

标本 BLES③:42，砂岩质，将一小型扁圆形砾石石料截断获取石片，石片较薄，周边保留部分砾石面。长 6、宽 3.5、厚 0.5 厘米，重 21 克（图五四，3；彩版三〇，3）。

标本 BLES③:58，石英砂岩质，器身略成龟背状，其正面具有明显的剥片疤痕，半锥体明显，保留小部分砾石面。长 6.1、宽 6.7、厚 1.3 厘米，重 110 克（图五四，4；彩版三〇，4）。

标本 BLES③:54，变质岩质，利用一砾石石料截取石片，其周边保留部分砾石面。长 4.5、宽 3.2、厚 0.3 厘米，重 16 克（图五四，5；彩版三〇，5）。

标本 BLES③:156，石英砂岩质，器身略成梯形，其背面具有明显的剥片疤痕，保留小部分砾石面。长 5.2、宽 4.6、厚 2 厘米，重 43 克（图五四，6；彩版三〇，6）。

标本 BLES③:146，砂岩质，利用一椭圆形砾石石料截片，周边保留部分砾石面。长 4.5、宽 4.4、厚 0.3 厘米，重 30 克（图五四，7；彩版三一，1）。

标本 BLES③:35，硅质岩质，器身呈不规则状。长 6、宽 6.2、厚 1.4 厘米，重 41 克（图五四，8；彩版三一，2）。

标本 BLES③:162，石英砂岩质，器身略成龟背状，其正面具有明显的剥片疤痕，背面保留砾石面。长 7.5、宽 4.7、厚 3 厘米，重 126 克（图五四，9；彩版三一，3）。

3. 有使用痕迹的石片

3 件，占石制品总数的 5.9%。岩性以砂岩为主。石片尺寸较小，为自然台面。打片采用锤击法，石片没有进行第二步加工，而是直接使用石片的刃缘。

标本 BLES③:139，变质粉砂岩质，在一带岩皮的砾石石片的一侧直接使用，在其较薄一端有明显的使用痕迹。长 8.1、宽 5.5、厚 2 厘米，重 75 克（图五五，1；彩版三一，4）。

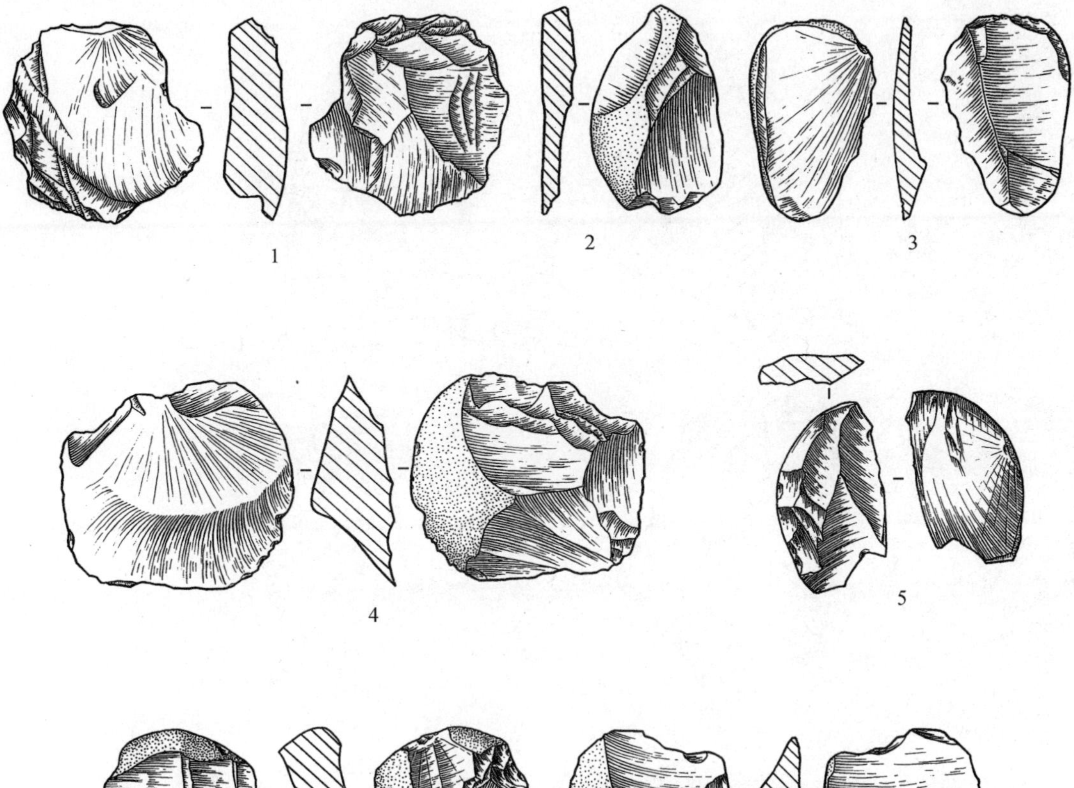

图五四　第四期砾石石片

1. BLES③: 159　2. BLES③: 34　3. BLES③: 42　4. BLES③: 58　5. BLES③: 54　6. BLES③: 156　7. BLES③: 146　8. BLES③: 35　9. BLES③: 162

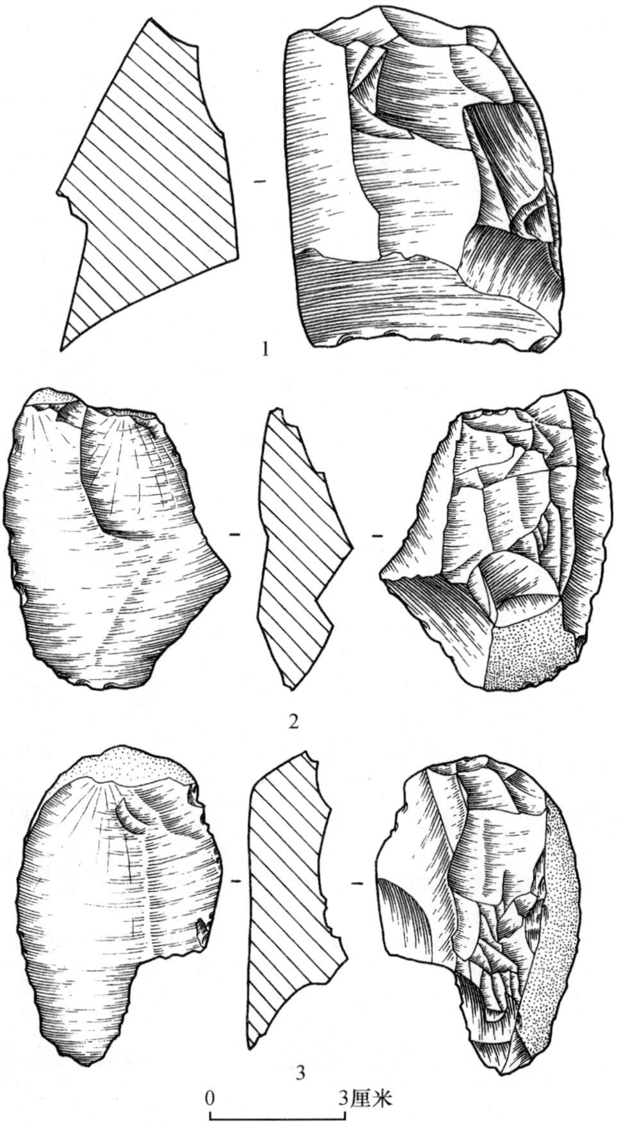

图五五　第四期有使用痕迹砾石石片

1. BLES③: 139　2. BLES③: 81　3. BLES③: 144

标本 BLES③: 81，硅质岩质，利用一砾石石料截取石片，背隆凸，背部及四周有人工打击痕迹，周边保留少量砾石片，刃缘有使用痕迹。长 6.8、宽 4.2、厚 2 厘米，重 64 克（图五五，2；彩版三一，5）。

标本 BLES③: 144，变质岩质，利用一椭圆形砾石石料截片，周边保留砾石面，边缘有使用痕迹。长 7、宽 4.4、厚 2.7 厘米，重 66 克（图五五，3；彩版三一，6）。

4. 石器

25件，占石器总数的96.2%。包括打制石器和磨制石器两种。打制石器的类型有石锤、砍砸器、刮削器、石斧。磨制石器的类型有穿孔石器、切割器等。

（1）砍砸器

5件，占石器总数的19.2%，均利用砾石或砾石石片打制而成。岩性有石英砂岩、硅质岩等，以石英砂岩为最多，占总数的60%。器体较大，长度最大值为10、最小值为5.8厘米；宽度最大值为11.1、最小值为6.5厘米；厚度最大值为5.8、最小值为3.8厘米；重量最大值为433、最小值为244克。刃角均较平缓，为45°~85°，多为50°~65°。石器均为单面加工而成，器身都保留部分的砾石面。部分刃缘经过二次加工。根据刃缘多少可分为单边直刃砍砸器和多边刃砍砸器两种。

① 单边直刃砍砸器

标本BLES③:107，硅质岩质，由一石核加工而成，器身大部分保留岩皮面，长6.8、宽11.1、厚4.1厘米，重342克（图五六，1；彩版三二，1）。

标本BLES③:10，石英砂岩，刃缘陡直，器身保留大部分砾石面。长8.1、宽5.5、厚3厘米，重262克（图五六，2；彩版三二，2）。

标本BLES③:12，石英砂岩质，系利用一巨厚的“白莲洞式石片”加工而成，陡刃，长10、宽6.5、厚5.8厘米，重335克（图五六，3；彩版三二，3）。

② 多边刃砍砸器

标本BLES③:18，硅质岩质，将一器身呈椭圆状的“白莲洞式石片”在其周边加工而成，器身周边保留一小圈岩皮，长7.9、宽7.2、厚4.1厘米，重244克（图五七，1；彩版三二，4）。

标本BLES③:98，石英砂岩质，将一厚重石核的一端和两侧加工而成刃缘，劈裂面、背两面保留岩皮面，长6.5、宽10、厚3.8厘米，重433克（图五七，2；彩版三二，5）。

（2）石锤

4件，占石器总数的15.4%。均利用大型砾石直接加工而成，不见利用石片加工者。多从砾石较扁平的一面向较突出的一面打击，从两侧往一端加工出抓握端。原料以石英砂岩为主。制作比较简单，通常最大限度地利用自然面为刃部，但抓握端常被修理得较细致，器身均保留大部分的砾石面。刃角多为55°~85°。长度最大值为10.6、最小值为7.4厘米；宽度最大值为9.6、最小值为6.4厘米；厚度最大值为5.1、最小值为4.2厘米；重量最大值为565、最小值为302克。

标本BLES③:6，灰色石英砂岩质。抓握端修理得较细致，其上无明显砸痕，但相对一端砸击痕迹明显，长10.6、宽7.9、厚5.1厘米，重565克（图五八，1；彩版三三，1）。

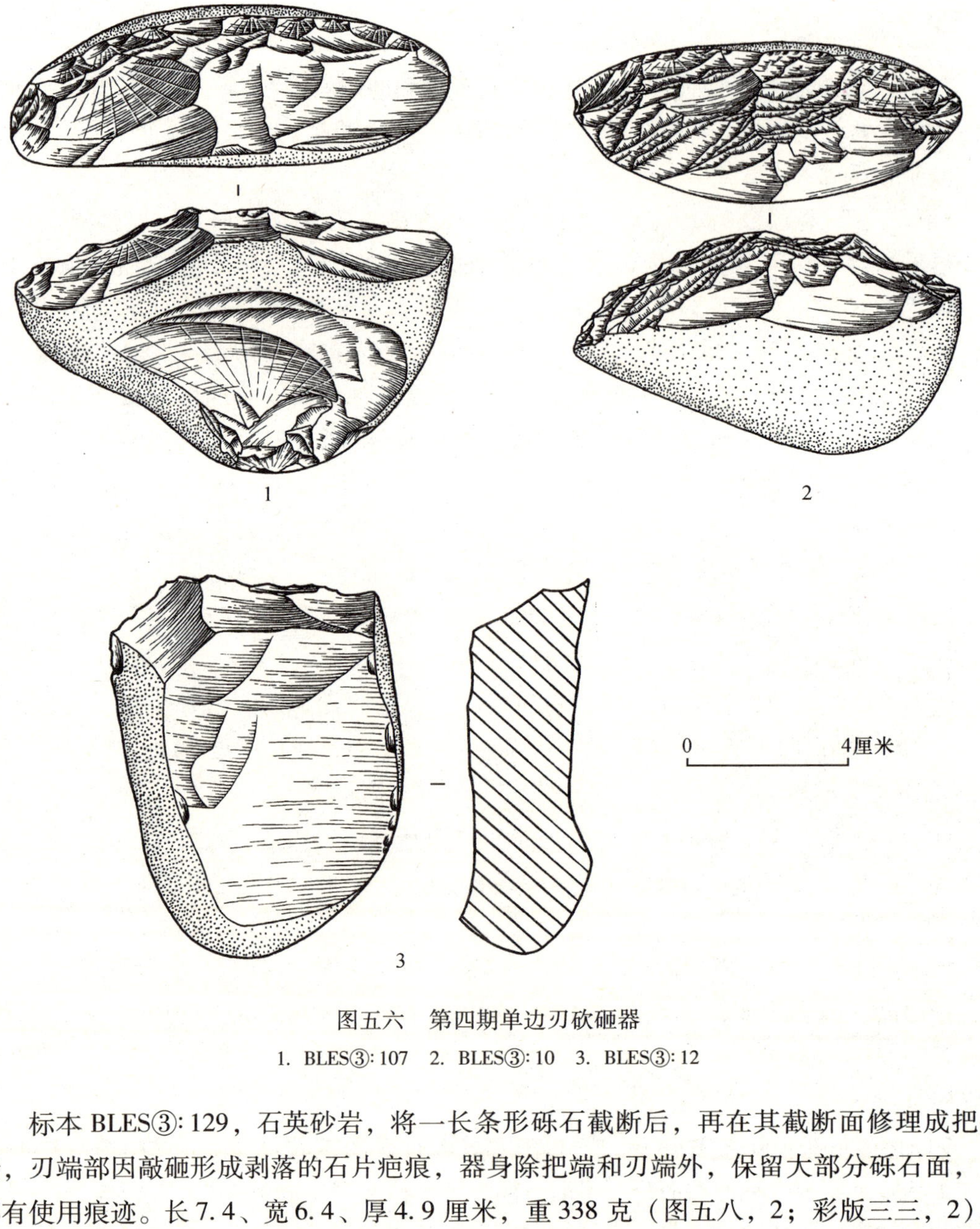

图五六　第四期单边刃砍砸器

1. BLES③: 107　2. BLES③: 10　3. BLES③: 12

标本 BLES③: 129，石英砂岩，将一长条形砾石截断后，再在其截断面修理成把握端，刃端部因敲砸形成剥落的石片疤痕，器身除把端和刃端外，保留大部分砾石面，刃部有使用痕迹。长 7.4、宽 6.4、厚 4.9 厘米，重 338 克（图五八，2；彩版三三，2）。

标本 BLES ③: 5，石英砂岩质，将一扁状砾石打断一端，然后修理断面而成抓握端，相对的敲砸端有砸击后剥落的石片疤痕与敲砸的痕迹。长 8.8、宽 9.6、厚 4.2 厘米，重 417 克（图五八，3；彩版三三，3）。

标本 BLES ③: 421，石英砂岩质，将一扁状砾石打断一端，然后修理断面而成抓握端，相对的敲砸端有敲砸的痕迹。长 7.8、宽 8.1、厚 4.7 厘米，重 302 克（图五八，4；彩版三三，4）。

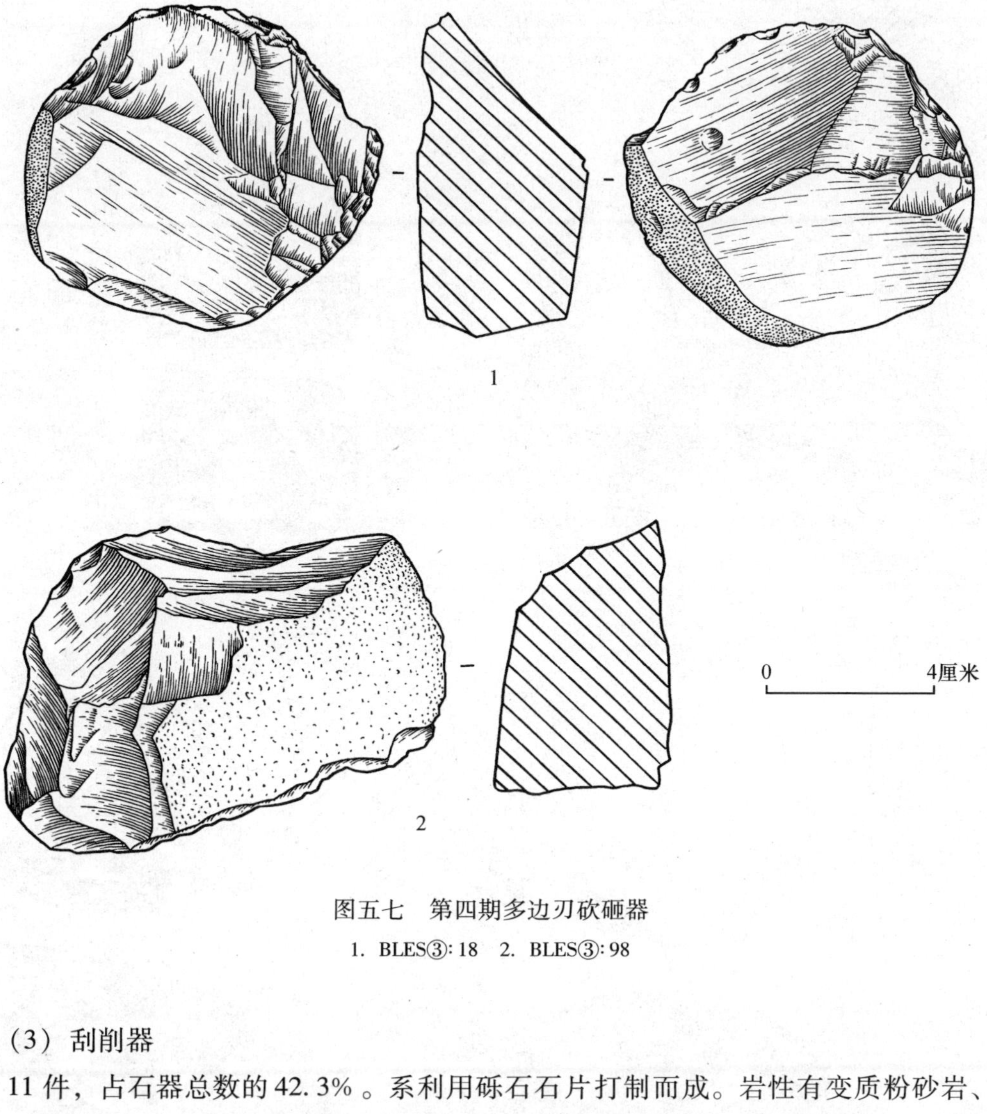

图五七　第四期多边刃砍砸器
1. BLES③:18　2. BLES③:98

（3）刮削器

11件，占石器总数的42.3%。系利用砾石石片打制而成。岩性有变质粉砂岩、硅质岩、砂岩、石英岩等。变质粉砂岩为最多，占总数的50%；其次为砂岩，占总数的30%。器体较小，长度最大值为11、最小值为3.6厘米；宽度最大值为8.2、最小值为5厘米；厚度最大值为3.7、最小值为0.4厘米；重量最大值为236、最小值为42克。多为单面反向加工而成，刃角平缓，为40°~60°。器身局部保留砾石面。大部分刃缘没有经过二次修整。根据刃缘数量可分为单边刃和复刃刮削器。

① 单边刃刮削器

标本BLES③:33，变质粉砂岩质，利用一小型砾石在其一侧加工而成，器身背面及端部保留岩皮面，长8.2、宽5.1、厚3.2厘米，重100克（图五九，1；彩版三四，1）。

标本BLES③:406，砂岩质，系利用“白莲洞式石片”在其一侧和前端反向加工而

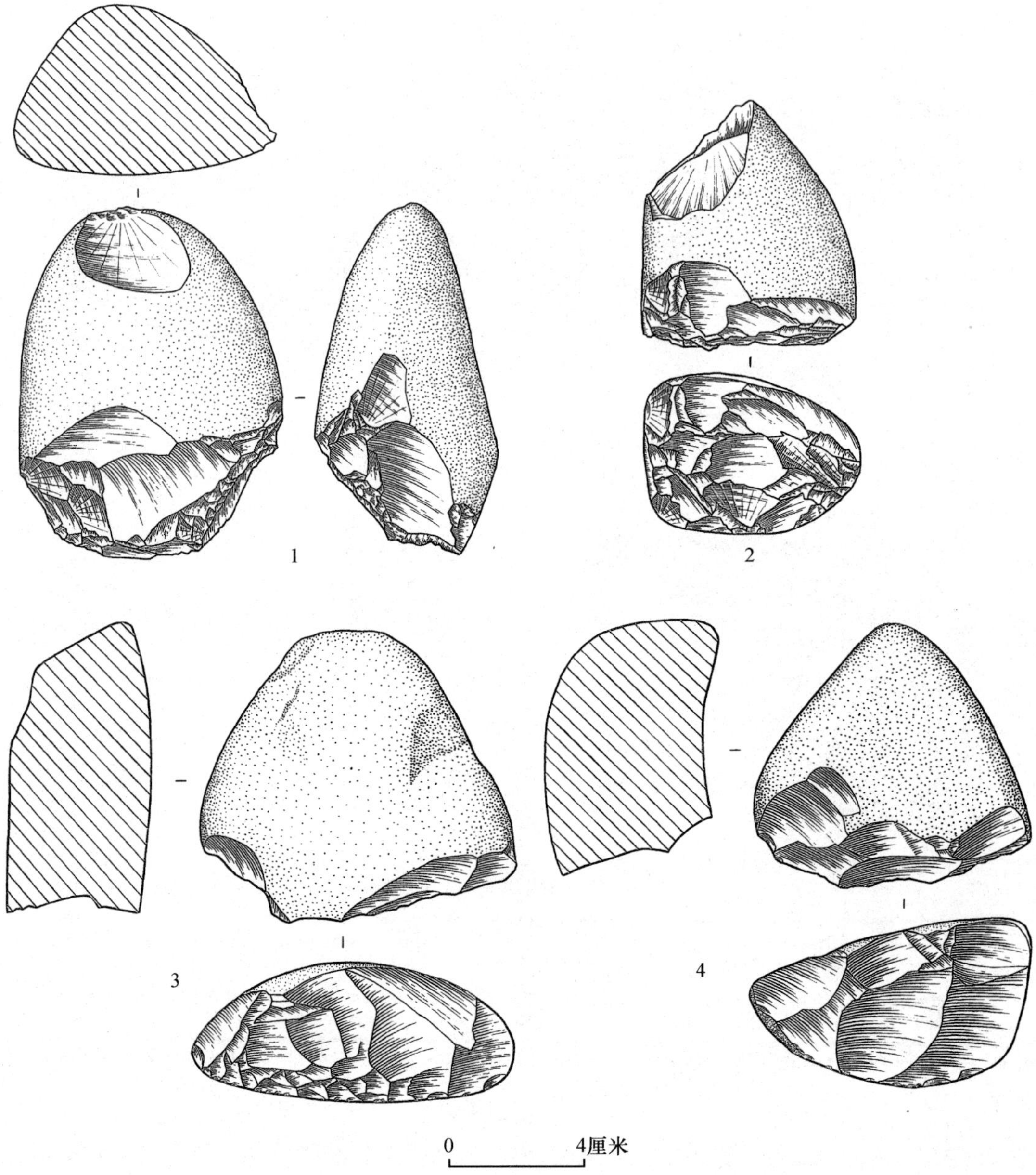

图五八　第四期石锤

1. BLES③: 6　2. BLES③: 129　3. BLES③: 5　4. BLES③: 421

成，长 5.5、宽 5.4、厚 2.5 厘米，重 95 克（图五九，2；彩版三四，2）。

标本 BLES③: 14，变质粉砂岩质，从一长条形砾石石料中截取石片，在保留砾石面的一侧，沿前端反向加工而成，加工痕迹明显。长 11、宽 5.5、厚 1 厘米，重 173 克（图五九，3；彩版三四，3）。

标本 BLES③: 150，砂岩质，将一亚腰形砾石石料沿劈裂面及前端反向加工而成，背

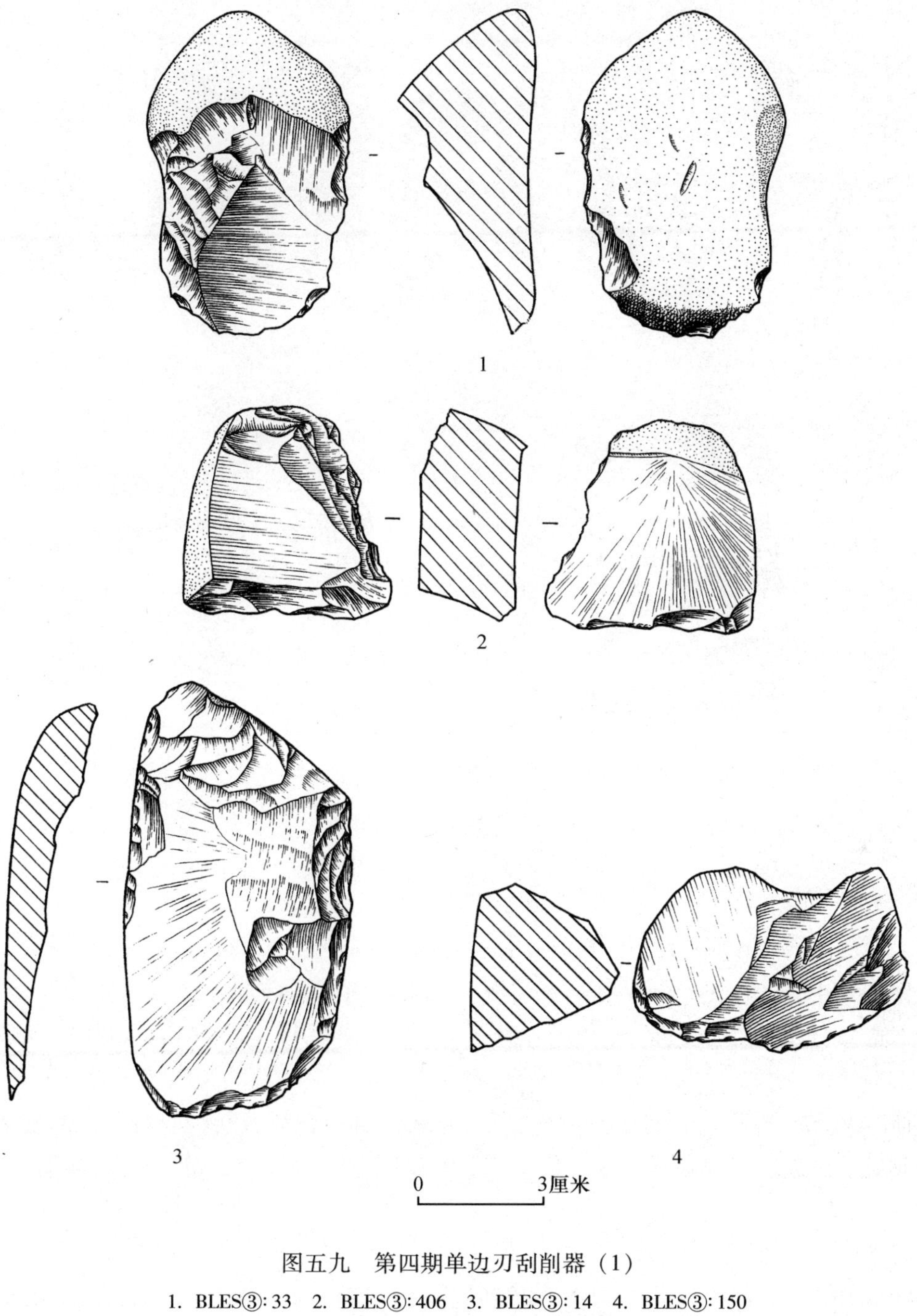

图五九　第四期单边刃刮削器（1）

1. BLES③: 33　2. BLES③: 406　3. BLES③: 14　4. BLES③: 150

面保留岩皮面，长4.5、宽7.2、厚3.7厘米，重132克（图五九，4；彩版三四，4）。

标本BLES③: 13，砂岩质，器身呈不规则形，背面保留砾石面，刃缘部细微加工痕迹和使用痕迹。长6.2、宽5、厚0.4厘米，重42克（图六〇，1；彩版三四，5）。

标本BLES③: 20，变质粉砂岩，器身略成扇形，沿前端互向加工而成，刃端有明显

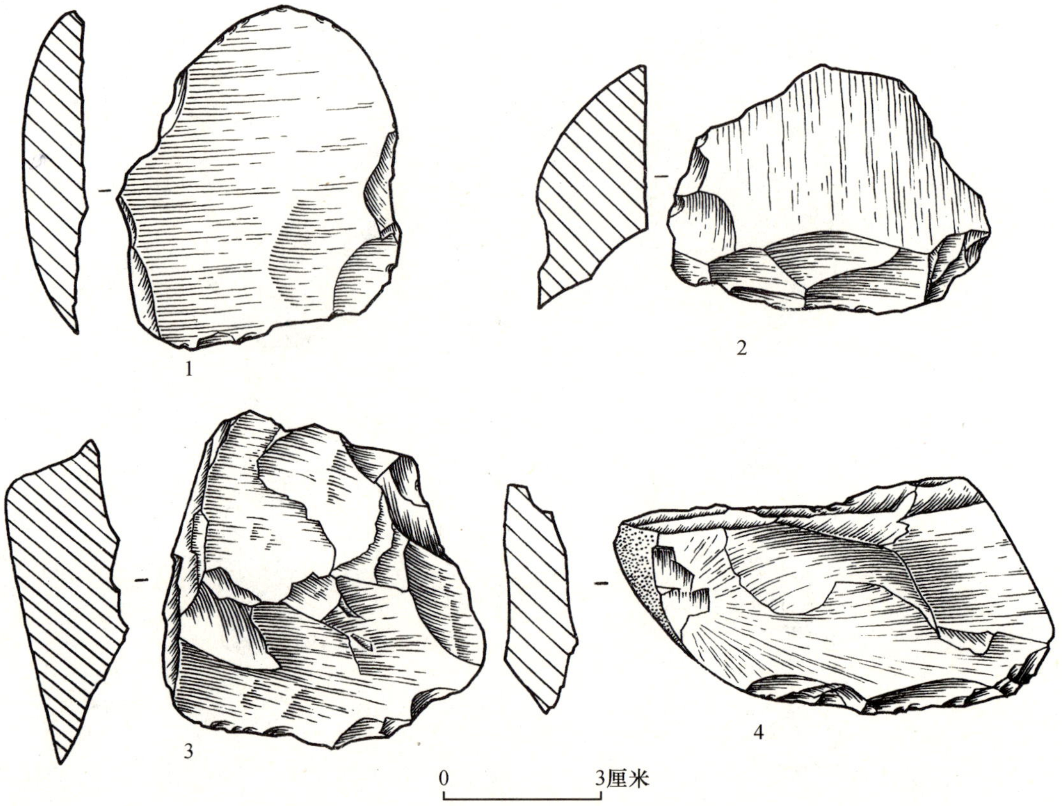

图六〇　第四期单边刃刮削器（2）

1. BLES③: 13　2. BLES③: 20　3. BLES③: 31　4. BLES③: 54

的加工痕迹。长5.6、宽5、厚0.8厘米，重54克（图六〇，2；彩版三四，6）。

标本BLES③: 31，硅质岩质，系利用一岩皮沿前端反向加工而成，器身略呈梯形，上窄下宽，背面保留岩皮面，长6.6、宽6.7、厚2.2厘米，重102克（图六〇，3；彩版三五，1）。

标本BLES③: 54，变质粉砂岩质，从一椭圆形砾石石料截断获取石片，沿前端反向加工而成，周边保留较多砾石面。长4.5、宽8.2、厚1.4厘米，重78克（图六〇，4；彩版三五，2）。

② 复刃刮削器

标本BLES③: 16，石英砂岩质，系利用“白莲洞式石片”加工而成，器身呈椭圆状，反向修理有两个刃缘，不仅可用作砍砸，其中一缘修有深凹缺口，有使用痕迹，长9.9、宽8.1、厚2.8厘米，重236克（图六一，1；彩版三五，3）。

标本BLES③: 172，变质粉砂岩质，利用一背部保留砾石面的刀形石片，在其一侧和前端反向加工而成，刃缘有明显的使用痕迹。长3.6、宽5.7、厚1厘米，重64克（图六一，2；彩版三五，4）。

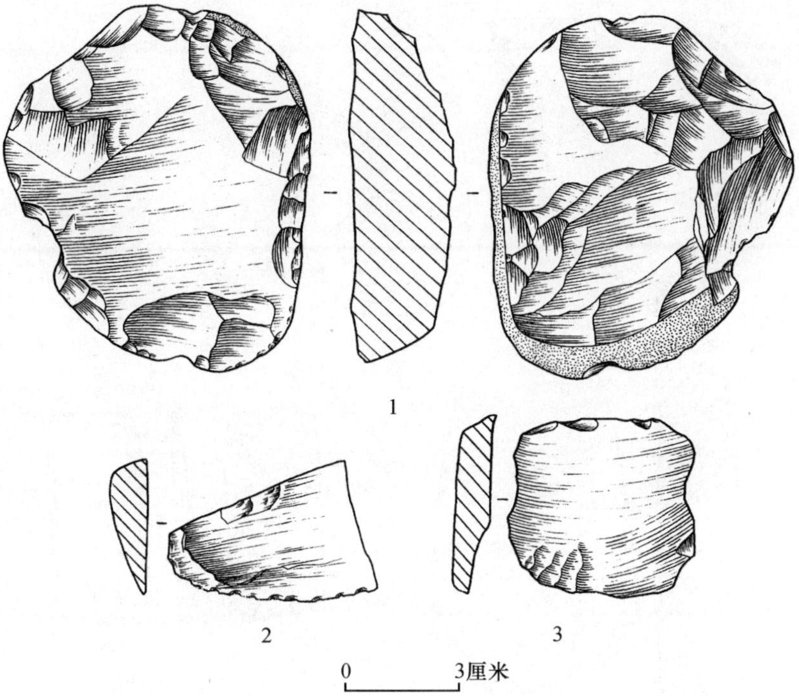

图六一 第四期复刃刮削器

1. BLES③:16 2. BLES③:172 3. BLES③:47

标本BLES③:47，砂岩质，器身略成四边形，在器身两端打击加工而成，刃端有明显的加工痕迹。长4.8、宽4.5、厚0.4厘米，重30克（图六一，3；彩版三五，5）。

（4）石斧

1件，占石器总数的3.8%。

标本BLES③:116，变质砂岩质，为一石斧毛坯，系利用一扁平的长条形砾石在其四周打制加工，使之成斧状，长9.7、宽5.2、厚2.1厘米，重148克（图六二，2；彩版三六，1）。

（5）穿孔石器

1件，占石器总数的3.8%。

标本BLES③:41，硅质砂岩质，为成品的残块，完整器物的器身应呈圆角长方形，不仅孔壁加磨，器身也经加磨而手感光滑，长8.4、宽6.4、厚3.8厘米，孔径上沿径长3.8、孔径中心径长1.5厘米，重319克（图六二，1；彩版三六，2）。

（6）切割器

1件，占石器总数的3.8%。

标本BLES③:1，辉绿岩质，器身呈扁平的长方形，两侧长边有磨削的痕迹，由两边有磨槽看，是相对磨削的，两端均有磨削的斜刃，呈锛状，通体磨光，长5.8、宽2.6、厚0.6厘米，重14克（图六二，3；彩版三六，3、4）。

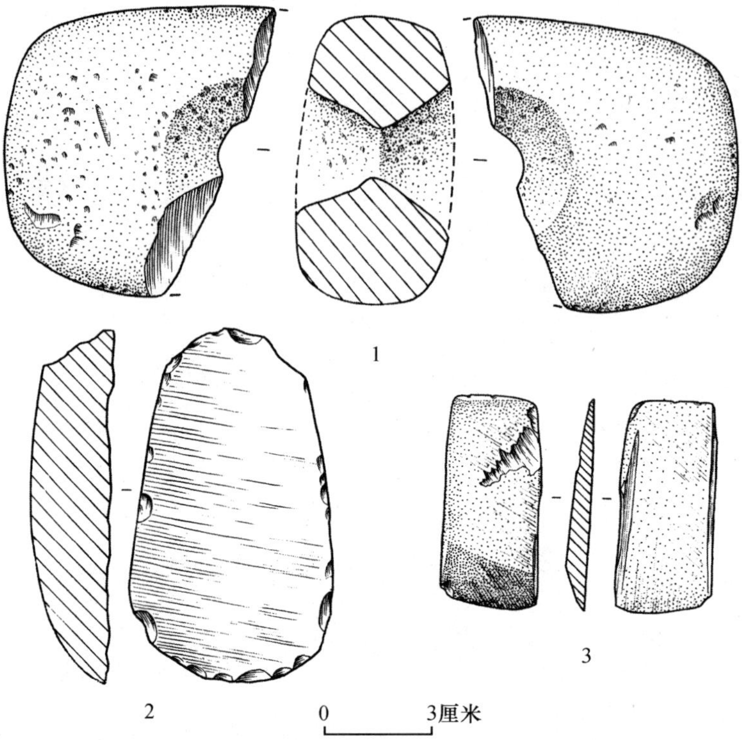

图六二　第四期穿孔石器、石斧、切割器

1. 穿孔石器（BLES③:41）　2. 石斧（BLES③:116）　3. 切割器（BLES③:1）

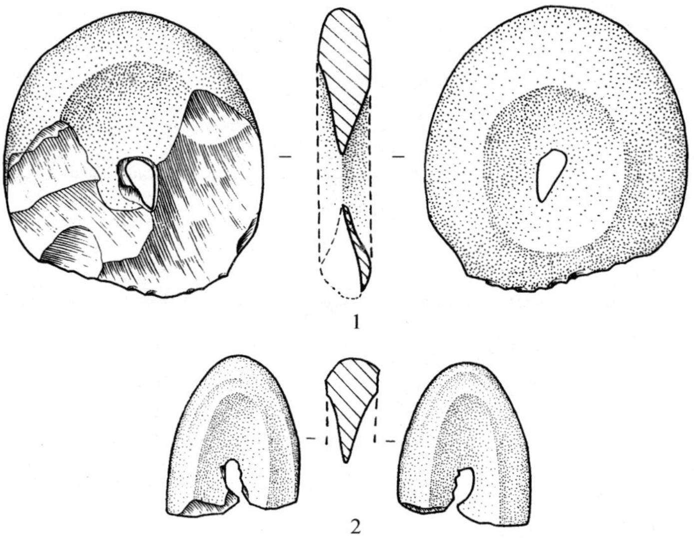

图六三　第四期穿孔装饰品

1. BLES③:3　2. BLES③:4

5. 穿孔装饰品

2件，占砾石制品总数的7.6%。均利用椭圆形扁平小砾石在中心部位由单面凿孔而成。

标本BLES③:3，含铁质浅变质砂岩，系由椭圆形扁平砾石加工制作，局部残缺，两面中央磨成圆形浅的凹部，并在中心部位由单面凿孔而成，孔径0.8厘米，整个器物残。长径7.2、短径6.7、厚1.3厘米，重66克（图六三，1；彩版三六，5）。

标本BLES③:4，硅质砂岩质，器身呈椭圆形，小部残缺，该器物外沿质硬，呈黑色，内部质软，呈黄褐色，加工其中央部分，使成凹槽，再由两面相对凿成一个0.7厘米×1厘米的椭圆孔，器物残。长4.1、宽3.2、厚1.1厘米，重21克（图六三，2；彩版三六，6）。

（二）燧石制品

5件，占石制品总数的9.8%。其种类包括断块、石片、刮削器等。

1. 断块

1件，占石制品总数的1.96%（图六四，1）。

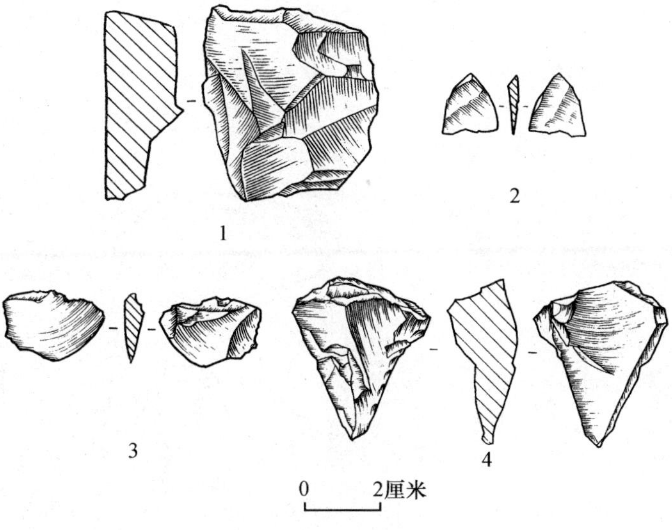

图六四 第四期燧石制品

1. 断块（BLES③:147） 2、3. 石片（BLES③:118、BLES③:43） 4. 刮削器（BLES③:45）

2. 石片

3 件，占石制品总数的 5.9%。

标本 BLES③:118，燧石质，为一形状呈三角形的薄石片，长 1.6、宽 1.45、厚 0.3 厘米，重量不足 1 克（图六四，2）。

标本 BLES③:43，燧石质，其正面为自然面，背面为破裂面，长 2.5、宽 1.6、厚 0.2 厘米，重 2 克（图六四，3）。

3. 石器

仅见刮削器 1 件，占石器总数的 3.8%。

标本 BLES ③:45，黑色燧石质，加工其一侧缘，使之呈三棱状尖突，长 4.2、宽 3.3、厚 1.6 厘米，重 17 克（图六四，4；彩版三五，6）。

第五节　第五期文化遗存

本期由东 1 层构成。局部残存于洞壁内凹处。顶部为 2～4 厘米薄层状钙华板数层，具层理，顶面平坦。含陶片，部分夹在钙华板中、部分附着于钙华板上。中部为灰褐色钙质胶结亚黏土，含螺壳及少量灰岩角砾。最大厚度 28 厘米。层底悬垂若干小钟乳，与下层相隔，形成一较明显分层界线。局部与下层紧密接触。^{14}C 修正年代为距今 6880±125 年。本文化层的年代应在距今 7000 年左右。

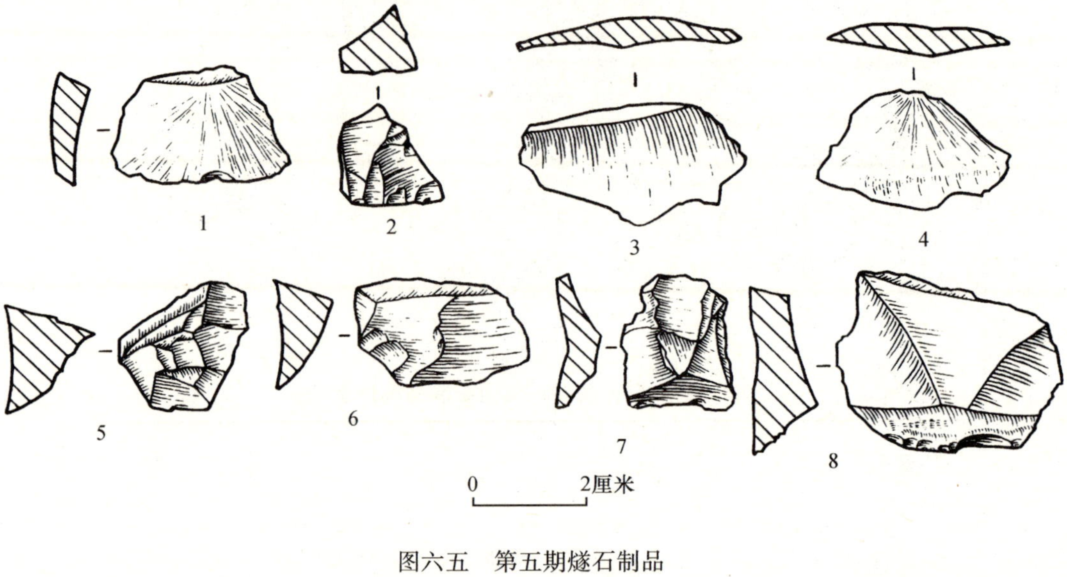

图六五　第五期燧石制品

1. BLES①:399　2. BLES①:393　3. BLES①:398　4. BLES①:396　5. BLES①:395　6. BLES①:397　7. BLES①:394　8. BLES①:400

第五期由于农民挖岩泥破坏殆尽，出土文化遗物仅发现极少量燧石石片制品。此外，本文化层顶部还出土有少量的原始陶片。

（一）燧石制品

8件。为自然台面。打击点皆不明显，石片半锥体亦不突出。打片技术以锤击法为主。石片尺寸细小，长度最大值为4、最小值为1.7厘米；宽度最大值为4、最小值为1.8厘米；厚度最大值为1.6、最小值为0.4厘米；重量最大值为11、最小值2克（图六五；彩版三七，1）。

（二）陶　片

均为残片，厚薄不匀，0.4～0.8厘米，系夹砂红陶，外表呈灰褐色，内面为红褐色，内夹石英砂。纹饰主要为绳纹，尚有划纹与弦纹（图六六；彩版三七，2）。

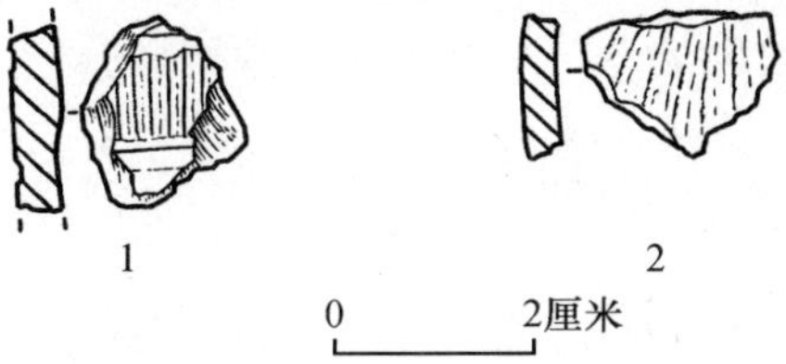

图六六　第五期出土的陶片

1. 绳纹陶片　2. 划纹陶片

第六节　其他文化遗存

白莲洞博物馆保存着不少1973年以来发现的文化遗物。由于发掘时间久远，加之保存状况不佳，这些遗物大部分已无明确的出土地点和出土层位，时代特征也不明显，难以进行分期，为保证遗址出土资料的完整性，我们在此节分类予以介绍。

这些遗物绝大多数为砾石制品，共37件。其中石器23件、石核8件、断块6件（表一四）。

表一四　白莲洞遗址其他石制品统计表

类型	砍砸器	石锤	刮削器	石核	断块	石棒	穿孔石器	合计
数量	9	4	8	8	6	1	1	37
%	24.3	10.8	21.6	21.6	16.2	2.7	2.7	100

1. 石核

8件，占该期石制品总数的21.6%。石核器形大小不一，多为单台面。从台面角和石片疤痕的特征看，剥片方法绝大部分采用直接锤击法。长度最大值为9.8、最小值为4厘米；宽度最大值为7.5、最小值为3.6厘米；厚度最大值为6.1、最小值为1.6厘米；重量最大值为552、最小值为104克。石核以自然台面为主，台面角最大超过85°，最小在50°以上。

标本BLT_2:405，砂岩质，利用一扁平的砾石石料在其一端打击出台面后，再在其一面剥片而成，器身背面全部及正面小部分保留岩皮。长9.1、宽6.3、厚3厘米，重228克（图六七，1）。

标本BLT_2:416，砂岩质，利用一扁圆形的砾石石料截断后打击剥片而成。长4、宽5.5、厚4.6厘米，重121克（图六七，2）。

标本BLT_2:426，砂岩质，利用一扁平的砾石石料在其一端和一侧打击剥片而成。长6、宽3.6、厚3.6厘米，重135克（图六七，3）。

标本BLT_2:414，石英砂岩质，利用一扁平的砾石石料在其一端打击出台面后，再在其一面剥片而成，打击点和放射线明显，器身除截断面外保留砾石面。长5.2、宽7.1、厚5厘米，重319克（图六七，4）。

标本BLT_2:425，变质粉砂岩质，利用一不规则形的砾石石料打击出台面后，在其四周剥片而成，器身有明显的剥片疤痕。长9.8、宽7.5、厚6.1厘米，重552克（图六七，5）。

标本BLT_2:457，砂岩质，利用一扁平的砾石石料在其四周剥片而成。长6.9、宽5.2、厚1.6厘米，重104克（图六七，6）。

标本BLT_2:428，硅质岩质，利用一扁长形砾石石料截断后，再在其一端打击出台面，然后在其较平一面剥片而成，器身上有明显的剥片疤痕。长8.4、宽4.1、厚3.2厘米，重171克（图六七，7；彩版三八，1）。

标本BLT_2:431，砂岩质，利用一扁平的砾石石料在其一端打击出台面后，在其扁平一面剥片而成。长7.2、宽5、厚3.2厘米，重161克（图六七，8）。

2. 断块

6件，占石制品总数的16.2%。属于打片时形成的断块。岩质绝大部分为砂岩。

标本BLT_2:442，砂岩质，没有明显的打击点，属于打片时形成的断块，器身周边局部保留岩皮。长6、宽5.8、厚2.5厘米，重103克（图六八，1）。

标本BLT_2:449，砂岩质，为一小型砾石石料直接截断后的废弃部分，器身除截断面外全部保留砾石面。长5.4、宽4.4、厚2.3厘米，重57克（图六八，2）。

标本BLT_2:443，砂岩质，属于打片时形成的断块，器身一端及一侧均有打击疤痕，保留绝大部分砾石面。长5、宽5.9、厚3.5厘米，重96克（图六八，3）。

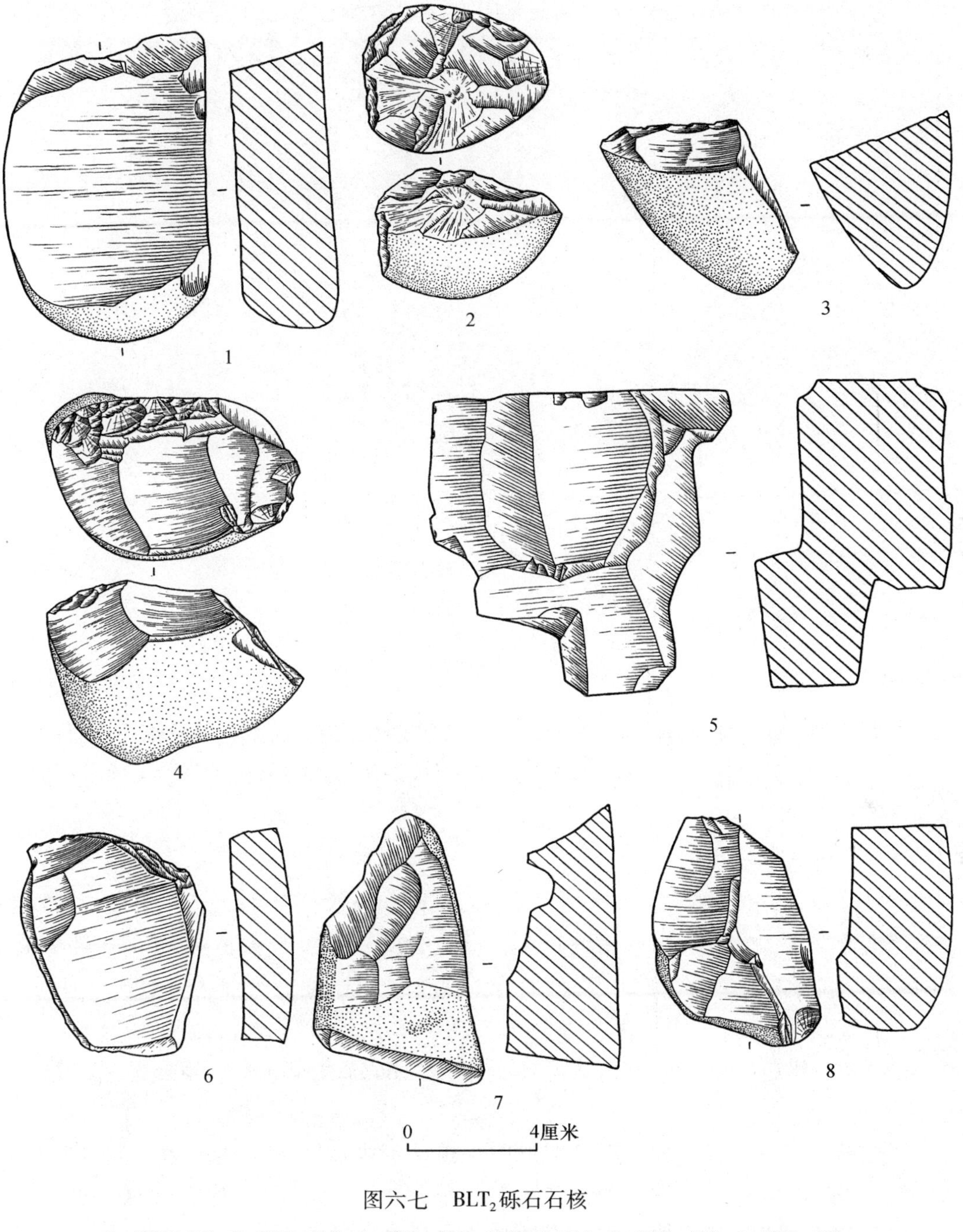

图六七 BLT_2砾石石核

1. BLT_2:405 2. BLT_2:416 3. BLT_2:426 4. BLT_2:414 5. BLT_2:425 6. BLT_2:457 7. BLT_2:428 8. BLT_2:431

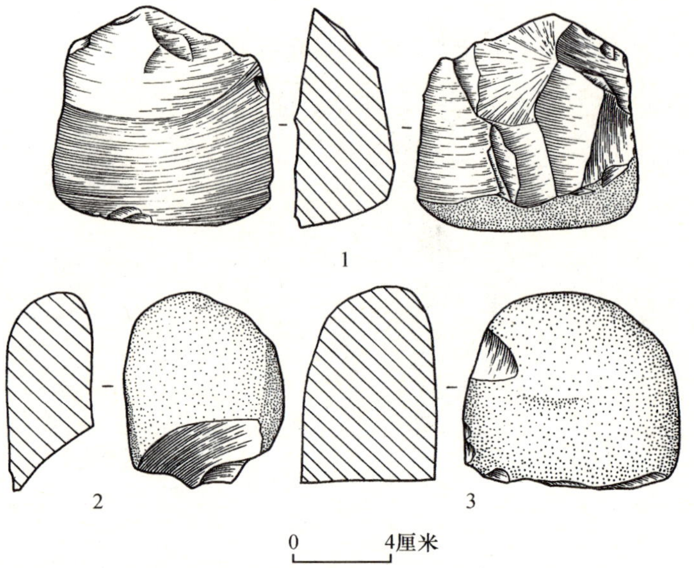

图六八　BLT$_2$砾石断块

1. BLT$_2$:442　2. BLT$_2$:449　3. BLT$_2$:443

3. 石器

23件。占该期石器制品总数的62.2%。分打制石器和磨制石器两种。石器的类型有石锤、砍砸器、刮削器、石棒和穿孔石器等，其中以砍砸器最多，占砾石石器总数的39.1%。

（1）砍砸器

9件，占石器总数的39.1%，均利用砾石或砾石石片打制而成。岩性有石英砂岩、砂岩、硅质岩等，以石英岩砂岩为最多。器体较大，长度最大值为11.8、最小值为5.4厘米；宽度最大值为13.2、最小值为6.3厘米；厚度最大值为7、最小值为3.6厘米；重量最大值为777、最小值为225克。刃角均较平缓，为45°~85°，多为50°~65°。石器均为单面加工而成，器身都保留部分的砾石面。部分刃缘经过二次加工。

标本BLT$_2$:418，石英砂岩质，系利用一扁平形砾石石料在其一端打击加工而成，刃缘陡直，器身除截断面外全部保留砾石面。长7.5、宽6.5、厚5厘米，重398克（图六九，1）。

标本BLT$_2$:419，砂岩质，利用一扁平的砾石石料在其一端及一侧打击加工而成陡直刃，刃缘部有明显的放射线，器身大部分保留砾石面。长5.4、宽7.4、厚4厘米，重225克（图六九，2）。

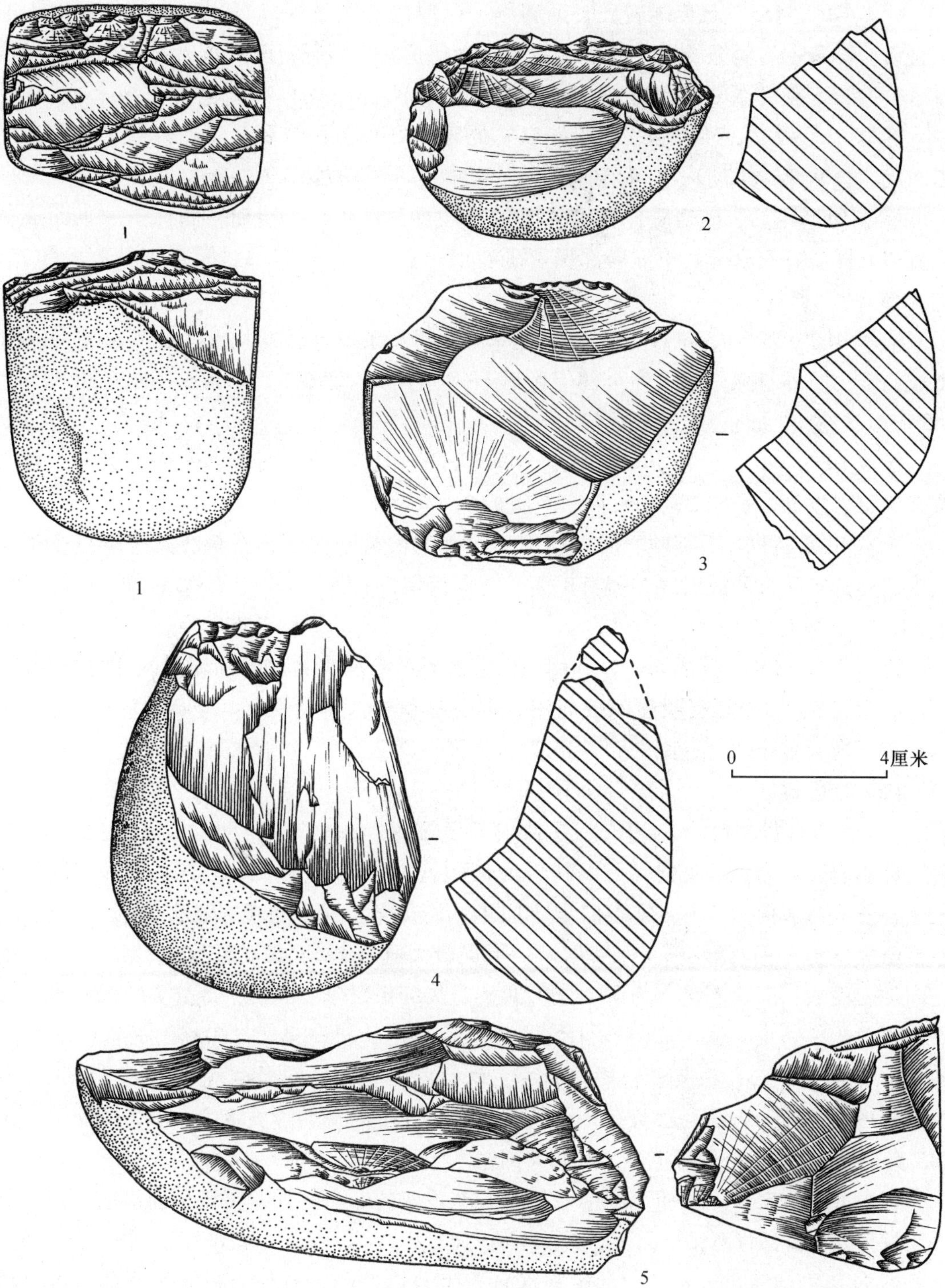

图六九　BLT_2砍砸器（1）

1. BLT_2：418　2. BLT_2：419　3. BLT_2：433　4. BLT_2：203　5. BLT_2：423

标本 BLT_2∶433，石英砂岩质，系利用一巨厚的“白莲洞式石片”在其一端加工成一直刃，器身上有明显的剥片痕迹，器身周边保留一小圈砾石面。长 7.3、宽 8.4、厚 4 厘米，重 365 克（图六九，3）。

标本 BLT_2∶203，砂岩质，利用一扁平的砾石石料在其较平一面和较窄一端打击加工而成。长 9.8、宽 7.9、厚 4.3 厘米，重 448 克（图六九，4）。

标本 BLT_2∶423，砂岩质，利用一长条形砾石石料在其一端和一侧打击加工而成一陡直刃，器身背面全部及正面局部保留砾石面。长 6.3、宽 13.2、厚 6.9 厘米，重 777 克（图六九，5）。

标本 BLT_2∶457，石英砂岩质，利用一扁平的长条形砾石石料在其较平较宽一端加工成一陡刃，器身除截断面外全部保留砾石面。长 8、宽 6.3、厚 4.6 厘米，重 314 克（图七〇，1；彩版三八，2）。

标本 BLT_2∶448，砂岩质，系利用一厚重石核在其一端和两侧加工而成刃缘，器身背部保留岩皮面。长 7.2、宽 8.4、厚 7 厘米，重 458 克（图七〇，2）。

标本 BLT_2∶432，石英砂岩质，利用一扁平的被截断的砾石石料在其一端打击加工而成，刃部有明显的放射线，器身正面、背面保留砾石面。长 9、宽 7.4、厚 3.6 厘米，重 342 克（图七〇，3）。

标本 BLT_2∶430，硅质岩质，利用一橄榄形砾石石料在其较厚一端及两侧打击加工，形似“手镐”，刃缘处有明显的放射线，器身保留绝大部分砾石面。长 11.8、宽 7.4、厚 6.2 厘米，重 695 克（图七〇，4）。

（2）刮削器

8 件，占石器总数的 34.9%。系利用砾石石料、石片打制而成。岩性有变质粉砂岩、硅质岩、砂岩、石英岩等。以砂岩为最多，占总数的 66.7%；其次为砂岩。器体较小，长度最大值为 5.6、最小值为 3 厘米；宽度最大值为 8.5、最小值为 3.9 厘米；厚度最大值为 3.9、最小值为 1.4 厘米；重量最大值为 185、最小值为 38 克。多为单面反向加工而成，刃角平缓，为 40°～60°。器身局部保留砾石面。大部分刃缘没有经过二次修整。

标本 BLT_2∶456，石英砂岩质，利用一砾石石料在其一端及两侧打制加工，再在其一侧修理成凸弧形刃缘，器身正面、背面保留自然面，长 4、宽 8.5、厚 3.7 厘米，重 185 克（图七一，1；彩版三八，3）。

标本 BLT_2∶455，砂岩质，利用一从砾石上裁取的砾石石片，在劈裂面沿前端反向加工而成直刃，器身背面保留砾石面。长 4.8、宽 6.2、厚 2 厘米，重 103 克（图七一，2）。

标本 BLT_2∶454，砂岩质，利用一从砾石上裁取的砾石石片，在劈裂面前端及一侧反向加工成多边刃，器身劈裂面有明显的放射线，背面保留砾石面。长 5、宽 7.5、厚 3.5 厘米，重 170 克（图七一，3）。

标本 BLT_2∶424，砂岩质，利用一截断的砾石石核，在其一侧反向加工成刃，器身

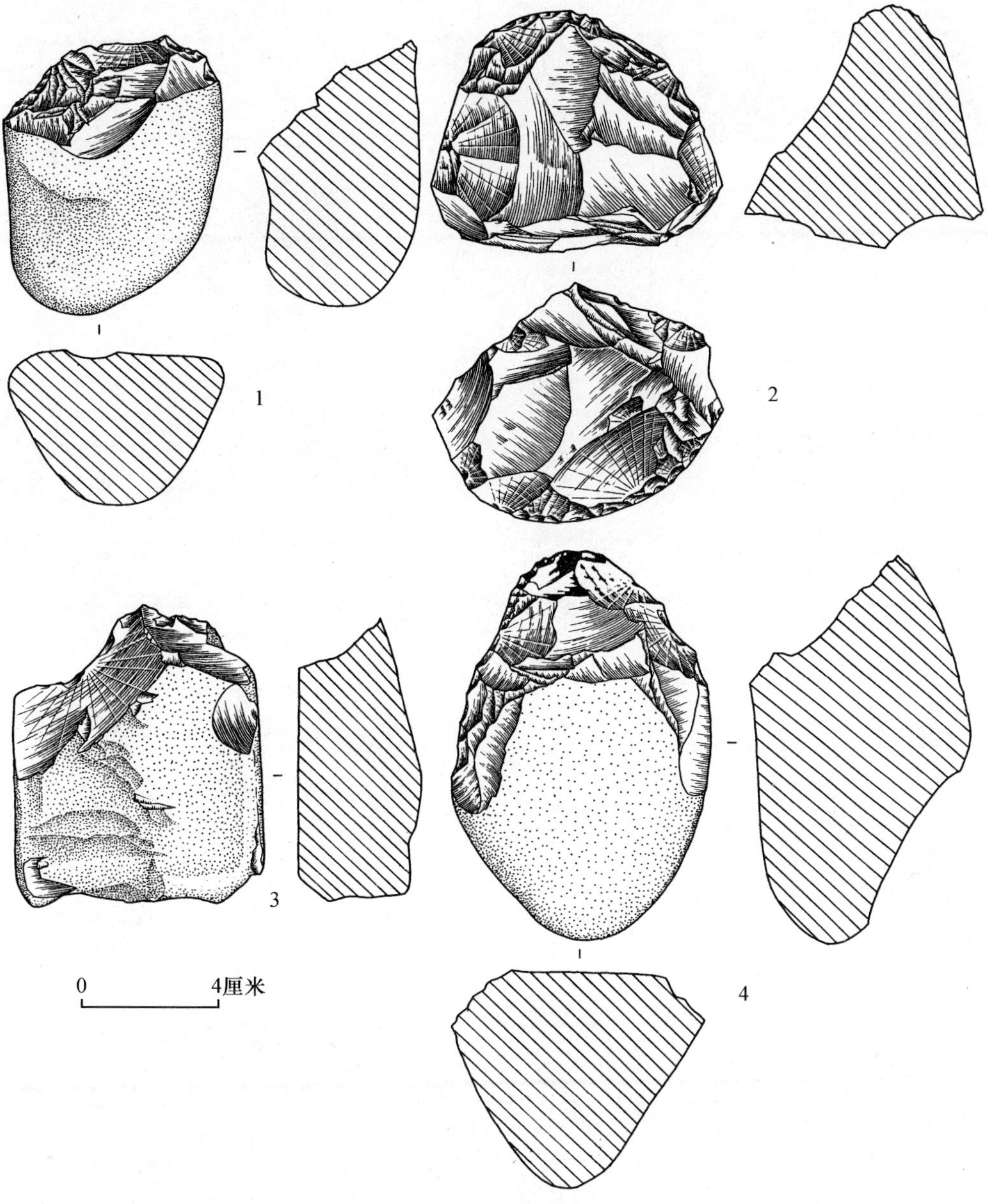

图七〇　BLT_2砍砸器（2）

1. BLT_2∶457　2. BLT_2∶448　3. BLT_2∶432　4. BLT_2∶430

上有明显的放射线，器身保留绝大部分砾石面。长5.6、宽6.9、厚3.5厘米，重166克（图七一，4）。

标本BLT_2∶459，变质砂岩质，将一“白莲洞打片法”获取的薄石片在其一端单向加工成直刃，器身周边局部保留砾石面。长5.2、宽3.9、厚2厘米，重65克（图七一，5）。

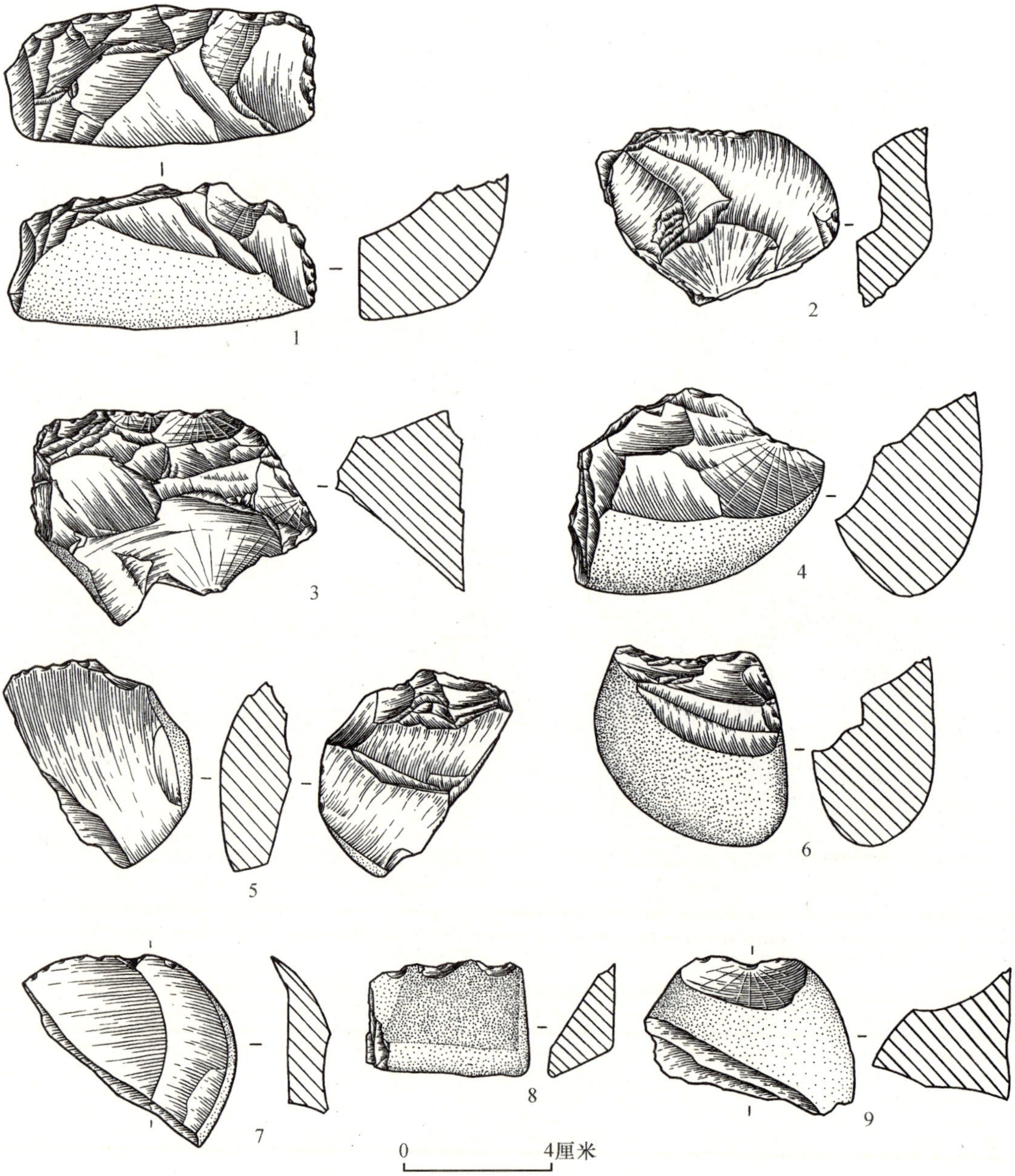

图七一　BLT_2刮削器

1. BLT_2:456　2. BLT_2:455　3. BLT_2:454　4. BLT_2:424　5. BLT_2:459　6. BLT_2:460　7. BLT_2:451　8. BLT_2:444　9. BLT_2:420

标本BLT_2:460，砂岩质，利用一薄石料在其一较窄较平端单向加工成刃，器身保留绝大部分砾石面。长5.4、宽5、厚3.9厘米，重128克（图七一，6）。

标本BLT_2:451，硅质岩质，利用一“白莲洞打片法”获取的薄石片在其一端单向加工成凸弧刃，器身周边局部保留砾石面。长4.2、宽4.8、厚1厘米，重42克（图七一，7）。

标本 BLT_2∶444，砂岩质，利用一器身略成四边形的扁薄石料在其扁平一端单向加工成凹刃，器身正面经过加磨，器身保留绝大部分砾石面。长 3、宽 4.4、厚 1.4 厘米，重 38 克（图七一，8）。

标本 BLT_2∶420，砂岩质，利用一扁薄石片在其一端反向打击成凹刃，器身正面保留绝大部分砾石面。长 3.7、宽 5.3、厚 3.4 厘米，重 76 克（图七一，9）。

（3）石锤

4 件，占石器总数的 17.4%。均利用大型砾石直接加工而成，不见利用石片加工者。原料以砂岩为主。制作比较简单，通常最大限度地利用自然面为锤击面，器身均保留大部分的砾石面。刃角多为 55°～90°。长度最大值为 8.4、最小值为 5.5 厘米；宽度最大值为 10.5、最小值为 7 厘米；厚度最大值为 6.7、最小值为 3.3 厘米；重量最大值

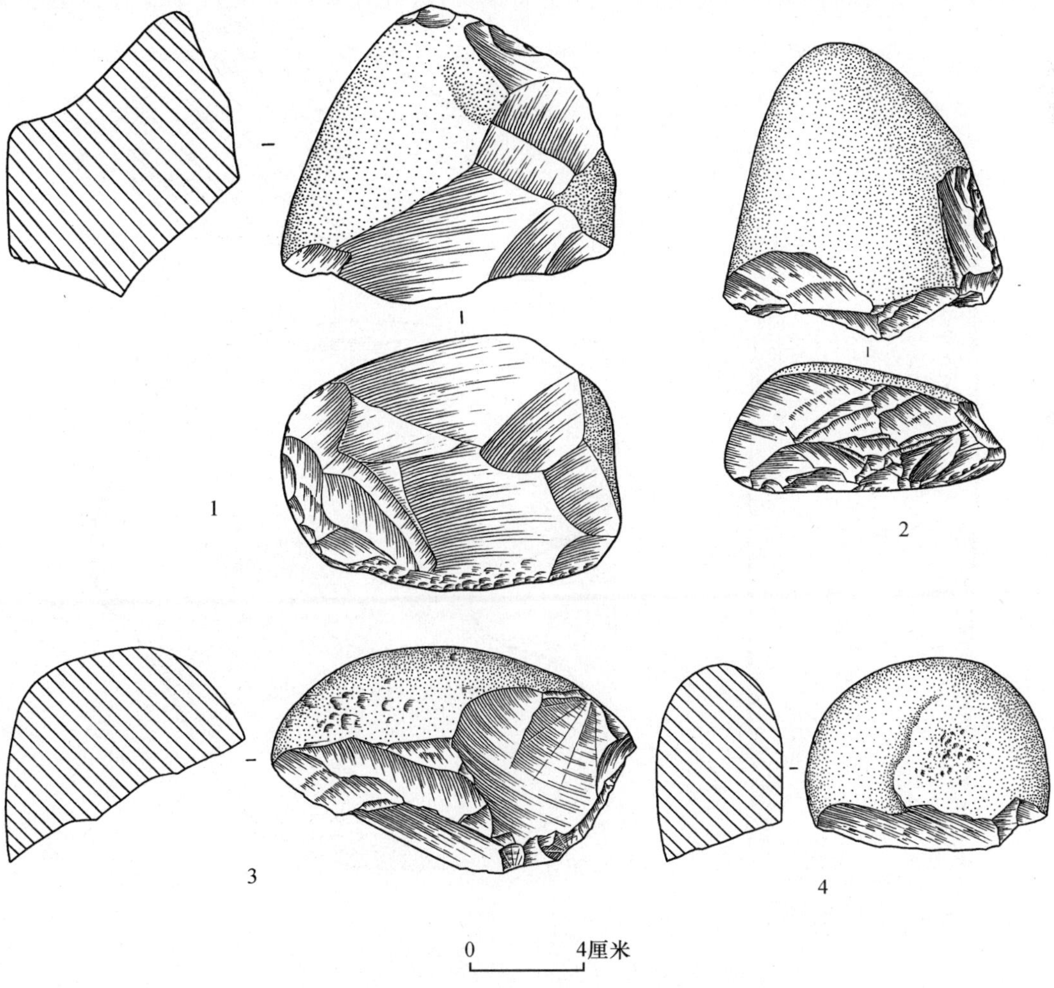

图七二　BLT_2 石锤

1. BLT_2∶415　2. BLT_2∶411　3. BLT_2∶198　4. BLT_2∶458

为 609、最小值为 205 克。

标本 BLT_2∶415，砂岩质，抓握端修理得较细致，相对一端砸击痕迹明显，长 8.4、宽 8、厚 6.5 厘米，重 609 克（图七二，1）。

标本 BLT_2∶411，砂岩质，将一扁状砾石打断一端，然后修理断面而成敲砸端。长 8.5、宽 7.9、厚 3.3 厘米，重 305 克（图七二，2）。

标本 BLT_2∶198，石英砂岩质，利用一被剥长后的砾石核直接使用，器身上有明显的砸击使用而形成的凹疤，长 6.4、宽 10.5、厚 6.7 厘米，重 205 克（图七二，3）。

标本 BLT_2∶458，砂岩质，器身扁圆状，器身上有较多的明显是砸击使用而形成的凹疤，长 5.5、宽 7、厚 3.6 厘米，重 205 克（图七二，4；彩版三八，4）。

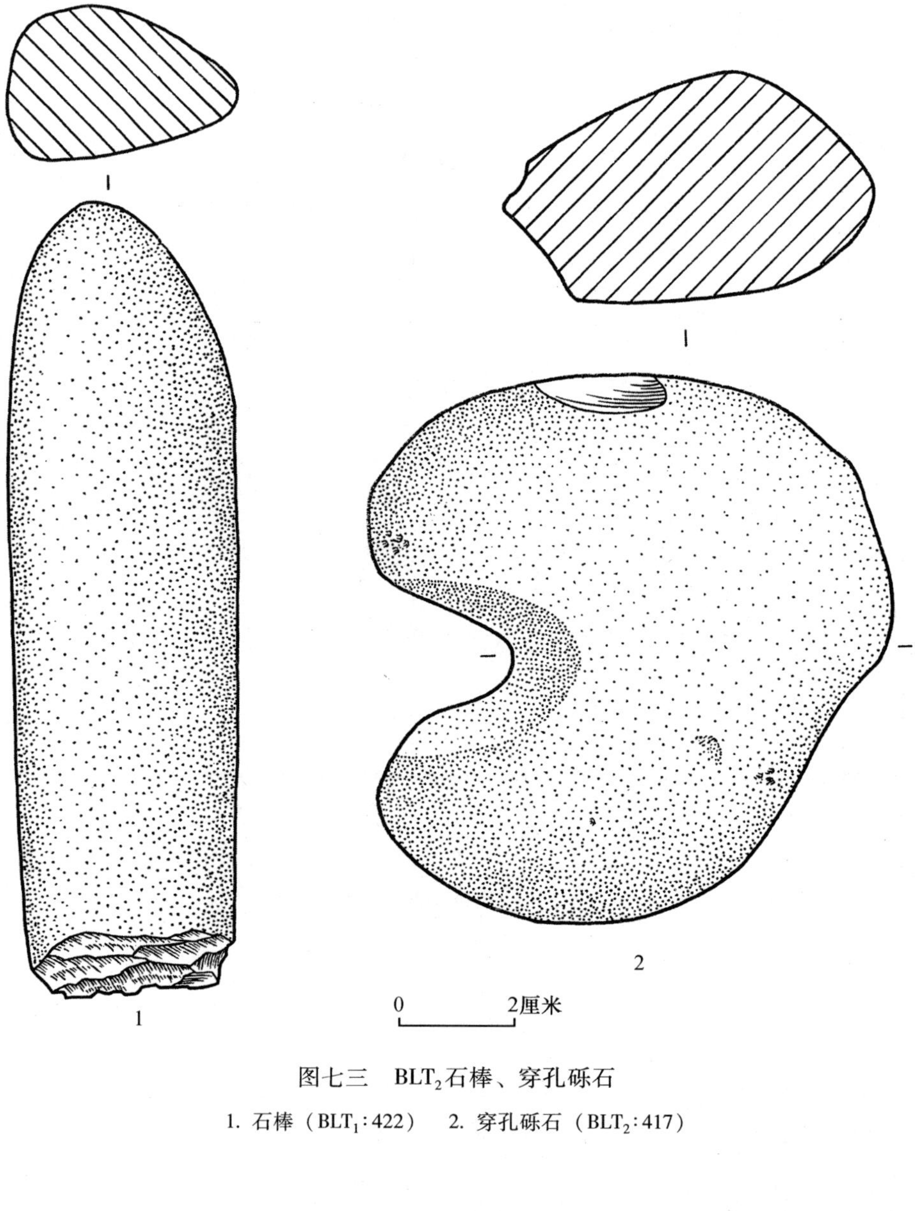

图七三　BLT_2石棒、穿孔砾石

1. 石棒（BLT_1∶422）　2. 穿孔砾石（BLT_2∶417）

（4）石棒

1件，占石器总数的4.3%。

标本BLT_1∶422，石英砂岩质，利用一长条形截面成椭圆形的砾石石料，截断一端后而成，棒身经加磨。长13、直径3.1厘米，重199克（图七三，1；彩版三八，5）。

（5）穿孔砾石

1件，占石器总数的4.3%。

标本BLT_2∶417，砂岩质，利用一扁平的器身略成椭圆形的砾石石料在其一侧穿孔而成，器身形似玦形器，孔壁及周边经加磨。长9、宽8、孔径上沿径长2.9厘米，重329克（图七三，2）。

第五章　石 器 工 业

第一节　石制品原料的来源与开发利用

白莲洞遗址出土的石器，按制作的原料来分，均为砾石石器。而制作砾石石器的原料又可分为两类：一类是本地所产的矽质岩、碳酸岩、硅质岩、粉砂岩、红色砂岩等；另一类是流水作用由远处携带而来的，有变质砂岩、变质灰岩、石英岩和火成岩（如辉绿岩、闪长岩、辉长岩）等。

一、石制品原料的来源

白莲洞遗址中用于制作砾石石器的石料组成与柳江的第一、二级阶地中的河床相砾石组成基本相同。第一、二级阶地的砾石层的成分较复杂，不乏径达10余厘米的岩浆岩和变质岩砾石，而以一级阶地保存最为新鲜，未见显著风化迹象。值得注意的是，白莲洞内所发现的砾石石器中屡见浅变质粉、细矽岩和闪长岩、辉绿岩等成分，从发掘出来的石器所用砾石的风化皮厚一般小于1毫米的情况来看，可以推知石器制作原料的采取当在一、二级阶地形成之后，也即在晚更新世晚期之后或全新世，当时这些石器制作的主人在采集或渔猎过程中，他们来到柳江河边，将石料带至白莲洞进行加工。由此说明白莲洞人用于制作砾石石器的石料主要出自柳江沿岸的河漫滩和一级阶地，这些石料绝大多数当是就地取材，从当时当地的柳江河阶地和河漫滩上采集而来的。

白莲洞遗址中燧石石料来自何方？从柳江阶地沉积物中不见此类石料来看，燧石类石料似乎不可能来自河床相沉积，而应取之于附近不远的其他地方。根据对白莲洞遗址部附近的地质调查，查明距其3公里的柳江人洞、距其5公里的大龙潭公园一带均有下石炭统灰岩、泥灰岩出露，而燧石石料常包裹于其中。由此，推测白莲洞遗址中的燧石石料极有可能来自于这些地方。因为从当时古人类的活动半径至少可达5~6公里以上来看，白莲洞人因采集或渔猎的需要而完全有能力到达这些地点。

二、石制品原料的开发与利用

西方学者 Semonov S. A. 认为：“东亚大部分地区缺乏优质石材，迫使石器时代人类从砾石中选取燧石、石英、角页岩、碧玉和流纹岩等石料，很难制作类似于欧洲和北非那样的精致石制品”（Semonov S. A.，1964）。白莲洞遗址的石制品，主要选择了一些硬度较大的石原料。

白莲洞遗址石制品原料包括燧石、砂岩、硅质岩、石英、变质岩和火成岩等。其中以砂岩最多，优质原料的种类也较多，但所占比例不高。现将其中一些主要原料的岩性描述如下。

燧石　为硅质岩的一种，主要由微晶石英和玉髓组成。主要化学成分为二氧化硅和水，具微隐晶质，岩性致密坚硬，具贝壳状断口。颜色因含杂质不同而变，有黑色、灰色或蜂蜜色等。显微镜下纯净燧石是一种无色的微晶石英集合体。燧石形成于三种不同类型的地层单元即碳酸盐岩中的燧石结核、稳定地区的层状燧石、超盐度湖泊环境的燧石。

粉砂岩　粉砂岩是指碎屑粒度为0.063～0.0039毫米的一种陆源碎屑岩，其中粉砂的含量占全部碎屑的50%以上。粉砂碎屑常呈棱角状，矿物成分以石英为主，也有丰富的白云母、长石等。含有一定量的氧化硅，还有少量的氧化铝和氧化钾等。

硅质岩　一种以二氧化硅为主要成分的岩石。通常由化学作用、生物作用、生物化学作用和某些火山作用形成（但不包括主要由机械作用形成的石英砂岩）。硅质岩的主要矿物成分是蛋白石、玉髓和少量自生石英，常混入黏土、碳酸盐等杂质。矿物多呈隐晶质或非晶质、具层状、薄层状、透镜状或结核状结构。

石英岩　接触热变质作用形成的岩石。原料为石英砂岩，主要成分为二氧化硅，石英含量大于85%。白色，粒状变晶结构，块状构造。晶面为玻璃光泽，无节理。致密坚硬，微透明，具贝壳状断口。

变质砂岩　原岩是沉积形成的砂岩，在温度、压力、化学流动性流体的新地质条件下发生变质而形成的。变质过程中使岩石富含红柱石、云母、绿泥石，可产生变晶结构。

变质灰岩　原岩是海相沉积形成的砂岩，在温度、压力、化学流动性流体的新地质条件下发生变质而形成的。变质过程中使岩石富含硅灰石，可产生斑点状结构。变质灰岩的硬度远大于灰岩，也能形成较好的贝壳状断口。

碳酸岩　一类主要由碳酸盐矿物组成的火成岩。矿物成分复杂，其中最常见的方解石、白云石、菱镁矿等碳酸盐矿物，其次为碱性长石、辉石、黑云母、磷灰石、橄榄石等。主要类型有黑云碳酸岩、方解石碳酸岩、白云石碳酸岩等。碳酸岩多分布在杂岩体的中心，呈岩筒状或放射状岩脉产出。碳酸岩有火山沉积成因和岩浆贯入成因两种类型。

火成岩　火成岩由岩浆直接凝固而成。高温之岩浆在从液态冷却中结晶成多种矿物，矿物再紧密结合成火成岩。种类繁多，细分之有数百种。火成岩可分成花岗岩、流纹岩、闪长岩、辉绿岩、辉长岩、安山岩、玄武岩、橄榄岩、伟晶岩、火山岩、黑耀石火山角砾岩或凝灰岩等种类。

辉绿岩　一种基性浅成侵入岩。深灰、灰黑色。主要由辉石和基性长石组成，含少量橄榄石、黑云母、石英、磷灰石、磁铁矿、钛铁矿等。基性斜长石常蚀变为钠长石、黝帘石、绿帘石和高岭石；辉石常蚀变为绿泥石、角闪石和碳酸盐类矿物。按次要矿物的不同，可分为橄榄辉绿岩、石英辉绿岩等。常以岩床、岩墙、岩脉形态产出。是铸石原料。质地均匀、无裂纹者可做石材原料，细粒者尤佳。

闪长岩　为中性深成岩的代表岩石，也是花岗石石材中主要岩石类型之一。其化学成分介于酸性、基性岩之间，二氧化硅含量为52%～65%，矿物成分主要由中性斜长石和一种或数种暗色矿物组成。最常见的暗色矿物是角闪石，有时为辉石、黑云母。岩石中可含少量石英和钾长石。结构多半为半自形粒状，斜长石晶形一般较好，呈板柱状，矿物颗粒均匀，多为块状构造。根据石英含量和暗色矿物种类，闪长岩（类）又可分为闪长岩、石英闪长岩、辉石闪长岩。

辉长岩　是基性侵入岩分布最广的一种岩石，其矿物、化学成分特点是：二氧化硅含量为45%～52%，氧化钾和氧化钠平均为3.6%左右；铁镁矿物含量为40%～90%。主要矿物成分为基性斜长石和单斜辉石，次要矿物有橄榄石、斜方辉石、棕色普通角闪石、黑云母，有的含少量钾长石和石英。暗色矿物和浅色矿物含量近于相等，前者略高，故呈暗黑色，色率一般为35%～70%，岩石具中至粗粒结构，典型辉长岩具辉长结构。

第二节　石器制作技术与形态特点

一、石器制作技术

白莲洞遗址出土的石制品中，能分类统计的石器共112件，占整个石制品的25.4%。虽然有相当数量的石器因在使用过程中造成残缺而难以统计，但总体而言，白莲洞人在石器的制作过程中，成型器类所占比例不高。

石器分打制和磨制两种，其中以打制石器最多。打制石器依石料、制作方法以及工具用途又可分为两大类：一是用黑色燧石制作的小型石器，以石片石器为主，且有经二次加工的较为精致的器物，加工方法除一般的锤击法外，有时还采用压削法，相当多小器物带有细石器的特点；另一类是用砾石制作的大型工具，多施以反向锤击法，值得注意的是砾石石片的制备，即常从砾石横断面上取得圆形石片，其周边仍保留一圈砾石岩面，再在其一侧反向加工使成刃缘。这种特殊的砾石石片制取和加工方法，被称为“白莲洞式打片法”。

砾石石器多数是采用扁平砾石在其一端进行打击加工，打制方法主要是使用锤击法朝一面单向打制刃部，以单刃器为主，少量为两端刃器、双刃器、多刃器和盘状刃器。大型砾石打制石器石锤，大都是利用砾石原有形体直接打击加工成器，不见将砾石打击剥片后再在其上加工成器者，它的敲砸端或呈尖锥状，或修成棱脊，特别是为了便于握持还修有把手端，一般是将长圆或长而扁平的砾石其一端打断，再将断面修成弧状，修理的疤痕有时层层叠压，没有明显的锐缘，而是类似陡刃的外形。砍砸器均利用扁平砾石或“白莲洞式打片法”获取的砾石片打制而成，均为单面加工而成，大部分刃缘没有经过二次加工修理，故刃面上的石片疤都比较大，小石片疤虽然多见于刃缘，但却多是使用而非加工的痕迹。这类器物，利用扁平砾石加工而成者，器身都保留大部分的砾石面；而利用“白莲洞式打片法”获取的砾石片打制而成者，除刃缘处外，其周边保留一圈砾石岩面。石片石器多为刮削器，均系利用砾石石片打制而成。多为单面反向以锤击法简单加工而成，刃角平缓，器身局部保留砾石面，大部分刃缘没有经过二次修整。根据刃缘多少可分为单边直刃、凹刃、弧刃刮削器和双边或多边刃刮削器。

细石器在我国有着广泛的分布（安志敏，1956；贾兰坡，1978），白莲洞遗址出土的燧石小石器，从更新世晚期延续至全新世初期，共出于砾石石器文化传统中，以各种燧石加工的小石片石器为特点，也出现了少量柱状细石核和细石叶。燧石石器包括刮削器、尖状器等。刮削器形态丰富多样，包括单边直刃、弧刃刮削器和双边或多边刃刮削器。以锤击法简单加工而成。大部分刃缘没有经过二次修整，仅有少数的标本存在简单的第二步加工。由于没有采用压剥技术，所以也没有产生典型的细石器，如细石叶、细石核。从出土石器观察，绝大部分工具均系手执使用而非装柄使用，所以同样也不见复合工具的出现。值得一提的是，这里出土的刮削器虽不及细石器传统中同类器精致，但有的也已经相当典型。石片是石制品的主要内涵，石片普遍较小，主要使用砸击法打片，少量采用锤击法，个别石片薄长，类似于细石叶。有使用痕迹的石片比刮削器还多，这些石片多数是使用石片的直刃、凹刃、凸刃作为刮削工具，刃缘都有经不同程度使用留下的锯齿状缺口。石核主要是小型的，多为锤击石核，多数为自然台面，以单台面石核为主，还有少量双台面和多台面石核。少量梭柱状石核留有长条规整石片疤，类似于细石核。

关于华南燧石小石器的性质和源流，美国学者通过对仙人洞遗址中出土的细石器的研究，认为华南地区燧石小石器就是北方的典型细石器（R. S. MacNeish，198）。其实华北传统的细石叶（Microblade）技术是指使用间接取片法而获得小石叶的制作技术。而华南地区的“细石器”，其石质多为黑色燧石，剥片技术亦非典型的细石叶技术，所以并不是真正意义上的细石器（童恩正等，1989）。我们认为华南地区的“细石器”是否存在外来因素的影响，这是一个值得深入研讨的课题。我们认为华南地区类似细石器（microlithicoid?）的燧石小石器，或许是本地区旧石器时代晚期石器小型化与晚更新世以来受到北方小石片石器和细石器文化的共同影响下形成的区域性细小石器文化，或许是由于燧石原料本身的局限性，导致其只能生产一些小型的小石器而带来的结果。

白莲洞遗址中出土的磨制石器不多，主要有石锛、穿孔石器和研磨器等。值得注意的是，大部分磨制石器系利用较规整的砾石料加工磨制而成。白莲洞诸文化层中每类磨制器物均可追踪其演化轨迹：磨制工具由局部磨制刃部（由单面磨到双面磨）发展到通体磨光，即先在扁平砾石较薄一侧局部磨刃，发展到在粗制的石器上单面乃至双面磨制，最后发展为通体磨光。穿孔砾石，由原始凿孔的粗陋重石，发展到钻孔的磨光重石。

总的来看，白莲洞遗址的打制石器，仍属于打击较为简单的范畴，其制作仍显粗糙，没有较好地修理台面，也没有使用间接打击法来进行加工。引人注目的是，随着磨制工艺的发展，砾石工具的制作由旧石器晚期的精致化反倒趋向粗犷，这种逆转现象很值得注意。

二、石器制作特点

白莲洞遗址石器所表现出的特点有以下几点：

（1）白莲洞遗址出土的石器原料均为砾石，其石器工业在总体上表现为大型的砾石石器制品与小型的燧石石片制品长期共存，并贯彻始终。这种砾石石器工业传统由旧石器时代晚期一直延续到新石器时代，它们同属华南地区砾石工业传统。

（2）石器分打制和磨制两种。其中以打制石器占绝对多数，占 87.7%；磨制（绝大多数为局部磨制）石器数量极少，仅为 12.3%。总的来看，白莲洞遗址出土的石器，仍属于打击石器的范畴。

（3）大型砾石石器的制作采用锤击法单面打击，多无第二步加工者。其制作通常利用砾石原有形体直接打击，多施以反向锤击法加工成器，石片石器的制作常在其近端一侧反向加工使成刃缘。

（4）石器种类不多，只有石锤、刮削器、砍砸器、穿孔石器、石锛等，器类与华南地区各洞穴遗存差别不大。石器组合中以单刃器为主，双刃、多刃器不多，而这类器物多为刮削器、砍砸器类器物。

（5）遗址中石片石器多，占石器总数的 60.5%；石核石器少，仅占石器总数的 39.5%。白莲洞遗址石器毛坯种类有石片、断块、石核等，其中以锤击石片最为普遍，从石器毛坯上亦反映出该遗址的石器以石片石器为主要特点。石制品中存在数量较多的有使用痕迹的石片，有使用痕迹的石片约占石制品的 5.2%。

（6）从生产燧石石片的技术上看，以砸击石片为主要类型，少量石片的制片采用锤击和锐棱砸击技术。石片大小差别较大。

（7）砾石石片的制备常采用“白莲洞式打片法”取片，即从砾石横断面上取得圆形石片，其周边仍保留一圈砾石岩面。

（8）石片从台面上分，主要为小型台面，无大型台面出现，且大部分为自然台面。

石片台面形态可划分为三角形、四边形、梯形、不规则形等。打击点不太集中，半锥体变化不多，大部分可见稀疏的放射线，个别放射线分明。

（9）黑色燧石制作的细小石器，以石片石器为主，且有经二次加工的较为精致的器物。加工方法除一般的锤击法外，有时还采用压削法，相当多小器物带有细石器的特点。

上述白莲洞遗址出土石器所反映出来的特点，表明白莲洞遗址砾石工业传统是适应热带、亚热带生态环境的产物。白莲洞地区丰富的动植物资源为史前人类提供了充足的食物。人类在这种优越的生态环境之下，只要通过简单的渔猎和采集活动，以简单的劳动工具就能获得丰盛的食物，而无需精致或复杂的工具。白莲洞史前遗存中的砾石工具正是适应了这种生态环境和这种经济活动的需要，大型砍砸器适用于在热带森林中攫取植物根茎，刮削器既可用于制作竹木工具又可用于除去动物皮毛，石锤则可用于敲骨吸髓和敲砸螺壳之用。

同样，生态环境也直接影响到人类对石器原料的选择和石器的制作技术。柳江阶地蕴含着丰富的砾石石料，而众多的石灰岩山中则包含着数量可观的黑色燧石原料。这些随处可见的石料，有的直接可为人类利用，有的只要经过简单的打击就能成为一件不错的生产工具。此外，繁多的竹木资源，亦成为人们信手拈来便可用于生产劳作的替代品。总之，在这里人们无须费时费力制作精致复杂的石器工具便可“不劳而获”。值得一提的是，砾石作为石料本身还具有不适于精致加工的缺陷，加之本区域缺乏可用于加工精致工具的优质石材，也客观上限制了石器技术的进步，这些使得本区域的石器工业在相当长时期内没有质的飞跃。

第六章　生存环境与生业模式

第一节　孢粉组合所反映的古植被古气候环境

为深入探索白莲洞人的生活和生态环境，以及通过相关学科进一步了解原始农业萌芽的线索，近年来，白莲洞博物馆在中国科学院植物研究所古植物室孔昭宸、杜乃秋等人的支持和帮助下，对白莲洞文化遗址堆积层先后三次取样进行孢粉分析，取得了一批非常珍贵的科研资料。

一、史前植物群的分类及其功用价值

白莲洞文化遗址剖面共统计孢粉样 13 个，孢粉总数 1651 粒，它们分属 65 个科属（孔昭宸等，1994）。

1. 乔木植物

针叶乔木：松（*Pinus*）、云杉（*Picea*）、冷杉（*Abies*）、陆均松（*Dacrydium pierret*）、杉（*Cunninghamia*）、柏（*Cupressus*）。

落叶阔叶乔木：栎（*Quercus*）、水青冈（*Fagus*）、枫香（*Lyquidambir*）、桦（*Betula*）、榛（*Coryius*）、鹅耳枥（*Carpinus*）、椴（*Tilia*）、胡桃（*Juglans*）、槭（*Acer*）、盐肤木（*Rhus*）、榆（*Ulmus*）、小腊（*Ligustrum sinensis*）、含笑（*Michelia*）以及枫杨（*Pterocarya*）、黄杞（*Englnardtia*）等。

常绿阔叶乔木：青冈栎（*Cyclobalanopsis*）、栲（*Castanopsis*）、桃金娘科（*Myrtaceae*）、山龙眼（*Helicia*）、柃（*eurya*）等。

2. 灌木及草本植物

杨梅（*Myrica*）、惚木（*Araliadecaisneara*）、芸香科（*Rutaceae*）、大戟科（*Euphorbiaceae*）、蔷薇科（*Rosaceae*）、蓼（*Polygonum*）、地榆（*Sanguisorba*）、石竹科（*Caryophyllaceae*）、藜科（*Chenopodiaceae*）、蒿（*Artemisia*）、禾本科（*Gramineae*）、莎草科（*Cyperaceae*）等。

3. 蕨类植物

石松（*Lycopodium* spp.）、卷柏（*Selaginlla* spp.）、中华里白（*Hicrioptenis chinensis*）、凤尾蕨（*Pteris vittata*）、金毛狗（*Cibotiumbarameta*）、海金沙（*Lygodium microphyllum*）、莎草蕨（*Schizaea*）、桫椤（*Cyathea*）、瘤足蕨（*Plagiogyriaceae*）、中国蕨（*Sinopteris*）、芒萁（*Dieranoptenis noptenis*）、膜蕨科（Hymenophyllaceae）、剑蕨（*Laxogramme*）及水龙骨科（Polypadiaceae）。

4. 水生植物

狸藻（*Utricularia vulagaris*）、狐尾藻（*Myriophyllum*）、菱角（*Trapa*）、双星藻（*Zygnema*）以及硅藻中的双菱藻和菱形椭圆小环藻（*Cyclotella rhomoboide-elliptia*），此外尚见可能是水生的环纹孢（*Concentrisystes*）。

根据植物分类并参照实用功能，白莲洞遗址古植物群中的各类植物又可分为食用、油料、饲料和药用四大类（蒋远金，1998）。

食用植物：淀粉类有栎、山毛榉、各种蕨类的根块；纤维类有禾本科、槭树科和山麻杆属；瓜果类的有桃金娘科、蔷薇科、榆科朴属和菱角。

油料植物：松柏科、豆科、木犀科和大戟科。

药用植物：延年益寿药物有五加科、桑寄生科；收敛止血药物有水龙骨科、金毛狗科；活血生肌药物有蓼科、菊科和石松属；祛风去湿药物有石松属、海金沙类；杀虫灭害药物有胡桃科、枫杨科。

饲料植物：各种水草植物。

由于白莲洞遗址古植物群种属繁茂并且多实用价值，故此与先民的生活发生了极为密切的关系，众多的食用植物乃是当时白莲洞人赖以生存的基础，而在遗址中发现不少的油料植物和较多的药用植物，则预示着先民们在生活中有意或无意中已能经常食用到植物油和一些保健药用植物，这无疑对他们的身体健康起到了重要的作用，从而极大地提高了古人类抵御自然灾害的能力。

二、孢粉组合所反映的古气候环境

综合白莲洞东、西、南三剖面的孢粉组合特征，可将其明显地划分为三个气候段（孔昭宸等，1994；蒋远金，1998）。

在白莲洞第一、第二阶段文化堆积期间出现了可打制和加工多种石器的智人，以及与化石智人相伴生的大熊猫—剑齿象动物群，反映出当时柳州尚处于晚更新世气候温暖湿润的环境特征。尽管代表该文化期植被和气候特征的孢粉资料并不丰富，但取自西剖面七层孢粉组合大体反映距今 30000 年左右白莲洞周围地区生长着由多种北温带植物区系成分所组成的暖温带落叶阔叶林。此时由栎为主要组成的落叶阔叶乔木树种增加，除栎外，尚有鹅耳枥、桦、椴、榛和枫杨等。不见寒温性的冷杉，喜温干的松比例下降。禾本科植物缺失，但却出现了喜湿的莎草和沉水生的狐尾藻。该堆积时期似乎气候较暖，附近生长着暖温带落叶林。但总的看，在距今30000～20000年，柳州地区很大程度上反映出温暖指数（VVI）的明显下降。与现今植被和气候况相比，显然在距今30000～20000年，气候较今凉干。

尤其在末次冰期盛冰期间（距今18000～15000年），低海拔的柳州白莲洞和桂林所取得的孢粉资料，说明现生广西东北部山区的冷杉林曾下降到低海拔和低纬度的柳州和桂林地区。综合孢粉组合特征，我们不难推测在距今18000～15000年，白莲洞附近曾生长着温带山地针阔叶混交林。植被主要由喜温偏干的松、栎为主；其次是椴、桦、榛、水青冈、蕨类植物的比例下降，引人注目地出现了云杉、冷杉、陆均松。其时乔木植物的种类较少，林下灌丛和地被层的组成也比较单调，附近较高的山地曾生长着由云杉、冷杉和落叶阔叶乔木树种混交的寒温或温性针叶林。洞穴附近可能有不大深的水体。因此柳州当时的气候较冷干，反映出盛冰期低纬度地区的气候和植被特征。因此，有理由推测在当时盛冰期时广西柳州、桂林气候较今冷干，驱使热带动物群迁徙或某些大型哺乳动物绝迹。

自大约距今11000年以来，随着全球性气温回升，海面升高，大气环流改变，驱使夏季风明显加强，此时白莲洞进入新石器时代文化层堆积时期。在盛冰期曾生长的暖温性针叶阔叶林缩小分布区，而对冷湿环境适应性强的冷杉、云杉、铁杉在柳州、桂林地区消失，而冷杉则在广西西部和湖南西南部的山区得以保存，从白莲洞东部剖面D7样的孢粉组合说明以山毛榉科常绿乔木树种为主要组成的常绿阔叶林再次占据了低纬度、低海拔的柳州盆地。由于气候温暖潮湿，其林下、林隙以及白莲洞附近生长着丰富的蕨类植物，如金毛狗、海金沙、里白、凤尾蕨等。而至东剖面D12样堆积时期的孢粉组合，表明在中全新世暖期时，约距今8000年左右，白莲洞地区常绿林减少，但现生热带、亚热带温暖潮湿地区蕨类仍相当繁盛。并出现了较多的乔本科（花粉浓度为36.18粒/克）和蒿（36.18粒/克）。尽管我们不能依据花粉形态确定这是野生的或是种植禾本科农作物，但其实测的^{14}C年龄和含陶片很可能该样堆积时期受到人为性活动的干扰，从而导致森林覆盖面积减少。就其孢粉组合看，仍反映出全新世大暖期的气候和植被特征。该样中蕨类丰富，除中华卷柏、水龙骨、垂穗石松、细叶卷柏、大叶卷柏、瘤足蕨、中国蕨、膜蕨等分布较广的草本状蕨类外，还出现了该区现仍生长的小叶海金沙和曲轴海金沙。此外，该样中除见沉水植物狐尾藻外，还见较多生长在温暖水体中的小环藻、双菱硅藻和环纹孢。因此综合D12样的组合，可以推测在距今8000年左右，柳州地区的植被应属亚热带常绿阔叶区，可能由于受人类活动的影响，森林受到破坏，但当时白莲洞附近湖沼水体较发育，使得在洞穴附近大量生长的蕨类植物和水生植物通过水流进入洞穴中。而进入距今3000年以来，全球气温再次下降，加上人为活动影响的加剧，柳州地区适应温干环境的松林得以扩展，而喜温干的某些蕨类和蒿则成为草本植被的重要组成。

总之，白莲洞遗址取得的孢粉分析资料反映了低纬度地区最近30000年以来植被和环境的大体变化。由于更新世晚期以来全球性气温的变化，必然给予植被群的发展、植被演替以影响。从白莲洞剖面孢粉组合反映出受末次冰期全球性气温下降的影响，气候发生了变化，该区植被发生了演替，即由暖温带落叶阔叶林—针叶植物为主的针阔叶混交林—亚热带落叶阔叶林—亚热带常绿阔叶林—疏林植被阶段。相对应的气候变化为：由温暖湿润—温冷偏干—温凉湿润—暖热潮湿方向发展。

第二节　水陆生动物所反映的古动物古生态环境

从白莲洞文化遗址的堆积物中，出土了大量的动物化石，这些化石多为破碎的残块，当为史前人类的食物残渣。堆积物中富集螺壳，越接近上部层位，螺壳的数量越多。鱼类多发现咽喉齿，其他动物多为肢骨残块。

一、动物群的组合

从东部上层堆积中出土了1550多件哺乳动物化石，西部下层堆积中为2000件。此外，在东部获得150枚、西部240枚牙齿化石，不过都很破碎，较完整的仅占50%（柳州白莲洞博物馆等，1987）。经鉴定，以主厅的大钙板为界，上部堆积中动物化石的种类有（图七四；彩版三九；彩版四〇；彩版四一）：

软体动物：

双棱田螺	*Viviparus dispiralis*
李氏环棱螺	*Bellamya leei*
鸟螺	*Semosulcospira* sp.
大蜗牛	*Helix* sp.
道氏珠蚌	*Unio douglasiae*

鱼类：

青鱼	*Cyprinus carpio*
鲤鱼	*Mylopharyngodon piceus*

两栖类：

蛙	*Rana* sp.

龟鳖类：

陆龟	*Testudinidae* indet.

鸟类：

种属尚未定

哺乳动物：

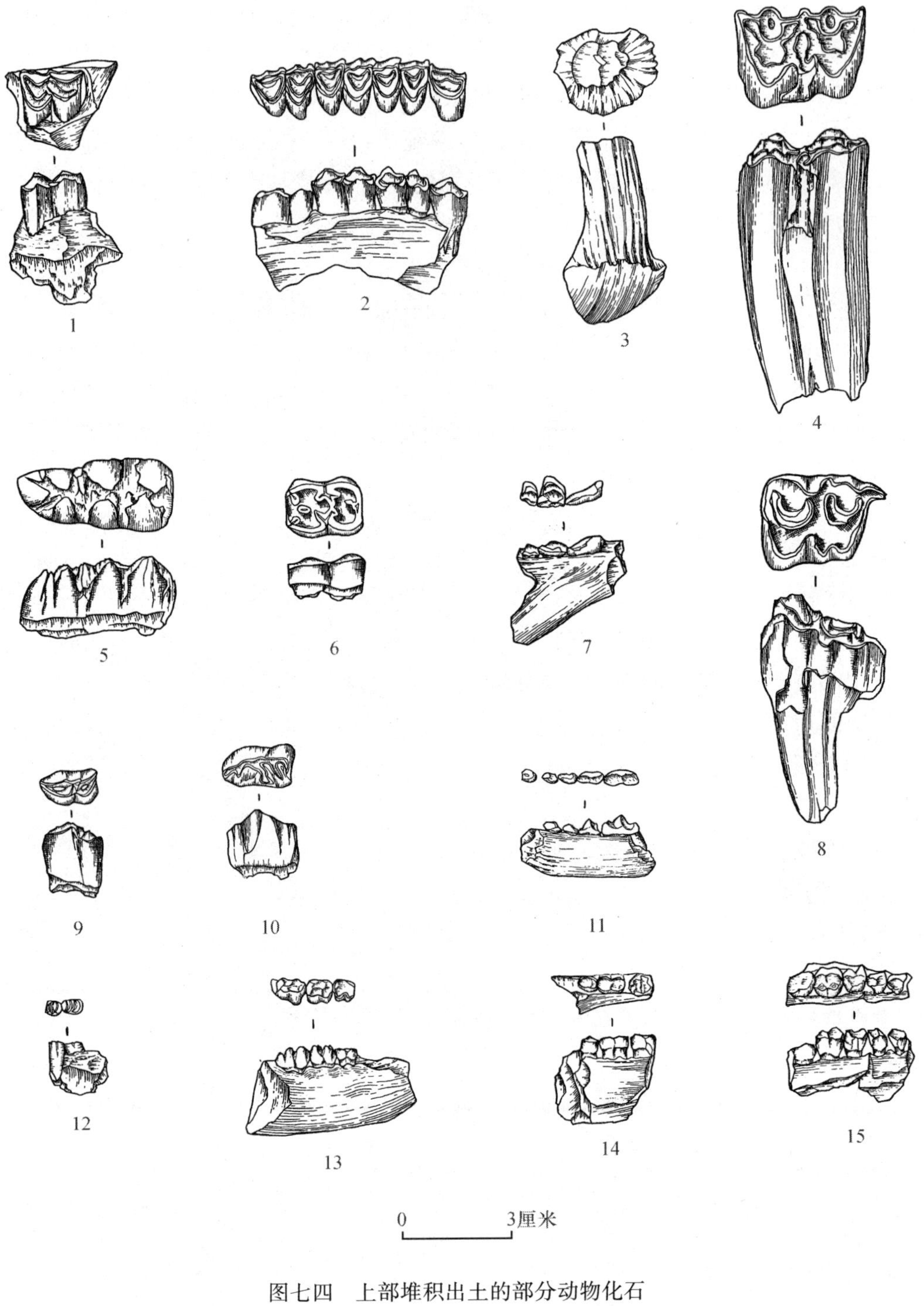

图七四　上部堆积出土的部分动物化石

1. 鹿牙　2. 鹿下颌骨　3. 鹿角　4、8. 牛牙　5、6. 猪牙　7. 獾牙　9. 羊右下第三臼齿　10. 羊牙　11. 貉下颌骨　12. 竹鼠牙　13、14. 猕猴下颌骨　15. 金丝猴下颌骨

灵长目：

猕猴	*Macaca* sp.
金丝猴	*Rhinopithecus* sp.

啮齿目：

竹鼠	*Rhizomys* sp.
鼠类	*Muridae* indet.

肉食目：

貂	*Martes* sp.
果子狸	*Paguma larvata*
狐狸	*Vulpes* cf. *vulgaris*

食虫目：

蝙蝠	*Vespertilionidae* gen. et sp. indet.

偶蹄目：

野猪	*Sus scrofa*
水牛	*Bubalus* sp.
斑鹿	*Pseudaxis* sp.
赤鹿	*Muntiacus* sp.
鹿	*Cervus* sp.
秀丽漓江鹿	*Lijiangocerus speciosus*
羊	*Ovis* sp.

大钙板以下的下部堆积物中出土的软体动物、鱼类、两栖类和龟鳖类等化石与上部堆积同。哺乳动物与上部堆积相同的有：竹鼠、蝙蝠、猕猴、野猪、水牛、斑鹿、赤鹿、鹿和羊9种。另外添加的种类有（图七五；彩版四二；彩版四三）：

灵长目：

化石智人	Homo sapiens sapiens fosilis

啮齿目：

豪猪	*Hystrix subcristata*

食肉目：

熊	*Ursus* sp.
猪獾	*Arctonyx collaris*
大熊猫	*Ailuropoda melanoleuca*

长鼻目：

剑齿象	*Stegodon* sp.
真象	*Elephas* sp.

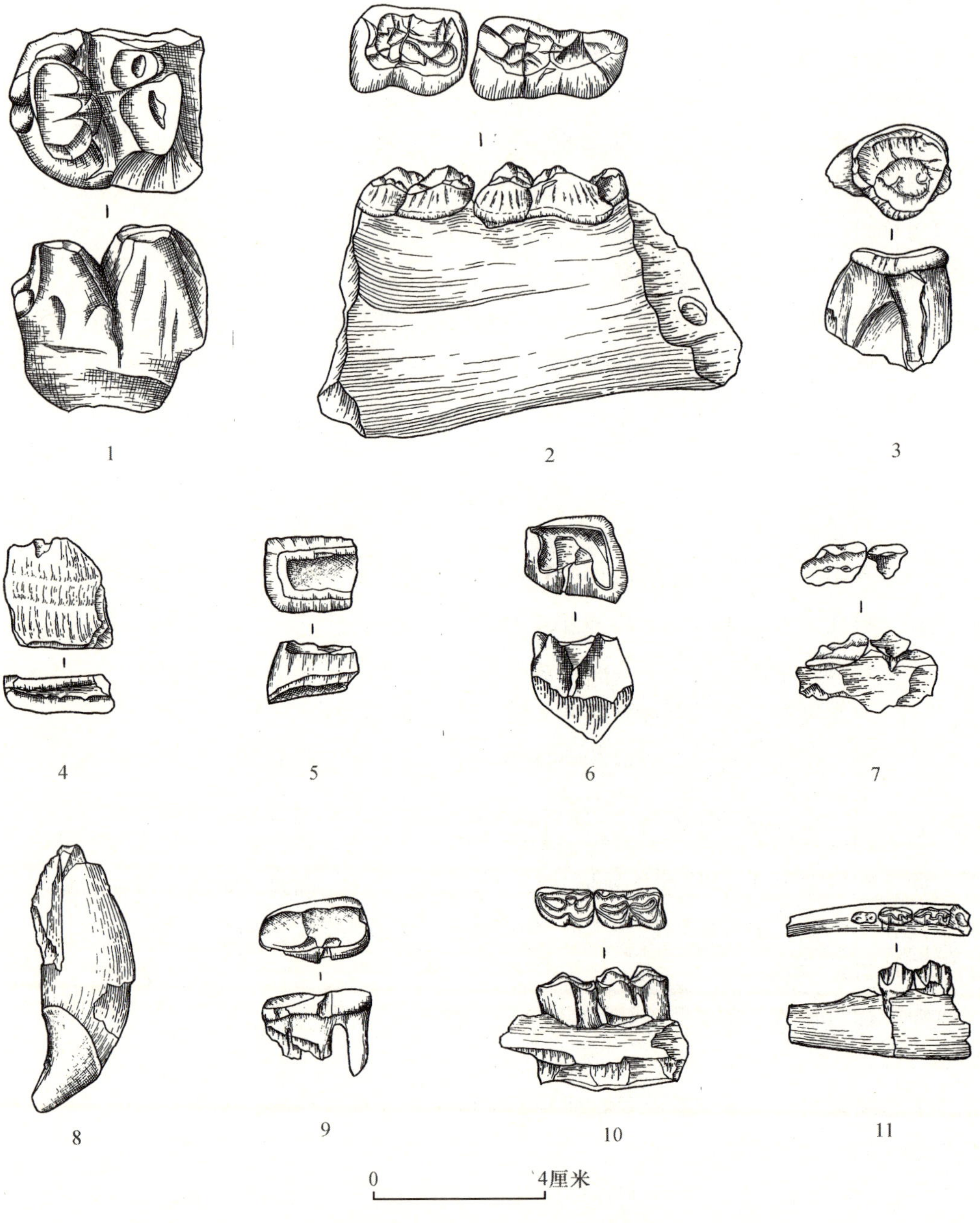

图七五　下部堆积出土的部分动物化石

1. 剑齿象牙齿　2. 大熊猫下颌骨　3. 大熊猫牙齿　4. 真象齿板　5. 剑齿象齿板　6. 犀牛牙齿　7. 猪獾牙齿
8、9. 熊牙　10. 水鹿牙　11. 麝下颌骨

偶蹄目：

水鹿　*Rusa unicolor*

奇蹄目：

中国犀牛　*Rhinoceros sinensis*

上列的动物种类计有：软体动物5种、鱼类2种、两栖类1种、龟鳖类1种、鸟类（种属尚未定）、哺乳类23种。其中大熊猫、中国犀牛、剑齿象和真象等是灭绝种或当地现代已绝迹的种类。白莲洞遗址中的哺乳动物化石明显可以划分为两组，代表了两个动物群：上组为“现代哺乳动物群”，下组为含化石智人的“大熊猫—剑齿象动物群”。必须看到，两者所包含的种类均不多，化石也残破得很，其中多为偶蹄类，而大型食肉类很少见到，这是因为白莲洞洞穴堆积主要是人工堆积，这些动物残骸是人类食后的残渣，因此在跟其他地点的动物群进行对比时，应考虑这一因素。

二、动物群的年代

动物群在地层断代中具有重要的作用，尤其是对新生代早期地层相对年代的判断非常有效，但对于更新世晚期和全新世的地层，由动物群来确定其相对年代有一定的困难。其原因主要是更新世晚期和全新世早期阶段，世界各地区的脊椎动物群的演化已经结束，各动物群的主要组成成员和现生动物群已无多大差异。尽管如此，但如能通过对比研究，仍大致可以勾勒出其生存的时代。

白莲洞上部堆积的哺乳动物化石，为“现代动物群”。目前已初步鉴定到15种动物，有竹鼠、蝙蝠、猕猴、野猪、水牛、斑鹿、赤鹿、鹿、羊、果子狸、金丝猴、貂、秀丽漓江鹿、鼠类和狐狸。除秀丽漓江鹿外，其余均为现生种，占优势的为偶蹄类，以鹿为主。此外，竹鼠个体也不少。如果这一部分哺乳动物化石与江苏溧水神仙洞（李炎贤等，1980）、广西桂林甑皮岩（李有恒，1978）、江西万年大源仙人洞（江西省文物管理委员会，1963；江西省博物馆，1976）、浙江余姚河姆渡（浙江省文物考古研究所，2003）以及广东阳春独石仔洞（邱立诚等，1980）等全新世早期的地点相对比，这些遗址中都没有大熊猫—剑齿象动物群中常见的种类，如大熊猫、中国犀、巨貘等。很少含有当时存在而现代当地已绝迹的种类，如犀牛（河姆渡、独石仔洞）、象（甑皮岩、河姆渡、独石仔洞）、秀丽漓江鹿（甑皮岩、白莲洞）、最后鬣狗（溧水神仙洞），绝大部分为现生种。从以上几点可看出，白莲洞洞穴上部堆积物中的哺乳动物群，当属“现代哺乳动物群”，它的时代可与神仙洞、独石仔洞诸地点时代相当，而较仙人洞第一期文化堆积、甑皮岩和河姆渡诸遗址稍早。

白莲洞下部堆积中的哺乳动物群，为含化石智人的“大熊猫—剑齿象动物群”，含有竹鼠、蝙蝠、猕猴、野猪、水牛、斑鹿、赤鹿、鹿、羊、鼠类、豪猪、熊、猪獾、水鹿、大熊猫、中国犀牛、剑齿象和真象共18种。其基本种类属大熊猫—剑齿象动物群的成分，如豪猪、大熊猫、象、犀、水鹿等，但缺巨貘、猩猩、最后鬣狗等。总的来说这可以跟广西都安九楞山遗址仙洞哺乳动物化石产地（赵仲如等，1981；广西壮族自治区博物馆，1973）、柳江新兴农场柳江人遗址（吴汝康，1959）、广东封开黄岩洞第四处堆积层（宋方义等，1983）等相应，同属更新世晚期。

三、动物群与人类经济活动

1. 动物群埋藏类型

白莲洞遗址动物群种类较为丰富，共有软体动物5种、鱼类2种、两栖类1种、龟鳖类1种、鸟类（种属尚未定）、哺乳类23种。这种现象本身说明了它的堆积和埋藏类型应与人类活动密切相关。

据野外观察，属于史前人类作用产物的特殊埋藏类型，有其自身的特点：一是动物化石、石制品和其他文化遗物混合在一起；二是动物骨骼严重破碎，完整的头骨或肢骨很少或根本没有；三是由自然原因或其他原因造成的化石埋藏，化石种类一般比较单调。如属泥石流搬运的柳江人化石点，与其伴出的动物化石仅有大熊猫、中国犀、剑齿家、箭猪、猩猩、猕猴、豺等17种动物化石，而且大熊猫的骨架几乎保存完整。这是因为在自然环境条件下，大量的、丰富的动物种群，不可能同时出现在同一环境、同一地点并且同时死亡。而穴居动物的搬迁，种类和骨骼亦一般比较单调，而且骨骼上啃咬痕迹十分明显。再从动物群最小个体数统计上反映，白莲洞遗址中占优势的为偶蹄类，以鹿为主。此外，竹鼠个体也不少。这种动物群现象，从组合特征上亦反映出动物群埋藏的原因应与人类活动有关。偶蹄目虽然在动物种群的自然划分上，它的成员要远远低于啮齿目等动物，但因为它常成为人类的主要肉食对象，所以在古人类遗址动物遗存的个体中，一般情况均以偶蹄目为大宗。

另外，从白莲洞遗址中发现的人类用火遗迹、人类牙齿化石、文化遗物及其他活动遗迹的伴生及埋藏特征，特别是遗址中大量的螺壳因便于食用而被原始人类敲掉尾部的情况来看，更可佐证该动物群属人类行为影响下而被埋藏的。

2. 人类狩猎对象与方式

从白莲洞遗址动物遗存反映，白莲洞人狩猎对象相当广泛，其种类达33种之多。在这些众多的动物之中，属于软体动物的有双棱田螺、李氏环棱螺 、道氏珠蚌、大蜗牛和乌螺，鱼类有青鱼、鲤鱼，此外还有两栖类、龟鳖类、鸟类等。哺乳类动物23种，其中啮齿目有竹鼠、鼠类、豪猪，灵长目有猕猴、金丝猴，肉食目有貂、果子狸、熊、猪獾、大熊猫、狐狸，食虫目有蝙蝠；偶蹄目有水鹿、野猪、水牛、斑鹿、赤鹿、鹿、秀丽漓江鹿、羊，奇蹄目有中国犀牛，长鼻目有剑齿象、真象等。白莲遗址出土的动物群，除秀丽漓江鹿仅在桂林甑皮岩发现外，其余均为华南地区习见的“大熊猫—剑齿象动物群”或“现代哺乳动物群”种。

不过，白莲洞人狩猎对象虽然广泛，但统计表明，白莲洞人狩猎的主要对象仍然是以偶蹄目为主。若以单个种比较，鹿是白莲洞人的主要猎获对象，其次为竹鼠。在我国很多古人类遗址中，它们的肉食资源对象往往具有一定的选择性。如北京人以肿骨鹿为主要捕获对象，峙峪遗址的古人类以野马为主要对象，郧西人以水牛为第一捕食对象等。这种现象，除了可能反映不同的地理环境和其周围与之相适应的优势动物种外，还可能与不同区域人类掌握着不同的捕猎技术以及熟悉相关动物的生活习性、活动规律等有关。

白莲洞人虽然以鹿为主要取食对象，但他们的肉食资源仍然异常丰富。除了地上跑的哺乳动物外，就连天上飞的鸟类、水中游的鱼类、地上爬行的陆龟等，也都成为白莲洞人的盘中美味。由此看来，白莲洞人的渔猎本领是比较强的。

白莲洞人具备水中徒手摸取螺蚌、捉抓鱼和龟鳖类及空中捕捉飞禽的技能。遗址中大量螺壳、鱼类、龟鳖类及蝙蝠、鸟类动物化石的存在，是其劳动成果的具体体现。

白莲洞人可能已掌握了掘穴捕兽的能力。白莲洞动物群中，有的种类是基本生活在地下洞穴内，如竹鼠，还有的是半穴居的动物，如鼠类。竹鼠是白莲洞人仅次于鹿类的第二大猎获对象，只有白莲洞人在熟练掌握了掘穴捕兽的技能下，才可能获得如此众多的与地穴相关的动物。

白莲洞人可能已掌握了捕获树栖动物的技巧。如遗址中出土的猕猴、金丝猴都是树栖动物。白莲洞人只有懂得这些动物的习性，并且也能攀树活动，才是捕获这些动物的前提。

白莲洞人可能已具备了夜晚捕猎动物的技术。白莲洞动物群中，有很多动物是夜行的，如豪猪、猪獾等。这些夜行性动物基本上是昼伏夜出，白天很难觅见其踪迹。白莲洞人的夜猎技术，也延伸至对某些大型动物甚至生性凶猛的动物，如大象、犀牛、野猪等。这些动物在白天异常凶猛，夜晚则躺下休息，他们能轻易捕到这些动物，最奏效的办法莫过于采取夜猎。

白莲洞人也可能懂得利用动物季节性活动规律，来对其进行捕获。鹿是白莲洞人最主要的肉食来源，白莲洞人捕获鹿的时间可能集中在它们发情期过后的春末夏初。这种利用季节变化对动物自身形成影响巧猎的技术，早在北京人时期就已经掌握。

3. 人类的狩猎经济生活

白莲洞遗址中出土的兽骨数量和种类都相当丰富，它们是距今 36000 ~ 7000 年的白莲洞先民生产和生活活动的产物。对动物群进行分类和研究，能够在一定程度上判断出白莲洞人的经济生活面貌。

对于石器时代的人类而言，狩猎是获取食物的一种重要手段。就白莲洞遗址发现的食物证据来看，多数是食草动物，其中又以偶蹄类居多，尤其是鹿类所占比例最高，竹鼠次之。小型啮齿类和小型肉食类动物遗骸也不少，但大型食肉类却不多。而且发现的动物肢骨、下颌骨不少有被人工砸过和火烧过的痕迹，说明这些动物遗骸均为当时人类狩猎后加以食用的结果。后期地层堆积中富集大量螺壳，而且多见人工敲击尾端，由此可以判断它们是人类日常的一种主要食物，供给人类所需的蛋白质，可见当时人类凭借聚落周边水域广布的优越环境，展开了大规模的捕捞经济活动。

白莲洞遗址中出土的兽骨十分破碎。统计表明，95% 以上的骨片长度小于 5 厘米，这是白莲洞遗址动物骨骼化石的主要形态。这说明，白莲洞人对动物肉食资源的利用率非常高。他们在取食动物的肉体后，对动物骨骼还进行诸如敲骨吸髓的活动。

狩猎经济是白莲洞人贯穿始终的经济活动，它在白莲洞人的经济活动中占据着举足轻重的地位。当然，白莲洞优越的生态环境，为人类提供了一个完善的、多层次的食物链。繁盛的动植物资源，由此决定了当时人类的经济形式应是一种复合型的经济，是以狩猎、采集和捕捞为主的带普遍性的适应模式。

四、动物群所反映的古生态环境

动物是史前人类的主要食物资源之一，同时作为自然环境中不可分割的组成部分，与地形、气候、水分、气候、土壤、植物等要素互相依存和相互制约地融合成一个统一整体。任何一种动物的生活，都要受到栖息地内各种要素的制约，栖息地环境经常处于相对稳定状态，但又是时刻处在不断变化过程中，当其变化一旦超过动物所能耐受的范围，动物将无法在原地继续生存下去和进行繁殖，所以动物群能反映古气候古生态环境。

白莲洞遗址出土的所有动物化石中，在我国分布广泛的种类有鲤鱼、竹鼠、鼠类、蝙蝠、野猪、水牛、斑鹿、赤麂、鹿、熊、猪獾、狐；喜热湿环境的有大熊猫、中国犀、剑齿象、真象、豪猪、猕猴、果子狸、水鹿、蛙、青鱼、陆龟；喜温凉环境的羊、貂、金丝猴。

动物和生态环境密切相关。生态环境就是自然界中的万物，它包含了地形、地貌、水资源、植物植被和气候诸方面。现在，就让我们来了解一下白莲洞遗址主要出土动物的生活习性。

螺、蚌：主要生活于淡水湖泊、池沼和河流等水底泥沙中，螺类以水生植物的叶片和藻类为食，蚌主要滤食水中的微小生物和有机质颗粒；蜗牛生活在潮湿山林间，一般以植物叶和嫩芽为食。遗址中的大量螺壳和蚌壳化石说明当时遗址附近有丰富的水域。

鲤鱼：在我国各地均有分布，喜水草繁茂的水域，生活在平原上的暖和湖泊，或水流缓慢的河川里；属于底栖杂食性鱼类，荤素兼食。青鱼主要分布于我国长江以南的平原地区，一般在底层多螺蛳的较大水体中下层中生活，食物以螺蛳、蚌、蚬、蛤等为主。

蛙：生活于山间溪流中，平时隐蔽在石洞里，夜间蹲在潮湿的石块上捕食小虫；营水陆两栖生活，怕干旱和寒冷，多生活在热带和温带多雨地区。

陆龟：喜欢吃矮小植物的叶与花以及树上掉下来的果实，适应暖和天气，可以生活在较干旱环境中。

鹿：生活在各类森林、稀树、草坡等环境。草食性，以青草和各种枝叶花果为食。

野猪：生活在森林内，食性较杂。

麂：栖息于丘陵、山地的草丛、林灌中。以嫩草、树叶及果实为食。

貘：栖息于热带密林多水地带，以嫩叶为主食。

犀：生活在密林、沼泽之中。

牛：生活在草原或疏林多水的地段，以草、嫩叶为主食。

象：栖息于热带丛林之中。

竹鼠：穴居，多生活在竹林区，以竹根为主食。

豪猪：生活在密林中，挖洞栖居。以植物根、野果为主食。

熊：栖息于深山密林，为典型的林栖动物，无固定居所，善爬树。

猪獾：通常筑洞于土丘或大树下，主要在夜间活动。食性杂，以昆虫、蛙、蜥蜴、鸟、啮齿类、果实为食。

猴：喜住在石山、裸岩的树林中。主食野果和嫩枝叶。

果子狸：多栖息于多岩穴的丛林，居岩洞、石隙、土穴、树洞或灌丛中。善攀缘，常爬到树梢取食。

蝙蝠：俗称“飞鼠”。多栖息于亚热带森林周边的山洞中，夜行性。以虫、坚果、嫩叶等为食。

……

白莲洞遗址出土的23种哺乳动物中，栖息于原始森林内的山地竹林的种类有大熊猫、竹鼠；栖于热带林缘山地、沼泽附近的种类有中国犀，多栖息在常绿阔叶林、针阔叶混交林、次生林中或岩山疏林中；树栖或在林下灌丛中的种类有猕猴、金丝猴、貂、果子狸、熊、狐、剑齿象、真象；栖于林缘灌丛、疏林草丛的丘陵及山坡草地，喜水的种类有水牛、斑鹿、赤麂、鹿、秀丽漓江鹿、水鹿；喜稀树灌丛、竹林或茅草丛，及周围有水塘或小溪的种类有野猪；穴居种类有豪猪、鼠类、猪獾；栖息于丘陵地带稀树灌丛或岩石山上的种类有羊。

在食物来源方面，杂食性的种类有鼠类、果子狸、猪獾、野猪、熊；以植物的嫩枝叶、花果、树皮、根茎或者灌木、草、苔藓为主要食物的有猕猴、金丝猴、赤麂、水鹿、斑鹿、豪猪、羊、鹿、水牛、中国犀；主要依靠竹类为食物的有大熊猫、竹鼠；蝙蝠主要捕食昆虫；貂以鱼类为主食；狐主要以兔、鼠类等小型动物为食。

根据动物化石能重现当时的古生态环境。白莲洞遗址的洞内堆积主要是人工堆积，所以化石残破，多为偶蹄类，大型食肉类很少见。并且大量岩泥被当地农民挖去做肥料，遗址中部分堆积受到破坏。仍然可以看到白莲洞遗址哺乳动物群的变化是古气候变化的结果，是与晚更新世玉木冰期至全新世大西洋期段时全球的气候变化相吻合的。

在晚更新世早玉木冰期段，白莲洞遗址钙华板以下的动物为典型的“大熊猫—剑齿象动物群”，螺壳堆积较少，下层哺乳动物中水鹿、中国犀、剑齿象、真象、豪猪、猕猴、蛙、青鱼、陆龟等喜湿热环境的分子占了2/3。在整个更新世，化石亚种大熊猫分布相当广泛，几乎遍布中国东部和南部。北至北京周口店，南至台湾岛及缅甸、越南、泰国北部。以动物栖息地和习性分析，当时这一地区古生态环境为气候炎热、潮湿，遗址附近环境气温要较后期与现在都高，是热带或亚热带湿润的气候，雨量也充沛。地形主要是有茂密原始森林的山地，林间还有竹林，丘陵上灌丛密布，平原与湖泊、沼泽相结合，间有草地，东南方则有柳江流经。总之，本阶段白莲洞动物群的组成除个别绝灭种外，基本上是热带亚热带现生种，都生活在现代的东洋界区系之内。大熊猫、中国犀牛、剑齿象和真象虽为灭绝种，但它们却是华南地区“大熊猫—剑齿象动物群”中常见的成员，只有秀丽漓江鹿才是本地的绝灭种，除桂甑皮岩外，别的地方尚未发现。早期哺乳动物群中有喜热的大象，犀牛、大熊猫等，那时气温要较后期与现在都高，是热带或亚热带湿润的气候，雨量也充沛，这跟当时的沉积物受强烈温热化作用而呈红色是一致的。

在玉木冰期第二冰段，距今约18000年前后，是中高纬度地区冰川活动最盛期，全球性气候特别干冷，这点在白莲洞遗址中亦有表现。其时，白莲洞遗址中生成了横贯整个窟室的大钙华板，即是气候干冷的佐证。此时还出现了有如山羊、豪猪等喜凉甚至偏冷气候的动物种属，熊的个体也比现生种大得多，这可能是气候环境上趋向偏凉的反映。说明气温相对变低，较今日干凉，相当于暖温带—亚热带气候。说明当时的环境总体转冷，导致“大熊猫—剑齿象动物群”消失。

在晚更新世至全新世大西洋期段，白莲洞遗址钙华板以上伴有大量螺壳堆积，哺乳动物中除秀丽漓江鹿已灭绝、金丝猴和貂已在当地绝迹外，全部为现在当地仍有的“现代哺乳动物群”。下部堆积中喜热的大型哺乳动物或南迁，或消失，或特化，以小型哺乳动物占主体的“现代哺乳动物群”占据了广大的柳州地区。钙华板以上的动物群以喜暖的物种为主要成分，并有大量螺壳堆积，有1/3为近水生活的种类，喜温凉偏干环境的仅有3种，说明气候变冷时，这一地区的气候仍然温暖湿润，并且其间气候有冷暖波动。到了后期，伴随着气温的回升，降雨量加大，内陆河流水量大增，低洼地区大片沼泽湖泊出现，为淡水鱼类和贝类生物的繁殖创造了一个非常有利的生态环境，其气温与现在相差无几，或稍高一些。

综上所述，通过对白莲洞遗址动物群的研究，我们可以得出如下几点认识。

（1）白莲洞遗址动物群的成员（个体）大多数都为生活在热带、亚热带地区的种类。动物群可分为“大熊猫—剑齿象动物群”和现代动物群两个种类。遗址动物群反映出的时代为晚更新世至全新世。

（2）遗址动物群反映出在更新世晚期至全新世早中期，白莲洞附近为水源和动植物资源都极为丰富的自然环境，其气候虽曾产生过较大波动，但在总体上仍表现为高温的热带、亚热带气候，气温较今天略高。

（3）遗址动物群揭示白莲洞先民的经济方式是以采集、狩猎为主的综合性经济。在这个时期，人类社会的生产活动主要是狩猎和捕猎。白莲洞遗址当时的生态环境很适合动植物生长，为古人类提供了适合于生息、繁衍发展的良好条件。

第三节　古气候的变化与古文化的演化

纵观上文所述，并结合其他地层剖面沉积发育及文化堆积层中蕴含的远古信息，可以得出有关晚更新世至全新世中期白莲洞文化演化与古气候、古环境变化序列的基本认识（蒋远金，2007）（表一五）。

白莲洞遗址在距今36000～34000年的堆积物中有很厚的黏土堆积和“大熊猫—剑齿象动物群”化石堆积。当时白莲洞周围地区生长着由多种北温带植物区系成分组成的暖温带落叶针阔叶林。与前期和现今植被、气候相比，显然气候较为干凉。这个时期是本区气候的转折点，即由暖热潮湿多雨向温暖干燥方向转变。尔后，从距今30000年延续到20000年左右，大体是这两种气候多次更迭，表现为各遗址沉积剖面上黏土层与薄层钙华板多次相互出现，与此相应，剖面其他厚薄不一的钙华板也分别标志着各沉积时期的干冷气候特征。薄层钙华板的出现，说明洞穴化学沉积物发育的自然力过程与文化堆积形成过程是相互结合在一起的，它们的形成是与气候湿润多雨和相对干燥的频繁波动、堆积和侵蚀、溶蚀作用交替密切相关。薄层钙华板不是代表文化堆积层的时期划分界线，而是文化堆积层的组成部分，它们所能体现的只是气候的变化而不是人类活动的变化。由于气候相对稳定，适宜的气候为先民的活动提供了相宜的自然环境，因而极大地促进了白莲洞史前文化的发展。在白莲洞本期文化堆积前期，出现了可打制和加工多种石器的智人，以及伴生的“大熊猫—剑齿象动物群”，反映当时柳州尚处于晚更新世末次冰期来临初期气候温暖湿润的土生土长的动物群特征，人类经济以采集和猎取大型动物为主。后期由于气候变冷，驱使热带动物迁徙或某些大型动物南迁。伴随着气候的波动，人类开始减少对大型动物的依赖，转而通过渔猎使水生资源在其食物构成中占有一定的比例。

至距今18000年前后，柳州地区的植被主要由喜温偏干的松、栎为主组成的温性针、阔叶混交林，并且引人注目地出现了对湿冷环境适应性强的冷杉、云杉，因此有理由推测盛冰期的气候较今日要冷得多。由于末次冰期盛期来临，气候进一步趋向干冷，

表一五　白莲洞文化层堆积与古气候、古环境对应表

层位划分与年代		文化特征		地质时代	古气候与古生态		
西侧堆积（W）	东侧堆积（E）	分期	典型器物				
W_1 灰褐色亚黏土	E_1 含陶片钙华板 6880±125年	新石器早中期	通体磨光石器、原始陶片	全新世	大西洋期7500年		进入全新世大暖期、亚热带常绿阔叶林
上部：10020±290年	E_2 乳白色钙华板下黏土 7140±60 9250±90年				北方期7500年		
	E_3 灰黄色亚黏土 10840±580年				前北方期10000~11000年		
	E_4 黄褐色亚黏土 13170±590年	中石器时代	磨刃磨端石器、原始穿孔砾石	晚更新世	晚冰期	阿尔路德温暖期 12000年	亚热带常绿阔叶林，气候趋向温暖、潮湿
	E_5 灰白色钙华板 13905±250年					博森温暖期 14000年	
下部：17680±300	E_6 棕褐色亚黏土 14240±230年				玉木冰期	主玉木期 26000年	气候干冷反映盛冰期特点，温带或亚热带山地针、阔叶混交林、喜暖动物南迁
W_2 乳黄色多层钙华板	E_7 浅黄色厚钙华板（上边石坝构造） 19090±200年						
W_3 乳黄色多层钙华板 17930±410年		旧石器时代	旧石器打制石器、细小燧石器				
W_4 浅黄色厚层钙华板顶 19350±180年 20960±150年 底 25920±625年							
W_5 红褐色亚黏土						帕多夫间冰期 28000年	气候呈下降趋势，暖温带落叶阔叶林，大熊猫—剑齿象动物群
W_6 浅黄色钙华板 28000±2000年	E_8 红褐色亚黏土 19670±660年						
W_7 黄褐色亚黏土							
W_8 灰黄色钙华板							
W_9 棕褐色亚黏土						早玉木期	
W_{10} 乳黄色钙华板 36000±2000年 以下未见底	以下未见底						

促使蒸发作用加剧，水溶液中碳酸钙浓度成倍增加，从而发生了沉淀，白莲洞遗址中产生了横贯整个遗址的大钙华板。厚层钙华板的出现，代表了文化堆积过程中的间断，同时也表现出上下之间文化阶段性的变化。由于气候趋向多灾变的环境，人类文明活动和发展受到明显限制，古文明受到严重影响，因而造成文化的转型，即由旧石器时代文化开始向新石器时代文化转化。

其后，在距今15000～12000年，气候趋向温暖、潮湿。此时孢粉组合中虽仍以松、栎为主，但未见寒温带性质的云杉和冷杉，却出现了现今生长在热带、亚热带地区的草本状蕨类，反映该沉积时期气候趋向温暖、潮湿。在末次冰期后期温暖湿润且较稳定的气候条件下，此时白莲洞遗址已开始进入第三期文化堆积阶段即中石器时代文化堆积阶段，白莲洞中石器文化得以空前发展。这时人类的经济生活虽仍以采集、狩猎为生，但由于前段晚冰期盛期干冷气候迫使大型喜暖动物南迁或绝灭，人们此时的狩猎对象已转向现代小型动物为主。且由于气候温暖湿润，为淡水的鱼类和贝类生物的繁殖提供了一个非常优越的生态环境，又导致了渔猎经济的空前发展。在白莲洞遗址，距今15000年以后的地层中螺壳的堆积逐步增多，并有越晚越多的趋势。这些螺壳和鱼类化石经鉴定有：双棱田螺、乌螺、大蜗牛、道氏珠蚌、鲤鱼、青鱼以及陆龟。并且这些软体动物化石均见人工敲击尾部，由此可见它们是人类食物资源的一部分。与此同时，人类采集活动所涉及的植物种类也越来越多，最终在人口压力等因素的刺激下，开始了植物的驯化过程。人类的生产活动受生态环境变化的影响，经济生活由前期的狩猎—采集经济向采集—渔猎—生产型经济过渡。在上述人类经济活动转变影响下，白莲洞中石器先民为了适应变化了的生态环境及发展起来的采集、狩猎、捕捞的综合经济需要，一方面从原来旧石器普遍存在的大型砾石工具体系中发展出来一套陡刃的砾石工具体系，以便更适合于利用周边丰富的竹、木资源进行竹、木器加工；另一方面，由于末次冰期盛冰期来临迫使喜暖的大型动物南移，人类经济生活转向猎取小型动物并兼营捕捞业，为适应猎获现代小型动物和水边捕捞经济的需要，与此相适应产生了众多细石器风貌的燧石小石器及大量的骨、蚌制品和专门敲砸螺蚌的敲砸工具。生产技术因人类生活方式的改变发生了质的飞跃。

进入距今11000年以来，伴随着全球性气温的回升，白莲洞遗址进入第四期文化堆积阶段，此时期白莲洞原始先民跨入了新石器时代行列。在盛冰期曾生长的暖温性针叶林、阔叶林消失，以山毛榉科常绿乔木树种为主组成的常绿阔叶林再次占据低纬度、低海拔的柳州地区。由于气候条件优越，洞内化学沉积减缓，使得人们能在一个地点长期定居，安定的生活环境促使古文化得以迅速发展和提高，内涵的文明亦达到了较高的程度，洞穴遗址在空间上也得到极大扩展。至中全新世暖期时，白莲洞地区常绿林锐减，但却发现了较多的禾本科花粉，而且文化层距现在地面越近，禾本科的数量越多，禾本科与其他植物的比例也越大。尽管我们不能依据花粉形态确定它是野生的还是种植的禾本科农作物，但该沉积时期肯定受到人类原始农耕活动的影响、干扰，从而导致森林覆盖面积减少。另一方面，由于气候温暖潮湿，促使植被生长繁盛，动植物资源十分丰富，为人类提供了富裕的天然食物，人类过着相当稳定的生活，使得人们即使到了新石器时代仍将采集、捕捞作为主要的经济部门。加之优越的居住条件，又使得人类穴居时间过长，由于穴居人口数量有限，且喀斯特洞穴周边地表支离破碎、土地贫瘠，限制了大规模耕耘，从而客观上延缓了原始农业的进一步发展。华南地区新石器时代早、中期由于农业经济的不发达，从而制约了深耕农业工具和陶器的发展（蒋远金，2008）。

此后，距今7000年前后，本区域是一个较暖较干的气候期，在以暖热著称的中全新世大西洋期堆积的顶部，洞穴化学沉积物发育十分兴旺。白莲洞洞穴此时已不再适宜原始人居住，他们已开始从原先世代居住的洞穴逐步迁徙到河旁台地和广阔的盆地、平原生活。在这里，他们开始了新的生息与繁衍。

第七章 白莲洞文化的内涵

第一节 白莲洞文化内涵的识别

白莲洞遗址的堆积物厚达3米，堆积物的东侧可划分为8层，西侧可划分为10层，东侧的第7层与西侧部的第3层底部至第4层顶部在洞穴中部相连接，形成一个巨厚的横贯全洞室的钙华板层。经综合分析研究，堆积中包含五个阶段的文化。

第一阶段文化：本文化层主要由西10层、西7层和西5层构成，年代为距今36000～26000年。石制品可分为燧石和砾石两大类，石器以燧石小石器占主要地位，占石制品总数的94%，而砾石制品仅占石制品总数的6%。这种燧石小石器可能是旧石器时代晚期石器趋小化的产物。燧石小石器中，或直接使用石片权作某类器物，或加工成刮削器，砾石石器中拥有旧石器时代打制石器风格中常见的成分，如由砾石石核和石片制作的砍砸器、刮削器。颇具特色的“白莲洞式打片法”在本层可追溯到它的早期踪迹。

第二阶段文化：主要是由西4层构成，年代距今26000～20000年。本文化层的燧石小石器与第一阶段的燧石小石器相比，带有细石器的特点，出现了细石叶，石器种类增多，主要有尖状器、刮削器、雕刻器等。在本文化层的石器组合中，大型砾石工具数量增多，但基本保持前一文化层器物的特点，器物除有与前述第5文化层相同种类的器物外，还开始出现一类砸器，可用来砸破螺壳或砸断长骨取髓，它的敲砸端或呈尖锥状，或修成棱脊，特别是为了便于握持还修有把手端，一般是将长圆或长而扁平的砾石其一端打断，再将断面修成弧状，修理的疤痕有时层层叠压，没有明显的锐缘，而是类似陡刃的外形。在白莲洞遗址内，随着层位里所含螺壳的增加，此类敲砸器的数量增多，制作也愈加熟练、规整。此外，出现了工艺非常原始的磨削技术。总之，这一阶段石器制作显示出旧石器器物的制作经过长期的发展过程到晚期阶段已达到了相当高的水平。

第三阶段文化：本期由东6层、东4层和西3层、西1层构成。该期文化的年代为距今20000～12000年。虽然本层出土器物不多，但很有特色。本层中的石器绝大多数为制作风格粗犷的砾石工具，但仍存一定数量的燧石小石器。“白莲洞式打片法”至此趋于成熟，可制得相当薄的大型石片，且器物加工也很规整。特别是磨制技术水平已大为提高，不仅磨制石器，还将之扩大到骨、角器的磨制上，出现磨尖和磨刃制品。穿孔砾石制作，前期出现琢凿孔壁的原始状态穿孔石器“重石”，后期出现的穿孔石器“重石”工艺水平明显提高，器形和孔壁规整。此外，本段还出现了沾赭石粉的两侧经过局部磨制的碾磨石。

第四阶段文化：本文化层由东 3 层和东 2 层构成，其中东 3 层为主要的文化层。其年代为距今 11000 ~ 9000 年。层中螺壳密集。该文化层的石器绝大多数仍为砾石工具，打制石器仍以砾石工具为主，利用完整的砾石打制的敲砸器，其手握部分修整得很规整，刮削器中刃缘多深凹缺口，可供刮削箭杆、骨器之用。本层仅发现少量燧石石片制品。出现通体磨光石制品，如双刃切割器，甚至作为重石的穿孔砾石，不仅打磨其孔壁，器身也经磨过。最早报道曾发现磨光石斧，也应出自此层。此外，还有经磨制并穿孔的小砾石装饰品。

第五阶段文化：由东 1 层构成。其年代在距今 7000 年前后。第五期由于农民挖岩泥破坏殆尽，出土文化遗物仅发现少量燧石石片制品。此外，本文化层顶部还出土有少量的原始陶片。

从上述可知，白莲洞诸文化层中大型的砾石制品与小型的石片制品（包括燧石制品）是白莲洞文化石制品的基本类型，它们长期并存贯彻始终。而且白莲洞诸文化层中每类器物均可追踪其演化轨迹：用“白莲洞式打片法”获取的砾石石片由小而厚向薄而大发展，且用此类石片加工的器物日益趋向规整；磨制工具由局部磨制刃部（由单面磨到双面磨）发展到通体磨光，即先在扁平砾石较薄一侧局部磨刃，发展到在粗制的石器上单面乃至双面磨制，最后发展为通体磨光；穿孔砾石，由原始凿孔的粗陋重石，发展到钻孔的磨光重石。此外，引人注目的是，随着磨制工艺的发展，砾石工具的制作由旧石器晚期的精致化反倒趋向粗犷，这种逆转现象很值得注意。

史前考古学研究表明，工具的发展在旧石器时代以打制为主；中石器时代已有原始的磨制工艺和穿孔技术及制陶术的萌芽；新石器时代则以发达的磨制工艺和制陶术的产生为特点。然后就社会经济形态而言，旧石器时代是渔猎、采集为主的攫取性经济；中石器时代则产生了原始农业和家畜驯养业的萌芽；而到了新石器时代则以生产性经济为主，并辅以渔猎与采集。新石器时代的来临，在人类历史上无疑是一次巨大的飞跃。现在就让我们进一步来考察白莲洞遗址中各阶段的文化堆积情况。

在第一阶段文化层与第二阶段文化层中，各类石制品具有明显属于旧石器时代的风貌，在工具组合性质上，基本一致，没有什么特殊器物的产生。虽然出现带有细石器风貌的燧石小石器，但它只是反映旧石器时代晚期工具小型化的趋向。此后，燧石小石器的加工有压削的痕迹，加之柱状形石核和小石片的出现，预示了石片的制备将由直接法向间接法过渡的技术条件已趋成熟。这段时期的经济生活主要以采集和渔猎为主，用以刮削箭杆的深凹刮削器的颇多出现，表明狩猎活动很活跃，狩猎技术也较高，因为这个时期多发现为大型的哺乳动物化石。后期，文化层中的螺壳也随时间的推移逐渐加多，甚至到了后期还出现似用来砸破螺壳的器物，表明原始人不仅捕鱼也开始捞螺、蚌为食。根据测得的年代数据看，至少在距今 36000 多年前，旧石器时代晚期的原始人已在白莲洞及附近地区生息繁衍，一直延续到距今20000年左右。

什么是“新石器时代”？它是拥有新石器文化因素的历史阶段。反映在经济形态上，人类不仅攫取自然界原已存在的、可供自己生存的资源，而且能进行生产性活动、创造出比自然界更多的生存资源，甚至是自然界原先不存在的生存条件。人类从此摆脱了原始状态，人类历史进入了一个新的发展时代。史前考古学上曾将新石器时代的文化因素归纳为：工具制作广泛使用磨制技术，尤以通体磨光制品为特色；制陶术的广泛使用；原始农作和家畜驯养成为主要的生产活动；此外，还应考虑定居聚落的形成。但由于人类历史发展水平的不平衡性，特别是人类的发展还受制于生态环境的多样性，各个地区新石器时代的肇始与诸文化因素的组合状态并不一致，以至呈现出多样化的趋势。

再来考察一下第四、第五阶段的文化层。在这些堆积层中，由旧石器晚期兴起的细小石器至此已日趋衰落，代之而起的是其他诸层所没有的新型器物——通体磨光石器及火候较高的夹砂陶的出现。

在第四阶段文化层中出现了其他诸层所没有的新型器物——通体磨光的石器，不仅有通体磨光的切割器、石斧，还有通体磨光的用作重石之用的穿孔砾石以及该文化层中大量粗犷的砾石石器等。东3层的距今年代处于晚冰期的温暖期段。古植被研究已指出有原始农耕活动的迹象。至于白莲洞堆积物中是否存在稻形态植硅石遗存，此项工作尚待进行。但必须指出，稻作的起源在华南地区固然重要，但它不是原始农耕活动的唯一，原始农耕活动是在广谱资源的取食基础上发展起来的原始经济形态，具有多样性形态。白莲洞遗址该文化层中目前尚未找到早期陶片，可能是鉴于大部分堆积为农民作为土肥挖走之故。周国兴曾推测本地区原始陶艺的产生是出于对螺、蚌的熟食的需求。相信该遗址内应有早期陶片的存在，因为水生软体动物的食用在此遗址已历时甚久。周边地区鲤鱼遗址同期地层中早期陶片多与螺壳共存的事实也可作为佐证。

第五阶段文化层中，白莲洞堆积的东侧顶层（东1层）出土的陶片，其距今年代为6880±125年。但代表新石器时代中期的东1层堆积物太薄，出土物太单调，还不足以反映该时段的文化全貌。

白莲洞遗址中的第四、第五阶段的文化堆积层涵盖了新石器时代的早期与中期。学术界一般认为新石器时代的四个指标——磨光石器、原始农耕、制陶术的广泛使用及家畜驯养在这里已基本具备。显然，该层所代表的文化已跨入了新石器时代行列。

由此可见，白莲洞第一阶段和第二阶段文化层与上述的第四阶段和第五阶段文化层，显然代表了两个不同内涵的文化阶段。那么两者是如何转化的？白莲洞第三阶段文化层为此提供了重要线索。

第三阶段文化层由东6层、东4层和西1层构成，时间跨度约在距今20000~12000年。这是一个很特别的阶段，生态环境经历着巨大的变化，既经历末次冰期的盛冰期后段，又跨入盛冰期后古气候开始转暖期之际。在这期间，新旧动、植物群交替，人类食物结构发生很大变化。与早期的文化层相比，第3文化层中出现了大量粗犷的砾石工具以及磨刃石器。前者显得粗犷，除了砸击螺壳的器物外，多为各种类型的砍砸器。磨制技术主要在东4层中出现，不仅在石制品上也发展到骨角器上。在磨制技术这种为刃而磨，显然在观念上是一大突破，显示出它是为一定的劳作所需而产生的新工艺思想。然而它与第四阶段文化层中磨光器物还有质的区别，毕竟它还只是局部磨制。值得注意的是，该文化层除上述磨刃石器外，还出土三件穿孔石器。这些穿孔石器大小适中，经我们依据民族志原理复原（安装尖木棒）使用，是一件很有效的掘土和点播农具。研究表明，并不是所有穿孔石器都是重石，穿孔石器可分三类：圆形、扁平形和环形。孔径由小到大，用途多种。根据现代民族志资料所示，它或为网坠用作捕鱼工具之一，或安在木竹制的挖土棒上作加重物以利于挖土和点种，或作为武器上的部件如狼牙棒头，小型的尚可作装饰品，甚至历史近期大型者还可作为“石盘币”等，穿孔砾石其可谓之一种“万能工具”，犹如旧石器时代早期的手斧，一器多型且多种用途。穿孔石器中那些大小适中，呈扁平状，作原始农具——点种器的部件是再合适不过的了，这一点为许多史前考古学家所肯定，也为非洲史前壁画和现代民族志所证实。在最近的江西仙人洞与吊桶环遗址研究报告中称，该遗址发现的穿孔砾石可作为点种稻谷的农具。白莲洞博物馆在广西地区曾搜集到大量标本。总之，重石的出现是工具史上一件重要事件，不仅标志石器制作工艺的新发展，也反映出新生存手段的需求。重石不仅使挖土棒的挖掘功能更有效，而且用作点种工具的部件，它的出现与不断地提高其制作水平以及广泛被使用，可能展示了原始经济由采集活动向原始农耕活动的飞跃。很可能磨刃石斧、磨刃砍砸器的出现和粗犷的砾石砍砸器一起，不仅可以用来制作用于劳作的竹、木器，还可以砍伐林木。现代少数民族资料表明，砍伐树木是为了开辟园地，这与原始的火耕有关：砍树—烧山—用尖木棒（套重石）点播，这是现代少数民族依然采用的耕作方法。由此看来，原始的园圃式农耕活动此时期开始已经萌芽。而农耕活动需要假以时日，这又进一步促使了定居半定居生活方式的产生。

在东6层中还出土一件碾碎和研磨赤铁矿粉的圆砾石，上面仍附有许多粉迹。据考古发现，在原始的埋藏活动中常出现红色的赤铁矿粉，还有涂染在一些作为祀典器物上，甚至还用作为绘制原始壁画或涂染身体作为装饰的染料等。白莲洞遗址中出现赤铁矿粉的意义尚不明，推测其用途不会出脱上述诸点。

凡此种种，第三阶段的文化层代表了一种既不完全同于第一阶段和第二阶段文化，又不同于第四阶段和第五阶段文化的另一种文化形态和文化内涵，它具有中介性质的特点，表现出由旧石器文化向新石器文化过渡的状态。

第二节　白莲洞文化的内涵

根据出土的文化遗物，结合生态环境的变化趋势，白莲洞文化可明显地划分为五个不同的文化阶段，即白莲洞一期文化（西10层、西7层、西5层），代表旧石器时代的晚期前段文化；白莲洞二期文化（西4层、东8层），代表旧石器时代晚期后段文化；白莲洞三期文化（东6层、东4层和西3层、西1层），代表由旧石器时代晚期向新石器时代早期过渡的文化，即中石器时代文化；白莲洞四期文化（东3层、东2层），代表新石器时代早期前段文化；白莲洞五期文化（东1层），代表新石器时代中期后段文化。

作为旧石器时代晚期前段文化的白莲洞一期文化处于距今36000～26000年，由于末次冰期的降临，当时气温呈下降趋势。植被方面为暖温带落叶林。此时的哺乳动物群为大熊猫—剑齿象动物群。在本期文化层中，工具多以燧石为原料。砾石工具组合中以砍砸器和刮削器为主要成分，出土的各类砾石制品具有明显的旧石器时代风貌，器物制作规整，没有什么特殊器物产生。在工具组合性质上，虽然出现大量带有细石器风貌的燧石小石器，但这些细小石器与典型细石器相比，其加工方法和制作技术明显表现出简单粗糙的特征，与北方细石器显然不属同一系统，它的出现只是反映旧石器时代晚期工具小型化的趋向，燧石石器的主要器物为尖状器、刮削器、柱状石核和小石片，石器的加工有压削的痕迹。处于白莲洞一期文化时期的白莲洞人经济生活主要以采集和渔猎为主，狩猎对象中含有大熊猫—剑齿象动物群中的大型种类，如象、犀牛等。在白莲洞一期文化的层位中还出现两个灶坑残迹，灶炕中有烧过的动物的骨块和烧过的石头，灰烬呈灰白色、厚度不大，这表明是用来烧烤食物的。白莲洞一期文化反映了华南地区旧石器时代晚期文化的面貌。

作为旧石器时代晚期后段文化的白莲洞二期文化处于距今26000～20000年，由于末次冰期进一步降温，此时气候要较今日干冷得多。当盛冰期来临时，该动物群中的喜暖动物逐渐向南迁徙而去。故植被方面由暖温带落叶林转向温带山地针阔叶混交林的生态景观，而山区为寒温或温性针叶林。此时的哺乳动物群仅见个别大熊猫—剑齿象动物群种，多为现生种类。本文化层的燧石小石器与第一阶段的燧石小石器相比，日趋带有细石器的特点，出现了细石叶，石器种类增多，主要有尖状器、刮削器、雕刻器等。在本文化层的石器组合中，大型砾石工具数量增多，但基本保持前一文化层器物的特点，器物除有与前述第5文化层相同种类的器物外，还开始新出现了一类砸器。在白莲洞遗址内，随着层位里所含螺壳的增加，此类敲砸器的数量增多，制作也愈加熟练、规整。此外，出现了工艺非常原始的磨削技术。总之，这一阶段石器制作显示出旧石器器物的制作经过长期的发展过程到晚期阶段已达到了相当高的水平。白莲洞内堆积物中螺壳出现最早层位为西4层的下部，也就是说大约在距今20000年前原始人就已开始捕捞螺类食用。以后随时间的推移，螺壳含量渐渐增多，表明此时原始人不仅狩猎、捕鱼，而且普遍捞取螺蚌为食。

白莲洞三期文化是一个过渡性质的文化，时间在距今20000～12000年。此前，干冷的气候形成了横贯全洞室的巨厚钙华板，代表了文堆积过程中的间段，同时也表现出文化阶段性的变化。此时期，大熊猫—剑齿象动物群已为现代哺乳动物逐渐代替，某些喜暖的大型种类如犀牛、剑齿象和猩猩等在本地区已绝迹。气温随冰川的消逝开始回升，植被中的喜冷性种类减少，逐步转化为亚热带落叶阔叶林。这是一个很特别的阶段，生态环境经历着巨大的变化，既经历末次冰期的盛冰期前段，又跨入盛冰期后期古气候开始转暖、新旧动植群交替之际，在这种气候波动、生态环境变化的背景之中，白莲洞人的经济生活尽管仍以狩猎和采集为主，但在具体内容上已有所变化，狩猎对象已由“大熊猫—剑齿象动物群”转向现代小型的动物，水生经济已上升到另一个高度。该文化期中出现了大量粗犷的砾石工具和少量燧石石器以及磨刃石器。砾石工具较早期文化层出土的同类石器相比，显得粗犷。磨刃石器则是有意识地为获取刃缘而刻意磨削锐缘的一侧。这种为刃而磨，虽然要比前期的石器制作在观念上是一大突破，显示出它是为一定的劳作所需而产生的新工艺思想。磨制技术主要在东 4 层中出现，不仅在石制品上也发展到骨角器上，然而它与晚期文化层中通体磨光石器还有质的区别，毕竟它还只是局部磨光，应是新石器时代磨光石器的先声。此外，该层中还出土了大小适中的穿孔石器。很可能磨刃石斧、磨刃石锛的出现并和粗犷的砾石砍砸器一起是用作砍伐树木的工具。据现代民族志资料表明，砍伐树木是为了开辟耕地，它与原始的农耕活动——火耕有关。砍树—烧山—再加上尖棒（有时还套上“重石”）点播，这是现代某些少数民族依然采用的原始耕作法。值得注意的是，在该期文化层中还出土了一件用于碾碎和研磨赤矿粉的碾磨器，上面仍附有许多矿粉。据考古发现，红色的赤铁矿粉常出现在原始丧葬活动中，还有涂染在一些作为祀典器物上，甚至还用作为绘制原始壁画或涂染身体作为装饰的染料等。白莲洞遗址中出现赤铁矿粉的意义尚不清楚，推测其用途不会出脱上述诸点。凡此种种，第 3 与第 2 文化层代表了一种既不完全同于旧石器文化又不同于新石器文化的另一种文化形态和文化内涵，带有中介性的特点，表现出由旧石器文化向新石器文化过渡的状态，是新石器文化的摇篮。

白莲洞四期文化为新石器早期前段文化，其年代在距今 11000 ~ 9000 年。这一时期，随着全球性气温回升，以常绿乔木树种为主的常绿阔叶林再次占据了柳州盆地。该文化层的石器绝大多数仍为砾石工具，打制石器仍以砾石工具为主，利用完整的砾石打制的敲砸器，其手握部分修整得很规整，刮削器中刃缘多深凹缺口。本层仅发现少量燧石石片制品。出现通体磨光石制品，如双刃切割器，甚至作为重石的穿孔砾石，不仅打磨其孔壁，器身也经磨过。此外，还有经磨制并穿孔的小砾石装饰品、磨制骨角器。学术界一般所认为的新石器时代文化的四个要素，在这已基本具备，人类从此摆脱了原始状态，进入了一个崭新的时代。

白莲洞五期文化为新石器中期前段文化，其年代在距今 7000 年左右。本文化层仅出土数量不多的夹砂陶片。只是代表新石器时代中期的东 1 层堆积物太薄，出土物太单调，还不足以反映该时段的文化全貌。

白莲洞遗址的发现与研究，对探讨华南地区古人类和古文化的演化及其与邻近地区的关系，特别是旧石器时代晚期向新石器时代早期文化过渡课题具有重要的科研价值。

（1）白莲洞遗址是一处内涵十分丰富的石器时代洞穴遗址。白莲洞遗址采用常规的^{14}C年代测定法，特别是应用$AMS^{14}C$测定法获得一批（25个）很有价值的年代数据，据此充分证实了白莲洞文化拥有连续的堆积层位，是迄今已知华南地区发现的唯一一处保存了距今36000年前至7000年以来拥有连续堆积层的洞穴遗址，是华南地区洞穴遗址群中不可多得的晚更新世至早—中全新世的标准剖面和典型地点。

（2）白莲洞遗址地层产状所反映的古气候、伴生动物群与孢粉谱所反映的古生态环境表明，华南地区古气候、古生态环境的变化与全球性古气候的变化趋势是同步的，白莲洞遗址已成为南亚热带罕见的晚更新世玉木冰期以来全球性古气候信息的储存库。白莲洞遗址古生态环境的复原，为探讨华南地区原始文化的演化，为界定华南地区从旧石器时代向新石器时代过渡的起止时间，特别是华南地区原始农耕与动物驯养活动的产生提供了重要的古环境依据。

（3）白莲洞遗址各文化层所揭示的白莲洞文化系列发展模式，即旧石器晚期经过渡期向新石器时代文化的演化，具有典型性和普遍意义。它的发现与研究，不仅证实了我国南方中石器时代文化的客观存在，并为探索华南地区旧石器晚期文化如何经过渡期向新石器文化的转变提供了十分珍贵的实证材料，同时亦为华南地区乃至东南亚地区同时期遗址的研究提供了对比的标尺。

第三节　白莲洞遗址折射的中石器文化信息

被学术界广泛称之为“中石器时代”的定义，一般认为其地质时代已进入全新世，属冰后期，是处于旧石器时代与新石器时代之间的一个文化发展阶段。经济类型仍是以狩猎采集为主，生产工具中使用细石器和其他打制或琢制的石器，磨制石器还没有出现。

传统观念中，一般认为旧石器时代是以打制石器为主要特点，中石器时代以细石器为主要特点，新石器时代则以磨制石器、原始制陶为主要特点。

我们认为，观察、判断、描述一个发展阶段（或一个“时代”）的问题，不是一个简单的判断命题，也不是某件（或某种）指示器能概括的规范公式。虽然一种重要工具的出现，可以作为衡量一个时代生产力发展水平的重要标尺，但这种典型工具却不能涵盖那个时代整体的经济、社会多元的、复杂的、丰富的因素和形态。同时，单一从工具来划分时代，就会不可避免地出现片面性。即使处在同一时期的不同文化，由于生存环境的不同，也会出现经济生活的差异；由于使用材料及加工的不同，亦会出现工艺水平及造型的差异。

我们知道，人类在新石器时代完成了一场经济革命，即从攫取性经济（采集、狩猎）发展到生产性经济（农耕、驯养），有的学者称之为“新石器时代革命”。只有农业和畜牧业的出现，才是划时代的，才能从最大意义上标志出人类文化在历史进程中所取得的飞跃性发展。它的出现，推进了人类社会诸多方面重大变革，开创了社会发展的新时代，无疑是一次革命性的壮举。如果说旧石器时代是攫取性经济时代，那么新石器时代则是生产性经济基本确立的时代。从攫取性到生产性是质的全新的飞跃，这中间必然有一个渐进的由此及彼、亦此亦彼的中介阶段，这个中介阶段（或称过渡期）就是中石器时代。因此，作为中石器时代的代表性（或主体性）经济形态，应该是高度发达的采集、狩猎、捕捞经济和农耕、驯养的萌芽（罗安鹄，1994，1999）。

白莲洞遗址中“中石器时代”这样一个阶段是否存在？其具体内涵如何？虽然目前我们很难按欧洲和中国北方中石器文化的含义来严格阐述华南中石器文化的定义，但从遗存的状况、工具的组合、经济形态以及当时的生态环境等多种因素来加以综合考察和研究，应该还是符合其要旨的。

一、工具组合折射的史前经济形态信息

“工具套”（tool-kit）这一概念是美国“新考古学”的代表人物宾弗（LewisBinford）提出来的，指的是为了某种专门的目的来制造特定工具，即工具的专门化。工具套就是功能整合的成套工具。用直白的话来说，就是工具组合。工具套与资源的利用直接相关，因此透过工具套（即工具组合）分析，我们可以粗略了解遗址经济类型及其文化形态。也只有全面地剖析一个阶段的工具组合，才能把握这个阶段的主体内涵和实质，因为一个新的工具组合的形成，不仅表现了工具制作工艺的新发展，而更重要的是反映了新的生产内容不断产生的需求。

1. 砍伐工具

在这一时期的地层中，出土了一批磨刃或磨端的石斧、石锛等局部磨制的石器。有些考古学家认为，磨刃石斧的出现与砍伐竹木有关，“类型化磨光石器的增加正是为了适应砍倒、烧光、点播的原始耕作而制作的”。此说不无道理。因为磨刃石斧、石锛与大中型砾石砍砸器一起，是当时砍伐与加工坚韧的竹木纤维最有效的组合工具。现代民族志资料表明，砍伐树木是为了开辟耕地，它与原始耕作——火耕有关。砍树—烧荒—用尖木棒点播，是现代有些少数民族依然采用的原始耕作法。

另外，在同一时期的鲤鱼嘴遗址地层中还发现在一端有磨刃痕迹的砍砸器。将磨制技术用在砍砸器上，其意义是让人加深了对磨刃或磨端石斧功能的认识。因为磨刃砍砸器的重量比磨刃石斧厚重，对砍伐大树或树根更为有力。

2. 点播工具

在白莲洞第三、第四期文化层中，出土了一些穿孔砾石，有的双面相对琢磨，易出现断裂；有的直接钻孔，器物较为规整。这些穿孔砾石由于器形一般都略大，不可能用

作纺轮和装饰品。若把其用作狩猎工具，拟将绳子一端绑在穿孔上，狩猎者抓住绳子的另一端，在空中旋转数周，然后抛出。但这需要宽阔的环境，平原地区比较适用，而在柳州峰丛地带，树茂荆密，绳索难以施展。白莲洞出土的这些穿孔砾石，其重量和孔径大小，大多适合穿在尖木棒上使用。如其中一件，长9.5、宽5.5、厚4.6厘米，孔径（上沿部）3.2厘米，若装上木棒，棒的粗细正适合人的手握。

实行刀耕火种的农业，在砍倒烧光后，有的直接把种子撒在地上，让作物自己生长；有的则需要将种子埋在地下，这样就需要一定的播种工具。原始播种工具目前所知的有尖木棒和穿孔石器。

木棒一般难以在考古遗址中发现，但在河姆渡遗址中保存有十几根尖木棒，可能即为点种工具。《国语·鲁语上》："昔列山氏之有天下也，其子曰柱，能殖百谷百蔬。夏之兴也，周弃继之，故祀之以为稷。"李根蟠先生等指出，"列山氏"应理解为放火烧荒，"柱"应是挖穴点种的尖木棒。在白莲洞第三、第四文化层中，发现了一把刀形的凹刃刮削器，也许它正是用来加工、刮削木棒的较为方便适用的工具。

根据非洲民族志资料，大小适中的穿孔砾石是为"重石"，是用来套在尖木棒上增加其重量以利用挖取植物块根或点播种子。这种情景，不仅在非洲布须曼人的史前壁画中得到生动反映，而且前不久南非布须曼人的卡拉哈利部落依然还在使用加上重石的尖木棒作为播种工具。我国云南的佤族在尖木棒下端加一铁块；浙江农村有一种"菜麦桩"，在尖木棒上加一槌型石，便于播种。尖木棒加上重石这种新型复合工具的出现，显然透视出原始农耕的信息，也可以说，这是夏商时期耜耕工具的先祖，耜则是尖木棒重石器的改进和发展。因此，毫不夸饰地说，大小适中的穿孔砾石是点播用的"重石"，它的出现是与农耕萌芽息息相关的。

3. 收割工具

在白莲洞第三、第四期文化层中，出土了不少黑色燧石小石器，有尖状器、雕刻器、箭镞、刮削器，其中有一种锯齿状刮削器。从功能来看，细小燧石器主要不是用于加工坚韧粗糙的竹木，而是用来获取或加工细嫩的枝叶、果实、块根、块茎以及切割肉类等。所以细小燧石器的增多以及燧石箭镞的出现，反映的是采集与狩猎的高度发展，但也不能排除作为原始种植收割器的可能。特别是锯齿状燧石刮削器，其与现代苗侗山地民族使用的锯齿手镰相似。因锯齿在收割谷麦穗时，比平口刃镰锋利省力。这种小型石刀似的工具只适合割断作物的头上部分如穗头等，日本称之为"穗摘具"是非常准确的。

4. 加工工具

在白莲洞第三、第四期文化层中，出土了相当数量的敲砸器，其敲砸端呈尖锥状（或修成一棱脊），为了便于握持还修成弧状。这类敲砸器几乎是随地层里螺壳数量的增加而增多，制作也越加熟练，形制也越加规整，螺壳的尾部大多有敲去的痕迹，足见其用途主要用以敲砸螺壳或砸碎骨块以切割与取髓。反映出这一时期人类捕捞与取食的基本状况。

在这一时段地层中，出土了一件碾磨石，这是一个细粒石英闪长岩质地的扁圆砾石。在砾石一面的中央保留赤铁矿粉痕迹，边缘有3处带有磨蚀切面，而且切面上还有敲砸痕迹。推测它是作碾磨赤铁矿粉用的。既然坚硬的赤铁矿通过砸碎、施压、碾磨可成粉状，那么通常是一器多用的石器时代，仍可用此碾磨石来破碎果实、碾磨谷粒籽实。

二、古动物蕴含的原始驯养业信息

从世界史前的材料看，伴随着气候的波动，人类开始减少对大型动物的依赖，转而通过渔猎，使水生资源在其食物构成中占有越来越大的比例。

大理冰期结束后，华南气温的回升是比较快的，而且随着降雨量的加大，海平面的回升，所有河流量也逐步加大，一些低洼地区也会变成面积宽阔的沼泽地，原来露出水面成为陆地的大陆架区域又重新变成浅海区。这一切变化无形中为浅海区或淡水鱼类和贝类生物的繁殖提供了一个非常优越的生态环境，导致鱼类、贝类繁殖的繁盛期出现。人类的生产活动受生态环境变化的影响，从过去单纯的陆上采集和狩猎活动逐渐扩展到海边、河边、沼泽地，进而发展起渔猎和捕捞活动。白莲洞遗址距今20000年的地层中螺壳和鱼类化石经鉴定的类别有：双棱田螺、李氏双棱螺、乌螺、大蜗牛、道氏珠蚌、鲤鱼、青鱼以及陆龟，螺壳多见人工敲掉尾部，鱼、龟类则多见化石零星残块，由此可以判断它们是人类食物资源的一部分。

仔细观察这一时段出土的螺壳，大小均比较一致，没有出现食用小螺的状况。这说明人类在此时已懂得让小螺长成大螺才食，这已经萌发了养殖的原始意识。从观察小螺长成大螺的规律，到有意识留存小螺让其长大后才食用，这就发生了一次意识领域的质变。我们并不排除白莲洞先民们已经能把某处丰富的幼螺人工扩散到没有或较少螺的沼泽及湖泊浅水处的可能，否则很难解释面积几十甚至几百平方米、厚几十厘米乃至一两米的螺壳堆积之谜。

另外，从人类自成为地球的主人开始，随着人口逐渐增多，食物、资源的压力始终伴随着人类社会的发展，成为人类不断前进的挑战与动力。白莲洞遗址距今20000年以后的地层中螺壳堆积逐步增多，并且呈越晚越多的趋势。以人类步行半径的局限来看，资源不可能远道而来，应该就在步行半径内取用螺壳。那么，人口的逐渐增多，消耗必然逐渐增大，本应是（遗址地域的）自然资源因耗损而减少，然而螺壳却反而越晚越多。这就使我们不能排除人工养殖的因素。

华南地区，主要的文化变化也是与更新世末期的气候变化相对应的。在动物群方面，随着冰期的结束，“大熊猫—剑齿象动物”群被华南现生种动物群所取代。这一时期狩猎在很大程度上已被渔猎和捕捞所取代。大量的螺壳、鱼骨为我们提供了这种转变的证据。遗址数量的增多，各遗址内文化层的变厚以及相应出现的炭屑、烧土、灰烬遗址表明，本地区更新世初人口规模已经明显增加。从桂林甑皮岩距今9100年地层中出土了确切的家猪证据来看，人类在之前的“过渡期”就应有驯养家禽、家畜的萌芽，否则在9100年前突然出现家猪就成为不可想象的“无本之木”或“无源之水”了。

三、古植被透析的原始农耕信息

在史前考古遗址范围内，自然变化以及先民的经济状况还是最直接地反映在植被上，因此，采自考古遗址范围内的植物遗存非常有助于史前环境的恢复。

更新世末期，冰期首先在华南地区消退，气候转入冰后期的温暖多雨期，每年约300天以上的生长期与1500毫米以上的降雨量对可食植物，特别是可供栽培的瓜果类、豆类等野生植物，创造了有利的生长条件。

从植被孢粉分析来看，白莲洞地区在更新世与全新世之交起，其生态小环境中，植被发生了显著的变化，即木本植物递减而禾本科及莎草科植物大大增加。就以禾本科植物而言，在孢粉分析中可见：旧石器时代晚期地层中禾本科花粉缺失或偶有个别；过渡期地层中禾本科花粉较多；新石器时代早期地层中禾本科花粉很多，虽然目前还难以依据花粉来确定是野生的或是种植的禾本科农作物，但禾本科植物的增加可能与原始农耕的出现与发展有关。

更值得关注的是，在禾本科植物逐渐增多的时候，却出现“乔木植物的种类减少，林下、灌丛和地被层组成比较单调”的情况。说明在这个遗址区由于“人为性”的干扰，导致森林覆盖减少及其他灌木草类的减少。森林及灌木丛的减少，意味着人类原始垦殖的开始。

四、信息归纳

有的考古学家认为，文化演进的基本规律是：在其他因素保持不变的情况下，文化发展的水平同工具的效率成正比。透过白莲洞过渡期工具组合所透析出的信息，结合这一时段动物与植物生态的状况，可以看到：这个时期，人类的经济生活虽仍以采集、狩猎为生，但捕捞活动得到空前的发展，原始农耕与动物驯养已开始萌芽。形象地说，过渡期（或称中石器时代）其经济步伐是：一只脚还留在旧石器时代晚期，而另一只脚已踏进了新石器时代早期。正如有的学者所说，原始农耕、家畜驯养与渔猎、采集和捕捞一同构成了全新世之初岭南地区特有的经济复合体。

周国兴先生亦曾对白莲洞遗址所反映的远古信息片段进行了推测（周国兴，

2007）。他认为，在距今30000年左右第四纪更新世晚期，尚处于早玉木冰期向主玉木冰期过渡的时期，气候相对温暖潮湿，原始人类主要过着采集与狩猎的游群生活，采集中会用挖土棒挖掘可供食用的植物块根；用大型的砍砸器、尖状器、甚至木矛等狩猎当时广泛生存的大熊猫—剑齿象动物群成员，除用大砍刀之类外还用小型器物来处理猎获物。随着盛冰期到来，气候与生态环境发生很大变化，特别到后期，大致在距今18000年左右，在干寒气温下高山针叶林南下，大面积草原出现，大熊猫—剑齿象动物群中的喜暖物种逐渐南迁，现代动物群成分逐步出现，它以中小型动物为主。此时代人们狩猎本领的提高，反映在箭头和适于刮削箭杆的深凹刃的辐刀的普遍出现上。掘土尖棒上开始加诸粗制的穿孔砾石“重石”，成为更有效的采集块根的工具，小型的穿孔砾石还可装在棍棒头上成为“狼牙棒”，成为有效的狩猎工具与武器。很可能食物的采集（Food-gathering）进入聚集时期（Food-collecting Era），为转向食物生产阶段（Food-producing Stage）做了过渡准备。随着时间的推移，推测他们也许会将可食用的块根长叶的头部切下后回种到土里进行无性繁殖，就像处于农业前夕的澳大利亚土著所做那样，这已是一种原始农耕活动的萌芽。他们将取食的范围扩大到水域，捕鱼和捞螺蚌。随着盛冰期的消退，特别是跟随而来的盛冰期和后玉木冰期之间的间冰期，气温回升幅度很大，生境再次发生很大变化。水域扩大，水生生物大为繁殖，穿孔砾石作为网坠大量出现，表明渔捞活动的加盛，地层中食后的螺壳增多。很可能因煮食螺蚌的需求导致原始制陶术的产生。原始制陶术的产生与人类用火本领的提高也有密切的关系，后者与气温的降低也密切相关，人类与环境的互动反映到人类生活的方方面面，由此可见一斑。此时采集与渔猎依然是主要谋生手段，人们采集野生禾本科植物种子供食用，包括野生稻谷，可能使用蚌壳作为割取穗头的工具。白莲洞二期文化中有锯齿状燧石小石器出现也许亦可充当镰状物。此时期原始的磨刃技术出现，它导致了以后规范化磨光石斧、磨光石锛等原始农具的产生。原始的园圃式农耕活动可能是最早产生的生产性活动，当前它是攫取性取食活动的补充。除了块根无性繁殖外还有点种豆科作物，作为盛器的葫芦也在种植之列。加重石的掘土棒成了原始点种工具。农耕活动需要相对固定的时日，可能促使了半定居生活方式的产生。所有这一切都发生在距今18000～12000年，新石器文化的基本因素孕育于此，特别是原始农耕活动的萌发，具有革命性意蕴。自后，古生境又经历末冰期，进入冰后期，一系列寒与温的起伏，现代动物群完全取代了大熊猫—剑齿象动物群，人为干扰古植被现象明显，显示原始农耕活动—原始火耕的活动日趋活跃。伐木、烧荒、点种、收获、加工和储藏一系列农事活动的新需求，配套的新工具应运而生。型制规范的磨光石器，包括重石，是高效的组合工具。原始农事初具规模，逐渐成为主要生存手段；在狩猎活动基础上产生的动物驯养，有了稳定农事产生的食物保证而发展起来。经济形态的转化基本完成。陶器的使用日益频繁，成为相对稳定的定居生活指示物。定居聚落形成，人际关系、社会结构趋于复杂，新石器时代终于来到。

第八章　白莲洞遗址与柳州区域史前考古

本文所指的柳州区域泛指位于广西盆地中部偏北，地处柳江—红水河流域，其行政区域包括柳城、柳州、柳江、鹿寨、象州、宜山等县市和武宣、来宾、忻城等县中北部等地区。柳江是西江的一条支流，发源于贵州南部，其上游称都柳江，流入广西境内后称触江，与龙江汇合后始称抑江，在象州石龙头汇入红水河。红水河为西江的主要干流，其源头南盘江发源于云南东部，在黔桂边界与北盘江交汇后向东流入广西，始称红水河。从地理上看，全区大致西北高、东南低，四周山岭绵延，中部岩溶、丘陵广布，地貌类型齐全，形态多种多样。境内山地、台地、丘陵、平原犬牙交错，使各个不同历史时期的人们均可选择适合于其经济形态的居所。特别是众多的岩溶洞穴，宽阔的河边台地为石器时代人们提供了最为理想的栖息场所。而适宜的亚热带气候、繁多的动植物资源，又为先民提供了丰富的生活资料。柳州区域独特的生态环境，乃是决定这一地区古文化面貌最为重要的因素。

第一节　柳州区域史前文化遗存的内涵和特点

柳江—红水河流城的史前考古始于20世纪中叶。经多次调查，在柳州境内发现了数量众多的石器时代文化遗存（蒋廷瑜，1981；李珍，2006；谢光茂，2006）。这些内涵极其丰富的石器时代文化遗存均沿柳江西岸和红水河北岸分布，尤以两江汇合处的柳州盆地最为密布。它们的发现，不仅为弄清柳州区域境内原始文化的面貌，而且对探讨柳州区域史前文化的渊源以及对整个华南原始文化的研究，均有着十分重要的意义。

一、柳州区域史前文化遗存的内涵

柳州区域史前文化遗存依埋藏地点可划分为洞穴遗址、阶地遗址和山坡遗址三大类，现择其重要遗存分别简述如下。这里需要特别指出的是，为探求柳州史前文化的渊源，完整地体现柳州区域新中国成立以来的考古发掘研究成果，本书录入了个别与史前文化遗存无关的古生物化石地点。

（一）洞穴遗存

柳州区域有着非常发育的岩溶群，在洞穴堆积中蕴藏着极为丰富的古人类化石与古生物化石（蒋廷瑜，1984）。继著名的巨猿化石发现以来，柳江人、麒麟山人、都乐人、甘前岩人、九头山人、白莲洞遗址和鲤鱼嘴遗址等古人类化石和遗址相继被发现。这些重要发现，为进一步探索柳州区域古人类的活动提供了重要的实物资料。

1. 柳城巨猿洞

柳城巨猿洞（裴文中，1957，1962，1965）位于广西壮族自治区柳城县社冲乡新社冲村西南约500米处的楞寨山上，该山海拔252米，位置在东经109°16′33″，北纬24°48′18″。巨猿洞地貌为半山及半丘陵地，此山为孤立的石灰岩石山，东、南和西侧近处开阔，不远处是连绵起伏的群山，北侧是一片开阔丘陵地带，1500米处是南北走向的柳江河。巨猿洞原名硝岩洞，后因获巨猿化石而得名为巨猿洞。

（1）巨猿洞概况

楞寨山为孤立石山，占地面积约70000平方米。巨猿洞发现于楞寨山西麓，高出地面约90米。巨猿洞包括巨猿洞Ⅰ号洞和Ⅱ号洞两部分，各洞并有不少的支洞。两洞经多次发掘现已贯通。巨猿洞山洞狭长，右侧有上小下大2个洞口，由小洞口进入洞内后，向下约1米，总长约60米，宽约1.5米，最高处约5米，最矮处不足1米（图七六）。

柳城巨猿洞Ⅰ号洞，为钟乳层生成的“盖板”，“盖板”向内和向外延展，向外延展是下洞口现在的洞底。洞口“盖板”之下，有约1米多厚的含化石的胶结坚硬的“黄色堆积”。

“盖板”也向洞内伸展，下约有1米多深的空隙。空隙的底部为石钟乳生成的平板层，此平板层之下，为富含化石的堆积物，巨猿下颌骨发现于此处。由C区洞向北弯曲，大致为水平方向的伸展。至D处，化石稀少，只保留了一部分堆积。由C区E处，向西北方向又分出一个支洞，堆积物大部分胶结坚硬，富含化石。这个支洞，又向北和向东西再分为两支。

巨猿洞Ⅱ号洞，在与洞口同一水平面相距约20米处，内有与巨猿洞内Ⅰ号洞相同的堆积物，其中也含有巨猿的零星牙齿和巨猿同时期的动物化石。巨猿洞Ⅱ号洞由洞口水平方向弯入，1962年冬进行发掘。巨猿洞Ⅱ号洞的堆积物，亦大部分为胶结坚硬的黄色堆积，内含零星牙齿化石，堆积物之上，距洞顶有一段空隙，约有1米，堆积的最上部为较厚的石钟乳层生成的“盖板”（厚约2米）。“盖板”之下，为黄色堆积砂粒及土质，胶结坚硬（黄色堆积）。下部颜色微红。

巨猿洞洞内堆积物厚2～4米，堆积物的层序由上而下共6层（图七七）。

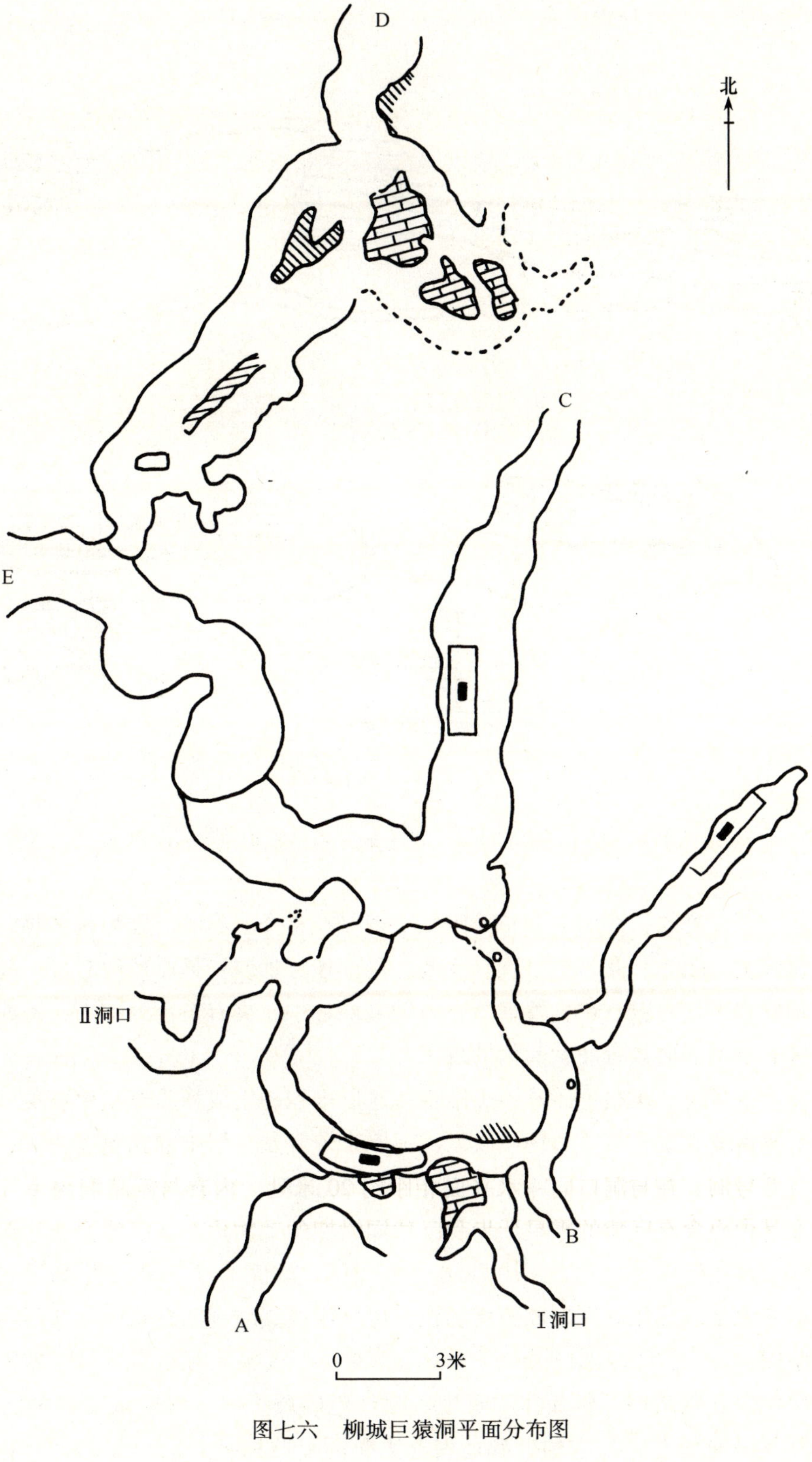

图七六　柳城巨猿洞平面分布图

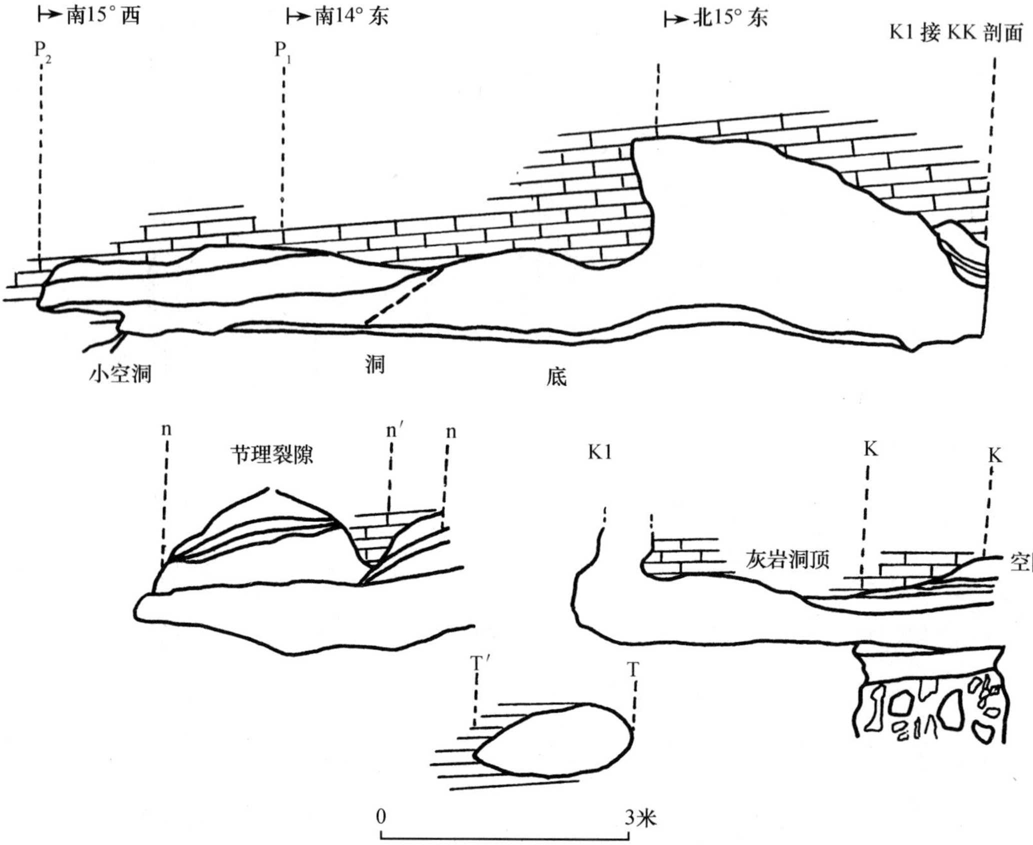

图七七　柳城巨猿洞（Ⅰ、Ⅱ号洞）考古发掘地层剖面图

第 6 层，石钟乳层：此层的分布范围几乎覆盖在整个巨猿洞内堆积物的顶部。但是厚度的变化较大，由Ⅰ、Ⅱ号洞里逐渐变薄，局部地方加厚。最厚的约 1 米，最薄的 20 厘米，个别的地方没有被石钟乳覆盖。在石钟乳层之中，夹有黄色的细土，有时可见到层次。石钟乳层的表面具有波状起伏的现象。

第 5 层，淡黄色、灰白色砂及砂土堆积：这层堆积的组成物质有微粒石英、小粒石灰岩屑以及零星的黏土颗粒。由钙质胶结，但不十分坚硬。层中的孔隙度较大，并在孔隙中生成有微粒的碳酸钙晶体。厚约 1 米，从Ⅰ号洞口往东、西侧支洞逐渐变薄而尖灭。层中亦无化石。

第 4 层，黄色砂质土堆积：系由砂质土、豆石、黄色土球（最大者 10 ~ 12 厘米）等组成。当黄色土球风化后，形成凹坑。在凹坑里生成碳酸钙的微晶体。此层由钙质胶结，十分坚硬。

第 3 层，含有碳酸钙针状晶体的黄色、微红色砂质土层：此层最突出的特点除了碳酸钙晶体很发育之外，在它的上部还夹有黑色的豆石和黏土球。含有大量的巨猿牙齿化石。在水平分布上，有明显的相变关系，即由粗粒的逐渐变为细粒的。其颜色也由略带黄色的变为红色。在垂直分布上，则与上部第4层无明显界限，由上至下也是逐渐变细的。在1963年发掘时，离洞口不远的地方可以见到砾石，石灰岩角砾，铁锰质结核以及方解石晶体等粗粒物质。此层最厚处约4米，一般约1米。往洞里逐渐变薄。

第2层，浅红色、灰黑色砂质土层：局部地方有明显的微层理，并且层与层之间有灰黄色的条带，从而层次特别清晰。在底部有空隙的地方，生成许多的石钟乳。此层分布遍及全洞。厚约30厘米。

第1层，棕色松土层：这是巨猿洞堆积的最下层，与基底的石灰岩相接触，在探沟出露的剖面上，可以看出此层与上部第2层之间有些孔隙，在Ⅰ号洞口1960、1962、1963年发掘部分还见到有一些黄色和灰白色土块。

巨猿下颌骨及牙齿化石出土于第3、4层，其他层则少见或无。其中又以第3层较为丰富：

巨猿下颌骨出土情况：巨猿下颌骨Ⅰ出土于巨猿洞Ⅰ号洞东侧支洞第3层；巨猿下颌骨Ⅱ出土于巨猿洞Ⅰ号洞东侧分支，接近直洞口，周围堆积物属第3、4层；巨猿下颌骨Ⅲ出土于巨猿洞Ⅰ号洞第4层。

巨猿牙齿化石出土情况：在第4层里，在巨猿洞Ⅰ号洞洞口附近，巨猿牙齿很少，特别是在巨猿下颌骨Ⅰ的西南边更为罕见。只有在巨猿下颌骨Ⅱ的略偏南才有巨猿牙齿出现，以各支洞交界处，化石数量最多。在巨猿洞Ⅱ号洞，牙齿较巨猿洞Ⅰ号洞少，越往直洞里面（即由支洞交界处向北），牙齿数量越少。在第3层里，仍以各支洞交界处含巨猿牙齿最多。在北西支洞（1963，B）入口处巨猿牙齿化石也较多。其他地方的巨猿牙齿较少。在北西支洞（1963，B），随着黄色堆积逐渐消失，出土的巨猿牙齿数量亦逐渐减少。

（2）巨猿洞的发掘与收获

1956年秋，广西柳城县社冲乡新社冲村农民覃秀怀在巨猿洞挖“岩泥”作肥料时，发现了巨猿下颌骨化石Ⅰ。

1956年中国科学院古脊椎动物与古人类研究所在广西考察时发现柳城巨猿洞Ⅰ号洞，并于1957年1月至3月进行第一次发掘。

1956年冬至1957年春，中国科学院古脊椎动物与古人类研究所对巨猿洞Ⅰ号洞进行了第一次发掘，发现了巨猿下颌骨化石Ⅱ及许多巨猿牙齿及其他动物化石。

1957年11月至1958年2月中国科学院古脊椎动物与古人类研究所对巨猿洞Ⅰ号洞进行第二次发掘，发现了巨猿下颌骨化石Ⅲ及许多巨猿牙齿及其他动物化石。

1958年9月至1959年1月中国科学院古脊椎动物与古人类研究所对巨猿洞Ⅰ号洞进行第三次发掘，发现了许多巨猿牙齿及动物化石。

1959年11月至1960年2月中国科学院古脊椎动物与古人类研究所对巨猿洞Ⅰ号洞

进行第四次发掘，发现了更多的单个巨猿牙齿及动物化石，并在巨猿洞Ⅱ号洞发现了巨猿牙齿化石 20 余枚。

1960 年 10 月至 1961 年 1 月中国科学院古脊椎动物与古人类研究所对巨猿洞Ⅱ号洞进行第一次发掘。

1962 年冬至 1963 年初中国科学院古脊椎动物与古人类研究所对巨猿洞Ⅱ号洞进行第二次发掘。

经过六次的考古发掘，巨猿洞Ⅰ号洞与巨猿洞Ⅱ号洞已经完全打通，发掘面积共 180 平方米。

柳城巨猿洞是世界上巨猿化石最为丰富的地点。经中国科学院古脊椎动物与古人类研究所六次考古发掘，在面积约 180 平方米的堆积中，出土完好的巨猿下颌骨 3 件（其中巨猿下颌骨Ⅰ、巨猿下颌骨Ⅱ保存大部分下颌体，巨猿下颌骨Ⅲ下颌骨体几乎全部保存），巨猿牙齿化石 1100 多枚。巨猿是猿类一支中最接近于人的一种，柳城巨猿洞的发现及出土的巨猿化石，代表了早更新世的早期阶段的巨猿个体（75 个）。联系到广西其他如大新县、巴马县等地都发现了巨猿化石，表明距今 100 多万年前，广西一带曾经是巨猿活动的重要区域。柳城巨猿的发现，对于研究巨猿的起源及人类的进化有着重大科研价值。

柳城巨猿洞内堆积物中的动物化石，数量多，且有不少新种属，出土的动物化石，除鱼类化石外，从高等灵长类到低等龟鳖类都有发现（裴文中，1962）。如：先东方剑齿象、似锯齿三棱齿象（新种）、犀牛、似中国黑熊、大熊猫小种（新种）、拟豺、豹、更新世小豹、更新世猎豹、小猪獾（新种）、南方猪獾、硕箭猪（新种）、桑氏鬣狗、德氏野狸、果子狸、灵猫等数十种属的骨骼和牙齿数千枚（件）。

巨猿洞出土的动物化石，多属哺乳类动物，按其种属可划分为灵长目、啮齿目、食肉目、长鼻目、奇蹄目、偶蹄目 6 种：

灵长目（Primates）：

步氏巨猿 *Gigantopithecus blacki* Kocnigswald

猩猩 *Pongo* sp.

猕猴 *Macaca* sp.

啮齿目（Rodentia）：

硕箭猪 *Hystrix magna* Pei

华南豪猪 *Hystrix subcristata* Swinhoc

扫尾箭猪 *Atherurus* sp.

食肉目（Carnivora）：

拟豺 *Cuon dubius* Teilhard

小猪獾 *Arctonyx minor* Pei

猪獾 *Arctonyx collaris* Cuvier

似中国黑熊 *Ursus* aff. *thibetanus* G. Cuvier

大熊猫小种 *Ailuropoda microta* Pei

桑氏鬣狗 *Hyaena licenti* Pei

豹 *Felis* (*Pathera*) *pardus* L.

更新世鬣狗 *Cynailurus pleistocacnicus* Zdansky

德氏狸 *Felis teilhard* Pei

野狸 *Felis* sp.

花面狸 *Paguma larvata* H. Smith

灵猫 *Viverra* sp.

长鼻目（Proboscidea）：

似锯齿三棱齿象 *Gomphotherium serridentoides* Pei

东方剑齿象 *Stegodon preorientalis* Young

奇蹄目（Perissodactyla）：

云南马 *Equus yunnanensis* Colbert

爪兽 *Nestoritherium praesinense*

裴氏貘 *Tapirus peii*

柴氏犀 *Rhinoceros*（?）*chaii*

偶蹄目（Artiodactyla）：

最后双齿尖河猪 *Dicoryphochoerus ultimus*（sp. nov.）

多突起河猪 Potamochoerus nodosarius（sp. nov.）

小猪 *Sus xiaozhu* Han, Xu et Yi

柳城猪 *Sus liuchengensis* Han

南方猪新种 Sus sp. nov.

裴氏猪 *Sus peii* Han

柳城丘齿鼷鹿 *Dorabune liuchengensis*

湖麂 *Muntiacus lacustris* Teilhaid et Trassaert

广西巨羊 *Megalovis guangxiensis* Han

上述动物其中包括了一些新的种属，如柳城猪、裴氏猪、凤岐祖鹿、广西巨羊、最后双齿尖河猪、多突起河猪、南方猪、更新世小豹等。

“柳城动物群”代表了南方特色和作为华南动物群的最早代表，对于解决巨猿所属的地质年代及更新世动物群的问题提供了十分珍贵的实物资料。

（3）巨猿研究现状

柳城巨猿洞共发现巨猿下颌骨3个，牙齿1000余枚。这些材料至少代表了75个巨猿个体，其中雄性33个，雌性42个。据研究，柳城巨猿化石主要形态特征是：下颌骨及牙齿比任何古猿化石或现代的猿类和人类的下颌硕大和粗壮，具有相当明显的两性差别，而下颌骨外侧的形态却与现代类人猿相似，但前部没有颏骨（裴文中，1957；吴汝康，1962）。

对洞内的堆积和伴生动物化石研究表明，柳城巨猿洞的地质年代属更新世早期（吴汝康，1962）。在中国发现的巨猿化石地点中，大新黑洞共发现3个巨猿牙齿化石，伴出动物化石有猩猩、剑齿象（裴文中，1965）。从动物群的古老性来看，大新巨猿的时代要晚于前者，为更新世早期或中期之始。巴马弄莫山洞发现也发现1枚巨猿牙齿化石（张银运等，1975），其伴生动物化石中没有见到诸如硕箭猪、拟豺、丘齿鼷鹿等更新世早期柳城巨猿洞动物群中的较古老的性质的种属，它几乎是更新世中、晚期大熊猫—剑齿象动物群中常见的成员，其地质时代与大新巨猿的地质时代大致相当，但比柳城巨猿的地质时代为晚。据研究，武鸣步拉利山的巨猿化石的地质时代亦与巴马巨猿的地质时代大致相当，同为更新世中期（张银运等，1975）。

巨猿以它硕大的下颌骨和牙齿以及既似猿又似人的特性而著称于世，由此引起古人类学家、古生物学家的广泛关注，并在20世纪五六十年代曾引发热烈的争论。与此同时，专家们还对巨猿的体质形态、生活习性乃至灭绝原因等均作了较为深入的探讨（安志敏；1963；吴汝康，1963；颜訚；1963；王令红等，1978）。

关于巨猿的系统地位，很多中外学者从不同的角度对巨猿进行了研究，提出了诸多的不同看法。其焦点归结起来即巨猿是属于猿科还是人科。裴文中教授等认为，巨猿与类人猿的关系与比人类的关系更为密切，主张将巨猿归为猿科。而以魏敦瑞为代表的部分学者则认为巨猿是人类的直系祖先，在分类系统上巨猿属于人科成员。在行为方式上，根据巨猿下颌骨与直立行走的关系，一般认为巨猿可能还不会直立行走。

根据对巨猿伴生动物群的研究，学者们普遍认为巨猿的生态环境是一种森林和草原的环境。而在食性方面，由于巨猿的牙齿没有发展出切割和撕裂那样的适应特征，结合门齿小、犬齿不锋利、上下臼齿的咀嚼面大、磨蚀厉害等特点，反映了富含碳水化合物的食物占很大分量，因此巨猿应以植物性食物为主。有的学者根据巨猿栖息地周边都有大面积竹林分布的关系，进而认为竹类是巨猿的主要食物。与此相反的观点则认为巨猿可能以肉食为主，它们已会捕获其他动物。

巨猿出现于第三纪的中上新世，灭绝于第四纪的中更新世。对于巨猿灭绝的原因，一般认为一方面由于第四纪冰川的影响，使得气温降低，植被发生改变，而身体特化了的巨猿无法适应改变了的环境；另一方面，在第四纪巨猿与直立人共存，人类的发展限制和改变了巨猿的生存环境。在内外因素的共同作用下，到了中更新世巨猿就绝灭了。

柳城巨猿洞出土巨猿及其他动物化石数量众多（数千件、枚）、种类复杂，出土巨猿下颌骨和牙齿化石的数量堪称世界第一，这在世界上实属罕见。目前世界上共发现9个巨猿化石地点，除5处发现于广西外，另外4处分别发现于印度北部的马恰尔帮（王令红等，1978）、越南谅山的潭古元洞（Ciochon R L，1990，1996）以及我国湖北建始高平龙骨洞（许春华等，1974）、重庆巫山龙骨坡（黄万波等，1997）。而这些地点发现的巨猿化石，多为为数不多的单颗的牙齿化石。因此，柳城巨猿洞是巨猿化石地点数量最多、材料最丰富的地区点。

柳城巨猿的发现引起了世界的轰动。自巨猿发现以来，先后有美国、法国、德国、匈牙利、黎巴嫩、日本等国家的专家到柳城巨猿洞考察研究。柳城巨猿的发现具有重要的科学价值。

第一，柳城巨猿洞是迄今为止世界上出土巨猿化石最为丰富的地点，已出土巨猿下颌骨化石3件，巨猿牙齿1100多枚，其数量之多在国内外同类洞穴遗址中首屈一指，在巨猿系统上占据着极其重要的地位。这些化石代表着众多的巨猿个体（75个），对于研究巨猿的形态、生活习性乃至灭绝原因等方面具有重大的科研价值。

第二，柳城巨猿洞发现众多的巨猿化石，表明此地曾是巨猿群体生活居住之地，联系在广西其他地区如大新、巴马等地都发现了巨猿化石，表明在100多万年前广西一带曾经是巨猿活动的重要区域。

第三，柳城巨猿洞洞内堆积中发现的动物化石，数量多，除鱼类化石以外，从高等灵长类到低等脊椎动物龟鳖类都有存在。这些动物属哺乳动物类的灵长目、啮齿目、食肉目、长鼻目、奇蹄目、偶蹄目之类，如猩猩、金丝猴、猕猴、华南箭猪、豪猪、扫尾箭猪、拟豺、小猪獾、似中国熊、大熊猫小种、豹、德氏狸、灵猫、东方剑齿象、锯齿三棱齿象、云南马、裴氏貘、最后双齿尖河猪、湖麂等数十种属的骨骼和牙齿数千枚；其中有不少为新种。这些化石作为更新世华南动物群的最早的代表，不仅为解决柳城巨猿洞的地质年代提供了确切的证据，而且对于研究华南更新世早期动物群同样具有十分重要的价值。

第四，柳城巨猿洞化石的发现，是我国人类进化研究中的一个重大发现，巨猿洞的发现为我国南方第四纪洞穴堆积的地质时代填补了一个空白，即在原来认为只有灰色堆积和黄色堆积的基础上，增添了一个新的层位——早更新统巨猿洞堆积。柳城巨猿洞的发现，对探讨人类的起源具有重要的意义。

2. 笔架山化石地点

笔架山位于柳州市郊北部约10公里处，柳州钢铁厂的采石场内，东边濒临柳江（相距约800米）。笔架山由中石炭统大埔组灰岩夹白云岩组成，山峰高出地面约80米。含化石的裂隙（可能原为洞穴，因自然力及近年来采石爆破作业而看不出洞穴的痕迹），位于半山腰，高出柳江河面约60米。堆积物上部被人为扰乱，但大部分堆积仍然保存，而洞顶和洞的一壁已被开采而不存在。

堆积物呈北西—南东向长条形分布，剖面自上而下可分为9层：

第9层：黄色砂质土，含有小砾石和破碎化石，厚0.4米；

第8层：微红色黏土，厚0.8米；

第7层：黄色砂质土，含化石较多，厚1.1米；

第 6 层：胶结的黄色砂质黏土，含少量化石和灰岩小颗粒，厚 0.7 米；

第 5 层：胶结的黄色砂层，厚 0.1 米；

第 4 层：钙质胶结层，厚 0.4 米；

第 3 层：微红黄色砂质土，含钙质结核，厚 1.8 米；

第 2 层：含铁锰质的黄色砂质黏土，含少量化石，厚 1.4 米；

第 1 层：黄色亚黏土，含少量化石，厚 1.5 米。

共采集到脊椎动物化石分 7 目 21 种，其中 20 种为哺乳动物。化石大多数为单颗牙齿，有少数残破的上下颌骨，种类为华南第四纪哺乳类常见成员。地层中含化石密度较大，数量总共约 1000 件。经中国科学院古脊椎动物与古人类研究所韩德芬、许寿华同志鉴定研究（韩德芬等，1975），它们是：

猕猴 *Macaca* sp. （臼齿一枚。是发掘数日后，上海自然博物馆的同志再到此地点找到的）

中国黑熊 *Vrsus thibetanus Cuvier* （颊齿、犬齿数 10 枚）

大熊猫 *Ailuropoda melanoleuca baeoni* （颊齿 24 枚）

獾 *Arctonyx collaris Cuvier* （颊齿数枚）

桑氏鬣狗 *Hyaena licenti* （下颌骨及颊齿数 10 枚）

猫 *Felis* sp. （颊齿数枚）

德氏野狸 *Felis teilhardi* （颊齿数枚）

似锯齿嵌齿象 *Trilophodon serridenstoides* （臼齿数枚）

东方剑齿象 *Stegodon* cf. preorientalis （臼齿数枚）

东方剑齿象 *Stegodon orientalis* （臼齿数枚）

中国貘 *Tapirus sinensis* （残破左上颌带 $P^2 \sim M^1$，单个颊齿）

中国犀 *Rhinoceros sinensis* （颊齿数 10 枚）

小种猪 *Sus xiaozhu* sp. nov. （左右 M^3 各一枚，右 M^2 二枚，左右 M^1 各一枚，右 M_2 一枚，右 C^1 一枚。为新种。）

笔架山猪 *Sus bijiashanensis* sp. nov. （残上颌骨一个带左右 $M^3 \sim M^1$，单个颊齿若干）

猪 *Sus* sp. （单个恒齿、乳齿数百枚）

鹿一 *Cervus* sp. Ⅰ （各种单颗牙齿，下颌骨数 10 件）

鹿二 *Cervus* sp. Ⅱ （各种单颗牙齿数 10 枚）

麂 *Mutiacus* sp. （颊齿数 10 枚）

牛类 *Bovinae* gen. et sp. indet. （各种单颗牙齿数 10 枚）

菊头蝠 *Rhinolophus* sp. （单颗牙齿数枚）

上述动物群组合来看，似锯齿嵌齿象和桑氏鬣狗等为华南 Q_1 的特有种，其他各种则为华南 $Q_2 \sim Q_3$ 常见种类。其中大熊猫和貘未达到更新世中晚期的大体型，但比早更新世柳城巨猿洞的小种熊猫（Ailuropoda microta）个体要小。

小种猪代表了我国猪属中一种个体较小的类型，可能代表了一种生活于 $Q_1 \sim Q_2$ 时期的种类。笔架山的猪个体中等，臼齿的附属小尖不发达，M^3 较宽短，后跟座收缩，M_3 的跟座由双尖组成。就其大小和牙齿形态上都与我国已描述过的各个种不同，所以另建立一新种。

笔架山的动物群组合中，具有的 Q_1 似锯齿嵌齿象和桑氏鬣狗以及先东方剑齿象等，但缺乏古老的第三纪残余种的丘齿鼷鹿、爪兽等。其时代可能比柳城巨猿洞动物群晚，可能为早更新世晚期。

3. 鸡笼山动物化石地点

位于融水县城的西北约 1500 米的两个孤立的灰岩石山下部的山洞堆积中。靠北部的叫上鸡笼，高约 20、长 100 多米，山的东侧有一洞口宽阔的山洞，洞口宽约 15、高约 10、深 40 米，下部堆积大部已经被侵蚀，化石发现于从下而上的第三层盖板之上，采集的化石有剑齿象、野猪、大熊猫、熊、羊、鹿、豪猪七种，石化程度较高。

下鸡笼山位于大鸡笼山东侧，相隔 50 多米，有一大一小的山峰。化石发现于北部洞口以内 15 米处、洞外平地上约 3 米的第二层堆积物的盖板上下，堆积物较坚硬，为淡黄色，化石发现有猪、鹿类、豪猪、熊、牛 5 种。

上下鸡笼山动物洞穴堆积的岩性坚硬，高度相似，动物化石是牙齿和少许碎骨片。估计这两个洞是水洞，化石的时代可能是更新世晚期。

4. 西廓村动物化石地点

位于融水县城西 5000 米的西廓村东南 1000 米公路转弯处，采石场山下一山洞的堆积之中。此山洞的洞口高出外部的二级阶地约 3 米，洞口高 3. 5、宽 2 ~3、进深 20 米。堆积已有认为和自然的扰乱，化石采集于淡黄色的再生灰岩所组成的胶结坚硬的盖板之中，厚 0. 13 ~0. 26 厘米，有剑齿象、鹿类、豪猪等牙齿化石，可能是更新世晚期遗存。

5. 白岩洞化石地点

位于融安县大良公社和南大队白艾村东南面马鞍山，距离白艾村约 15 公里。洞口位于半山腰上，距现地面高约 15 米，朝北偏西，狭窄低矮，前为一时令河溪。洞内呈弯曲的管道状，潮湿。堆积物于 1958 年因挖“龙骨”、“龙齿”而扰乱，层次不明显。在洞后部分的盖板下为黄色砂质黏土，胶结坚硬，化石发现于此。在扰乱的堆积物中，找到啮齿目豪猪牙齿 1 颗，长鼻目剑齿象牙残片 1 块，奇蹄目貘牙齿 1 枚，偶蹄目鹿牙残片若干、麂牙齿 1 枚、野猪牙齿 1 枚。地质年代推测为中新世晚期。

6. 巴敢岩化石地点

巴敢岩位于鹿寨县城东南约 7000 米处，东北距龙田大队巴敢村约 1000 米，南距寨头村约1000米。山前约200米处有石榴河自东北流来，这里是一片丘陵地带，巴敢岩是这一带唯一一座裸露的石灰岩山，该山有一前后相通的大溶洞。化石是在山西南面崖壁上一大块胶结坚硬的黄色堆积物中发现的，堆积后部是大洞的一个支洞口。堆积略呈长条状，长约6、宽约0.5、厚约2米。堆积分早晚两部分。化石主要保存在胶结坚硬的堆积中，有骨骼化石、牙齿化石等。

7. 牛仔山洞穴化石地点

位于鹿寨县雒容公社连丰大队牛仔山，柳鹿公路南侧，东距鹿寨约14公里，南距连丰大队约2公里，距大队农机站约300米。洞相对高程约30米，洞穴略呈喇叭形，正洞口下有一坎，几为绝壁，不可攀登，从侧洞口入要经过一段极狭窄的地段，仅容一人伏地爬行而入。洞深约30米，洞口朝向90°，洞内尚有堆积物，在贴附于洞顶的一套黄色砂质黏土（胶结坚硬）中含化石密度较大，但这层堆积物不多。在洞中，采集到的化石有豪猪、熊、大熊猫、狼、古貘、犀牛、剑齿象、麂、鹿、猪、羊等，牙齿大多破碎，回来后经修理和粘补后尚可鉴定，其中鹿、猪牙齿较多，狼的 M^1 1枚尚属本地区未曾有的标本。其堆积物时代为更新世晚期。

8. 双龙岩化石点

位于柳江县洛满镇同吉水库旁的双龙岩。1988年11月，当地农民在水库旁开山炸石，发现已被乱石和泥土堵塞的双龙洞口，经清理发现，洞高1.5、宽2、长100米。在洞内发现大熊猫的骨头化石，没发现其他遗物。时代为更新世晚期。

9. 板浪村化石点

位于柳江县土博镇板浪村东北面约100米。该地点为一石灰溶洞，洞内发现鹿、野猪等动物化石及黄褐色螺蛳壳堆积，没发现其他遗物。时代为更新世晚期。

10. 水源村化石点

位于柳江县土博镇水源村南面约500米的塘岩内。塘岩洞口朝西，距地面约80米，洞口残留有胶结坚硬的黄褐色和黄色堆积，发现有野猪、野牛、鹿、犬、熊猫、剑齿象、豪猪等动物的牙齿化石，但残存堆积物不多。时代为更新世晚期。

11. 车权洞古生物化石点

位于武宣金鸡乡架田村东权山洞穴内，该洞高出附近地面40米，洞口高15、宽5米，遗址面积35平方米。文化堆积为含螺壳的黄褐色堆积，胶结坚硬，内含犀牛、鹿等动物化石。时代为更新世晚期较晚阶段。

12. 欧洞古生物化石点

位于忻城县欧洞乡欧洞村国道北侧山腰的岩洞中，洞口朝南，距地面高约15米，洞高8、宽10米。在距洞口深约20米的硝土中，发现有牛、马、鹿、剑齿象、虎、髦狗等动物牙齿化石。时代为更新世晚期。

13. 周洞遗址

位于柳江县成团公社盘石大队华石三队附近的寨么山。1971年华石三队等生产队入洞挖岩泥作土磷肥时发现此洞。

柳江县位于柳州市西南部，成团公社的盘石大队位于县城拉堡镇之西南约16公里处，柳州至三都的公路经过这里，寨么山在盘石村之西南约300米处。盘石一带浅灰色灰岩夹白云质灰岩广布，时代为中石炭统。石灰岩形成的岩溶地形发育，峰林星罗棋布，其中岩洞甚多。寨么山为一东南向的马鞍形独立低丘，相对高度约100米。山上有溶洞数个，其中以周洞深而广。寨么山西北有一小溪自西向东蜿蜒流过，溪水清澈见底，水中鱼虾螺蚌较多，是古人类捕捞的天然的场所。寨么山附近较大的池塘也不少。

周洞洞口方位275°，在洞口处分为南北两个分口。北边的一个较宽广，距地表高9.1、宽5米；靠南边的一个距地表高11、宽2米。洞内呈稍弯曲的管道式，洞底崎岖不平、宽窄不一。洞内全长60余米，最窄处不足1米。洞内原生堆积物原厚度在2米左右，由于人为挖掘，现存堆积物不多，近基岩处已胶结坚硬，含化石。界于两侧已胶结的堆积之间为黄色亚黏土，较疏松，含化石较少。在入洞约30米处的东北侧向下约2米有一洞，潮湿，未发现化石。

在入洞约25米处的北侧有一小洞，洞口（A点）高1.3、宽1.1米；在其东侧由于人工的挖掘，出露一小洞口（B点），较狭窄，人可以爬进爬出。该小洞长9.2、宽4、高约5米，较干爽。小洞内原堆积物无胶结，为黄色亚黏土，厚92厘米。在所剩的堆积物中向下再掘进几厘米深即发现灰烬层，其中尚有未烧完的残肋骨和已碳化的树枝。洞顶岩壁上一层被烟熏成黑色，入洞之西北角有一贴于岩壁上生成的白色尖塔形的钟乳石，高1.3、厚0.8米，此钟乳石生于黑壳之外，未被烟熏，说明此钟乳石生成于黑壳之后，即时代晚于人工烧火之后。该小洞内干爽，面积约36平方米，适合古人类居住。据说1971年农民入内挖岩泥时曾发现一具类似人的下颌骨化石，现已下落不明。试掘数处发现了多种动物化石，并发现烧过的白胶泥和石灰岩被烧成的白色块状物。

在洞穴的管道处（C点）作了重点的采掘，发现有：

豪猪　*Hrstrix* sp.

犀　*Rhinaceros* sp.

猪　*Sus* sp.

鹿　*Cervas* sp.

在C点所发现的化石多为零星牙齿和破碎的小骨片，且多为啮齿类所啃咬过。这层淡黄色已胶结的堆积及其中所含的化石均为流水搬运带入沉积所成，从四种动物化石的组合来看，其时代可能属更新世晚期。

在A洞中做了较多的试掘，发现有：

豪猪　*Hrstrix* sp.

鼠　*Rhigomys* sp.（?）

獾　*Arctongx* sp.

熊猫　*Ailuropoda* sp.

虎　*Felis tigris* L.（?）

猪　*Sus* sp.

麂　*Muntiacus* sp.

鹿　*Cervas* sp.

牛类　*Boviolae*

在A小洞中，原生堆积的绝大部分已被人工挖掘掉。在所剩的堆积下，发现灰烬层。在黄色亚黏土及灰烬层中发现9种动物化石，化石多为单颗牙齿及骨骼碎片。这些显然为人类带入，即曾有人类在此居住和烧火。还发现烧成炭状的树枝，石灰岩被烧成石灰，有的化石被烧成许多裂口。由上述动物群的组合及其他旁证分析，堆积物的时代为晚更新世晚期，动物化石不是流水搬运进来，因洞口A较多，化石可能是古人类狩猎物带入洞内所食剩者。

14. 柳江人化石

柳江人化石地点位于广西柳州市东南16公里的柳江县新兴农场通天岩的一个支洞内，地处东经109°26′03.9″，北纬24°10′43.2″。该洞因发现著名的“柳江人”化石而得名为“柳江人洞”（彩版四四，1）。柳江人是目前中国发现保存最为完整的晚期智人化石之一。从形态特征判断，柳江人是正在形成中的蒙古人种的一种早期类型，是迄今在中国乃至整个东亚发现的最早的现代人的代表（吴汝康，1959）。它的发现，表明我国南方亦是蒙古人种的发祥地。

（1）柳江人的体质特征

柳江人所在的通天岩山体海拔230米，高出附近地面70～80米。通天岩在山体的上部，是一个巨大的喀斯特岩洞，洞顶有天窗与洞外相通，洞前有斜道下至柳江人洞。柳江人洞洞口朝北，高出附近地面约17米，主洞长127米，宽3～5米。柳江人头骨化石距洞口约18米，体骨化石距洞口约28米（图七八）。

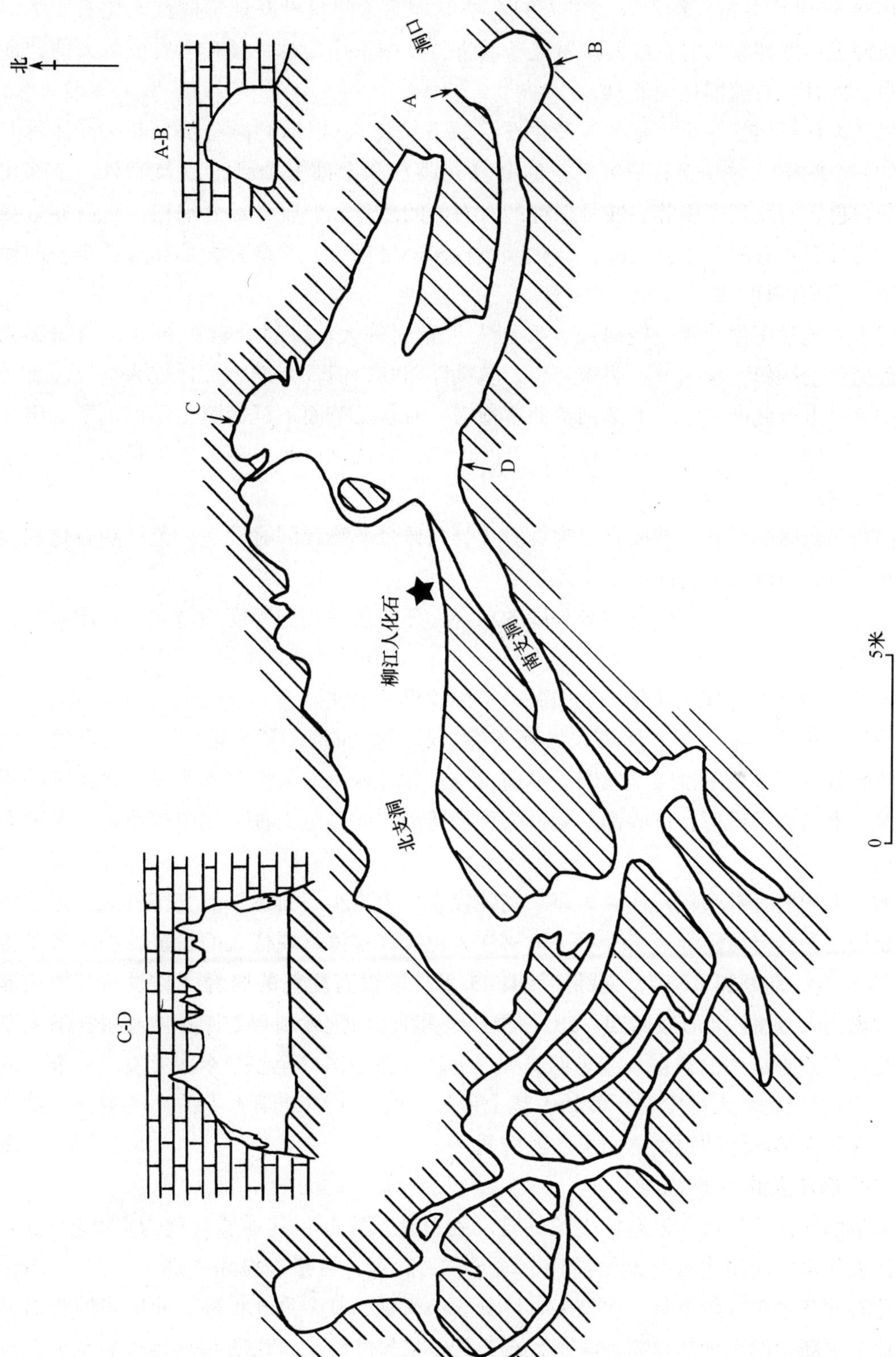

图七八　柳江人洞平面及局部洞穴剖面图

1958 年 9 月中旬，新兴农场工人们在挖取岩泥做肥料时发现了柳江人化石。中国科学院闻讯后立即派当时在广西柳城巨猿洞进行发掘工作的林一璞和李有恒等人前往现场考察，人骨化石随即送到北京。

柳江人化石包括一个完整的头骨化石（缺下颌骨），仅两侧颧弓部分断裂。体骨有完整的四个胸椎（并粘连有长短不一的肋骨五段）和全部五个腰椎以及骶骨。全部化石呈灰白色，石化程度中等。肢骨保存的有右侧的髋骨，但耻骨部分缺损，化石亦呈灰白色，另外有左右股骨干各一段，石化颜色较深，呈灰色，并杂有大小和形状不一的褐色斑块（彩版四四，2 ~5）。

经古人类学家吴汝康教授研究，柳江人头骨中等大小，眉脊较为粗壮，眉间部肥厚，额部稍稍倾斜，额结节不明显突出，乳突部粗壮，但乳突细小。骨较为细致。骶骨宽度中等，上部曲度平缓，下部则弯曲度增大，月状关节面下延达第三骶椎水平。椎骨较细，宽臼明显向前，髂骨部分较为张开，但髂宽较浅。这些都是男性头骨、骶骨和椎骨的特征。

髓骨与骶骨的月状关节面互相吻合。头骨与体骨及髋骨同时发现，色泽和石化程度也互相一致，可以认为是同一个个体。

头骨上的主要骨缝都已有中等程度的愈合，牙齿已有相当程度的磨能，推测年龄在四十岁左右。

据此，柳江人全部人骨化石应同属一个中年男性个体。

柳江人头骨属中头型。颧骨较大而前突。鼻骨低而宽，鼻梁稍凹，鼻根点并不低陷。鼻梨状孔下像不成锐缘而低凹。鼻前窝浅。鼻前棘小。犬齿窝不明显。齿槽突颌程度中等，上门齿呈铲形，这些都是蒙古人种的特点，而且是人种分化中较原始的黄种人的特点。

柳江人的股骨骨壁较现代人为厚。髓腔较现代人为小，而近于尼安德特人。这些特征表始柳江人具有一定的原始性质。但柳江人也有许多接近现代人的特征，如脑容量接近 1400 毫升，前额膨大隆起，嘴部后缩；头骨枕部没有粗壮的肌脊等，说明其体质形态已和现代人基本相似了。柳江人比各种猿人和古人进步，但较山顶洞人和资阳人原始，是正在“形成中的蒙古人种早期类型，为迄今在中国以至整个东南亚发现的最早的现代人代表”。柳江人的发现，轰动了整个世界，引起了中外学术界的高度重视，世人把探求现代人类起源的视线移向了广西柳州。

（2）柳江人的地质年代

关于柳江人的年代，根据伴生的哺乳动物群化石推断，其地质时代为更新世晚期。与柳江人伴出的动物化石有大熊猫、中国犀、剑齿家、箭猪、猩猩、猕猴、豺等 17 种动物化石。其中东方剑齿象、中国犀、巨貘为绝灭种，其余为现生种，而熊猫的骨骼尺寸要比早更新世的小种熊猫粗大，也比现生种熊猫尺寸略大，说明它是典型的晚更新世产物。据此推断，柳江人的地质时代应为晚更新世后期。另外，从柳江人头骨的形态特征、头骨的颅盖高指数和前囟位指数、前囟角和额角来判断，可以确定柳江人是晚期智人类型。他较生活在距今18000年前的山顶洞人为原始，但比生活在距今20万年前的北京猿人进化，是正在形成中的蒙古人种的一种早期类型（吴汝康，1959）。

然而这里需要提及的是，近几年来有学者对出土柳江人化石的地层和身伴生动物化石进行了测年，所测年代与原定时代有较大的出入。原思训教授对柳江人遗址出土的伴生动物化石测定的年代为距今22万~6万年。最近有专家对柳江人遗址三层钙化板采用铀系法进行测定，其绝对年代数据表明，第二钙化板绝对年代大于70000年；第三层钙化板小于15万年。据此推测，柳江人的绝对年代应早于70000年，而晚于15万年（王頠等，2004）。这使柳江人的年代位置大幅度前移。

人类起源与进化是人类长期关注的焦点之一。从20世纪80年代开始，由于基因研究涉入现代人类起源的领域，国际学术界流行现代人类起源于非洲的学说。1987年，遗传学家分析了现在活人的一些基因，主张世界上所有的现代人都是20万年前（近年来由新的科研成果而修改为15万年）在非洲突然出现的一群与过去古人很不相同的新人，他们的后裔在大约10万年前走出非洲，在欧亚大陆扩散开来，完全取代了原来生活在欧亚的古人类，中国也没有幸免。1998年以来，中国的一些遗传学者也相继发表论文，赞成中国现代人完全源自非洲，并且进一步提出那些来自非洲的移民大约在60000年前到达中国，以后完全取代了原来生活在中国的晚期智人。

提出6万年前中国原有古人类完全被取代的这种假说的旁证，是中国没有年代在5万~10万年前的人类化石。他们认为是最后大冰期的寒冷导致中国古人类的灭亡，因此来自非洲的现代人进入中国后完全可以取代原来生活在中国的古人类。

“柳江人洞”是东亚地区现代人类起源关键时期一处人类活动地点。柳江人两次新测年表明，柳江人的绝对年代应大于60000年前。假如这一测年结果正确的话，将再一次证明了距今60000前的中国古人类并未真正灭绝。柳江人新的年代的测定，提供了现代人多地区起源说和中国人类连续演化的新证据。

（3）柳江人遗址质疑

对于“柳江人洞”这个化石地点的性质，学术界向来聚讼纷纭，莫衷一是。曾有人认为它是柳江人的居住遗址，也有人认为是柳江人埋藏的处所，迄今尚无定论。但依据已有资料和实地考察分析，我们认为上述两种假设尚缺乏有说服力的科学解释，因而这种可能性极少（蒋远金等，1994；蒋远金，2004）。

首先，从生态学的角度看，“柳江人洞”并不是史前人类理想的栖身之所。如果我们用生态学的观点来探讨已经发现的洞穴遗址，便得到这种结论：史前人类对他们的居住地点是有选择性的，而且这种选择是相当严格的——近水、洞口背寒风、洞厅宽敞明亮。“柳江人洞”洞口朝东北，正处于迎来北风的地形凹处，不但不利于史前人类安全过冬，而且洞口仅高约2、宽2.6米，洞道窄且几经曲折已处于完全黑暗之中，显然也不利于史前人类群居生活。因为从穴居人数来看，甑皮岩出土18具人骨架，鲤鱼嘴出土6具，表明洞穴居址的人口数应平均七八人至十几人左右。再者，“柳江人洞”所处的地理位置，附近缺乏可供常年饮用的水源。这是一个不适宜人类居住的洞穴。

其次，从埋藏类型看，柳江人及其伴生哺乳动物化石既非属于特殊埋藏类型亦非原地埋藏类型，而是属于搬运类型。据野外观察，属于史前人类作用产物的特殊埋藏类型，有其自身的特点：一是动物化石、石制品或其他文化遗物混合在一起；二是动物骨骼严重破碎，完整的头骨或肢骨很少或根本没有。已有资料表明，在“柳江人洞”中，既没有发现任何人工打制痕迹的石制品，也没有发现其他遗物遗迹，与之伴出的大熊猫骨架几乎是完整的，这也与早期人类常有敲骨吸髓的习惯不一致。因此，没有任何迹象证明，这里曾经是人类的生活遗址。

“柳江人洞”既然不是人类的居住遗址，那么它是否是人类的墓地呢？一般来讲，属于葬地类型的，其人类遗骸、遗物等所在地层及其上覆的地层通常都是比较细的沉积物，如黏土、细砂、粉砂或粉砂质黏土，这一原理与柳江人化石所在的粗角砾地层极不一致，且人骨分散在两处，无任何陪葬或有意埋葬迹象。可见，柳江人化石并非有意埋葬的遗骸，而是从洞外移入的。

柳江人化石是通过什么途径被移入洞内的呢？据我们初步分析，动物骨骼从洞外搬入洞内主要有以下途径：一是地表水流冲入，应具有与冲积物共生、常受到一定程度的磨蚀、损坏等特征；二是食肉类食于洞内，此时，化石集中，且多为牙齿化石，骨骼上常有啃咬槽痕，且很少完整，化石多发现于距洞口不远处的沉积物中；三是地表及浅部洞穴内的动物遗体经塌陷或伴随泥石流移入洞内，因移运及堆积速度快而经历时间短，所以在很多情况下保存有完整的骨架。据已有资料记载，柳江人化石中，有完整的1具头骨、4个胸椎和与之相连的长短不一的4根肋骨、全部腰椎和骶骨、右侧髋肌、左右股骨各1段，伴生动物大熊猫化石亦保存完整，且发现于距洞口20～30厘米深处。从化石保存这个基本特点看，柳江人及其相关化石堆积，显而易见地属于第三种堆积情况。

第三，从洞穴堆积物发育程度来看，说明“柳江人洞”洞内堆积物的形成是与气候的湿润多雨和相对干燥的频繁波动、泥石流的反复入侵、堆积和侵蚀溶蚀作用交替密切相关，与人类的活动则无关。

“柳江人洞”所在山头海拔230米，高出附近地面70～80米。通天岩在“柳江人洞”的上部，它是一个巨大的落水洞，洞顶有天窗与洞外相连，洞底有支洞可与“柳江人洞”相通。

“柳江人洞”的现有通道全部是由人工开挖疏通的。主洞长127米，沿途有径长约5米的厅室两个，尚有支洞多条。查阅有关资料以及根据洞壁上残存的堆积物判断，洞内堆积物大致可分为（图七九）：

上层钙华板，厚0.2～0.5米，色黄至黄褐色。水平至缓倾斜产状，覆盖于洞穴堆积物表层。向上与洞顶滴石相连接，除近洞口部分尚存外均已被挖除，但在洞壁上部近

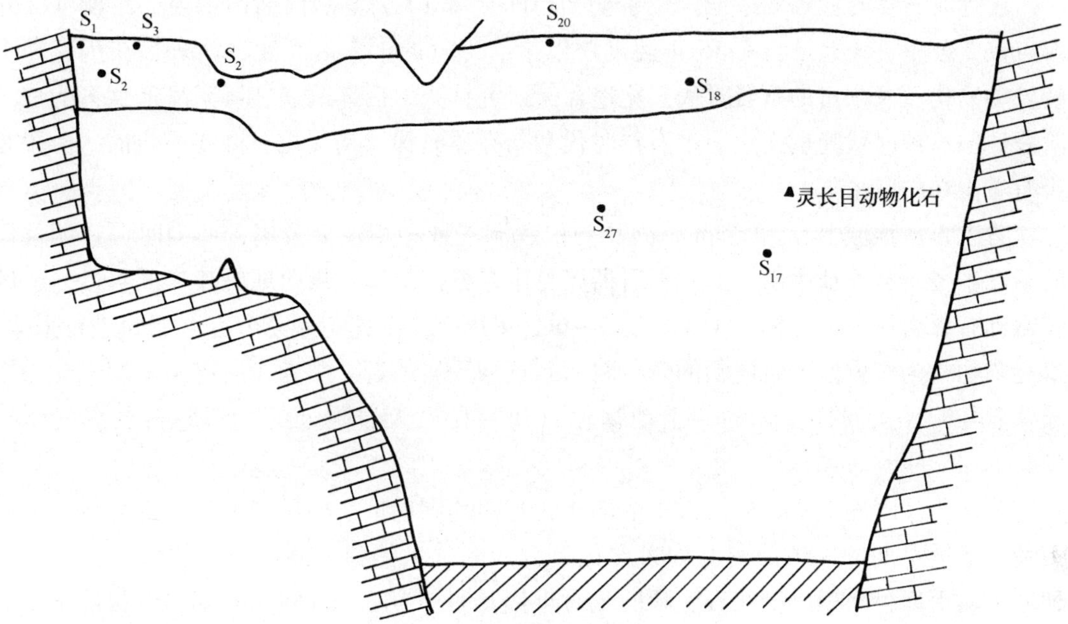

图七九　柳江人洞局剖沉积剖面图

洞顶的部位，还屡见其残存沉积物。

中层含碎石角砾的黄褐色黏土及砂质黏土，上部夹薄层钙华板。厚4～8米。碎石角砾为当地的石灰石、白云石和燧石，多呈棱角状，混杂于黏土之中，不具分选成层的特征，胶结十分坚硬。柳江人、大熊猫化石均发现于本层上部的1～3米深度以内。

下层灰色细砂夹黄色致密潮湿黏土，具水平层理，可见厚度约1米。

上述三类不同性质的堆积物，反映了“柳江人洞”洞穴堆积物形成期间堆积环境的几次重大变化：下层的细砂和黏土层可能是洞穴溶蚀扩大阶段末期的残余水流沉积，接着洞穴便进入了砂屑物质和钙华的填充阶段，厚度可达8米的碎石黏土层（含化石层）是一种快速的泥石流堆积物，它是通过其上部的通天岩支洞灌入“柳江人洞”的。可以设想，柳江人的遗骸正是在这种情况下，从野外被当时夹有角砾和泥沙的迅猛山洪带进现在埋藏他的洞内，而成为著名的“柳江人洞”的。

（4）柳江人的渊源

柳江人既然不是“柳江人洞”的居住者，那么附近有没有他们的真正的栖身之所呢？

柳州有着非常发育的岩溶群，其中不少洞穴中蕴藏着十分丰富的古生物与古人类化石。继著名的柳江人化石之后，近年来又先后发现了都乐人、九头山人、白莲洞人、甘前人、鲤鱼嘴人等人类化石点或遗址。这些人类化石的发现特别是白莲洞这个石器时代文化综合体的发现，为进一步探讨与柳江人的关系问题提供了宝贵资料。

白莲洞石器时代洞穴遗址，位于柳州市东南郊 12 公里的白面山南麓，距柳江人化石点仅 2 公里，该遗址自 1956 年被发现以来，经过近年来多次发掘清理，获得了许多哺乳动物化石及丰富的石器时代文化遗存。研究认为，白莲洞遗址可明显地划分为三个阶段：旧石器时代晚期文化、中石器时代和新石器时代早期文化。柳江人与前一阶段是否有着内在的联系呢？

首先，从地域上看，“柳江人洞”与白莲洞遗址相距仅 2 公里，而当时白莲洞居民的活动半径，从遗址中出土的砾石石器屡见来自柳江沿岸一级阶地的浅变质粉砂岩、闪长岩和辉绿岩等成分分析，至少可达 5 ~ 6 公里以上，白莲洞人完全有可能为进行采集、追逐猎物或为获取通天岩周围的燧石料而到达通天岩附近。因为在白莲洞早期文化层中蕴藏着与柳江人同样古老的伴生动物化石和取自通天岩附近的燧石原料制成的生产工具。

其次，从时间上看，柳江人生活的年代与白莲洞遗址早期年代十分接近。柳江人和白莲洞遗址早期的伴生动物群均为含化石智人的“大熊猫—剑齿象动物群”成员，在地质上属更新世晚期。柳江人生活的绝对年代其测年为距今 60000 多年，但目前学术界对柳江人生存年代的看法普遍认为应在 30000 ~ 40000 年为宜。白莲洞遗址堆积物的年代测得的上限为 36000 ± 2000 年，含人牙化石及文化遗址的西七层约距今 30000 年左右，另据广西水文地质工程队的普查报告认为，白莲洞整个洞门的堆积物自老而新大略可分为三套，其中最早的一套多被农民挖岩泥时破坏，残留部分见于东侧的洞口处另一套厚约 1. 5 米的细砾层，内含动物化石，其时代可能在晚更新世之初，这些年代记录与柳江人生存时代十分接近。

此外，从体质人类学上看，柳江人与白莲洞人在体质上所表现的形态特征相当接近。柳江人经人类学家吴汝康研究，被认为是“形成中的蒙古人种的一种早期类型”，其头骨前囟点的位置较现代人靠后，具有一定的原始性，但在更多性状上与现代人并没有明显的区别；白莲洞人共发现牙齿两枚，这两枚人牙化石的石化程度较深，它们在个别性状上表现出一定的原始性，如右 M 齿冠基部有齿带的痕迹，与现代人尚存在着一定程度的差异，在体质上应与柳江人同属化石智人的晚期代表。

综上所述，从地域、时代和体质上看，柳江人很可能就是白莲洞早期文化的创造者。或者说，白莲洞人在外出采集食物、追踪猎物或为获取制作工具的原料时，由于遭到意外的丧生，其尸骸被泥石流带进了现在埋藏的洞内。我们可以再现当时沉积的过程：大概在晚更新世的某个时候，一次迅猛异常的山洪携带着大量岩屑、岩块以及柳江人和大熊猫的尸首，从西南方向的支洞倾泻而下。与此同时，现在洞口处有一些含岩屑和亚黏土的坡面水溢入，它们在第一厅室内汇合并沉积下来。此后经过一段很长的时间，其上发育了钙华板，到了全新世初期，又从现在洞口继续流入坡面水，生成第一钙华板以下的土状堆积。随着岁月的流逝，这些堆积物逐渐将洞口完全堵塞并在其上发育了第一钙华板……这样柳江人的文化就获得了解决，即白莲洞早期文化就是柳江人文化。

15. 麒麟山人

麒麟山位于广西来宾县桥巩圩之北1.5公里、合隆村之南0.5公里处。麒麟山东西长约150、南北宽约110、高45米。1956年1月14日，中国科学院古脊椎动物与古人类研究所野外调查队在该山一个名叫盖头洞的洞穴里发现了1具残破的人类头骨、1件粗制的石器和2件人工打制的石片（贾兰坡等，1959）。该头骨因发现于麒麟山而得名为麒麟山人。

（1）洞内堆积概况

盖头洞壮语叫做“卡姆头洞”。该洞洞口朝南，高出附近地面7米，洞口高2.7米，洞深4.8米。在洞的尽头通过一个小洞还另有一个洞室。洞内原有堆积，因农民挖取岩泥做肥料而大部分被挖去。

洞内堆积厚约1.7米，根据其性质可以划分为上下两层。

上层：黄灰色角砾层，厚60厘米，堆积层被薄层钙华板间隔为三层，但由于堆积物性质十分一致，故发掘者将其划归为一层。人类化石发现于表层钙华板之下12厘米处。

下层：红色土状堆积，厚约110厘米，该层土质虽然较硬，但却不如上层胶结紧密，层中含结核和碎石块。

盖头洞发现的动物化石数量极少，伴出动物化石除发现一些零星的残破鹿牙、猪牙和肢骨破片外，还发现少量的斧足类壳和大量的田螺、乌螺等腹足类软体动物的躯壳。

这个地点发现的文化遗物也很少，除上层发现有薄层的灰烬（含炭块、烧骨）外，还发现1件打制得十分粗糙的石器和两件人工打制的石片。

（2）人类头骨化石

麒麟山人化石仅存颅底部分，标本呈灰白色，石化程度中等。化石包括大部分上颌骨和腭骨、右侧的颧骨和大部分枕骨，但三者并不相连续，不能相互黏结。上颌骨保留有右侧的三颗臼齿和第一前臼齿，左侧的第一臼齿和两个前臼齿。臼齿齿冠已大部分被磨蚀，前臼齿已磨蚀到齿颈部分，头骨表面粗糙，牙齿较大。根据牙齿和头骨所显示的年龄和性别特征，可以确定麒麟山人为一老年男性个体。

根据贾兰坡等人的研究，麒麟山人的犬齿窝较浅，齿槽凸度中等，犬齿隆起非常明显；鼻梨状孔的下部较宽；眼突不如一般现代人下陷；枕骨曲度指数为83.5，与现代人种枕骨曲度的平均值82.8接近；枕内隆凸与枕外隆凸与现代人位于同一水平。这些特征和现代人十分相似，没有明显的原始性，因此，麒麟山人应属晚期智人。与之共生的动物化石，无论是哺乳动物还是软体动物均为现生种，亦表明麒麟山人的年代应为旧石器时代晚期（贾兰坡等，1959）。

16. 都乐人

都乐人化石（易光远，1976）位于柳州市东南12公里的都乐公园的蘑菇洞和南蛇

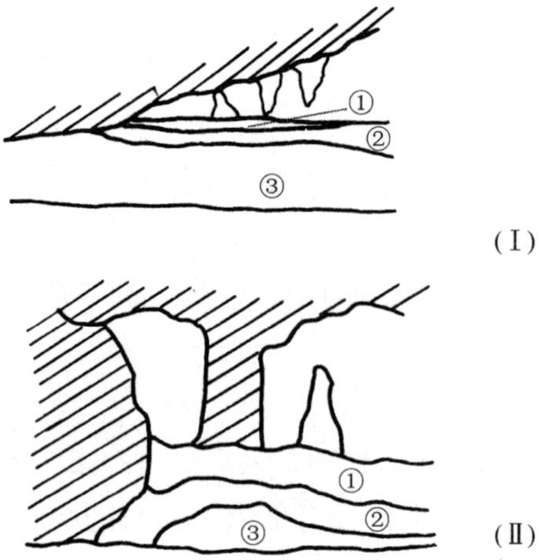

图八〇　盘龙洞剖面图（Ⅰ、Ⅱ）

洞内，地处东经109°25′，北纬24°19′。蘑菇洞和南蛇洞为都乐岩溶洞群的组成部分，该溶洞群占地1平方公里，由13个山头和47个溶洞组成。

（1）洞内堆积与伴生哺乳动物化石

都乐岩溶洞中的堆积物以石灰华为主，并有较小的角砾和土状堆积，哺乳动物化石及人骨化石多出自后者。

盘龙洞为都乐溶洞中最为典型的岩洞，该洞口高出现在地面约20米，洞底与洞顶较平坦，属阶地型洞穴。其洞内堆积物自上而下为（图八〇）：

剖面Ⅰ：

第一层，为灰色砂质土层，含哺乳动物化石，厚约150厘米；

第二层，为浅灰色砂质土层，包含物有小砾石和炭屑，厚约20厘米；

第三层，为黑灰色砂质土层，土质较单纯，厚10厘米左右。

剖面Ⅱ：

第一层，为巨厚钙板层，厚约70厘米；

第二层，为黄色砂质黏土层，堆积物中含较多的哺乳动物化石，厚约100厘米；

第三层，为微红黄色黏土，堆积物中含少量哺乳动物化石，厚约100厘米。

都乐溶洞中出土的哺乳动物化石数不多，且多为破碎的残块。经鉴定，其种类有：

灵长目：

　智人　*Homo sapiens*

啮齿目：

　豪猪　*Hystrix subcristata*

　獾　*Arctonyx* cf. *rastratus*

食肉目：

　熊　*Ursus* sp.

　狼　*Canis* sp.

奇蹄目：

　马　*Equus* sp.

偶蹄目：

　猪　*Sus* sp.

　鹿　*Cervus* sp.

　牛科　*Bovidae* indet.

上述动物化石均为“大熊猫—剑齿象动物群”的成员，且多为现生种，其地质时代应属晚更新世后期。

（2）人类遗骸

都乐岩人化石主要为1枚上乳臼齿和1段股骨干。周国兴教授曾对这些人类化石遗骸进行过研究（周国兴等，1983）。

人牙1枚，出自都乐岩蘑菇洞，石化程度中等，是上右侧第二乳臼齿（右DM2）。齿冠小，各齿尖上多附嵴，并倾向边缘，齿根较纤细且明显外张，这都是乳齿典型形态特点（表一六）。

表一六　都乐岩人牙（右DM2）测量表

		长度（mm）（颊—舌径长）	宽度（mm）（近中—远中径长）	高度（mm）
齿冠		9	9.8	6.5
齿颈		7	8.8	
齿根	舌侧支	5	（4.2）	（7）
	颊侧近中支	3	5.3	10.5
	颊侧远中支	3	5	（6.5）

股骨1段，经鉴定为一左侧股骨的骨干残段，出自都乐岩南蛇洞，石化程度中等。骨干的两端及骨干腹面的股骨嵴均被豪猪啃噬过。

骨干背腹径方向上较扁，骨嵴左侧有滋养孔两个，相距5厘米，骨壁较厚，两滋养孔间的骨干背腹径长为1.9厘米，左右径长为2.4厘米。骨质致密，骨干较纤细，且股骨嵴发育较弱，似代表一成年女性个体。整个骨干的形态与现代人股骨很接近，应属新人类型化石。

17. 甘前岩人

甘前岩位于柳江县城西约24公里的土博公社四案大队甘前山，该山距四案小学约1000米，柳江县到土博的公路从山边绕过。甘前山高约100米，洞口海拔410米，高出附近山脚约8米。洞口朝南，宽约10、高2.5米。洞前为小盆地，离此山200米处有小溪流过。

（1）洞穴与洞内堆积物情况

甘前岩为石灰岩，溶洞系串珠式水平洞。倾斜向上而入，除在外洞有一宽约50平方米的椭圆形大厅外，往里的其余各厅均需爬行入内，洞内石灰华非常发育，顶上到处悬挂石钟乳。从洞口狭小入洞困难来看，显然这不是适宜人类生活的地方，估计这些化石是随流水冲来。该洞下层还有溶洞，为地下河流，现在仍有残水留存。

洞内现存的堆积主要分布于离洞口较远的狭长通道内。洞内堆积物主要为黄色灰红的黏土，富含水分，黏性极强，层理不明显。洞内人类化石和动物化石即包裹于其中（图八一）。

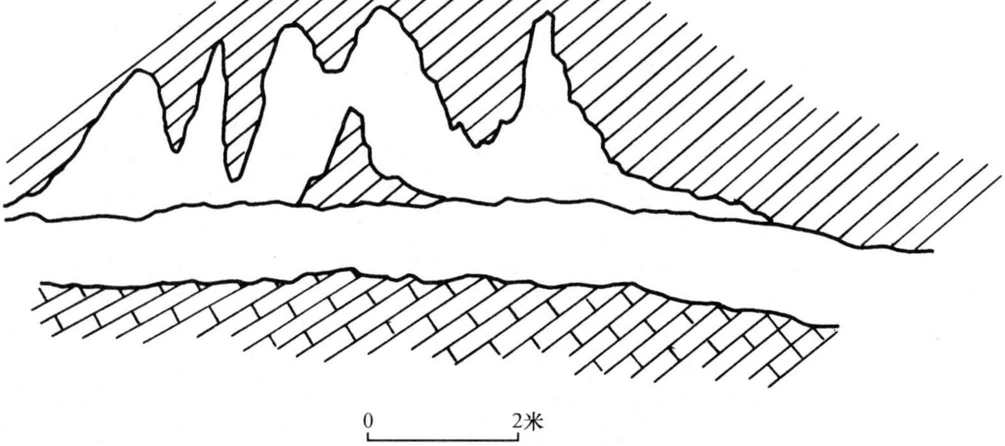

图八一　甘前岩地层剖面图

1980 年 5 月初，柳江县医药公司收购了一批出自该洞的动物化石，随即报告了柳州市博物馆。博物馆派员观察这批标本，从中发现有人牙化石，并于 5 月 7 日追踪到出土地点。此后博物馆的野外工作人员对该洞进行了考察、清理和测量工作。

1981 年 1 月，广西博物馆与中国科学院古脊椎动物与古人类研究所组成的野外调查队，根据柳州市博物馆提供的线索，对该洞进行了考察，获得了一批动物化石和人牙化石（李有恒等，1984）。

甘前岩发现的哺乳动物化石多为单个牙齿，其保存情况较差，不少牙齿的牙根上有被豪猪啃咬过的痕迹。经鉴定，这些哺乳动物化石的种类有：

灵长目：

化石智人　*Homo sapiens*

猩猩　*Pongo* sp.

猕猴　*Macaca* sp.

啮齿目：

竹鼠　*Rhizomys* sp.

豪猪　*Hystrix* sp.

食肉目：

虎　*Felis* sp.

熊　*Ursus* sp.

狐　*Vulpes* cf. *vulgaris*

狼　*Canis* sp.

大熊猫　*Ailuropoda melanleuca*

长鼻目：

剑齿象　*Stegodon* sp.

亚洲象　*Elephas* sp.

奇蹄目：

中国犀　*Rhinoceros sinensis*

巨貘　*Megatapirus augustus*

偶蹄目：

野猪　*Sus scrofa*

水鹿　*Rusa unicolor*

鹿　*Cervus* sp.

麂　*Muntiacus* sp.

牛科　*Bovidae* indet.

上述哺乳动物化石以鹿类、猪类居多，这些成员均为“大熊猫—剑齿象动物群”的习见成员。

（2）人类牙齿化石

1980、1981 年两次从甘前岩中清理和搜集的人牙化石共 16 枚。这些人牙化石石化程度较高，齿冠均保存完整（周国兴等，1983）。

1980 年收集到的人牙化石一共有 7 颗（G. Q. H. 1 ~ 7），石化程度较高，齿冠均完整保存；齿根除 3 颗牙齿保存颇好外，其余均缺损。这 7 颗人牙化石经周国兴教授研究，他们代表 4 个个体。

G. Q. H. 4，左 M1，齿冠粗硕，这颗牙齿在形状上虽有一定的原始性，但总的形态仍属智人类型，且齿冠尺寸小，齿根粗壮程度也在现代人范围之内。从形态上看，该牙齿化石具有较为接近化石智人的早期代表的特点。代表一男性成年个体。

G. Q. H. 2，左 M1，齿冠较前者明显为小，咬合面较光滑，咬合面上无明显中沟，有 V 形沟将前尖与原尖彼此隔开，齿冠的整个形态与现代人殊为接近。代表一女性成年个体。

G. Q. H. 1，左 M2，齿冠上釉质的色泽和齿尖的光滑程度与 G. Q. H. 2 相同；且其近中面的接触面，与 G. Q. H. 2 远中面上的接触面，在大小与形状上完全一致，并能密切吻合，故两者属于同一个体。从这两颗牙齿的形态看，虽较同一个体的 M1 具有一些原始性，如前尖上有明显分化的附嵴，齿根也相当粗壮，但总的说来与现代人并无明显差异。

G. Q. H. 3，右 M2，形状和大小与 G. Q. H. 1 几乎别无二致，由此说明 G. Q. H. 1 ~ 3 当属同一个体。这现两颗牙齿细小，形态结构没有明显的原始性状。

G. Q. H. 5，右 M1 或 M2，次尖退化几乎消失，咬合面的形状和大小与前者均不一样，当属另一个体。

G. Q. H. 6，右 M1 或 M2，齿冠大小和釉质色泽与 G. Q. H. 5 相接近，且能密切咬合，故两牙当属同一个体。从磨蚀程度与大小看，它们代表一青年女性个体。

G. Q. H. 7，右 M1，是下臼齿的牙胚，它大小适中，近中远中面上无接触面，因不能判断它属那一个臼齿的牙胚，故它所代表个体的性别与年龄不能正确判断。

1981 年从地层中采集到古人类牙齿化石 5 颗，连同从柳江县医药公司药材仓库中挑选出来的 4 颗牙齿，共计 9 颗。李有恒等人对这些人牙化石进行了具体研究（李有恒等，1984）。

KS81001. A.，上内侧门齿，牙齿仅留牙冠，牙根尚未长成，属尚未萌出的恒齿，为一个不到 6 岁的儿童。

KS81001. B.，左上臼齿，齿冠保存完整，齿根尚未长成，可能为一个不到 6 岁的儿童。这枚牙齿呈现现代人的性状。

KS81001. C.、KS81001. D.、KS81001. E. 三枚牙齿均属右上第一臼齿，牙冠的磨耗程度也差不多，齿冠已部分磨去，估计属 50 岁以上的老年个体。这三枚牙齿似与现代人更接近。

KS81001. F.，上第二臼齿，牙冠因严重磨损，无法辨别其性状。标本属现代人。

KS81001. G.，上第三臼齿，牙冠和齿根都保留。牙齿各项指标值接近现代人。

KS81001. H.，下臼齿，牙齿仅留牙冠，牙根尚未长成，属尚未萌出的恒齿，为一个不到 6 岁的儿童。

KS81001. I.，左下第二臼齿，齿冠体存完整，第一臼齿尚未萌出，为一个不到 6 岁的儿童。

上述发现的 16 枚人牙化石，至少代表了 9 个个体。广西自然博物馆在 1997、2003 年先后两次对其进行了清理，并获得一批人牙化石（王頠等，1999），限于材料，这里不再赘述。

综上所述，甘前岩洞出土的人牙化石，尽管部分牙齿的某些形态特点上与现代人相比显示出一定程度的原始性状，但基本形态仍属智人。在这些牙齿中有个别接近化石智人早期类型的特点，但粗壮程度又较智人早期代表要稍逊一筹。个别牙齿中有接近现代人的特点，但与现代人平均数值相比较，甘前岩人齿根比现代人粗壮。

总的说来，根据现有材料可以初步判断，甘前岩人虽然部分牙齿的某些性状显示出一定程度的原始性，个别牙齿甚至较为接近早期代表，但主要性状仍为晚期代表所共同具备的，甘前岩人当归属化石智人，且为化石智人晚期代表。

18. 九头山人

1975 年在柳州市东南约 6 公里的九头山一溶洞中发现，仅有前臼齿化石 1 枚。伴出动物化石有大熊猫、豪猪、狼、猪、羊、鹿、牛等（柳州市博物馆，1983）。为更新世晚期人类化石。

19. 五寨山人

1962 年发现，遗址位于柳州市柳城县风山镇五寨山山脚，面积近 100 平方米（含洞内和洞外堆积）。1962、1978、1980 年对遗址进行调查和试掘，共发现石核 1 枚、贝饰品 25 件、人牙化石 90 多枚、下颌骨化石 4 件、肢骨化石（碎块）26 块、骨椎 2 件、未鉴别动物化石 3 件。为新石器时代中晚期人类化石。

20. 鲤鱼嘴遗址

鲤鱼嘴遗址位于柳州市大龙潭公园内的龙山南麓，名为鲤鱼嘴的岩厦处（彩版四五，1）。遗址堆积依山势分布，略呈 V 字形，面积约 200 平方米，文化堆积由岩边向外逐渐倾斜，并延伸至大龙潭边（彩版四五，2）。鲤鱼嘴遗址通过 1980、1987 年和 2003 年的三次发掘表明，获得了一批重要的考古资料和实物标本，特别是三个时期的文化堆积，分别代表了三个不同时期的文化，它的发现对探讨华南地区旧石器时代文化向新石器时代文化的过渡具有重要的学术价值。

（1）历次发掘与研究

1980 年 1 月，柳州市博物馆工作人员罗秀英同志和桂林文管会工作人员谭发胜同志在柳州市郊大龙潭调查摩崖石刻时，发现鲤鱼嘴山下岩厦处有很多螺壳堆积，并从地表上采集到少量的夹砂陶片。随后，柳州市博物馆又专业人员前往调查，并采集到一些陶片、砺石等遗物，证实为一处石器时代贝丘遗址。

1980 年 10 ~ 11 月，柳州市博物馆和广西壮族自治区文物工作队专业人员对其进行了首次试掘（柳州市博物馆等，1982）。遗址发掘面积约 60 平方米，共开一条探沟和两个探方。探沟为东西向，面积为 5 米 ×2 米。T1 面积约 7. 2 米 ×5 米，T2 面积约 5 米 × 4 米，在 T1、T2 之间留 0. 6 米的隔梁。鲤鱼嘴遗址为含介壳的文化堆积。据 T1 东壁、西壁和探沟南壁剖面观察，堆积物自上而下分为 4 层（图八二）。

第 1 层：扰乱层，为灰色土状堆积。土质疏松，厚 28 ~ 42 厘米。含少量螺壳、打制石器、石核、石片、磨光石器、砺石、骨器及夹砂陶片。

第 2 层：即上文化层，为灰褐色土，贝壳堆积。土质较为疏松，厚 14 ~ 40 厘米。含大量螺壳，螺壳个体较小，表面发白。出土打制石器、石核、石片、磨光石器、骨器、蚌器与陶片。

第 3 层：即下文化层，为黄褐色土，贝壳堆积。土质胶结，厚 100 ~ 170 厘米。含大量螺壳，螺壳个体较大，表面发黄。出土大量燧石石器、打制石器、石核、石片以及一件刃部磨光的石斧和少量夹砂陶片及大量的动物骨骼化石。在此层的上部还出土 6 具人体骨骼化石。

第 4 层：生土层，为棕黄色土状堆积，未见任何文化遗物。

原研究者认为，鲤鱼嘴遗址可明显地划分为二期文化。

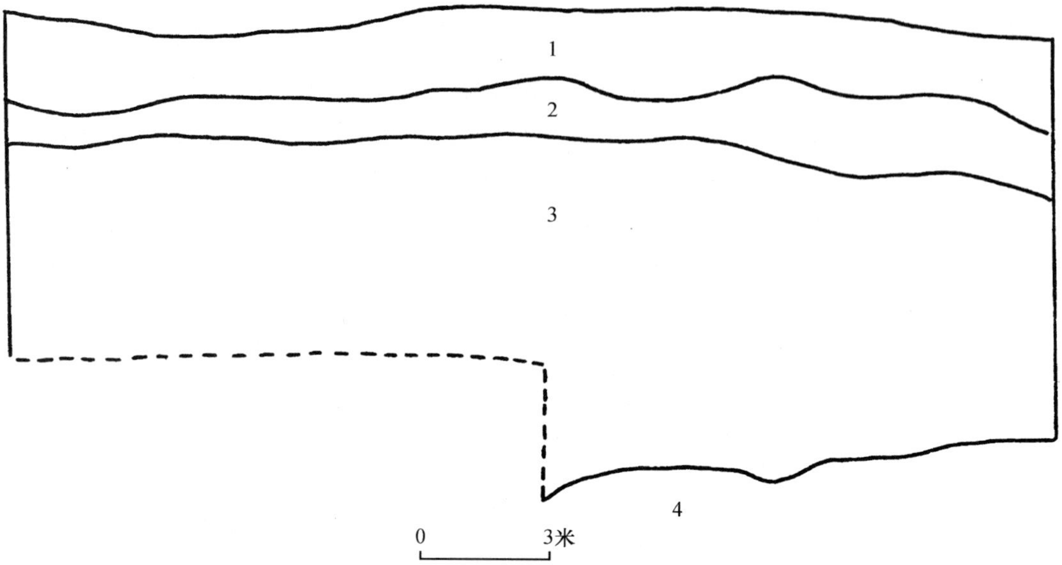

图八二　鲤鱼嘴第一次发掘南剖面图

第一期文化（即下文化层）：以打制石器为主，有砍砸器和刮削器，此外还出土相当数量的燧石小石器，磨光石器极少，仅见一件刃部磨光的石斧。陶片的数量也不多，主要是夹砂绳纹陶。质地粗劣，纹饰单纯。有少量骨器出土。哺乳动物种类除犀牛为绝灭种类外，绝大多数为现生种。

第二期文化（即上文化层）：打制石器虽然仍占一定比例，但磨制石器数量已有所增加，而且磨制技术也较以前进步，并出现了通体磨光石器。陶器除有一定数量的夹砂陶外，已有较多火候较高的泥质陶，纹饰除绳纹外，还有少量划纹、弦纹。此时，还使用蚌质工具。伴生动物全为现生种。

原发掘者还认为，鲤鱼嘴第一期文化与广东翁源（现英德）青塘新石器早期文化相似，而第二期文化则与桂林甑皮岩和江西万年仙人洞第一期文化相当。因而据此推测，鲤鱼嘴遗址是一处典型的新石器时代文化遗址。

为进一步弄清鲤鱼嘴遗址的文化内涵，1987 年 8 月，中山大学人类学系师生与柳州市博物馆专业人员，对遗址又进行了一次小规模的补充发掘（李珍等，1999）。根据 T1 西剖面观察分析，将遗址地层划分为 5 层（图八三）：

第 1 层：扰乱层，为灰色土堆积，厚 25 ~ 8 厘米，土质疏松，含少量螺壳及墨绿色的小石块。

第 2 层：文化层，为灰黄色亚黏土，厚45 ~ 25 厘米，土质胶结坚硬，内含少量螺壳，出土砾石、燧石刮削器、尖状器和陶片等。堆积中偶见大块石灰岩角砾，烧骨碎片较多。

第3层：为灰褐色亚黏土（颜色较上一层偏灰），厚45～25厘米，土质坚硬，稍有胶结，偶见大块石灰岩角砾，内含少量螺壳，烧骨碎片较多。出土砾石、燧石刮削器、尖状器等石制品。还有陶片及用豪猪门齿钻孔做成的牙饰器。

第4层：文化层，可细分为A、B两层。A层土色为棕黄色或黄褐色，厚55～40厘米，内含较多的钙质小结核，黏性较大。伴生螺壳较多且大，烧骨、兽骨较丰富。在这一层中，人工加工小砾石石片数量大增，还出土尖状器、砍砸器、大石片等砾石制品以及由燧石打成的具有细石器风貌的小型凹刃刮削器、圆头刮削器、雕刻器和石核、石片等。B层厚50～40厘米，土层较A层稍灰，土质仍是亚黏土，稍有胶结，较硬。堆积中混杂小的钙质结核，和少量的铁锰结核及大块角砾。该层中螺壳数量较少，烧骨较多。燧石石片较多，砾石石片极少。石制工具绝大多数为燧石打制的具细石器风貌的圆刮削器、尖状器、石核等。

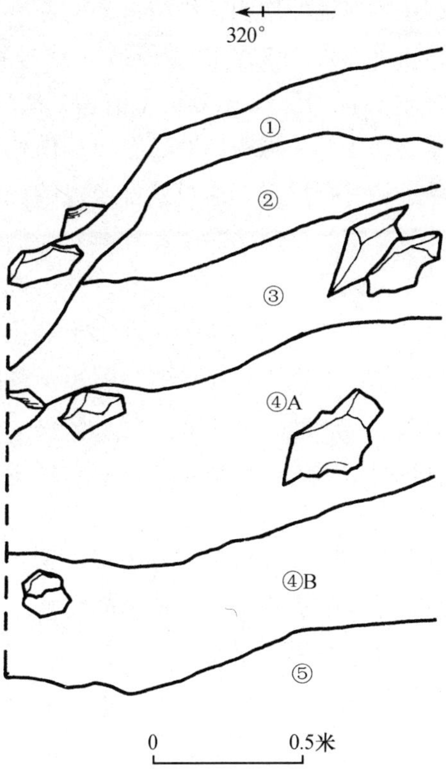

图八三　鲤鱼嘴遗址补充发掘T1西壁剖面

第5层：生土层，呈棕色。

李珍、李富强将补充发掘的地层划分与第一次发掘的地层划分进行了对比，他们认为补充发掘的第4层与第一次发掘的下文化层下部相当，第3层与下文化层上部相当，第2层与上文化层相当。文中还结合前人的工作，将鲤鱼嘴遗址的文化划分为两期。

第一期：旧石器时代晚期。包括第4层下部和上部。这个时期的石器主要是燧石打制而成的具有细石器风貌的小型石器、石核和石片。砾石打制石器极少。动物化石中含本地区已经绝灭种犀牛、羚羊、斑鹿、无颈鬃豪猪、褐熊、猞猁等。时代为更新世晚期，相当于白莲洞遗址西部的第3层至东部的第8层。

第二期：新石器时代早期。包括第2、第3层。此期的石制品大多是砾石打制的大型石核、石片和石器，燧石小石器减少。石制工具主要有砍砸器、石斧、穿孔器、砺石等，个别石斧局部磨光，还有骨锥、骨针、蚌刀及牙饰器。动物化石皆为现生种，时代为全新世。第二期文化大体相当于白莲洞东6层及以上各层。

2003年10～11月，为深入探讨鲤鱼嘴遗址文化内涵，中国社会科学院考古研究所、广西壮族自治区文物工作队、柳州市博物馆和柳州市考古队联合对鲤鱼嘴遗址进行了第三次发掘（傅宪国，2004）。为达到学术研究和文物保护的目的，同时尽可能多地保留鲤鱼嘴遗址的堆积，维持遗址的原貌。这次发掘面积控制在很小的范围，总计发掘面积约8平方米，仅在T1（1980年编号）北部未清理到底部的地方，布1.5米×1.5米的探方1个；沿T1东隔梁未清理到底部的地方布1米×1米的探方5个，并清理了T1东隔梁一小部分堆积。对所有发掘出的原生堆积土用5毫米孔径的网筛进行筛选，并使用浮选机进行浮选。通过发掘及过筛、浮选，明确了遗址的堆积状况和层位关系，获得了大量地层关系明确的文化和自然遗物，包括陶片、石器和骨器等史前人类生活用具、生产工具以及人类食用后遗弃的水、陆生动物遗骸。傅宪国教授将其剖面划分为14个文化层，并依地层迭压关系及出土文化遗物的变化初步将其划分为三个不同时期的文化。

第一期出土遗物主要为数量众多的石器以及少量水、陆生动物遗骸。石器以燧石石器为主，砾石石器次之，未见陶器及其他质地的文化遗物。燧石石器主要为石片石器，石核石器较少，包括刮削器、尖状器和切割器等，另有大量的石核和废石片。刮削器、尖状器均是从石核上直接打击剥落下来的，大部分未经二次加工，极少见北方典型细石器中的细石叶和各种形态的细石核。与典型细石器相比，鲤鱼嘴细石器的加工方法和制作技术明显表现出简单粗糙的特征，与北方细石器也不属于同一系统。砾石石器以砍砸器为主，且制作粗简，加工技术单一，多为单面打制、单向打制而成，以中小型石器为主，体现出典型的华南地区旧石器时代晚期的器物特征和技术风格。

第二期出土遗物包括陶器、石器、骨器、角器及较多水、陆生动物遗骸。文化遗物仍以细小的燧石石器为主，砾石石器次之，其器类和技术风格与第一期基本相同，唯一重要的变化是该期发现了陶器。陶器均为残片，以夹粗砂红褐陶为主，部分为灰褐陶，质地疏松，火候较低，器型以敞口、束颈的圜底（釜）罐类器物为主，器表多饰粗绳纹或中绳纹，以印痕较浅、较凌乱的粗绳纹为主，部分器物的口沿上压印一周花边，口沿下施一周附加堆纹。陶器制作方法基本为泥片贴筑法。

第三期出土遗物包括陶器、石器、骨器及各种水、陆生动物遗骸。陶器仍以夹砂红褐陶为主，但夹砂大部分为颗粒较细的天然砂粒，少部分为方解石或石英碎粒。纹饰以细绳纹为主，印痕较浅，也较规整致密。制陶方法仍为贴筑法，但部分陶片上可见轮修痕迹。陶器器壁较薄，火候较高。器型仍以圜底釜（罐）类器为主。石器发现较少，燧石质细小石器和砾石打制石器基本不见，只见少量磨制石器。骨器数量也较少，仅有骨锥一种。

由于整理和研究工作尚未结束，这里不再赘述。除上述发掘研究外，学术界对鲤鱼嘴遗址文化内涵的界定长期以来亦是聚讼纷纭。不少学者对广西史前文化研究后认为，鲤鱼嘴下层文化属中石器时代文化遗址或称为旧石器时代向新石器时代过渡时期的遗存。当然，也有不少学者对此观点持否定态度，认为它是一处新石器时代遗址，也有人认为“从鲤鱼嘴、白莲洞及独石仔等遗址来看，华南地区新旧石器时代是衔接的，即没有作为一个普遍阶段的中石器时代”。由此看来，关于鲤鱼嘴文化内涵的讨论，至今尚未结束。

前期研究表明，对鲤鱼嘴文化内涵的界定，存在着较大差异。造成这种差异的原因是由于研究者不同的标准有不同的选择，当然，这也是一个逐渐演化和认识的过程。鲤鱼嘴遗址的前期研究是基于对鲤鱼嘴堆积物中文化遗存的初步认识，并结合层位与周边遗址的对比而建立起来的。经过几年来的深入研究，特别是一批新的^{14}C年龄的测定（黎兴国等，1987）和白莲洞文化新框架的确立，为鲤鱼嘴遗址进一步研究提供了重要依据。

这里需要指出的是，从上述历次分期来看，鲤鱼嘴遗址尽管存在不同时期的文化堆积，但在各文化堆积之间都存在着较大的层位缺失。基于前人对鲤鱼嘴遗址的分期，笔者曾亦不揣浅陋，对鲤鱼嘴遗址进行了初步探讨，认为鲤鱼嘴遗址的文化似可划分为时间相距较大的四个文化期（蒋远金等，2004，2006）：

第一期文化：距今20000年前，相当于白莲洞西4层；

第二期文化：距今12000年前，相当于白莲洞东4层；

第三期文化：距今9000年左右，相当于白莲洞东3层；

第四期文化：距今7000年左右，相当于白莲洞东1层。

据此，将鲤鱼嘴遗址划分为四个不同时期的文化。

第一期：为旧石器时代晚期文化。相当于第一次发掘时划分的下文化层下部或中山大学发掘的第四文化层（T1西4）。^{14}C年代测定在距今20000年前，大约与白莲洞西部堆积的第4层上部和东部堆积的第8层相当。出土器物主要为燧石打制而成的具有细石器风貌的细小石器、石核和石片，表现出旧石器时代晚期石器小型化的趋势。这个时期，砾石打制的石器甚少。动物化石中含犀牛、羚羊、斑鹿、褐熊等本地区已消失的绝灭种。

第二期：为中石器时代文化。相当于第一次发掘划分的下文化层上部或中山大学发掘的第三文化层（T1西3）。^{14}C年代测定在距今12000年前，大约相应于白莲洞东部堆积的第4层。本期虽然仍出土部分细小的燧石器，但数量较前期骤减。石制品多以打制的砾石工具为主，器型主要有砍砸器、穿孔砾石、石斧等。并出现了局部磨刃石器和质地粗劣、纹饰单纯的原始陶片。

第三期：为新石器时代早期。相当于第一次发掘划分的上文化层下部或中山大学发掘的第二文化层（T1西2）。^{14}C测年在距今9000年左右，大约相应于或稍晚于白莲洞东部堆积第3层。本期文化中已鲜见燧石小石器，表明由旧石器晚期兴起的细小石器至此已经衰落。打制石器虽然仍占一定比例，但磨制石器已有所增加，而且磨制技术也较以前进步。出现了通体磨光的石器和骨器。

第四期：为新石器时代中期。相当于第一次发掘划分的上文化层上部，^{14}C测年在距今7000年左右。石器发现较少，燧石质细小石器和砾石打制石器基本不见，只见少量磨制石器。陶器除一定数量的夹砂陶外，已有较多的火候较高的泥质陶。陶片纹饰除绳纹外，还有划纹和弦纹。此时，还使用蚌壳工具。此时的哺乳动物全为现生种。

鲤鱼嘴遗址四期文化的识别和确立，从而在一定程度上明晰了其文化内涵，证明该遗址文化堆积是华南地区不可多得的晚更新世—早、中全新世典型剖面和地点。鲤鱼嘴遗址旧石器时代晚期、中石器时代、新石器时代早中期四期文化的发现和研究，对探讨华南地区旧石器晚期文化如何经中石器文化向新石器文化过渡具有重要的科研价值，同时也进一步揭示了华南地区过渡期（中石器）的文化轨迹。

鲤鱼嘴遗址和白莲洞文化遗址同处于一个不大的范围内，二者无论在古生态环境、文化源流及人种渊源上都有着十分密切的关系。其文化演化的轨迹明显一脉相承。很可能，鲤鱼嘴遗址就是白莲洞文化遗址的组成部分。鲤鱼嘴遗址作为白莲洞人外出采集渔猎时的住所，它与白莲洞遗址的关系正如江西万年仙人洞与吊桶环遗址一样，是白莲洞遗址文化的外延，它与柳江人、白莲洞遗址共同构成了柳州区域“白莲洞文化遗址群”。

（2）人类遗骸及种族特征

鲤鱼嘴遗址的人骨均埋藏在第一次发掘的 T1 下文化层的上部，距地表最浅者为 75 厘米，最深者为 85 厘米，无明显墓坑。这些人骨至少代表了 6 个个体，但经清理后仅为 4 个个体。周国兴、张振标曾对这 4 个人体个体进行了具体研究（周国兴等，1994）（图八四；彩版四六）。

1 号人骨架埋葬在遗址的中部靠西面，系成年个体。方向头朝东、脚朝西、脸朝南，下肢屈向腹部，两脚撇开。上肢的肱骨平放，尺骨和桡骨置于腹部，呈仰身屈肢葬式。整个骨架保存欠佳，经清理可供研究观察的骨骼有脑颅（附有眼眶）、较完整下颌骨、股骨及肱骨各一对，其中左侧股骨和肱骨较完整，左右髌骨保存完整。颅骨主要保存脑颅部分，其颅底除保存枕大孔后缘外，其余残缺。两侧颞骨保存，但乳突与颞鳞上缘已残破。眶上缘圆钝。枕外隆凸发达。下颌角区明显外翻，下颌角区内外骨面上均有粗嵴。从肢骨看，右侧股骨较完整，股骨嵴发达（4 级）呈壁柱状，臂肌粗隆异常隆起呈长嵴状。右侧肱骨的三角肌粗隆和小结节嵴均较粗壮，外上踝向上外侧延展为一薄骨嵴。有一对完整的髌骨，上有明显的股肌切迹。下颌牙齿因受龋齿影响，M1 的釉质磨耗较重，M2 较轻。根据上述的骨骼特征和牙齿磨耗的程度，估计此骨架为一 35 岁左右的男性个体。由 1 号骨架的股骨长推算该性个体身高为 164. 1 厘米。

2 号人骨架距 1 号骨架右侧约 50 厘米，为一成年个体。方向头朝北、脚朝南，俯身屈肢，下肢并拢前屈，上肢屈向胸部。经清理修复后可供研究的有：较完整颅骨一具，下颌完整，肱骨、股骨、胫骨、腓骨及髌骨各一对，左侧尺骨和桡骨各一根，其中仅左侧肱骨和桡骨保存最完整。颅骨破残程度较严重，破成 55 个残块，但经修复后，脑颅完整。从整体上看，颅骨沉硕，骨壁较厚；眉弓发达；枕外隆凸显著；乳突较大，乳突上嵴发达，眶上缘圆钝。下颌骨粗硕，下颌角区外翻，下颌枝较厚较宽。从四肢骨看，右股骨除股骨头和大转子缺少之外，其余保存完好。整个股骨较沉硕，股骨嵴粗壮呈壁柱状。右侧胫骨保存完整，胫骨粗隆和斜线（popliteal line）异常发达，斜线呈壁柱状

图八四　鲤鱼嘴人体骨骼分布图

骨嵴。髌骨股肌切迹明显发育。肱骨，骨壁甚厚，骨干粗壮，三角肌粗隆发达。所有这些可见的特征表明此骨架为一男性个体。根据下颌骨所附着的 M1 和 M2 咬合的磨耗程度看，M1 和 M2 的齿尖已磨平，齿质点已暴露（Ⅱ级），但 M2 齿尖质量暴露较之 M1 的小；同时从上颌所附的 M1 和 M2 的磨蚀程度看，与下 M1、M2 的情况相近。综合上下颌臼齿咬合面齿尖磨蚀程度，估计其年龄为 30 岁左右。由 2 号骨架的胫骨长推算身高为 161. 3 厘米。

3 号人骨架系小孩骨架，置放在 1 号骨架头骨部边旁，头向东、脸朝西北，骨架甚零乱而残缺，葬式不明，经清理仅保存下颌残块、部分牙齿和两段肱骨残断。下颌骨残破，下 M1 尚未萌出，但上下 M2 均已萌出，而下 M2 舌侧牙尖出现微磨耗，牙齿体型较粗大。对照现代中国儿童恒齿萌出时间与年龄关系，估计此骨架为 2～3 岁男孩。

4 号人骨架位于石灰岩基岩边。方向头朝北、脚朝南，上肢屈向胸部，下肢屈向腹侧。骨架系一成年个体，葬式为仰身屈肢。经清理后可供观察研究的部分骨骼有脑颅和半侧下颌骨。根据残留的颅盖部分看，颅骨骨壁薄而轻，残存的右侧眉弓发育弱，眶上缘较薄。颅骨后枕部圆钝，枕外隆凸欠发达，枕骨的上项线和下项线均甚弱。右侧颞骨和颧骨均较纤细。右半侧下颌骨髁突短小。另外，从下颌残段所附的第二臼齿（M2）咬合面磨损程度看，各齿尖已磨平而且齿点暴露，属Ⅱ～Ⅲ级磨损。根据上述可见的颅骨性状和牙齿咬合面釉质的磨耗程度判断，此骨架应为 30～35 岁之间的成年女性。

周国兴、张振标曾将大龙潭人与尼格罗人种、欧洲人种、蒙古人种进行比较（表一七），并分别求出大龙潭人与尼格罗人种、欧洲人种、蒙古人种的摩显逊相对偏差值 R（m），结果发现大龙潭人的鼻指数、上面高、颧宽等完全落入蒙古人种的范围，鼻根角 163.6°，超出蒙古人种的上限 149°，说明大龙潭人具有非常强烈的面中扁平特征。这一特征在不同程度中有不同的发育。尼格罗人种面部扁平的程度超过欧洲人种，蒙古人种又超过尼格罗人种。而大龙潭人的齿槽指数、眶高、齿槽面角完全落入尼格罗人种的范围，也接近蒙古人种的下限。从 R（m）值来看，在三大人种中，大龙潭人与尼格罗人种为 7.4338，大于蒙古人的 6.4957，但比欧洲人种的 9.9788 小得多，这表明大龙潭人距离欧洲人种最远，与尼格罗人种虽有一定程度的接近，但与蒙古人种的距离最为接近。由此可见，大龙潭人有明显的蒙古人种特征（周国兴等，1994）。

表一七　大龙潭新石器组与现代人种比较表（周国兴等，1994）

	大龙潭组	白种人	黑种人	黄种人	棕色人种
上面宽的矢高（mm）	13	18.1～19.4	14.8～17.1	13.8～16.2	15.8～19.3
SS	1.5	4.1～4.9	1.4～2.5	2～2.4	3.1～3.8
SC	7	8.5～9.1	6.8～9.5	5.7～8	8.1～9.6
中面宽的矢量	21	22.7～24.6	11.5～17.8	16.4～17.7	18.1～21.6
上面高（n－pr）（mm）	68	66.4～72	60.2～67.9	69～78.3	61.3～70
面宽（mm）	132.5	123～134	121.3～134.2	131～144	123.3～133.6
头宽（mm）	133	132～140.8	133～138.8	136～150.8	126.7～136
总面角	74°	85.5°	77°～84.3°	82.1°～84.9°	83.5°～84.3°
上面部扁平指数	13.1	18.5～20	15.5～17.3	13.7～16.2	16.7～20.6
鼻根指数	21.4	46.7～53	20.7～26.5	31.5～36.3	37.5～44.8
鼻指数	52.4	47.9～50.6	56～60.4	45～50.9	51.4～55.8
眶指数（左）	71.1	81.8～84.4	83.5～86.3	80.7～84.6	76.2～80.9
鼻颧角	150°	135°～138.5°	146°	143°～151.4°	135°～143°

再从大龙潭人与现代蒙古人种中的比较来看，大龙潭人的颧宽、总面角、眼眶指数均落入南亚和东亚人的范围。上面高、鼻高、鼻宽及鼻指数也落入和接近南亚和东亚人范围。大龙潭人的上面高接近于蒙古人种各地方类型的上面高最低值。而其头指数68.9，属长颅型。大龙潭人鼻颧角150.5°，超出了现代蒙古人种各类型变化范围内的上限。这一性状刻画出大龙潭人面部扁平的体征。这些特征骨显示了大龙潭人具有蒙古人种南亚类型的基本特点，并具有明显的属于大洋洲尼格罗人种的部分性征，与现代的南亚居民相似。

大龙潭居民既有蒙古人种南亚类型的基本特点，同时又出现澳大利亚—尼格罗人种的种族性状，周国兴教授等人认为可能是由于两地居民因扩展、混杂，而导致基因交流的结果（表一八）（周国兴等，1994）。一种可能是由于中国南部旧石器时代人类向南亚地区扩展、混杂，导致基因交流，使南亚地区晚期人类出现一些与蒙古人种相似的种族性状；另一方面也可能是由以南亚地区的晚期智人——以瓦杰克人为代表向北部扩展，进入中国大陆南部，与当地居民混杂，导致基因交流，使中国南部地区晚期人类出现一些澳大利亚—尼格罗人种的种族性状。但从大龙潭居民表现一些仅与澳大利亚—尼格罗人种如此相似的特征来看，例如突颌、很低颅骨等，表明在更新世晚期，早期澳大利亚—尼格罗人种向北扩展与中国南部更新世晚期人类混杂的可能性更大。

表一八　大龙潭组与现代蒙古人种诸类型比较表（周国兴等，1994）

	大龙潭组	北亚类型	北极类型	东亚类型	南亚类型	美洲类型
颧高（mm）	132.5	142～143	137～141	131～136	132～136	139～145
上面高（mm）	68	75～80	77～79	72～76	66～74	69～77
眶指数（mf）	71.5	81～86	81～84	81～86	79～85	78～84
鼻高（mm）	51.5	55～57	55～56	55	50～53	49～56
鼻宽（mm）	27	27～28	23～25	25	26	25～27
鼻指数	52.4	48～49	43～44	46	48～55	42～51
总面角	74°	87°～88°	84°～86°	81°～86°	82°～84°	79°～84°
鼻颧角	150°	145°～149°	145°～148°	145°～147°	143°～145°	136°～143°
鼻根指数	21.4	32～41	34～46	31～35	32～36	31～49
头指数	68.9	75～85	77～78	76～81	77～88	78～86

再将大龙潭组颅骨的头面部主要尺寸与山顶洞人、柳江人的颅骨作一比较，大龙潭人与柳江人之间的形态距离（C^2z）为18，与山顶洞人的形态距离（C^2z）为46.5，从形态距离测验结果，可以看出大龙潭人与柳江人最接近，与山顶洞人却有一定的差异。由此可见，大龙潭人可能更直接与柳江人有关。这表明大龙潭居民很可能是直接由以柳江人为代表的晚期智人发展而来。

从大龙潭遗址内含人骨文化层年代的分析已经表明，他的时代比广西柳江人晚，但比甑皮岩新石器时代的年代略早，另外，进行大龙潭人与旧石器晚期柳江人和新石器时代甑皮岩人骨的形态学对比研究，也证明了大龙潭人骨的一些形态特征介于柳江人与甑皮岩人之间，属两者的过渡型（表一九）。

表一九　大龙潭人与柳江人、甑皮岩人比较表（周国兴等，1994）

	柳江人	大龙潭人	甑皮岩人
上面指数	48.5（阔面）	51.3（中面）	50.4（中面）
鼻指数	58.5（特阔）	52.4（阔）	53（阔）
鼻根指数	28.3	21.4	30
齿槽面角	75°	72°	79°
总面角	86°（平颌）	74°（突颌）	84°（中颌）
眶指数（左）	68.3（低眶）	71.1（低眶）	80.4（中眶）
颅指数	75.1（中颅）	68.9（特长颅）	74（长颅）

过去，不少专家在研究甑皮岩人骨时，曾发现他们具有大洋洲尼格罗人种的特点，如接近阔上面型的上面指数、阔鼻型的鼻指数与突颌型的齿槽面角等。有些学者认为这些特点主要来自柳江人，并非与大洋洲尼格罗人种代表混杂的结果。但是，研究大龙潭人骨，证明了他具有较柳江人更为显著的大洋洲尼格罗人种的特点，如低矮的鼻骨、明显突颌的总面角等，而这些特点在甑皮岩人身上亦有较柳江人为甚的反映，似表明来自大龙潭人的影响是不能忽视的。由此可见，甑皮岩人身上的赤道人种特点，可能是通过大龙潭人而获得的。

大龙潭居民生活时代正好处于旧石器时代晚期向新石器时代过渡期间。大龙潭人的骨性状与柳江人有些相似，如颅顶较低、眉弓粗壮、颅骨枕部有“发髻”突起、低眶等特征。从人类进化中颅骨特征演化规律来看，这些特征均被认为属于原始性状。由此我们推测，大龙潭居民应当是广西地区乃至南部地区从旧石器时代晚期向新石器时代过渡时期的人类代表。换言之，大龙潭居民可能是南部地区新石器时代晚期居民或壮族先民的直接祖先（李富强等，1993）。

（3）文化遗物

鲤鱼嘴遗址前后经过两次考古发掘和一次试掘。第一次发掘出土了燧石石器、砍砸器、刮削器、尖状器、穿孔石器、砺石、石核、石片、陶片、骨针、骨锥、骨刀、蚌器等文化遗物。鲤鱼嘴遗址的第二次发掘，工作人员对所有发掘出土的原生堆积用5毫米孔径的网筛进行筛选，并使用浮选仪对筛选后的土样进行浮选，获得了陶片、石器、骨器、石核、石片等文化遗物千余件。由于整理工尚未结束，本节中所涉及的文化遗物均指第一次发掘所得的文化遗物（彩版四七，彩版四八）。

下文化层出土遗物共909件，其中石制品891件、骨制品10件和陶片8件（刘文，1999，2002）。

石制品　其种类包括石核、石片、砍砸器、刮削器、穿孔石器、尖状器、石斧等（表二〇）。石料来源有两种：一种来自河滩砾石，石质主要粗、细砂岩，火成岩，板岩；另一种是黑色燧石，石质坚硬，部分石核中还带有石灰岩质，主要来自石灰岩中。

表二〇　鲤鱼嘴遗址第一次发掘下文化层石制品统计表

类型	砍砸器	砾石刮削器	燧石刮削器	砾石石核	燧石石核	砾石石片	燧石石片	穿孔石器	石斧	尖状器	合计
数量	4	10	30	39	32	400	373	1	1	1	891
%	0.5	1.1	3.4	4.3	3.6	44.9	41.9	0.1	0.1	0.1	100

石核　71件，占石制品总数的7.9%。其中砾石石核39件，占石制品总数的4.3%；燧石石核32件，占石制品总数的3.6%。燧石石核大小差别较小；砾石石核大小差别较大，分单台面、双台面和多台面三种，多台面少见。石核均以自然台面为主。绝大部分石核经过多次直接打击，疤痕较多且深而短。少部分燧石石核是用压削的方法形成的，疤痕长而薄。

石片　773件，占石制品总数的86.8%。其中砾石石片400件，占石制品总数的44.9%；燧石石片373件，占石制品总数的41.9%。石片尺寸不大，形状不规则，不见第二步加工的痕迹。多为自然台面，少为人工台面。打击点不清晰，半锥体亦不甚突出。打片多采用锤击法，石片多保留砾石面。

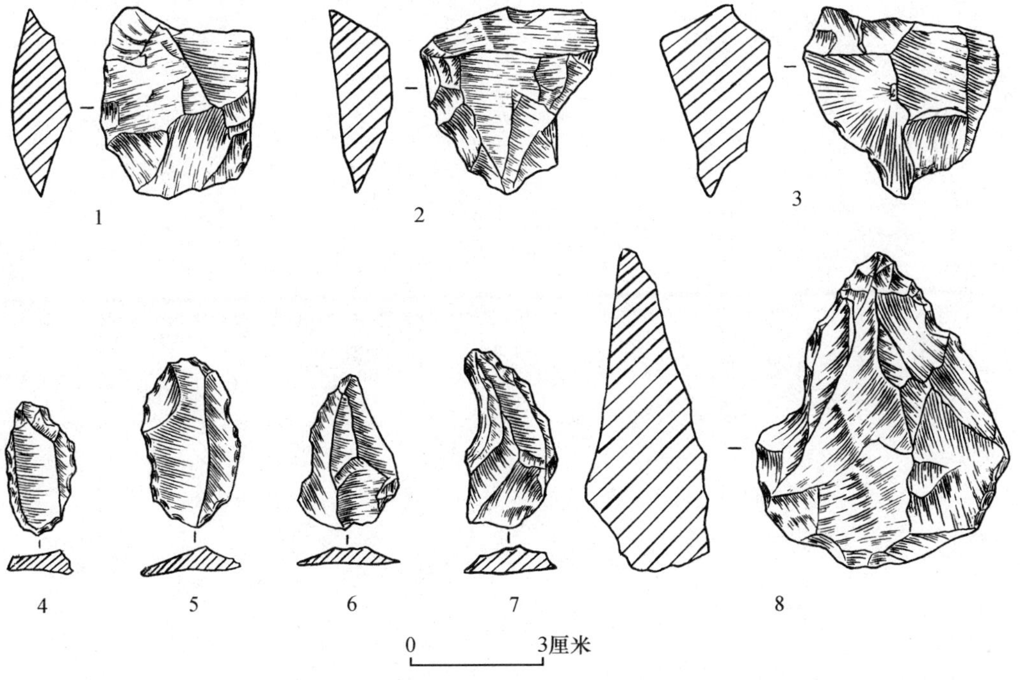

图八五　鲤鱼嘴遗址下文化层燧石刮削器、尖状器

1～7. 刮削器（$DLT_1$②:6、8、1、43、5、9、10）　8. 尖状器（$DLT_1$②:7）

石器　47 件，占石制品总数的 5.3% 。类型可分为砍砸器、刮削器、穿孔石器、尖状器、石斧 5 种，其中刮削器最多，砍砸器次之，穿孔石器、石斧、尖状器最少。

刮削器　40 件，占工具总数的 85% 。系利用砾石石片和燧石石片打制而成。岩性分砂岩和燧石两种。其中砾石刮削器占工具总数的 21% ，燧石刮削器占工具总数的 64% 。器形多不规则，器体较小。多为单面反向加工而成，刃角平缓。以锤击法简单加工，砾石刮削器局部保留砾石面。大部分刃缘没有经过二次修整，多没有使用痕迹。根据刃缘多少可分为单边凸刃、单边直刃刮削器和多边刃刮削器（图八五，1 ~7）。

尖状器　1 件，占工具总数的 0.1% （图八五，8）。

砍砸器　4 件，占工具总数的 8.5% 。均利用扁平砾石直接单向打击而成，石器均为单面加工而成，通常由较扁平的一面向较凸出的一面打击。以锤击法为主，加工简单。刃角均较平缓，大部分刃缘没有经过二次加工。器普遍保留大部分砾石面，器体厚重。岩性以砂岩为主。根据刃缘可为单边直刃、单边弧刃砍砸器（图八六，1、2）。

石斧　1 件，占工具总数的 0.1% （图八六，3）。

穿孔石器　1 件，占工具总数的 0.1% （图八六，4）。

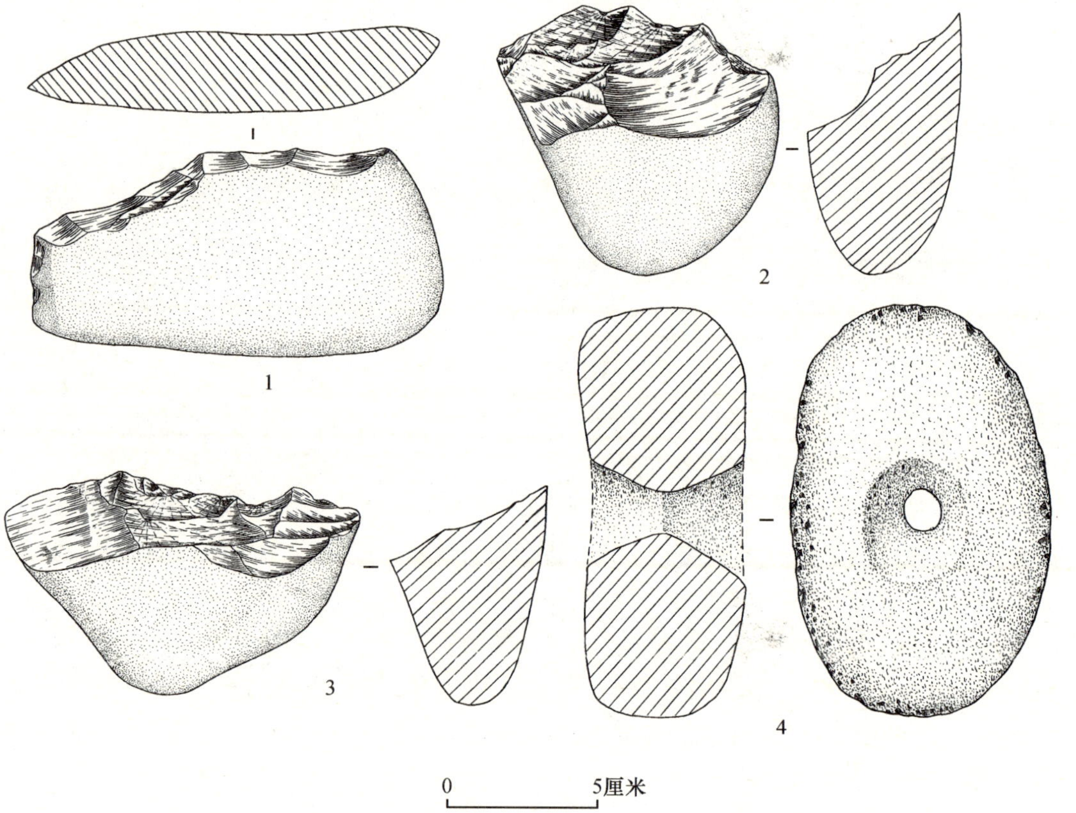

图八六　鲤鱼嘴遗址下文化层出土的砾石石器

1、2. 砍砸器（$DLT_1$②:4、$DLT_1$②:1）　3. 石斧（$DLT_1$②:5）　4. 穿孔石器（$DLT_1$②:6）

骨制品 共10件，器身均经过磨制，有骨针（图八七，4、5）、骨锥（图八七，1~3、6）两种。

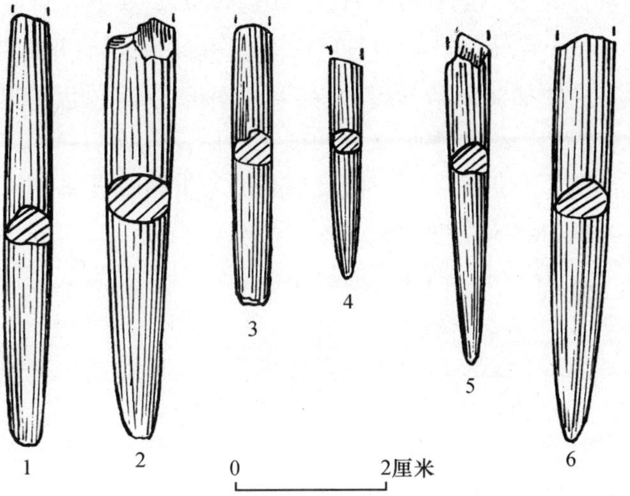

图八七 鲤鱼嘴遗址下文化层出土的骨针、骨锥

1~3、6. 骨锥（$DLT_1$②:57、59、58、56） 4、5. 骨针（$DLT_1$②:64、63）

陶片 8件。可分为红陶、黑陶两种，均为手制。其种夹砂陶7件，质软，胎壁厚0.2~0.8厘米，饰粗细绳纹，以粗绳纹为主。泥质陶仅见1件，胎厚0.3厘米，质地较硬，呈黑色，表面饰交错细绳纹。

上文化层出土遗物共108件，其中石制品73件，骨制品11件、蚌器2件和陶片22件。

石制品 种类包括砍砸器、刮削器、石片、石核、石锛、半成品、石斧、砺石等（表二一）。石料只来自河滩砾石一种，主要粗、细砂岩。

表二一 鲤鱼嘴遗址第一次发掘上文化层石制品统计表

类型	砍砸器	砾石刮削器	砾石石核	砾石石片	石锛	石斧	半成品	砺石	合计
数量	3	5	10	48	3	2	1	1	73
%	4.1	6.8	13.8	65.7	4.1	2.7	1.4	1.4	100

石核 10件，占石制品总数的13.8%。砾石石核大小差别较大，分单台面、双台面和多台面三种。以自然台面为主。石料为河滩砾石。器身或一端、或一侧有打击痕迹，疤痕多少、深短不一。

石片 48件，占石制品总数的65.7%。石片尺寸、厚薄不一，形状不规则，不见第二步加工的痕迹，也不见任何使用痕迹。打片多采用锤击法，石片多保留砾石面。

半成品 1件，占石制品总数的1.4%。砂岩质，系利用一长条形砾石，在其两侧加工后，但却不见在其刃部进一步加工使其成刃缘。

石器　14 件。占石制品总数的 19. 2% 。类型可分为砍砸器、刮削器、石锛、石斧、砺石五种，其中刮削器最多，砍砸器、石锛次之，砺石最少。

刮削器　5 件，占工具总数的 35. 7% 。系利用砾石石片第二次加工而成。岩性为砂岩。器形多不规则，器体较小。器身局部保留砾石面。大部分刃缘没有经过二次修整。根据刃缘多少可分为单边凸刃、单边直刃刮削器（图八八，4、6）。

砍砸器　3 件，占工具总数的 21. 4% 。均利用扁平砾石直接单向打击而成，石器均为单面加工而成，通常由较扁平的一面向较凸出的一面打击。大部分刃缘没有经过二次加工。器身普遍保留大部分砾石面，器体厚重。岩性以砂岩为主。根据刃缘可为单边直刃、单边弧刃砍砸器（图八八，7、8）。

石斧　2 件，占工具总数的 14. 3% 。均通体磨光（图八八，2、5）。

锛　3 件，占工具总数的 21. 4% 。通体磨光，一为长条形（图八八，1），另一为梯形（图八八，3）。

骨制品　共 11 件。器身均经过磨制。有骨针（图八九，3、4）、骨锥（图八九，1、2）两种。

蚌器　蚌刀 2 件。均残。利用蚌壳厚重部分作柄，相对一侧或一边作刃部。一件为三角形，另一件在柄部两侧各凿一个凹口，可作绑绳之用。

陶片　22 件。可分为夹砂陶和泥质陶两种，均为手制。其种夹砂陶 9 件，以夹细砂为主，陶质有红褐、黑、灰三种。质软，火候较低，胎壁厚。除素面外，纹饰有粗细绳纹。泥质陶 13 件，火候高，胎质薄，质地较硬，陶色有红、黑、灰、黄色，以红色最多，表面饰细绳纹为主。器形有敞口、直口两种（图九〇）。

（4）生存环境

孢粉组合和地层堆积所反映的古植被古气候环境。由于史前遗址人类聚落状况以及经济活动极其明显地反映在历史植被上，因此从考古遗址范围内找到的植物遗存（果实、木材、种子、植物硅酸体及孢粉）是恢复当时人类活动环境的重要工具。为配合国家自然科学基金资助课题“白莲洞洞穴堆积的年代与古环境”的研究，1992 年中科院植物研究所在本书作者陪同下对柳州大龙潭鲤鱼嘴剖面共取孢粉样 10 个，后由孔昭宸、杜乃秋等人对其中 7 个样品进行了花粉重量浓度统计（孔昭宸等，1994）。

B4 样，系大龙潭上文化层，距剖面顶部 20 厘米。尽管人工统计孢粉 53 粒，但其孢粉重量浓度却有 503 粒/克。在乔、灌木植物组合中，除松为主外，还见桃金娘科、竹叶椒。草本植物中，仍以蕨类为主，其次是蒿、藜科。

B3 样，取自大龙潭上文化层，距顶部 50 厘米，岩性为含螺壳的灰褐色土状堆积，文化遗物中有石器、骨器、蚌器和陶片等。该样共统计孢粉 31 粒，占优势的是蕨类植物孢子，其中有剑蕨、中华里白、垂穗石松、水龙骨和海金沙。旱生草本植物有蒿和藜。乔木种类单调，除松外，还有桃金娘。

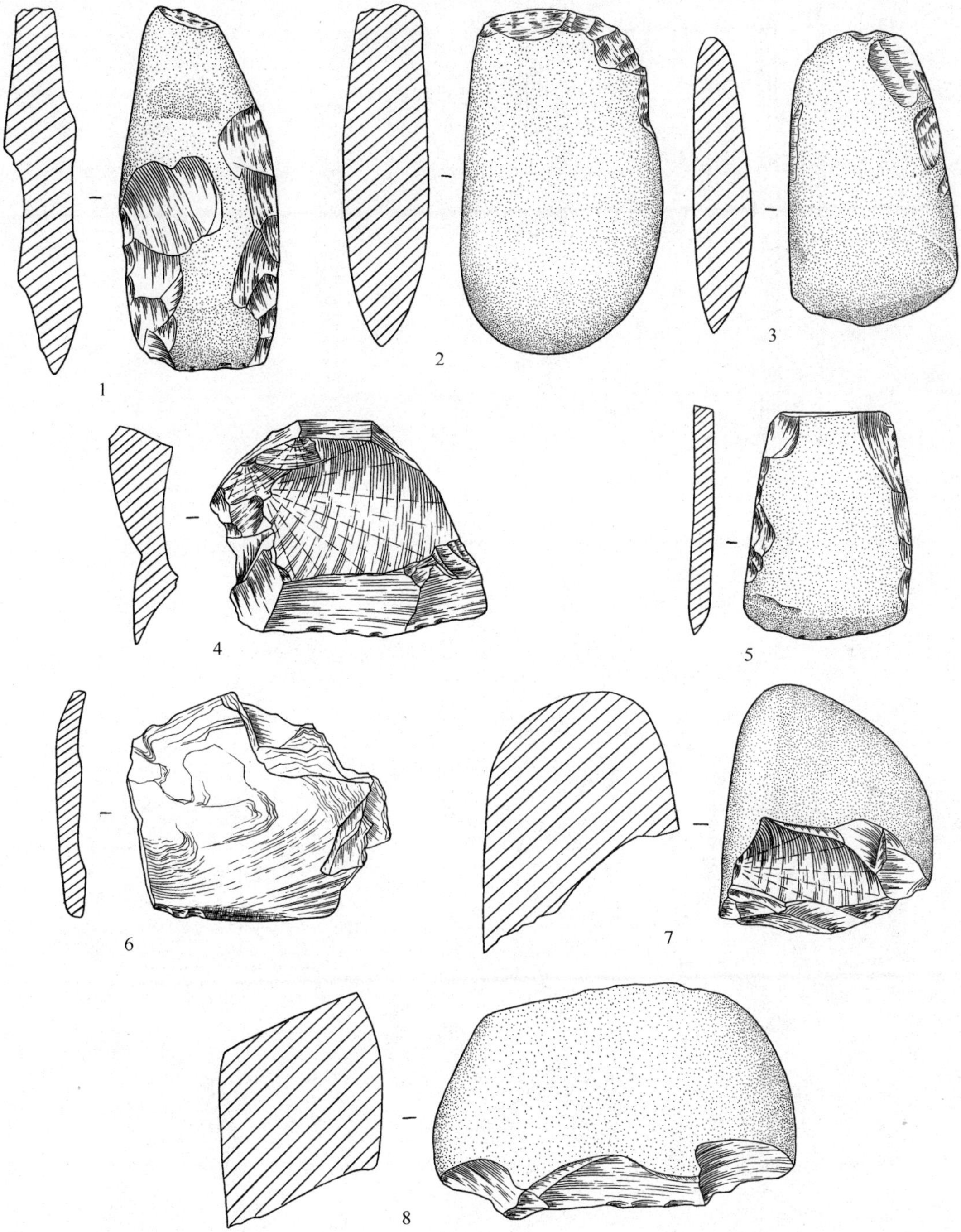

图八八　鲤鱼嘴遗址上文化层出土的砾石石器

1、3. 锛（DLT$_1$①:2、DLT$_2$①:3）　2、5. 斧（DLT②:2、DLT$_1$①:4）　4、6. 刮削器（DLT$_1$①:5、DLT$_1$①:7）

7、8. 砍砸器（DLT$_1$①:1、DLT$_2$①:1）

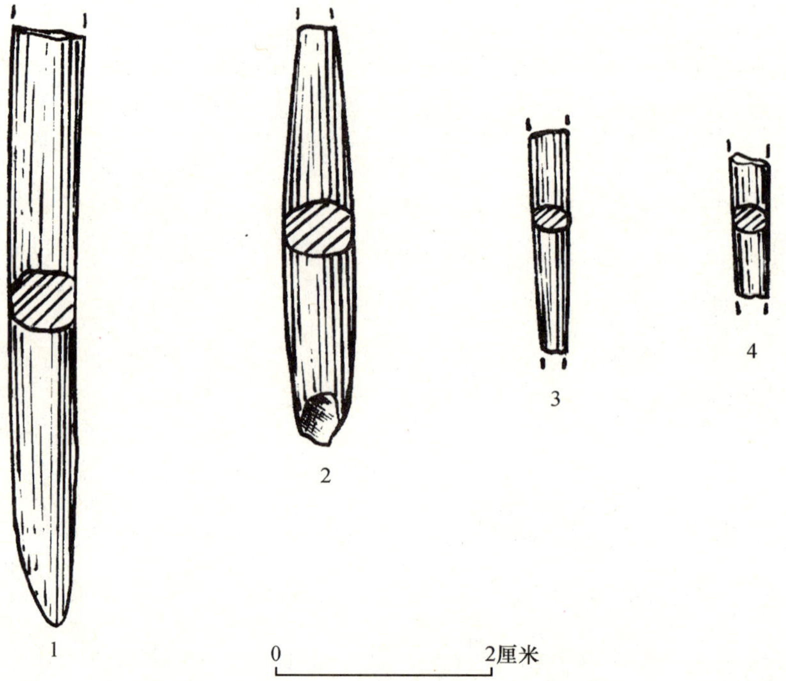

图八九　鲤鱼嘴遗址上文化层出土的骨器

1、2. 骨锥（$DLT_1$①: 34、$DLT_1$①: 33）　3、4. 骨针（Ab1000B、Ab1000A）

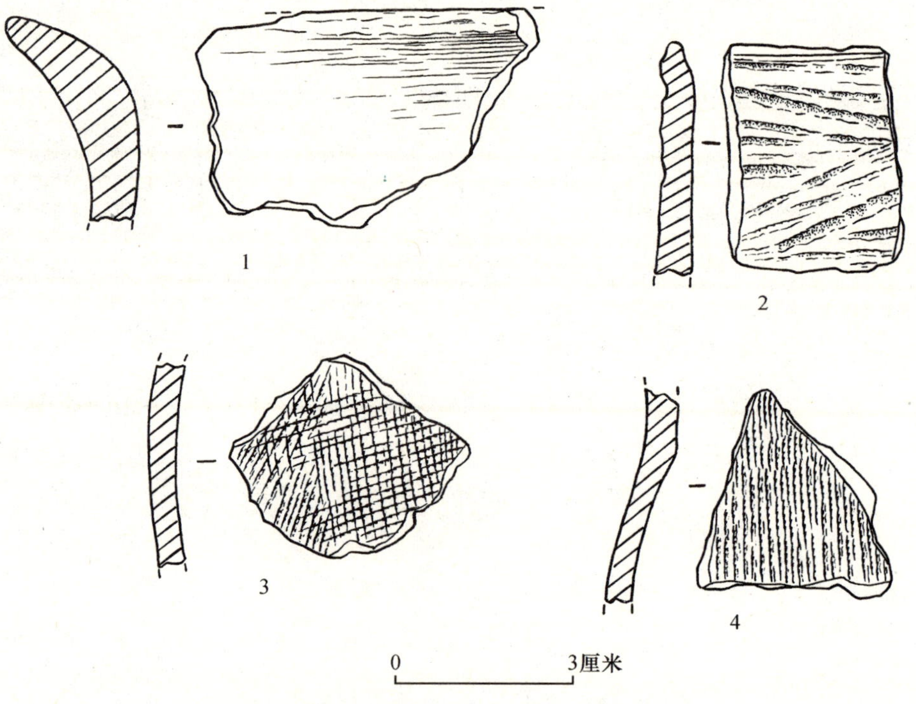

图九○　鲤鱼嘴遗址上文化层出土的陶片

1. 素面纹（$DLT_1$①: 24）　2. 细绳纹（$DLT_1$①: 28）　3. 划纹（$DLT_1$①: 29）　4. 粗绳纹（$DLT_1$①: 27）

B2 样，为大龙潭上文化层，距剖面顶部 70 厘米，仅统计孢粉 34 粒，孢粉浓度极低，49 粒/克。禾本植物中除松为主外，还见个别的云杉、栎、枫杨、柳、棕榈和杨梅。草本植物中仍以蕨类为主，但其种类较单调，只有水龙骨科、中华里白和垂穗石松。和 B3、B4 样一样，组合中未见水生植物的孢粉。

B1 样，为大龙潭上文化层，但已距顶部 130 厘米。尽管统计孢粉只有 24 粒，但组合中仍以松为主，其次是槭。草本植物中有蓼、蒿、藜。蕨类中除水龙骨为主外，还见 2 粒金毛狗属的孢子。

B10 样，采自大龙潭 2 号人骨架台面，统计孢粉共 45 粒，但其孢粉浓度却有 255 粒/克。组合中，除松、桧、榆、山黄麻等乔木植物花粉外，草本中则有蒿、水龙骨、中国蕨和中华里白。

B5 样，采自大龙潭第 2 层，距底部 110 厘米，仅统计孢粉 12 粒。组合中，除见到个别的松、椴、榆外，和西二层组合一样，再次出现了较多的禾本科植物花粉。

B9 样，为大龙潭第 2 层底部。统计孢粉 35 粒。总浓度 234 粒/克。该样中的孢粉种类比较单调，除松外，还有桧、柳、竹叶椒。草本中除蒿、藜、禾本科之外，还有种类较少的蕨类植物孢子，如中华里白。

在大龙潭上文化层中的 B1、B2、B3 和 B4 样，总共统计孢粉 142 粒。其中出现的松树花粉接近孢粉总数的 30% 。其次是占孢粉总数 28% 的蕨类植物孢子和少量中旱生的草本植物如蒿、藜的花粉以及落叶阔叶乔木植物花粉。由于在上文化层中未见水生植物的孢粉，因此大龙潭上文化层的堆积时期气候偏温干，使得缺少常绿阔叶乔木树种，而为适应温干环境的松林所代替。

在大龙潭下文化层中的 B5、B9 和 B10 样，总共统计孢粉 291 粒。与上文化层孢粉组合中相比较，松松树花粉明显减少，而常绿阔叶乔木树种增加，似乎当时的气候和环境状况较上文化层要好。

综合大龙潭上文化层和下文化层的孢粉组合特征，并结合其地层堆积剖面，鲤鱼嘴遗址可明显地划分为四个古气候古植被带。

鲤鱼嘴遗址第一期文化堆积。其时，遗址处于干凉或某种程度上的干冷环境，在植物形态上的表现为喜凉、干类植被在植物生态系统中占主要组成部分。对鲤鱼嘴的孢粉分析显示，这一时期，柳州地区的植物为暖温带落叶阔叶林，鲤鱼嘴遗址第一期的文化堆积的^{14}C 年代测定结果为 21200 ± 450、18600 ± 300 年。这个时期为晚更新世末期，即大理冰期的末期阶段，气温较现代要低。这种干冷的气候对当时的动物有着极大的影响，从而促使某些大型喜暖南迁。

鲤鱼嘴遗址第二期文化堆积。处于距今 12000 年前，为末次冰期的盛冰期转向冰后期之际。当时柳州地区的植被主要是由喜温偏干的松、栎为主，前期出现了云杉、冷杉、陆均松，显示当时气候较今冷干得多。后期虽然气温有所回升，但较今日仍然寒冷，仍处于过渡性的冷阶段。植物形态以喜凉、耐干旱的植物为主，诸如松属、杉类、柏科、蒿类等干旱温凉型，遗址周边的植被多为落叶阔叶林、灌木等。

鲤鱼嘴遗址第三期文化堆积。此时已经过了末次冰期—大理冰期，全球气温开始进入升温期，全新世大暖期（Megathermal）来临。从敦德冰芯与若干地点的孢粉记录上，距今10000年前的温度已达到现代水平，距今9000年前温度已稍高于现代。处于全球气温变化范围内的鲤鱼嘴遗址也应遵循这一变化。在距今9000年前后，这里的气温开始由冷变凉，由凉变暖，逐渐升高，可能开始出现亚热带气候环境。另外，从白莲洞遗址第三期的孢粉分析中，在距今10000～9000年，白莲洞遗址的环境为阔叶乔木如栎属和亚热带常见的枫香属，蕨类和藻类逐渐增加，说明当时气温逐渐升高，降雨量增加。由于此时还处于全新世升温期的初级阶段，不排除会出现气候环境波动的可能性。本期文化堆积的植物形态随着其气候环境变化而较第二期有很大改变。由于本期文化堆积处于全新世大暖期之中，气温逐渐上升，降雨量增加，对植物的生长、繁衍有着巨大的促进作用。所以很多喜温暖的植物开始增多，孢粉显示，当时遗址附近除了松科以外，蕨类和藻类的孢子数目明显增加，遗址附近当时应是针、阔叶稀树草地环境，植物资源比较丰富。

其后，处于大暖期鼎盛时期的鲤鱼嘴遗址第四期文化堆积，由于高温多雨的气候环境，喜热湿植物的分布相当广泛，而喜凉、耐干的植物少见或基本不见。鲤鱼嘴遗址附近的植物形态中，亚热带植物应占主要地位，植被覆盖程度要高于现代，这样的气候环境促使包括水生动物在内的动物的空前繁荣。

水陆生动物所反映的古生态古地理环境。在对鲤鱼嘴遗址的历次发掘中，均发现较多的动物遗骸（刘文等，1991）。鲤鱼嘴遗址第一次发掘出土的动物，经过鉴定共有17个种属：

灵长目：

　　猕猴　*Macaca* sp.

兔形目：

　　野兔　*Lepus* sp.

啮齿目：

　　咬洞竹鼠　*Rhizomys troglodyter*

　　黑鼠　*Epimys rattus*

　　无颈鬃豪猪　*Hystrix subcristata*

食肉目：

　　狐狸　*Vulpes* cf. *vulgaris*

　　熊　*Ursus* sp.

　　猪獾　*Arctonyx collaris*

　　虎　*Panthera tigris*

　　猞猁　*Lynx* sp.

奇蹄目：

犀牛　*Rhinoceros* sp.

偶蹄目：

南方猪　*Sus* sp. nov.

麂　*Muntiacus* sp.

斑鹿　*Pseudaxis* sp.

水鹿　*Rusa unicolor*

羚羊　*Gazella* sp.

牛　*Bos* sp. indet.

此外，还有一些爬行类和鱼类的骨头，如鳖的背甲、鲤科鱼的咽喉齿等。

在鲤鱼嘴遗址出土的动物遗骸中，除犀牛等少数动物为绝灭种外，其余均为现生种。这些动物的生活环境为：鹿栖息于混交林，山地草原和森林边缘附近；牛栖息于阔叶林，针、阔混交林或稀疏草地中；猪喜欢生活在灌木丛或较低湿的草地和阔叶林中；豪猪则居住在山坡草地或密林中；竹鼠多居住于竹林中；大蜗牛生活山地、丛林中；龟鳖、蚌、螃蟹等则生活在河湖中；螺类生活在湖泊、河流、池塘、河沟内等；犀牛生活在热带雨林或热带草原；猕猴生活在山地或平原的树林中；野兔生活在稀疏灌木丛和草地中。鲤鱼嘴遗址的四周为石灰岩山环绕，山上树木葱郁，遗址前面为大龙潭，潭水经遗址前向西北流去，汇入柳江河。另外，鲤鱼嘴遗址附近又比较广阔的草地等，这些都为鲤鱼嘴遗址动物群的生活提供了有利的环境。从鲤鱼嘴遗址出土的兽骨中观察，还没有发现此时已出现了驯养动物的现象。

（5）生业模式

自然环境是人类赖以生存和发展的客观载体，在特定条件下，自然环境往往制约甚至决定着人类的生存与生产方式。即在不同的自然环境中常常存在着不同经济类型文化以及与之相适应的居住方式等。不同的史前遗址在不同的气候环境、动、植物资源的自然条件下会形成不同的生业模式。因为在史前社会，人类生存的手段极其有限，自然形态的变化与他们的生存、发展等都息息相关。因此，探讨史前经济形态就不能回避史前自然形态的分析。鲤鱼嘴遗址的生业模式同样是基于对鲤鱼嘴遗址不同时期的气候环境、植物形态和动物形态并结合器物形态等方面的分析。

鲤鱼嘴遗址第一期文化的生业模式应以狩猎经济为主，同时辅以采集和捕捞经济类型。鲤鱼嘴遗址第一期的气候环境表明，此时期气温较现代要低许多，植物类型也以喜干、凉或干、冷的栎属、冷杉、云杉、松柏等暖温带落叶阔叶林为主，同时周边的植被多为落叶阔叶林、灌木等。这样的生态环境比较适应鹿、羚羊、牛、熊、狐狸等喜凉、干环境的动物。此时虽然供人类采集的植物资源也许比较匮乏，但较多动物资源可供史前人类捕获。在鲤鱼嘴遗址第一期出土的器物中以细小的燧石石器为主，燧石属于硅质岩石料，石质硬而脆。经过人工打击产生的石片一般不是很大，形状多呈贝壳状，有比较锋利的边缘，是史前人类用来屠宰牲畜、切割肉类的理想工具。其用法是将燧石片和木棒或木棍绑在一起制成复合工具。这种现象在欧洲和近东等硅质岩料丰富地区的史前遗址中最为常见，同时在我国华北地区和北方草原地区史前遗址中也经常发现。对于燧石石器的功能，学术界一般认为它同细石器一样是用来剥离和加工兽皮，切割肉类的，与狩猎、畜牧经济有关。由此来讲鲤鱼嘴遗址出土的燧石器应与狩猎类型的生产活动有很大关系。大量出土的燧石器也说明当时狩猎在该遗址中占据重要位置。这种生产工具的出现和所占的比例可以说明它是为适应当时的狩猎经济为主的经济形态而产生的。同时，遗址出土的砾石石器，石器类型有砍砸器、刮削器、尖状器等。砍砸器的用途主要为砍伐和砸击，尖状器为挖掘植物的根、块、茎，刮削器则是以刮、削为主，它们的功能体现的是挖掘、采集类型的生产模式。这表明采集经济也是当时社会经济形态的重要组成部分。此外，该期出土的一定数量的螺类、介壳类等水生动物遗骸，表明当时捕捞水生动物也是此时鲤鱼嘴遗址活动的人类取食方式之一。

鲤鱼嘴遗址第二期文化的生业模式其前段与第一期文化的生业模式没有多少差别。在第二期后段已进入气温的开始回升之际，气温升高、降水量增多促使植被复苏，进而带来动物资源的发展。该期虽然已进入冰后期升温阶段，但气候并不稳定，给刚刚复苏的生态环境带来一定的影响。此时期的植物形态以针、阔叶稀树草地为主，但遗址附近存在暖温带植物和灌木。本期出土的器物中仍然以细小的燧石石器为主，砾石石器次之。但燧石石器所占的比例有所下降，而砾石石器的比例有所上升。这一现象表明，丰富的动物资源使史前人类继续以狩猎经济为主，燧石石器继续成为人类屠宰牲畜和切割肉类的工具。同时，多样的植物形态也为史前人类的采集经济形态提供了丰富的食物来源，砍砸器、刮削器和尖状器等采集类型的砾石石器数量增多，食物采集开始成为该时期人类重要的生产活动。气温回升也促进水生动物的生长、繁殖，捕捞水生介壳类动物也成为史前人类获取食物的重要手段。陶器也因适应煮食螺蚌应运而生。

鲤鱼嘴遗址第三、第四期属于全新世大暖期，气候均较暖湿，季风降水几乎波及全国。鲤鱼嘴遗址的气候环境也基本是亚热带温暖湿热的状态，植物形态以亚热带植物为主，植被覆盖程度要高于现代。在这样的食物资源环境中，繁多的植物为大龙潭人提供了富裕的食物资源，从而促使采集经济极大的发展。本时期温暖的气候环境也促使包括水生动物在内的生物空前繁荣，捕捞介壳类、鱼类、龟鳖类、贝类等水生动物逐渐成为鲤鱼嘴遗址史前人类获取肉类食物的主要形式，并以此取代早期以狩猎来获取肉食资源的形式。上述生产活动的改变，促使鲤鱼嘴遗址的史前人类只有转变生产模式才能适应自然环境带来的影响。在该期出土的器物类型中，砾石石器成为主要器型，燧石石器基本不见，磨制石器出现。这一现象表明，作为屠宰牲畜、切割肉类理想工具的燧石石器退出当时工具的使用范畴，而代表采集生产方式的砾石工具、磨制石器进入人类的使用领域并开始占据重要地位。另外，本期发现的陶器种类和数量有所增加，且制作水平有较大改进，如陶器形制比较规整，出现轮制技术，陶胎变薄，烧制火候较高等。这也表明陶器的制作为满足史前人类水生经济生活状况的迫切需要，其制作技术也不断得到提高。

总之，鲤鱼嘴遗址四个时期的生业模式与更新世晚期末次冰期和全新世早中期大暖期的气候环境有着密切的关系。鲤鱼嘴遗址四个文化堆积的生业模式第一期以狩猎经济为主，采集和捕捞经济为辅；第二期以狩猎经济为主，采集和捕捞经济为辅，但狩猎经济的地位已有所降低，而采集和捕捞经济呈现上升趋势；第三期、第四期以采集经济为主，同时捕捞经济在社会生产中占据重要地位。

21. 英山洞遗址

位于鹿寨县中度公社英山柴油机械厂办公室北面约 10 米左右。英山洞洞口向南，离地面 6 米。洞口宽 4 米，由于洞内大部分泥土已被挖走，文化层受到严重破坏，只在洞口右侧有小部分螺蛳壳堆积，内含少量动物化石和打击石片。时代为新石器时代早中期。

22. 穿洞遗址

位于羊角山公社游山村西南约 200 米的独山穿洞。山前约 300 米处有都乐河自西南向东北流去。洞在山的东南面，洞口南偏东 30°，高出附近地面 6 米。洞口长约 6、高约 2 米。在洞壁左面和洞左地下看到有少量含螺蛳壳堆积，胶结坚硬，含碎骨、炭屑等。为新石器时代早中期遗址。

23. 大牛山洞遗址

位于羊角山公社游山村西北约 1 公里处，洞在大牛山的南面，洞口西南 25°，高出地面约 2 米。洞口长 11、高 4.5 米，洞口前有一石柱把洞口分成两边。洞往里渐缩小，至 20 米处又较开阔并与左面另一小洞口相通，总进深约 50 米。仅在洞内左壁较底部发现少量螺蛳壳堆积。堆积胶结坚硬，含碎骨、炭屑等，厚度尚不明。为新石器时代早中期遗址。

24. 社王洞遗址

位于羊角山公社游山村西北约 100 多米的龙山社王洞，龙山系一长条形的石山，长约 1.5 公里，洞在山的西头，高出地面约 2 米。洞口东偏南 40°，宽约 8、高约 5、进深约 8 米。在洞壁上尚有少量螺蛳壳堆积，含碎骨、炭屑等。为新石器时代早中期遗存。

25. 可怨洞遗址

位于羊角山公社游山村东北约 800 米可怨洞内。可怨山是一座小独山，山的东南约 200 米处有自东南向西北流去的都乐河。洞在山的南面，高出地面约 6 米，有两个洞口。左洞口呈高、宽 2 米的椭圆形，里面比较开阔，宽约 7 ~ 8 米，靠右方有少量螺蛳壳堆积。右洞宽约6、高约1.5米，洞顶呈弧形，看到的进深不及2米，在洞壁盖板下有一层螺蛳壳堆积。在地面下比较疏松的褐色堆积下也含有螺蛳壳，但深度不明。螺蛳壳堆积胶结坚硬，内含碎骨、炭屑等文化遗物，地表采集到打击石片1件。为新石器时代早中期遗存。

26. 独秀山东岩洞穴遗址

位于融水县城西北半里的独秀山东面中腰处。洞口距地面30多米，略呈三角形，高约8、宽约4、进深约15米，洞内地面也略呈三角形，往里逐渐向上倾斜。洞内地表石灰岩块甚多，目前发现的文化遗物主要在洞口和洞口左面斜坡下约3米处的灰黑色亚砂土层内，堆积内杂有唐代开元通宝和近代遗物，故为扰乱层。下层为棕黄色亚黏土，未发现遗物。发现的夹砂陶片，多为红陶系，陶片较破碎，多薄胎，纹饰多为素面，有纹饰的多为绳纹，其次为粗方格纹，有个别为水波纹、锥刺纹、“≡≡”纹等。从口沿看有敞口、直口两种，从器形看有罐、钵两种。另还有一些碎骨，有的已被烧过，能辨认出的有鱼脊椎骨、龟鳖类甲片、鼠类牙齿，还有一枚人的前臼齿。还发现有少量砾石和石片1件，在洞左面山坡下也发现有零星夹砂陶片。为新石器时代中晚期遗址。

27. 柳江陈家岩遗址

该遗址堆积分为2层（贾兰坡等，1960）。上层为文化层，为胶结坚硬的灰色螺壳堆积，含7件打制石器（砍砸器和刮削器）；下层为疏松的“黄色堆积”，含剑齿象等动物化石，未见文化遗物。时代为更新世晚期较晚阶段。

28. 柳州思多岩遗址

位于柳州市区境内木罗山思多屯硝岩洞（贾兰坡等，1960）。文化堆积单薄，在残存的含螺壳的堆积中仅发现1件经人工打制而成的燧石石片和少量破碎的动物骨骼化石。其时代为更新世晚期较晚阶段。

29. 酒壶山遗址

位于柳州市柳江县百朋镇矮山村前200米的酒壶山。文化堆积集中于矮山脚下朝南洞内，山洞呈半椭圆形，高1、宽4.5、深10米。文化层长宽约2米，厚度为0.8米。堆积层中有大量的螺蛳壳和兽骨，上层为胶结坚硬的灰色螺壳堆积，部分文化层被洞壁坍塌的石片覆盖。其时代为更新世晚期。

30. 庙公山遗址

位于柳州市柳江县进德乡木罗寨以北100米处，于1981年发现。该处山高15米，山脚有一溶洞南北贯通，山下溶洞为古人类理想居所。洞内有贝丘遗存，厚0.5～0.8

米，长度超过1米。在胶结的贝壳堆积中发现当地已绝灭的个别动物化石和烧过的兽骨，洞内发现砍砸器1件。为旧石器时代晚期遗存。

31. 蚂拐岩遗址

位于柳江县穿山公社仁安大队西约15公里处的一座孤山，山为石灰岩山，距地表约10米处有两个山洞，洞口向南，洞内堆积均受到不同程度的破坏。其中一个洞的胶结堆积层中，含有较多的动物化石骨骼及螺蛳壳，但没有发现石器及人类活动痕迹。另一山洞可以找到零星碎陶片，夹粗砂红陶，火候低。两个山洞的堆积所剩不多。为新石器时代早中期堆积。

32. 社山岩遗址

位于来宾石牙乡社山岩，为含螺蚌的堆积，采集到打制石器、穿孔石器和夹砂陶片。从出土物看，可能为新石器时代早中期遗址。

33. 达岩遗址

位于来宾寺山乡达岩，出土文化遗物有双肩石斧和夹砂绳纹陶片。其中有一件双肩石斧与青铜钺十分类似，打磨光滑圆润，可能属青铜时代遗物。

34. 鸡笼山洞遗址

位于来宾市兴宾区石陵镇福山村民委巴庙村鸡笼岩的东端洞口，距地面约30米。洞宽10～20、深35米，堆积厚3～5米，胶结坚硬，内含螺壳、蚌壳、砾石打制石器及人类颧骨残片等。为新石器时代早期遗址。

35. 高岩遗址

位于来宾市兴宾区平阳乡石牌古鲁村东南约500米的高岩山西面，洞口朝西，距地表高约8米。遗址宽20、进深20米，为含螺、蚌壳堆积，胶结坚硬。为新石器时代早中期堆积。

36. 达庙岩遗址

位于来宾市兴宾区平阳乡古鲁村东南约300米处，洞口朝西，距地表约9米。岩洞前有一小溪流过，溪水两旁为平坦的水田及耕地。堆积面呈椭圆形，长20、最宽约5米，为含介壳的文化堆积，出土石斧、绳纹夹砂陶片各2件。为新石器时代早中期堆积。

37. 横山岩遗址

位于来宾市兴宾区平阳乡通山村南约500米，两者间有一溪水自西向东流过。横山孤立突起田间，遗址在北向岩洞口内，因当地农民取土破坏严重。从残存堆积来看，遗址长约20、宽5~6米，遗址内未发现其他遗物。

38. 良岩遗址

位于来宾市兴宾区良塘北合新村南约200米，岩洞前为良塘七洞走廊，清水河从中流过。洞口距地表约30米。遗址宽15、纵深10米。遗址破坏严重，堆积中发现打制石器及部分当地灭绝的动物化石。其时代为更新世晚期或全新世初期。

39. 黄岩山遗址

位于来宾市兴宾区良塘乡甘东村南面约2公里的黄岩山。洞前为较为开阔的谷地，左右均为石山环围，群峰耸立。洞口朝南，洞口高5、宽15、深5米。堆积内含螺壳、介壳，胶结坚硬，因本地农民入洞内挖取岩泥种花生，堆积大部分被破坏。为新石器时代早中期遗址。

40. 北樟岩遗址

位于来宾市兴宾区大里乡兴仁村清水河抽水站附近，距迁江农场约2.5公里。该洞洞口朝南，洞前有一条河流经过。岩洞分上下两层，其上为文化堆积所在地。上层洞口外大里小，外宽15、内宽8、纵深30米，因挖泥煮硝，文化堆积破坏严重。堆积层内含螺壳、蚌壳、砺石和磨光石凿1件。为新石器时代中晚期遗址。

41. 屯山岩遗址

位于来宾市兴宾区桥巩乡高槐村民委屯山村北，距屯山村仅5米左右。遗址所在洞洞口朝南，其西侧300米为清水河，洞口距地表约30米。洞高30米，遗址长30、宽25米，在洞底和石缝中发现大量胶结坚硬的含螺蚌壳的堆积物，目前洞内堆积尚有小部分保存完好。堆积层中发现有用燧石制作的砍砸器、刮削器等文化遗物。为旧石器时代晚期至新石器时代早期遗址。

42. 八仙岩遗址

位于来宾市兴宾区良塘北合村西南的八仙岩内。八仙岩洞口朝南，洞口距地表约3米，洞内宽25、深20米。洞口前为较为平坦的畲地，洞内尚有现代人的祖坟，堆积已被破坏殆尽，为螺蚌胶结的文化堆积物。为新石器时代早中期遗址。

43. 棺材岩遗址

位于来宾市兴宾区良江镇塘圩西部约300米的棺材山，棺材山独立于平坦的农田中心，有一溪水长年自东向西南流过，山上有山洞4个，遗址在西洞处。西洞口距地表20米，洞高约10、宽9、深16米，文化遗存深埋在地表下3米左右。因农民挖泥垒社坛，遗址北侧被破坏了约1/3。文化层中富含螺壳、蚌壳，出土打制石器及蚌壳制作的刮削器。为新石器时代早中期遗址。

44. 庙山遗址

位于来宾市兴宾区桥巩乡高槐村西面约300米的庙山岩内。洞口朝东，洞口距地表30余米。洞高12、宽16、进深10.5米。遗址文化层保存完好，堆积层中富含螺壳、蚌壳、炭屑、兽骨、兽牙及磨刃石器、打制石器等文化遗物。在洞壁上也有少量的胶结坚硬的螺壳堆积。为旧石器时代晚期至新石器时代早期文化遗址。

45. 大龙洞遗址

位于武宣县黄茆乡上额村东北经元山南面，距县城25公里。洞内有呈淡黄色和灰褐色的文化堆积，出土动物化石为华南常见的“大熊猫—剑齿象动物群”成员，有剑齿象、犀牛、巨貘、大熊猫、野牛、鹿、麂和啮齿类动物牙齿化石、骨骼化石。为旧石器时代末期至新石器时代早期遗址。

46. 金鼓岩遗址

位于武宣县金鸡乡石祥村北的金鼓山南面，距县城44公里。岩口宽30、高15米，文化堆积为含螺壳的灰褐色堆积，出土牛、羊、猪、鹿牙齿化石和一些烧骨及10多件打制石器。为新石器时代早中期遗址。

47. 黄岩遗址

位于武宣县禄新乡河耀村西北的高平山南面，距县城10公里。黄岩有大小两个洞穴，内有胶结坚硬的呈黄棕色的文化堆积，含螺壳、蚌壳、兽骨和石器，出土打制石器10余件。为旧石器时代末期至新石器时代早期遗址。

48. 社王山岩遗址

位于武宣县武宣镇老北汉村以东的社王山南面，距县城6公里。文化堆积保存较完整，呈棕褐色，含螺壳，动物化石有剑齿象、虎、野牛、猪、羊、鹿、麂等牙齿化石，骨骼化石及鹿角，出土石器10多件，其中1件为穿孔重石。为旧石器时代晚期至新石器时代早期遗址。

49. 六月岩遗址

位于武宣县武宣镇烟厂村北，距县城 6 公里。洞内堆积呈褐色，疏松零乱，含大量螺壳，发现有打制石器、石片、动物碎骨和夹砂陶片。为新石器时代早中期遗址。

50. 钟岩遗址

位于武宣县桐岭乡石迭村石迭山，距县城 14 公里。洞内残存堆积呈棕褐色，胶结坚硬，含少量螺壳、夹杂动物骨骼和熊、牛、猪、鹿牙化石。为新石器时代早期遗址。

51. 孤独山岩遗址

位于武宣县禄新乡古杭村孤独山南面，距县城 15 公里。洞内堆积疏松零乱，含大量螺壳，有牛、羊、鹿、麂牙齿化石、骨骼化石。出土打制石器 1 件。为新石器时代早中期遗址。

52. 白牙山遗址

位于武宣县灵围村东南 1 公里的白牙山洞内，洞口朝南，高于地面 15 米，遗址面积约 30 平方米。文化堆积含螺壳，内杂动物碎骨，采集打制石器 1 件。

53. 螺丝山遗址

位于武宣县思灵乡周村东南 300 米的螺丝山洞内，洞口西南向，高于地面 18 米，遗址面积 40 平方米，厚约 1 米。文化堆积呈灰褐色，含螺壳，内杂动物碎骨，采集打制石器 2 件。

54. 牛岩遗址

位于忻城县古蓬乡牛岩，为胶结坚硬的黄色沙质黏土堆积，发现人牙化石和 7 种哺乳动物化石，其中剑齿象为较为古老的种属。为旧石器时代晚期或新石器时代早期遗址。

55. 都乐洞穴遗址群

位于广西壮族自治区柳州市鱼峰区、柳南区内的都乐河流域。2008 年 10 至 11 月第三次文物普查时发现。包括仙佛洞、大佛洞、双洞、社王洞、穿洞、白岩洞、可怨洞、醉客岩、帽合山岩、老羊田山岩十余处遗址。洞内文化堆积大部分遭破坏，多为螺壳堆积，含有动物骨骼、红烧土、石片等。初步判断为新石器时代遗址。

除上述遗址外，最近报道的位于红水河北岸的来宾迁江镇大村芭拉洞遗址，在含螺壳的堆积中采集了打制石器、磨制石斧和夹砂陶片。忻城县恩练镇南间村水洞遗址，

1991年采集到一些残破的人类肢骨和夹砂陶片。在都安县地苏乡大定村板梯洞、上江村芭拉岩和板蒙村穿山洞的含兽骨和螺壳的堆积中亦采集到夹砂陶片。

（二）山坡遗址

1. 九头山遗址

位于柳州市羊角山乡九头山村以南100米。1979、1982年调查，在坡地上共发现陶片58件、石斧1件。陶片残损严重，为夹砂粗陶。为新石器时代中晚期遗址。

2. 独凳村遗址

位于柳州市郊柳东乡凳独村北13米处。1979年试掘（柳州博物馆，1983），1980年再次调查，面积为30平方米左右，发现砍砸器5件、石斧1件、石锛2件、石核2件。为新石器时代中晚期遗址。

3. 新安村石器采集点

位于柳江县白沙乡新安村大田屯东面约1公里的山岭上。在该点曾采集到双肩石斧1件、打制斧状器和盘状砍砸器3件，同时，在地表发现许多砾石及石片。时代为新石器时代中晚期。

4. 莲塘村遗址和犁乡屯遗址

莲塘村遗址位于柳江县拉堡镇长蛇岭南麓的莲塘村，1959～1960年共采集到1件制作规整、形状如钺的双肩石锛和1件梯形石锛、1件钻孔石珠；犁乡屯遗址位于洛满墟长索岭北麓的犁乡屯，1963年采集到1件条形石锛。为新石器时代中晚期遗址。

5. 荀冲村新石器时代遗址

位于白露公社荀冲村北约400米处，柳江河东岸一南北向的斜坡岭上。除在东北不远处有一块长约400、宽约200米的小块较平坦地带外，东、南、北面都是较高的土山。为新石器时代遗址。遗物零星分布在长约120、宽约30米的范围。采集到砍砸器2件、石片1件、石器半成品3件。为新石器时代中晚期文化遗址。

6. 叶岭新石器时代遗址

位于羊角山公社的叶岭，遗址东临柳江河，北面约2公里为柳江转弯处，中间是土岭和台地，西北1～2公里的地方是石灰岩山，山前山间仍是土岭地带，主要种植旱地作物。在岭的南头长宽40～50米范围内有零星遗物散布。采集到尖状器1件、石锛1

件、石斧3件（其中有肩石斧2件）、砺石1件、石器半成品1件，另有1件似为加工过的板岩质三角形器。遗址内另有一些宋代瓷片。为新石器时代中晚期遗址。

7. 黄岩村新石器时代遗址

位于白露公社黄岩村西面村边的一块畲地，南临柳江河，东、西、北三面为坡度平缓的开阔地带。遗物散布范围长约60、宽约15米，采集有砍砸器5件、石锛4件、石斧3件、石器半成品5件。年代为新石器时代。

8. 洛维遗址

遗址位于柳州市郊洛维村叶岭，遗址面积60平方米。1979年试掘，在文化层中出土陶片3件、砍砸器1件、尖状器1件、石锛1件、石核2件。在遗址周边采集到部分陶片、石斧、石锛。为新石器时代中晚期遗址。

9. 维仪村新石器时代遗址

位于白露公社维仪村西约200米处，南临柳江河，东、北、西北面是坡度很缓的开阔地带。遗物主要散布在长约30、宽10米范围内，采集有砍砸器3件、石片1件、打制石斧（半成品）1件，没有发现文化层；在维仪村东约200米处也采集到双肩石斧1件。为新石器时代中晚期遗址。

10. 滩头岭新石器时代遗址

位于西鹅公社和平大队滩头岭，在柳江河南岸，背靠连绵不断的大土岭，东西两边是柳江河岸上坡度比较小的小岭，北临柳江河，在河中央有一小长岛，西去约300米为鹿谷岭新石器时代遗址。遗物散布在长宽40～50米的畲地上，多为半成品，采集有石锛2件、石斧1件、石器半成品5件。在遗址范围内另有酱釉类的宋代瓷片。时代为新石器时代中晚期。

11. 高岭石器地点

位于柳江县穿山公社高平大队新村背后西北方约500米名“高岭”的土岭上，为一平顶长形大岭，高约10米。在直径约50米范围内的地面上采集到双肩石斧、小石斧、小石刀、骨刀、盘状器、六角形器、磨石等，共14件。为新石器时代中晚期遗址。

12. 铜盆岭石器地点

铜盆岭位于柳城县北杨柳河南岸，南距河约500米，北距狮子岭石器出土地点约1公里，隔杨柳河斜对面是南蛇岭石器出土地点。地势较平，坡度不大，周围为丘陵地带，岭已辟为耕地，表土层均已被扰动。采集到砍砸器2件、石斧2件。砍砸器形略扁，为单向打击而成，但打击点及疤痕已不太明显。2件石斧形制大致相同，都为上小下大的楔形，较扁薄，弧刃，似经过第二步加工修整，长在13.5、宽7厘米以下，都有使用痕迹。时代为新石器时代晚期。

13. 牛头岭石器地点

位于柳城县大埔镇东南约1公里的牛头岭旁无名小岭，西为融江，北临大埔河，岭下为牛头岭渡口。岭上较平，为耕地，地表采集到砍砸器1件。

14. 南蛇岭石器地点

位于柳城县大埔镇北约2公里的杨柳河北岸，其西即为大埔至伏虎华侨农场的公路，隔公路500米为狮子岭石器散布地点。南蛇岭是黄土岭，面积较大，部分已辟为耕地。发现砍砸器5件，略呈楔形（如手斧状），2件呈扁状，均采用单向打击而成。时代为新石器时代晚期。

15. 狮子岭石器地点

遗址在柳城县北约2公里的大埔公社六休大队狮子岭，地处融江与杨柳河的交汇口，岭西临融江，属沿河二级台地，其东为起伏的黄土丘陵地带。该岭已辟为耕地，地表已扰乱，石器都是在地表或更土中采集的，有打制石器9件、砾石1件。打制石器包括上小下大的楔形（手斧状）砍砸器2件、长方形砍砸器1件、呈扁形的砍砸器1件、长条形砍砸器1件、小型斧2件。石器器形不太大，都是单向打击而成的，多有使用痕迹，有的打击点明显，疤痕清晰，且可见其辐射线，有的打击点及疤痕已不太清楚。磨制石器仅见砾石1件，没有发现陶片。时代为新石器时代晚期。

16. 上明村打击石器散布点

位于柳城县洛崖公社洛崖大队上明村背后的小山坡上，北距上明村约500米，南为小河流所盘绕，现为耕地。石器散布其上，共采集到打击石器6件。

17. 娃仔坡石器地点

位于融安县大巷公社安宁大队（五家寨）的西北面娃仔坡地表上，发现网坠2件。

18. 柳州、柳江大石铲出土点

1979年，在柳州市东南郊的西江造船厂工地一座离柳江西岸300多米的石灰岩小坡上发现2件大石铲。其后，又在位于柳江县成团镇盘石村华石屯西面500米处采集到1件长35、宽23厘米的大石铲。20世纪90年代初，白莲洞博物馆专业人员又在柳江县穿山乡灯笼村一半山腰乱石堆中发现1件大石铲。4件大石铲均以页岩为材料，而柳州一带并不出产这种石料，因此这4件大石铲应是从桂南地区输入的。一般认为桂南大石铲流行于新石器时代晚期之末至青铜时代早期，是农业祭祀礼器。

19. 三堆遗址

位于忻城县城西南城关镇都乐村与宁江乡江平、范团村之间的一片丘陵之中，绵延约8公里，分布有7座大小不同的土堆。其中最大的土堆高5米有余，直径20米；最小的高1米，直径10米。1988年文物普查时疑为汉墓。1992年初，对位于江平村水寨屯和三堆屯之间的三座较大的土堆进行试掘，分别在土堆的封土中发掘出各式各样的大石铲11具。石铲造型精美，做工细致。为新石器时代晚期之末至青铜时代早期遗存。

（三）河旁阶地遗址

1. 响水遗址

位于柳州市南约7公里处，面积约200平方米。1979年试掘（柳州市博物馆，1983），共发现37件石器，打制石器约占75%，器型有砾石类的砍砸器、尖状器和石片类的刮削器，打制方法为锤击法和碰砧法。双肩石斧为平肩平刃，通体磨光，制作颇精。从第二层中发掘出21片陶片，皆为夹砂绳纹陶，掺和粗、细砂粒，手制，质地粗疏，火候低，陶色有红、灰、黑三种。为新石器时代中晚期遗址。

2. 兰家村遗址

兰家村遗址位于柳州市区东约5公里，面积50平方米。1979年试掘（柳州市博物馆，1983），共发现146件石器。其中磨制石器及半成品有105件，占72%，种类有石锛、石斧、石凿、双肩石斧、穿孔石器、砺石，以石锛为大宗，3件双肩石斧均为斜肩弧刃；打制石器41件，占28%，种类有砾石类的砍砸器、盘状器、石锤、刮削器和石片类的刮削器。陶片分布密集，共发现943件，均为夹砂陶，掺和较粗的石英砂粒，手制，质地粗疏，但比响水遗址的略好，胎厚薄不匀，火候低，陶色有红、灰、黑三种，纹饰多为拍印的粗绳纹，少数为素面、细绳纹、篮纹、划纹。为新石器时代中晚期遗址。

3. 鹿谷岭遗址

位于柳州市区西约7公里。其地层、文化遗物与兰家村遗址基本一致。此外尚有9处只经过调查而没有发掘的台地遗址，从采集的石器来看也基本上属于同一时期（柳州市博物馆，1983）。

4. 新村遗址

位于柳东公社新村西北约300米处，在柳江河东岸台地上，东、南、北约1公里范围内是较平缓的坡地，1公里以外则是比较高的土岭。遗物分布范围长约50、宽约20米。采集到砍砸器2件、石锛1件、石斧1件、砺石1件、半成品2件。没有发现文化层。遗址内还发现3件汉代方格纹陶片。时代为新石器时代中晚期。

5. 独静村遗址

位于柳东公社独静村南约100米的柳江河岸台地上，南面有一小冲沟，西面是开阔地带，东北约2公里即是兰家村新石器时代遗址。石器散布在一块有缓坡种红薯的畲地上，范围长约50、宽20米，采集石网坠4件、石犁1件、石铲1件。石网坠的制作简单，利用天然扁平的椭圆河砾石，在短径两侧打击出凹处即成。石犁略呈三角形，器身向尖部逐渐磨薄，与过去在扶绥县发现者相似。石铲仅一部分刃部，板页岩质。为新石器时代晚期遗址。

6. 曾家村遗址

西鹅公社和平大队曾家村东南约500米处，在柳江河岸台地上，东南西面是地势比较平缓的土岭。时代为新石器时代。遗物主要散布在紧靠抽水机旁的一块长约30、宽约10米的畲地上。采集到石锛1件、石斧2件、石铲（刃部）1件、砺石1件、石网坠8件。没有发现文化层。为新石器时代中晚期遗址。

7. 黄坭冲遗址

位于黄村公社基隆村黄坭冲岭，距基隆村西北约500米的柳江河岸台地上，东南地势较平缓、开阔，西南约1华里以远后是大的连绵土岭，相隔1公里即为曾家村新石器时代遗址。遗物零星分布在长约50、宽约30米的一块畲地上，采集砍砸器1件、石片1件、石锛2件、石器半成品6件。遗址内另有少量宋代瓷片。时代为新石器时代中晚期。

8. 公店村遗址

位于柳城县社冲乡公店村，面积约1300平方米。1963年从表层耕土层中采集到40余件石器及半成品，多数为斧、锛等磨制石器，其中有1件双肩石器，少数为敲砸器、砍砸器等打制石器，并发现砺石和大量石料。推测这是一处石器制造场。此外，在柳城县长槽村和盘龙村、洛满区黑岩山脚分别采集到1件双肩石锛、1件条形石斧、1件双肩石斧。为新石器时代中晚期遗址。

9. 庙嘴遗址

遗址在柳城县凤山公社东北约5公里的赵家（旧县）大队古城生产队庙嘴，地处融江与沙浦河汇流的三角地带，北为沙浦河，南临融江，为沿河二级阶地，平坦开阔。现阶地大都已辟为耕地，地表被扰乱。从庙嘴始，沿江顺流而下约3里的范围内均发现有相同的石器。采集到磨光石器4件，其中2件已残断，器形不明，局部磨光痕迹清晰；另2件为石斧，形制基本相同，上小下大，一面较平，一面稍隆起，经琢制，磨制痕迹尚清楚，均弧刃，有使用痕迹。打制石器有砍砸器4件，包括尖状、楔形、长条、直刃；大型网坠采集到3件，为该遗址保存较多的文化遗物，特点突出，器形较大（一般在15厘米左右，最大的1件长23厘米）。时代为新石器时代晚期。

10. 勒马石器出土地点

在柳城县凤山公社西约3公里的勒马大队勒马村西约400米，被称为“鲤鱼上滩”的二级阶地，柳江支流龙江的南岸，临江处为一级阶地。其东为一条干枯的小河沟，隔沟便是勒马村，南有勒马山为东西屏障，隔龙江对岸为码头村。阶地较平坦、地势开阔，靠江边部分已被垦为耕地。采集到石片1件，打击石器4件，其中2件如楔状砍砸器，较大的一件打击点及痕迹都比较清楚；一件扁形砍砸器，较扁平、弧刃，打击痕迹明显；另一件似尖状器，不规则状。为新石器时代中晚期石器出土地点。

11. 麻风湾石器地点

遗址位于柳城县凤山公社古城附近，赵家大队古城村与白沙村之间柳江河畔麻风湾东岸的阶地上，北距古城村约1.5公里，西距白沙村约1公里，阶地隔江对岸为对河大队白坟村，南约60米为蛇仔头岭。地势较为平坦开阔，现为耕地。在沿江小路旁耕地中采集到石器4件，其中两件器形不明，但打击痕迹尚可见；一件为楔形砍砸器，打击点清楚，疤痕明显，比较典型；另一件砍砸器，比较模糊。时代为新石器时代中晚期。

12. 牛崖村石器地点

位于融安县浮石公社浮石大队融江东岸牛崖村离河边10米的现代窑址边，在现河面高15米左右的砂质黏土台地上，发现打击石器3件，为砂岩质。

13. 下村石器地点

融安县大巷公社大巷大队下村第十生产队社员吴世坤的菜园中。1967年吴世坤在挖壕沟时在深约80厘米的黄色黏土中发现1把石斧、少量木炭。

14. 莲花岭石器地点

新石器时代晚期，融水公社水东村（及五星村）东北的一片黄土坡岭，其主岭称莲花岭，西距融江约1.5公里，属二级阶地，岭上已多辟为耕地。发现有5件打制砍砸器。

15. 大岭头石器地点

新石器时代地点，在融水县城之东南方，属下廓大队崖头村，距县城约2000米。大岭头在村北200米，属融江岸边的二级阶地，阶石呈馒头状，石器主要分布在阶面及其四周边沿地带的柑果园中，发现砍砸器5件、砾石1件。

16. 三里老码头口石器采集地点

位于洛清江东岸二级阶地，高于水平面约40米，东北距湘桂铁路约60米。该台地是一隆起的小土丘，仅采得一块砾石质的有肩石斧。长约9、刃宽约2.8、厚约0.6厘米。

17. 三里瓦厂坪石器地点

位于鹿寨县黄冕公社三里瓦厂坪的河旁台地。该坪南距三里村约600米，北边紧靠自东北向西南方向流去的洛清江，高于河面约30米，属二级阶地，已开为耕地，土质为黄色黏土。地表上散布有较多的打制石器，全为砾石加工而成，种类有尖状器、砍砸器、石片、有肩石斧。散布面积约达1500平方米。时代为新石器时代中晚期。

18. 矮山岩石器采集地点

位于鹿寨县平山公社龙婆大队矮山村西南约100米的一座小石山北面台地上，高出地面约10米。地表散布有贝壳、碎兽骨、打击石片、炭屑以及动物牙齿等。

19. 小竹山生产队石器采集地点

位于鹿寨县城关大队小竹山生产队北边的台地，东距馒头岭约100米，东北为石榴河，于地表采集到较多的打制石片。文化内涵不详。

20. 牛栏岭石器采集地点

鹿寨江口中庆下平村中庆大队牛栏岭下，为依山傍水的二级阶地，东距下平村1公里，南临洛清江。在地表上采集到打制及磨制石器的砾石石器、石片、石核等，散布面积数百平方米。没有发现陶片与文化层。

21. 城关大汾新村石器地点

位于鹿寨县城关大汾新村河旁台地，高于水面约 40 米，东距洛清江约 400 米。该坡地已开垦为耕地，石器散布面积约 400 平方米，于地表采集到打制石器于磨制石斧等。文化内涵不详。

22. 步塘村石器采集地点

位于鹿寨县黄冕步塘村，洛清江西岸二级阶地，高于河面约 40 米，东北 500 米处是下西游村，西南方向又一无名水沟汇入江，西北紧连着高山土岭。该地原为耕地，地上杂草丛散布着不少近代瓦陶片，采集到几块打制石器。文化内涵不详。

23. 板滩村石器采集地点

鹿寨县江口舟竹板滩村，洛清江北岸二级阶地、高于河面约 40 米，西距板滩村约 500 米。北面为起伏之丘陵山脉，为荒废耕地。于地表采集到若干打制石器、石片、磨制石斧等，文化内涵不详。

24. 鸡冠山石器采集地点

位于鹿寨县城关鸡冠山下一宽阔之平缓坡地，石榴河于其北流过，东南距小竹山村约 500 米，在高于河面约 40 米的坡地上发现较多的打击石片、石核。文化内涵不详。

25. 城关水碾滩石器采集地点

位于鹿寨县城关水碾滩，台地北距石古村 2000 米，南距窑上村 2500 米，东临洛清江。为二级阶地，高于河面约 40 米，该地为已开垦过的空地，杂草丛生，在地表采集到一件打制的有肩石斧，数块碎石片。文化内涵不详。

26. 露南村石器采集点

位于柳江县洛满镇露南村江门屯北面 1 公里处。在该点曾采集到打制盘状斧和砍砸器各 1 件，同时在地表发现许多砾石及石片。时代为旧石器时代石器散布点。

27. 旺马村石器采集点

位于柳江县成团镇大荣村旺马屯，在该点曾采集到磨制石器 1 件。时代为新石器时代。

28. 白沙村石器采集点

位于柳江县白沙乡白沙村西南两公里处。在该点曾采集到磨制石斧 1 件、打制斧状器 1 件，同时发现夹砂粒质红陶及石片。时代为新石器时代。

29. 高村石器采集点

位于柳江县拉堡镇思贤村高村屯。在该点曾采集到穿孔石器1件、打制石器及石片5件，同时发现大量的砾石碎片。时代为新石器时代。

30. 古城遗址

遗址位于柳城县旧县城附近，面积较大。1987年调查时发现砍砸器4件、网坠2件。1990年调查中发现沿河台地上保留有较为丰富的石器。

31. 立冲村石器采集点

位于柳江县里雍镇立冲村南面近柳江河的台地上，在该点曾采集到多件砍砸器。时代为新石器时代。

32. 江口遗址

位于融水镇东华村江口屯西南的融江和达洞江交汇处的三角形阶地上，1981年9月发现，面积约700平方米，器物广泛见于扰乱的地表和乱土堆中，采集到石斧、石刀、石矛等打击与磨光石器，有少量星磨盘。大部分地表因开垦为耕地而受到破坏，文化层的内涵尚未清楚。为新石器时代中晚期遗址。

33. 河口村石器出土地点

新石器时代晚期，位于融水县城东北约7公里处融水公社新安大队河口处，贝江与融江汇流河口的二级阶地上。在村子的菜园中，发现磨过的砾石1件、打制的砍砸器1件。该地点遭破坏严重。

34. 崖口村遗址

融水县南约9公里，融水公社罗龙大队崖口村以北约1公里的融江与达洞河（石眠江）两河交汇的三角形阶地上。阶地距江面约30～40米，自南向北逐渐倾斜，比较开阔，范围40米×50米左右，阶地原为耕地，被破坏较严重。发现的遗物包括打击石器，打击石器均系传统的单项打击法，有砍砸器、尖状器、石锄、石片、石核及一些半成品，有的器形亦较大；磨光石器主要是石斧，有少量石磨盘，有部分磨光也有通体磨光，还发现了1件有肩石斧。标本为地表采集，共66件。为新石器时代中晚期遗址。

35. 南沙湾贝丘遗址

位于象州县象州镇南沙湾村北面豹500米的柳江东岸台地上。1981年10月18日，自治区文物普查队发现，1986年12月，区文物队再次勘察（广西文物工作队，2004）。

遗址南北长150、东西宽100米，文化堆积厚1～1.5米，堆积物主要有螺壳、蚌壳、动物骨骼、打制石器、磨制石器、夹砂陶片等。遗址大部分已开垦为耕地，地表能采集到打制石器、磨制石器等，打制石器有砍砸器、刮削器，磨制石器有石斧、石锛，多数通体磨光。夹砂陶片以灰色为主，红褐色次之，火候较低，质地疏松，纹饰多为粗绳纹和水波纹。器类主要有敞口、折沿、圜底的釜、罐之类，少有直口器。遗址的年代为距今6500～5500年。

36. 鱼步村石器加工场

位于武宣县金鸡乡步鱼村群山沟河口，这里是群山沟流入黔江口入口处，群山沟上游都是泥沙土，绝少砾石石料，而在流入黔江口处突然出现一大堆砾石，石器就在沟水流经的大石板上，这里发现有许多磨光一边或两边的半成品，采集标本3件。为新石器时代晚期遗址。

37. 娘娘村贝丘遗址

位于象州县石龙镇娘娘村东面约100米的柳江西岸台地上。1981年10月12日，自治区文物队普查时发现，1986年12月经再次勘察。遗址东西宽60、南北长160米，文化堆积厚0.5～1米。堆积物主要由螺壳、蚌壳、动物骨骼、打制石器、磨制石器、砺石、夹砂陶片等组成。遗址大部分现已开辟为耕地，地表上能采集到打制石器、磨制石器。打制石器主要有砍砸器、刮削器，磨制石器主要有石斧、石锛，多数通体磨光。夹砂陶片多为灰色，火候较低，质地疏松，纹饰有绳纹、水波纹等。为新石器时代晚期遗址。

38. 陈家岭遗址

位于武宣县武宣镇陈家岭东南松树山的黔江北岸台地上，发现有磨光石器和打制石器，种类有砍砸器、石斧、石锛、石凿、石网坠及石器半成品等遗物。为新石器时代中晚期遗址。

此外，在武宣镇老虎冲的黔江北岸台地上发现石斧1件；金鸡乡鱼步岑山沟流入黔江的河口处发现很多半成品石器，磨光一面或两面，为石器加工场；武宣镇的附近的大沙地上，发现石斧2件；黄茆乡黄花航标站附近，即黄茆河流入黔江入口处的地表上，发现磨光石斧1件。

二、柳州区域史前文化的特点

柳州区域石器时代相关遗存的发现和分析，使我们清晰地看到了本区域史前文化强烈的地域色彩和鲜明的个性，归纳起来有如下几个特点。

（1）遗址绝大部分星罗棋布的散布在红水河、柳江沿岸的台地湖泊和丘陵地区。特别是上述河流的二级支流或三级支流沿岸最多，大河主干道两岸都较少。从纬度来看，这些遗址大都散布在北纬23.5°附近，即北回归线附近，往北逐渐减少。南密北疏的成因，因为是古人类的生存极其依赖自然条件，其发生与发展和地理环境、气候条件有着密切的关系。柳州地区南部多是石灰岩地貌，属亚热带气候，雨量充沛，河湖密布，动物（包括水中软体动物）和植物资源相当丰富，岩洞发育良好且数量众多，皆为原始人类生存与发展提供了优越的饮、吃、住条件。而北部山区自然环境较为恶劣，不利于古人类的生存与发展。

（2）柳州区域石器时代遗址大都含大量的软体动物硬壳。这些介壳类化石大多与黄色洞穴沉积相联系在一起，成为柳州石器时代遗址的最大特点。它既反映出当时柳州一带水网湖沼很多，气候湿热易于介壳类软体动物繁衍，又反映当时古人类以捕捞、渔猎与采集为主的生活、生产。正因为如此，有的学者将遍及岭南的这类内丘遗址文化称为“介壳文化”。

（3）从时间关系来看，柳州石器时代遗址具有较系统的延续、衔接和传承的关系。遗址多层叠压的时间关系，一般来说，上层的灰色堆积通常是全新世堆积，下面的以砂质黏土为主的灰黄色堆积为更新世晚期堆积，再下面的砂质黏土夹些发红砂质黏土的黄色堆积为更新世中期堆积，再往下的紫红色堆积为更新世早期堆积。

（4）旧石器时代晚期至新石器时代，各类文化遗址都发现大量打制石器，无论原料的选择、制作和加工方法、形制和种类都是一脉相传的，显然具有一定的区域特点。这些打制石器以砾石为主，打制方法、加工方法、加工技术比较简单。打制方法均用锤击法，直接单向打击，极少修理台面，器身普遍保留砾石面。柳州区域史前文化石器以传统的大型砾石工具为特色，器类以砍砸器、敲砸器和刮削器为主。石器以石片石器居多，石核石器较少。石片石器的制作通常采用“白莲洞式打片法”（即用锤击法先从砾石的横断处截取石片，其周边仍保留一圈砾石面，然后再在其一侧反向加工使成刃缘），个性鲜明。这种以砾石打制石器为主的原始文化，普遍见于广西、广东、云南、贵州、湖南、台湾、江西等地，形成一个以砾石打制石器为主要工具的原始文化区域，被人简称为“砾石文化区”。虽然这一概括性称呼不尽能涵盖诸文化特点，但却抓住了这一区域原始文化的重要特征。

（5）更新世晚期至全新世之交，曾一度盛行具有细石器风貌的细小石器，这些与简单粗糙的大型砾石工具共存的细小石器相当部分几乎不做第二步加工，而是直接利用石片的刃缘，部分燧石石器如刮削器、雕刻器和尖状器等采用锤击法和压削法制作，形体较小，具细石器风貌，但与典型的细石器有较大的差异，反映了旧石器时代晚期石器小型法的趋势。这一极具地域色彩的特征在岭南地区十分罕见。

（6）磨制石器和穿孔石器萌芽较早。磨制石器肇始于旧石器时代晚期，中石器则出现了规整的磨刃、磨端制品，至新石器时代早期，磨刃技术在柳州区域更得到了充分发展，已出现了十分精致的通体磨光石器。穿孔石器则在中石器时代前期就已出现，原始的穿孔石器采用琢凿穿孔，后发展为钻孔，不仅加磨孔壁，而且器身亦经加磨。这些特征均在华南开启石器制作工艺之先河。

（7）原始制陶出现较晚，制陶业极不发达。已知柳州区域最早的陶片出现在距今10000年前，这与桂北地区距今12000年前就发现陶片相比，显然相去甚远。出土的陶器，一般来说，胎质以夹砂陶为主，纹饰以绳纹为主，制作方式以手制为最多，因而器壁厚且凹凸不平。器物类型以敞口深腹圜底罐、釜、钵为主。烧造的火候低，火力不均匀，致使在同一器表上或器物的里外出现多种不同的颜色。

（8）极少使用骨蚌器，骨、蚌质工具的出现较晚且数量极少，这与华南其他地区早在中石器时代蚌器就是常见的器物的情况形成鲜明的对比。

（9）经济生活以采集、渔猎经济为主，捕捞活动发达，但原始的稻作农业却发展缓慢。遗址中常见加工粗糙以打制石器为主体，少数通体磨光的石器。磨制石器包括斧、锛、凿、刀，种类单调。打制石器包括砍砸器、穿孔石器、石片石器、亚腰形网坠等。其中，打制石器以石片石器居多。不见或少见深耕农具。说明渔猎和采集是其主要的生产方式。

（10）人类埋葬无固定葬式。这与流行于桂北和桂南的蹲踞屈肢葬明显有别。

（11）研究表明，本区域旧石器时代晚期至新石器时代早期，此时人类的体质上常带有大洋洲尼格罗人种的特点，反映南来因素的影响。

第二节　柳州区域史前文化遗存的类型与时代

白莲洞遗址是柳州区域乃至华南地区一处重要的史前文化遗存，“白莲洞文化系列”框架的识别和建立，无疑对柳州区域史前文化内涵的界定以及本区城史前文化发展演化序列的确立，具有典型性和指导意义。白莲洞遗址在时间上延续较久，尽管在地层和文化上存在缺失，但如果以它为主线结合大龙潭、柳江台地等遗址，来纵观华南地区旧石器到新石器文化的时间进程是颇有意思的。下面我们就根据已发表一些发掘资料和年代数据，对柳州区域史前文化作一试探性分析。

纵观柳州区域上述发现的人类文化遗存，依据不同地层中动物化石和文化遗物的差异，并结合白莲洞遗址文化系列，大致可以划分为6个不同时期的文化类型。

第一期：旧石器时代晚期前段，以白莲洞第一期文化为代表。属于这个时代的化石地点和遗址还有柳江人、甘前岩人、柳江周洞和牛仔山洞、双龙岩、车权洞、板浪村、水源村、欧洞等遗址和化石地点。这类遗址全为洞穴遗址，堆积层中含晚期智人化石，伴生动物为“大熊猫—剑齿象动物群”。出土器物主要为旧石器风貌的打制砾石石器，器类以砍砸器和刮削器为主。其中大型砾石工具，加工痕迹相当精致，其制作风格接近黔西观音洞陡刃的器物。后期出现了小量具细石器风貌的细小石器，有的利用燧石石片直接作为器物使用，部分细石器采用精细的二步加工，甚至有压制的工艺，显示出旧石器经过长期的发展过程，至此已达到较高的水平。燧石细小石器与典型的细石器明显有别，表现出旧石器晚期石器小型化的趋势。反映出采集、狩猎经济的特征。

第二期：旧石器时代晚期后段，以白莲洞第二期文化和鲤鱼嘴遗址第一期文化为代表。此外，还有都乐人、九头山人、麒麟山人、酒壶山遗址和庙公山遗址。这类遗址全为洞穴遗址，其堆积为含少量绝灭种哺乳动物化石和螺壳堆积的文化遗存。在这一期的石器组合中，除与上期相同种类的器物外，大型砾石工具增多，但基本保持前一文化层器物的特点，燧石打制而成的具有细石器风貌的细小石器器类明显增多，种类亦明显增加，有凹刃刮削器、圆头刮削器、尖状器、雕刻器和大量无使用痕迹、无第二步加工痕迹的石片。燧石石片石器常用压削法制作，打击台面小，半锥体圆隆，制片疤痕浅而长，形体细小。反映出采集和渔猎经济的特征。

第三期：中石器时代，以白莲洞第三期文化和鲤鱼嘴第二期文化为代表。属于这个时代的遗址还有陈家岩、思多岩、良岩、大龙洞、牛岩、屯山岩、社王山岩和庙山岩、黄岩等遗址。这类遗址除个别为岩厦遗址外，几乎全为洞穴遗址，堆积层中富含螺壳，伴生动物除个别已绝灭的种类外，其余均为现生种。出土器物以打制的砾石石器为主，但制作工艺却显得比前期粗糙。器型主要有砍砸器、敲砸器、刮削器，还出现了局部磨刃、磨端石器和骨制品及穿孔石器（“重石”）。本期虽然仍出土部分细小的燧石器，但数量较前期骤减。此外，本文化期中还出现了质地粗劣、纹饰单纯的原始陶片。此期文化层中还出土了较多带有明显大洋洲——尼格罗人种形态特点的头骨化石，反映出过渡期人种的特征。经济生活以渔猎经济为特征，但原始的园圃式农业可能已开始萌芽。

第四期：新石器时代早中期，以白莲洞第四期文化和鲤鱼嘴第三期文化为代表。属于这个时代的遗址还有五寨山、鸡笼山洞、棺材岩、母猪嘴、芭拉洞、水洞、板梯洞、穿洞孤独山岩、钟岩、六月岩、金鼓岩、八仙岩、黄岩山、达庙岩、蚂捌岩、社王洞、英山洞、大牛山洞、可怨洞、都乐洞穴遗址群和芭拉岩遗址。此类遗址绝大多数为洞穴遗址，堆积层中所含哺乳动物化石全为现生种。出土器物中打制石器虽然仍然占主要地位，但磨制石器已有所增加，而且磨制技术较以前进步。出现了通体磨光的石器和骨器。早期出现了质地粗劣、纹饰单纯的原始陶片，中期以后陶器除一定数量的夹砂陶外，已有较多火候较高的泥质陶。此时，还局部使用蚌质工具。该文化期中已鲜见燧石小石器，表明由旧石器晚期兴起的细小石器已告衰落。在经济形态上，反映出渔猎和原始农业复合经济的特征。

第五期：新石器时代中晚期。以柳江西岸的响水遗址、蓝家村遗址、鹿谷岭遗址和象州南沙湾贝丘遗址为代表。属于这个时代的遗址还有公店村、莲塘村、犁乡屯、新安村、苟冲村、叶岭、黄岩屯、维仪村、高岭、铜盆岭、南蛇岭、狮子岭、新村、独静村、黄坭冲、庙嘴、江口、娘娘村、陈家岭、曾家村、九头山、洛维、独凳村、古城和滩头岭遗址等。属于这个时代的遗址多为山坡遗址和台地遗址，仅个别为洞穴遗存。柳江西岸的这些台地遗址均分布于柳江一级台地上，地层堆积中未见螺壳和兽骨，出土器物除部分与第三期相同外，还有比较规整的双肩石斧和双肩石锛，且磨制石器的比例高达35%～72%，其年代应晚于第四期，经济生活以捕捞业和农业经济为特色。

第六期：新石器时代晚期之末至岭南青铜时代早期。属于这个时代的遗址有柳州大石铲出土点和达岩遗址。一般认为柳州大石铲是从桂南输入的，而桂南大石铲流行于新石器时代晚期之末至青铜时代早期，从合浦曾发现石铲与青铜器共存来看，说明柳州区域原始文化此时已开始跨入青铜时代的行列。

第三节　柳州区域史前文化的渊源

柳州区域史前文明始于何时，这里也无从稽考。但柳城巨猿洞、笔架山及更新世晚期大量哺乳动物化石的发现，则说明这里自古就是生物、人类理想的繁衍栖息之地。

柳州区域分布着丰富的旧石器时代晚期、中石器时代和新石器时代文化遗存，其中以柳江人、白莲洞遗址、鲤鱼嘴遗址和柳江台地遗址构筑的柳州区域史前文化框架，分别代表了柳州区域自更新世晚期至全新世以来的史前文化序列，其人种、文化渊源一脉相承。柳江人是中国乃至整个东亚迄今发现的最早的晚期智人代表，研究表明“柳江人洞”并非柳江人的居住之所，而是一个化石埋藏点，柳江人是白莲洞早期文化的创造者。与之相距仅2公里的白莲洞文化，是一处包含旧石器时代晚期经中石器时代至新石器时代早中期的史前文化，时间跨度为距今36000～7000年。三个相互叠压文化的发现，充分证明了柳州区域史前文化发展的阶段性与连续性。鲤鱼嘴遗址亦是一处包含旧石器晚期、中石器和新石器三个不同时代的文化遗址，时间为距今20000～6000年前后，其文化内涵与白莲洞同期文化不仅酷似，而且对遗址内丰富的过渡时期人类骨骼化石的发现和研究，进一步证明它既是柳江人的继承者，同时又是柳州新石器时代晚期文化创造者的嫡系祖先。上述考古资料，充分证明了柳州区域史前文化从旧石器时代至新石器时代是一脉相承的。

从大龙潭遗址内含人骨文化层年代的分析已经表明，他的时代比广西柳江人晚，但比甑皮岩新石器时代的年代略早。换句话说，大龙潭居民生活时代正好处于旧石器时代晚期向新石器时代过渡的期间。另外，大龙潭人的颅骨性状与柳江人有些相似，颅顶较低、眉弓粗壮、颅骨枕部有“发髻”突起、低眶等特征比较相似。大龙潭组颅骨的大小和性状的种族特征基本上表现为蒙古人种的性状，具体说与早期蒙古人种的南部类型——柳江人较相似，与其北部类型——山顶洞人差异较明显。另外，与新石器时代早期的人类颅骨特征相比，大龙潭组与甑皮岩组最相近，与半坡类型的差别较明显。与整个新石器时代的中国人类来说，除了与长江以南的南部类型相近外，与北部类型的关系就不如与南亚新石器时代颅骨性状（如越南、印尼、马来西亚）那样近似。

大龙潭居民既有蒙古人种的特点，同时又出现澳大利亚——尼格罗人种的性状。这种现象的存在，我们认为大龙潭居民是直接以柳江人为代表的晚期智人发展而来，并且以大龙潭居民为代表发展为柳州区域新石器时代晚期居民。至于大龙潭组居民同时又出现澳大利亚——尼格罗人种的种族性状，一种可能是由于中国南部旧石器时代人类向南亚地区扩展、混杂，导致基因交流，使中国南部地区晚期人类出现一些与蒙古人种相似的种族性状；另一方面也可能是由以南亚地区的晚期智人——以瓦杰克人为代表向北部扩展，进入中国大陆南部，与当地居民混杂，导致基因交流，使中国南部地区晚期人类出现一些澳大利亚——尼格罗人种的种族性状。但大龙潭组居民表现一些仅与澳大利亚——尼格罗人种如此相似的特征来看，如突颌、很低颅骨等，表明在更新世晚期，早期澳大利亚——尼格罗人种向北扩展与中国南部更新世晚期人类混杂的可能性更大。

柳州区域史前文化虽然有其自身的特点，但与邻近诸原始文化相比，仍有着较多的一致性。柳州区域打制石器加工原始，打击方法主要是锤击法，偶见碰砧法，石片石器较多，制作方法都显得简单、粗糙，通常是在砾石的一端由一面向另一面反向打制，这种简单的打制石器，是这类遗址中最常见、最显著的特点。磨制石器几乎都保留打制胚胎时的痕迹，且多为局部磨光，表现出早期磨制石器的原始性。陶器都是夹砂陶，纹饰简单，火候低。这些特点同云南、贵州等地的同时代的史前文化遗址情况近似。尤与黔贵边界同时代的文化遗存最为接近。

柳州区域的史前文化与桂北地区的史前文化有着较多的一致性。旧石器时代晚期，两地文化面貌基本一致。新石器时代，在文化面貌上亦存在着诸多相似之处（李珍，2006）。如都有打制砍砸器、穿孔石器，磨制的长形或梯形的石斧、石锛，均无有肩石器等，都使用骨、蚌器，对死者采用屈肢葬等习俗。陶器饰粗绳纹或中绳纹，以敞口、束颈、圜底的釜、罐类为主要器型，表明两地的史前文化存在着比较密切的关系。但是在柳州区域发现的燧石小石器，却不见于广西北部的洞穴遗址。而在广西北部遗址中常见的蹲踞葬，目前在柳州区域的洞穴遗址中尚未发现，无疑也显示了两地间史前文化亦存在着一些差异。

广西南部地区邕江、郁江流域的史前文化以顶蛳山文化为代表（中国社会科学院考古研究所等，1998）。顶狮山文化是以邕宁顶蛳山遗址第二、第三期文化特征和内涵为代表，集中分布在南宁及其附近地区，是以贝丘遗址为特征的一种史前文化。其主要堆积为螺壳，并含大量的水陆生动物遗骸。陶器以敞口、束颈、深腹、圜底的罐，及敛口深腹圜底器为主。纹饰早期多饰篮纹，晚期盛行绳纹。蚌器占较大比例。墓葬数量多，葬式以各类屈肢葬为主。经济生活以采集和渔猎为主。柳州新石器时代遗址与广西南部顶蛳山文化同属贝丘遗址，经济生活均以采集和渔猎经济为生计。顶蛳山一期石器中以细小的石片石器（虽然两地的原料不一样，但制作技术相似）、穿孔石器为特点的技术，在白莲洞遗址、鲤鱼嘴遗址中可以找到它们的源流。最早出现在顶蛳山文化中的双肩石器在兰家村、响水、南沙湾遗址中都有少量出现。部分陶器形制也基本一致，如陶器中敞口、束颈、圜底的釜（罐）及口沿压捺花边的做法和在陶器口沿下饰附加堆纹的做法与鲤鱼嘴新石器时代早期类型基本一致。这些无疑显示了两地间文化的交流与联系。但两地间文化内涵也存在着较大的差异，如柳州区域河旁台地遗址中出土的通体磨制、器形规整的石斧、石锛，敞口、束颈、折沿外翻、圜底的陶罐，在陶器口沿上压印锯齿状花边的装饰手法在广西南部地区的贝丘遗址中不见。广西南部地区贝丘遗址中发达的蚌器、骨器，数量众多的墓葬和独特的屈肢葬习俗，在柳州地区同类遗址中则不见或很少发现，显示出其区别于其他类型的独特特征。上述这些，似乎表明了两者之间既有相当密切的交流又各自保留着自身的区域文化特点。

广西东部新石器时代遗址发现较多，其数量达80多处，以黔江、浔江和郁江流域的桂平、贵港较为集中（何乃汉等，1987；陈远璋，2003）。大塘遗址是这一类型具有代表性的遗址，遗址中出土的打制石器不少，有石核和石片砍砸器、尖状器、盘状器、刮削器。磨制石器多为磨刃石器，通体磨光的石器很少，有斧、锛、凿等。陶器大多为陶片，均为夹砂陶，以泥片贴筑法制成，火候较低，多为红陶，也有灰陶和灰褐陶，饰纹有粗篮纹、粗绳纹、细绳纹、划纹、附加堆纹等。器类简单，仅有侈口、直口、或敛口的釜（罐）等。经济生活为渔猎、采集的经济模式。黔江、浔江流域，地处柳江、红水河流域交汇的下游地区，总体来看，两地间的文化内涵有着较多的一致性，如大塘类型的打制石器和磨刃石器的特点与柳州区域河旁台地遗址类型相似，陶器的制法、器形、种类等亦十分相似，说明两地之间有着共同的文化源流。但大塘遗址中的陶器纹饰多为粗篮纹，又说明其自身独立发展的特点也很明显。

湖南地区与广西地区的史前文化可以追溯到旧石器时代（袁家荣，1996）。广西地区的甑皮岩遗址亦与沅水中游地区的高庙遗址存在着一定的文化联系（袁家荣，1990；中国社会科学院考古研究所，2003）。湖南沅水地区的史前文化柳州区域与的史前文化有没有直接的联系呢？这里，我们不妨作一试探。

沅水又名沅江，为长江南岸一主要支流之一。它发源于贵州省东部的云雾山，至湖南省黔阳县黔城镇始称沅水，在常德德山注入洞庭湖。沅水有七大支流 ，其中巫水及渠水支流流域与广西三江县的古宜河流域犬牙交错。古宜河又称寻江，柳江左岸支流。地理位置东经109°27′~110°33′，北纬25°27′~26°16′。流域面积5083平方千米，跨广西、湖南两省，属典型山区性河流。古宜河发源于湘、桂交界的金紫山南麓——广西资源县车田苗族乡脚古冲村政冲山顶东1.5千米处，古宜河由沙宜转南流，过斗江折向西，经三江县城流向西南，至老堡口汇入融江。河道全程215.4千米，平均坡降6.79‰，河道弯曲系数1.83。流域地处柳江中游，东临猫儿山，南隔天平山，西与柳江干流相邻，北以金紫山、南山为界，范围涉及湖南省境内656平方千米，广西境内4427平方千米。地势东北高，西南低，四周高山环抱，山峦重叠，盆地零星分布，素有“小云贵高原”之称。区域内地表覆盖层厚，土壤肥沃，植被茂盛。古宜河、沅江流域犬牙交错的地理环境，方便的水路交通，为两地原始文化的交流提供了先决条件。

地处湘西的沅水中、上游地区，史前考古工作起步较晚，但通过近10余年来的努力，此区域旧石器时代中、晚期的文化面貌已基本清楚，确立了以打制的大型砍砸器和石片石器等为主要特征的“潕水文化类群”是本地的主体文化遗存。沅水中、上游地区有着丰富的新石器文化遗存。近年来先后发掘了怀化高坎垅、靖县斗篷坡、洪江市高庙、辰溪县松溪口和征溪口，麻阳县高垅、中方县压祖山、吉首市河溪教场等多处新石器时代遗址（湖南省文物考古研究所，2000）。除斗篷坡遗址可归入岭南文化系统外，其他各地点的文化遗存已大致可以建立起本地区距今7800～4500年的年代框架。高庙遗址是本区域一处极具代表性的史前文化。它位于湖南省洪江市（原黔阳县）安江镇东北约5公里的岔头乡岩里村，遗址地处沅水北岸的一级台地上，现存面积约3万平方米。高庙遗址先后通过三次发掘，遗址中保存的主要是新石器时代文化堆积，可以划分为上、下两大部分，分属于不同的考古学文化。其中，下部堆积的文化特征明显有别于周邻地区同时期的考古学文化。这类遗存在本地区的辰溪、中方和麻阳县的多个地点均有出土，区域特征鲜明，以高庙遗址所出最为典型，且又是最先发现，故又被命名为“高庙文化”。高庙文化的一个显著特点是遗址的文化层由大量的螺、贝、蚌和鱼刺、兽骨堆积而成，在螺贝壳的堆积层中，出土大量的陶片、石器等文化遗物。高庙文化中的陶器有罐、簋、盆、盘、缶本、支座等器型。陶片多见褐色陶，也有红、灰、黄褐和白陶，陶胎多夹砂。器类主要为圆底器和圈足器，少见平底器，不见三足器。典型器有高领深腹罐、圈足盘、圆底缶本和碗形器。器型规整，胎壁不厚且均匀，制作方法为轮制，其制作和烧造都已达到相当高的水平。特别是陶器上的花纹装饰，内涵丰富，特色鲜明。高庙文化中的一个显著的特点是大量的打制石器与磨制石器并存。值得提及的是，在文化层中发现和出土大量的亚腰型石网坠。大量捕鱼工具的部件——网坠的出土，证明高庙文化时期，渔猎在先民经济生活中仍有相当重要的地位。除了渔猎工具外，遗址中还发现大量的打制石片石器和不少的磨制的石斧、石锛、石片和石铲。同时，还发现直接用于收割农作物的工具——镰。高庙遗址的发掘成果，其一是揭示出该文化始初阶段的面貌。从主要生产工具的特征来看，该文化的技术传统远承自本区域旧石器时代中、晚期的“潕水文化类群”，文化渊源大体明晰。其二是高庙上层遗存中最晚的一批墓葬，随葬器物的主要组合为黑陶簋、曲腹杯和壶形罐等，已明显属于大溪文化遗存。

在自然地理区划上沅水中、上游地区与柳江中游的古宜河同样具有山地与河谷相间的地貌特征，它们同属于一个地理单元，而与沅水下游地区丘陵与冲积平原相间的地貌有显著差别。旧石器时代晚期，以白莲洞遗址为代表的柳江流域史前文化和以“潕水文化类群”为代表的沅水中、上游史前文化在文化联系上有着较多的一致性，两地的旧石器文化都以打制的大型砍砸器和石片石器等为主要特征，且在已发现的白莲洞遗址、鲤鱼嘴遗址及水江中、上游不少旧石器晚期地点中，都出土数量不一的黑色燧石石器、石片和石料，由此展示出两地息息相关的文化共性。新石器时代早期文化，柳江流域和沅水中、上游地区的史前文化的技术都承袭了本区域旧石器时代晚期的传统。新石器时代中晚期文化，两地的史前文化都以河旁台地遗址为主，文化层均由大量的螺、贝、蚌和兽骨堆积而成，为含介壳的文化堆积。经济生活都以采集、渔猎为特色，稻作农业始见端倪。在螺贝壳的堆积层中，都出土大量的陶片、石器等文化遗物。两地的石器以打制石器与磨制石器并存的石器加工业为特色，都出土大量的打制石片石器和不少的磨制的石斧、石锛、石片和石铲，不见或少见深耕农具。值得一提的是，在柳江流域众多的台地遗址中，亦发现了不少类似高庙遗址出土的亚腰形石网坠。陶器均以手制为多，但有的采用轮修工艺，以夹砂陶为主，纹饰以绳纹为主，器表颜色驳杂不一。由于柳江流域陶器发现数量有限，两者之间有何内在联系目前尚不得而知。就陶器方面而言，高庙文化与柳江流域同时代文化相比，无论在陶器的制作和烧造上都已达到相当高的程度，特别是在陶器的花纹装饰上，更是内涵丰富，特色鲜明，由此显示了较高的文化水平。

沅水流域的史前文化与柳江流域的史前文化之间的关系究竟如何？目前尚不太清楚。但可以肯定的是，两地之间这种交流与联系早在旧石器时代晚期就已初显端倪，而且这种交流与联系一直延续到新石器时代中晚期。

贵州自旧石器时代中期以来属于“砾石和石片工具传统”，石器的制作一般用锤击法或锐棱砸击法打片，也有用砸击法或碰砧法打片的，第二步加工以反向加工为主，也有用交互加工和复向、横向加工的。很显然这与柳江—红水河流域的石器特征相类似。据张森水研究，贵州省的旧石器可划分为猫猫洞、草海和马鞍山三个类型。将白莲洞遗址、鲤鱼嘴遗址出土的石器与之相比较，其砾石石片石器与黔西南猫猫的石器加工方法即向破裂加工石片的方法接近，而燧石小石器则与马鞍山类型接近。由此看来，柳州区域与黔西南、黔中、黔北均存在内在联系。但是马鞍山类型的年代在距今 20000 年以内，猫猫洞类型的年代原研究者认为其时代为旧石器时代晚期之末，或临近更新世的结束时期，利用铀系法测得鹿牙化石的年代为距今 14600 ± 200 年，如按此年代约相当于白莲洞东 6 层即第 3 文化层，但经过对同层烧骨进行 ^{14}C 测定，却只距今 8820 ± 130 年，按此年代则与白莲洞东 2 层相接近。而白莲洞遗址、鲤鱼嘴遗址的细小石片石器兴起于 20000 多年前，大型砾石石片石器更是在 30000 年以前已盛行，由此看来，黔西南和黔中北一带的史前文化很可能是受白莲洞和鲤鱼嘴文化影响的结果。引人注目的是，从柳州区域各类遗存的年代和分布范围来看，第一、第二期年代最早的遗址仅分布在柳州市和其所辖的柳江县，第三类遗址分布到红水河北岸东段的来宾县，第四类遗址分布到红水河北岸中段的都安县，第五类遗址分布到红水河北段西岸的天峨县，且有越往西越晚的趋势。由此看来，柳江—红水河流域的史前文化显示出沿柳江西岸由北向南再沿红水河北岸由东向西传播、扩张的态势。很可能这种传播、扩张的态势早在更新世晚期之前就已开始。

第九章　白莲洞遗址与华南中石器时代遗存

中国旧石器时代与新石器时代之间，是否存在一个中石器时代，长期以来，学术界聚讼纷纭，莫衷一是（张瑞岭，1987，1988；戴尔俭，1988；贾兰坡，1991）。华南地区的中石器时代文化，最早由裴文中于20世纪30年代发现并提出来的（裴文中，1935）。50年代中期，安志敏曾作过介绍（安志敏，1956），后逐渐被怀疑和否定。80年代初，何乃汉在整理和研究广西贝丘遗址时这一问题又被重新提出（何乃汉，1985，1988）。其后，随着白莲洞遗址从晚更新世延续到早全新世的文化系列的发现，学术界有关华南中石器时代的讨论更加惹人瞩目（张镇洪等，1997；周国兴，1999；吴春明，1999；赵朝洪，1989；蒋远金，2002）。

第一节　华南中石器时代文化遗存的甄别

华南地区中石器时代文化遗存，长期以来由于所涉及这一时段的考古遗存均因材料的零散、测年的误差和田野工作的疏漏等诸多因素，造成认识上的差异，学术界对过渡时期或中石器时代考古遗存的认定，因不同的标准而不一致。

人类文化的发展，是一个逐渐演变的过程，新的文化因素总是孕育在旧的文化因素之中。因此，要探讨由旧石器文化向新石器文化过渡时期的考古遗存，有赖于对其前后时期的文化遗址作一全面综合的分析。下面就华南更新世晚期至全新世初期史前文化遗存依照白莲洞文化系列框架逐一甄别。

1. 武鸣和桂林 A、B、C、D 四处洞穴遗址

1935年在武鸣的芭桥（A洞）、芭勋（B洞）、腾翔（C洞）和桂林（D洞）含螺壳灰色堆积物中采到打制的砾石石器（砍砸器、尖状器和刮削器），残破的重石、磨石、石锤等生产工具，他们与现生种哺乳动物共存，没有发现陶片和磨光石器。还在A洞发现一个带刻纹的磨石，系利用扁平砾石的一面作为磨面，相对的另一面有用尖状器刻画的纹饰，纹饰的形状有点像篮纹。在D洞中还找到加工的鹿角。这四个地点的时代被裴文中教授初步判断为“中石器时代（？）”（裴文中，1935）。在这些灰色的螺壳堆积物下面是一层时代比较早的黄色堆积物，内含人工碎石片，剑齿象动物群化石，甚至巨猿和猿人的化石。根据裴文中教授的文章，在这些含螺壳的堆积物上面覆盖了一层很明显的钙板，这与白莲洞东侧堆积物的东1层和东2层十分相似。据此可知，这四个地点出土文化遗物实际上来自新石器时代早期和过渡期（中石器时代）的层位。裴文中教授最初将之归于中石器时代并不错，以后因有磨光石器的出现，又将之归之新石器时代也是对的。因为，这套堆积物本身就包含了这两个时代的文化遗存，它们是出自不同的层位，故不能仅据某一种文化遗物而将全部堆积归为一个时代。

2. 陈家岩、思多岩遗址

陈家岩遗址位于柳江县境内。堆积分两层：上层是文化层，为胶结坚硬的灰色螺壳堆积，含若干件打制石器；下层为疏松的“黄色堆积”，含剑齿象等动物化石，未见文化遗物。

思多岩遗址位于柳州市区境内木罗山思多屯硝岩洞。文化堆积单薄，在残存的含螺壳的堆积中仅发现1件经人工打制而成的燧石石片和少量破碎的动物骨骼化石（柳州市博物馆，1983）。

3. 轿子岩、释加岩

轿子岩位于桂林甲山乡唐家村轿子山东南麓，紧临桂林两江国际机场路西侧（中国社会科学院考古研究所等，2003）。洞口东南向，高程约10米。洞内分主洞和支洞，文化堆积主要分布在主洞，面积约30平方米。该遗址于1980年试掘，发掘面积16平方米。从文化内涵来看，轿子岩遗址发现了10余件简单打制而成的砾石石器及半成品，1件磨制的骨堆和1件穿孔蚌器，伴生动物化石有猕猴、竹鼠、豪猪、鹿、麂、野猪等哺乳动物及鱼、龟、螺、蚌等水生动物，都是现生种属，未发现穿孔石器及陶器。

释加岩位于桂林市西郊甲山乡唐家村附近红庙斜对面轿子岩西南麓（中国社会科学院考古研究所等，2003）。洞口高程5、洞宽20米。文化堆积中含有螺壳、蚌壳及猕猴、鹿、猪和羊等动物化石。文化遗物有打制石器、炭屑等，未见陶器。

轿子岩、释加岩出土的文化遗物与桂林D洞有诸多相似性，且哺乳动物均为现生种。两处遗址工具虽然仍以砾石打制石器为主，器物以砾石砍砸器为多，但新出现的磨制骨锥和穿孔蚌器都代表了磨制和穿孔工艺的出现。显然，轿子岩、释迦岩与桂林D洞为同时代遗址，它们大体反映了旧石器时代晚期向新石器时代早期过渡的文化面貌。

4. 东岩洞

东岩洞位于桂林穿山南面，发现于1961年（吴新智等，1962）。洞口朝南，高出漓江水面约20米。洞口高约3.5、宽约8米。洞内堆积的上层含哺乳动物化石、烧骨、打击石制品和螺壳。打击石器的石料为石英岩砾石，两面错向打击，使成两个刃缘，刃缘有梯级修理加工痕迹，是1件可用来砍砸的器具。还有1件打击石片，台面还保留有砾石面，石片边缘锋利，未见第二步加工。东岩洞的打击石器与封开黄岩洞遗址的两面交互打击石器在工艺制作上极为相似，该地点同样属华南洞穴中含介壳的文化堆积，故其年代与白莲洞三期文化亦应接近。

5. 仙人洞遗址和吊桶环遗址

仙人洞遗址位于江西省万年县大源乡境内，是华南地区一处重要的史前时期的文化遗存。1962、1964 年，仙人洞遗址先后经过两次考古发掘（江西省文物管理委员会，1963；江西省博物馆，1976）。这两次发掘虽然获得了大量的文化遗物，但并未在地层关系上将旧石器时代晚期和新石器时代早期遗存区分开来。

1993、1995 年，江西文物考古研究所与美国安德沃考古基金会（Andover Foundation for Archaeological Research）组成联合调查队对大源盆地进行联合考察。中美考察队不仅对仙人洞遗址再度进行了发掘，而且还对该盆地西侧距仙人洞遗址约 800 米处的一处岩厦吊桶环遗址进行了小规模发掘。令人瞩目的是，这次考古发掘新发现了被认为其可靠的年代不晚于 12430 ± 80 年的早期陶片以及一系列由野生稻向栽培稻演化的植硅石（phytoliths）和许多大型带单孔或双孔的可作为收割工具的蚌镰。中美联合考察队通过对该地两处遗址的发掘和研究，于 1998 年发表了论著（Richards，1998）。

美国学者根据对江西万年仙人洞与吊桶环两遗址考古材料的综合分析，按欧美的分期法将大源盆地的旧石器时代晚期到新石器时代中期，划分为旧石器时代晚期的“扬子江期”（Yangtze phase），该期层位仅出现在吊桶环（或称 Wang）洞内；后旧石器时代（Epi-paleolithic）的大源期（Dayuan phase），其特点是无陶，但有可用作镰的双孔蚌器、小砾石制作的琢石（pecker）以及少量细石叶（microblades?）；原始新石器时代（Incipient Neolithic）的仙人洞期（Xian Ren phase），堆积物中的文化遗存并不丰富，但出现原始陶器为其特点；先新石器时代（Initial Neolithic）的王洞期（Wang phase），两洞均有此期堆积，但主要出自仙人洞，石器群中出现作为种稻的穿孔砾石（挖洞重石 Dibble weight）。依次为新石器时代早期和中期的江西和万年两期（Jiangxi & Wannian phases）。

大源盆地的研究源于对栽培水稻起源的研究，故学者们将重点放在探讨中国栽培水稻起源的时间与地区上。以美方为主的研究人员认为，中国栽培水稻起源地区可能在长江中游以南有限的范围内。大约在距今 25000 ~ 17000 年的旧石器时代晚期（扬子江期）与后旧石器时代（大源期）之间，江西地区的先民已开始采集野生稻谷来食用。根据孢粉、稻植硅石遗存的资料推测，到了距今 11800 ~ 10700 年的原始新石器时代（吊桶环期），可能在园圃里已产生栽培稻，这些学者认为此期出现的穿孔重石是点种稻谷的农具，而出现得更早时期的穿孔蚌器，当为采割稻穗的镰器。

大源盆地在陶器的研究上也较深入。美国学者认为华南，甚至东亚的早期原始陶器，可能先有条纹陶、素面陶，然后才有绳纹陶和织纹陶。条纹陶目前只见于万年仙人洞（3c1b 层），类似的陶片也见于西北利亚阿穆尔河流域的 Uts'novka 3、Khummy 和日本中部的 Miyagase，所以美国学者推想最早的陶艺可能发源于北京以南、长江中游附近的某个假想地区，即在距今 13500 ~ 11800 年，北京以南某一地区栽种粟的人群发明了陶器，而后扩散到西伯利亚的阿穆尔河流域（Amur River）、日本和江西万年地区。并认为广西柳州地区到以南地区的新石器时代陶艺属于另一种传统，这可能是因不同生活方式所导致。仙人洞遗址出土的陶片其实还算不上华南地区最早的陶片，目前已知较之更早的却来自桂林的庙岩遗址和大岩遗址，白莲洞附近的鲤鱼嘴遗址下文化层中亦发现了早期陶片。庙岩陶片本身所含碳标本为距今15660±260年（residue）与15560±500年（humic acid），而同层木炭样本的AMS ^{14}C年代为距今17000年。

此外，美国学者还对遗址中出土的细石器的起源问题进行了探讨。他们认为华南地区燧石小石器就是北方的典型细石器。其实华北传统的细石叶（Microblade）技术是指使用间接取片法而获得小石叶的制作技术。而华南地区的“细石器”，其石质多为黑色燧石，但并非真正的细石器，它们常见于华南部分洞穴遗址内，不应与典型的细石器相混淆。国内有些学者认为典型的细石器文化可能起源于华北地区；而华南地区非典型的细石叶技术，周国兴推测可能起源于滇中地区。我们认为华南地区的“细石器”是否存在外来因素的影响，这是一个值得深入研讨的课题。华南地区类似细石器（microlithicoid?）的燧石小石器，也可能是本地区旧石器时代晚期石器小型化的产物。

关于仙人洞遗址的年代与分期，国内部分学者有着不同的看法（彭适凡等，2004）。彭适凡、周广明两位同志认为仙人洞与吊桶环两遗址的文化遗存可划分以下4个文化期：①旧石器时代晚期文化，距今约23000年。主要出土形体较小的石片石器，发现数量很少的野生稻形态的植硅石。②中石器时代文化，距今20000~15000年。出现小型石片石器与大型砾石石器并存的局面，出现大量的野生稻植硅石，却未见人工驯化稻的植硅石。③新石器时代早期最早阶段，距今15000~12000年。石器工业以大量的大型砾石石锤和砾石穿孔重石为主，骨、角、蚌器在本期中亦全面地应用在生产和生活中，本期中不仅仍发现有野生稻植硅石，并且开始出现人工栽培稻的植硅石，与此同时，仙人洞人也随之发明了陶器。④新石器时代早期偏晚阶段，距今12000~9000年。石器工业仍为大型砾石石器和穿孔重石，发现一些磨制较精的谷物加工工具。骨、角、蚌器加工更精，种类更多。出土的稻作物虽然仍属野生稻和栽培稻的植硅石，但后者的数量比前明显增多了。陶器制作技术在前期基础上有了进一步提高。

上述分期，彭、周两位明确提出了在大源盆地史前文化中存在一个“中石器时代”，即存在“旧石器时代向新石器时代过渡”的阶段，他们把这一过渡的时间界定在距今20000~15000年前，并认为其特点是出现小型石片石器与大型砾石石器并存的局面，未见有原始陶器，也基本不见磨制石器。出现大量的野生稻植硅石，却未见人工驯化稻的植硅石（彭适凡等，2004）。

有些学者据此认为华南地区早在距今12000年前，陶器与栽培稻的植硅石遗存的同时出现，既是本地区新石器时代到来的标志，也是新石器时代早期文化的基本特征（张弛，1996，2000）。

这里需要指出的是，上述彭、周所划分的中石器时代（第二期）与新石器早期早段（第三期）我们认为并没有存在质的区别。倒令人困惑的是，在第二期文化中却不见旧石器时代向新石器时代过渡明显的实质内容，反倒是第三期文化反映了这个过渡期的特点。在第三期文化层中不仅发现有大量的野生稻植硅石，并且开始出现少量人工栽培稻的植硅石，即出现野生的与栽培稻的植硅石共存现象。我们认为这种现象并不完全表明此时的稻作农业已经产生，恰恰相反这只能表明此一时期的仙人洞人正历经从以采集野生稻为主的攫取性经济向以人工栽培稻为主的生产性经济的转化过渡的孕育期。仙人洞遗址本文化层中出土更多的则是野生植物果实、动物骨骼和水陆生螺壳也表明此时采集、渔猎经济仍占据着经济的主导地位，培植的农作产物在原始人的生活中只起到非常次要的作用。因此我们认为，这一时期应还没有完全进入到新石器时代，充其量也只在由中石器时代向新石器时代的转变过程之中。另外，原始制陶术的产生与原始农耕活动的起源并没有必然的联系，陶器的存在虽是新石器文化重要因素之一，但它并不能成为早期新石器文化的必然指示物。考古发现证明，在西亚很早已有原始农业，但无陶器；而在日本，尽管找到万年以上古老的陶片，但并无原始农耕的迹象。所以对待原始制陶术的产生，以及陶器在厘定新石器文化的地位值得深入检讨。

鉴于此，我们认为仙人洞遗址第二、第三期文化似可合并为一，原先划分的两期可视为本期文化的前后两个阶段。

6. 英德牛栏洞

牛栏洞位于广东云领镇东南约 2 公里的狮子山南麓，洞口高山附近地面约 11 米。全洞平面略呈曲尺形，洞内高 5 ~ 15、宽 2.5 ~ 5 米，总面积约 400 平方米。遗址发现于 1983 年，1996 ~ 1999 年曾两次发掘，揭露面积约 50 平方米（英德市博物馆，1999）。

原研究者将牛拦洞遗存划分为三个不同时期的文化：第一期，文化遗物中只见打制石器，不见磨制石器，骨器制作中已采用加磨技术，动物群中含少量绝灭种，其时间距今 12000 ~ 10000 年。第二期，文化遗物中打制石器仍占绝大多数，但打制加工技术有所提高，石器器形较前要规整，类型有所增加，开始出现使用钻磨技术的穿孔石器，动物群种类基本为现生种，其时间距今 11000 ~ 10000 年。第三期，文化遗物中虽然打制石器仍占多数，但已出现磨刃石器，并且开始使用陶器，此外在本期中还发现了水稻硅质体，其时间距今 10000 ~ 8000 年。原研究者认为，牛栏洞遗址第一期文化为旧石器时代晚期文化，第二期文化为中石器时代文化，第三期则为新石器时代早期文化，因而牛栏洞跨越了旧石器时代末期、中石器时代和新石器时代初期，其时间跨度在距今 12000 ~ 8000 年。

牛栏洞遗址与白莲洞遗址就文化内涵而言，既有相同之处，也有明显的差异。二者均有三期文化，白莲洞一期文化同样以打制石器为主要内涵，但砾石石器并不占绝大多数，而是具有细石器风貌的小型燧石石器占很大比例，石器同样以单面打击为主，种类简单，伴生动物群同样为“大熊猫—剑齿象动物群”，但灭绝种要多一些。就总体面貌而言，白莲洞第一、二期文化较之牛栏洞一期文化要原始一些。白莲洞第三期文化以穿孔石器、磨刃石器和燧石石器为主要特征，其中穿孔石器的形态与牛栏洞第二期所见基本相同，但牛栏洞第二期文化中不见磨刃石器，而是在第三期中才有磨刃石器出现。白莲洞第四期文化以磨制石器与陶片共存为特征，这与牛栏洞相似，但在白莲洞第四期文化中出现了通体磨光的石器，这在牛栏洞三期文化中却不见。这与白莲洞下限晚一些情形相符合。总之，通过上述比较，从牛栏洞遗址年代界定及遗物来看，它与白莲洞文化相比，其上限大体相当于白莲洞第三期的后段或稍晚，第三期则相当于白莲洞第四期文化的前段。两者在时间的界定上明显有别，也许表明不同地区的旧石器时代晚期文化向新石器时代早期文化的过渡有一定的时间差。

7. 大岩遗址

大岩遗址位于广西桂林市临桂县临桂镇二塘行政村小太平自然村东南约 0.5 公里的下岩门山北，东北距临桂县城约 3 公里，距桂林市约 7 公里，与甑皮岩遗址、庙岩遗址相距 8～30 公里。大岩由 A、B 两洞组成，A 洞位于东侧，B 洞位于西侧，两洞洞口相邻，洞内有小洞相互连通，均朝向正北。下岩门山为一石灰岩孤峰。下岩门山北侧有一条宽约 4～5 米的小河道自东南向西北流过，在 A 洞前形成一面积约 3000 平方米的水塘，然后南折，流入 B 洞东侧并成为一宽约 8～10 米的地下暗河。B 洞东侧为河道，西侧为宽 2～4 米的石灰岩廊道，在洞口西侧有少量螺壳堆积，残存面积仅约 15 平方米，最厚处仅约 40 厘米；A 洞洞口部分为宽敞的洞厅，宽约 5、进深 8～10 米，距现在的河水水面高约 5 米。由于 20 世纪六七十年代村民挖掘岩泥的缘故，A 洞原生堆积受到了少量破坏，但保留相对完整，现存面积约 300 平方米。

2000 年 10 月至 2001 年 1 月，中国社会科学院考古研究所、广西文物工作队和桂林市文物工作队对临桂大岩遗址进行了为期三个月的考古发掘（贺战武，2001）。大岩遗址发掘时，洞内的部分被列为 1 区，洞外部分列为 2 区。2 区堆积较为简单，部分为裸露的岩石，地层由南向北倾斜，文化堆积层厚 20～85 厘米，大体可分为灰黑色表土层、含夹砂红褐陶片和磨制石器的棕红土层、含砾石砍砸器和夹砂陶片的棕红土层、含砾石砍砸器及剥片的棕红土层 4 层。1 区洞内堆积则较为复杂，整个堆积大体呈由洞内向洞外倾斜之势，但洞口部分的文化堆积则由洞口向内倾斜，大体形成不对称、不规则的锅底状。由于洞内中央部分的上部被村民挖去，所以晚期地层堆积在遗址中央不见分布，而在洞口部分及接近洞壁的原生堆积中则可见到。发掘表明，洞内遗存堆积最厚达 2 米以上，地层变化复杂，自然堆积层最多达 32 层，其中有数层为不含文化遗存的间歇层遍布全洞穴。依据地层叠压关系、出土文化遗物的变化，原研究者认为自下而上大致可分为六个时期。

第一期为灰黄色黏土堆积，并夹杂少量破碎的螺壳和兽骨。文化遗物仅见砾石打制石器及制作石器时留下的剥片。打制石器加工技术简单，基本上为单面加工。

第二期是以大量螺壳为主要包含物的堆积，该层中虽然砾石打制石器仍占较大比重，但新出现了磨制骨锥、穿孔蚌器以及两件烧制的陶土块等。穿孔蚌器仅穿一孔，器身不加磨制。两件烧制的陶土块为泥质，均残，1 件略呈圆柱状，1 件较薄，成凹形。从残余部分观察，它显然不是容器。另外还发现两座墓葬，一座为仰身屈肢葬，一座为侧身屈肢葬，墓内均无随葬品，但都在头部及肢骨外压放数件未经加工的石块。

第三期堆积仍以螺壳为主，出土物包括砾石打制石器、骨器、蚌器及陶器等文化遗物和较多的水陆生动物遗骸。石器仍以砾石打制石器等为主，与第一、二期的同类遗物相比，在器类及制作方法上没有明显变化，不见磨制石器。骨器包括骨锥、骨锛两种，数量较第二期有明显增加，磨制也较第二期精制，体现了较高的制作工艺。该期发现了 3 件陶容器。

第四期堆积以螺为主，出土物包括陶器、石器、骨器、蚌器等，数量较少。陶器以夹砂红褐为主，不见泥质陶，器型以敞口、束颈、鼓腹的圆底釜为主，器表多饰粗绳纹。石器仍以砾石打制石器为主，另见少量的磨制石斧、石锛；骨器包括骨锥、骨铲等；蚌器仅 1 种穿双孔的蚌刀，但数量不多。

第五期仍为含有螺壳的堆积，螺壳的数量明显减少，出土物包括陶器、石器、骨器和蚌器等。陶器以夹砂红褐为主，另有较多的夹砂灰褐陶及少量的夹砂黑陶，新出现了泥质陶，但数量较少；器型包括釜、罐、壶、钵等。器表纹饰种类较多，包括粗绳纹、细绳纹、篮纹、弦纹、刻划水波纹、戳印纹等，部分器物口沿有捺压花边。砾石打制石器仍然存在，但数量较少，磨制石器数量明显增加。骨器的种类也较多。该期共发现墓葬 8 座，均有随葬品，包括石器、骨器和穿双孔的蚌器，不见陶器。葬式为仰身屈肢葬、俯身直肢葬以及蹲踞葬。但有一座墓葬内中仅见一个头骨，周围随葬了众多的蚌壳，并骨铲和蚌刀各 1 件。

第六期为棕红色黏土堆积，仅分布于洞口一带，出土遗物较少，仅见陶器和石器两种。陶器以夹细砂的红陶和灰白陶为主，器类仅见宽沿罐一种，器物表面拍印有方格纹。石器包括了磨制精细的斧、锛、镞等。

根据以上所述，我们认为大岩遗址第一期尽管出土遗物较少，但单面打击的砾石石器具有岭南地区旧石器时代晚期同类器物的典型特征，大体可属旧石器晚期后段，年代上晚于宝积岩遗址，相当于白莲洞第二期文化。第二期未出土磨制石器，但有磨制的骨器和经火烧制的陶制品的出现。第三期出现了制作粗糙、不施纹饰的圜底陶容器和磨制骨器。从陶器的制作方法及形态上判断，当不晚于距今 10000 多年前的湖南道县玉蟾岩发现的陶器，说明大岩遗址的第二、三期文化应属旧石器时代晚期向新石器时代过渡的阶段，年代应与庙岩遗址早期、白莲洞第三期文化相当。第四期出现了饰有粗绳纹的敞口、束颈、圆底的陶釜，与湖南澧县彭头山遗址的同类物具有一定的相似性，其年代也大致相当于桂林甑皮岩早期，应属新石器时代早期。第五期陶器种类增加，制作精良，通体琢磨的石器、骨器和骨制针镖的出现，表明其应属新石器时代的中期，与甑皮岩遗址的晚期相当。第六期则相当于新石器时代晚期或末期。从时代上看，大岩第四、五期文化与白莲洞第四期文化相当，第六期则超出了白莲洞第四期文化的范畴。从以上分析可以看出，虽然大岩遗址地层年代仍有待于各种科技测年手段加以检测验证，但其自下而上文化内涵正如白莲洞一样基本上代表了从旧石器时代晚期至新石器时代晚期的各个发展阶段。

8. 庙岩遗址

庙岩遗址位于桂林市南郊雁山李家塘村0.5公里处的孤峰南麓，距市中心约30公里。该遗址于1965年发现，1981年又曾进行调查确认。遗址海拔高程为150米，高出附近地面约13米。遗址所在的洞穴实为一穿洞，有南、北两个洞口，洞道南北向，面积约130平方米。

1988年7月至8月，桂林市文物管理委员会对其进行了抢救性发掘（谌世龙，1999）。发掘面积50平方米，发掘区分为A、B二区，共开挖探方6个。由于受洞内崩踏的影响，故实际发掘主要集中在B区进行。

庙岩遗址文化堆积厚2.4～2.9米。发掘者据B区第一、第二探方北壁地层剖面观察，将其划分为6层：

第1层，扰乱层，灰黑色亚砂土层，厚约30厘米，内含近现代人类遗物；

第2层，为灰黄色含大量螺壳的亚砂土层，厚50～70厘米，内含较多的烧灰、烧骨以及兽骨和牙齿碎片；

第3层，为灰白色与灰色相间的亚砂土胶结层，厚42～67厘米，内含石器、灰骨和动物牙齿化石；

第4层，为浅黄褐色亚黏土层，厚25～50厘米，内含一定数量的螺壳、石制品、兽骨、蚌类贝壳也不少，炭量和烧土层较厚；

第5层，为褐黄色亚黏土层，厚30～50厘米，内含少量螺、蚌类贝壳，在这层下部还出土了数片极为粗糙的灰黑色陶片；

第6层，为棕黄色黏土层，无文化遗物发现。

1994年5月，周国兴、蒋远金等人在桂林市文化局张子模的协助下考察了该遗址，认为主堆积尚可进一步细划为10层（蒋远金，2007）：

第1层，扰乱层，厚20厘米，含灰岩角砾，螺、蚌壳碎片及近代遗物；

第2层，厚45厘米，微具层理，见有砖红色红烧土及灰白色灰烬，原研究者认为是坑残迹，^{14}C年代为距今12730±370年；

第3层，灰褐色亚黏土，厚15厘米，含大量螺壳，较为疏松；

第4层，棕黄色亚黏土，厚3～10厘米，含灰岩角砾，^{14}C年代为距今12630±450年；

第5层，棕褐色亚黏土，厚5～10厘米，含动物化石及螺壳碎片；

第6层，灰褐色钙质胶结层，厚60厘米，层理较明显，呈灰黑色、砖红色、灰白色相间，可见用火遗迹，有火坑、烧骨、灰烬层，螺壳虽少，但层位两端螺壳量加多，^{14}C 年代为距今 13710±270 年；

第 7 层，棕黄色亚黏土，厚 10 厘米，较疏松，含螺壳碎片；

第 8 层，棕黄色亚黏土，厚 15 厘米，胶结较紧，螺壳较少，早期陶片出于此层，^{14}C 年代为距今 18140±320 年；

第 9 层，黄褐色亚黏土，厚 20 厘米，含较多的螺壳，^{14}C 年代为距今 20920±430 年；

第 10 层，生土层，黄棕色亚黏土，厚 40 厘米，螺壳较少，文化遗物与动物化石均无，^{14}C 年代为距今 21555±320 年。

上述年代数据均为北大考古学系实验室原思训等采用 AMS 法 ^{14}C 测定，并经过修正。

庙岩遗址发现的文化遗物相当丰富，有石制品、骨制品、蚌制品及陶制品。石制品多以砾石为原料，以打制石器为主，不见磨制石器。打制石器以单面打击的锤击法为主，少见两面打击，器身表面均保留有较多的砾石面，石器组合有砍砸器，刮削器，推刮器、石锤、石钻、穿孔石器、盘状器、铲削器、球形器、砺石等，其中以石锤、石钻、砍砸器数量较多，刮削器、推刮器次之。

骨制品多以动物肢骨为材，有打制、磨制两种，骨制品组合有锥形器、尖形器、铲形器、扁形器等（刘琦等，1999）。骨器的加工方法包括切割锤击、打片、修理、刮削、磨制和钻孔。打片技术在骨器中表现得不太理想，打出来的骨器不够规整，这是其原始性的一面；但骨器中有不少采用磨制技术的器物存在，也反映出其加工技术上的进步因素。刘琦等人认为，庙岩遗址的骨器较之仙人洞等同期遗址的骨器要原始此，而与白莲洞二期文化等同期遗址出土的骨器要接近。

蚌制品仅有穿孔蚌器、蚌刀两类（刘琦，1999）。蚌器器类简单，加工也略显简略，但部分蚌器应用了较先进的穿孔技术，只是穿孔技术还不够熟练而已。

陶片，厚胎、夹砂、疏松、烧制火候低，为灰褐色陶片。根据已发表的研究报告对文化遗存缺少按层的描述，很难看出其演化的具体轨迹，只能作为一个整体来判断。据北京大学考古实验室测定陶片标本 BA94137a、BA94137b 的 ^{14}C 年代分别为距今 15560±500 年、15660±260 年，说明其年代距今 15000 年左右，这是目前所知在华南地区发现时代最早的陶片。

庙岩遗址的动物群的组合主要包括两大类，一类是哺乳类动物，另一类是瓣鳃类软体动物。哺乳动物共 16 种，其种啮齿类 3 种、免形目 1 种、食肉类 5 种、偶蹄类 7 种。这个动物群的组合除秀丽漓江鹿为绝灭种外，其余均为现生种（张镇洪等，1999）。

从庙岩遗址揭示的文化遗存和文化堆积物来看，该遗址形成了长期的定居条件。首先，从遗址文化遗存来看，发现丰富的用火遗迹，在文化层第二至第五层中都有面积不等的灰层，说明该居址人类群体已普遍长时间用火。其次，庙岩遗址的文化堆积层厚达 2 米以上，各文层之间没有发现明显的间歇层，呈现出一种连续而不间断的状态，说明人类曾在此长期定居。

庙岩遗址的^{14}C年代自12730±370年（第2层）至21555±320年（第10层），若剔除扰乱层（第1层）和其底部（第9、10层）不含任何文化遗物的年代，那么庙岩遗址比较确切的年代当为距今20000～12000年，与白莲洞三期相当。

纵观上述所述，可清晰地看到庙岩遗址中石器时代文化演化的信息：

（1）庙岩遗址是一处距今20000～12000年的洞穴文化遗址，其时正处于旧石器时代向新石器时代的过渡时期，是华南地区一处典型的中石器时代文化遗存。

（2）庙岩遗址为一处富含螺壳的灰黄色堆积，其伴生动物群绝大多数为现生种，偶见个别绝灭种。庙岩遗址当时所处的生态环境为亚热带气候，恰好处于大理冰期行将结束，冰后期即将来临之际。周边内陆河流水量充裕，低洼地区沼泽湖泊遍布，为鱼类和贝类的繁殖提供了一个优越的条件，而繁茂的水草，为草食类动物的繁荣也创造了良好的条件。繁多的动植物产品又为先民提供了丰富的食物资源。

（3）庙岩遗址的古人类进行的生产活动主是采集、狩猎和捕捞。他们的社会经济是一种以采集、狩猎和捕捞为主的综合性经济。遗址中大量被火烧过的动物骨骼的出土，证明是人类狩猎后加以食用的结果，大量淡水贝类贝壳的出土，证明水边经济已上升到了一个高度。遗址的环境状况对当时人类的生业模式有着决定性的影响。

（4）人类适应生态环境的过程实质上就是一种文化适应的过程。庙岩远古先民为了适应生态环境及发展起来的采集、狩猎、捕捞的综合经济需要，一方面庙岩石器从原来南方旧石器普遍存在的大型砾石工具体系中发展出来一套陡刃的砾石工具体系，以便更适合于利用周边丰富的竹、木资源进行竹、木器加工。另一方面，为适应水边捕捞经济的需要，出现了丰富的骨、蚌制品。可见，该遗址的生态适应全表现为一种文化的适应。这种文化模式在华南地区旧石器向新石器的过渡过程中具有普遍性。

（5）庙岩遗址的社会形态已由原始游群转入到半定居或长期定居的社会形式，从庙岩遗址出土的两具曲身葬人的骨骼来看，已有一定的葬式，说明此时原姑的宗教意识已经萌芽。

（6）迄今为止庙岩遗址虽然发现了华南已知的最原始的陶片，但未见原始农耕、家畜饲养的迹象。

总之，庙岩遗址的发现与研究，不仅为建立本地区乃至华南地区史前文化序列提供了可能，同时也为中国南方旧石器时代向新石器时代过渡的研究提供了一处典型的遗址。

9. 甑皮岩

甑皮岩遗址位于桂林市南郊象山区独山西南麓。为一石灰岩孤峰，因山体外貌形似当地居民蒸锅之盖，故方言称“甑皮岩”。1965年发现，1973年6～9月进行试掘（广西文物工作队，1986），获得大量文化遗存，动物化石碎片达3500多块，还有大量螺壳、蚌壳。1979年为了采样测年代，在洞内发现了早期文化遗存，为早期夹砂陶片。

看来似以第2钙板为界，可将洞内堆积物成上、下两个文化层，经测定，上文化层距今8000~7000年，平均为7500年，下文化层距今10000~9000年（北京大学^{14}C实验室等，1982；原思训，1990）。上文化层中获得打制石器31件、磨制石器32件，均系砾石制品，石料为石英岩、板岩、页岩、砂岩和硅质岩。打制的加工法为反向锤击，少数为交互打击，器身多保留大部分岩皮，器物有砍砸器、尖状器、刮削器、石砧和石杵等。磨制石器为通体磨光的石斧和石锛，不过器身都还保留琢打的痕迹。有穿孔砾石（重石）3件，还有3件带有赭石粉痕的圆砾石。骨器4件，其中有带倒叉的鱼镖、骨镞、骨针和骨锥。蚌器3件以及装饰品——骨笄。从工具组合看，打制的石器显得衰落，磨制工具则甚多，制作工艺的进步十分明显，发现921片陶片，除少数泥制外，其余均为夹砂陶。甑皮岩下文化层中仅出土夹砂陶片。据研究此时已有猪的驯养。

2001年进行第二次发掘，发掘者将甑皮岩遗址的史前文化堆积可划分为五个时期（中国社会科学院考古研究所等，2003）：

第一期文化，年代为距今12000~11000年，大体相当于全新世初期。文化遗物包括陶器、打制石器、骨器和蚌器等。石器均以砾石为原材料，为打制石器，加工技术比较单一，大部分为单面单向直接打击成形，只有个别采用双面打击加工。以石核石器为主，直接用砾石打制加工而成，少部分为石片石器。器型包括石锤、砍砸器、盘状器、尖状器、棒形石凿和穿孔石器等，以石锤和砍砸器为主。从出土器物的形态来看，此期的石器工业属于典型的中国南方砾石工业传统。磨制工艺已经存在，但主要用于加工有机质的工具如骨锥、骨铲和穿孔蚌器，尚未应用于石器制作。此期另外一个重要的技术发展是陶器的出现。这一时期的陶器表现出一系列初级陶艺的特征。出土了大量的水陆生动物遗骸和植物遗存。表明此时甑皮岩史前居民的经济形态主要是采集、渔猎。

第二期文化，年代为距今11000~10000年，即全新世早期。文化遗物包括物陶器、打制石器、骨器、蚌器等。工具方面，石器和骨角蚌器的形态和制作工艺与前期相比变化不大，地层中仍然存在较多砾石原料以及大量制作石器过程中产生的半成品、石块、石片和碎屑，说明石器的制作加工还是在洞内进行的。陶器数量比上一期明显增加，但器类单一，器形简单。此期的主要文化特征之一是陶器制作工艺的进步，出现了泥片贴筑的成型技术。地层中出土大量动植物遗存，说明此期的经济形态仍是采集和渔猎经济。

第三期文化，年代为距今10000~9000年，即全新世早中期。文化遗物包括陶器、打制石器、骨器和蚌器等。工具组合中，石器均为打制石器。尽管未见磨制石器，但新出现的锛形器则应为磨制石锛的毛坯，推测该期或应有少量磨制石器出现。骨器磨制技术进一步发展，新出现了骨针，它的出现可能反映了人类衣着工具的演变。陶器数量较前期多，出现了口近似直或略朝外敞口罐。遗址出土大量的水陆生动物遗存，指示此期的经济形态依然是渔猎和采集。

第四期文化，年代为距今 9000 ~ 8000 年，即全新世中期。文化遗物包括陶器、打制石器、骨器和蚌器等。工具组合中砾石打制石器仍是主要的工具，但磨制石器应该存在。骨蚌器的数量相对减少。陶器数量较多，种类也较第三期明显增多。陶器制法仍以泥片贴筑法为主，出现了分体制作工艺。大部分陶器火候仍较低，但少部分陶器的火候有明显提高。此期还发现了两座墓葬，葬式均为蹲踞葬，没有随葬品，但人骨架上均放有大小不等的自然石块。孢粉分析表明豆类植物很可能是当时采集的对象之一。

第五期文化，年代为距今 8000 ~ 7000 年，即全新世的中期。文化遗物包括陶器、石器和骨器。此期一个文化特征之一是磨制石器的数量增加，器型主要是磨制的斧、锛类，制作精致，大部通体磨光。与之相比，打制的砾石石器和骨器的数量减少，骨器以骨锥、骨针为主，不见蚌器。陶器数量较多，器型、陶色和纹饰种类比前几期都有大量的增加。烧制火候较高，陶质较硬，已经发明陶轮。从出土的动植物遗存来看，此期的经济形态仍然以采集和渔猎为主，从整体文化面貌考察，该期与第四期相比似已经产生某种质的变化。

从以上五个文化期的描述来看，实际上就整体而言，第一至第四期文化相当于原下文化层，反映了本地区新石器早期文化的面貌；第五期文化则为原上文化层，反映的是本地区新石器中期文化的面貌。甑皮岩遗址的发掘与研究，补充了白莲洞东 1 层文化内涵的内容，充分体现了白莲洞第四、五期文化的特点，展现了中石器后续文化的另一种风貌。

10. 三亚落笔洞

落笔洞遗址位于海南最南端，三亚市东北约 15 公里的一座石灰岩孤峰南壁下的落笔洞内。20 世纪 80 年代初，广东省文物考古工作人员到落笔洞进行调查时，在洞内发现了含贝壳及小哺乳动物化石的灰色胶结层堆积。1992 年 3 月，中山大学人类学系举办的海南省文博专业证书班的学员进行野外考古实习时，在落笔洞内又发现 5 枚人牙化石、几件打制石器以及一些脊椎动物化石。

1992 ~ 1993 年，海南省博物馆、三亚市博物馆和中国科学院古脊椎动物与古人类研究所等单位联合对落笔遗址进行两次清理发掘（郝思德等，1998）。揭露面积约 70 平方米，在灰色胶结层堆积中发现 8 枚人牙化石及丰富的哺乳动物化石，还出土了一批石制品和骨角制品等生产工具及用火遗迹。落笔洞遗址出土的生产工具仅有石器、骨器和角器，而无生活用具陶器共存。其内涵以打制砾石石器与钻磨穿孔石器共存为特色。石制品中以打制石器为主，多为砾石工具。较大型的石器一般用锤击法加工，多属单向打击，并有少量与“苏门答腊式石器”相似的器物，这与白莲洞情况有所不同。第二步加工制品只见于小量的小型石器。石器组合较为简单，有砍砸器、敲砸器、石锤、刮削器、石核等。加磨石器仅见于穿孔石器，未有磨刃石器和典型意义上的磨光石器。骨器多以磨制为主，个别的通体磨光。落笔洞遗址中还出土一批以黑曜石、火山岩、燧石为原料的小型石片石器，以打制为主，个别采用压制法加工，具有细石器风貌，这批石器可能是受白莲洞影响的结果。

落笔洞遗址是以砾石工具为主要特点的原始文化遗存，在一定程度上体现了海南省早期石器时代基本的文化特征之一。从区域文化的大背景考察，落笔洞遗址当属岭南地区砾石文化系统。落笔洞遗址年代据 ^{14}C 年代测定在距今 10000 年左右，就文化内涵的特征而言，落笔洞遗址与白莲洞二期 B 段相当，但测年数据则晚得多，这种差异，或许认为是由于经济文化发展不同步、不平衡所致。从遗址所处的位置纬度观察，落笔洞遗址所处的地理位置最靠南，这可能暗示位置越南，文化的滞后性就越大，当然这种判断尚需更多的资料加以佐证。笔者认为，倘若仅以文化属性而论，该遗址虽处于全新世初期，但从文化总体面貌分析，考古年代则似可划属中石器时代为宜。

11. 阳春独石仔

独石仔遗址位于阳春市城区北面 30 公里处，发现于 1960 年。其后于 1964、1973、1978 年和 1982 年进行了四次发掘（邱立诚等，1982）。已获得遗物近 500 件，动物化石千余件。遗址堆积厚达 2. 8 米，有明显的连续性，文化堆积可划分上、中、下三个文化层：上文化层为灰褐色砂土堆积，土质疏松，厚约 80 厘米。出土砾石制作的打制石器、磨制石器和 1 件骨镞。打制石器多不规整，打制方法简单，多无第二步加工痕迹，器型主要有砍砸器和刮削器，磨制石器包括穿孔石器和刃部磨制石器两种。穿孔石器多采用两面凿打后加磨方法进行穿孔，两面孔径基本相等。骨镞由动物肢骨制成，前端磨出尖锋。动物化石为石化程度较浅的牙齿和骨骼。堆积层中含炭屑、灰烬、烧骨和大量人类食用丢弃的螺蚌壳。年代测定为距今 11500 年左右，系新石器时代早期文化遗存。中文化层为灰黑色黏土，呈板状胶结体，坚硬，厚 70 ~ 130 厘米，出土少量打制石器、穿孔石器和骨器。伴有大量螺壳和石化程度略深的动物牙齿和骨骼。下文化层为灰黄色砂土，无甚胶结，厚 70 ~ 30 厘米，出土打制石器、穿孔石器和骨器等，螺壳较少，有大量石化程度较深的动物遗骸。独石仔遗址中、下文化层中出土的打制石器多不规整，且较粗糙，打制方法简单，多单面单向打击，少有第二步加工，器身多保留砾石面，器型有砍砸器和刮削器。穿孔石器系用扁圆砾石中心一面或两面凿打穿孔而成，两面孔径大小不等。

阳春独石仔遗址年代多次测定，测定经过综合分析，最后提出的年代数据为：

上文化层		11500 年左右
中文化层	上部	14260 ± 130 年
	下部	15350 ± 250 年
下文化层		16680 ± 570 年

独石仔与白莲洞遗址同属华南典型的洞穴文化遗址，其出土的打制石器、穿孔石器

和磨刃石器与白莲洞三期文化面貌相似。就总体而言，独石仔的文化内涵基本上属于“中石器时代”范畴。

12. 英德青塘吊珠岩、朱屋岩

青塘吊珠岩、朱屋岩发现于1959年，均为“含介壳的文化堆积”（英德市博物馆等，1999）。吊珠岩为灰黑色堆积，厚0.7米，堆积中内含螺壳、炭屑、烧骨和动物骨骼，还有打制的砾石石器，石器主要是单边直刃或弧形凸刃的砍砸器。朱屋岩为灰褐色砂土堆积，厚3.5米，内含大量螺壳、烧骨和炭屑，发现较多打制石器，伴生动物种属以鹿为多，还有豪猪、熊、麂、鼬和灵猫等，均为现生种。据称，1959年调查时曾在堆积上部表面发现一件红色绳纹夹砂陶片，而1981年发掘时，将原来发现陶片的堆积全部清理，又在岩壁下布探方4米×2米进行发掘，结果不见任何陶片，仅出土打制石器20多件。据此判断，朱屋岩文化堆积是不含陶片的，原发现的一件陶片黏附于堆积的表面，不足为凭。

吊珠岩、朱屋岩遗址出土的文化遗物主要是一些打制的砾石石器，石料有石英岩、石英砂岩、砂岩。以单面打制为主，个别用交互打击或双面打击。较典型的器物有直刃、弧形凸刃砍砸器、双刃砍砸器、器身呈三角形的单弧刃砍砸器和直刃刮削器等。它们与独石仔中、下层文化的同类器物较为接近。吊珠岩和珠屋岩遗址最初发表报告时，被定为新石器时代早期遗址。经1981年再次清理发掘，贝壳样品经测定为距今17140±260年，因此，1990年发表此资料时，其时代又被认为相当于旧石器时代晚期（蔡奕芝，1999）。实际上，从文化属性上判断，它当为中石器时代文化遗存无疑。

13. 封开黄岩洞第1处（洞口）、第3处（洞内）

该遗址为岩厦式洞穴遗址，1961年发现于封开县渔涝河口狮子岩南山麓。于1964、1978年多次发掘（宋方义等，1981、1983）。洞内有4处堆积，第1处为含有螺壳的灰褐色砂土堆积，处于洞口部分，内含炭屑、烧骨和灰烬，并有2件人的颅骨，^{14}C年代（螺壳）为11930±200年，该堆积物直接叠压在黄色堆积之上。第3处为含有螺壳的灰褐色砂土堆积，为主要文化层，位于洞厅内；出土的石制品较多，可分为打制石器、穿孔石器和磨制石器3类。其中以打制石器占绝大部分，器型有砍砸器、刮削器、石钻和石锤等。穿孔石器仅3件，系用器身较厚的砾石加工，中部穿孔，有两面钻孔加磨者，也有两面凿打钻孔而未加磨者。磨制石器数量4件，均用砾石制作，为局部磨制石器，主要磨制刃部。

据此，黄岩洞遗址早期石器的主要特征是：①石器均系采用砾石制成；②磨制石器为局部磨刃；③不与陶器共存；④伴生动物群均为现生种。这些特点与白莲洞第二期文化接近。原研究者认为第3处堆积物内含杂技质太多，无法测定年代，故无年代记录，其可能与独石仔遗址下文化层的时代（距今16600±750年）相近。由此可见，黄岩洞遗址第1、3处文化层，主要为距今10000年前的第3层和距今约17000年的第2层。与白莲洞文化对照，可相当于白莲洞西1、3和东4、6文化层。黄岩洞出土的文化遗存，同样没有超出白莲洞文化的范围，与独石仔遗址一样也没有发现燧石制品。

从黄岩洞、独石仔两个遗址中，我们再次看到了白莲洞文化所显示的粗犷的砾石工具（包括砍砸器）、穿孔砾石、磨刃工具和磨削骨制品等综合体的特色。原研究者特别注意到这两个遗址中的“陡刃砍砸器”，陡刃的修理疤痕呈“鱼鳞状或复瓦状排列”，认为这种器物是适宜于加工竹、木器的工具，甚至它是相对于北方中石器时代的代表物——典型细石器而成为南方中石器时代的代表器物。实际上，根据白莲洞文化中同类器物看，这些“陡刃砍砸器”之中很大一部分主要是用作为砸击螺壳和动物骨骼的专用工具，所修整的陡刃部分为握手部分。确实，这类器物加上穿孔砾石与磨刃工具，不失为这一时期的代表性器物。

14. 罗髻岩、水石岩、乞丐岩

罗髻岩位于莲都镇北面1公里处的孤峰，附近是一片峰丛谷地。1978年在洞口右边的岩厦堆积物中出土一批打击石制品，堆积中含较多螺蚌壳、烧骨和炭屑等，还有一些属现生种类的动物化石。这些石制品均为砾石打制而成，主要器物为双刃和单刃砍砸器，与黄岩洞遗址的同类器殊为相似。此外，还有一些石片与石核，但多不成器。罗髻岩遗址出土螺蚌壳经^{14}C测定，距今年代为11175年。

水石岩位于金庄镇东南面2.5公里的一座孤峰，1978年在水石岩附近地面采集到1件砾石石器，有第二步加工痕迹，是1件接近斧形的砍砸器，有使用疤痕。据说在洞内曾发现有穿孔石器，假如无误，水石岩是一处含打制砾石石器与穿孔石器的文化遗址。

乞丐岩在莲都镇北面8公里处，是峰丛谷地中一处廊道式洞穴。1975年在洞内采集到几件打击石制品，均为砾石石器，有凸刃和直刃砍砸器以及刮削器，单面打制，刃缘经加工修理，其器型与黄岩洞遗址的同类器十分接近。

上述三处文化遗存所代表的石器文化与黄岩洞遗址有着较多的相似性。1989年发表这些资料时，引用过去发表过的罗髻岩和黄岩洞的^{14}C数据，认为这三处遗存的年代大体与黄岩洞遗址的年代相当，也可能略早一些，因而暂定为新石器时代初期（宋方义等，1989）。现在看来，上述三处遗址的时代应与广西武鸣和桂林发现的四处洞穴遗址相当。

15. 罗定饭甑岩

该遗址堆积物属于灰黄褐色的“含介壳的文化堆积”，发现石制品5件，其中砾石砍砸器2件、刮削器2件和石锤1件。动物化石有无颈鬃豪猪、水鹿、鹿、猪獾、野猪、西藏黑熊、猕猴、大熊猫等。1989年发表报告时（宋方义等，1989），认为它与阳春独石仔下文化层、封开罗髻岩、黄岩洞等洞穴文化基本上属于同一类型，但其时代要较之品早，不过与白莲洞文化相比，当在白莲洞四期文化范围之内。

16. 封开大沙岩

大沙岩是岗坪镇东面 2 公里处的一座孤峰，1978 年在其北麓的在沙岩洞洞口堆积中发现两件石器和几件陶片，并有现生种的动物骨骼、牙齿化石。石器中有 1 件用砾石打击制的石制品，器略呈三角形，两侧经单面打击，似为未完成的砍砸器，另一面为打击裂面，略经磨制，下部磨出较锋利的刃缘，应为一件切割器，与黄岩洞遗址的磨制切割器相近。但大沙岩洞出土有绳纹夹砂陶与素面泥质陶，显示其文化面貌较之黄岩洞遗址要进步，年代应较晚一些，而与英德青塘洞穴中含绳纹陶的遗存、桂林甑皮岩遗址早期遗存更为接近，应属新石器时代早期（张镇洪等，1997）。大沙岩洞文化遗存是黄岩洞遗址所代表的一类文化遗存的延续与发展，从中可探寻这类洞穴遗址文化发展的轨迹。

17. 英德青塘仙佛岩、黄岩门

青塘仙佛岩、黄岩门遗址发现于 1959～1961 年（英德市博物馆等，1999），这些遗址相对高程均在 10 米以下。可分为三类：第一类为不含陶片和石器的堆积，共 3 处，其一为仙佛岩东北小穴的灰褐色砂土堆积，厚 1.2 米，含有螺壳、动物骨骼、炭屑和烧骨；其二为黄岩门 1 号洞东边岩壁石灰岩下黑色砂土堆积，厚 0.6 米，含有螺壳、动物骨骼、烧骨；其三为黄岩门 3 号洞东北面的灰褐色砂土堆积，含有螺壳、砂土堆积和烧骨。这 3 处堆积，内涵基本一致。第二类为含石器的堆积，如黄岩门 4 号洞，其内灰黑色砂土堆积内含蚌壳、动物骨骼和砾石打击石片。第三类为含陶片的堆积，共 4 处，一为仙佛岩洞口的红褐色砂土堆积，含绳纹夹砂粗陶片；二为黄岩门 2 号洞口的灰褐色砂土堆积，厚 1 米左右，含有螺壳，骨块及红色、黑色夹砂粗陶片；三为黄岩门 2 号洞东南角褐色砾石砂土堆积，内含简单的打制砾石器和夹砂陶片；四为黄岩门 3 号洞东南角的堆积，采集到具有曲折纹、编织纹、方格的泥质陶、石锛、石斧、砺石和石片等遗物。

青塘的上述文化遗存，其中居第一类的，因没有器物型制可以比较，故文化内涵无法进行分析。第二类文化遗物主要为打制的砾石石器，以单面打制为主体，个别交互打击或双面打击，其方法和器型与独石仔、黄岩洞较为相似。第三类遗存以陶片为其特征，仙佛岩及黄岩洞 2 号洞均见夹砂陶，黄岩门还共存打制石器，这几处遗存的文化面貌与白莲洞四期文化、鲤鱼嘴上文化层略有相同，虽然不见磨制石器，但其年代可判断为新石器时代早期。至于黄岩门 3 号东南角堆积所见的泥质陶及磨光石器，年代则更晚一些，至少在新石器时代中期以后。

18. 道县玉蟾岩

位于湖南省道县境内。遗址周围地势平坦、开阔，水源充足。洞口部分为一宽敞的大厅，宽约5~12米，进深6~8米。1993年和1995年湖南省考古研究所对其进行了两次发掘（袁家荣，1996，2000），洞中文化堆积厚1.2~1.8米。出土文化遗物主要为打制石器和骨、角、牙、蚌制品。石器中以锄形石器为特色，可能是原始农具。有的骨器已磨制刃部，蚌器穿孔。有少量陶片出土，陶片胎体厚达2厘米，内夹粗砂，为泥片贴塑法制成，表面有编织印痕。在两次发掘中，均发现水稻谷壳。1993年出土的稻谷为普通野生稻，但具有人类初期干预的痕迹。1995年出土的稻谷为栽培稻，但兼具野生稻、籼稻和粳稻的特征，是一种野生稻向栽培稻演化的古栽培稻类型。此外，遗业中还出土20多种哺乳动物化石以及40多种植物遗迹。玉蟾岩^{14}C测定的年代在公元前10000年前，其出土的小石片石器与白莲洞遗址三期文化有一定的相似性，玉蟾岩遗址不见磨刃石器，与庙岩遗址同样表现出陶器先于磨制石器的出现。从上述分析，玉蟾岩遗址可视为中石器时代后期的文化遗存。

19. 普定白岩脚洞

该洞穴在普定县西南9公里处。洞口所处高度距离现代河床约40米。于1978年发现，经1978、1982和1984年发掘（李炎贤等，1986），共获得石制品1000多件、骨器2件以及22种伴生哺乳动物化石。洞内堆积物多已被破坏，残存的尚可分8层，文化遗物主要出自上部3~7层内。下部堆积（第8层）与广西洞穴内的黄色堆积相当，上部堆积物中动物化石较下部的为少，也较破碎，明显属于大熊猫—剑齿象动物群成员。经对骨化石的^{14}C年代测定，第3层为距今11740±200年或12080±200年，第5层14220±200年或14630±200年，据此，第3~7层的形成时代可能在距今12000年至15000年或16000年。对1576件采集品进行了观察，石料以燧石、硅质灰岩为主，用锤击和砸击两种方法打片，石核上有似细叶的疤迹，也有8件细石叶出土，这些细石叶与云南元谋大那乌细石器文化中采用砸击获取细石叶相似。石器中91%的标本采用石片制成，余为砾石制品，石片石器中大多数体积不大，以刮削器为多数，其加工最精细者为“边刮器”。除29件尖状器、15件凹刃刮削器外，其余为端刮器，雕刻器甚少。有些学者认为这些器物可归于富林文化传统。与白莲洞文化相比较，当属二期文化之列。这一洞穴的出土物弥补了白莲洞同期文化此类器物的不足。

20. 台湾长滨八仙洞

1968年该遗址为台湾大学地质学系林朝棨教授发现，并由宋文薰教授发掘（宋文薰，1977；韩起，1979）。八仙洞是一处由多个海岸峭壁洞穴组成的遗址，洞穴形成于更新世时期，因火山岩山体上升、海平面变化、海浪冲刷岩壁而形成不同高程成排的洞穴。最高的乾元洞高出海面 100 米，其次是海雷洞高出 70 米，永安洞高出 50 米，菩提洞和潮阳洞高出 40 米，无名洞、龙舌洞和潮音洞 30 米，灵岩洞、观音洞、三藏洞和水帘洞高出 15 ~ 20 米。其中乾元洞、海雷洞、永安洞和潮音洞已经发掘。

乾元洞堆积自上而下分 4 层，第 1 层为新石器时代及更晚时期的文化层，第 2 层为间歇层，第 3 层浅灰色堆积物中发现打制石器 20 件，第 4 层为自然层。第 3 层木炭标本 ^{14}C 测定年代大于 15000 年。乾元洞发现的打制石器，均使用粗大砾石经简单的单向打击加工而成，器形较大，包括砾石石片打击成的刮削器和少量砾石或石核打击而成的砍砸器，不见骨角器和小型刮削器、尖状器和刀形器。

潮音洞堆积自上而下分 11 层，1 ~ 3 层为新石器文化层；第 4 层为间歇层；第 5 ~ 10 层发现打制石器近 2800 件，既有与乾元洞相同的大砾石石器，又有乾元洞所不见的边刃刮削器和刀形器等细小石器，还发现骨角器；第 11 层为自然层。第 6 ~ 8 层 ^{14}C 年代数据为 5340 ± 260、5240 ± 260、4970 ± 250 和 4870 ± 300 年，平均约为距今 5000 年前后。

海雷洞堆积自上而下分 4 层，第 1 层为晚期次生堆积，第 2、3 层出土打制石器 100 多件，第 4 层为自然层。海雷洞高程处于乾元洞和潮音洞之间，年代也约处于两者之间。

海雷洞、潮音洞的石器既有与乾元洞类同的大型砾石石器，又有乾元洞见不到的小型砾石石器。这类小石器系利用海边捡来的石英、玉髓、燧石和铁石英等质地致密的小砾石制成，共有数百件标本，最大一件标本长径不超过 8 厘米。加工方法比较细致，大多数仍是直接敲击砾石面而连续打片，少量石片具有小片疤痕所构成的打击台面。其中典型的石制品是不定型石核、楔形石器以及其相应的各种石片。与细小石器工业相适应的，潮音洞还发现了 110 余件骨角器，多是用石英类细小石器为工具加工成的。主要器类有长条尖器、一端带关节的尖器、骨针和凿形器。

宋文薰教授认为八仙洞等洞穴的文化层序是由先陶文化、新石器文化以及现代汉文化 3 大层组成，其中“先陶文化”由“中央研究院语言历史研究所”所长李济教授命名为“长滨文化”（Changpinion），长滨文化以狩猎与捕鱼为特色，属“采食经济”，根本不见农具及新石器文化的任何要素，与上复的新石器文化毫无衔接之处。长滨文化中的石器工业为砾石工业，且为石片工业传统，它与菲律宾巴拉望（Palawan）地区诸洞穴内的巴拉望文化相接近。宋文薰教授认为长滨文化和巴拉望文化“最可能的祖籍是中国大陆”，它们“一定是经由华南传进”。与白莲洞文化相比，无论在大型砾石石器工业上，还是在细小石器工业上均有着较多的共性。从文化面貌分析看，长滨文化似乎代表了台湾地区更新世晚期至全新世早期时期的文化，其间包含了过渡期（中石器时代）的文化因素，似可和白莲洞第三期文化相比较。

21. 道县麻岩、三角岩、后龙洞、杨家岩、洞尾岩

1988 年，考古工作者对道县寿雁、祥林铺、仙子脚和清塘四个区 130 多个洞穴进行了普查，在 5 个洞穴中发现了含有螺壳的文化层（袁家荣，1991）。三角岩堆积为灰褐色亚黏土，呈疏软胶结状，含有大量螺、蚌壳和熊、鹿、豪猪、龟等石化不深的化石，文化遗物有刻纹龟甲、角铲、骨镞。麻岩堆积为灰褐色亚黏土有一定胶结，含有大量螺、蚌壳和牛、鹿、羊、麂、熊等动物牙齿和残骨，石化不深。有打制石器、骨、牙器。后龙洞堆积为灰褐色砂黏土，呈胶结状，含螺、蚌壳和石化不深的鹿类动物牙齿和残骨，出土打制石器，堆积厚 1.5 米。洞尾岩堆积为灰褐色亚黏土，呈胶结状，含螺、蚌壳和石化不深的猪、羊、鹿等动物牙齿和骨头，出土打制石器。杨家岩堆积为灰褐色亚黏土，胶结紧密，含螺、蚌壳和石化不深的鹿类牙齿及碎骨，出土蚌刮器、骨锥、镞和装饰品。

总之，这五个洞的亚黏土堆积物胶结紧密，内含烧骨、炭屑、灰烬及角砾。在离地表下 20～30 厘米处，常见打制石器、骨、角和蚌器。打制石器均为砾石制品，单面加工，仅少数为双面加工，砍砸器的刃角较陡直，骨、角、蚌器上表现出打凿、刻划、钻磨等制作工艺，器物有蚌质刮削器、骨镞、角铲，但未见燧石小石器。^{14}C 测定三角岩为距今 12060 ± 120 年，看来该地区这类遗址应属于中石器时代之末期文化范畴。

22. 兴义猫猫洞

贵州兴义猫猫洞于 1974 年发现，该洞位于南盘江附近，属于岩厦式洞穴遗址。遗址中共发现 4000 多件石制品、骨角器具 4 件、人化石 7 件以及一些哺乳动物化石和用火遗迹（曹泽田，1985）。原研究者认为其时代为旧石器时代晚期末，或临近更新世的结束时期，利用铀系法测得鹿牙化石的年代为距今 14600 ± 200 年，如按此年代约相当于白莲洞东 6 层即第 3 文化层，但经过对同层烧骨进行 ^{14}C 测定，却只距今 8820 ± 130 年，按此年代则与白莲洞东 2 层相接近。石制器的原料以变质粉砂岩为主，尚有泥质岩及燧石，均来自附近的石河床砾石层中。普遍采用“锐棱砸击法”打片，也使用锤击法。成型石器共有 439 件，除少量砾石工具外，多为由石片制作的石片工具，要占全数工具的 80.2%，其中刮削器 324 件，尖状器 107 件。石器的加工法中 85% 为锤击法，正反修整。角骨器包括有骨锥 5 件、骨刀 7 件和角铲 8 件。骨器的制作过程包括琢、刮和磨等几道工序，其中角铲的制作，还采用了截断的工序。有的标本上，不仅磨刃，还将断口磨光，个别标本上有火燎痕迹。关于猫猫洞的年代，有些人认为 ^{14}C 测得的 8000 多年要较采用铀系法获年代来得可靠和可以接受。但我们却倾向于将该遗址置于中石器时代。

23. 普定穿洞

穿洞遗址发现于 1978 年，属于岩厦式洞穴遗址。1979、1982 年和 1983 年进行发掘（曹泽田，1982；贵州市博物馆，1990）。其堆积物可分 10 层：第 1 层属扰乱层；第

2 ~ 4 层为“上文化带”；第 5 ~ 10 层为“下文化带”。上文化带的堆积物岩性与猫猫洞的十分相近，据称在这一文化带中，石器多、体积大，打片主要用“锐棱砸击法”，修理工具主要是向劈裂面（正面）加工，有骨、角器出土，骨器多，类型复杂，角器较少。黄慰文认为穿洞上文化带可能属于新石器时代。经 ^{14}C 测定，第 3 层烧骨为 8080 ± 100 年，故其时间不会很早。将穿洞上文化层置于新石器时代，这与人骨研究上所获得的结果相吻合。不过下文化层出土的石器属小型石器，其制作工艺与富林小石器工艺相近，故时代要早得多，似可将其置于中石器时代为宜。

24. 南海西樵山

西樵山是位于南海县珠江三角洲平原上的一片古火山，它是史前时期珠江三角洲原始人类采石、制造石器工具的场所（广东省博物馆，1959；梁钊韬，1960；曾骐，1984），从初期制作的石器到中、晚期专门生产双肩石器，其间经历数千年之久（距今 7000 ~ 3000 年）细石器和打制石器主要发现于西樵山东麓的火石岗和旋风岗一带，细石器的石料主要为燧石和玛瑙。石器的类型有各种不同形态的石核、刮削器、尖状器、雕刻器、石刀和箭镞等。在广东地区，还有怀集的罗髻岩，其洞内堆积为钙质胶结紧密的含螺壳灰褐色砂土，内含炭屑、烧骨、灰烬和少量现生动物化石及几件打制石器，但未发现燧石制品，测得螺壳的 ^{14}C 年代为距今 11175 ± 500 年（未经校正）。

25. 石门皂市下层文化

该地点 1978 年发现，1981 年底进行发掘（湖南省博物馆，1986）。这是一处距今 7000 年左右的新石器早期文化遗址，其文化特点是，打制石器占全部器物中的多数，石料为石英岩、砂岩和燧石。石制品种类有砍砸器、刮削器、盘状器、磨刃器。磨刃是在打制石器上同时进行的。细小燧石器 52 件，占石器总数的 74%，是由直接锤击法制得，磨制石器中有石斧、石锛和网坠。陶器均为手制，属红陶系列，这类文化遗存广泛分布在澧水中下游的洞庭湖平原上，伴生动物多为现生种，但也有当地已经绝灭的亚洲象，^{14}C 年代测得为 6920 ± 20 年，经过树轮校正后为距今 7900 ~ 7300 年。皂市下层文化中的黑色燧石制品中，据我们所见，还没有见到加工成型的器物。然而在同一地区属于大溪文化（距今 7000 ~ 5000 年）的澧县王家水库西岸戴家岗遗址中，却发现了数千件的黑色燧石小石器，其中不乏制作十分精美的器物，如一鸟喙状的“靴形尖状器”竟与大那乌文化中同类器物靴形器十分相近。此外，在江苏丹徒磨盘墩遗址中发现 5000 多件石制品，除少数为玛瑙外，均为黑色燧石，其年代距今 5000 年左右，其中有成型石器 557 件，以石片制品为主，石钻达 75%，其余为刮削器、尖状器、似雕刻器等。加工方法除锤击法外，少数采用砸击法，这些石钻，主要用来加工玉器，此处可能为石器制作坊。这批燧石器带有细石器风格，其来龙去脉尚不清楚。此外在广东西礁山和福建漳州也发现有燧石制品。

26. 澧县宋家溪

1978 年发现，该遗址处于澧水一级阶地后缘的河漫滩堆积最上部。文化堆积为灰褐色粉砂土，厚0.5~1 米。文化层以下为厚达 4 米的棕黄色粉砂和灰褐色砾石土层。从地貌地层分析，宋家溪文化堆积的年代可能为晚更新世末期至全新世初期（湖南省博物馆等，1986）。文化遗物为打制的砾石工具，尤以“盘状器”为特色。同时出土的还有大小不等的石片，不见磨制石器。盘状器的石料为红砂岩和石英岩质的扁平砾石，由周边向背面打制加工，器型规整，底面为平坦的磨面，背面隆起，或呈锥状，或呈馒头状（龟背状?），多数情况下，背面上还保留小块岩皮。据研究，盘状器在旧石器晚期多为对向双面加工，以后逐渐发展为单面加工。原研究者认为湖南地区的盘状器萌发于旧石器时代晚期，流行于旧石器文化向新石器文化的过渡时期和新石器时代早期，正像细石器工业中的箭镞一样，盘状器是原始石质工业中最早、最为规范定型的石器，是这段时期的特有石器，其制作工艺为以后磨制石斧、石锛的毛坯打击技术奠定了基础。正如广东地区过渡期的“陡刃砍砸器”被视为典型的代表器物，湘北地区则是以“盘状器”作为过渡期的代表器物。由于宋家溪地点缺乏年代数据，对判断其文化发展有一定困难，文化遗存中尚未发现磨光器物，其盘状器在白莲洞二期文化（第3 文化层中）可追溯到龟背状石核砍砸器，但功能上白莲洞的那件似以砍砸的功能为主，而湘北的盘状器不仅用以砍砸，还用作碾磨为主要功能，是否作为最初的农具之一，值得深入研究。这里暂将它们置于白莲洞三期文化之列，表明了这一时期文化类型的差异和多样性。

27. 汉源富林

1960 年考古工作者在汉源富林大渡河二级阶地上部深灰色河湖相粗砂层中发现该地点，1972 年进行系统发掘（杨玲，1981），获得多达 5000 件的石制品，石料大多为板状燧石结核。与铜梁的大型石器不同，这里出土的石器属小型石器，除 1 件由片麻岩砾石制作的砍砸器外，其余均为燧石小石器，以刮削器最多，占到全部石器的 78.9%，尖状器为 12.7%，雕刻器为 5.8%。打片主要为锤击法，少量亦使用砸击法，二步加工以向背面（反向）加工为主。石片中有 10% 的“似石叶”，疑为砸击所产生，这可与云南大那乌细石器中非典型细石叶类比。遗址中废片量大，成品只占到全数石制品的 26%，故原研究者认为，此处属临时石器加工场，因为文化层很薄，仅厚 40 厘米，灰烬层更薄。由于它是制作小石器的临时性工场，不是生活区，难怪只有单一性的小石器而不见其他适于采集和狩猎的大型工具。白莲洞、鲤鱼嘴遗址中的燧石小石器与这有相近之处，只是种类不及其丰富而已。

28. 元谋大那乌

大那乌地点位于云南省元谋盆地大那乌村以西 200 米处，地理坐标为东经 101.50°，北纬25.38°。东以著名的元谋人产地为界，南为那蚌河，北至大那乌村去牛肩包的小路，面积40000平方米。大那乌细石器地点发现于1973年（周国兴等，1980），除大那乌外，元谋盆地的细石器地点还有牛肩包、石垅箐、老城（公路梁子）、下棋柳、哨房梁子、老鸦塘和那猛渴等，所有细石器典型器物均产自阶地的地表上。此外，还发现大量的制作点（Workshop），每个制作点包括有石砧、石锤和众多的碎石片，其中夹有成型的器物。这些制作点构成了名副其实的细石器制作工场，在该工场的残垣中，竟发现储存细石器成品的“小仓”，从中获得精致器物。还发现功能不明的石圈。

元谋盆地发现的细石器数量众多，多为灰褐色燧石质，可分为石核石器和石片石器两大类。器型有尖状器、雕刻器、刮削器和辐刀。尤以刮削器数量居多，其可分为单边刃刮削器、多边刃刮削器、圆盘状刮削器、圆头刮削器等。根据初步分析，在元谋盆地发现的这批以细小类型石器为主的石器时代文化遗存，有如下特点：第一，这些细小的石器不仅体积小，而且不少器物属于典型的细石器器物，例如，用间接法获得的窄长小石叶及剥落小石叶后的锥状石核，以及原始型的扇形石核刮削器等。尤其很多器物与河南灵井文化中同类器物相比十分相似。第二，与细石器共存的还有较大的石片石器，它的制作风格主要是晚旧石器时代的传统，与元谋盆地发现的旧石器时代晚期器物有着明显的继承关系。第三，小石片的制取除用间接剥片法外，还采用了一种类似“砸击”法的直接剥片法，所得到的小石片具有一定特点：基本呈梭形，剥离面圆隆而没有明显的半锥体，宽的石片具有两极石片的特点。第四，细石器多单面加工，压制技术使用不多，有的器物加工颇为精细，器型与我国中原、北方地区“细石器文化”中许多器物类似，不过迄今尚未找到压制加工过的石叶和箭镞等。第五，出现了一些富有特色的器物，如形状特殊的“靴形”刮器，器身肥厚的“小三棱尖状器”、鸟喙状三棱尖突的雕刻器等。

元谋盆地的细石器遗存的发现，是继西藏之后细石器在我国西南地区又一次重要发现，它的发现填补了云南细石器的空白。由于细石器主要采自地表，关于它的时代暂时只能依其文化性质作判断。元谋盆地细石器是否是中石器时代的文化遗存？我国中石器时代的细石器有着共同特点，即主要采用间接法获取窄长小石叶，并用压削的方法进行二步加工，细石器的典型器物有锥状、柱状和“铅笔状”石核、窄长小石叶、扇形石核刮削器、圆刮器、圆头刮削器等。云南元谋盆地的细石器遗存与之相比，可以清楚看到，它具有我国中石器时代细石器遗存的鲜明共性。另一方面，元谋盆地细石器遗存又显示出自己的个性，特别是在小石片的制取上还采用了一种类似于“砸击法”的直接制片法，且部分细石器有其本身的特色。根据这些分析，我们认为在现有材料的基础上，将元谋盆地以大那乌为代表的细石器遗存的时代列为中石器时代较为适宜。

29. 昆明大坡桥

该地点于1989年3月发现，它位于昆明市官渡区大桥镇鸡街山的南坡（杨正纯，1993）。该洞高出附近宝象河水面约8米，洞内堆积物可分为5层，文化遗物主要出自

3~4层内，文化层的上部为含石灰褐红色亚黏土层，逐渐过渡到下方的褐色亚黏土层，层内含有螺壳、炭屑、碎屑、碎骨、石制品、果实化石与1枚人牙化石。石制品有616件，其中可供研究为126件。制备石片的方法主要为砸击和锤击法。石制品均为小型，其中成型的器物仅只14件，全为刮削器。修理方法除锤击外还采用砸击法，器物中仅有一件磨制骨锥，为残件。大量石核与石片，但其中废弃石片居多，原研究者认为此处是"石器制作场"，不过至今石锤只见1件。根据文章附图看，有些石片与石核采用砸击法，为元谋大那乌细石器中所习见的"大那乌法"，所获石片基本是梭状。经过层位中^{14}C年代测定，大坡桥文化层第3层下部为距今8175±235年，底部为8215±235年，第四层上部为10530±280年，看来其地质年代处于晚更新世之末至早全新世之内。与白莲洞文化相对照，应属三期文化之范畴，但考虑到原始文化发展的不平衡性，至少其距今10000多年的下部文化层，可视为过渡期。

30. 漳州莲花池山

1989年12月，据称在漳州地区发现不少旧石器时代地点。以漳州北部莲花池山为例，在其陡壁上有两个文化层，上为红黄色砂土，从中获得300多件石制品（尤玉柱，1991；吴春明，1999）。这些器物属小型器物，主要由灰色和黑色燧石制作，其制作石器的石片主要用锤击和砸击法从砾石上制取，个别器物采用了砸击加工法。器物制作精细，有尖状器、刮削器、雕刻器、镞形器和凹型刮削器，尤以后者为特色，这层被称为上文化层。在此文化层以下为一套夹有砾石的红色土层带，从中仅收集到20多件石制品，石料为脉石英和硬质砾岩，成品仅3件刮削器，加工较粗，器型略大。原研究者认为该遗址地层属晚更新世末期，故将该遗址的时代定为旧石器时代。但从出土器物观察，似将其归入中石器时代较为恰当。

31. 威宁草海

1982年5月，在威宁县东草海南缘发掘的菱铁矿结核中发现旧石器，同年10月发掘（贵州省博物馆，1990）。在离地表下50~100厘米处发现近100件石器，石料主要为燧石，其次为石髓及硅质岩等优质石材。石器类型比较单纯，仅有两类，砍砸器和刮削器。大多数工具以复向加工为主，多陡刃，其加工方式与邻近的观音洞极为相似，这点也与白莲洞一期文化中以优质石料制作的器物常带有观音洞风格。不过，草海的时代要晚得多。由于哺乳动物化石中剑齿象和轴鹿等时代不会晚于更新世，估计其年代在距今10000年左右。

32. 东兴亚菩山、马兰咀山、杯较山

东兴原属广东，后划归广西，即今防城。1959年分别于石角村亚菩山、马兰基村马兰咀山、大圆基村的杯较山发现三处遗址。这几处遗址均属贝丘遗址（广东省博物馆，1962）。

亚菩山是位于江山石角村西的石角河与玉竹河出口处东岸的一座小山岗，南临珍珠港，高出海面12米。遗址在山的南坡，面积约2000多平方米。文化层厚1.6米，含大量贝壳，遗址以打制石器为多，还有骨器、夹砂粗陶片、蚌器以及人类和动物骨骼。

马兰咀山位于江山马兰基村南面，是珍珠港东北岸的一座小山岗，西北距亚菩山遗址仅5公里，高出海面10米。遗址在山的西坡，面积约600平方米。文化层厚1米，为贝壳堆积。出土遗物的情况与亚菩山遗址相近，但磨制石器较少。

杯较山是一座位于大圆基村东茅岭江出口处的小山岗，西南距防城15公里，该山三面环水，高出水面10米。遗址面积约400平方米，主要在南坡的东西两端。文化层厚2.6米，出土遗物以磨制石器和夹砂粗陶为主，打制石器较少。

东兴这三处贝丘遗址的遗物种类基本相同，石器有打制石器和磨制石器两类。打制石器数量多，形式也较多样，均系用河砾石打制的石核石器。石料以石英砂岩为主，其他有燧石、硅角岩和粗砂岩等。器体厚重而粗大，大多长14～15、厚3～4厘米。石器大多数用石锤砸击加工，多为交互打击和两面打击，少数为单面打击，有部分第二次加工修理较细，而多数第二次加工较粗糙。所有打制石器均保留砾石面，打制石器以蚝蛎啄器最多，砍砸器、网坠、手斧形器次之。磨制石器共100多件，器型有斧、锛、凿、磨盘、杵、砺石等，以斧的数量居多。骨蚌器近90件，但多为装饰品。陶器均为夹砂粗陶，胎厚0.4～1厘米，火候较低。

东兴贝丘遗址虽然以打制砾石石器为主体，但其器型与封开黄岩洞、阳春独石仔一类遗址已有较明显的区别，打制石器主要使用两面交互打击方法，器型有较严格的分类，显示出制作方法的娴熟与较强的加工能力，第二次加工较粗糙，成型后仍保留砾面等情况，仍可看到它们在石器制作工艺方面与前述遗址的承传关系。

文化面貌表明东兴遗址以采集和渔猎为主要生产活动，但农业的出现是毫无疑问的，磨制石器已不仅仅是黄岩洞遗址所见的那类切割器，而较明显地出现需要装柄来使用的有肩石器和用于加工谷壳类植物的磨盘和磨杵。东兴的这几处贝丘遗址大体可划归为新石器时代早、中期。但这三处遗址的年代也应有早晚之分，马兰咀山遗址的磨制石器少，打制石器占绝对优势，年代似早于亚菩山遗址。杯较山遗址打制石器少，磨制石器少，磨制石器与陶片较多，当晚于亚菩山遗址。由此，三处遗址的序列当为：马兰咀山遗址 → 亚菩山遗址 → 杯较山遗址。东兴遗址的年代，估计在距今8000～7000年。

33. 南宁邕江沿岸贝丘遗址

邕江及其上游的左江、右江两岸的台地上已发现的贝丘遗址超过14处，这些遗址的位置常在大河的拐弯处或大小河流汇合的三角嘴上，一般前临江、后靠山，附近有较开阔的平地。遗址多高出水面3～20米，地表均可见到较多的螺壳，并可采集到石器、蚌器、骨器及陶片等遗物（广西文物考古培训班等，1975）。在临江被河水冲刷的断层中，还可看到很厚的螺壳堆积层。现以豹子头、江西岸遗址为例。

豹子头遗址。位于南宁市郊那坝村西南约2公里邕江大拐弯北岸的台地上，高出水面约15米，在遗址内的地表上暴露有灰白色的螺壳，在临河被水冲刷的断层里，也有厚达3米左右的螺壳层。豹子头遗址1973年试掘时，开4米×4米探方4个，揭露面积64平方米。第1层为表土层，厚0.5米；第2层为扰乱层，厚1米左右；第3层为黄色砂土层，含大量螺壳，厚1.5米，出土石器、蚌器、骨器和陶片；第4层为生土层。

江西岸遗址。位于扶绥城西南左江拐弯的北岸，与县城一水相隔，东、西、南三面被左江环抱，形成舌形台地，高出水面约20米。遗址临江的东面和南面被水冲刷，可见螺壳堆积层厚约2米。在其长约100、宽约30米左右的范围内，可以看到遍布的灰色的螺壳。1973年9月两次试掘，开4米×4米探方2个，10米×2米探沟1条，揭露面积52平方米。第1层为表土层，厚约0.15米；第2层为黄色砂土层，厚0.8米，含少量螺壳，有石器、骨器出土；第3层螺壳层，出土石器、蚌器、骨器和陶片；第4层褐色砂土层，含少量螺壳和文化遗物；第5层为生土层。

邕江沿岸贝丘遗址有其共同特点：一是地理分布上，都在沿江一带，前临河，后靠山，多处在河流拐弯或河流交汇处的台地上；其二，文化堆积主要是螺壳层，其中包含为数甚多的石器、蚌器、骨器、陶器和大量的动物残骸。石器制作普遍采用磨制方法，石器约占总数10%左右，骨器使用切割技术，琢磨得较精致，蚌器被大量制造和使用，陶器皆为盘条手制的夹砂粗陶，纹饰以绳纹为主，器型多圜底器。其三，在埋葬习俗上均为屈肢蹲葬。以上特点表明，这些遗址同属一个文化系统，代表着广西地区新石器时代晚期文化的一种类型。大量的石制斧、锛、杵、磨棒等农业工具和谷物加工工具的出现，说明已有了原始的锄耕农业；石矛、网坠、骨镞、鱼钩等渔猎工具和大量的兽骨、鱼骨、螺蚌壳的存在，说明渔猎和采集经济还占主要地位。

34. 潮安陈桥村、石尾山、海角山

陈桥村、石尾山和海角山遗址位于潮安县（今潮州市）境内，发现于1956年，均属贝丘遗址（广东省文物管理委员会，1961）。

陈桥村遗址。位于潮州市西面2公里处的陈村沟北冲积台地上，高出韩江水面约5米。遗址分布范围为东西长约80、南北宽约40米，总面积约为3000平方米。1957～1961年，曾先后两次对遗址进行复查和勘探。遗址的第三层为文化层，厚1.3～1.4米，为灰黑色黏土堆积，含炭屑、灰土，出土文化遗物十分丰富，有石器、骨器和陶片。石器中以打制石器为主，有蚝砺啄、手斧形器、砍砸器等。石料以石英粉砂岩为多，石器以蚝蛎啄器最多，基本形状是用椭圆形的砾石以单面和双面交互打击加工出两个锥状尖端、一个侧缘，多数保留有原砾面。磨制石器数量极少，除磨盘外，仅见石锛1种。骨器在遗址中数量最多，且均经磨制，种类有刀、锥、镞、凿、针和簪。陶器均为夹砂粗陶，手制，火候较低。此外，遗址中发现有10个个体的人骨，骨骼多染有红色，其中以头骨和椎骨为多，是用赤矿石所染，可能是一种葬俗。

石尾山遗址。位于潮州塔下村南面，东距韩江支流仅500米。山高出河水面8米。遗址在山的顶部及东坡。第二层为灰褐色黏土堆积，含大量贝壳、石器和陶片。石器仅见打制石器，以砾石为材料，质料以石英砂岩为主，还有粗砂和硅质岩，器类有尖状器、砍砸器和手斧。尖状器是用椭圆形砾石在一端的两个边缘交互打击而成，两侧加工较对称，形成一个尖端；有的尖端呈三角形；也有个别器身打制成有3个尖端的三角形器；有的则制成核形尖锋，这种石器最多，推断亦系用于采蚝的器具，或亦可称其为蚝蛎啄器，其尖端多见磨蚀使用痕迹。砍砸器经单面打制，有的呈单面厚刃，有的周边加工成圆弧形厚刃。陶器极少，为夹砂粗红陶，火候很低，素面。器形不辨，可能是釜类。

海角山遗址。位于潮州头塘村南面1.5公里，西距韩江150米。遗址面积6000平方米。堆积中第二层为文化层，黄褐色黏土，厚0.4～1.2米。含石器与陶片。石器以局部磨制者为多，打制者较少。打制石器与前述两处同类器接近，但未见蚝蛎啄器和手斧形器。局部磨制石器的器身均经打琢，刃面加磨，器类主要有锛、凿类。陶器数量较多，但火候低，多数为夹砂黑陶，手制，表面装饰绳纹和篮纹，基本上属圜底器，可辨器形有釜与罐。共存软体动物有蚬、螺和乌蛳，不见牡蛎。这处遗址很可能属非采蚝季节的遗存，故遗址不见采蚝的工具——蚝蛎啄器及牡蛎。

以上所述三处遗址，从各自显示的文化面貌分析，陈桥村与石尾山两处遗址的文化内涵较为接近，但石尾山遗址不见陈桥村遗址所见的精美骨器，也不见磨制石器。据此，石尾山遗址的年代似早于陈桥村遗址。海角山遗址出土较多局部磨制石器，其面貌较之陈桥村遗址要进步，其年代亦略晚。总体分析，这几处贝丘遗址的面貌似较东兴遗址要进步一些，时代可划属新石器时代中、后期，距今7000～6000年。这类遗存仍保留有相当数量的打制砾石石器，其制作方法尚可从黄岩洞遗址→东兴遗址→陈桥村遗址的发展中寻觅其踪迹。

35. 邕宁顶蛳山

遗址位于邕宁浦庙镇新新行政村九碗坡自然村东北约1公里的顶蛳山上，北距县城约3公里，坐落在邕江支流八尺江右岸第一阶地，地处八尺江与清水泉交汇处的三角嘴南端，遗址现存面积约5000平方米。1997年4至7月，中国社会科学院考古研究所、广西文物工作队等对其进行了为期4个月的发掘，揭露面积500平方米，其文化堆积较厚，内涵丰富，可分四期（中国社会科学院考古研究所等，1988）。

第一期为棕红色黏土堆积，不含或少含有螺壳。陶器数量较少，器类简单，仅见圜底的罐或釜形器。此期还见大量的玻璃陨石质细小石器、石核和少量穿孔石器。

第二期为螺壳堆积。陶器数量明显较第一期增加，但器类仍较简单，陶器仍为手制，器形较规整。蚌器和磨制石器本期发现较多，并有较多骨器出土，玻璃细小石器仍有少量发现。该期还发现少量的墓葬。

第三期仍为螺壳堆积。陶器数量较多，器类较第二期增多。此外本期蚌器和磨制石器数量仍较多。发现的墓葬较多。

第四期为不含螺壳堆积。此期陶器制作工艺有了明显提高，手制陶器仍然存在，但部分器形规整，器表留有明显的轮制痕迹，说明轮制技术已开始运用，器类种类较多。此期基本不见蚌器，石器亦发现较少。

发掘者将顶蛳山遗址四期堆积划分为三个不同的时代：第一期堆积为新石器时代早期遗存，年代距今10000年左右；第二、三期堆积文化面貌基本一致，年代在距今8000~7000年，为新石器时代中期文化遗存；第四期堆积年代在距今6000年左右，为新石器时代晚期文化遗存。值得一提的是，顶蛳山一期文化中的穿孔石器和在口沿上压印一周花边、在口沿下贴饰一周附加堆纹的装饰技法的陶器与白莲洞遗址和鲤鱼嘴遗址的第一、二期具有明显的传承关系，这些文化因素应源于柳州区域的史前文化。

36. 都安九楞山

位于都安县境内，洞内堆积主要为含动物化石的堆积层。共出土人类牙齿化石2枚。动物化石种类较多，属灵长目的有长臂猿、猕猴和金丝猴；啮齿类有豪猪、竹鼠和板齿鼠；食肉目有中国熊、熊、虎、大熊猫、灵猫、豹、果子狸和貉；长鼻目有似东方剑齿象和亚洲象等；奇蹄目有巨貘和中国犀；偶蹄目有野猪、鹿、麂、水鹿、水牛、牛羚和苏门羚。从动物化石来看，绝灭种类占较大比例，其时代为更新世晚期（广西壮族自治区博物馆，1973）。

37. 桂林宝积岩

宝积岩位于桂林市内，发现于1979年5月。从主洞灰黄色堆积物中发现2枚人牙化石和属于“大熊猫—剑齿象动物群”中的16种哺乳动物化石，其中有5种绝灭种，其性质与柳江人的伴生哺乳动物群相近（王令红等，1982；彭书琳，2006）。堆积物中不含螺壳。发现的12件石制品全属砾石工具，其中有7件石核、4件砍砸器和1件刮削器。石片的制备是直接锤击砾石而获得，器物的加工方法明显带有我国在旧石器的传统特点，即单向锤击加工。含有文化遗存的堆积物之下为黄色黏土，不含化石，文化层的上部钙板^{14}C年代为距今24760±900年，下部钙板为距今35600±1500年。这是一处旧石器时代晚期文化遗存。

38. 崇左绿青山矮洞

该洞发现于1956年，位于濑端绿青山。洞口高出地面约28米，洞内堆积的下层含有螺蚌壳及鱼、鹿等动物牙齿，还有灰烬层，堆积中含有赤铁矿石碎块。出土一些打制石器（贾兰坡等，1960）。有的单面打击刃缘，器身大部保留砾石面，刃面较宽且长，为器体不大的刮削器。也有用燧石石片制作的刮削器，器身较薄，在3个边缘上进行加工修理。该洞的打击石器看来与白莲洞早期遗存的情况较为相似，如砾石石器与燧石石片石器共存。因此，它们的年代也可能相近。

39. 封开罗沙岩

罗沙岩遗址位于渔涝镇河儿口庙边村后山山洞中，发现于20世纪70年代后期，1991年进行考古发掘（张镇洪等，1994）。罗沙岩文化堆积集中在西洞穴及其两侧的小支洞内，出土遗物十分丰富。堆积第2层出土的石制品共24件，用安山岩石料打制，均为石片石器，主要为刮削器类，用锤击法双面加工，这批石器与两广地区常见的砾石器有较大区别。此外，地层中还出土人类牙齿化石1枚，从形态特征上判断属晚期智人。据伴生动物测定的年代该层距今22400年，代表本遗址的第二期文化。第3层出土石制品仅7件，为砍砸器和刮削器，用石英细砂砾石打制，多为单面加工。据伴生动物测定年代该层为距今48000年。罗沙岩遗址第3层的石制品代表着本遗址的第一期文化，年代较之桂林宝积岩、柳州白莲洞的一期文化还早，其石器工业与宝积岩、白莲洞以及更晚的独石仔、黄岩洞等遗址的砾石石器有着一脉相承的传统工艺，由此可看到岭南地区洞穴砾石石器文化有着相当长的发展过程，目前至少可追溯到距今50000年前。第4层出土3枚人类牙齿化石，其中1枚为下臼齿，1枚为上臼齿，另1枚为下门齿。据伴生动物的测年数据为该层距今79000年，其性质接近于马坝人化石动物群。从年代划分上看，第4层的人牙化石属早期智人范畴。

40. 铜梁张二塘

文化遗存发现于铜梁县西部张二塘地表下8米的沼泽相粉砂质地层中。1976年出土300多件石制品及多种动物化石。测得^{14}C年代为：文化层顶部距今21500±310年（乌木），文化层下部距今25450±850年（胡桃壳）。石器粗大，形制简单，加工粗糙。石料主要为石英岩和燧石等（李宣民等，1981）。加工方法以打击方向不固定的“复向加工法”为主，石器组合中刮削器占到工具总数一半以上。砍砸器占33.2%，如此高的比例数为同类遗址中所少见的。还有一类为尖状器，数量相对为少，采用陡向和垂直打击法，石器刃部钝厚，其工艺与黔西观音洞工艺相近。白莲洞一期文化中砾石石料制作的砍砸器、刮削器的加工亦与之有相似之处。这种以粗大石器为主要代表的特点还见于涪江流域的妻口地点、沱江流域的资阳人B地点和鲤鱼桥地点。按其测年，当在白莲洞二期文化之内。

41. 呈贡龙潭山

1975年在该地曾发现三个旧石器地点（邱中郎等，1985），其中2号洞在1982年试掘，获得人牙1枚，石制品100多件，后者以石英岩、硅质岩、火成岩和砂岩等结核或砾石为原料，用锤击法打片，不过成型石器不多，仅砍砸器和刮削器两种。^{14}C测年为距今 33050 ± 800 年（烧骨）。1982 年还试掘了 3 号洞，据称，堆积物自下而上可分为 5 层，在 2 ~ 5 层中出土了石制品、人骨化石及动物化石，所测得 ^{14}C 年代为：第 2 层距今 21000 年，第 3 层距今 28000 年。1 号洞曾于 1977 年进行试掘，获得 2 枚人牙以及 12 种哺乳动物化石，属晚更新世的“大熊猫—剑齿象动物群”成员。与白莲洞一期文化相比较，呈贡龙潭山的发现没有超出它的范畴。

42. 台南左镇人化石地点

台南左镇莱寮溪河段臭曲冈子林地点，自 1974 年以来，先后发现人顶骨、额骨、牙齿化石共 9 件（连照美，1971）。虽然左镇地区第四纪地层序列比较明确，且这一带还采集到明石剑齿象、台湾纳玛象、早板犀牛、中国剑齿象、台湾四不像、新竹鹿、鹿、水鹿、猪、猕猴和水牛等，基本属于“大熊猫—剑齿象动物群”成员，但上述人类化石所处层位及与这些动物的共出关系至今无法确定。参考人骨石化程度、测量指数以及臭曲化石标本氟—锰法测得距今年代 30000 ~ 20000 年，可将左镇人类遗存视为晚更新世晚期，其时代与白莲洞一期文化相当。

上述所列举 60 多处的地点，其时代并不局限于中石器时代，但从中使我们能看到华南中石器时代的发展脉络与渊源关系，有助于我们认识其内在关联以及源流问题。在这些遗存中，经初步考察分析，其中属于和可能属于中石器时代文化遗存的地点达 40 余处，它们是广西柳州的白莲洞、大龙潭、陈家岩和思多岩，来宾的盖头洞、崇左矮洞，桂林庙岩、大岩、轿子岩、释加岩、东岩洞以及桂林和武鸣等地的诸多洞穴，广东的独石仔、黄岩洞、牛栏洞、朱屋岩、饭甑岩及罗髻岩、乞丐岩、水石岩，湖南的宋家溪、玉蟾岩及道县五洞，江西的仙人洞、吊桶环，贵州的白岩脚洞、猫猫洞、穿洞、草海，云南的大坡桥、大那乌，福建的莲花池山，四川的汉源富林，台湾的八仙洞，海南三亚的落笔洞等。其中以白莲洞、大龙潭、独石仔、黄岩洞、庙岩、牛栏洞、仙人洞和吊桶环诸文化遗存最具代表性和典型性。

这里要强调的是，虽然对中石器时代的早期研究多专注于技术的演变，特别是石器制作方面着墨颇多，而本文所强调的则是更新世末期至全新世初的人类对于急骤改变的自然环境的适应。但不能不看到，这种适应不是抽象的，最主要的是通过生计的经济形态的转化来体现的，其中技术的演变不可忽视。另一方面，划入各文化阶段的各遗址并非严格遵循白莲洞文化系列框架的年代模式，而是依据其文化特点并参照其年代而定。

第二节　华南地区中石器时代的文化因素

综上所述，并参照“白莲洞文化系列”，结合华南地区晚更新世—全新世本区域内的其他一些重要遗址，可以得出更新世晚期至全新世早期以来华南原始文化发展序列的基本认识（表二二）。

表二二　华南中石器时代及其相关地点统计表

		1	2	3	4		5		6		7	8	9	10	11	12		13	14	15	16
文化遗存		不含螺壳的土状堆积	含螺壳的土状堆积	砾石工具	燧石制品		穿孔砾石(重石)		磨制品(石器)		骨器	角器	蚌器	渔叉	陶片	伴生哺乳动物		人化石	绝对年代(年)	原订文化期	现订文化期(依白莲洞框架)
					大型	小型	只凿不磨	磨钻	磨刃	通体磨						当地绝灭种	现生种				
白莲洞	第五期文化																		7000 年前后	晚	Ⅴ
	第四期文化																		11000 ~ 9000		Ⅳ
	第三期文化																		18000 ~ 12000		Ⅷ
	第二期文化																		26000 ~ 20000		Ⅷ
	第一期文化																		36000 ~ 26000		Ⅰ
桂林宝积岩		√		√												√	√	√	24720 ± 900 ~ 35600 ± 850	旧晚	Ⅰ
铜梁张二塘		√		√	√											√	√		21500 ± 310 ~ 24500 ± 850	旧晚	Ⅱ
汉源富林		√				√										√	√		20000 左右	旧晚	Ⅱ
呈贡龙潭山		√		√	√											√	√	√	30500 ± 800	旧晚	Ⅰ
柳州大龙潭	上文化层		√	√					√		√		√		√		√		6000 年前	新中	Ⅴ
	下文化层 上		√	√		√		√	√								√	√	9000 年左右 12000 年前	新早	Ⅳ Ⅲ
	下文化层 下		√	√												√	√		20000 年前		Ⅱ
阳春独石仔	上文化层		√	√				√	√		√		√				√		11500 左右	中石器	Ⅲ
	中文化层		√	√				√								√	√		14260 ± 130 15350 ± 250	中石器	Ⅲ
	下文化层		√	√							√	√	√	√		√	√	√	16680 ± 570	中石器	Ⅲ
封开黄岩洞	第二处（4 层）		√	√															10952 ± 300	中石器	Ⅲ
	第一处（3 层）		√															√	11930 ± 200	中石器	Ⅲ
	第三处（2 层）		√	√	√		√		√										17000 ~ 20000	中石器	Ⅲ
澧县宋家溪		√		√															晚更新世末	过渡期	Ⅲ
白岩脚洞	上第 3 ~ 7 层					√						√					√	√	15000 ~ 12000	旧晚	Ⅲ
	下 第 8 层	√															√	√		旧晚	Ⅱ
昆明大坡桥			√	√		√						√					√		8175 ± 235 10530 ± 280	旧石器文化	Ⅲ
翁源青塘			√	√					√						√		√			新早	Ⅳ
道县玉蟾岩			√	√							√	√	√		√		√		12000	过渡期	Ⅲ
石门皂市下层				√		√			√	√						√	√		79000 ~ 73000	新早	Ⅴ
海南西樵山						√													6000 ~ 7000	中石器	Ⅴ

续表

文化遗存	1 不含螺壳的土状堆积	2 含螺壳的土状堆积	3 砾石工具	4 燧石制品		5 穿孔砾石(重石)		6 磨制品(石器)		7 骨器	8 角器	9 蚌器	10 渔叉	11 陶片	12 伴生哺乳动物		13 人化石	14 绝对年代(年)	15 原订文化期	16 现订文化期(依白莲洞框架)
				大型	小型	只凿不磨	磨钻	磨刃	通体磨						当地绝灭种	现生种				
漳州莲花池山 上文化层	√				√													晚更新世末	旧晚	Ⅲ
漳州莲花池山 下文化层	√		√															晚更新世末	旧晚	Ⅲ
兴义猫猫洞	√							√	√							√	√	8820 ± 130 年	旧晚	Ⅲ
普定穿洞 上文化带	√		√							√	√							8080 ± 100 ~ 8760 ± 100	旧晚	Ⅲ
普定穿洞 下文化带																			旧晚	Ⅲ
威宁草海	√														√	√		10000?	旧晚	Ⅲ
蒙自马鹿洞	√		√															9522 ± 129	旧晚	Ⅳ
宝山塘子洞	√		√													√	√	6895 ± 225 ~ 8000	新早	Ⅴ
来宾盖头洞	√	√	√													√	√		旧晚	Ⅲ
柳江陈家岩	√	√	√												√	√			旧晚	Ⅲ
崇左矮洞	√	√	√												√	√			旧晚	Ⅲ
武鸣、桂林四洞	√		√			√		√							√	√			中石器	Ⅲ
英德朱屋岩	√		√											√		√		17140 ± 120	旧晚	Ⅲ
罗定饭甑岩	√		√												√	√			旧晚	Ⅲ
封开罗髻岩、水石岩、乞丐岩	√		√													√			新早	Ⅲ
桂林东岩洞	√(上黄灰色)	√	√													√			旧晚	Ⅲ
柳州思多岩		√			√											√			旧晚	Ⅲ
封开罗沙岩	√		√												√		√	20000 以上	旧晚	Ⅱ
桂林大岩 第一期文化		√	√													√			旧晚	Ⅱ
桂林大岩 第二期文化		√	√							√		√		√		√			中石器	Ⅲ
桂林大岩 第三期文化		√	√							√		√		√		√			新早	Ⅲ
桂林大岩 第四期文化		√	√					√	√	√		√		√		√			新早	Ⅳ
桂林大岩 第五期文化		√	√						√	√		√		√		√			新中	Ⅴ
桂林大岩 第六期文化			√						√					√		√			新晚	Ⅴ以下

续表

文化遗存		1	2	3	4		5		6		7	8	9	10	11	12		13	14	15	16
		不含螺壳的土状堆积	含螺壳的土状堆积	砾石工具	燧石制品		穿孔砾石(重石)		磨制品(石器)		骨器	角器	蚌器	渔叉	陶片	伴生哺乳动物		人化石	绝对年代(年)	原订文化期	现订文化期(依白莲洞框架)
					大型	小型	只凿不磨	磨钻	磨刃	通体磨						当地绝灭种	现生种				
桂林轿子岩			√	√							√		√				√			中石器	Ⅲ
桂林释加岩			√	√							√		√				√			中石器	Ⅲ
桂林庙岩	第二文化层		√	√				√			√		√				√		12730±370	新石器	Ⅲ
	第三文化层		√	√							√		√				√		12630±450		
	第四文化层		√	√				√			√		√				√		13710±270		
	第五文化层		√	√							√		√		√		√		20920±430		
桂林甑皮岩	第一文化层		√	√				√			√		√		√		√		12000~11000	新早	Ⅳ以上
	第二文化层		√	√				√			√		√		√		√		11000~10000	新早	Ⅳ
	第三文化层		√	√				√			√		√		√		√		10000~9000	新中	Ⅳ
	第四文化层		√	√					√		√		√		√		√		9000~8000	新中	Ⅳ以下
	第五文化层		√	√					√	√	√		√		√		√	√	8000~7000	新中	Ⅴ
英德牛栏洞	第一期文化		√	√												√			12000~11000	旧晚	Ⅲ
	第二期文化		√	√				√									√		11000~10000	中石器	Ⅲ
	第三期文化		√	√					√						√				10000~8000	新早中	Ⅳ
万年大源盆地	扬子江期		√	√		√													24540±430	旧晚	Ⅱ
	大源期		√	√		√			√								√		15180±90年	后旧石器	Ⅲ
	仙人洞期		√	√					√						√		√		12530±140年	始新石器	Ⅲ
	吊桶环期		√	√						√							√		10870±140年	始新石器	Ⅳ
	江西期		√	√						√					√		√		8825±240	新早	Ⅳ
	万年期		√	√						√					√		√		6500	新中	Ⅴ
元谋大那乌		√		√		√														中石器	Ⅲ
长滨八仙洞		√		√													√			旧晚至新	Ⅱ~Ⅳ
东兴贝丘遗址			√	√					√	√	√		√	√	√		√		8000~7000	新早中	Ⅴ
邕江贝丘遗址			√	√					√	√	√		√	√	√		√	√		新晚	Ⅴ
邕宁顶狮山	第一期文化	√		√				√							√		√		10000	新早	Ⅳ
	第二期文化		√	√					√	√	√		√		√		√	√	8000~7000	新中	Ⅴ
	第三期文化		√	√										√	√				8000~7000	新中	Ⅴ
	第四期文化	√		√											√				6000	新晚	Ⅴ以下
潮州陈桥村、石尾山				√					√	√	√					√	√		7000~6000	新中	Ⅴ

续表

	1	2	3	4		5		6		7	8	9	10	11	12		13	14	15	16
文化遗存	不含螺壳的土状堆积	含螺壳的土状堆积	砾石工具	燧石制品		穿孔砾石（重石）		磨制品（石器）		骨器	角器	蚌器	渔叉	陶片	伴生哺乳动物		人化石	绝对年代（年）	原订文化期	现订文化期（依白莲洞框架）
				大型	小型	只凿不磨	磨钻	磨刃	通体磨						当地绝灭种	现生种				
封开大沙岩		√	√					√							√	√			新早	Ⅴ
青塘仙佛岩、黄门岩		√	√					√	√						√	√			新早	Ⅳ
道县诸洞穴		√	√							√	√	√				√		12060±120	新早	Ⅲ
台北大坌坑	√		√					√	√										新石器至近代	Ⅴ以下
三亚落笔洞		√	√				√			√	√					√		10000左右	旧至新	Ⅲ
柳江台地遗址	√		√						√					√		√			新中晚	Ⅴ以下

本文所列举的中石器时代文化遗址，尽管由于地域和各种原因所致，这个阶段的考古学文化在面貌上存在着不同程度的差异，但在经济和技术等方面的发展上，却有着很大程度的同步和相似性，我们认为它们基本可以揭示出本地区旧石器时代经中石器时代发展到新石器时代的文化轨迹，尤其是华南中石器文化的可能面貌（蒋远金，2002）。

（1）本地区中石器时代的地质年代处于晚更新世—早全新世，时间约为距今20000～12000年左右。其时，处于盛冰期的鼎盛期延向冰后期乃至冰后期气温开始回暖转化之际。伴生哺乳动物群亦由“大熊猫—剑齿象动物群”向现代动物群转化，乃至最后现代动物群成为主体，并与复杂的植被和新兴的水生资源构成广谱经济资源的生境背景。

（2）文化堆积以含介壳的土状堆积为主，多呈灰黄色，均属含“介壳的文化堆积”。堆积中含用火遗迹、烧骨、烧石、灰烬等。在一些洞穴中，主堆积常为一些厚薄不一的钙华板所间隔。薄层钙华板的出现，说明洞穴化学沉积物发育的自然力过程与文化堆积形成过程是相互结合在一起的。薄层钙华板不是代表文化堆积层的时期划分界线，而是文化堆积层的组成部分，它们所能体现的只是气候的变化，而不是人类活动的变化。厚层钙华板的出现，则代表了文化堆积过程中的间断，同时也表现出文化阶段性的变化。

（3）社会经济类型以采集和狩猎为主，但渔猎和捕捞或浅水区采集经济已上升到一个重要的位置，形成了一种新的经济复合体。社经济形态由发达的采集、渔猎攫取性经济向原始农耕与动物驯养等生产性经济过渡。此后期可能已有原园圃式农业的产生或稻作农耕活动的萌芽。

（4）石器工业以粗犷的砾石工具为主或与燧石小石器并存。大型砾石工具的制作由旧石器晚期的精致化逆转趋向粗犷，多为反向单面加工，即在砾石的一端由一面向另一面打击，打击点成为刃缘的一部分，打击方向与刃面的上下方相反，极少采用交互打击的加工法。打制石器以石核石器为主，又以陡刃石器为特色。石片石器的制作有的采用"白莲洞式打片法"，即从砾石横断面上取得圆形石片，使其周边仍保留一圈砾石岩面，再在其一侧反向加工使成刃缘。部分遗址出现的细小石器风貌的小型燧石石器除小部分加工较为精致外，相当部分几乎不做第二步加工，而是直接利用石片的刃部和尖部。局部磨制与钻孔技术产亦生于此一阶段。磨刃石器与磨刃骨角器、蚌器以及以穿孔砾石（重石）作为部件的组合工具成为本阶段石器工业中的一大特色，重石中有从事发达的捕捞业或可能作为原始农耕活动的工具。

（5）此阶段人类多居住在临近水源的山麓洞穴内或岩厦下，仅见个别露天居所（含季节性营地），表明此时原始人类已开始由原始游群向半定居或定居的聚落转化。

（6）因适应煮食蚌螺类软体动物的需要而导致原始制陶术的产生，目前已知华南地区最早的陶制品其距今年代已超过 15000 年。陶器均为手制，质粗含砂，烧成温度低，器类简单。

（7）对本地区中石器时代人骨的研究表明，在形态特征上常显示出蒙古人种与大洋洲人种混杂的现象，似表明两者基因交流的可能。

（8）社会结构上原始群已开始解体，母系氏族已经形成，宗教意识得到进一步发展。

以白莲洞石器时代遗存为代表的华南中石器遗址的发掘和研究，使我们清楚地看到华南地区从旧石器向新石器时代过渡的轨迹。大约在晚更新世末至全新世之初，华南地区的原始先民虽然仍较多地使用打制的砾石工具和骨、角制品，在经济生活中虽然仍以采集、狩猎、捕捞为主，但在文化上却有了一定程度的突破，出现了一些新的因素。

（1）社会经济类型虽以采集和狩猎为主，但渔猎和捕捞或水边采集经济已上升到一个重要位置，形成了一种新的综合性经济。在个别客观条件（包括气候、自然地理环境）和主观条件（人的认识水平等）均已具备的地区，已有萌芽状态的驯养动物、栽培植物（已发现栽培稻的植硅石遗存）的出现，社会经济形态已由发达的狩猎、采集等掠夺性经济向原始农耕和原始驯养业等生产性经济过渡。

（2）社会结构上，原始群已开始解体，母系氏族已逐渐形成，宗教意识有了一定程度的发展（如庙岩人骨葬式、白莲洞赤铁矿碾磨石的出现）。

（3）人类已开始了定居或半定居的生活（由长期穴居向露天居所转变，含季节性营地），为农业的诞生和家畜饲养业的开始准备了条件。

（4）石器工业上出现了局部磨刃石器和具有细小石器风貌的燧石小石器及磨刃骨角器。

（5）穿孔重石（原始农具）的使用。

（6）制造了早期陶器，华南地区陶器出现的年代可早至15000年前，其特征均为夹粗砂陶，器壁较厚，厚达1厘米以上，烧制火候低，器形简单，器类单调。

总之，从现已发现的考古材料看，陶器、局部磨制石器和磨刃骨、角器以及农业因素已在过渡期出现。但它们的出现往往是孤立的、个别的，并因不同的地域、不同的文化背景出现的先后早晚有别，表现为不稳定的或不普遍流行的因素，尚处在最初的萌芽状态。

研究表明，华南地区中石器时代文化与本地域旧石器时代晚期、新石器时代早期文化相比，其差异显而易见。首先，华南地区旧石器时代晚期遗存为灰黄色的不含介壳的堆积，而中石器时代遗址则是“含介壳的灰黄色文化堆积”，新石器时代则为“含介壳的灰色文化堆积”，这是堆积性质的不同；其次，旧石器时代晚期遗存与若干种已经绝灭的“大熊猫一剑齿象动物群”共存，中石器时代则偶见个别绝灭种，新石器时代全部为现生种，这是动物群性质的区别；再次，在文化遗物方面，旧石器晚期遗存全部为打制石器，而中石器时代遗址则除打制石器外，还有少量的局部磨光石器、原始陶器和穿孔石器，至新石器时代前期，具细石器风貌的石器工艺已基本消失，并出现了通体磨光器，这是文化性质的不同。

研究还表明，华南地区中石器时代与本地旧石器时代晚期、新石器时代早期三者之间又有着不可分割的连续性和传承性。华南中石器时代遗址的打制石器以砾石为原料，打制方法以锤击法为主，多单向打击。石器类型以砍砸器为主，石片石器较少，石器器身普遍保留砾石面。这些特点，是本地区旧石器文化形成的砾石石器文化传统基础上的延续和发展。到新石器时代，在更新世、全新世之交，华南中石器时代开启石器工艺之先河的磨刃、穿孔技术更得到了充分的继承和发展。这种石器制作技术的传承关系，表明华南中石器文化是在本地区旧石器文化的基础上发展而来的，它们有着密切的渊源关系。同时也表明华南新石器时代早期文化又是从本地区中石器文化发展而来，它们之间有着千丝万缕的传承关系。

华南地区中石器时代文化的特点，与华北地区有较大的差异。华北地区的中石器文化以典型的细石器工业为特色。在华南，虽然某些遗址中的石器也有小型化的倾向，而且有些小石器亦具有细石器风貌，但这些与简单粗糙的大型砾石石器共存的细小石器，并没有发展成为发达的细石器文化。

华南地区中石器文化面貌与华北不同，但与东南亚同时期的和平文化相比，却有较多的相似性。和平文化的石器多利用砾石为原料，石器制作技术以锤击法为主，多为单向打击。石器类型以砍砸器为主，后期还出现了磨刃石器及绳纹陶器，这些特征与华南中石器文化十分相似。和平文化的居民多居住在岩溶地区和靠近溪流的岩厦内，遗址内有大量的螺壳堆积，亦无异于我国的华南地区。华南地区中石器时代与同期和平文化的相似性，说明两者之间有着非常密切的关系，同时亦不排除两者同属一个文化的可能。究其原因，除两地山水相连，地理环境和气候条件基本相同外，亦与两地人们长期交往，相互影响及其文化渊源均来自旧石器时代“砾石砍砸器传统”相关联。

总之，旧石器时代向新石器时代的过渡不仅仅是人类开发自然、谋求生存手段的进步即生产力水平提高的问题，更是一项重要的文化生态学课题。换句话说，在世界各地处于不同自然背景、不同文化传统的旧石器时代文化，向新石器时代的过渡过程中都相对独立地走过了不同的发展道路，即各地中石器时代的形态与内涵是相对独立的。在中石器时代的欧洲和西亚，磨制石器、农耕文化、制陶术等新石器时代的主要文化成就尚未出现，但以地中海为中心形成了一个以几何形精细石器为特征的采集狩猎文化群，成为欧洲中石器时代的重要标志。在以华北为中心的东北亚地区，中石器时代也以细石器为特点，与欧洲、西亚的中石器文化具有不可否认的相似性，但特点又不同。建立在间接打击法基础上的，以不同形状的楔形、圆锥形、棱柱形、船底形石核和各式狭长石片等典型产品构成华北中石器文化的基本特征。在长江中、下游以南所在的华南以及相邻的东南亚地区，中石器时代的内涵是由多种文化因素构成的复杂结构，但延续旧石器时代砾石石器工业而来的本土传统仍是主流，而来自外来的影响却是次要的。综上可知，华南地区“中石器时代革命”，一方面保留了浓厚的本地区旧石器时代文化传统；另一方面又吸纳了北方细石器某些文化因素，并对前期文化进行了扬弃和创新，同时还孕育着本地区中石器时代文化的典型因素。

华南地区中石器时代相关遗存的研究和分析，使我们清晰地看到了华南中石器时代演化的轨迹。华南中石器时代既保留了本地区浓厚的旧石器时代文化传统，又孕育着本地区新石器时代文化的典型因素。同时，与国内外同时代文化相比，它又具有强烈的地域色彩和鲜明的个性：①它是依靠自然掩体庇护的“穴居者”；②“含介壳文化”的堆积者和食螺者；③大型砾石工具和原始“重石”的使用者；④原始绳纹陶业的开拓者；⑤稻作农业的肇始者。

华南中石器时代的识别和确立是本地区相关考古遗址综合研究的结果。它的存在，表明中国中石器文化亦可分为两大系统：一种以北方的细石器工业为代表，另一种则以华南大型的砾石工具为特色。这正如欧洲的中石器可分为精制石器（以地中海周边为代表）和粗制石器（以北欧贝丘遗址为中心）两种文化群一样。因为史前文化是一种非常敏感的生存系统，不可能存在一种能适应各种生态环境和不同地域的统一的文化。

第三节　华南地区旧石器时代向新石器时代过渡的时间

史前考古的断代和地质年代有着密切的关系。在考古学中，通常断代的一个重要依据是，旧石器时代与更新世相始终，全新世则与新石器时代相伴随（安金槐，1992）。而在绝对年代上，在过去很长一段时间内，全新世的上限年龄则大致界定在距今10000年。这样，在史前研究中就形成了这样一个“定律”；距今10000年前，属旧石器时代；距今10000年后，则开始进入新石器时代。由于有了这么一个“定律”，加之对全新世上限绝对年代的僵化界定，这样中石器时代便没有存在的时间和空间了（张之恒，1984，1985）。即使承认有其存在者，存在的时间只能是笼统地提出在距今10000年左右。

近年来，随着华南洞穴田野考古材料的发现和研究，越来越多的学者对上述界定提出了质疑。以黄岩洞、白莲洞文化为例，原思训教授认为华南地区旧石器文化向新石器文化过渡的时间即中石器时代，其起止时间可推至距今20000～10000年（原思训等，1990）；童恩正教授也主张起始时间在距今20000年左右（童恩正，1989）。不过大部分学者认为起始时间应推迟到距今15000年前（袁家荣，1999）。白莲洞文化遗址是一处内涵十分丰富的石器时代文化，白莲洞文化堆积拥有连续而完整的层位，是华南地区洞穴遗址群中不可多得的晚更新统—早、中全新统标准剖面和典型地点。白莲洞旧石器时代晚期、中石器时代、新石器时代三期文化的发现与研究，对界定华南地区中石器时代的存在时间具有不可估量的价值。当然，仅仅一个白莲洞遗址，还不足以充分反映这一内涵极其丰富的历程，亦不能涵盖所有生态灶的人类社会经济的方方面面。不过，不论怎么说，白莲洞遗址毕竟提出了一个模式和框架，如果以它为主线，并结合鲤鱼嘴、庙岩、仙人洞和吊桶环诸中石器时代文化遗存和本区域旧石器时代晚期、新石器时代早期的一些文化遗存来纵观华南地区过渡期的时间进程是颇有意义的。

白莲洞、鲤鱼嘴、庙岩和仙人洞遗址是迄今已知华南地区发现的不可多得的晚更新世至早、中全新世的标准剖面和典型地点。白莲洞、鲤鱼嘴、庙岩和仙人洞遗址各文化层所揭示的文化系列发展模式，即旧石器晚期经过渡期向新石器时代文化的演化，具有典型性和普遍意义（蒋远金，2007）。它们的发现与研究，不仅证实了我国南方中石器时代文化的客观存在，并为探索华南地区旧石器晚期文化如何经过渡期向新石器文化的转变提供了十分珍贵的实证材料，同时亦为华南地区过渡期时间的界定提供了对比的标尺（表二三）。

综观白莲洞、鲤鱼嘴、庙岩、大源盆地诸文化遗址，尽管由于地域和各种原因所致，这个阶段的考古学文化在面貌上存在着不同程度的差异，但它们无论在经济和技术等方面的发展趋势上，却有着很大程度的同步性和相似性，在文化分期上，抑或绝对年代的界定上均有诸多可比之处。

这里需要指出的是，距今20000～12000年大源盆地尽管存在着后旧石器时代、原始新石器时代或新石器时代早期早段、中石器时代两种不同的分期见解，但我们认为两者之间并没有本质上的区别，划分阶段的名称虽有所不同，实际内涵却基本类似。造成这种差异可能是研究者所持的标准不一致而导致的结果。正如前节所述，如将彭、周两专家所划分的第二、三期文化合二为一，把它与美国学者划分的后旧石器时代和原始新石器时代相对应，统称为过渡期，那么白莲洞、庙岩、仙人洞遗址三者之间无论在分期上，抑或在文化演化的序列上则更趋于一致。值得注意的是，其旧石器时代晚期和新石器时代的起止时间也大致相同，四者的距今年代几乎如出一辙：旧石器时代晚期结束于距今20000年前，而新石器时代则始于距今12000年之后。

表二三　白莲洞遗址与大源仙人洞遗址、鲤鱼嘴遗址及庙岩遗址分期对比表

<table>
<tr><th colspan="2">大源（R. S. MacNeish）</th><th>仙人洞（彭）</th><th>白莲洞</th><th>鲤鱼嘴遗址</th><th>庙岩</th></tr>
<tr><td>6500 年
新石器时代中期</td><td>万年期</td><td></td><td>新石器时代中期前段
（东 1 层）
7000 年前后</td><td>新石器时代中期
文化
7000 ~ 6000 年</td><td></td></tr>
<tr><td>8000 年
新石器时代早期</td><td>江西期
8825 ± 240 年</td><td rowspan="4">第四期
新石器时代早期晚段
12000 ~ 9000 年

第三期
新石器时代早期早段
12000 ~ 15000 年

第二期
中石器时代或
旧石器晚期之末
20000 ~ 15000 年

第一期晚
旧石器时代
23000 年</td><td rowspan="3">新石器时代早期前段
（东 3、东 2）
11000 ~ 9000 年

中石器时代
（东 6 层、东 4、
西 3、西 1）
12000 ~ 20000 年</td><td rowspan="3">新石器时代早期文化
9000 年左右

过渡时期的文化或
中石器时代文化
12000 ~ 15000 年前</td><td rowspan="4">中石器时代
12000 ~
20000 年</td></tr>
<tr><td>9600 年
先新石器时代

11800 年
原始新石器时代</td><td>王洞期
10870 ± 140 年

12800 年
仙人洞期
12530 ± 140 年</td></tr>
<tr><td>13500 ± 800 年
后旧石器时代</td><td>大源期
15180 ± 90 年</td></tr>
<tr><td>17000 ± 1000 年

旧石器时代晚期

40000 ± 5000 年</td><td>17000 年

扬子江期
17040 ± 270 年
19770 ± 360 年
24540 ± 430 年</td><td>旧石器时代晚期后段
（西 4 层）
26000 ~ 20000 年
旧石器时代晚期前段
（西 5、7 层、西 10）
26000 ~ 36000 年</td><td>旧石器时代晚期文化
20000 年前</td></tr>
</table>

长期以来传统的观念认为，这个过渡期始于末次冰期的盛冰期结束后气温转暖之际，即更新世与全新世交替之时。这个阶段，正是从玉木冰期温暖的间冰阶段经过玉木冰期的极盛期，而后气温逐渐回升，转变到全新世阶段气候迅速转暖。国内根据^{14}C数据分析得到的最低海平面时间也和上述玉木冰期极盛时期的时间相当。这个时期正是从“含真人化石的大熊猫—剑齿象动物群”演化到全新世现代动物群的时期。这一时期也正是从旧石器晚期文化过渡到新石器文化的时期。从上述数十个遗址中，我们依稀可以看到华南地区旧石器文化向新石器文化过渡的轨迹：在距今两万多年前，还处在旧石器时代的华南地区古人类，依靠采集和猎获“大熊猫—剑齿象动物群”大型动物为生。至迟在距今 20000 年后，各遗址中沉积物岩性与内涵物上则表现为含有螺壳的堆积物自后大量的出现，说明这时的原始人已广泛采食水生软体动物。其实这也是环境的变化所致，盛冰期的来临，尽管这里气候温湿，毕竟使得对气温变化敏感的大型哺乳动物南迁，“大熊猫—剑齿象动物群”逐渐为小型哺乳动物为主的现代动物群所替代，原始人

的狩猎对象逐渐变化，他们在失去大型兽类肉食的来源后，自然会转向广大的水域去求生存。由于螺、蚌生食不易，以后为熟食导致原始制陶术的萌芽；另一方面，为了保障食物的稳定来源，在掠夺性的采集活动基础上，萌发了原始种植活动，其后导致了最原始、最初级的农耕活动，包括稻作的产生。到距今12000年之后，跃进到了使用磨光石器、陶器、饲养家畜和具有原始农业的新石器时代。所有这一切都源于环境的变化与由之而来原始人的新生活方式的产生。白莲洞、鲤鱼嘴、庙岩、大源盆地诸文化遗址在距今20000~12000年，从下文化层经中文化层到上文化层，无论从动物群的演化、打制石器技术的进步以及磨制石器的出现、原始制陶术和原始种植活动的萌芽与发展等方面都反映了人类历史发展的这一进程。

综上可考，华南过渡时期（中石器）的年代可界定在距今20000~12000年。这一状况与华北地区考古文化的进程也大体一致，耐人寻味的是，这一过渡时间正是伴随着末次冰期主冰期的到来与结束、原始农业的肇始而实现的。当然，由于各地区生态环境、文化传统和农业产生的时间不同，亦即各地区文化发展的不平衡性，从而使过渡期的起止年代也略有差异。我们相信，随着本区域发掘资料的日益增多和年代数据的不断积累，华南过渡时期的历史演化脉络将会变得更加清晰。

第四节　几点启示

华南过渡时期（中石器时代）文化的厘定，特别是白莲洞石器时代洞穴遗址文化系列的识别和确立，给华南地区旧石器时代向新石器时代过渡的考古学研究以很大的启迪。

其一，认识到从旧石器时代文化向新石器时代文化过渡的复杂性。无论是遗址中堆积物的层位，还是堆积物中所包含的文化遗存、生物信息以及人类化石等都是演化过程的集合体。白莲洞遗址的时代最初被列为“旧石器时代晚期”，后又被修订为“新石器时代”，仙人洞遗址最初被定为“新石器”，现在却证明了两遗址包含从旧石器经中石器到新石器三个时代的文化遗存。其实这些判断都没错，只是最初所依据的只是堆积物中局部的出土物而作了片面的判断。这固然反映了所谓以类型学的时代判别标志的僵化做法，也更反映出早期学者对待一个遗址所蕴含文化演化的动态变化的漠视。现在看来，过去那种以一个年代数据来代表整个堆积物年代的做法已被质疑，而将全部资料不分层位地笼统加以描述亦不可取。研究一个遗址，必须详尽分层、按层研究并加以综合梳理，只有识别其演化发展的轨迹，才能得出比较符合客观实际的结论。

其二，认识到从旧石器时代文化向新石器时代文化过渡是从一种质态向另一种质态的转化，这个转化过程或称为过渡阶段或中介阶段，它是动态的，是一个流动的过程而不是僵化片段的缀合甚至凝固成某些点的聚合。具体地说，“中石器时代”也应理解为是一个“过程”，在这个过程中新的文化因素不断产生和积累，这是一个量变到质变的过程，每个新因素的产生，代表着部分的质变，直至最后新石器时代的确立。华南地区旧石器文化向新石器文化的过渡是一个连续的、不间断的演化过程，它与欧洲所谓的中石器时代作为一个间断的孤体有着本质的区别。这个过程的两端，新、旧石器文化既是一脉相承整体，同时又是两个完全不同的质态：工具制作工艺由打制到磨制；陶艺的产生从无到有；原始农耕活动的萌芽与家畜的驯养更是人类生计（sustenance）的巨大变更。这些因素相互交织、相互制约、相互作用，又以人类生计为基础、为主导。新生计的产生不仅要求工艺水平的发展，同时也要求人类智力的高度发展。从旧石器文化转化为新石器文化是一个漫长的从量变到质变的过程，在这过程中任何新因素的产生都是部分的质变。所以我们应将这个过渡期或者“中石器时代”看作是一个动态的过程，而不是一个刻板的单元。

其三，认识到中石器时代人类适应生态环境的过程实质上就是一种文化适应的过程。中石器时代文化基本上是在末次冰期中发展起来的。在气候波动较大且干冷的末次冰期盛期来临之际，华南地区旧石器文明受到严重影响，因而造成文化的转型，而在末次冰期后期温暖湿润且较稳定的气候条件下，华南中石器文化得以空前发展，这与末次冰期盛期阶段相对比形成鲜明的反差。同样，气候的变化对人类的生活方式、生产技术的发展也产生直接的影响。华南中石器先民为了适应变化了的生态环境及发展起来的采集、狩猎、捕捞的综合经济需要，一方面从原来旧石器普遍存在的大型砾石工具体系中发展出来一套陡刃的砾石工具体系，以便更适合于利用周边丰富的竹、木资源进行竹、木器加工。另一方面，由于末次冰期盛冰期来临迫使喜暖的大型动物南移，人类经济生活转向猎取小型动物并兼营捕捞业，为适应猎获现代小型动物和水边捕捞经济的需要，与此相适应产生了众多细石器风貌的燧石小石器及大量的骨、蚌制品和专门敲砸螺蚌的敲砸工具。为烧煮螺蚌，陶器亦在此阶段应运而生。可见，中石器先民对生态的适应完全表现为一种文化的适应。这个过程是人类本身与环境交互作用的产物。环境巨大的变化在某种程度上影响人类及其文化的发展，人在适应变化中的环境所产生新的文化因素又不断给予环境以反作用，所以这个过程也是人类文化生态的演化过程。总之，人类正是自然历史过程中的产物，它的每发展一步都与自然环境的变化息息相关。

其四，是认识到制陶术的产生与原始农耕的起源并没有必然的联系，两者也不一定能成为早期新石器的必然指示物。学术界曾经广泛接受的由布基提出来的新石器时代的四个指标，近年来随着考古工作在全球范围内广泛而深入的展开，特别是一些典型案例的不断涌现，这一标志性构架日益彰显出它的局限性、模糊性和相对性。就中国地区而言，庙岩遗址发现了距今15000年前的陶器，大岩和鲤鱼嘴遗址亦发现万年前的陶片，而无原始农业、饲养业的迹象。英德牛栏洞早期地层中虽发现栽培稻的植硅石，却未见陶片。在国外，西亚和日本的考古学研究表明，陶器的起源与农业的发生亦无必然的联系。湖南道县玉蟾岩、江西万年仙人洞虽然发现了距今10000年以上的栽培稻遗存和陶片，即出现陶片、野生的与栽培稻的植硅石共存的现象。但我们认为这种现象并不完全表明此时的稻作农业已经产生，恰恰相反这只能表明此一时期的仙人洞人、玉蟾岩人正历经从以采集野生稻为主的攫取性经济向以人工栽培稻为主的生产性经济的转化过渡孕育期。仙人洞、玉蟾岩遗址本期文化层中出土更多的则是野生植物果实、动物骨骼和水陆生螺壳也表明此时采集、渔猎经济仍占据着经济的主导地位，培植的农作产物在原始人的生活中只起到非常次要的作用。因此，这一时期应还没有完全进入到新石器时代，充其量也只在由中石器时代向新石器时代的转变过程之中。我们认为，只有随着自然界野生资源的进一步减少，人口压力的日益增大，社会生产力的大幅度提高，农业才脱离其萌芽，进入其发展时期。农业革命只有在较大范围内展开并且最终成为不可逆转的发展趋势，而不是农业的萌芽在某些区域或某一局部产生，陶器只有成为先民们广泛使用的日常用品，人类才开始了真正意义上的新石器时代。

其五，认识到构成过渡期时代特性的诸要素在各个地区、各文化之中的出现是不平衡的，不同的要素在不同的地域出现的时间也不一致。就华南地区总体而言，旧石器时代大约在距今20000年左右结束。其后，随着复合工具、磨刃工具的使用及陶器的萌芽、原始农业的肇始，人类由小型分散的非定居生活到集中的聚落定居生活的转化，人类才进入了一个全新的时代——中石器时代。但是，必须指出的是，由于各地区生态环境、文化传统和农业产生的时间不同，亦即各地区文化发展的不平衡性，特别是人类的发展还受制于生态环境的多样性，使得各个地区中石器时代的肇始与诸文化因素的组合状态并不一致，以至呈现出多样化趋势。这正如历史上一些民族进入青铜器时代，而另一些民族还停留在原始时代，甚至一些民族已进入了铁器时代，而另一些民族还在原始时代一样，这也不一定不是正常的现象。因为史前文化是一种非常敏感的生存系统，不可能存在一种能适应各种生态环境和不同地域的统一的文化。

总之，华南过渡时期（中石器时代）的文化的识别和确立，给我们提供了一个典型的旧石器文化向新石器文化过渡的“框架”，它犹如地层学中的标准剖面图，可以用它去衡量华南地区其他同类遗址从旧、新石器时代的演化历程，并以此来探索本区城史前文化发展的轨迹。同时它又是一个文化生态性质的标准剖面图，虽然它貌似僵化的地质剖面，实质上却是涌动生命历程的全景画。通过对白莲洞遗址、庙岩遗址和仙人洞遗址三个典型案例的研究和透析，表明从旧石器时代到新石器时代华南地区确实存在一个过渡期，依据地层、堆积物岩性、伴生动物化石、孢粉谱、年代测定、文化遗存等，整合了一个客观存在的实体，这个实体既有丰富的文化内涵，又有时间的界定，是一个“动态的过程”。这个过程既是旧石器与新石器文化诸因素相互消长的过程，更是人与自然环境交互作用的过程。

第十章　柳州区域史前文化与东南亚和日本史前考古

从人文地理角度讲，东南亚分两部分，一部分是“大陆东南亚”，包括中国内地北纬30°以南大致长江以南至中南半岛的马来西亚南端、中国南海以西至缅甸伊洛瓦底江的区域。另一部分是“岛屿东南亚”，即指大陆东南亚以外的岛屿部分，包括中国台湾岛、印尼、菲律宾，东至伊利亚诸岛。本文所指的东南亚泛指“大陆东南亚”和“岛屿东南亚”的广大区域。

第一节　白莲洞遗址与东南亚史前考古

一、东南亚地区的史前考古遗存

东南亚地区旧石器时代向新石器时代过渡阶段的文化遗存十分丰富。早在20世纪20年代，有关东南亚史前文化方面的研究工作已在越南北方地区广泛进行。先是确立了新石器文化的“北山文化”（Bac Son culture），继而为中石器文化的“和平文化”（Hoa Binh culture）（Ha Van Tan，1991）。1966、1980年，又分别在泰国西北部和越南北部发现了著名的仙人洞遗址（Spirit cave）和翁遗址（Ng uom）（Ha Van Tan，1995）。现择其典型遗址按区域简介如下。

（一）大陆东南亚的和平文化构成

1. 越南红河三角洲地区的和平文化因素

据不完全统计，到1990年，和平文化遗存最为集中的地区在和平、宁平、清化、义安、广平等省，这些省的广大石灰岩地区发现了130多处洞穴遗址。这些遗址前临江，后靠山，洞穴堆积以含介壳的螺蚌堆积为特色，内含兽骨、石制品等遗物。石制品以河床砾石为原料，打制石器最基本的工具为砍砸器、挖掘器和带有小洼坑的砾石，一些遗址中还出土少量磨光刃部的石器和骨角器。

山韦（Son Vi）文化。是连接更新世晚期和全新世早期的文化，距今26000～11000年，仅局限在越南发现。它被认为是以砾石砍砸器工业与石片工业并存为特点的一种石器文化，并由它发展为和平文化。该文化的砾石工具器型大而粗犷，系采用类似法国魁纳莫斯特文化（Franch Quina Mousterian）中的一种技艺制作而成。在一些山韦文化遗址中的大量砍砸器里也出现了苏门答腊石器与短身斧。

翁文化。位于越南北部北太省（Bac thai）Than Sa 河谷北坡，坐标为北纬 21°47′40″、东经 105°52′42″处的积姆岩阴（Nguom Rockshelter），遗址面积约 150 平方米。该遗址于 1980 年发现，1981 年河内历史博物馆进行首次发掘，次年又由越南考古院、河内大学考古系和历史博物馆联合发掘（Ha Van Tan，1995）。遗址内堆积物厚达 2 米多，自上而下可分 5 层。第 1 层，为表面扰乱层。第 2 层，厚 60 厘米，为暗灰色松散土质堆积，出土较多淡水螺壳、石器、动物化石与人骨。石器以砾石工具为主，包括单面加工的苏门答腊式石器、短斧及磨刃石斧。加工过的石片石器甚少，石片上一般不见使用痕迹，层内有两个墓坑，其中一坑为石块所围，内葬有一老者和一青年。本层代表第一文化层，被认作属于中石器时代的和平文化层。第 3 层，厚 50 厘米，为非常松散的浅灰色土状堆积，内含大量的陆生蜗牛壳、众多现代类型哺乳动物化石。石器组合中以砾石石核工业为主，多为大型的端砍砸器，反映了山韦文化（Son Vi culture）的特点，后者是以砍砸器与石片石器并存为特点（Nguyen Khac Su，2001），由它以后发展到和平文化。此层测得 ^{14}C 年代顶部为距今 18600 ± 200 年，底部为 23000 ± 200 及 23100 ± 300 年。本层代表第二文化层，为山韦文化层。第 4 层，为平均厚度约 15 厘米的碎石层（rubble），胶结紧密，层中发现的石制品为石片与石片石器，其性质与第五层中的石器相似。第 5 层，厚 15 厘米，为非常浅淡的黄色含砂黏土堆积，这层的石器与第 2、3 层的差异极大，为砾石石片石器，石料主要为石英岩和流纹岩，器物的共同特点是尺寸相对为小，没有较固定的型制，多数器物是长 2 ~ 3 厘米的不定型石片，沿着其锐边加工刃缘，典型器物有刮削器和尖状器。它与上面第 4 层共同构成第三文化层，为石片石器层，处于旧石器时代晚期。

和平文化。1932 年 1 月 30 日，在越南河内召开的首届远东史前学会上，法国考古学家科拉尼（Made leint Colani）将这一文化命名为“Hoabinhian Culture”，即“和平文化”（Madeleine Colain，1932）。从 20 世纪 20 年代开始，科拉尼就在越南北部的和平省（Hoabinh）进行考古发掘，他从许多洞穴遗址的含有螺壳松散堆积物中，找到不少用砾石打制的石核石器和其他文化遗存。首届远东史前学会发表的公报认为和平文化“是由稍有变化的原始制作法打制的石器所构成，它常以单面加工的石器、锤石、截面为亚三角形的器物、盘状器、短身斧、杏状石器并伴随有限的骨器为特点”（Prehistorica Asiae Orientalis，1932）。以后在实际工作中，学者们在鉴别和平文化时常依据以下两件指示物：“苏门答腊石器”和短（身）斧。最初科拉尼认为和平文化属于旧石器时代晚期文化，可与法国旧石器晚期的马格达林文化（Magdalenian Culture）相应，后来见到该文化中缺陶片，哺乳动物群为现生种类，加上石器类型学的特点，他改变初衷，将之视作中石器文化。

研究表明该文化时间跨度很大（距今 18000 ~ 7000 年），空间布列上，不仅有内陆丘陵、山地的洞穴岩厦，还有沿海贝丘及露天遗址。这些不同时空的遗址，文化内涵非常复杂，以致究竟如何看待和平文化众说纷纭。实际上根据近些年的综合研究发现，越南有些含有和平文化因素的早期遗址，距今的年代为 18000 ~ 17000 年（如 Xom Trai and Lang Vanh Caves），何文晋教授认为和平文化的早期阶段已属旧石器时代，而有些和平文化后期阶段遗址的出土物几乎与北山文化相当接近，如有陶片和磨制石器。在越南考古文献中，一般将和平文化分期的特点归纳如下：早期以砾石石器为主，单面加工、器型大而粗糙、无骨器和陶器与之伴生；中期石器中小型，左右加工呈对称性，如苏门答腊石器，出现局部磨光石器；晚期石器型小，局部磨光，不见砍砸器，个别遗址已见陶片。

北山文化。是越南分布相当普遍的新石器早期文化，距今 10000 ~ 7000 年，它以单面加工砾石工具、石片石器、扁平穿孔砾石、骨质工具、磨刃石器、磨石（指用来磨刃的砾石）及陶器为特点。磨刃技术非常普遍，可以在打制石器上、也可在适宜的砾石上进行磨削。陶器是多为素面陶和绳纹陶。北山文化的分布还不只限于越南，周边地区亦可追踪其踪迹。

空芒洞遗址。位于清化省马江三角洲的住潘高地（Cuc Phuong upland）的空芒洞（Con Moong），其文化堆积包含了三个不同时代的文化堆积。上文化层为北山文化层；中层是典型的和平文化层，其起始年代为距今 12000 ~ 11000 年，本层中山韦文化传统的砾石石器与圆形的苏门答腊石器、端刃“短斧”砾石石器共出，与之伴出的还有骨角器；下文化层为山韦（Son Vi）文化层，本层出土了砾石砍砸器和刮削器等。

2. 泰国湄南河和柬埔寨湄公河流域的和平文化内涵

泰国境内亦分布着丰富的和平文化遗存。据凯尔南等人的调查统计，自 20 世纪 60 年代美国夏威夷大学人类学系的戈尔曼教授发现仙人洞遗址以来，目前这一地区发现的和平文化遗存包含史前采集狩猎人群和古代船棺葬遗存的洞穴、岩荫遗址已达 32 处之多。

朗隆雷遗址。位于泰国南部，为一岩厦式遗址。该遗址经 1984、1990 年发掘，可分上、下两个文化层。上文化层，距今 9600 ~ 7500 年，系典型的和平文化。石制品中石片石器占多数，只有 15% 为用页岩打制的砾石工具。下文化层，距今 37000 ~ 27000 年，石制品中绝大多数为制作良好的石片石器，极少数为砾石工具。石片石器中有小型燧石片制作的石器，甚至还有细石叶的石片及二步加工的石片。

仙人洞（Spirit Cave）遗址。位于泰缅交界的萨尔温江水系派河（Pai River）上游的空河（Khong Stream）西岸的泰国西北部夜丰颂府（Mae Hongson Province）的仙人洞。该遗址是一处和平文化的典型代表。遗址发现于 1966 年，由美国考古学家戈尔曼主持发掘与研究（C. F. Gormon，1969），1973 ~ 1974 年再次发掘。该洞穴堆积物从上到下可分五层，其中第5～2层属第一文化期，第1层属第二文化期。第一文化期，距今11690±560～8142±390年，属和平文化早期文化。石制品中有大型的单面加工的石核石器、二步加工的石片石器和有使用痕迹的石片，还有沾有赭石（赤铁矿）粉的磨石。动物化石有现代哺乳动物如牛、猪、松鼠、猴等，爬行类如蛇、龟以及鱼、蚌等，其中猪被认为可能是早期饲养动物。还发现许多植物种子：杏、豆类、瓜类、葫芦、菱角、胡椒、白胡桃、油桐、橄仁、槟榔、栝楼属或丝瓜属和蓖麻属等。第二文化期，距今7622±300年，属和平文化后期文化。石制品除与早期阶段相同者外，还新增加了磨制品，其中长型石锛先琢然后再磨。还出现手制绳纹陶。植物种子有胡椒、橄仁、槟榔、苦瓜、莲属、朴属、大戟与竹类植物等。仙人洞遗址是和平文化的典型代表。它的特点为（T. E. G. Reynolds，1990）：第一，石器制作技术属单面加工的石器传统，石料主要为河卵石（water rounded pebbles）和由河卵石制备的石片；第二，石核工具（苏门答腊石器）完全由河卵石单面加工，磨石也由圆的卵石制作，通常上面沾有赭石粉；第三，大量使用过的石片；第四，颇为相同的食物构成，包括现生的水生软体动物、鱼和中、小型动物；第五，是一个居住在喀斯特临近溪边的岩厦的先民构成的文化与经济体；第六，在平文化堆积物的上层常出现磨刃石器，有时与绳文陶共生。仙人洞遗址一、二期的内涵差别，比较准确地反映了争论已久的和平文化、北山文化阶段东南亚史前文化发展的进程，为东南亚中石器时代和新石器时代的分野提供了重要的标尺。

拨昌岩阴（Pha Chang Rockshelter）遗址。位于泰国西北部清迈府清迈市西南100公里的麦差河岸的阿卢安史前遗址群之一。1984～1986年，泰国与法国考古机构在此举行联合调查并发掘了该遗址。该遗址堆积厚达1米，发现砾石打制石器和岩画遗存，石器有砍砸器、刮削器、石锤、打制石斧、石锛、穿孔石器等。

班祥谷洞穴（Banyan valley cave）遗址。位于仙人洞以东35公里处，1972年戈尔曼曾在此两度进行发掘。其堆积与仙人洞十分相似，下层文化属仙人洞一期文化，包含器物周边打片的盘状形石器即苏答腊石器、大量的动物遗存；上文化层与仙人洞二期一致，发现了两边刃的板岩石刀、长方形磨刃石锛、绳纹陶片等，此外，还发现不少稻谷遗存。

北碧府洞穴遗存。该遗存由塞尤克洞穴（Sai Yok）、翁巴洞（Ongbah）、考他路洞（Khao Talu）、芒洞（Men Cave）、希卜洞（Hip Cave）等洞穴遗存构成。距今11000～8000年。出土器物有单面打片的盘状砍砸器、石片尖状器、刮削器、石硾、石凿等，其砾石打制的石器内涵与北越和平文化相似。

桥洞（Bridge cave）遗址。位于湄公河中游柬埔寨西部的马德望省，是一处具有多层叠压打破关系的洞穴贝丘遗址。研究表明，该遗址由五个连续的文化层组成，其中最下两层的^{14}C测年为距今9000年和6000年，底层发现了少量的打制石器，可能是旧石器时代文化的延续，在其上的地层中发现了新石器时代的磨制石器和陶器，但伴出短斧、刮削器和苏门答腊式盘状石器，应是和平文化的持续。桥洞遗址地层堆中丰富的野生动植物遗存反映了一种广谱的采集渔猎经济形态。

3. 马来半岛的和平文化因素

马来半岛的和平文化遗址包括吉兰丹州（Kelantan）的扎洞（Gua Cha）、查沃斯洞（Gua Chawas），丁加奴州（Ttraengganu）的布吉塔特洞（Gua Bukit Taat）、霹雳州（Perak）的古农朗图洞（Gua Gunung Runtuh）等在内的十多处重要的和平文化阶段的遗址。

扎洞遗址是能吉里河（Nenggirri）河岸的一处石灰岩岩阴，扎洞的石器以两面打击扁砾石的盘状器为特征，此外还伴出少量粗糙的砾石石器、石片、石锤等，其时代为距今1000年。在晚期地层中发现了方形石锛、陶器、墓葬及少量和平石器为特征的新石器文化层。

查沃斯洞和俾拉岭洞遗址，是两处大型的中石器时代至新石器时代的岩阴遗址。查沃斯洞和平文化地层淡水介壳测年至少为距今12000年，之上的新石器文化层距今3000年。俾拉岭洞穴的和平文化堆积达3米，包含两量打击的石片、大量两面打击的砾石盘状器，大量的动物骨骼和淡水介壳，上部地层中发现了和平文化的磨刃石，和平文化层被新石器时代墓葬所叠压。

此外，在马来西亚霹雳省的淡邦（Tampan）地点发现了一些砾石工具、单边磨刃工具和大量的石片，是一处以砾石石器为特征的旧石器文化遗址，不少专家认为该遗址可能与北越的和平文化和山韦文化有关联。

（二）岛屿东南亚的史前文化组合

印度尼西亚、菲律宾、东马来西亚的史前文化是以砾石石器和石片石器组合为地域特色，以不同比例的简单不定型的砾石工具、石核、石片为特征，区域内较多地使用燧石和黑耀石块制作而成的各种细小石器，却罕见和平文化典型规整的两面打制或通体单面打制的砾石制品。

1. 加里曼丹岛和苏门答腊岛的和平文化因素

丹加于（Tingkayu）露天遗址。位于马来西亚加里曼丹岛东北的沙巴州东南海岸，1980年发现。石器主要以硅质岩为原料，利用大型砾石石核和大型砾石石片进行双面加工，器类包括形态规整的椭圆形砍砸器、器身左右对称的尖状器、石钻、雕刻器等，其第二步加工技术比较先进。此外，在北加里曼丹岛的沙捞越尼阿大洞也发现有前陶阶段的中石器地层，其特征是进步的石片石器和刃部磨光的砾石石斧，具有鲜明的和平文化因素。

苏门答腊西北部的洛克肖马韦和棉兰之间的贝丘遗址被专家们认为是迄今群岛内仅见的和平文化遗存。这些贝丘遗址堆积厚达10米，直径在100米以上，出土的石器主要是单面通体打片的圆盘状石器、长条形砾石石器，少量两面打片和磨刃石器以及磨石、凹形器等，不见陶器出土，时代为距今10000～3000年。

2. 吕宋岛、苏拉威西和东帝没等岛屿的细小石器文化内涵

吕宋岛的小石器文化。1926年，美籍考古学家拜雅（H. O. Beyer）在吕宋岛西南的莱泽（Rizal）省发现了一种万年前后的细小石器文化。不久，在邻省布拉坎（Bulakan）又有同类遗址发现。该文化出土的石器多为利用间接方法割离的石片制成的刮削器，此外还有少量的尖状器。刮削器种类较多，有凹刃、凸刃、凹直刃、凹凸刃、单直刃等多种形态的刮削器组合。石器的材料为黑曜石、燧石等材料。该文化与和平文化同期，其时代为距今12000～8000年，代表了该岛屿地带一种特殊的“细石器”文化。

东帝汶的Uai Bobo的四个洞穴遗址中也发现了距今13000年的石器工业，这些石器主要是燧石石片以及经过二次加工的边缘陡峭刮削器，还有一些使用痕迹的石片、石叶。

苏拉威西洞穴和岩阴遗址。以拉昂·布伦2号遗址（Leang Burng 2）和尤卢·拉昂1号遗址（Ulu Leang 1）为代表。拉昂1号洞穴石器以白曜石为原料，以边缘陡峭的圆形石器和马蹄形石核为特征。布伦2号洞石器以黑曜石为原料，常见使用石片和多台面石核，许多石片有切割使用痕迹，洞穴堆积中的介壳标本测年为距今29000～17000年。遗址的石器工业大致相当于中石器时代。

二、白莲洞文化与东南亚史前文化的比较研究

综上所述，更新世晚期至全新世东南亚史前文化的内涵主要由三大类型的文化形态组成，即砾石石器工业及其穿孔、磨刃新因素分区域性的细小石器工业群。这三大内涵与特征，反映了东南亚地区史前文化在更新世、全新世前后的变化发展模式。

长期以来，有些西方学者如前苏联的索弗罗诺夫、美国的索尔海姆、戈尔曼等人认为中国南方的许多文化元素均来自东南亚大陆，中国“新石器革命”起源的重要因素是“东南亚和平文化”固有的特征，更有甚者，一些越南学者甚至将中国华南此段时期的遗址也归为山韦—和平文化—北山诸文化序列（Jean S. Aigner，1976）。对于这些观点，我们认为事实并非如此。现以白莲洞文化与以越南和平文化为代表，并参照其他相关地点的东南亚同期史前典型遗址加以对比研究。

与东南亚旧石器晚期遗存比较，与白莲洞第一期、第二期对应的为翁文化第三文化层、郎隆雷遗址下文化层和主要分布于越北的山韦文化。只是白莲洞一期文化的上限要比之早四五千年左右，结束的时间也提前了约6000年。两者的共性是多方面的，首先，两者共生的动物群均是“大熊猫—剑齿象动物群”成员，堆积中均含可食用的螺贝类

化石。其次，从石器制作工艺上来看，这些遗址大型砾石工具与石片工具并存。在砾石工具加工技术上主要为单面锤击，形成了许多石片刮削器和带斜面刃的砾石工具。如翁文化的石器中有较多的“陡刃砍砸器”，这类器物在白莲洞遗址中亦有出现。在石片工具中，翁文化的石片多为砾石石片，这些石片许多采用“白莲洞式的打片法”制备的石片和用这种石片制作的石器。而“白莲洞式的打片法”又不见于山韦文化。翁文化中缺失的白莲洞文化的燧石小石器，在朗隆雷遗址、山韦文化里却出现。白莲洞和东南亚考古发现表明，在晚更新世，这些地区都存在过使用具有细石器风貌的小石片石器的状况，这种非典型的细石器从晚更新世一直沿用到全新世前期。它们的共性就是一般都没有固定的形状，一般不进行第二步加工即行使用。从加工情况来看，这种小石片工业很有可能源于本区域的“砾石石片工业”传统。

上述表明，东南亚旧石器晚期遗存与白莲洞第一期、第二期文化有着较多的相近之处，但如果将两者的文化遗存作进一步比较，就会发现两者之间仍存在较大的区别，如白莲洞第一期文化中还出现原始磨制技术，但这些在山韦文化中均缺失。然而，在山韦文化的后期出现苏门答腊石器和短身斧，白莲洞第一期文化却无。显然各个遗址的复杂状态，不可一概而论。由此可见，在旧石器时代晚期，与白莲洞第一期、第二期文化与同时代的东南亚史前文化有着相似的石器文化，有共同性，也有差异，它们之间的相互关系还有待深入研究。

白莲洞第三期文化与和平文化同属中石器时代文化。和平文化是发现于越南北部的一种石器时代文化，因其首先在和平省发现而得名。后来在东南亚许多地方发现了具有和平文化因素的遗址，一些东南亚史前考古学家均将其归于和平文化的范畴。根据戈尔曼绘制的分布图，和平文化可以说是遍及整个中印半岛。这种泛化的“和平文化”，在学术界引起了诸多争议，就连越南学者都觉得过于勉强。越南学者黄春征据此进行了重新研究，他认为“只有同越南北方相邻或连成一片的上寮、中寮和泰圆东北部才可能处于和平文化的范围之内”。其文化特征为：这些遗址均发现于石炭岩洞穴之中，文化堆积均含大量时螺壳堆和动物骨骼化石，文化遗物主要是砾石打制的加工简单的石器，哺乳动物全为现生种，经济生活主要是采集和渔猎。重新研究的结论和对和平文化的归纳，使我们清晰地看到，白莲洞中石器文化的特征与和平文化的特征有着惊人的相似，甚至基本一致。如在砾石工具方面，两个文化中都有将砾石一面稍经打制的砍砸器，都有碾磨赭石粉的器物出现，表明有相近的文化含义。在石片工具方面，共同处是多使用未加工的石片作为石器，且可划分多种类型，白莲洞文化的趋于细石器化的燧石小石器，也见于和平文化的多数遗址中。白莲洞文化中颇具特色的“白莲洞式石片”的制备，在第三文化期达到纯熟期，这种艺也可在和平文化中追寻到踪迹，它们都与世界上一般中石器时代文化所具有的典型细石器明显有别。

这时期，两个文化里除了具有上述共性外，还各自产生颇具特色的器物：白莲洞文化里有原始的穿孔砾石、各种用途的陡刃砍砸器、敲砸器，而和平文化里则有苏门答腊石器、短身斧。在白莲洞第三期文化后期出现磨刃及磨端工具，为本期文化的重要特色之一。而在和平文化，到了其后期也有局部磨刃的新因素产生，但只是在北山文化期才成为重要的标志性器物。同样扁平的穿孔砾石也只是到北山文化期才出现，但为数不多。作为和平文化最具标志性器物的苏门答腊石器和短身斧，在白莲洞文化及相邻文化中尚未见确切记录。有报道说在广东黄岩洞与云岭牛栏洞遗址中发现此类器物。但它并非由劈裂成两半的扁平砾石制作而成，能否作为典型的苏门答腊石器还值得进一步研究。有的学者认为白莲洞东6层出土的一件龟背状石核也是“苏门答腊石器”，但该器物的器身太厚，而且制作方法也跟典型苏门答腊石器的制作法不符。后者是由背面，即带岩皮的一面，向破裂面加工，而白莲洞的这件所谓“苏门答腊石器”却是朝向背面加工，能不能定为“苏门答腊石器”值得进一步研究。此外，在白莲洞第二期文化系列框架中有的遗址已有原始稻作与陶作的萌芽，而此两因素在和平文化尚不明朗，但和平文化提供了早期园圃农作的可能信息，而这些又与环境的变化特别是生境中的资源多样化相关联。

白莲洞第四期、第五期文化大致可与北山文化相应。北山文化是分布于越南北部石炭洞穴而晚于和平文化的一种早期新石器时代文化。实际上，和平文化的后期阶段也已“北山化”，因为局部磨刃技术和原始制陶术已萌发，只是苏门答腊石器、短身斧尚未从工具组合中消失。由于和平文化和北山文化有一定的继承关系，所以又有“和平—北山文化”或相当于“和平文化二、三期”等说法。北山文化的堆积，同样含大量的螺壳和动物骨骼，文化遗物有打制和磨制石器及陶片，石器用砾石或砾石石片制成，器形主要有砍砸器、刮削器、斧、凿等。最典型的石器是一种刃部磨光的北山石斧。陶器多为夹粗砂陶片，多饰绳纹。骨制工具有斧、锥、凿等。其经济生活为采集和捕捞。动物群均为现生种。白莲洞第四期、第五期文化的文化堆积，由于农民在挖取岩泥作肥料时破坏殆尽，文化内涵尚不太明朗，但如果将其结合鲤鱼嘴遗址同期文化与北山文化相互对照，其相同的文化因素还是相当多的，如均属含大量螺壳的贝丘遗址，文化遗物都是打制石器与磨制石器和陶片共存，打制石器均以单面打击的砾石石器为主，磨制石器多为刃部磨光者，陶器多夹砂纯纹陶片，经济生活均以渔猎、采集、捕捞为主等。当然，这里也有个“时间差”问题，当局部磨刃技术成为北山文化的重要标志时，此时白莲洞文化已普遍使用磨光石器和陶器，虽然两者都已进入新石器时代。

从上述简单的对比分析可知，更新世晚期至全新世从华南山洞介壳堆积层到北越山地、泰国西北部和西部的石灰岩地区以及马来半岛与苏门答腊的石灰岩岩阴中，史前文化继承了更新世中期以来的砾石石器传统并发展出具有鲜明时代特色和地域特色的文化。该文化共同体的典型特征是，以洞穴和阴岩（或岩厦）为聚落，文化堆积以含丰富的野生动植物遗骸，尤其是水生的介壳堆积为主要特色，出土石器以相对规整的砾石石器、穿孔石器、磨刃石器和单面周缘打击的盘形苏门答腊式石器为主要特点，偶见骨蚌器出土。甚至这些共同文化要素中的一些代表性器物如磨刃、穿孔技术，在更新世晚期至全新世之交的以石片石器和细小石器为主的岛屿东南亚至西南太平洋群岛也不同程度地存在。值得一提的是，岛屿东南亚群岛出土的细小石器与华南大陆的白莲洞遗址、鲤鱼嘴遗址、莲花池山遗址等出土的细小石器有着较多的一致性，却不同程度地区别于以华北为中心的东北亚细石器文化传统。总之，该文化共同体的存在，表明在更新世晚期至全新世中国华南和东南亚地区的史前文化有着广泛的联系。

裴文中教授在研究广西武鸣、桂林洞穴的材料时曾将之与印度支那的 Baesonion 文化相比，认为应属 Pre-Baesonion 文化，即中石器时代文化。此外不少人还将华南地区大部划入“和平文化”领域内。“和平文化”是东南亚地区旧石器时代向新石器时代过渡阶段文化的典型代表，将白莲洞的材料与“和平文化”遗存相比，其文化内涵虽然基本吻合，但同时还存在着不小的差异。裴文中 50 年前提出一个关键的课题，广西中石器时代的文化究竟是印度支那中石器时代文化的前驱呢，还是后者的不同地理类型？从白莲洞的文化遗存特点，年代测定显示的古老性，无论在文化特点或人类体质特点上，均可追溯到由更新世晚期向全新世早期演化发展的规律来说，似乎前者比后者的可能性更大。山韦文化是越北地区典型的区域性文化，跟白莲洞遗址一样，山韦文化的典型代表——柯姆岩遗址也包含了三个不同时代的文化层，其出土遗物由下至上亦可以分为三种不同类型，代表了旧石器时代晚期—中石器—新石器三个不同的文化发展阶段。如果将其与白莲洞（结合鲤鱼嘴遗存）三期文化作一比较，我们不难发现两者间不但时间差异较大，而且特征有别。如两地间无论在石器钻、磨工艺，还是在陶器的发明上，柳州地区的史前文化要比和平文化得早多。因而，若把山韦—和平文化—北山文化的分布区扩展到南中国，显然这一假设本末倒置，有悖于常理。相反，我们不能不认为和平文化和北山文化都有来自岭南史前文化的强烈影响。

白莲洞文化与东南亚同期文化的相似性，说明两者之间有着非常密切的关系，究其原因，除两地山水相连，地理环境和气候条件基本相同外，亦与两地人们长期交往，相互影响及其文化渊源均来自旧石器时代“砾石砍砸器传统”相关联。岭南地区和东南亚地区地处热带和亚热带，其地理生态环境大致相同，相同的生态环境决定了古文化的基本面貌。岭南地区的旧石器文化的发现表明，该区城的史前文化是一种持续发展很久的区域性文化，很可能从早更新世延至晚更新世。它与东南亚的旧石器文化都应来自起源于亚洲本土的“砾石和石片工业传统”，这一文化传统分化的时间可追溯到更新世早中期。更新世晚期至全新世初期，岭南和东南亚半岛的原始居民同时兼具赤道人种和蒙古人种混血的特征，这意味着曾存过古人南来北往的现象，这种人类的迁徙、融合的趋势，从而极大地促进了两地史前文化的交流。其后，随着时代的推移，各地原始居民在对自身环境适应的同时，两地史前文化之间发展的不平衡性也在逐步加大，历史进程也日愈不平衡。

综上所述，我们可以清楚地看到，作为华南地区石器时代文化代表的白莲洞文化与东南亚同期文化既有共性——这是遵循原始石器文化发展的固有规律进行的；同时又具个性——这是在各自文化传统与当时所处生境的背景上发展起来的。所以没有必要强调其共性，忽视其个性而笼而统之地归为某一文化。或者相反，过分强调个性而抹杀它们之间密切的联系。白莲洞文化与东南亚同期文化，它们都代表了一个更新晚期至全新进早期石器时代的文化系列，展现了从旧石器文化转变到新石器文化的全过程。我们认为，以白莲洞文化为代表的岭南史前文化与东南亚史前文化都有其自身的发展序列，并构成一种非平衡的发展关系，同时两者又是相互联系和相互影响的。

第二节　柳州区域史前文化和日本史前考古

一、日本史前时期的主要洞穴遗存

到20世纪40年代结束为止，日本列岛是否存在旧石器时代的人类还是一个未有定论的问题。1949年7月，相泬忠祥在群马县新田群笠悬村岩宿附近的火山堆积崖面上，采集到一些石制品。同年9～10月，经明治大学文学部考古学研究室杉原莊芥等人试掘，确认这是日本列岛首次发现的旧石器时代遗址。它的发现，打破了“日本无旧石器”的传统观念。

自岩宿遗址发现以来，旧石器遗址陆续在日本各地被发现（别府大学，1994）。迄今为止，在日本找到1000多个旧石器遗址。此外，还发现了10000多个绳文时期的遗址。在众多的日本列岛史前遗址中，其典型遗址主要有港川遗址、福井遗址、圣岳遗址、上黑岩岩棚、观音洞遗址、寄仓岩棚、上野遗址等（堤隆，2000）。

港川遗址。位于冲绳县港川采石场的一个石灰岩裂隙中，其堆积为带石灰岩角砾的红棕色黏土堆积，堆积中出土港川人1男2女头骨化石，伴生动物化石有野猪和鹿等。该地点经^{14}C年代测定为距今18250±650年或16600±300年。

福井遗址。位于九州岛西北部的长崎县福井河的一座砂岩洞穴中。该遗址于1960、1961和1964年先后三次进行考古发掘。发掘者将其堆积物自上而下分为15层：第1层，出土箭头、滚轴印纹陶器等人工制品，其年代距今为8400±350年。第2层、第3层，其文化组合以黑曜岩制作的细石叶和楔状石核为特征，在第2层中，细石叶技术与指纹陶共存，而在第3层中则与绳纹陶共生，第3层测得的年代为距今12400±350年和12700±500年前。第4层，出土的人工制品为黑曜岩质的细石叶和楔状石核，以及由安山岩制作的两面尖状器和刮削器，但未见陶器出土。第5、6层为亚层。第7层，石器工艺以“小石叶”为特征，黑曜岩仍是主要原料，以上层位中发现的楔状石核，在第7层未曾见到，而半锥状石核却是该组合物中的典型器物。经^{14}C测定，第7层距今为13600±600年前。第9层，石器以安山岩为原料的丰富石片和少量石叶技术为组合，这一组合的典型特征是具有小台面的大型圆石片。第15层，堆积中发现了类似的大石片组合，其中包括一件两面器的碎片，经^{14}C测定，该层年代距今31900年以上。

圣岳遗址。位于九州岛大分县番匠河的石灰洞穴中。该遗址 1962 进行考古发掘。其堆积自上而下分为 3 层：第 1 层为黑土层，10 ~ 15 厘米。第 2 层为黏土砾石层，厚 15 ~ 25 厘米。第 3 层为黏土层，厚 25 厘米左右。遗址第 3 层表层出土旧石器时代晚期的细石叶、细石柱和琢背小刀，其上部出土女性头骨少量碎片和一段熊的长骨化石。

上黑岩岩棚。位于四国爱媛县的上黑岩，岩厦（岩棚）顶盖距地面高约 20 米，遗址地层堆积可划分为 14 层，遗址性质属于绳纹时期到中石器时代的文化内涵。第 4 层至少发现了 10 个人和两条狗的墓葬，它们与滚轴印纹陶器共生，时代大致为绳文时期初的较早阶段，距今大约 8000 年前。第 6 层中发现了素纹陶器和许多三角形箭镞，这一层 ^{14}C 年代为距今 10085 ±320 年前。位于两个贫瘠层之下的第 9 层，出现了以短铤尖状器、刮削器、砾石砍砸器和绳纹陶为主要特征的独特组合，其中陶器和福井遗址第 3 层的早期陶器相似，该层测得的年代为距今 21165 ±600 年。此外，在这一层还发现了 7 个剖开的绿泥石片岩砾石，上面描绘有抽象的人像。我们认为，上黑岩遗址的下层文化对认识日本中石器时代文化可能是个关键。

观音洞遗址。位于日本广岛县东北的帝释峡河谷。其地层剖面分为 26 层，第 1 ~ 22 层出土绳纹时期的遗物，第 25 层发现了鹿、猴和蛇的骨骼及一段人类股骨残片。据研究，该层地质时代属晚更新世。

寄仓岩棚。是帝释峡遗址区的一个岩厦遗址，其堆积包括了近乎完整的绳纹时期地层系列。尽管由于只发现了绳纹时期的文化层，但从寄仓岩厦地层学上的证据来看，这些发现还不足以阐明发生于绳纹时期初期的文化上的过渡。

上野遗址（129）。该遗址位于神奈川县相模野台地月见野遗址群，其堆积有厚厚的垆坶土层，就编年研究而言，是迄今发现的日本国内条件最好的遗址之一。上野遗址发掘出连续八层后期旧石器时代文化层和两层包含最早阶段陶器的堆积，自下而上位于上面的 5 个文化层的内涵为：Ⅴ文化层，以尖状器为主，伴出若干刀形石器的石器群，据 ^{14}C 年代为距今 14480 ±650 年；（Ⅳ文化层）Ⅲ文化层，全无尖状器、刀形石器等早期器类的纯细石刃石器群，本层 ^{14}C 年代为距今 13570 ±410 年 ；Ⅱ文化层，伴出无纹陶器、细石叶的神子柴系（遗址名）石器群，本层 TL 年代为距今 12800 ±630 年；Ⅰ文化层，隆起线纹陶器，有茎尖状器、石斧的器物群，本层 TL 年代为距今 12800 年；上野遗址石器组合的顺序为刀形石器群 → 尖状器石器群 → 细石刃石器群。

纵观日本列岛考古发现，只有岩宿遗址和港川遗址比较典型，其他遗址则由于面积较小，文化堆积单薄，文化内涵不丰富，加之时代较晚，故而价值不大。在这两个典型遗址中，前者包含了丰富的文化遗存，后者则只发现完整的人类头盖骨。曾对日本旧石器研究开创有重大贡献的杉原莊芥，根据近年来考古新发现建立起日本史前史的分期体系，把距今 30000 ~ 20000 年人类踏上日本列岛之日作为日本史前史的开端，提出了日本人种和文化外来说的假设。这种设想，目前已得到日本史学界的普遍认可。

二、史前日本与中国大陆的海上交通

从地质和地理角度来看，今日日本列岛与亚洲大陆分离，四周为海水所分割的状态是末次冰期结束以来海面逐步回升的结果。而在更新世的冰期与间冰期交替变化过程中，列岛与大陆曾广泛相连，而且这种相连早在更新世早期就已经开始，并且间断或不间断地延续到更新世晚期。

著名史前考古学家裴文中教授在详尽研究了日本列岛与亚洲大陆古交通的历史之后指出：东亚大陆与日本列岛的第四纪诸动物群具有共性；中国华北地区与日本关东以西地区的旧石器文化具有许多相似的特征；中日之间古代通途除“南路”外，尚存在一条“北路”，此外，深入研究华北与北海道旧石器时代的文化联系，对于探索北太平洋地区古代文化的发展具有关键性的意义。这些理论对研究日本民族的形成过程，与追溯日本人的根源有重要意义（周国兴等，1991）。

更新世环境变化和古动物迁徙的研究为裴文中的理论提供了实证，根据钱方等人的研究（钱方等，1995）：

早更新世时，虽然尚未发现古人类踪迹，但在日本列岛发现了属于中国北方泥河湾动物群中的平额象和古猛犸象等化石，它们是从大陆经黄海和朝鲜海峡迁移而来。这次低海面事件发生时间推测在距今 90 万 ~70 万年，此外还发现了华南柳城动物群中属于印度—马来系的两种剑齿象化石，它们应来自南方，表明在南海和东海也有一座陆桥与日本相连，这次低海面事件发生时间推测在距今 235 万 ~200 万年。

中更新世时，在距今 60 万 ~40 万年的大暖期，海面上升，无陆桥可连通。到更新世中期距今 14 万 ~11 万年的里斯冰期时海面再次下降。中国北方庙后山和金牛山动物群中的大角鹿从东北地区经黄海和朝鲜海峡迁移到日本列岛。在野尻湖底发现的大角鹿很可能就是此次迁移移而来的。在枥木、山口和福冈的一些遗址中发现属于周口店动物群的成员，它们亦是经朝鲜半岛南下，然后北上，继而东进到日本列岛的。自九州关东到东北，分布着中国华南万县动物群的成员。据考证，它们是由联结中国、朝鲜半岛与九州的陆桥进入日本列岛的。古冰川学家认为里斯冰期时全球冰川的范围远大于前期的玉木冰期，故海面下降幅度此时也远大得多，有利于古人类的迁入日本。很可能亚洲大陆的原始人类开始入迁日本列岛，只是人数尚少，距今时间又久远，故他们的遗迹很难找到。

晚更新世时，在玉木冰期曾发生过三次强烈的降温事件，海面下降幅度最大，其中距今 70000 年 和 20000 ~15000 年的两次降温事件，即相当日本的武藏野期晚期和立川期，亚洲大陆与日本列岛间有原始人与文化的交流。虽然距今 70000 年时，海面下降不足百米，无陆桥可连通，但海域面积大为缩小，海面封冻，一些喜冷动物如猛犸象、披毛犀和大角鹿可从冰面上往来，古人在捕猎中也可能通过冰面来到日本。

关于古代文化传入日本，一般认为有下列五条通道：由西伯利亚经萨哈林岛、北海道到达关东的北方通道；由朝鲜半岛经对马海峡到达九州岛的朝鲜通道；由中国东南沿海直达九州岛的东中国海通道；由中国台湾经冲绳诸岛到达九州岛的冲绳通道；由南太平洋经小笠原诸岛到达关东的南海通道。

以上的主要通道，在末次冰期，特别是距今 22000 ~ 15000 年的末次盛冰期时显得尤为明显。其时全球再次降温，海平面处于今日海平面以下 120 ~ 150 米。渤海、黄海成为陆地，北海道通过萨哈林岛与东亚大陆连成一片，轻津海峡和对马海峡出现北道陆桥，日本海成了内海。从西伯利亚南下的猛犸动物群可以通过此北道，由中国东北经萨哈林岛到达日本。从华北东迁的萨拉乌苏（黄土）动物群可以脚踏大地，从中道由中国华北经朝鲜半岛到达日本。华南动物群则可从南道由中国东南沿海经台湾和琉球列岛到达日本本土。

总之，四周环海的日本列岛，从来没有孤立于东亚之外，远在冰河时代，海平面比现在低 100 米以上，大陆和列岛联结在一起，人类可以徒步到达日本。全新世以来随着冰河的消失和海平面的重新上升，形成今天的海峡。但由于舟楫的出现，日本列岛与大陆间人类的往来及文化交流也未间断。

三、史前日本与柳州区域史前文化

更新世晚期至全新世时，日本列岛与中国华南在人种体质和文化方面的联系向来为人们所瞩目。（蒋远金，2000）

首先，日本列岛和大陆之间特别是华南地区在人种体质上的相似性。

迄今为止，在日本列岛发现的古人类化石多为更新世晚期的人类化石，主要的人类化石有明石人、山下町人、山羊洞人、下地原洞人、港川人、圣岳人、牛川人、滨北人等。这些被发现的人类化石除港川的 1 男 2 女外，其余多为残件。在中国内地迄今发现的旧石器时代晚期的人类化石较多，其中最为重要的人类头骨有柳江人的 1 男和山顶洞的 1 男 2 女。

不少中、日本学者认为日本最早的居民可能来自亚洲大陆，特别是华南地区。港川人的发现提供了这方面的实证材料，我国学者曾涉及这方面的研究，王令红在研究 38 个颅骨组 13 项测量数的平均平方距离聚类图时发现，日本石器时代的港川人、绳文时代的现代人跟大约同期的华南居民有最接近的亲缘关系，而且总的来说，港川人类似于柳江人（王令红，1987）。吴新智利用计算歧异系数（CD）方法比较了柳江人、山顶洞人与港川人的几个头骨的彼此关系，发现港川人与柳江人很类似，其接近程度和港川两女性头骨间接近的程度均相似，而柳江人与山顶洞人相去甚远，港川人与山顶洞人也相去甚远。此外，吴新智通过对身材高度的比较：柳江人身高 157 ± 3. 59 厘米，山顶洞人为 174（男）和 159（女）厘米，港川人为 159. 1（男）和 144. 5（女）厘米，柳江人与港川人身高的接近程度也大于与周口店山顶洞人的接近程度（吴新智，1988）。

大龙潭居民直接由以柳江人为代表的晚期智人发展而来，是华南地区新石器时代晚期居民的直接祖先。据周国兴、张振标研究（周国兴等，1994）：大龙潭人骨与港川人也有很多相似特点。这些相似的特点中，有的与柳江人是一致的，如：眉间厚硕、隆凸；阔鼻型的鼻指数；后枕部有“发髻状”隆凸；低矮的个子等。但也有的仅为大龙潭人与港川人骨所共有：总面角为显著的突颌型（柳江人为平颌）；眼眶纵轴上端后倾（柳江人纵轴几垂直）；额骨矢状隆突（柳江人缺失）等。值得注意的是，这些特点中有一些是接近大洋洲尼革罗人种的特点，表明了日本本土上的早期人类不仅与中国内地上古人类有密切关系，还受到了大洋洲尼格罗人种因素北向扩散的影响。由上面的比较来看，日本港川人不仅与华南地区旧石器时代晚期人类（柳江人）有相似之处，还明显地带有华南大龙潭人种的许多特点，表明日本本土早期人类中，有一支可能来自广西，至少有来自华南的因素。诚然，港川人与大龙潭人形态上还存在一些明显的差异如颅型，港川人为短头型，大龙潭人为长颅型，虽然同为突颌，但大龙潭人的突颌程度尤甚，这些表明了大龙潭人接受柳江人的影响已是在港川人之后的事了。事实上柳江人生存的年代，一般主张在50000年左右，甚至是白莲洞早期文化的创造者，港川人生存年代为距今16000年，而大龙潭人为12000年左右。由此可见，华南人东迁日本的时间主要发生在末次冰期之后。

值得一提的是，港川人盛行人工拔牙的风俗，这种风俗一直延续到日本列岛绳纹时代中期（距今5000～4000年）。华南旧石器时代由于发现完整的头骨不多，因此是否存在着拔牙的习俗证据显得不足。但在这类遗址中，常常发现对称的门齿（拔牙部位），这可能暗示拔牙习俗的存在。新石器时代，华南地区所发现的人头骨已明显存在拔牙的习俗。古代，古越族及与其有密切关系的傣、俚、乌浒和高山、壮、黎等族都盛行拔牙习俗。直到近现代，广西的壮族等还残存类似的风俗。可见这项习俗由来已久。因此，这种风俗的传播也显示出华南人类与日本古人类的关系非常密切。

总之，柳江人及其后裔与日本古人类有着密切的渊源关系，这点也得到日本部分古人类学者的认可。日本学者植原和朗撰文认为：“柳江人与日本人同宗共祖”。东京大学片山一道教授亦认为“柳江人很可能是南太平洋和东亚海岛（包括日本列岛）原住民的祖先”（片山一道，1994）。

其次，日本列岛与华南史前文化方面的联系尤其明显。

日本的旧石器文化，以晚期遗存最为普遍，并出现一定的地域性差异。距今30000～10000年前的日本列岛的旧石器文化可分为二大类：其一，是以剥片的边角加工的刀形石器为代表的砾石石器文化；其二，是以组合工具的细石刃为代表的细石器文化。众所周知，中国旧石器文化分布相当广泛，归纳起来有两个传统：一个以石片工业为代表，主要分布在华北地区，另一个以砾石工业为代表，主要分布在华南一带的丘陵地区，甚至华南的晚期新石器文化中也还保留砾石工业的传统。根据以上例证，不难发现，华南和日本列岛尤其是占日本列岛大半的九州、四国、本洲的石器文化同属一个传统。

旧石器时代后期到结束期，即距今约 14000 ~ 10000 年的时间里，日本列岛从南到北的整个地域发展了细石器文化，在日本列岛的主要四岛，即北海道、本州岛、四国、九州岛，总面积约 36 万平方公里的范围内，发现了 1000 处以上的细石器文化遗迹（织笠昭，1994）。关于日本列岛细石器文化的源流，一般认为，以楔形细石核和石叶为代表的细石器工业，起源于西伯利亚贝加尔湖附近，是东北亚所特有的一种遗物。事实上，细石器的分布并不局限于东北亚，在中国的河北、山东、江苏、甚至远至四川、云南、西藏、江西、湖南、广西等地也广泛分布。华南地区特殊的细小石器工业发生较早，在旧石器时代晚期即距今 20000 多年前就大量出现，它们都不与陶器共存，基本属于旧石器晚期或中石器文化的范畴，进入新石器时代之后，在大部分地区已基本结束，不像东北亚那样延续到新石器时代仍继续使用。在日本，以北海道为主体的列岛东北部细石器文化，与西伯利亚细石器文化的关联性很强，而西南部的细石器无论在产生和结束的时间乃至石器群的组合特征上似可与南中国同时期遗址相类比。

在日本列岛，继细石器文化之后为绳纹文化。绳纹文化的具体特征是，仅见陶器和磨光石器，罕见农耕和家畜。这主要与当时的自然环境优越、资源丰富，可以充分满足绳纹人采集渔猎的生活需要有关，从而影响了农耕经济的进一步发展。类似的现象也见于华南早期新石器遗址中。以绳纹粗陶为代表的华南地区早期新石器时代遗存的出现，主要是由于地理条件，特别是和更新世末期的冰河消融分不开的。从总体上看，这些文化的共性主要表现在：大量的打制石器与磨制石器共存，普遍使用器型简单的绳纹粗陶，原始农耕虽然萌芽，却不发达。这些在两地均为类似，却不同于大陆的其他地区的新石器文化。

日本列岛从北海道到冲绳遍布着洞穴遗迹，这些遗迹的时代从旧石器时代延续到近代，它们曾作为住居、墓地、仓库、信仰等目的被使用。通过发掘调查，确认其中存在着一些与陶器出现时期有关的遗迹。如：九州岛的福井洞、泉福寺洞穴，四国的上黑岩岩阴，本州岛的室谷洞穴等。这些陶器资料的年代数据在距今 13000 ~ 5000 年，其早期陶器的年代则在 13000 ~ 12000 年（安田喜憲，1995），甚至有报道，距今 15000 年，即在晚冰期的开始阶段日本列岛便出现了陶器（堤隆，2000）。

近年随着中国考古学的发展，有关陶器起源的新资料层出不穷。即便从未经校正的 ^{14}C 年代看，这些新资料中的一部分也明显可以追溯到最后冰期最盛期的末期。广西柳州大龙潭、桂林大岩、甑皮岩发现许多距今 10000 年前的陶器。江西仙人洞、吊桶环和湖南玉蟾岩等遗址出土了 ^{14}C 年代为 15000 ~ 14000 年前的陶器。特别是在桂林庙岩发现了 ^{14}C 年代为 15000 乃至 17000 年前的陶器，为探寻陶器的起源提供了重要的信息。

关于日本列岛陶器的产生，在日本学术界曾一度盛行以北方起源的一元说，即日本列岛的陶器起源于俄罗斯远东地区或西伯利亚一带。近年来，随着中国内地特别是华南地区的庙岩、大岩、玉蟾岩、仙人洞、甑皮岩等大量早期陶器遗存的发现，引起日本学术界的关注。日本同志社大学铃木重治教授认为："日本群岛陶器的起源有必要研讨包括认为是大陆产生陶器的影响下出现的思考方向。"（铃木重治，1994）总之，日本列岛上陶器的产生，在东日本与俄罗斯远东地区文化有关联，但在西日本，尤其是九州岛地区与朝鲜半岛以及中国内地特别是华南文化之间密切相关。

以稻作农耕为主的列岛弥生文化是在前期绳纹文化的基础上，吸收消化中国南方的文化要素融合发展而成的。稻作农耕传入日本的途径有来是华北、江南和华南（岭南）三种说法。对于中国稻作的起源，学者们有各种不同的意见。近年来在华南地区的湖南澧县八十七当、道县玉蟾岩遗址、江西万年仙人洞和吊桶环遗址、浙江省江县上山遗址和广东英德牛栏洞遗址进行发掘时，分别发现了近于栽培稻的花粉和植硅石。据测定，这些遗址的年代距今10000年以上。1996年3月25~26日，于国际日本文化研究中心召开的日中共同国际学术研讨会上，严文明教授据此作了分析报告，并提出稻作农业的起源可以追溯到14000年前的观点。这些发现，向我们昭示了这样的一个信息，即稻作农业的起源在距今天10000年前，而起源的地点就在南中国一带。

在农业的起源中，日本列岛稻作农业的开始较晚。迄今在日本列岛发现的农作遗迹也不多。福井县鸟浜贝冢（佐佐木高明，1991）、青森县富泽遗址（吉崎昌一，1993）、三内丸山遗址（安田喜憲，1995）曾出土过绳纹时代的栽培植物，表明绳纹人有原始农业，但没有发现包括杂谷在内的大规模谷物栽培的证据。在冈山县难沟手遗址出土的绳纹后期后段的陶片上，发现了稻壳的印痕，据植硅石分析日本列岛可能在绳纹时代中期就有了稻作（吉崎昌一，1995）。日本学者安田喜宪认为，日本虽然在绳纹时代就有了稻子，但直到3000年前大陆船民迁入以前，稻作农业长期未能发展起来（安田喜憲，2000），只是到了绳纹时代后期，由于海面下降，中国内地稻作农民向日本迁徙、传播稻作技术之后，日本文化才随之开始向稻作农业社会转变。

可以设想，10000年前，稻作农业在南中国或是长江流域一带肇始，时期冰期向冰后期转变的气候剧变时期。7000年前，稻作农业向东南沿海传播。5000年前，伴随气候最适宜期结束而转入寒冷期，大陆稻作农业开始传入日本。3000年前，在一次新的气候寒冷时期里，稻作进一步从中国内地传入日本列岛。另外，作为弥生时代稻作农业的收割工具的半月形石刀和耕耘工具的有段石锛，在日本大阪、北九州、福冈、奈良、佐贺县等地大量出土，他们被认为起源于浙江的河姆渡文化和良渚文化，并曾广泛分布于华南的江西、广东和湖南诸省，由此，展示出两地息息相关的文化共性。

弥生文化中普遍发现干栏式建筑。干栏，又作"干兰"，最早见于《魏书·僚传》，书称僚人"依树积木，以居其上，名曰'干兰'。干兰大小，随其家口之数。"文中所记载干栏式建筑的最大特点是木构房屋高出地面，它既可防止蛇虫猛兽之害，又可避免潮湿、水患和暑气，是适应南方地下水位高的一种古老的居住建筑形式。在中国，早在6000~7000年前，河姆渡人就创造了木构的干栏式建筑，时至今天在广西、云南、广东、海南、贵州和台湾等省的少数民族中仍继续使用。从考古资料来看，干栏式建筑除了发现埋在地下的木桩以外，还有建筑实物模型，如华南江西省清江县营盘里出土的陶制模型，日本传赞岐国出土的铜锋及奈良县佐味田宝冢古坟铜镜的图像等，都清楚地再现了干栏式建筑的框架，表明除柱桩底架之外，还有长脊短檐的犀顶，两地的干栏式建筑无论是造型方面还是在结构方面均相一致。由此看来，弥生时代的干栏式建筑当是同稻作农业一道，从中国华南和东南沿海一带通过海路传入日本。

综上所述，日本列岛古代文化的渊源关系尽管来自四面八方，但以亚洲大陆特别是史前中国的影响最为重要。在日本列岛像旧石器、细石器的出现、陶器和农耕的诞生，均可溯源于中国，特别是华南地区。由上可知，日本列岛旧石器时代晚期、中石器和绳纹时代乃至与以白莲洞文化为代表的华南史前文化有着相似的石器文化。白莲洞文化系列框架的确立，对日本史前文化特别是洞穴遗址的研究具有一定的借鉴意义。当然，它们之间也存在诸多的差异性。值得指出的是，史前时期日本人及文化的形成，始终是以土著为主的，它们在吸收、消化和接受外来先进文化的过程中，经过扬弃和融合，创造了独具特色的日本史前文化。关于两者之间的渊源关系还有待深入细致研究。

参考文献

安金槐主编. 1992. 中国考古. 上海古籍出版社.

安田喜憲. 1995. クリ林支高度文化 . 绳文文明の發見. PHP 研究所.

安田喜憲. 2000. 东亚稻作半月弧与西亚麦作半月弧. 稻作、陶器和都市的起源. 文物出版社.

安志敏. 1956. 关于我国中石器时代的几个遗址. 考古通讯, (2).

安志敏. 1957. 细石器文化. 考古通讯, (2) .

安志敏. 1963. 巨猿究竟属于猿的系统还是人的系统? 科学通报, (5).

安志敏. 2006. 华南早期新石器试析. 华南及东南亚史前考古. 文物出版社.

别府大学. 1994. 中日古人类史前文化渊源关系国际学术研究讨论会. 日本别府大学.

北京大学考古系^{14}C 实验室等. 1982. 石灰岩地区^{14}C 样品年代的可靠性与甑皮岩等遗址的年代问题. 考古学报, (2).

曹泽田. 1982. 贵州省新发现的穿洞旧石器时代文化遗址. 贵州社会科学, (4).

曹泽田. 1985. 猫猫洞的发掘成果及其意义. 史前研究, (2).

蔡奕芝. 1999. 英德青塘洞穴文化遗存的研究, 英德史前考古报告. 广东人民出版社.

陈淳. 1994. 石器时代分野问题. 考古, (3).

陈淳. 2003. 岭南史前研究的思考. 考古学的理论与研究. 上海学林出版社.

谌世龙. 1999. 桂林庙岩洞穴遗址的发掘与研究. 中石器文化及有关问题研讨会论文集, 广东人民出版社 .

戴国华. 1988. 论东南亚“和平文化”及与华南文化关系. 东南亚, (5).

戴尔俭. 1988. 关于中石器时代. 史前研究, (1).

广东省文物管理委员会. 1961. 广东潮安的贝丘遗址. 考古, (11).

广东省博物馆. 1959. 广东省南海县西樵山出土的石器. 考古学报, (4).

广东省博物馆. 1961. 广东翁源县青塘新石器时代遗址. 考古, (11).

广东省博物馆. 1962. 广东东兴新石器时代贝丘遗址. 考古, (12).

广西壮族自治区博物馆. 1973. 广西都安发现的古人类化石及哺乳类化石. 古脊椎动物与古人类, (20).

广西壮族自治区地方志编纂委员会. 2000. 广西通志・岩溶志. 广西人民出版社.

广西文物考古训练班等. 1975. 广西南宁地区新石器时代贝丘遗址. 考古, (5).

广西文物工作队. 2004. 象州南沙湾贝丘遗址 1999 ~ 2000 年度发掘简报. 广西考古文集.

广西文物工作队等. 1986. 广西桂林甑皮岩洞穴遗址试掘. 考古,(10).
贵州省博物馆. 1990. 贵州考古十年. 文物出版社.
韩德芬等. 1975. 广西柳州笔架山第四纪哺乳动物化石. 古脊椎动物学报,(4).
韩康信. 1964. 广西柳城发现新石器. 考古,(11).
韩起. 1979. 台湾原始社会考古概述. 考古,(3).
郝思德等. 1998. 三亚落笔洞遗址. 南海出版社.
贺战武. 2001. 试论桂林大岩遗址的考古学意义. 中国博物馆学会史前遗址博物馆专业委员会第四届学术研讨会论文, 柳州.
何乃汉. 1988. 岭南旧石器时代向新石器时代的过渡及其有关的几个问题. 中国考古学会第五次年会论文集, 文物出版社.
何乃汉等. 1985. 试论岭南中石器时代. 人类学学报,(4).
傅宪国等. 2004. 柳州鲤鱼嘴遗址再度发掘. 中国文物报, 8 月 4 日.
湖南省文物考古研究所. 2000. 湖南黔阳高庙遗址发掘简报. 文物,(4).
湖南省文物考古研究所等. 1986. 湖南澧县新石器时代早期遗址调查报告. 考古,(10).
湖南省博物馆. 1986. 湖南石门县皂市下层新石器遗存. 考古,(1).
黄万波等. 1991. 巫山猿人遗址. 海洋出版社.
黄启善等. 1999. 广西柳江土博新发现的人类化石. 龙骨坡史前文化志,(1).
吉崎昌一. 1993. 考古学的見た北海道の農耕问题. 札幌大学女子短期大学創立 25 周年纪念论文集. 響文社.
吉崎昌一. 1995. 日本栽培植物の出现. 季刊考古学,(50).
贾兰坡. 1978. 中国细石器的特征和它的传统、起源与分布. 古脊椎动物与古人类,(2).
贾兰坡等. 1960. 广西洞穴中的打击石器时代. 古脊椎动物与古人类,(1).
贾兰坡等. 1982. 广西来宾麒麟山人类头骨化石. 古脊椎动物与古人类,(5).
江西省文物管理委员会. 1963. 江西万年大源仙人洞洞穴遗址试掘. 考古学报,(1).
江西省博物馆. 1976. 江西万年大源仙人洞洞穴遗址第二次发掘报告. 文物,(12).
蒋廷瑜等. 1984. 广西古人类的发现与研究. 史前研究,(2).
蒋廷瑜. 1981. 广西新石器时代考古述略. 中国考古学会第三次年会论文集.
蒋远金. 1998. 柳州白莲洞遗址史前植物群的考古学研究. 史前研究. 三秦出版社.
蒋远金. 2000. 从史前文化看日本列岛和华南的亲缘关系. 史前研究. 三秦出版社.
蒋远金. 2002. 试析华南中石器时代文化. 史前研究. 三秦出版社.
蒋远金. 2004. 柳江人遗址质疑, 史前研究. 三秦出版社.
蒋远金. 2005. 白莲洞文化与东南亚旧石器时代向新石器时代过渡时期文化的比较研究. 广西考古文集(第二辑). 科学出版社.

蒋远金. 2006. 鲤鱼嘴遗址的研究. 广西博物馆文集（第三辑）. 广西人民出版社.
蒋远金. 2006. 广西洞穴遗址群中钙华板发育及其对古人类活动的影响. 广西博物馆文集（第三辑），广西人民出版社.
蒋远金. 2007. 史前日本列岛与百越先民文化传播与交流的考古学观察. 百越民族研究. 广西科技出版社.
蒋远金. 2007. 白莲洞遗址、庙岩遗址与仙人洞遗址的研究——华南地区旧石器时代向新石器时代过渡典型案案例透析. 史前研究. 陕西师范大学出版社.
蒋远金. 2007. 桂北洞穴遗址群中钙华板发育及对古人类活动古文化演化的影响. 史前研究. 陕西师范大学出版社.
蒋远金. 2007. 浅析白莲洞遗址更新世晚期至全新世中期古气候、古环境的演变及其对古文化演化的影响. 中国第四纪环境变化国际学术研讨会文集. 北京大学出版社.
蒋远金. 2008. 浅析白莲洞居民的生存环境与生业模式. 广西博物馆文集（第五辑）. 广西人民出版社.
蒋远金等. 1994. 关于柳江人的几个问题. 中日古人类与史前文化渊源关系国际学术研讨会论文集. 中国国际广播出版社.
蒋远金等. 1996. 中日古人类与史前文化渊源关系国际学术研讨会文集. 内部刊物.
蒋远金等. 2002. 柳州史前文化综述. 史前研究. 三秦出版社.
蒋远金等. 2006. 鲤鱼嘴遗址的年代与分期. 柳州博物馆文集. 广西美术出版社.
蒋远金等. 2004. 鲤鱼嘴遗址旧石器文化向新石器文化过渡的探讨. 史前研究. 三秦出版社.
織笠昭. 1994. 日本列岛的细石器文化. 中日古人类与史前文化渊源关系学术研讨会. 别府大学.
孔昭宸等. 1994. 白莲洞遗址孢粉分析及对植被和自然环境的探讨. 中日古人类与史前文化渊源关系国际学术研讨会论文集. 中国国际广播出版.
李宣民等. 1981. 铜梁旧石器文化之研究. 古脊椎动物与古人类，(4).
李富强等. 1993. 壮族体质人类学研究. 广西人民出版社 .
李珍. 2006. 广西新石器时代考古七十年述略. 广西考古文集（第二辑）. 科学出版社.
李珍等. 1999. 华南地区旧石器时代向新石器时代过渡的探讨. 中石器文化及有关问题研讨会论文集. 广东人民出版社.
李有恒等. 1978. 广西桂林甑皮岩遗址动物群. 古脊椎动物与古人类，(4).
李有恒等. 1984. 广西柳江土博出土的人牙化石及共生的哺乳动物群. 人类学学报，(4).
李炎贤. 1986. 贵州普定白岩脚洞旧石器时代遗址. 人类学学报，(2).
李炎贤等. 1980. 江苏溧水发现的动物化石. 古脊椎动作与古人类，(1).

李炎贤等. 1986. 观音洞——贵州黔西旧石器时代初期文化遗址. 文物出版社.
李仰松. 1991. 两广史前考古的年代问题. 纪念黄岩洞穴岩遗址发现30周年论文集. 广东旅游出版社.
黎兴国等. 1987. 柳州大龙潭贝丘遗址年代及其邻近地区对比. 第四纪冰川与第四纪地质论文集. 地质出版社.
连照美. 1971. 台南县菜寮溪的人类化石. 台大考古人类学刊, 总42期.
梁钊韬. 1960. 广东南海县西樵山石器时代遗址的发现和对遗址性质的一些看法. 古脊椎动物与古人类, (1).
铃木重治. 1994. 日本列岛的洞穴遗址和陶器的起源. 中日古人类史前文化渊源关系学术研讨会, 别府大学.
柳州白莲洞洞穴科学博物馆筹备处. 1982. 中国第一座洞穴科学博物馆——白莲洞遗址重要发现. 北京.
柳州白莲洞洞穴科学博物馆筹备处. 1983. 白莲洞石器时代洞穴遗址的发现和重要意义. 柳州.
柳州白莲洞洞穴科学博物馆等. 1987. 广西柳州白莲洞石器时代洞穴遗址发掘报告. 南方民族考古, (1).
柳州地市方志编纂委员会. 1998. 柳州市志·自然环境志. 广西人民出版社.
柳州市博物馆. 1975. 柳州市白莲洞旧石器时代晚期遗址中的脊椎动物遗骸. 古脊椎动物与古人类, (2).
柳州市博物馆. 1983. 广西柳州新石器时代遗址调查与试掘. 考古, (7).
柳州市博物馆等. 1982. 柳州市大龙潭鲤鱼嘴新石器时代贝丘遗址. 考古, (9).
刘琦等. 1999. 桂林市庙岩洞穴遗址的骨器及蚌器研究. 中石器文化及有关问题研讨会论文集. 广东人民出版社.
刘兴诗等. 1994. 白莲洞遗址地层学研究及其科学意义. 中日古人类与史前文化渊源关系国际学术研讨会论文集. 中国国际广播出版社.
刘文. 1999. 广西柳州市大龙潭鲤鱼嘴石器时代贝丘遗址的研究. 中石器文化与有关问题研讨会论文集. 广东人民出版社.
刘文. 2002. 柳州大龙潭鲤鱼嘴遗址的发掘. 史前研究. 三秦出版社.
刘文等. 1991. 广西柳州大龙潭鲤鱼嘴石器时代贝丘遗址动物群的研究、纪念黄岩洞遗址发现三十周年论文集. 广东旅游出版社.
罗安鹄. 1994. 柳州石器时代遗址的探讨. 中日古人类与史前文化渊源关系国际学术研讨会论文集. 中国国际广播出版社.
罗安鹄. 1999. 柳州中石器时代思考. 中石器文化及有关问题研讨会论文集. 广东人民出版社.
裴文中. 1935. 广西洞穴中的中石器时代(?)文化. 中国地质学会志, (3).

裴文中. 1957. 广西省中部柳城县“巨猿”下颌骨之发现. 古脊椎动物学报,(2).
裴文中. 1962. 广西柳城巨猿洞及其他山洞的第四纪哺乳动物. 古脊椎动物学报,(3)
裴文中. 1965. 柳城巨猿洞的发掘和广西其他洞的探查. 中国科学院古脊椎动物与古人类研究所甲种专刊. 科学出版社.
片山一道. 1994. 柳江人很可能是南太平洋和东亚海岛(包括日本列岛)原居民的祖先. 中日古人类史前文化渊源关系国际学术研究讨论会. 别府大学.
彭适凡等. 2004. 江西万年仙人洞与吊桶环遗址. 农业考古,(3).
彭书琳. 2006. 漓江流域的史前文化. 广西博物馆文集(第三辑). 广西人民出版社.
覃骏. 1965. 广西柳江发现新石器. 考古,(6).
邱立诚等. 1961. 广东阳春独石仔新石器时代洞穴遗址发掘. 考古,(11).
邱立诚等. 1980. 广东阳春独石仔洞穴文化遗址发掘简讯. 古脊椎动物与古人类,(3).
邱立诚等. 1985. 昆明呈贡龙潭山第二地点的人类化石和旧石器. 人类学学报,(3).
钱方等. 1995. 中国第四纪环境变迁对日中文化与古人类交流的影响. 中日古人类与史前文化渊源关系国际学术研讨会论文集. 中国国际广播出版社.
沈冠军等. 2001. 广西柳州白莲洞遗址的铀系年龄. 地层学杂志,(2).
宋方义等. 1981. 广东封开、怀集岩溶洞穴调查简报. 古脊椎动物与古人类,(3).
宋方义等. 1983. 广东封开黄岩洞洞穴遗址. 考古,(5).
宋方义等. 1989. 广东罗定饭甑山岩、下山洞洞穴遗址发掘报告. 人类学学报,(2).
宋文薰. 1977. 长滨文化台湾丛谈. 台北幼狮文化事业公司.
宋兆麟等. 1985. 原始掘土棒上的穿孔重石. 农史研究,(5).
唐民一等. 1983. 柳州市喀斯特地貌的基本特征. 喀斯特地貌与洞穴. 科学出版社.
童恩正等. 1982. 三探柳江人洞. 大自然,(4).
童恩正等. 1989. 论南中国与东南亚的中石器时代. 南方民族考古,(2).
堤隆著. 2000. 日本列岛晚冰期人类对环境适应和陶器的起源. 稻作、陶器和都市的起源. 文物出版社.
王令红. 1987. 中国和日本人种上的关系——颅骨测量性状的统计分析研究. 人类学报,(6).
王令红等. 1978. 论巨猿与人类的关系. 古人类论文集,科学出版社.
王令红等. 1982. 桂林宝积岩发现的古人类化石及其石器. 人类学学报,(1).
王頠等. 2004. 柳江现代智人化石地点的地层及年代. 第四纪研究,(3).
吴春明. 1999. 试析华南中石器时代文化的本土传统与外来影响. 中石器文化及有关问题研讨会论文集. 广东人民出版社.
吴汝康. 1959. 广西柳江发现的人类化石. 古脊椎动物与古人类,(3).
吴汝康. 1962. 巨猿下颌骨和牙齿化石. 科学出版社.
吴新智等. 1962. 广西东北地区调查简报. 古脊椎动物与古人类,(4).

吴汝康. 1963. 关于巨猿和人的系统问题. 科学通报，(7).
吴新智. 1987. 中国化石人类对澳大利亚人类进化的影响. 中国—澳大利亚第四纪学术讨论会论文集. 科学出版社.
吴新智. 1988. 中国与日本旧石器时代晚期人类的关系. 人类学学报，(7).
谢光茂. 2006. 广西旧石器时代考古回顾与展望. 广西考古文集（第二辑）. 科学出版社.
许春华等. 1974. 鄂西巨猿化石及共生的动物群. 古脊椎动物与古人类，(4).
闫少朋. 2007. 柳州鲤鱼嘴遗址经济形态研究. 史前研究. 陕西师范大学出版社.
颜訚. 1964. 关于巨猿系统和人类起源. 科学通报，(8).
杨玲. 1981. 四川汉源富林镇旧石器时代文化遗存. 古脊椎动物与古人类，(4).
杨群. 1979. 白莲洞遗址又出土了一批打制石器. 柳州市博物馆文物通讯，(6).
杨正纯. 1993. 昆明大坡桥史前洞穴遗址试掘报告. 人类学学报，(4).
易光远. 1976. 广西柳州都乐溶岩（洞）群的新发现. 古脊椎动物学报，(3).
易光远. 1980. 白莲洞发现古人类化石. 柳州市博物馆文物通讯，(7).
易光远等. 1994. 白莲洞遗址的发掘、研究与新进展. 中日古人类与史前文化渊源关系国际学术研讨会论文集. 中国国际广播出版社.
英德市博物馆等. 1999. 英德云岭牛栏洞遗址. 英德史前考古报. 广东人民出版社.
尤玉柱主编. 1991. 漳州史前文化. 福建人民出版社.
袁家荣. 1990. 从湖南新石器早期文化看桂林甑皮岩遗址. 甑皮岩遗址研究. 漓江出版社.
袁家荣. 1991. 湖南道县全新世早期洞穴遗址及其相关问题. 纪念黄岩洞遗址发现三十周年论文集. 广东旅游出版社.
袁家荣. 1996. 南湖旧石器文化的区域性类型及地位. 长江中游史前文化暨第二届亚洲文明学术讨论会论文集. 岳麓书社.
袁家荣. 1996. 湖南道县玉蟾岩遗址. 台北，历史月刊，(6).
袁家荣. 1999. 华南旧石器文化向新石器文化过渡时期的界定. 中石器文化及有关问题研讨会论文集. 广东人民出版社.
袁家荣. 2000. 湖南道县玉蟾岩 1 万年以前的稻谷和陶器. 稻作、陶器和都市的起源. 文物出版社.
原思训. 1990. 洞穴堆积物的^{14}C 年代测定研究. 中国^{14}C 年代学研究. 科学出版社.
原思训. 1993. 华南早期新石器^{14}C 年代数据引起困惑与真实年代. 考古，(4).
原思训等. 1990. 阳春独石仔和柳州白莲洞遗址的年代测定. 纪念北京大学考古专三十周年论文集. 文物出版社.
赵朝洪. 1989. 试论中石器时代. 北京大学学报，(4).
赵朝洪. 1999. 中国从旧石器时代向新石器时代过渡阶段研究的新进展. 中石器文化及

有关问题研讨会论文集．广东人民出版社．

赵仲如等．1981．广西都安九楞山人类化石与共生动物群及其在岩溶发育史上的意义．古脊椎动物与古人类，(1)．

张弛．2000．江西万年早期陶器和稻属植硅石遗存．稻作、陶器和都市的起源．文物出版社．

张弛等．1996．江西万年仙人洞与吊桶环遗址．台北，历史月刊，(6)．

张瑞岭．1987．我国是否存在“中石器时代”．社会科学评论，(7)．

张瑞岭．1988．再谈中国的“中石器时代”问题．史前研究（辑刊）．

张之恒．1973．广西武鸣发现的巨猿牙齿化石．科学通报，(13)．

张之恒．1975．广西巴马发现的巨猿牙齿化石．古脊椎动物与古人类，(3)．

张之恒．1984．新石器时代时期文化几个问题的探讨．考古与文物，(1)．

张之恒．1985．试论前陶新石器文化．东南文化，(1)．

张之恒．1991．中国考古学通论．南京大学出版社．

张之恒．1993．试论中国中石器时代的原始农业萌芽．中国农史，(2)．

张之恒．1994．广东封开罗沙岩洞穴遗址第1期发掘简报．人类学学报，(3)．

张之恒．1997．人类历史转折点——论中国中石器时代．广西人民出版社．

张之恒．1999．桂林庙岩遗址动物群的研究．中石器文化及有关问题研讨会论文集．广东人民出版社．

张之恒．1999．新石器时代早期的文化特征．中石器文化及有关问题研讨会论文集．广东人民出版社．

浙江省文物考古研究所．2003 河姆渡新石器时代发掘报告．文物出版社．

曾骐．1984．西樵山石器和“西樵山文化”．中国考古学会第三次年会论文集．文物出版社．

中国社会科学院考古研究所等．1988．广西邕宁县顶狮山遗址的发掘．考古，(11)．

中国社会科学院考古研究所等．2003．桂林甑皮岩．文物出版社．

周国兴．1984．白莲洞遗址的发现及其意义．史前研究，(2)．

周国兴．1986．白莲洞文化——兼论华南地区的中石器时代．北京自然博物馆研究报，(40)．

周国兴．1994．再论白莲洞文化．中日古人类与史前文化渊源关系国际学术研讨会论文集．中国国际广播出版社．

周国兴．1999．白莲洞文化与华南中石器时代．中石器文化及有关问题研讨会论文集．广东人民出版社．

周国兴．2001．三论白莲洞文化．中国博物馆学会史前遗址博物馆专业委员会第四届学术研讨会论文．柳州．

周国兴等．1980．云南元谋盆地的细石器遗存．北京自然博物馆研究报，(5)．

周国兴等. 1983. 广西柳州地区岩溶群古脊椎动物与古人类化石和石器的初步研究. 北京自然博物馆研究报，(20).

周国兴等. 1991. 人之由来. 中国国际出版社.

周国兴等. 1994. 大龙潭人骨的研究——兼谈港川人与华南地区更新世晚期——全新世早期古人类的关系. 中日古人类与史前文化渊源关系国际学术研讨会论文集. 中国国际广播出版社.

周国兴等. 2007. 白莲洞文化——中石器文化典型个案研究. 广西科技出版社.

佐佐木高明. 1991. 绳文文化と日本人. 小学馆.

Ciochon R L , Olsen J W, James J. 1990. Other Origins, Ner York: Bantam Books.

Ciochon R, Vu T L , Larick R, et al. 1996. Dated Co-occurrence of Homo erectus and Gigantopithecs form Tham Khuyen Cave, Vietnam. Proc. Natl. Acad. Sci. USA, Vol. 93.

C F Gormon, Hoabinhian. 1969. A pebble—tool complex with early plant associations in Southeast Asian. Science, Vol. 163.

Ha Van Tan. 1991. New researches on the stone age sites previously excavated by French archaeologists in Vietnam, Deuxieme Symposium Franco-Thai, 9-11 December, University Silpakorn.

Ha Van Tan. 1995. The Nguom Rockshelter and the Paleolithic Flake Industries in Mainland Southeast Asia. Archaeology in Southeast Asia, The University Museum and Art Gallery, The University of Hong Kong.

Jean S. Aigner. 1976. The Hoabinhian in China. Unpublished manuscript.

Madeleine Colani. 1932. Communications au premier congres de prehistoire d'Extreme-Orient, Janvier, Hanoi.

Nguyen Khac Su. 2001. Archaeology of stone age of Vietnam, One hundred years-half of million years. One century of Vietnam archaeology-Achievement, Orientation and prospect, Hanoi, Vietnam.

Richard S. 1998. MacNeish, Re-Revised Second Annual Report of the Sino-American Jiangxi (PRC) Origin of Rice Project . Andover, MA, U. S. A. September.

Sixun Yuan, Guoxing Zhou, et al.. 1995. ^{14}C AMS Dating the Transition from the Palaeolithic to the Neolithic in South China. RADICARBON, Vol. 37, No. 2: 245-249.

Semonov S A. 1964. Prehistory Technology: An Experimental Study of the Oldest Tools and Artefacts from Tracts from Traces of Manufacture and Wear. Cory, Adams and Mackay, London.

T E G Reynolds. 1990. The Hoabinhian, A Review. Bibliographic Reviews Far Eastern Archaeology. Oxford: Oxbow Books.

英文摘要

Bailiandong Site is located at the southern foot of Baimian Mountain 12 kilometers far in the southeast outskirts of Liuzhou city, Guangxi. The locality where the famous Liujiang fossil man of the Late Palaeolithic Age was unearthed is just 3 kilometers away from this site.

The Baimian Mountain is 249.8 meters above sea level, higher than the nearby ground level by 152meters. In fact, the outer hall of Bailiandong where all cultural remains and human fossils were found is a rockshelter and higher than the nearby ground level by 27 meters. The entrance of the cave faces south and is 5-6 meters high; the inner width is about 18 meters, the total area of this site is more than 150 square meters.

In 1956, led by professor Pei Wenzhong, and Jia Lanpo, the South China Expedition of the Institute of Vertebrate Paleontology and Paleoanthropology, Chinese Academy of Sciences found the Bailiandong Cave Site when they investigated the fossils of gigantopithecus and human in Guangxi. In 1973-1980, Liuzhou Museum conducted several test excavations and got some new findings in succession. In 1981-1982, guided by professor Pei Wenzhong, a joint excavation team of Beijing Natural History Museum and Liuzhou Museum, went on cleaning and excavating the site, and got many fragments of animal fossils, which arrived at more than 30 sorts. There were even many cultural relics which included two tooth fossils of human and more than 500 stone artifacts. The excavation indicates that this is a prehistoric cave site and is rich in content.

The deposits of Bailiandong Site reaches 3 meters. The east of deposits can be divided into 8 layers, while the west can be divided into 10 layers. The 7th layer in the east connects with the bottom of the 3rd layer and the top of the 4th layer in the middle of this cave and formed a gigantically thick calcified layer through the whole cave.

Based on the unearthed cultural relics, together with the change trend of the ecological environment, the culture of Bailiandong can be distinctly divided into five different stages. The first stage the 7th, 5th layer in the west represents the early part of the late Palaeolithic culture; the second stage represents the later part of the late Palaeolithic culture; the third stage the 6th, 4th layer in the east, the 1st layer in the west represents the transitional culture from the late Palaeolithic to the early Neolithic, namely the Mesolithic culture; the fourth stage of Bailiandong culture the 3rd layer in the east represents the early culture of the early Neolithic;

the fifth stage of Bailiandong culture the 1st layer in east represents the later part culture of the early Neolithic.

The first stage of Bailiandong culture was about 26000 years ago. Because of the coming of the last ice age, the temperature decreased then. The vegetation was warm temperate deciduous forest. The mammalian fauna of that time was the Ailuropoda-Stegodon. In this culture layer, the implements were mostly made of flint. The cobble implements were mainly choppers, and scrapers. Various unearthed cobble implements had the obvious characteristics of the Palaeolithic Age. The implements were formal and unabridged; there were no especial implements. Apart from the cobble implements, a large number of small flint implements with microlithic style appeared. However, compared with classic microliths, these implements are technologically simple and crude. Obviously, it was not in the same system with microlith of North China. Its appearance only reflected the trend of implements smallization in late Palaeolithic Age. Flint implements were mainly scrapers, column cores and small flakes; there were pressed and scraped marks on them. For Bailiandong people of the first stage of Bailiandong culture, their life mainly depended on collecting, fishing and hunting. The hunting objects included big animals of Ailuropoda Stegodon fauna, such as elephant, rhinoceros and so on. In layers of the first stage of Bailiandong culture, there were the vestiges of two fire pits, and there were a burnt animal bones and stones. The ashes were hoar, not thick. This indicated that these were for baking and toasting foods. The first stage of Bailiandong culture reflected the features of the late Palaeolithic culture in the South China.

The second stage of Bailiandong Culture is about 25000-19000 years ago. Because of the last glacial stage, the temperature decreased further, the climate of that time was much more drier and colder than that today. When the Glacial stage came, the animals liked warm of this fauna began to migrate to south gradually. So, the vegetation changed into the mixed forest ecological landscape of temperate mountain needle leaf and broadleaf forest from warm temperate deciduous forest, while the vegetation of mountain area was cold-temperate or temperate coniferous forest. The mammalian fauna here was not the Ailuropoda-Stegodon fauna, most of them remain today. The small flint implements of thisstage remained the same as those of the first stage. Blades appeared. Types of stone implements increased, and most of them were points, scrapers and burins. Cobble implements are more in number, but their characters basically were the same as those of the first stage. Pounding implements began to appear. At Bailiandong Site, with the more spiral shells in the layers, such pounding implements became more, and its making was more skillful and formal. Furthermore, the grinding and cutting technology appeared although it was very pristine. Overall, the technology of making stone implements of this stage had reached a fairly high level through long development. The earliest layer where spiral shells appeared in the deposits of Bailiandong is the bottom of the 4th layer in west, which is about 20000 years ago. This indicates that people at the time had begun to catch spiral shells for food. With the time went by, spiral shells became more and more, this showed the primitive people of that time not only hunted and fished, but also generally caught spirals and clams for food.

The third stage of Bailiandong culture is a kind of transitional culture, which is about 12000 ~ 15000 years ago. Before this, dry and cold climate was the basic reason for the forming of the gigantically thick calcified lamellar across through the whole cave. It represented the stage of the culture accumulations, at the same time showed the culture changed step by step. In this stage, Ailuropoda Stegodon fauna had been replaced by modern mammalians, and some big species which was like warm climate, such as rhinoceros, stegodon and orangutan had ceased out here. The temperature had begun to increase with the glacier past. The vegetation which was fond of warm climate decreased, and was changed into subtropical gradually. This stage was special, because the environment changed dramatically, not only experienced the early part of maximum of last ice age, but also the later part of glacial maximum. After that, the ancient climate had begun to warm, new fauna and vegetation replaced the the old one. On such a background of climate and environment changing, Bailiandong's life still mainly depended on hunting and collecting, but the details has changed a little, because their hunting objects had turned to small modern animals from Ailuropoda Stegodon fauna, and the hydrophily economy has reached a new level. In this stage, cobble implements are in great number, together with a few flint stone implements, edge-polished stone implements appeared. The cobble implements was a little cruder than those of the earlier culture layer. Edge-polished stone implements were purposely ground and cut one edge to get blade. Such grinding was a break compared with the earlier making concept of stone implements. It showed that this was a new craftwork thought for meeting certain requirement of work.

The grinding technology mainly appeared in the 4th layer in east, not only for stone implements but also for bone artifacts and hornworks. However, the ground stone implements were qualitatively different from the polished stone implements of the later culture layers, after all, they were only polished partly, and so they should be the first signs of polished stone implements of the Neolithic Age. Furthermore, the rightly appropriate perforated stone implements were unearthed from this layer. They are more likely to show the appearance of ground stone axe, stone adz and the implements for chopping trees with crude gravel cobble chopping and pounding stone implements together. According to modern ethnography, chopping trees was to open up tillable field, so they were related to the primitive farming activities-fire plowing. Chopping trees-burning hills-and dibble seeding with tine stick sometime covered by heavy stone, this was a primitive farming way still adopted by some minorities now. What should be paid attention was a milling implement unearthed from this culture layer that can crush down and grind red mineral powder, and there were much mineral powder on it. Archaeological study shows that red mineral powder was often used in primitive funeral, or spread on some sacrifice artifacts, even be used as dye for drawing primitive mural or body printing and so on. The meaning of the appearance of red mineral powder in Bailiandong Site is not so clear yet, but we guess its use would not be out of the above. And so forth, the third stage culture represents another culture pattern and meanings totally different from culture of Palaeolithic Age and Neolithic Age; it has the characteristic of agency, presents a transition state from the Palaeolithic Age culture to the Neolithic. Age culture, which was the cradle of culture of New Stone Age.

The fourth stage of Bailiandong culture is the early part of the culture of the early Neolithic Age, which is about 11000-9000 years ago. In this stage, with the global temperature increasing, evergreen broad-leaved forest mainly were evergreen arbor tree occupied Liuzhou Basin once again. Most of stone implements of this culture layer were cobble implements. Choppers were made on cobbles, the butt endswere trimmed properly. Scrapers often had a concave edge. There were only a few cobble stone flakes found in this layer. Full-polished stone products appeared, such as double-blade cutter and perforated stone. As to the latter, not only the wall of hole was polished, but also the implement body was polished. Furthermore, there were small ground ornaments with hole, ground bone artifacts and hornworks. This has basically had the four factors of Neolithic Age generally deemed by the academia. From this, the human being had broken away from the original state and entered into a new era.

The fifth stage of Bailiandong culture is of middle Neolithic Age dated about 7000 years ago. In this culture layer, only a few sand-filled pottery patches unearthed. The accumulations of the 1st layer in east represented the middle Neolithic Age. The unearthed relics were rare, and they could not reflect the whole style of this stage.

The discover and study of Bailiandong Site has important scientific value for exploring the evolvement of ancient human and culture in South China and its relationship with ancient culture of adjacent area, especially for studying the transition from the late Palaeolithic Age to the early Neolithic Age.

(1) Bailiandong Site is a prehistoric cave site full of very abundant contents. With ^{14}C dating, especially AMSC14 dating, the investigation of Bailiandong Site got a passel of 25 age data of great value. This fully proved the culture accumulations' layers of Bailiandong Site is complete and sequential, and Bailiandong is the only reserved cave site with sequential accumulations dated back to 36000-7000BP, and is a rare cultural standard section and typical site

of late Pleistocene and early-middle Holocene in South China.

(2) The paleoclimate reflected by the stratum of Bailiandong Site, and the ancient environment reflected by associated fauna and spore-pollen spectrum showed that the change of paleoclimate and ancient environment in South China was synchronous with the change trend with global paleoclimate. Bailiandong Site has been the infrequent repository of global paleoclimate information since the Wurm Glacial Stage of late Pleistocene in Southern Subtropical zone. The recover of Bailiandong Site's ancient environment provided important paleoenvironment basis for the study of the primitive culture evolvement of South China, the definition of starting and ending time of the transition from Old Stone Age to New Stone Age of South China, especially for the arising of primitive farming and training animals in South China.

(3) The development pattern of series of Bailiandong culture revealed by the various culture layers of Bailiandong, that is the evolvement of the late Palaeolithic Age changing into the Neolithic Age via transitional stage, has typical and common sense. The discovery and study not only proved the exist of the Mesolithic Age in South China objectively, but also provided very costful empirical materials for exploring how did the culture of Palaeolithic Age change into the culture of Neolithic Age via a transitional stage; at the same time, it provided a contradistinctive gauge for the study of contemporaneous sites of South China even the South-east Asia.

附　　录

附录一、以往研究相关文献与资料

广西洞穴中打击石器的时代

贾兰坡　邱中郎

广西境内分布很多喀斯特式的石山，石山中有很多洞穴，在洞穴内蕴藏着各个时代的堆积物。1935 年，杨钟健、裴文中、德日进等把这些堆积物命名为“黄色堆积”和“含介壳的文化堆积”，并根据动物群的性质确定前一种堆积的时代为更新世中期，与周口店中国猿人化石产地相当，后一种堆积的时代则为更新世晚期或近代[1]。

同年，裴文中教授又根据“文化堆积”里的遗物，主要是石器，在一定历史条件下其时代可能为中石器时代[2]。

1955～1956 年，我所以裴文中教授为首的华南调查队在广西调查巨猿和人类化石时，先后又在许多个山洞里发现了“含介壳的文化堆积”，并在一个洞穴的堆积里找到了人类头骨化石，根据和头骨共存的文化遗物的性质——主要是没有磨光石器和陶片推测，其时代很可能为更新世晚期。

1957 年，调查队又在柳城的一个山洞里找到了相当丰富的含巨猿化石堆积，并按与巨猿共生的动物群和性质判断，其时代可能较一般“黄色堆积”为早，应为更新世早期[3]。

到此为止，根据现有的资料，我们可以把广西洞穴中的堆积划分为四个时期，即：①含巨猿化石堆积，时代为更新世早期（Q_1）；②含大熊猫—剑齿象化石的堆积，时代为更新世中期（Q_2）；③含介壳及文化层的堆积，时代为更新世晚期（Q_3）；④含磨光石器或其他晚期文化遗物的疏松堆积，属于全新世（Q_4）。由于目前我们发现的材料不多，还很难对它们的时代作出十分肯定的判断，比如：第二类堆积的时代有可能延续到晚更新世的初期（Q_3^1）[4]；第三类堆积的时代也有可能延续到全新世（Q_4）。

本文所研究的文化遗物都来自第三类堆积中。

一、石器原生层的一般产况

在我们所调查的将近350个洞穴中，大约有20个以上的洞穴是蕴藏有这样的堆积。这些堆积物的外貌，给予我们的印象是：含大量的螺蛳、蚌壳；为碳酸钙微晶所胶结，较为坚硬；顶部有时为石钟乳层所掩盖，但厚度不大；堆积的颜色呈灰色、灰黄或微红。

在有些洞穴中，如柳州水岩山（白面山）的白莲洞、穿岩山的陈家岩和崇左濑湍区绿轻（青）山的矮洞及其他许多洞穴都有石器的发现；在麒麟山的盖头洞还有人类头骨化石发现。

在有些洞穴中，在地面的松软的堆积中，常见有属于新石器时代或其以后各时代的文化遗物，其中有磨光石器、陶片和贝等，在有些磨光石器的表面上，（如来宾的龙洞岩）也粘有与所谓更新世晚期的"含介壳的文化堆积"相类似的物质。

现将这类含石器的原生地层择其主要者几个，按地点不同分别记述如下。

1. 来宾麒麟山盖头洞（编号5604.1）

这个地点的文化遗物已由贾兰坡、吴汝康教授做了研究[5]。洞内的堆积物由下而上分为两层，上层为灰黄色的角砾岩，厚为0.6米；下层为稍有胶结的红色堆积，但不如上层坚硬，厚约1.1米。人头化石是发现在上层的堆积中。

真正的石器只有一件，制法简单，只是将扁圆的石英岩砾石一端上由一面向另一面打制而成。

头骨属于新人类型，但没有明显的原始性质；所发现的动物化石也多是现生种。

因此，根据堆积物性质的研究，我们同意研究者的意见，这个洞的堆积是属于旧石器时代晚期。很大可能是晚期的后一阶段。

2. 柳州市白莲洞（编号5650）

位于柳州市西南约12公里的公路旁。洞口离地面约20米。洞内堆积坚硬，颜色发黄。堆积中含多量的软体动物的外壳和少数鹿牙等化石。所发现的石器都是用砾石打制而成。制法几乎完全一致，即是在砾石的一端由一面向另一面打击，使形成锋利的刃缘以便于砍砸。

此外，在堆积里还发现了一件扁尖的骨锥和一件精制的骨针。可惜针身和锥体都已残破，因而很难和其他同时代的骨针或骨锥相比较。

3. 柳州市思多岩（编号5652）

位于柳州市木罗山思多屯硝岩洞北首。洞内的堆积曾为挖掘岩泥而遭到过破坏。现保存的堆积已不很多。在残存的含螺蛳的堆积中找到一件经人工打制而成的燧石石片。在石片上具有明显的双锥体；背面上有一些剥落碎屑的痕迹。很明显，这件石器是在脱离石核之前曾做过多次打击。

4. 柳江县陈家岩（编号 5653）

位于柳江县进德乡的穿山岩内。洞口南北贯通，离地面高约 20 米。洞内的堆积由下而上分为二层，中间为钟乳层所分开。下层为疏松的“黄色堆积”，含很多的砂子，内有剑齿象（*Stegodon* sp.）等化石。上层为螺蛳、介壳层，颜色发灰，胶结坚硬。若干件打制而成的石器就是发现在这一层里。

5. 崇左濑湍区绿轻（青）山矮洞（编号 5661）

洞口高出地面约 28 米。洞内堆积物原来很厚，现在所保留的仅 1 立方米。全部堆积由下而上分为三层，即：①淡黄色土状堆积，中夹细泥结核，胶结坚硬；②棕色坚硬堆积，由碳酸钙微晶胶结而成；③文化层堆积，中夹灰层，胶结同样坚硬，发现的化石有淡水螺、丽蚌、鱼牙、鹿类等的牙齿，若干件打击石器也是从这一层里挖掘出来的。在石器中，有一件是用燧石砾石打成的，另一件是在砾石的三个边缘上加以修理，但器型都不很典型。此外，在堆积里，还找到一粒赤铁矿的碎块。这可能是石器的使用者用作染色的原料，但无其他材料作证明。

二、结　语

综上所述，我们可以把广西洞穴石器原生层的时代作如下推测。

（1）在广西洞穴中，凡是在含螺蛳的灰黄色的堆积里发现石器的可能非常大。这样的洞穴，一般的高度都在距地面约 20 米左右。

（2）洞中的堆积物，一般说来上部多呈灰黄色，胶结坚硬；下部则呈微红色，但不甚胶结。

（3）堆积物中有烧骨、炭屑、石器以及作为食用的螺蛳和贝壳，证明了这些洞穴曾为古代人类所居住。

（4）在我们所调查过的如盖头洞、白莲洞、思多岩、陈家岩、绿轻（青）山矮洞的胶结层中，除了发现有打制石器和一些骨器外，从未找到属于新石器时代的文化遗物。

根据上述事实，我们认为：广西洞穴中石器原生层的时代似为更新世晚期，即旧石器时代晚期。

但是，在有些洞穴中，如来宾的龙洞岩（编号 5602.1），我们在地表上（洞底）曾捡到几件磨光石器，在石器的表面上还粘有黄土和螺蛳的碎壳，其和在同一洞中以及一般洞穴中所发现的坚硬堆积相似。因此，惹起了我们的怀疑：这些磨光石器是否也来自于和打击石器同一地层中。

另外，在动物种类方面，我们除在岜拉洞（可能属于新石器时代的）灰色堆积中找到一件残破的熊猫（*Ailuropoda* sp.）的下颌骨外，其他各类都是现生种。

综上所述，广西洞穴中含石器的堆积，可能属于两个不同的时代，麒麟山盖头洞、柳州市白莲洞、思多岩、柳江陈家岩、崇左矮洞的堆积属于旧石器时代晚期，而来宾成洞岩的堆积则属于新石器时代。

广西洞穴中文化遗物和人类化石的继续发现，不仅对我国的原始文化提供了新的内容，同时还对该地喀斯特地形的研究也有所帮助。目前由于我们掌握的材料还十分有限，因此对石器原生层的时代更详细的研究还有赖于将来进一步的调查和发掘。

注　释

[1] P. Teilhard de Chardin, C. C. Young, W. C. Pei and H. C. Chang. On the Cenozoic Formations of Kwangsi and Kwangtung. *Bull. Geol Soc. China*, 1935, 14 (2): 192-198.

[2] Pei, Wen-Chung. On a Mesolighic (?) Industry of the Caves of Kwangsi. *Bull. Geol. Soc. China*, 1935, 14 (3).

[3] 周明镇．华南第三纪和第四纪初期哺乳动物群的性质和对比．科学通报，1957，(13)，394-400.

[4] 吴汝康，彭如策．广东韶关马坝发现的早期古人类型人类化石．古脊椎动物与古人类，1959，1 (4): 159.

[5] 贾兰坡，吴汝康．广西来宾麒麟山人类头骨化石．古脊椎动物与古人类，1959，1 (1); 16-18.

（原载《古脊椎动物与古人类》，1960年2卷1期）

柳州市白莲洞旧石器时代晚期文化遗址中的脊椎动物遗骸

柳州市博物馆

白莲洞位于柳州市园艺场都乐生产大队的白面山山腰，距市中心西南约 12 公里，离发现柳江人化石的柳江县新兴农场通天岩洞东北约 2 公里，1953 年发现该洞，洞口朝南，离地面约高 20 米。洞内堆积坚硬，呈淡黄色，内含大量软体动物的外壳和少数鹿牙等化石。1956 年中国科学院古脊椎动物与古人类研究所华南调查队在该洞堆积内发现了一些用砾石打制的石器、1 件扁尖的骨锥和 1 件粗制的骨针，并确定为旧石器时代晚期文化遗址。1961 年审定为柳州市重点文物保护单位。

1973 年 8 月 22 日，柳州市博物馆在白莲洞又进行了一次小规模的发掘，又有新的发现。现报告如下。

文化遗物　这次发掘发现了一件用灰黑色石英岩砾石打制的石器。制法系向单方直接打击，即在砾石的一端由一面向另一面敲打，形成钝厚的刃缘。因砾石被打击的一端有多次的剥落石片的疤痕，可做石锤或砍砸器使用。

用火痕迹　在白莲洞堆积中，这次还发现有用火的痕迹，包括零星分布的红烧土、木炭颗粒以及被烧成黑色、灰色或红色的兽骨和石块。

新发现的哺乳动物化石　这次发现的哺乳动物化石主要包括灵长类 1 种、食肉类 1 种、啮齿类 1 种、偶蹄类 2 种。这五种化石是：

猕猴（*Macaca* sp.）：1 枚上前臼齿

果子狸（*paguma larrata*）：1 枚上颌左边第一臼齿（M1）

竹鼠（*Rhizomys* sp.）：1 个带 1 枚门齿及 3 枚臼齿的右下颌骨

鹿（*Cervus* sp.）：破碎臼齿与前臼齿若干

羊：1 枚上前臼齿

上述五种哺乳动物化石，除鹿外，其他都是新发现的种类。另外，还发现了 2 颗鱼类的喉齿。

根据这次发掘的新发现，可作如下说明。

（1）这次发现的石器，在制作、用途等性质上，与过去发现的完全一致。但仍没有发现磨光的石器和陶片。这再一次证明白莲洞文化遗址的下限不可能晚于旧石器时代晚期。

（2）用火痕迹在华南地区旧石器时代文化遗址中发现较少。白莲洞堆积中烧骨、烧石及烧土、木炭的发现，说明当时居住在白莲洞的人类已懂得用火。这为研究华南地区旧石器时代人类的生活和体质发展情况提供了新的资料。

(3) 鱼类喉齿化石的发现，及堆积内含有的大量软体动物外壳，说明当时居住在白莲洞的人类不仅狩猎，而且捕捞活动也很发达。由发现的猕猴、鱼喉齿等化石，可知在更新世晚期，这里的气候比较温和湿润，周围山上生长着茂密的森林和草木，山脚下又有湖泊河流。这种地理环境为居住在白莲洞的人类提供了生活资源。

目前对于白莲洞的整个情况，以及与华南其他旧石器文化遗址的关系，限于材料有限，尚不能得出更多的结论，还得有待于今后的进一步调查和发掘。

(原载《柳州市博物馆文物通讯》，1979 年 6 期)

白莲洞遗址又出土了一批打制石器

杨　群

柳州市白莲洞旧石器时代晚期文化遗址，自1956年发现以来，只对洞内出露的文化堆积进行过小规模的试掘，陆续有一些零星的发现。为了弄清洞内地面下的堆积情况，柳州市博物馆于1979年6月，再次挖掘了白莲洞。

这次发掘，在洞内东端开了一条4米×2米的探沟。发掘的结果，新获得87件打制石器材料，从而丰富了人们对白莲洞遗址文化内涵的认识，为探讨白莲洞打制石器的工艺特点及其时代性质，提供了一批很有价值的新资料。

向周围农民了解，白莲洞早在抗日战争期间就被发现，洞内堆积的绝大部分就在当时被农民当作岩泥挖去作为肥料用了。因此，这次发掘，从洞内地面下挖，第一层是扰乱层。在此层中，主要是大大小小的石块和一些大小不等的灰黄色螺蛳壳胶结碎块，还有少量的哺乳动物化石残片。这次获得的石器材料，除了4件出自灰黄色螺蛳壳堆积层中外，其余的均出自扰乱层。这是因为农民在挖取岩泥时，打碎堆积胶结，把能作为肥料的运走了，而把不能作为肥料的石块留下了，因而在这些石块中，还能保存着这么多的石器材料。另外，在这些石器材料的表面，都还残留着或多或少的灰黄色胶结。所以，我们认为，可以确认这些石器材料的原生层位就是在灰黄色螺蛳壳胶结层内的。

这次发掘证明，整个白莲洞的堆积物自上而下，可分为三层。

第一层：灰黄色螺蛳壳胶结层，即含有石器等文化遗物的文化层。在没有遭到破坏前，应厚1.38～0.05米。在这层的上面和下面各有一层“钙板”。上“钙板”厚0.3～0.1米，下“钙板”厚0.54～0.08米。

第二层：扰乱层，厚0.52～0.25米。

第三层：红色砂质土层，厚0.82～0.1米。上部较为坚硬，并夹有银白色的石花和零星分布的红烧土，以及少量残破过甚、种属不辨的化石碎片。下部比较松散，内含也比较单纯。

红色砂质土层底部即和洞底整块石灰岩相接，这种整块石灰岩可能就是基岩，但也有可能是从洞顶坍落下来的。

上述第二层扰乱层，系人工形成，原生堆积不应包括此层。下“钙板”原也应直接覆盖在红色砂质土层上面的，现因部分遭破坏，且又被扰乱层所隔，只得划归在第一层内。

这次发掘出土的石器材料，共有87件，其中石核26件，石片12件，石器38件，另有人工打击或使用痕迹不明显，难以明确归类的废残石料11件。所用原料大部分是砾石，磨圆度很好，且体积较大，大概是取自古柳江河道。石器材料的质料，以坚硬的黑色燧石为最多，共19件，占21.8%。但在现今白莲洞周围方圆10公里之内，都没有发现有燧石产地。另外，还新发现有燧石制作的细石器、硅质岩和包括石英砂岩、泥质砂岩、含泥砂岩等在内的各类砂岩，占第二位，各有18件，各占20.6%~20.7%。第三是普通砂岩，计17件，占20%。其他的还有石灰岩、基性火成岩（或是变质岩）、砂质泥岩、石英、角岩等质料。

石核和石片，形状均不规则，一般都利用砾石自然台面向一个方向打片或连续打片。根据这种情况，基本上可判定，白莲洞石片大部分是用锤击法直接从石核上打下来的。

38件石器中，砍砸器14件，刮削器13件，尖状器6件，石锤（敲砸器）4件，钻孔砾石1件。每一类又可根据形状或制法不同，分为若干式样。砍砸器，可分为扇形半锥体砾石砍砸器、三角形砍砸器、盘状砍砸器、锛形砍砸器、舌形砍砸器和长身圆头砍砸器。刮削器按刃缘不同，可分为圆刃、平刃、凹刃、多边刃等不同形式，还有用黑色燧石片制成的、用压削法精细加工的刀形石叶刮削器和短身单肩圆头刮削器等细石器。尖状器又可分为手斧形尖状器、镞形尖状器，镞形尖状器也是黑色燧石细石器，仅长2.5厘米，宽1.9厘米，厚0.7厘米。

这次发掘出土的哺乳动物化石，绝大部分因残破过甚，很难鉴定种属。可以识别的种类都属偶蹄类，计有鹿、羊、牛、猪四种，其中牛、猪是这次新发现的种类。

关于白莲洞遗址的时代，这次发掘，发现了灰黄色含介壳的胶结下层，压着红色砂质土层，这种土层在广西相当于更新世中期（Q_2），有的延续到更新世晚期的早一阶段（Q_3^1），所以，它的上限不会进入旧石器时代中期。

这次发掘，与过去一样，仍没有发现磨光石器和新石器时代的陶片。新发现的燧石石核和燧石细石器也不很典型，因此，白莲洞遗址的下限定在旧石器时代晚期比较合适。但是，这次发现有一件钻孔砾石，与广西桂林甑皮岩新石器时代洞穴遗址出土的穿孔石器几乎完全相同，因此，白莲洞遗址的时代，也可能延续到全新世（Q_4），即经过中石器时代，延续到新石器时代初期。

（原载《柳州市博物馆文物通讯》，1979年6期）

白莲洞发现古人类化石

易光远

柳州市重点文物保护单位——旧石器时代晚期文化遗址白莲洞，在最近发掘中发现了一颗古人类牙齿化石。这颗人类牙齿化石是在1980年4月15日由参加发掘的工人张汝英和程凤华两人在发掘第四层中采到的。经过北京自然博物馆人类学家周国兴的鉴定，认为是一颗人类的下第三臼齿化石，略有变异。属于智人。仍属旧石器时代晚期的人类祖先（距今约几万年前）。这颗牙齿石化程度较深、硕大、表面光泽美好，呈现淡黄色，齿冠完整，冠面磨蚀较多，但其中Y形纹迹清晰、齿根部分残缺，齿面面积约8.1毫米×10.88毫米，牙齿长为11.31毫米。仍可算为一颗较为完整的古人类牙齿化石。

这个遗址的发掘工作是在过去的基础上，从1980年2月起继续进行的，截至7月，在这里同时发现了人类用火的痕迹、烧石、烧土和烧骨等，也采到了人类的工具石器、石片等约150件。这里发现的动物化石有：大熊猫、猕猴、河狸、果子狸、熊、猪、獾、豪猪、野猪、竹鼠、鹿、羊、牛、麂和啮齿类、鸟类、龟、鱼类的化石，还有螺蛳、蚌壳共19种，大熊猫的牙齿化石还是在第七层位中发现的。发掘和研究工作在继续进行中。

白莲洞人类化石的发现，是继柳江人化石发现的又一较重要的发现，它的发现对于研究柳江流域人类文化生活的发展有重要的作用，进一步地证实了我国著名的古人类学家裴文中、贾兰坡等教授早在20世纪50年代论述白莲洞旧石器时代文化遗址的见解是正确的。

（原载《柳州市博物馆文物通讯》，1980年7期）

中国第一座洞穴博物馆——白莲洞博物馆

柳州市博物馆、北京自然博物馆

我国有着广大的石灰岩地区，岩溶地貌非常发育，而且不少地区有着优美的石林、岩洞，成为中外闻名的旅游胜地，尤其在无数的洞穴堆积中，蕴藏着丰富的古生物和古人类化石，是科学研究不可多得的宝地。洞穴与现代经济和国防建设的关系也十分密切。然而，除了著名的北京猿人遗址外，迄今还没有一座以洞穴为主题的科学博物馆。

近年来，随着社会主义四化建设的推进，广大群众学习自然科学知识的热情高涨，大家在参观各地岩洞时，已远远不能满足于观看美景、倾听神话传说，而是迫切需要了解有关岩溶地形和洞穴的形成过程、洞穴内种种特殊现象的科学解释、洞穴内的生物、洞穴堆积中古动物化石和人类化石以及洞穴与国民经济、国防建设的关系等。现在柳州市博物馆在广西壮族自治区有关领导和柳州市人民政府的支持下，在北京自然博物馆的协助下，正积极筹建我国第一座洞穴科学博物馆。我们相信，随着这一博物馆的建成，对广大群众精神文明的建设将会起到一定的推动作用，这一洞穴科学博物馆，将成为洞穴科学科普的课堂，是洞穴学和古人类学的科研基地，而且也将以它特有的魅力吸引大量的中外游客。

我国第一座洞穴科学博物馆选择在柳州市是有它得天独厚的优越条件的，这个地区不仅岩溶地形十分发育，而且已相继发现了一系列名闻中外的古生物和古人类洞穴遗址，它们是距今200万～100万年早更新世的柳城巨猿洞、距今30万～20万年前的笔架山中更新世的哺乳动物化石产地、距今4万～3万年柳江人、白莲洞人和都乐岩人等遗址，还有迄今在华南其他地区尚未发现的包含着新石器时代两个文化层的大龙潭鲤鱼嘴贝丘遗址。

洞穴博物馆馆址将选在白莲洞遗址。白莲洞外厅部分为古人类遗址，其后方有一条狭长穴道，可分数层，洞内有美丽多姿的钟乳石、石笋和清幽的地下河道。为了在此筹建洞穴博物馆，近两年来，曾由柳州市博物馆和北京自然博物馆对古人类遗址和洞内长穴道进行多次清理和整修工作。意外地发现这一古人类遗址有着十分丰富的文化遗物，包含着旧石器时代晚期到新石器时代早期的连续层位，这不仅在华南是首次发现，在国内也是罕见的。

白莲洞位于柳州市南约12公里处的白面山南麓，白面山海拔249.8米，南临一片开阔的波状起伏的溶蚀平原，与南离2公里处的柳江人遗址遥遥相望，白面山的背面与两侧则是成簇成片点缀在平原上的孤峰和峰林式丘陵。

很早以来的白面山附近的农民就在白莲洞内挖取岩泥做肥料，它的主洞经常有农民入内居住，甚至还做过牛栏、羊栏，因此，洞内已经多次挖掘，堆积物大多已被挖走，地面上散布了不少挖土时遗留下的石块。

1956 年，中国科学院古脊椎动物与古人类研究所古人类研究室华南考查队曾在裴文中教授的率领下到柳州勘查，在该洞扰乱土层中发现了 4 件打制石器、1 件粗制的骨针和 1 件扁平的骨椎。后经贾兰坡等人鉴定，认为该洞属于旧石器时代晚期的古人类文化遗址。1961 年，柳州市人民政府将该洞列为市重点文物保护单位。

1973 年 8 月 22 日，柳州市博物馆的专业人员对该洞东北部螺壳堆积物进行小规模清理，发现了 1 件打制石器和用火遗址以及一些动物化石，并撰文予以介绍。

1979 年 6 月 22 日至 7 月底，柳州市博物馆的专业人员，对该洞东部扰乱层进行清理并开一探沟，采到一些石器。

1980 年 3 月，又对西部扰乱层进行清理并另开一探方。在这以前仍不时有农民到洞内挖岩泥。在这次清理过程中，采集到 1 颗人牙化石以及一些石器，以后在裴文中教授指导下，对这些采集物进行整理。裴文中教授曾于 20 世纪 30 年代初考察了广西洞穴的打制石器，并撰文提出广西可能存在中石器时代文化的研究课题。所以对白莲洞的这些发现物十分关心，提出要以严格的考古学方法对白莲洞进行清理，并提出，目前所见石器可能代表了新石器时代早期的文化。鉴于柳州地区洞穴众多，有不少著名洞穴遗址，认为值得在此筹办洞穴博物馆。于是从 1981 年 4 月至 1982 年 3 月，在北京自然博物馆协助下，我国第一座洞穴科学博物馆正式在此筹建。裴文中教授担任筹建主任，并在 1981 年 5 月 1 日为洞穴博物馆题词："中国可以成为古人类学的中心，广西是中心的中心"。并指导对白莲洞的进一步的清理，要求摸清该洞穴堆积的形成的过程与文化遗物的性质，以便作为洞穴博物馆的主体展出部分。

白面山高出附近的溶蚀平原面约 152 米，系由石炭系上统马平组石灰岩和白云岩构成。在其南坡陡壁上清晰可见有五层溶洞分布，它们可以和柳江沿岸的五级阶地相对比。根据第四纪地质学专家的考察，包含白莲洞在内的白面山洞穴层的时代如下表。

白面山洞穴层	柳州地区含化石层洞穴	柳江阶地	时　代
第五层溶洞	柳城巨猿洞	五级阶地	早更新世
第四层溶洞	笔架山动物群产地	四级阶地	中更新世
第三层溶洞（白莲洞）	三级阶地	中更新世—晚更新世	
第二层溶洞	柳江人化石产地	二级阶地	晚更新世
第一层溶洞（水洞）	一级阶地	全新世	

根据专家们的考察，认为产古人类和伴生动物群化石，并含文化层所在的白莲洞外厅，实际上是一个半隐蔽的岩厦式洞窟，洞口朝向正南，高 5 ~ 6 米，宽 18 米左右，除洞底的残积土外，整个洞穴的堆积物自老而新略分为三层。

最早的堆积物见于东侧的洞口处，是一套厚约 1.5 米的微砾层，具薄层理，倾向洞内，含有较多的石英成分，以次棱状为主，通体胶结十分坚硬。其上为巨厚的石灰堆积，两者已浑然一体。这一砾石层的时代略晚于成洞时期，可能是中、晚更新世之交，当其洞内延续部分被后期剥蚀破坏后，堆积以下两套沉积物，与其呈内叠接触关系，这两套后期沉积物为洞内主要堆积物。

后期堆积物可以洞穴东侧剖面为例，它包含有三层钙华板，在这个剖面内，可以第三钙华板为界，划分为上部黄色沉积（最上层局部呈灰色）和下部红色沉积两套堆积物；其时代分别为全新统和上更新统。

上部黄色堆积物中的动物化石计有：软体动物（田螺、乌螺、丽蚌等），鱼类（青鱼、鲤鱼等）、龟鳖类、两栖类（蛙）、鸟类。哺乳动物化石的各类有竹鼠、豪猪、猕猴、蝙蝠、果子狸、狐野猪、麂、鹿、斑鹿、水牛（?）等，这些哺乳动物均为现生种。这一剖面的下部红色堆积物中，动物骨化石多为破碎的骨片，有一牙齿化石，可判断为一水鹿臼齿。

北京大学历史系^{14}C实验室曾测得黄色堆积物中靠下部螺壳的^{14}C年代为129000±150年。联系到动物群和文化遗物的性质，证实了关于该文化层时代属全新世早期的推测。

人牙产于洞室西侧，其中第二层为钙华板，相当于东侧剖面第七层即第三钙华板，它们在中部相接联为一体，成为划分上、下两套堆积物的明显标志。

在这一部分颜色发红的堆积物中，所含动物化石有：

软体动物（螺、蚌等），鱼类（青鱼、鲤鱼等）、龟鳖类、两栖类（蛙）、鸟类。哺乳动物类有竹鼠、河狸、豪猪、蝙蝠、獾、黑熊、大熊猫、野猪、牛、羊、犀牛（中国犀）、剑齿象（?）、印度象、鹿、斑鹿、水鹿等。

值得注意的是，在这些哺乳动物中包含有绝灭种（大熊猫、犀、象），且均出自堆积物的下组，即两侧剖面中第五至七层中，而人牙亦出自七层中。

白莲洞目前已出土两颗人牙化石，它们是1980年4月15日发现的一左侧下第三臼齿和1982年8月14日出土的一右侧下第三臼齿。经有关专家的鉴定，这两颗人牙的石化程度较深，齿冠表面呈淡黄色，光泽较好，齿根表面有黑色铁锰质的斑点。牙齿保存状况颇佳，除齿根局部有缺失外，齿冠均甚完整。

两颗人牙的咬合面已有一定程度的磨蚀，但五个基本的齿尖依然能分辨，且分隔诸齿尖的沟纹亦可看到。第一次发现的左侧臼齿的齿冠粗硕，形态有较大变异，第二次发现的右侧臼齿体积相对要小得多，可能它们分别代表了男性和女性两个个体。牙齿测量数据如下表。

	齿冠			齿根	
	近中—远中径长	颊—舌径长	齿冠高	近中根长	远中根长
左M3	10.8	10.8	(6.6)	(破)	(破)
右M3	13	9.5	7	11.5	(11.2)

注：(　　) 表示亦有磨损。

据研究，除个别性状（如右M3齿冠基部有齿带的痕迹）外，这两颗牙齿的基本形态与现代人牙相近，没有明显的原始性状，故它们均属化石智人类型，且为晚期代表。

白莲洞人牙化石与附近的柳江人、甘前岩人、都乐岩人构成了这一地区的化石智人群，它们将为探索这一人群体质发展的面貌提供宝贵的实物材料。

白莲洞洞穴堆积中包含着丰富的石器时代文化遗物，白莲洞的重要性正在于这些文化遗物构成了由旧石器时代晚期文化向新石器时代早期文化过渡的连续序列。

据初步统计，历年来所收集到的石制品与各类石料（包括细碎石片）共计450件，其中可供研究之用约200件，现在详细研究正在进行中。

据有关考古专家的初步鉴定，这些文化遗物（主要指石器、骨器等）基本可分为两大组，它们有早晚与演化程度不一的区别，正好可与依地层学划分洞内主堆积物为两大组相对应。

正如前已述及，以横贯整个洞穴东西的厚钙华板为界，上部堆积为全新世堆积物，下部堆积为晚更新世堆积物，石器和其他文化遗物也可分为上、下两大组。这两大组的石器都以打制为主。依制作方法和工具用途而言，又可分为两大类，一类是由各式石质的砾石制作的大型砍砸器、敲砸器、砾石石片工具，另一类由黑色燧石制作的小型石器，多以石片工具为主，且有经二步加工的较为精致的器物。前者加工方法多施以反向锤击法，而后者有些器物的二步加工已采用了压削法。只有三件磨制品，其中两件为工具：一件为双刃石锛，只磨弧状刃部。另一件为半个小砾石，其断面已经磨平，用途不详。有骨、角器数件，包括骨针，骨锥、鹿角等。

在主堆积物中迄今没有找到任何陶片，只是在东部堆积物最上部的第一钙华板之上，另有一层钙华板，中间夹有原始的绳纹夹砂陶，还有数片附着在该钙华板的表面。出土两件穿孔小扁砾石，似可作装饰品之用。用火遗物有烧骨、烧土、烧石、炭屑和灰烬，并有烧火坑两处。

如果以文化性质对白莲洞整个主堆积物进行分层，可以明显看到如下发展趋势。

1层：最顶部钙华板，其表面与钙华板的中间夹有原始的绳纹夹砂陶。

2~3层：大钙华板以上的螺壳层，以大型的砾石工具为主，含少量燧石石片制品，这一螺壳层从岩上又可分A、B、C三组（相当于东剖面的第3、4、6三层）。

在A、B二组中出现原始的磨光石器、制的骨器和角器。

C组中除大型打制石器外，有一粗制的穿孔大砾石，是为“重石”。

A、B二组与C组似可进一步划分为两个文化阶段，这与第4、6两层间存在一较厚钙华板，示其时代有间断是吻合的。

4~5层：大钙板以下的红色堆积物中，有大量的燧石石片制品，大型砾石工具相对较少，没有发现磨光石器，打制石器具有明显的旧石器时代器物的风貌和制作风格，这一大组文化又可分为上、下两组，上组出现有穿孔大砾石，制作粗糙，还有箭镞出现。下组的石器具有明确的旧石器风格，还有烧火坑遗迹。这一分组现象与地质的划分即上组堆积为含有螺壳，下组现螺壳阙如，但有第四纪哺乳动物的绝灭种出现，两组地层中为一钙华板的分隔，是相应的。

这样，我们可以清楚地看到整个白莲洞石器时代的文化发展顺序如下表：

Q4	含原始磨光石器的，以砾石工具为主的文化层 含原始穿孔砾石的以砾石工具为主的文化层 含原始穿孔砾石，出现大量燧石质工具的文化层	新石器早期
	----------大钙板间断----------	过渡（中石器时代?）
Q3	含原始穿孔砾石，出现大量燧石质工具的文化层 具有鲜明的旧石器时代风貌打击石器的文化层	旧石器时代晚期

可以设想白莲洞的文化似能分三期：

Ⅰ期：旧石器时代晚期文化；

Ⅱ期：由旧石器时代文化向新石器时代文化过渡（中石器时代?）；

Ⅲ期：新石器时代早期文化（可与大龙潭鲤鱼咀新石器时代下文化层相接）。

白莲洞的文化的分期与该洞洞穴堆积的地层学、第四纪哺乳动物群的划分是基本相吻合的。

综上所述，作为洞穴博物馆主体部分的白莲洞石器时代的文化遗址包含着具有如此重要意义的文化遗物，这里无疑将会成为科研的重要基地。它将对探索华南地区古文化和古人类的演化、为解决旧石器时代如何过渡到新石器时代问题，提供重要线索。

当然，随着洞穴博物馆的建成，白莲洞这一重要文化遗址也将会获得更好的保护。

（原载柳州白莲洞洞穴科学博物馆编印的内部刊物，1982年8月25日）

白莲洞石器时代洞穴遗址的发现和重要意义

周国兴　易光远

中国第一座洞穴科学博物馆——白莲洞洞穴科学博物馆的筹建，是我国著名史前考古学家裴文中教授生前最后参与和指导的一项科研项目。裴老不幸于 1982 年 9 月 18 日病逝，谨以本文悼念我们的指导老师裴文中教授。

参加 1981～1982 年白莲洞洞穴科学博物馆遗址清理、发掘和研究工作的，除了本文作者外，主要还有童恩正、刘兴诗、宋兆麟、刘文、余善书、郭绒先等同志。

我国有着广大的石灰岩地区，岩溶地形非常发育，而且不少地方有着优美的石林、岩洞，成为中外闻名的旅游胜地。尤其在无数洞穴堆积中，蕴藏着丰富的古生物和古人类化石，是科学研究不可多得的宝地。洞穴与现代经济建设和国防建设的关系也十分密切。然而，迄今还没有一座以洞穴为主题的科学博物馆来介绍有关洞穴的科学知识。现在在柳州市博物馆在各级领导的支持下，由北京自然博物馆协助，正积极筹建我国第一座洞穴科学博物馆。

我国第一座洞穴博物馆馆址选择在广西柳州市，特别选在白莲洞，这是因为白莲洞有着得天独厚的优越条件。柳州地区不仅岩溶地形十分发育，而且已经相继发现了一系列名闻中外的古生物和古人类洞穴遗址。白莲洞经过近两年来的清理和发掘，发现了十分丰富的文化遗物，包含着由旧石器时代晚期经中石器时代到新石器时代早期的连续层位，这是我国罕见的。白莲洞本身不仅有包含古文化遗址的外厅部分，其后还有狭长穴道，可分数层，洞内有美丽多姿的钟乳石、石笋以及清幽的地下河道，而且洞外有开阔的坡地，确实是建设一座洞穴科学博物馆十分理想的地点。

为了让大家对我国第一座洞穴博物馆所在地方有所了解，为配合白莲洞洞穴科学博物馆的规划汇报，特撰写本文，供参考。

白莲洞石器时代洞穴遗址，位于广西柳州市东南部园艺场都乐生产大队的白面山南麓，东经 109°25′37″，北纬 24°12′54″，距市中心约 12 公里，离发现柳江人化石的柳江县新兴农场通天岩洞约 2 公里。

白面山海拔 249. 8 米，南临一片开阔的起伏的溶蚀平原面，背面和两侧是成簇成片点缀在平原上的孤峰和峰林式丘陵，它们共同组成了在桂中地区具有特色的孤峰平原景观。

一、白莲洞遗址的发现与清理

柳州地区石灰岩的岩溶现象十分发育，孤峰林立，山上多溶洞，而且洞内堆积丰富，当地农民常进洞挖取“岩泥”，用作肥料种庄稼。白莲洞也不例外，经过常年的挖取“岩泥”，洞内原有堆积物已大都丧失，地面上散布不少挖土时遗弃的石块，由于它的主厅朝南，不时有农民进内居住，此外，还曾做过养牲口的羊栏、牛栏。

白莲洞因洞口正中有一块巨大的白色钟乳石，形似莲花蓓蕾而得名，从洞口岩壁上残留的游人题词可知，早在清代雍正十三年就有人在此活动，又据洞厅内顶壁黑烟熏烤痕迹以及洞壁上富有迷信色彩的题词，可知此处曾作神庙场所。

1956 年，中国科学院古脊椎动物研究所古人类研究室华南调查队在裴文中、贾兰坡等教授率领下，在广西调查巨猿和人类化石时，曾于白莲洞的扰乱土层中发现 4 件石器、1 件扁尖的骨锥和 1 件粗制的骨针。所发现的石器均由砾石打制而成，石质为矽质灰岩和石英岩，制法几乎完全一致，即在砾石的一端由一面向另一面打击，形成锋利的刃锋以便于砍砸。骨器因针身和锥体都已残破，故很难跟其他同时代的同类器物相比较。

这批文化遗物以后由贾兰坡和邱中郎进行鉴定，认为该洞的堆积“属于旧石器晚期”[1]。

1961 年，柳州市人民政府将白莲洞列为市重点文物保护单位。

1973 年 8 月 22 日，柳州市博物馆的专业人员陈惠琪、易光远、朱镇邦等人对该洞东北部螺壳堆积物进行小规模发掘，发现一件用灰黑色石英岩砾石打制的石器。此外还发现木炭颗粒、烧骨与烧石等用火痕迹和猕猴、果子狸，竹鼠、鹿、羊等五种动物残破的牙齿化石以及鱼的喉齿。这次清理发掘过程中没有发现磨制石器和陶片，故“再一次证明白莲洞文化遗址的下限不可能晚于旧石器时代晚期”[2]。

1979 年 6 月 22 日至 7 月底，易光远、杨群、黄云忠、陈国康等人对东部扰乱层进行清理，并试掘一条东西向 4 米 ×2 米的深沟。根据试掘所见，堆积物自上而下可分为三层：第一层为灰黄色螺壳胶结层；第二层即地表上的扰乱层，主要是大小不等的石块和灰黄色螺壳胶结层的残块，大量人工制品出自此扰乱层；第三层为红色沙质土层，上部较硬，下部较松，含动物化石碎片。

此次发掘清理共找到有人工痕迹的石制品 87 件，另有残石料 11 件，除 4 件出自灰黄色螺壳原生层外，其余均出自扰乱层。所用原料大多为砾石，并有少量黑色燧石。找到不少残破的哺乳动物化石，计有猪、牛、羊、鹿等 4 种，牛、猪是新发现的种类。依然没有找到磨制石器和陶片，但在扰乱层中出土了 1 件钻孔砾石，因它与桂林甑皮岩新石器时代洞穴遗址出土的“穿孔石器”相近。因此，白莲洞遗址的时代“也可能延续到全新世，即经过中石器时代，延续到新石器时代初期”[3]。

从 1980 年 2 月起，易光远、杨群、郭绒先在主厅的西部扰乱层进行清理，并试掘了一条 2 米 ×4 米的东西向深沟，在这次以后，仍时时有农民到洞内这一部分挖取“岩泥”。

此后，贵阳师范学院秦启万和易光远的考察，将堆积物自上而下分为 8 层。在这次清理发掘过程中，于 4 月 15 日由清理工人张汝英和程凤华两人由第四层中采到人牙化石一颗[4]。此外还找到石制品与碎石片约 150 件及用火遗迹如烧骨、烧石等。各类动物化石 19 种，其中有大熊猫、熊、竹鼠、裂齿类等新发现的哺乳动物化石。

20 世纪 30 年代初，裴文中教授曾与我国著名的古生物学家杨钟健教授以及法国考古学家德日进在广西考察新生代地层，他们在桂林和武鸣的几个溶洞中曾找到一些打制石器。裴文中教授在研究了这些石器后，撰文提出广西可能存在中石器时代文化的研究课题[5]。鉴于此，裴教授对白莲洞新近的出土文物十分关心，亲自观察典型器物，并多次指出“目前所见的石器可能代表了新石器时代早期文化”，还进一步指出，要以严格的考古学方法对白莲洞进行清理。更鉴于柳州地区洞穴众多，其中有不少著名的古生物与古人类化石产地，认为值得在此筹办洞穴博物馆。于是从 1981 年 4 月起，在北京自然博物馆协助下，我国第一座洞穴科学博物馆在此正式筹建，裴文中教授亲自担任筹备处主任，并于 1981 年 5 月 1 日为洞穴博物馆题词：“中国可以成为世界上古人类学的中心，广西是中心的中心。”

在裴文中教授直接指导下，对 1981 年以前采集的材料，包括白莲洞、都乐岩和甘前岩出土的 9 枚人牙化石进行了初步研究，其基本结论如下：“这三个遗址的洞穴堆积的时代，其下限不会早于更新世晚期，而上限不会晚于早全新世，”“白莲洞的打击石器除具有我国旧石器文化传统特点外，它的本身还具有一定的特点，暂可作为旧石器时代的晚期文物，”“这个旧石器时代晚期的文化综合体可能为探索柳江人的文化特点提供了重要线索，”“而且白莲洞文化的发现，并与柳州市大龙潭鲤鱼嘴新石器时代遗址下层文化的对比研究，还将会有助于阐述本地区旧石器时代晚期文化与新石器时代早期文化之间的相互关系，并为探索本地区旧石器文化向新石器文化的过渡提供重要线索。”[6]

在裴文中教授的指导下，北京自然博物馆和柳州市博物馆的专业人员易光远、周国兴、余善书、刘文、郭绒先等人分别于 1981 年 4 月和 1982 年 3 月，清理了第二探沟和第一探沟周围的扰乱层。另外还按照考古学的方法，布方进行小规模发掘，清理出整个剖面，搞清了层位关系，为今后的展出和进一步的发掘工作奠定了良好的基础。在这两次清理发掘过程中，获得更多种类的哺乳动物化石以及文化遗物。经过历次清理和发掘，对该洞穴的堆积状况已有较全面的了解，扰乱层基本已清理。被农民挖岩泥后残存的原生堆积物大多仍保留在原处，在后洞还有大量堆积物尚未发掘。

为了保护和建设好这个有科研价值的洞穴遗址，加紧进行洞穴博物馆的筹建工作，柳州市人民政府对白莲洞的建设进行了详细的调查和研究，提出三期建设的初步规划，并上报广西壮族自治区文化局和中华人民共和国文化部。1983 年国家计委为白莲洞洞穴科学博物馆的筹建工作拨下了第一批专款，使筹建工作得以顺利进行。

在柳州市人民政府的直接领导下，柳州市勘探测量队测绘了白莲洞地形图，并提出柳州白莲洞洞穴科学博物馆洞外设计图两个。柳州市水文工程地质队和四川成都地质学院有关专家唐民一、钱小鄂、刘兴诗等对柳州白面山白莲洞地质特征进行实地考察，并对洞穴堆积进行新的分层和实测。在整理文化遗物的过程中，还得到四川大学历史系的协助，派来童恩正副教授亲自指导。现在对白莲洞洞穴科学博物馆的主体部分——白莲洞石器时代文化遗址的整个面貌已有比较全面的了解，详细的研究工作仍在进行中。

二、地质概况

白莲洞遗址所在的白面山，高出附近的溶蚀平原面约152米，系由石炭系上统马平组石灰岩和白云岩构成，其基部与北侧的胡广岩等山相连接，是为一巨大的连座山体的一部分。

白莲洞分外厅和其后的长穴道两部分，沿北面向的洞廊入内，洞体相当宽敞，并可分上下数层，里面亦有不少处厅室，还有地下水道通到洞外。

富含文化遗物、动物和人类化石的堆积物所在的白莲洞外厅，实际上是一个半隐蔽的岩厦式洞窟，洞口朝向正南，洞口高5～6米，宽18米左右，洞口海拔高程为123.3米，高出附近地面约27米。

在白莲洞的上、下方，还可看到各有两层水平溶洞分布。自下而上，第一层溶洞系一水洞，十分宽敞，底板海拔94.5米，低于洞外地面约2.7米，洞内有地下暗河，长约380米左右，流向变化为340°～360°。该地下河全长达7.25公里，经白面山、葡萄山、磨盘岭等地，在洛维农场附近汇入柳江的洛维地下河的一部分。由白莲洞的后厅支洞口可以下达到该地下暗河。第二层溶洞相对高程约14米，主洞口在白面山西麓，洞口朝向260°。自白莲洞后厅向东逶迤而下，亦有同期的水平溶洞分布。该层溶洞的洞体规模较小，洞顶常出露产状倾斜的中厚层至厚层岩层盖板，可以作为特征。第三层溶洞即白莲洞所在处，测量二、三层洞身走向、钟乳带，跟构造裂隙相比较，可以清晰看到它们基本沿东—西向和南—北向两组构造裂隙发育，洞身并受岩层走向和倾向的影响，构成复杂的棋盘状和菱形格式。

白莲洞以上的两层溶洞，即第四、五层洞高悬在山腰以上，相对高程估计50～60米和90～100米，虽然其生成与层面有关，然而与低层溶洞相比较，其层状构造仍十分明显，应是新构造运动间歇性上升的产物。

根据第四纪地质学工作者的考察和广西水文工程地质队的资料，有关专家认为，白面山的第五层溶洞可以和柳江沿岸的五级阶地相对比。

柳州附近的柳江阶地可以划分如下：

一级阶地，高10余米，由疏松的全新世亚砂土和砂砾层组成，含绳纹陶片和磨制石器，分布范围较局促。

二级阶地，高约20余米，由10～20米的棕黄色黏土砾石层所构成，在柳州拖拉机厂附近取得炭化木，测得其^{14}C年代为16100±600年和23600±1900年。

三级阶地，高30~40米，由两组二元结构相叠置而组成。自上而下依次是：红色砾石层，1~2米；网纹状红色黏土，下部渐变为黄色，5~7米；红褐色铁壳，0.3~0.9米；灰至灰白色黏土（高岭土），偶含小砾石，5~7米，黏土夹砾石，4~7米。

柳州地区的第二、三阶地分布最为广泛，柳州市即坐落于其上，地形微有起伏，河间地区如白面山、都乐岩一带，以及柳城巨猿洞附近的波状起伏的溶蚀平原面与其可以相当。第一、二级阶地的砾石层的成分较复杂，不乏径达10余厘米的岩浆岩和变质岩砾石，而以一级阶地保存最为新鲜，未见显著风化迹象，这点值得注意，因为白莲洞内所发现的砾石石器中屡见浅变质粉、细砂岩和闪长岩、辉绿岩等成分，可以推知当时加工的石料来源，即主要出自柳江沿岸的河漫滩和一级阶地，当时古人类的活动半径至少可达5~6公里。

四级阶地，高50~65米，残余的红色砾石层厚2~10米，其上表面有起伏变化不定的红褐色铁壳，向上过渡为厚1米左右的透镜状黄褐色砾石层，有同色调的薄层黏土覆盖。

五级阶地，高90~100米，只有厚1~3米的砾石层残留。四、五阶地经后期切割破坏均已呈丘陵状，砾石成分十分单一，以石英为主。

一级阶地无风化淋滤所产生的次生剖面分异现象，时代十分新近；二级阶地有局部网纹化发生，但尚未发育成红色风华壳。三级以上则有发育良好的网纹红土剖面，表明曾经长期湿热风华，这是我国华中、华南地区中更新统的一个鉴定特征。

有关专家还认为，白面山的五层溶洞除可以与柳江沿岸的阶地对比外，还可以洞穴层序与附近的一些化石地点相比较，这样就可以大致推知白面山洞穴层的时代如下表：

白面山洞穴层	柳州地区含化石洞穴层	柳江阶地	时　代
第五层溶洞	柳州巨猿洞	五级阶地	Q_1
第四层溶洞	柳州笔架山动物群化石产地	四级阶地	Q_2
第三层溶洞（白莲洞）		三级阶地	Q_2 ~ Q_3
第二层溶洞		二级阶地	Q_4
第一层溶洞（水洞）	柳江人化石产地	一级阶地	Q_3

根据上表，白莲洞生成时代为中更新世与晚更新世之交。

正如前已述及，白莲洞外厅是半隐藏的岩厦式洞窟，除洞底的残积黏土外，整个洞室内的堆积物自老而新大略分三套[8]：

最早的堆积物见于东侧的洞口处，是一套厚约1.5米的微砾—细砾层，具薄层理，倾向洞内，含有较多的石英成分，以次棱角状为主，通体胶结十分坚硬，其上为巨厚的石灰华堆积，两者已浑然成为一体。这个砾石层是洞外水流流入洞穴而堆积生成的，其时代应晚于成洞时期，可能在晚更新世之初。当其洞内延续部分被后期剥蚀破坏后，堆积了以下两套沉积物，与其呈内叠接触关系。

后期沉积物可以洞室东侧剖面为例，共有三层主要的钙华板，剖面划分如下：

第①层含陶片钙华板，部分陶片夹在钙华板中，部分贴于钙华板之上，局部夹有零星螺壳，被钙质紧密胶结，北京大学历史系^{14}C实验室测得本层年代为距今7500年。

第②层含螺壳钙华板，即第一钙华板，产状43°∠22°，与上层共厚5～25厘米。

第③层灰黄色亚黏土，局部呈灰白色或黄褐色，呈微细层理，含大量螺壳、动物化石以及磨制石器、打制石器、烧骨、炭粒等。钙质胶结坚硬，层内含灰岩角砾，向下部逐渐增多。

第④层黄褐色亚黏土，含细小层屑和红色黏土团块，钙质胶结坚硬，有少量螺壳，并含动物化石、磨制石器、打制石器以及炭粒。砾径数厘米，层理不显，层中见钙质条带，向西渐减，厚36厘米。

第⑤层第二钙华板，其间偶见螺壳，产状40°∠9°，厚1～4厘米。

第⑥层棕褐色含岩屑亚黏土，顶部富集螺壳，有一定程度的胶结，向下渐趋坚硬，有打制石器及穿孔砾石，含少量角砾，有炭粒，层理不显，但角砾扁平面仍大致与钙华板产状一致，厚43厘米。

第⑦层第三钙华板，间夹透镜体状含岩屑红色亚黏土和乳白色钙质条带，厚44厘米，表面呈大型莲台状构造。本层^{14}C年代距今11500年。

第⑧层红褐色角砾层，亚黏土填充。角砾成分为石灰岩、白云岩、砾径自2～3厘米至10厘米，大小不等，顶部胶结较紧密，向下胶结程度逐渐减弱，有动物化石及黑色燧石碎片，出露厚度约1米，未见底。

在这个剖面内，可以第三钙华板（即剖面图中第7层）为界，划为上部黄色沉积和下部红色沉积两套堆积物，其时代分别为全新统和上更新统。

人牙化石，位于洞室西侧，这部分的剖面如下：

第①层浅灰黄色亚黏土，含细小红色黏土团块，径约5毫米×3毫米，钙质胶结紧密，含螺壳，动物化石碎片及烧骨。其顶部有一层石灰华，内含螺壳，厚20～34厘米。

第②层钙华板，含少量螺壳及骨化石，厚5～30厘米。

第③层黄褐色亚黏土，含较多螺壳及动物化石，有炭粒和打制石器，黑燧石质增多，有穿孔砾石。含砾径数厘米的角砾及灰岩块，角砾排列无规律，厚18～36厘米。

第④层薄钙华板，向东渐灭，其间有炭屑，厚4厘米。

第⑤层黄褐色亚黏土，局部呈红褐色，胶结较坚硬，含动物化石，有打制石器、黑燧石质增多。有灰黄角砾，砾径数厘米，排列无规律，厚30～40厘米。

第⑥层钙华板，产状335°∠20°，厚10厘米。

第⑦层暗黄褐色亚黏土，含大小不等的角砾。次棱角状，偶见铁、锰质结核，含动物化石、打制石器及二枚古人类臼齿化石，厚18厘米，本层^{14}C年代距今30000年。

第⑧层钙华板，厚10厘米。

第⑨层黄褐色亚黏土，偶见铁、锰质微粒，厚12厘米。

第⑩层钙板数层，上部夹黏土，偶见动物化石碎片。以下未见底。

本剖面中第 2 层为钙华板，相当于东侧剖面中第 7 层，即第三钙华板，它们在中部相接联为一体，成为划分上、下两套堆积物的明显标志。

三、动物化石

在白莲洞内发现了很多动物化石，不过很破碎，下部堆积物的化石其石化程度要比上部的深得多。

堆积物中富集螺壳，越接近上层，螺壳越多。脊椎动物化石中鱼类喉齿化石不少，亦有部分两栖、爬行和鸟类的骨骼残段。哺乳动物碎骨化石很多，据初步统计，东部上部堆积中约有 1550 多件碎骨，西部下部堆积中约有 2000 件。牙齿化石也很多，多为单颗牙齿，东部采集到 150 枚，西部 240 枚，多系残破牙冠，较完整的只占 1/2 左右，详细研究正在进行中。

下面是初步鉴定的动物化石种类清单。

以横贯白莲洞主厅的大钙板为分界，其上部堆积中有：

软体动物：

双棱田螺　*Viviparus dispiralis*

李氏环棱螺　*Bellamya leei*

乌螺　*Semosulcospira* sp.

大蜗牛　*Helix* sp.

道氏珠蚌　*Unio douglasiae*

鱼类：

鲤鱼　*Cyprinu carpio*

青鱼　*Mylopharyngodon piceus*

两栖动物：

蛙　*Rana* sp.

龟鳖类：

陆龟　*Testudidae* indet.

鸟类：（种属待定）

哺乳动物：

啮齿目　*Rodentia*

竹鼠　*Rhizomys* sp.

鼠类　*Muridae* indet.

灵长目　*Primates*

猕猴　*Macaca* sp.

金丝猴　*Rhinopithecus* sp.

食肉目　*Canivora*

貂　*Martes* sp.

果子狸　*Paguma larvata*

狐　*Vulpes* cf. *vulgaris*

食虫目　*Insetivora*

蝙蝠　*Vespertilionidae* indet.

偶蹄目

野猪　*Sus scrofa*

水牛　*Bubolus* sp.

斑鹿　*Pseudaxis* sp.

赤麂　*Muntiacus* sp.

鹿　*Cervus* sp.

秀丽漓江鹿　*Lijiangocerus speciosus*

羊　*Ovis* sp.

大钙板以下的下部堆积中动物化石有：

软体动物、鱼类、龟鳖类同上部堆积，即双棱田螺、李氏环棱螺、乌螺、大蜗牛、道氏珠蚌、青鱼、鲤鱼、陆龟8种，鸟类种属待定。

哺乳动物同上部堆积的有：

竹鼠、猕猴、蝙蝠、野猪、水牛、斑鹿、赤麂、鹿、羊9种。另，鼠类种属待定。

另外添加的种类有：

啮齿目：

豪猪　*Hystrix subcristata*

灵长目：

化石智人　*Homo sapiens fossilis* *

食肉目：

熊　*Ursus* sp.

猪獾　*Arctonys collaris* *

大熊猫　*Ailuropoda meianoleuca* *

偶蹄目：

水鹿　*Rusa unicolor*

奇蹄目：

？中国犀　*Rhinoceros sinensis* * ？

长鼻目：

？剑齿象　*Stegodon* sp. * ？

真象　*Elephas* sp. *

（*示该种动物出自不含螺壳的西剖图的第5和第7层中间）

根据上列动物种类的名单，初步统计有：

软体动物　5种

鱼　　类　2种

两 栖 类　1种

龟 鳖 类　1种

鸟　　类　待定

哺 乳 类　23种（其中鼠类待定）

其中出自上部堆积中的哺乳动物共有15种，出自下部堆积中的则有18种，值得注意的是犀、大熊猫、剑齿象和真象等是绝灭种或当地现代已绝迹的种类，且它们均出自不含螺壳的第7层中，人牙化石亦出自该层。

白莲洞遗址中的哺乳动物化石明显可以划分为两组，代表了两个动物群：上组为“现代哺乳动物群”，下组为含化石智人的“大熊猫—剑齿象动物群”[9]。必须看到，两者所包含的种类均不多，化石也残破得很，其中多为偶蹄类，而大型食肉类很少见到，这是因为白莲洞洞穴堆积主要是人工堆积，这些动物残骸是人类食后的残渣，因此在跟其他地点的动物群进行对比时，应考虑这一因素。

白莲洞上部堆积的哺乳动物化石，目前已初步鉴定到15种动物，除秀丽漓江鹿外，其余均为现生种，占优势的为偶蹄类，以鹿为主。此外，竹鼠个体也不少，猪的标本不多，似没有驯养猪的迹象。如果这一部分哺乳动物化石与江苏溧水神仙洞[10]、广西桂林甑皮岩[11]、江西万年大源仙人洞[12]、浙江余姚河姆渡[13]以及广东阳春独石仔洞[14]等全新世早期的地点相对比，我们能看到：

（1）这些遗址中都没有大熊猫—剑齿象动物群中常见的种类，如大熊猫、中国犀，巨貘等。

（2）很少含有当时存在而现代当地已绝迹的种类如：

犀牛——河姆渡、独石仔洞；

象——甑皮岩、河姆渡、独石仔洞；

秀丽漓江鹿——甑皮岩、白莲洞。

（3）含更新世绝灭种的仅溧水神仙洞——最后鬣狗。

（4）出现驯养动物的有：

猪——甑皮岩、河姆渡；

狗——河姆渡。

（5）绝大部分现生种　从以上数点可看出，白莲洞洞穴上部堆积物中的哺乳动物群，当属“现代哺乳动物群”，它的时代可与神仙洞、独石仔洞诸地点时代相当，而较万年仙人洞第一期文化堆积、甑皮岩和河姆渡诸遗址稍早。

白莲洞下部堆积中的哺乳动物群，其基本种类属大熊猫—剑齿象动物群的成分，如豪猪、大熊猫、象、犀、水鹿等，但缺巨貘、猩猩、最后鬣狗等，原因前已述及，是人为堆积之故。总的来说这可以跟广西都安九楞山遗址[15]、仙人洞哺乳动物化石产地[16]、柳江新兴农场柳江人遗址[17]、广东封开黄岩洞第四处堆积层[18]等相应，同属更新世晚期。

根据动物化石能重现当时的古生态环境。上、下两个动物群中，鱼类和软体动物的存在表明遗址附近有相当面积的水域，水牛和犀的出现也表明了这点。不见属于生活在开阔的草原上的种类，如马和羚羊，但有喜欢生活在森林边缘和山区草地的斑鹿和鹿类，以及适于丘陵灌丛和山地密林周围生活的赤鹿。猕猴和象是以森林生活为主的。此外，竹鼠多生活在竹根之旁，跟豪猪一样是穴居性的，后者则常在沼泽地带活动。由此可知，当时白莲洞附近的地形主要是丘陵山地与平原、湖沼相结合的地带；间或有草地，东南方则有柳江流经。山坡上多茂密的森林，而丘陵上灌丛弥补，还有大片的竹林。早期哺乳动物群中有喜热的象，犀牛等。那时气温要较后期与现在都来得高，是热带或亚热带湿润的气候，雨量也充沛，这跟当时的沉积物受强温热化作用而呈红色是一致的。到了后期，气温相对变低，与现在相差无几，或稍高一些。

四、人类化石

白莲洞内目前共出人牙化石两枚，均出自西侧堆积第 7 层中。1980 年 4 月 15 日出土的为左下侧第三臼齿，1982 年 8 月 14 日出土的为右下侧第三臼齿。

这两颗人牙化石程度较深，齿冠表面呈淡黄色，光泽较好，齿根表面有黑色铁锰质的斑点，牙齿保存状况颇佳，除齿根局部有缺失外，齿冠均完整。

人牙Ⅰ：齿冠硕大粗壮，似代表一男性个体。齿冠咬合面磨蚀程度较大，诸齿尖已基本磨平，似代表一中年个体。此牙形态有所变异，即其与前面第二下臼齿的接触小面不在近中侧，而处在舌侧，表明生当该牙在牙床上着生的位置有变异，或牙齿着生方向扭转 90°，或向前外侧方位移，但因牙面磨蚀程度较匀，似前者可能性为大。

诸齿尖虽已磨平，但分隔诸尖的沟纹以及五个基本齿尖尚可辨认。下内尖（entoconid）最大，下后尖（metaconid）次之，下原尖（protoconid）下次尖（hypoconid）和下次小尖（hyboconutid）或称下中尖（mesoconid），因磨蚀关系，相对大小不易比较。下后尖和下次尖不相接，牙咬合面纹饰略呈十字形。在下次尖和下次小尖之间有另一小附尖。在齿冠侧面上可以看到两条垂直的纵沟将此小附尖与下次尖和下次小尖分隔开来。

齿冠舌面较平直，上有一狭长形接触小面。下面明显朝舌侧内倾，其釉质下延程度比舌侧为大。

齿根局部已缺失，近中侧尤甚。

人牙Ⅱ：保存状况较前者为佳，除齿根有被啮齿轻微啃噬的痕迹外，齿冠完整。牙齿体积较小，整个牙显得较纤细，似为女性个体，咬合面有一定程度磨蚀，颊侧磨蚀程度较舌侧为大，似为青年个体。

下后尖、下内尖和下原尖大小相近，下次尖和下次小尖较小，在下后尖和下原尖上有附尖。这些齿尖都比较光滑，没有明显的附嵴。咬合面上分隔齿尖的沟纹由咬合面边缘下延至舌面1/4处，齿冠颊侧面朝舌侧方向内倾，在其基部有较明显的齿带痕迹，齿带向近中和远中方向稍外延。

颈部明显收缩，其近中—远中径和颊—舌径长分别为10毫米和9毫米，齿根根干长于齿冠高度，齿根由根干分出近中和远中两支，这两支较为扁平，呈前后方向排列。

两颗人牙的测量数据如下：

	齿冠			齿根	
	近中—远中径	颊—舌径	高	近中根长	远中根长
左 M	13	10.8	(6.6)	破	破
右 M	10.8	9.7	7	11.5	11.2

注：( ) 表示有磨损.

总的来看，这两颗牙虽然在个别性状上表现出一定的原始性，如右侧第臼齿齿冠基部有齿带的痕迹，但在更多性状上与现代人牙并没有显著差异，故它们均属智人类型，它们是化石智人的晚期代表。

白莲洞人与柳江人，甘前岩人和都乐人构成柳州地区化石智人群，研究它们的体质形态，将为探索华南地区原始人类的演化提供重要线索。

五、文化遗存

白莲洞石器时代遗址中的文化遗存十分丰富，现分遗迹与遗物两项分别介绍。

1. 遗迹

烧火坑两处。

最初报道发现坑灶（烧火坑）三处[14]，经进一步核对，其中第一烧火坑（坐标 $A_{1'}$ 方）有误，应系铁锰结核层，其余两烧火坑无误。

现第一烧火坑位于G2方中，第二烧火坑为I1方，并靠近洞口，均处于相当于西剖面的第5层中，并坐落于第6层，即钙华板之上。均呈椭圆状。前者大，面积0.66厘米×1.03厘米，厚0.3米；后者小，面积为0.2厘米×0.45厘米，厚0.15米，没有发现包围火堆的石块。烧土处土质发红，有灰白色灰烬夹在其间，并有烧过的小动物骨骼、炭屑和小的烧石块，局部含有较多的烧灰胶结。在靠近洞口的一处烧火坑附近，亦有小量烧骨。

根据这两个烧火坑处于洞室中央及洞口，火堆中燃烧物燃烧得较充分，厚度15 ~

30 厘米诸点来看，可能主要用来烧烤食物。根据所处层面，应为更新世晚期，为旧石器时代晚期人类所遗留下的。

2. 遗物

前已述及，各类动物的残骸十分破碎，应是人类的食物残渣。在大量的哺乳动物碎骨、牙齿及角化石中，发现有骨角器，但在螺蛳、蚌壳中，没有发现有加工过的螺蚌工具和装饰品。可以作为装饰品的是两件穿孔的小砾石。有大量的石器，以打制为主，仅个别器物为磨制石器。原始陶片仅出现在堆积物最顶层的钙板中。白莲洞石器时代洞穴遗址的重要性，就在于这些文化遗物构成了由旧石器时代晚期文化到新石器时代早期文化过渡的连续序列。

（1）骨角器

哺乳动物残骸中有不少似磨制的锥状器物，但因过于残破，有待于进一步的鉴定。比较清楚的则为两件鹿角制品，均利用斑鹿角端部分，磨为斜刃。一件似为凿状器，残段长 4.5 厘米；另一件似为尖状器，长 12 厘米，端处磨成斜的尖刃，柄处有人工砍切的痕迹，此两件角器均出自东剖面第 4 层中。

1956 年中国科学院古脊椎动物与古人类研究所曾在洞内扰乱土中发现一件扁平的骨锥和一件粗制的骨针。据称，均为残破的器物，估计亦出自该剖面的 3 ~ 4 层之中。

（2）磨制的石制品[20]

共 3 件，两件分别出自东区第 3 层和第 4 层中：

BLES②: 1，为双刃石锛，通体磨制，用辉绿岩制成，器身成长方形，两侧有由薄石材上切割下来的磨槽痕迹，系由两面磨切。两端均磨出刃部，长 5.8、宽 2.5、最大厚 0.5 厘米。

BLES②: 2，由石英闪长岩制成，是利用一弧顶梯形的扁平砾石将其下沿磨出刃部，长 8.3、刃宽 5.1 厘米。

另一件出自西区第 2 层，即钙华板中：

BLWS②: 5，系一由浅变质粉砂岩制成的切割器，它利用一平面呈三角形的小扁平砾石直接磨去相当一部分，由此形成一斜刃，刃缘略呈弧状，刃部有使用痕迹。长 2.7、宽 1.4、厚 1.5 厘米。

（3）陶片

均为残片，仅出现在东侧局部堆积物的最上层钙华板层中，有几小片在该钙华扳的表面。在土状堆积物中，至今未找到任何陶片。

该陶片系夹砂红陶，外表呈灰褐色，内面为红褐色，胎呈深灰色，或浅黑褐色，质地粗糙，厚薄不匀，厚 0.4 ~ 0.8 厘米。在一块陶片上有时同时出现红、褐、灰、黑等色，证明当时烧陶技术水平并不高。

陶片上纹饰主要是粗绳纹，另有零星数片上为划纹。

（4）穿孔石制品

共出土 4 件。

BLES②: 3，系由于含铁质的浅变质砂岩扁砾石制成，呈椭圆形，部分残缺，两面中央有圆形浅凹，似磨制而成，然后在中心部分，由一面向另一面凿成一孔，孔径 0. 8 厘米，整个器物长径残长 7. 2、短径 6. 7、厚 1. 3 厘米，似可用作饰物。

BLES②: 4，硅质砂岩的小砾石，似经火烧，呈椭圆形，小部残缺，此砾石外沿质硬，呈黑色，内部质软，呈黄棕色。利用器物中央岩性质软已被蚀部分，加工成凹槽，并由两面对凿成一 0. 7 厘米 ×1 厘米的椭圆孔，整个器物长径残长 4. 1、短径 3. 2、厚 1. 1 厘米，此物当为饰物。

以上两件器物出自东剖面第 3 层中。

另两件为大型穿孔砾石。一件出自东剖面第 6 层，矽质砂岩，9. 5 厘米 ×5. 5 厘米 ×4. 6 厘米，孔径 3. 2 厘米；另一件出自西剖面第 3 层，矽质粉砂岩，9. 2 厘米 ×5. 7 厘米 ×5. 6 厘米，孔径 3. 2 厘米。均为残块，器身呈不规则状，孔尚未曾穿透，砾石断裂处正好通过穿孔处，想必在凿孔过程中，因断裂而弃之。其穿孔方法是在石料两面啄凿成孔，再加工其孔壁。

1979 年，在东侧扰乱土层中曾找到一件残破的穿孔砾石，其孔缘有加工磨制的痕迹，估计出自东第 3 层。

现代非洲布须曼人利用这种穿孔石器，作为“重石”，套在尖木棒上作为原始农具而应用。白莲洞的这三件标本大小适中，形状不规整，用作“石锤”不合适，似可作为“重石”。上述四类工具的层位分布情况如下：

文化遗物 所在层位	磨制鹿角	磨制石器	穿孔小砾石 （装饰品）	穿孔“重石”	小计
东第 3 层		1	2	1	4
东第 4 层	2	1			3
东第 6 层				1	1
西第 2 层		1			1
西第 3 层				1	1

（5）打制石器

打制石器是白莲洞文化遗物中最丰富的一类器物。历年来，白莲洞遗址中所采集到的打制石器、废石料和制作石器过程中抛弃的碎石片等总共有 500 件之多，经初步整理，其中挑选出来可供研究之用的有 258 件，在这中间包括有石核 69 件、石片 59 件、有使用痕迹的石片 45 件和各类加工成型的石器 85 件等。

制作石器的石料有两类，一类是本地所产，另一类是由流水作用由远处携带来本地的。前者有硅质岩、碳酸岩、红色砂岩等，后者则有变质砂岩、石英砂岩、石英岩和火成岩（如辉绿岩、闪长岩、辉长岩等）。

依石料制作方法和工具用途，白莲洞遗址的打制石器，可分两大类。一类是由黑色燧石制作的小型石器，是以石片工具为主，且有经二步加工的较为精致的器物，加工方法，除一般的锤击法外，有时还采用压削法。尤其令人注意的是，相当部分的小器物带有细石器的特点。另一类是由各式石质的砾石制作的大型砍砸器、敲砸器及砾石石片工具；加工的方法多施以反向锤击法，尤其值得注意的是砾石石片的制备系采用锤击法，从砾石横断面上取得圆形石片，其周围仍保留一圈砾石岩面，再在其一侧缘加工成为刃缘，这种特殊的砾石石片制取的加工法可定为“白莲洞式”打片法。正如前已述及，以横贯整个洞厅东面的厚钙华板（东剖面图中的第7层和西剖面图中的第2层）为界，上部堆积为全新世堆积物，下部堆积为晚更新世堆积物，打制石器和其他文化遗物似乎也可分为两大组，上组的打制石器以砾石工具为主，而下组除砾石工具外，则以燧石类石器占到很大部分，下面将已挑选出供研究的258件标本，分类列表如下：

打制石器	敲砸器	砍砸器	刮削器	尖状器	其他种类石器※1	砾石石核	燧石石核	砾石石片	燧石石片	有使有痕迹的石片	合计
东第3层	6	4	3	2		5		6	2	9	37
东第4层	1	4		2				2		4	13
东第6层	5	4	1			6		5		5	26
扰乱层（T2）※2	（1）	（8）	（2）			（18）		（7）			（36）
西第2层	1						1				2
西第3层		7	14	1	5	3	1	2	12	11	56
西第5层		2	5		1		14	2	10	10	44
西第7层		2	3	1			21	5	6	6	44
合　计	14	31	28	6	6	32	37	29	30	45	258

注：1. 其他石器包括雕刻器、箭镞、小三棱石核等；

2. 扰乱层（T2），按器物上附着物判断，除12件石核可能来自东第6层外，其余均来自车3、4层。

下面将两类石器中典型标本择要介绍之。

敲砸器　共14件。基本器形为利用长而略扁平的砾石从中部打断，再将断面修理成弧形，便于把握。该类器物无明显的刃缘，除断面外，其余部分均为砾石岩面。用作敲砸处或呈尖锥状，或为一棱脊，上有因敲砸而剥落岩屑的痕迹。此类工具可用来砸螺壳、砸碎骨块或砸长骨取骨髓。

BLES②:5，用石英砂岩制成，长8.7、宽9.2、厚3.3厘米。

BLES②:6，用石英砂岩制成，长13、宽7.8、厚5.4厘米。

以上两件敲砸器，其敲砸端均有一较大的剥落片疤。

砍砸器　共31件，基本器型有两类，一类利用整块砾石加工其较扁的一侧，便成刃缘，如（BLES②:12）或利用石核再加工（BLES②:37），可称为“厚体砍砸器”。另一类是利用厚石片加工为薄刃砍砸器，类似于劈刀型。加工方法多为反向锤击法，少数有交互加工的。

BLES②: 12，用白色石英岩制成，交互加工呈弧顶斜刃，长 9.1、宽 7.2、厚 5.8 厘米。

BLES②: 37，红色石英砂岩质，为石核砍砸器，器形呈龟背状。

BLWS②: 48，燧石石核砍砸器，原为一块状石核，长 9.1、宽 6.7、厚 5.2 厘米。

BLES②: 15，石英砂岩质薄刃砍砸器，器物平面成弧底三角形，高 9.4、宽 9.8、厚 3.7 厘米。

BLES②: 17，浅变质粉砂岩质，利用由砾石上剥落的一薄石片制成，类似于劈刀，长 12、宽 7.5、厚 1.5 厘米。

BLWS④: 59，弧刃砍砸器，硅质岩，利用厚石片反向加工成长弧状刃缘，长 6.3、宽 12.9、厚 2.7 厘米。

石核与石片　大型砾石石核共 32 件，小型（包括少数大型）燧石石核 37 件。由前者剥落的石片 29 件，后者 30 件。另外有众多的细碎燧石片，未纳入研究统计数之中。

有使用痕迹的石片共 45 件，2/3 以上为燧石质，按其使用方式可作为刮削器，尖状器等，其中以作刮削器的较普遍，如：

BLWS②: 55，系一石英砂岩砾石的岩皮，可用作长柄刮削器，长 8.7、宽 4.3、厚 1.1 厘米。

BLWS②: 56，系一石英岩砾石片，可作短柄刮削器，长 4.6、宽 8.1、厚 2 厘米。

BLWES②: 36，系一石英砂岩砾石片，可作三棱尖状器用，长 5.5、宽 5.4、厚 2.5 厘米。

BLES②: 28，系一红色砂岩砾石片，可作扇形刮削器用，长 5.2、宽 4.5、厚 2 厘米。

BLES②: 35，系一硅质岩砾石片，可作多边形尖状器用，长 6、宽 6.5、厚 1.2 厘米。

刮削器　这是一类利用砾石片经过二步加工制作的石器，主要供刮削之用，加工方法多施以反向锤击法，如：

BLES②: 30，梯形刮削器，浅变质粉砂岩，反向加工，长 5.9、宽 5.2、厚 2.1 厘米。

BLES②: 19，扁形刮削器，石英砂岩，反向加工，长 4.9、宽 7.2、厚 1.6 厘米。

BLES①: 58，盘状刮削器，辉长岩，长 6.8、宽 6、厚 2 厘米。

BLWS②: 56，系由一厚砾石片加工颇为精致的刮削器，石料为灰色硅质岩，夹有五色条纹，呈短柄弧刃状，与刃缘相对一边，保存粗糙的岩皮，高 4.6、宽 8.1、厚 2 厘米。

尖状器　利用砾石石片进行二步加工，修理两边，使成一尖，件数不多，而较多存在的则是黑色燧石制作的尖状器。

BLES②: 34，利用石英砂岩片稍加修理而成，呈阔叶状尖状器，长 5.9、宽 4.1、厚 1.1 厘米。

BLES②: 45，利用燧石厚石片加工其一侧缘，使成三棱状器，长 4.1、宽 3.4、厚

1.6 厘米。

燧石石片工具　白莲洞遗址中出现相当数量的燧石石片及其制作品，尤其较多出现在大钙华板之下的堆积中，很值得注意。根据历年来采集的情况看，1979 年在东侧第一探沟处（T1）仅找到 19 件燧石，以后陆续又采集到 53 块（片），总共为 72 件石片（块）。占到东部所采 237 件中的 30%；而以后在西部共采集到 261 块（片）燧石，占到全数 310 件中的 84%，据初步观察，在东侧上螺壳层中几乎没有出现什么成型的黑燧石（如 BLES∶44 为刀形石叶刮削器，BLES②∶43 为指甲形刮削器）下面主要介绍西侧属于更新实晚期的燧石石片石器。

柱状石核　3 件。

BLWS④∶77，高 2.3、厚 0.8、台面最大径 0.7 厘米。

BLWS④∶82，高 1.4、厚 0.8、台面最大径 1.8 厘米，此两件器物出自西 3 层中，核身分别有 2 和 4 条剥落石叶的痕迹，剥片方法采用类似于云南大那乌细石器中的砸击法。

BLWS④∶79，出自西第 5 层，系硅质岩。

刮削器　9 件。出自西 3 层 4 件，为 BLWS④∶69、70、74 和 86。器形均不大，有直刃、凹刃，凸刃以及似锯齿状刃，利用小燧石石片直接作刮削使用。或稍事加工。长 2.1～3.2、宽 1.8～2、厚 0.5～1.1 厘米。

出自西 5 层两件：

BLWS④∶68，小圆盘刮削器，有压削加工痕迹，长 3.2、宽 2.8、厚 1 厘米。

BLWS②∶87，呈菱形，为直刃刮削器，长 2、宽 2、厚 0.4 厘米。

3 件出自西第 7 层，其制作相当精致：

BLWS④∶71，灰色燧石质，器身略呈三角形，用压削法加工一凸刃，长 4、宽 3.1、厚 1.2 厘米。

BLWS④∶78，灰色燧石质，为一石核刮削器，背面有两条长宽石片剥片疤痕，有压削而成的 1.8 厘米宽的直刃。高 3.2、宽 3.3、厚 0.6 厘米。

BLWS④∶90，小舌尖状器，略呈五边形，由两侧边缘加工，使其刃缘呈小舌状。与大那乌细石器中间类型器物十分相似，长 3、宽 2.5、厚 0.5 厘米。

尖状器　一件出自第 7 层，二件出自第 5 层。

BLWS④∶68，利用一歪尾灰色燧石片加工成，尖部呈三棱状。长 4、宽 2.2、厚 0.9 厘米。

BLWS④∶85，器身呈五边形，由黑燧石片制成。长 3.2、宽 2.1、厚 0.7 厘米。

箭镞　1 件。

BLWS④∶75，由薄燧石片加工成，出自西第 3 层，呈三角形，在背面底缘剥去一小片，使器物便于挟在箭杆上。长 2.3、宽 2.1、厚 0.35 厘米。

雕刻器　2 件，均出自西第 3 层。

BLWS④∶73，由薄燧石片加工，使成阔叶形喙状雕刻器，长 2.6、宽 1.8、厚 4.5 厘米。

BLWS④: 76，由硅质岩柱状石核加工而成，尖突呈鸟喙状。长 3.2、宽 1.6、厚 0.95 厘米。

六、白莲洞文化遗存的特点

根据各层出土的文化遗物，我们可以将白莲洞洞穴中含文化遗物的主堆积诸层划分为若干组，各组的文化遗物有所不同。

（1）东 1 层。东部主堆积物的最上层钙华板中含原始陶片。

（2）东 3、4 层。以灰黄色螺壳堆积为其特征，含原始磨制石器，磨制角凿，骨器和磨制装饰品。打制石器以砾石工具为主，仅含少量小燧石石片制品，有用火遗迹。

（3）东 6 层。为含螺壳的棕色亚黏土堆积物，含有穿孔砾石（“重石”），磨制小砾石切割器，大量由燧石石片制作的带有细石器风貌的小石器，其中包括箭镞。少量砾石工具，制作粗糙。有用火遗迹。

（4）西 2、3 层。含螺壳的黄褐亚黏土堆积，含穿孔砾石（“重石”），磨制小砾石切割器，大量由燧石石片制作带有细石器风貌的小石器，其中包括箭镞。少量砾石工具，制作粗糙。有用火遗迹。

（5）西 5、7 层。堆积物中螺壳极少，到第 7 层则阙如。无论砾石工具，还是小石器均具有明显旧石器时代风貌。

应指出，主堆积中所含文化遗物的这一差异，是与堆积物本身岩性的分层以及所含哺乳动物化石群有一定的对应关系：以横贯整个洞穴的大而厚的钙华板为界，大钙华板以上的含螺壳文化层中（主要集中在洞室东部，在西部之一堆积物，已被破坏，仅在位于西端燧石石片制品。这一螺壳层从岩性上又可分为 A、B、C 三组（相当于东剖面图的第 3、4、6 三层），在 A、B 两组中出现原始磨制制品；在 C 组中，则有粗制的“重石”，故 A、B 可与 C 组似可进一步划分为两文化阶段，这与第 4 和 6 两层之间存在一较厚钙华板，示其时间有间断上一吻合的。

大钙华板以下包含文化遗物的为红色堆积物（主要集中在洞室的中、西部；东部大部分已被破坏），以燧石石片制品为主，砾石工具见少，打制石器多具旧石器风格。它们又可分为两组，上组出现有制作粗糙的“重石”，燧石石器具细石器特点，有箭镞出现，还有磨制的小砾石切割器。下组石器具有明显的旧石器风格，还有烧火坑痕迹。这一分组可与上部含螺壳，下部螺壳缺如，但有第四纪哺乳动物的灭绝种，且上下两部分为一钙华板所分隔是相应的。

归纳起来，白莲洞洞穴堆积所包含的文化层自上而下有如下五组发展顺序：

（1）含原始陶片的钙华板层。

（2）含原始磨制石斧，以砾石工具为主的灰黄色螺壳文化层。

（3）含原始穿孔砾石，以砾石工具为主的棕黄色螺壳文化层。

……………………………………大钙华板……………………………………

（4）含原始穿孔砾石，出现众多细石器风貌燧石小石器的螺壳文化层。

（5）含明显旧石器风貌打击石器，并出现不少燧石小石器的文化层。

七、白莲洞文化遗存的时代

上述诸组文化层可与石器时代那些发展阶段相对应呢？

人们常把磨制石斧和陶器的出现，作为新石器时代的标志，依照这个标志，至少上表中的第1、2两组可列为新石器时代，是否这样一来，自3组以下为旧石器时代呢？问题好像还不那么单纯，因为这里还涉及一个过渡期，即中石器时代问题。

在考古学界，专家们对是否存在中石器时代是有不同见解的。究竟什么是华南地区中石器时代存在的标志呢？早在1935年，裴文中与德日进在考察广西武鸣与桂林地区洞穴中打制的砾石石器时，由于当时未曾发现有磨光石斧和陶片与之共生，而且出土的哺乳动物化石俱为现生种，石化程度也较浅，故认为它们可能属于中石器时代。新中国成立以后在华北地区发现的几个中石器时代地点，都是以缺乏陶片和磨制石器跟典型的细石器器物共生而被认作之。

白莲洞遗址最初被发现后，有些学者认为它属旧石器时代晚期，到了1965年，裴文中教授在《柳城巨猿洞的发现和广西其他洞的探查》一书中有一注脚，称白莲洞已发现有磨光石斧，因之“该洞堆积应为新石器时代者”，由此可见陶片和磨制石斧的有无，与时代的判别还很有关系呢。

应如何看待上述一切？这关系到白莲洞文化遗存性质的判断，为此我们进一步对华南（主要指两广）地区所发现的旧石器时代晚期和新石器时代早期的遗址作一回顾：

广西来宾麒麟山[23]发现一件石器，两件人工打制石片，均为砾石石器，系利用扁圆石英岩砾石单面打击，使成适于刮削的刃缘。伴生动物为现代种类，人化石属“新人”类型。所有遗物均出自含螺壳的灰黄色堆积中，其下为稍胶结的红色土堆积物，时代订为晚更新世后一阶段。

广西柳江陈家岩[1]7件打制石器出自上层发灰的螺壳层中，此层胶结较紧，其下为疏松的黄色堆积，中间含剑齿象化石。

广西柳州思多岩[1]残存的含螺壳堆积中有一件人工痕迹的燧石石片。

广西崇左绿青山矮洞[1]若干燧石和砾石石器出自上部文化层，器型不很典型，文化层中含有螺壳、现生种鹿牙，并夹有灰层，胶结较紧。下面两层为棕色泥砂和淡黄色土。

广西来宾龙洞岩[1]地表上捡到磨制石器，器物表面粘有灰黄土和螺壳碎片，其性质与灰色坚硬堆积相似。

广西百色上宋村 在左江三级阶地的砖红色黏土中（可与洞穴中的红色或淡红色堆积相当，时代为更新世Q_3的晚期），发现一批打击石器，原料属细砂岩，石英岩。这些石器基本为砾石石器，器型粗大，以单向加工为主。原作者认为[24]，与广西山洞的打制石器相比，它们有一定的相似性，但加工方法不同于后者，有两面加工，加工精致程度也不一样，且无陶片、磨制石器相伴。

广西桂林甑皮岩遗址于1965年夏发现，1973年6～9月进行试掘，试掘简报称[25]，第三层为含螺壳红黄土和浅灰土文化层，从中获31件打制石器，以砾石工具为主，单面加工，极少为交互打击的石器。另获磨制工具32件，其中斧、锛均通体磨光。还有穿孔砾石3件，孔为对钻，并磨过器身。在扰乱层中采集到打制石器半成品和砾石120件，磨制石器3件。骨器有14件，其中有鱼镖、箭镞。蚌刀3件，陶片以夹砂绳纹为主。另外有人骨架18具。1979年北京大学历史系^{14}C实验室在该遗址采样时，注意到有第二钙华板的存在，其下堆积物中有粗制夹砂粗绳纹陶，质地疏松易碎，该层被认作下文化层，经测定年代距今9000年以上，故该层中的陶片，被认为是国内迄今发现最早的陶片[26]。

广西武鸣芭桥、芭勋、腾翔以及桂林D洞等四处洞穴遗址。1935年为裴文中教授等人发现，在已被扰乱的灰色螺壳层堆积层中，找到打制的砾石工具、穿孔砾石、磨石和切割器等被列为中石器时代[5]。

广西柳州大龙潭鲤鱼嘴。该岩厦遗址有两个文化层，上文化层为含螺壳的灰褐色土状堆积，所含文化遗物中有砾石工具，磨制石器、骨器、蚌器和陶片，陶质有火候较高的泥质陶，并出现少量划纹，弦纹等。下文化层为含螺壳的黄褐色土状堆积，堆积物中有犀牛的化石。出土大量的打制石器，包括两类，除一类单面打制的砾石工具外，还有一类燧石工具，器形较小，但大于典型细石器器物。仅出土一件磨光刃部的石器和一件穿孔砾石，骨针有10件之多。另有少量夹砂陶片，在该文化层上部有墓葬。原作者认为[27]下文化层为第一期文化，其时代比广东独石仔岩和黄岩洞遗址晚，可与广东翁源青塘新石器时代早期文化相当；上文化层为第二期文化，可与桂林甑皮岩和江西万年仙人洞第一期文化相当。

江西万年仙人洞[28]该遗址包含上、下两文化层。

这两文化层，均有很多打制和磨制石器，蚌器和骨器，以及陶片等文化遗物，但发展程度不一，上层磨制石器所占比例较大，打制石器少，而下层磨制石器少，打制石器多。下层穿孔砾石为砂岩质石料，对穿成孔，先每面打凿成孔，或再对钻，或修磨孔壁。上层仅一件穿孔砾石。原研究者认为下文化层属新石器时代早期，上文化层为新石器时代中期，两者均无原始农业的迹象，是以渔猎采集活动为为主，最近测得这两层绝对年代是：

上层蚌壳^{14}C年代为10870±240年（经校正为9340±240年）。

下层兽骨^{14}C年代为8825±240年。

广东阳春独石仔洞。洞口离现代地面仅2米，主堆积自上而下有三个文化层：

第一文化层，含螺壳灰褐色砂土层，含现生种动物化石。

第二文化层，含螺壳灰黑色砂质黏土层，含犀牛化石。

第三文化层，灰黄色砂质黏土层，仅上部有少量螺壳，出人牙1枚及犀、貘等动物化石。

据原作者研究，由这三层出土的石器，其原料均系砾石，且单面加工，多数无修理面，或修理面简单。此外，器型简单，均有穿孔砾石，第一、二层组成上文化层，第三为下文化层。

上、下文化层有所差异：①只有第一文化层有磨制石器；②上文化层的穿孔砾石是凿打加磨制，而下文化层只凿不磨；③上文化层石器较之下文化层为规整。原作者认为，这三层文化同属一个文化系统，上文化层因有磨制石器，定为新石器文化早期，下文化层无磨制石器，初步定为新石器时代初，由于这些文化层中均未见陶片，故被认为它们要比甑皮岩和江西仙人洞遗址时代来得早。

广东封开黄岩洞 洞内有四处堆积物，第一处为含螺壳灰褐色堆积，包含人头骨化石，^{14}C 年代测螺壳得 11930±200 年，校正后距今 10430±200 年。第二处为含螺壳浅褐色堆积，只含小石英片一片，第三处为含螺壳黄褐色堆积，中含打制石器，以砾石石器为主，单面加工占绝对有时，交互打制与步加工者极为个别，石片石器更少，刮削器不发达，穿孔砾石不见加磨，但有原始磨制石器的记录，无陶片，伴生动物为现生种。测螺壳 ^{14}C 年代得 10950±300 年，校正后为 9450±300 年。原作者认为，这三处堆积时代相近，同为新石器时代早期，但石器要比甑皮岩和江西仙人洞遗址原始得多。

第四处为黄色砂质黏土堆积，含绝灭哺乳动物如猩猩、剑齿象和大熊猫等，时代当定为更新世。

广东翁源青塘[29] 在这里一共发现七处新石器时代洞穴遗址，主堆积为微红色或灰黑色含螺壳堆积，胶结坚硬，上有 0.1 米厚的钙华板层，堆积中含现生种动物骨骼、炭屑、烧骨；获打制石器 34 件，主要为砾石工具，均为砍砸器，制作得粗糙简单，大多单面加工，仅少数双面交互加工，并无二步加工器物，磨制器很少，但在狮头岩黄岩门 3 号洞层位中获砺石一件，与两件刃部磨过的石斧和石锛一起发现。还有众多的陶片，出自地层中的为夹砂粗陶。

现在将这些具有代表性的有文化遗存的洞穴遗址作表比较如下：

<table>
<tr><td rowspan="4">白莲洞</td><td>白莲洞Ⅰ期文化</td><td colspan="2">白莲洞Ⅱ期文化</td><td>白莲洞Ⅲ期文化</td></tr>
<tr><td>5</td><td>4</td><td>3　2</td><td>1</td></tr>
<tr><td colspan="2">Q_3</td><td colspan="2">Q_4</td></tr>
<tr><td>旧石器时代晚期</td><td colspan="2">过渡时期（中石器时代）</td><td>新石器时代早期</td></tr>
<tr><td>可能与之相应的地点</td><td>柳江　柳江人遗址
柳江　甘前岩遗址
都安　九楞山人遗址
百色　上宋村（?）</td><td colspan="2">来宾　麒麟山人遗址、龙洞
柳州　思多岩、陈家岩遗址
崇左　矮洞
阳春　独石仔洞
封开　黄岩洞 1～3 处
武鸣　芭桥、芭勋、腾翔
桂林　D 洞</td><td>万年仙人洞遗址
翁源青塘
桂林甑皮岩遗址
柳州大龙潭鲤鱼嘴（?）</td></tr>
</table>

从上表我们可以看到，自 1935 年开始调查广西山洞的文化遗存以来，到目前为止，在两广地区已发现近 20 处含文化遗存的洞穴，其时代自更新世晚期至全新世早期。除了裴文中教授所考察的 4 处遗址被看做可能是中石器时代外，所有其他遗址被归为两类，一类是旧石器时代晚期，一类是新石器时代早期，划分标准以是否出现磨光石斧和陶器而定：

属旧石器时代晚期有麒麟山、陈家岩、思多岩、矮洞。

属于新石器时代早期则有独石仔洞、黄岩洞（1～3 处）、甑皮岩、大龙潭、龙洞、仙人洞、青塘（7 个洞）。

白莲洞原作为旧石器时代晚期文化遗址，后因地表拣取到磨光石斧被列入新石器时代；1935 年发现的四处洞穴以后也因同样理由被列为新石器时代[30]。这就是说到目前华南地区的洞穴遗址中似无中石器时代一说。

根据上表的归纳，不难看出这些遗址似有一些共同性：

第一，洞穴堆积以含螺壳的土状堆积为主，表层覆盖较厚的钙华板，在这层以下，堆积物的颜色变深，发棕黄或红褐色，螺壳含量也逐渐减少。主堆积常为一些钙华板所间隔，代表着沉积过程的间断，同时也反映出工具制作水平、工艺特点、新器物的产生等阶段性的变化。

第二，石器以打制的砾石工具为主，多施以反向单面加工，极少采用交互打击的加工法。部分遗址出现了细石器风貌的小型燧石石器，相当一部分的器物几乎不作第二步加工，而是直接利用石片的刃部或尖部，这类具有使用痕迹的石片亦可分型。磨制工具多出现于堆积的上部，少数出自堆积下部的器物仅磨刃部，到后期才通体磨制。骨器、角器也以磨制为多。

第三，陶器一般出现在原始的磨光石斧之后。早期阶段的陶质粗糙，并掺进不少杂质，几乎都是夹砂粗陶系普遍以绳纹为主要纹饰。

第四，穿孔砾石是一类特殊的器物，主要用作“重石”，它在层位中出现得较早，原始类型是双面对凿成孔，后期发展到加以磨制孔壁。

第五，伴生动物主要为现代动物群的成员，早期堆积中含有绝灭种，这里主要是指该地区现已绝迹的那些动物，如剑齿象、貘、犀牛、大熊猫等，但个别种类可以延续到较晚时期。据称目前仅在甑皮岩遗址中找到驯养动物：狗和猪的骨骸。

第六，堆积中常含大量的用火遗迹：炭屑、灰烬、红色烧土块、烧骨、烧石等，但烧骨数量不多，与大量的其他用火遗迹不相称，且动物的骨遗多破碎得很，似乎是煮食而非烧烤的结果。

值得注意的是，上面所归纳出来的这些特点，在白莲洞洞穴遗址的主堆积中几乎有较全面的反映，且层位是清楚的。

据对这些遗址初步研究的现有报告称，在华南地区直至新石器时代中期才出现原始农耕，因为除甑皮岩遗址外，其他遗址还没有明确的原始农业生产的迹象，他们的经济活动是渔猎和采集经济。根据现已拥有的^{14}C年代记录，甑皮岩上文化层距今年代为7500年；这样说来，有些人认为原始农耕的产生，在华南地区不超出7500～8000年了。关于这点似有重新考虑的必要。

恩格斯曾指出，人类史前文化的蒙昧时代是以采集现成的天然产物为主的时期，人类的制造品主要是用作这种采集的辅助工具。野蛮时期是学会经营畜牧业和农业的时期，是学会靠人类的活动来增加天然产物生产的方法的时期[31]。这就是说，在蒙昧时期的经济活动中，占主要地位的是采集天然产物的“攫取型经济”；而野蛮时期则是以增加天然产品的“生产性经济”。在考古学上，由蒙昧向野蛮的过度，就相当于旧石器时代晚期经由中石器时代转入新石器时代。考古学上，一般公认旧石器是以所谓打制石器，中石器是以细石器为主要特点；新石器则是磨制石器，与此同时还产生了原始制陶器术。

以工具制作水平来划分石器时代，这是因为原始社会物质、文化的发展主要由工具制作水平决定的。一般还确认旧石器时代的主要经济活动是采集与渔猎，新石器时代则拥有原始的农业和畜牧业；而两者之间的过渡阶段则为中石器时代，原始农耕和畜牧业就肇始于这一过渡时期。狩猎活动的高度发展导致与动物的驯养，前者的标志弓矢的大量使用与狗的出现。原始畜牧业又与原始农业密切相关，特别是后者为前者提供必要的饲料。原始农业则是采集活动高度发展的产物，反映在工具上则是出现大量的砍伐工具，还有播种工具和补食加工具。当然也应看到，在某些地区，这种过渡有时看不出明显的痕迹，这也就是对中石器时代是否存在引起争论的原因之一。

现在我们回到前述洞穴遗址上来，其中被视作新石器时代早期大多数遗址，竟被认为没有原始农耕的迹象，既然如此，为什么还要将它们定为应拥有原始农业的新石器时代呢，如果只认为属于新石器时代中期的甑皮岩遗址才出现农耕活动，这岂不意味着在华南存在一个无原始农耕的新石器时代早期？此外，有些人一见某遗址出现原始磨制石器就将其定为新石器时代，难道磨制石器的出现就是新石器时代存在的标志？要知道早在旧石器时代晚期就已有多种类型磨制品存在了。看来，我们还得寻求新的途径来探索由旧石器时代向新石器时代过渡的问题。

白莲洞洞穴堆积经过两年来初步的清理和发掘，已能清楚地看到连续的五组文化层，在这些文化层中，以下各具特色的器物出现顺序是：

典型旧石器→原始穿孔砾石、细小燧石石器→粗犷的砾石石器→原始磨制石器→原始陶片。

穿孔砾石，又称“穿孔圆石”或“重石”。器型有大有小，多系利用圆状或盘状砾石在其中中央凿或磨成孔。有些学者认为这类器物因大小而有多种用途，如作为石锤、石网坠、重石，甚至装饰品（白莲洞遗址中即有小穿孔器物出土）等。

根据现代民族志资料，大小适中的穿孔砾石是为“重石”，是用来增加尖木棒（或挖土棒）的重量以利于挖取植物块根或点播种子，“重石”的出现，是对尖木棒的重要改进，使之成为一个新型的组合工具，使得尖木棒在采集和火耕农业中的效力加大。不能忽视穿孔砾石出现的重要意义，它的出现似是原始农耕活动的迹象[32]。白莲洞洞穴遗址中出土的两件穿孔砾石残块，可能是迄今已发现最早的标本。

燧石小石器，虽不是典型的采用间接法制作的细石器，但具有鲜明的细石器风貌。很值得注意的是，采用了在云南大那乌细石器中所尖刀的“砸击”制作法。在白莲洞出土的细小石器中有箭镞、雕刻器、辐刀等器物。

在华北地区，典型的细石器器物在旧石器时代晚期遗址中（山西峙峪[33]、下川[34]等）就已出现。在白莲洞，这类细小石器已出现在第5组层位中，这跟华北地区石器小型化的发展趋势也是一致的。在第4组层位中，这类小石器占到更大比例，并与穿孔砾石共存，也许表明了在发达的狩猎活动同时，原始农耕活动开始萌芽。到了第2、3两组层位中，这类细小石器数量骤减，究其原因可能有二，或由于洞穴被挖岩泥而收集不到更多标本，或由于新类型的器物（如磨制石器）的产生，促使其衰落。

磨制石器。在第4组层位中已有小砾石磨成的切割器，河南灵井遗址中亦有磨制的半块小砾石，不过用途不明[35]。到第2组层位中出现刃部磨光的石斧。磨制技术应用于砍伐工具无疑是工具进化史上的大事。与磨刃石斧一起，砾石工具中拥有各种类型的砍砸器，这与砍伐树木，加工木器、竹器有关。有些考古学家认为，磨刃石斧的出现也应与砍伐树木有关。现代民族志资料表明，砍伐树木是为了开辟耕地，它与原始农耕——火耕有关：砍树—烧山—用尖木棒（或带有“重石”的）点播，这是现代某些少数民族依然采用的原始耕作法。我们认为磨刃工具的出现，正如“重石”的出现一样，可以和原始的耕作活动联系起来。然而，我们并不认为一件原始的磨刃石斧就将出土层位划入新石器时代，这仅是萌芽状态，而非已占主要地位，正如细石器的出现于旧石器时代晚期遗址中的情况一样，不能因此而将它列入中石器时代一样。原始农业这一革命性活动的肇始，从理论上讲应处于过渡时期承认作为过渡时期的中石器时代的存在其重要意义也就在于此。

陶片，它的出现不一定完全与农业的产生有关，因为有些地区农业已产生，但仍不知制陶术。也有些地区已知制陶术，但并无原始耕作的迹象[36]。然而不能不看到，就人类物质文明发展的普遍规律而言，陶器的出下与农业的产生还是有关系的，有些学者将陶器的出现与定居生活，与储藏农产品，与蒸煮食物相联系；而且制陶术是人类在火的作用下对于一种物质（黏土）的物理化学变化最早有意义的运用[37]。摩尔根在《古代社会》一书中提出向野蛮时代过渡就是从制陶开始的，恩格斯赞同这种提法，认为野蛮时代初级阶段是从学会制陶开始，野蛮时代初级阶段在考古学上相当于新石器时代。

根据以上分析，我们倾向于将白莲洞洞穴堆积的五组文化层作如下的划分，它们代表着石器时代的三期文化：

Ⅰ期（5）：旧石器时代晚期文化；

Ⅱ期（4～2）：由旧石器时代文化向新石器时代文化过渡（中石器时代文化）；

Ⅲ期（1）：新石器时代早期文化。

八、白莲洞Ⅰ期文化

白莲洞Ⅰ期文化出自第5组层位中，伴随有化石智人型的牙齿化石两颗。石器组合中包含具有旧石器时代风格的打制石器，砾石工具所占比例不大，只有砍砸器，无敲砸器，石片工具中不仅有由砾石石片制作的较大型的石器器物，还有由燧石片制作的小型器物，伴生动物群中含有绝灭种，系与化石智人共生的大熊猫—剑齿象动物群，地质年代为更新世晚期。

与之相当的，还有柳江人、都安九楞山人、四案甘前岩人等遗址。

关于柳江人和白莲洞遗址的关系。这两地点相隔2公里。柳江人出自柳江通天岩一侧的洞穴中，我们多次考察该地点，发觉柳江人骨化石出土处既非居住遗址，也非葬地，包含人骨化石的土状堆积中没有任何文化遗骸的遗址，柳江人遗骸和同时埋藏的大熊猫骨架并不是从现在作为洞口冲进来的，而是从另一支洞，由现在看到的砾石层，即当时的夹有砾石和泥沙的洪流带进洞内的[38]。我们认为柳江人是白莲洞Ⅰ期文化的创造者；或是说，白莲洞人在采集食物或追踪猎物时，遭到了意外的丧生，其尸骸然后被暴雨的洪流带进了现在埋藏他的洞内，而成为著名的“柳江人”[39]。这样柳江人的文化也获得了解决，即白莲洞Ⅰ期文化是柳江人的文化。

九、白莲洞Ⅱ期文化

这是由旧石器时代晚期向新石器时代过渡的一期文化。即为中石器时代，其时，原始的采集和狩猎经济活动很发达，为原始农耕和家畜驯养奠定了基础，局部地区已有生产性经济肇始的迹象。在北方是拥有发达的典型细石器并无陶器伴随为特点，这一阶段有“中石器时代”、“前陶器时代”等之称。在华北地区大荔沙苑文化[40]、许昌灵井文化之所以被列入中石器时代，所依据的也是这一特点。山西下川遗址的文化层似可分前后两期，后期亦可能是中石器时代的早期阶段，可与灵井文化相当。西南地区的元谋大那乌文化，西藏聂拉木阿里中石器时代[41]诸遗址亦据此而定。

在华南两广地区这种过渡阶段表现出稍有区别的另一种形态，特别是对白莲洞Ⅱ期文化的清理，使我们对此有更进一步的了解。

粗犷的砾石工具是处于这一过渡阶段白莲洞以及其他洞穴遗址的共同特点。在前者较早的第4组层位中有燧石质细小石器，这是从旧石器时代晚期延续发展而来的，同时出现有穿孔砾石。到较晚层位中则出现刃部磨制的石斧，在四川地区还出现带肩的打制石斧[42]。所有这些器物都与原始农耕有一定关系，是原始农业生产性经济可能肇始的迹象。

白莲洞细石器风貌燧石小石器的存在，是狩猎活动发达的标志，其加工制作方法可与中石器时代的元谋大那乌文化相比较。

在这一过渡阶段，也有典型细石器占主导的文化遗址在这一地区出现，如广东南海西樵山东麓旋风岗一带的细石器地点[43]。细小石器除了作为复合工具的部件外，还可用作“文身”的工具。这种对人体进行认为损伤留下疤痕图案，或身体局部变形（如骨头变形）以为美感或某种宗教含义的举动，应是这一过渡是的文化内容之一，这种现象在北方见于中石器时代的扎赉诺尔人，可能也包括山顶洞人[44]在内。

从白莲洞主堆积看，这一过渡阶段其时间大约处于更新世与全新世之交，大概距今一万年前后，跨越数千年之久。由于各地区发展的不平衡，其时间可以有先有后，包含这一过渡时期文化的地层，在华南洞穴堆积中以含螺壳的土状堆积为主，表层有钙华板，堆积物的色泽自上而下由灰色转向浅棕褐色，其间常夹有多层钙华板，代表着沉积时间的间断，并可由此追溯文化层发展系列的顺序性。

我们考虑，白莲洞洞穴堆积中自第 2 组至第 4 组可作为这一过渡期，以大钙华板为界，似又可分为早、晚两期。关于第 2 组层位中出现有磨刃石斧者，不少学者将这类器物的出现一概作为新石器时代的标志，我们认为不妥。正如典型细石器的产生为时很早，而且延续到历史很晚时期[45]，故不能因典型细石器的存在将之都列入中石器时代一样，对待磨刃石斧的存在也应注意类似的情况。

据此我们将麒麟山、陈家岩、思多岩、矮洞、都乐岩、独石仔洞、黄岩洞 1 ~ 3 处，龙洞岩、西樵山东麓旋风岗细石器地点等均列入这一过渡期。

关于处于这一过渡期诸遗址的先后顺序我们留待进一步工作之后再作判断，至于这一阶段的命名问题，虽是个次要问题，但我们觉得还有考虑的必要。近半个世纪以前，裴文中教授早已将之谨慎地称为“中石器时代”并在其后带上一个“?”；在进行了相当多工作，积累了较多资料的今天，我们感到裴文中教授的见解是可以接受的，并且可将“?”去掉。近半个世纪的实践也表明了裴文中教授不仅是我国旧石器时代考古学、第四纪哺乳动物学以及古人类学的奠基人和主要创造人，也是我国洞穴学的创始人之一，包括洞穴学在内的许多科学创见，直到今天对我国的科学研究仍有重要的指导意义。

我国华南地区中石器时代的确立，将丰富和发展我国中石器时代的内涵和加深对这一时期的认识[46,47]。

十、白莲洞Ⅲ期文化

在白莲洞主堆积物中没有发现有任何陶片，只是在东侧第一钙华板局部上方复有一层钙华板，在其表面与夹层中有少量原始的绳纹和划纹夹砂陶。在这一附加的钙华板中还夹有极少量的螺壳和炭屑。

正如前述，陶片的出现在个别地区不一定与原始农耕活动有关，但从物质文化总的发展趋向而言，两者还是有密切的内在联系。制陶术的发明无疑是人类历史进程中的革命性创举，不少学者以陶器出现与否作为判断和划分中、新石器时代的标志之一，其出发点不在陶器本身，而在于它代表了人类经济活动的巨大变革。据此我们将白莲洞Ⅲ期文化作为新石器时代，可以跟鲤鱼嘴新石器时代早期文化衔接。这一脉相承的关系也在后一遗址中出现打制的砾石工具，穿孔砾石、燧石质细小石器等充分反映出来。

与白莲洞Ⅲ期文化相当的还有万年仙人洞和甑皮岩两遗址的下文化层，其时间均在距今9000年左右。

这里应提出的是仙人洞遗址，原作者认为即使在上文化层“还没有迹象表明当时已产生原始农业”，这一判断可能有片面性。且不说该遗址中已有穿孔砾石(“重石”)、磨光石斧和陶器的出现，堆积物也很厚，证明人们在此居住时间不短，完全有条件进行原始农耕活动；而且在浙江发现河姆渡遗址[48]，其最下层文化（Ⅲ期文化）距今7000年，层中出现了大量的稻谷，和其他植物的果实（果种中有小葫芦），另外还有大量的骨耜，表明原始农业已有相当规模的发展，已并非最原始的火耕阶段，已达耜耕阶段；同时还有猪、狗、水牛的驯养，显然这已不是原始农业和驯养动物的最早阶段，在它之前还有漫长的原始农耕的发展时期，应该到万年仙人洞一类早期遗址中去追根溯源。

这样，以白莲洞洞穴遗址为代表，其原始文化发展顺序与附近地区诸洞穴遗址的对比，可归纳如下：

<table>
<tr><td rowspan="4">白
莲洞</td><td>白莲洞Ⅰ期文化</td><td colspan="2">白莲洞Ⅱ期文化</td><td>白莲洞Ⅲ期文化</td></tr>
<tr><td>5</td><td>4</td><td>3　2</td><td>1</td></tr>
<tr><td colspan="2">Q_3</td><td colspan="2">Q_4</td></tr>
<tr><td>旧石器时代晚期</td><td colspan="2">过渡时期（中石器时代）</td><td>新石器时代早期</td></tr>
<tr><td>可能与之相应的地点</td><td>柳江　柳江人遗址
柳江　甘前岩遗址
都安　九楞山人遗址
百色　上宋村（?）</td><td colspan="2">来宾　麒麟山人遗址、龙洞
柳州　思多岩、陈家岩遗址
崇左　矮洞
阳春　独石仔洞
封开　黄岩洞1～3处
武鸣　芭桥、芭勋、腾翔
桂林　D洞</td><td>万年仙人洞遗址
翁源青塘
桂林甑皮岩遗址
柳州大龙潭鲤鱼嘴（?）</td></tr>
</table>

应指出，随着这些地点^{14}C年代测定获得了结果，部分遗址进行孢粉分析，并进一步考察诸遗址的化石标本和文化遗物后，可能会对这些初步结论有所变动。

至于有近邻东南亚地区同时期文化遗址的对比研究，拟在以后进行。必须指出，国外不少学者，将我国华南地区属于中石器时代的古文化跟东南亚“和平文化”比较，将之归于“和平文化”系列之内[49]，我们准备在材料更充分的情况下对此进行详细评论。

注　　释

[1]　贾兰坡、邱中郎．广西洞穴中打击石器的时代．古脊椎动物与古人类，1960，2（1）．

[2]　柳州市博物馆．柳州市白莲洞旧石器时代晚期文化遗址中的脊椎动物遗骸．古脊椎动物与古

人类，1975，13（2）.
[3] 杨群．白莲洞遗址又出土了一批打制石器．文物通讯（柳州市博物馆），1979，（6）.
[4] 易光远．白莲洞发现古人类化石．文物通讯（柳州市博物馆），1980，（7）.
[5] Gorman Chester. The Hoabiuhian and after：subsistence Patterns in S. E. Asia during the late Pleistocene and Early Recent Periods. *World Archaeology*，1971，2：300-320；Pei Wen chong. a On a Mesolithic（?）industry of the caves Of Kwangsi. *Bull. Geol. China*，1935，14（3）：393-412；Fossil mammals from the Kwangsi caves. *Bull. Geol. China*，1935，14（3）：413-425；Teihard de Chardin P，C C Young，W C Pei and H C C hang. On the Cenozoic formations of Kwangsi and Kwangtung. *Bull. Geol China*. 1935，14（2）：179-210.
[6] 周国兴、易光远．广西柳州地区岩溶群古人类化石和石器的初步研究．北京自然博物馆研究报告，1983，（12）.
[7] 刘兴诗．柳州白面山白莲洞地质特征（未刊稿）. 1982.
[8] 广西水文工程地质队．柳州幅1/20万区域水文地质普查报告（一九八〇年）.
[9] 李炎贤．我国南方第四纪哺乳动物群的划分和演变．古脊椎动物与古人类，1981，19（1）.
[10] 李炎贤等．江苏溧水发现的动物化石．古脊椎动物与古人类，1980，18（1）.
[11] 李有恒、韩德芬．广西桂林甑皮岩遗址动物群．古脊椎动物与古人类，1978，16（4）.
[12] 黄万波、计宏祥．江西万年仙人洞全新世洞穴堆积．古脊椎动物与古人类，1963，7（3）.
[13] 浙江省博物馆自然组．河姆渡遗址动植物遗存的鉴定研究．考古学报，1978，（1）.
[14] 邱立诚等．广东阳春独石仔洞穴文化遗址发掘简讯．古脊椎动物与古人类，1980，18（3）.
[15] 赵仲如等．广西都安九楞山人类化石与共生动物群及其在岩溶发育史上的意义.
[16] 吴茂霖等．广西都安仙洞发掘简报．古脊椎动物与古人类，1976，14（3）.
[17] 吴汝康．广西柳江发现的人类化石．古脊椎动物与古人类，1959，1（3）.
[18] 宋方义等．广东封开黄岩洞古人类文化遗址简讯．古脊椎动物与古人类，1981，19（1）.
[19] 人民日报．广西筹建洞穴博物馆，1982-6-12 第1版.
[20] 石器的描述参考了童恩正．白莲洞遗址石器的初步观察，1982（未刊稿）.
[21] 见外文文献。
[22] 周国兴、张兴永．云南元谋盆地的细石器遗存．北京自然博物馆研究报告，1980，（5）.
[23] 贾兰坡、吴汝康．广西来宾麒麟山人类头骨化石．古脊椎动物与古人类，1959，1（1）.
[24] 李炎贤、尤玉柱．广西百色发现的旧石器．古脊椎动物与古人类，1975，13（4）.
[25] 广西壮族自治区文物工作队、桂林市革委会文管会．广西桂林甑皮岩洞穴遗址的试掘．考古，1976，（3）.
[26] 北京大学历史系^{14}C实验室、中国社会科学院考古研究所^{14}C实验室．石灰岩地区^{14}C样品年代的可靠性与甑皮岩等遗址的年代问题．考古学报，1982，（2）.
[27] 柳州市博物馆、广西壮族自治区文物工作队．广西柳州市大龙潭鲤鱼嘴新石器时代贝丘遗址发掘简报．考古，1983，（5）.
[28] 江西省博物馆．江西万年大源仙人洞洞穴遗址第二次发掘报告．文物，1976，（12）.
[29] 广东省博物馆．广东翁源县青塘新石器时代遗址．考古，1961，（11）.
[30] 彭适凡．试论华南地区新石器时代早期文化——兼论有关的几个问题．文物，1976，（12）.

[31]　恩格斯．家庭、私有制和国家的起源．马克思、恩格斯选集（第四卷），人民出版社，1972.
[32]　宋兆麟、周国兴．穿孔圆石及其溯源．1982（未刊稿）．
[33]　贾兰坡等．山西峙峪旧石器时代遗址发掘报告．考古学报，1972，(1)．
[34]　王建等．下川文化——山西下川遗址调查报告．考古学报，1978，(3)．
[35]　周国兴．河南许昌灵井的石器时代遗存．考古，1974，(2)．
[36]　黄春征．关于和平文化阶段．范全迎译：〔越南〕考古学，1976，(18)．
[37]　周国兴．人怎样认识自己的起源（下册）．中国青年出版社，1979.
[38]　刘兴诗等．柳江人化石地层问题．1982（未刊稿）．
[39]　周国兴等．三探柳江人洞．大自然，1982，(4)．
[40]　安志敏、吴汝祚．陕西朝邑大荔沙苑地区的石器时代遗存．考古学报，1957，(3)．
[41]　戴尔俭．西藏聂拉木发现的石器．考古，1972，(1)．
[42]　Cheug Te K'un. *Archaeology in China*. 1. *Prehistoric China*. Cambridge. 1959.
[43]　曾骐．西樵山东麓的细石器．考古与文物，1981，(4)．
[44]　Chang Kwang-chin. *The Archaeology of Ancient China*. New Haven：Yale U. Press（rev. ed.）1968.
[45]　佟柱臣．试论中国北方和东北地区含有细石器的诸文化问题．考古学报，1979，(4)．
[46]　贾兰坡．中国细石器的特征和它的传统、起源和分布．古脊椎动物与古人类，1978，16（2）．
[47]　安志敏．海拉尔的中石器遗存——兼论细石器的起源和传统．考古学报，1978，(3)．
[48]　浙江省文物管理委员会、浙江省博物馆．河姆渡遗址第一期发掘报告．考古学报，1978，(1)．
[49]　Aligner Jean S. The Hibernian in China. Paper invited for the Festschrift in honor of Hallam Movius, Jr. 1976; Gorman Chester. The Hoabiuhian and after : subsistence Patterns in S. E. Asia during the late Pleistocene and Early Recent Periods. *World Archaeology*, 1971, 2: 300-320.

参考书目

Aligner, Jean S. 1976. The Hibernian in China. Paper invited for the Festschrift in honor of Hallam Movius, Jr. 1976.

Bien M. N. and Chia L. P. Cave and roch-shelter deposits in Yunnan. *Bull. Geol. Soc. China*, 18 (3-4): 325-349

Chang Kwang-chin. 1968. *The Archaeology of Ancient China*. New Haven : Yale U. Press (rev. ed.)

Cheug Te K'un. 1959. *Archaeology in China*, 1. *Prehistoric China*. Cambridge.

Gorman Chester. 1971. The Hoabiuhian and after : subsistence Patterns in S. E. Asia during the late Pleistocene and Early Recent Periods. *World Archaeology*, 2: 300-320.

P'ei Wen chong 1935a. On a Mesolithic (?) industry of the caves Of Kwangsi. *Bull. Geol. China*, 14, 3: 393-412; 1935b Fossil mammals from the Kwangsi caves. *Bull. Geol. China*, 14. 3: 413-425.

Teihard de Chardin P, C C Young , W C Pei and H C C hang. 1935. On the Cenozoic formations of Kwangsi and Kwangtung. *Bull. Geol China*, 14, 2: 179-210.

Tobias, Philip V. 1978. *The Bushmen*. Human and Rousseau (Pty) Ltd.

（原载内部资料，广西柳州白莲洞洞穴科学博物馆筹备处印，1983年12月，柳州）

白莲洞遗址的发现及其意义

周国兴

广西柳州地区的岩溶地形十分发育，拥有不少名闻中外的古生物和古人类洞穴遗址。近年来，在白莲洞的洞内堆积中发现了十分丰富的文化遗物，一系列的研究报告正在整理之中。鉴于白莲洞文化对探讨华南地区石器时代晚期文化的发展过程具有重要意义，有必要先作简介如下。

白莲洞位于柳州市东南的白面山南麓，东经109°20′，北纬24°15′，距市中心约12公里。

1956年，中国科学院古脊椎动物与古人类研究所华南调查队曾于该洞的扰乱土层中发现石器与骨器若干，后经贾兰坡教授等鉴定，认为该洞的堆积属于旧石器时代晚期[1]。

1973年8月，柳州市博物馆对该洞东北部含螺壳堆积物进行小规模发掘，获得1件打制石器、用火遗迹及少量动物化石[2]。1979年6、7月，对东部扰乱层进行清理，并掘2米×4米探沟一条，找到了近百件石制品及废石料，但仅4件出自原生层中[3]。1980年2月起，又在西部扰乱层进行清理，并挖同样大探沟2条。此次采得150件石制品及碎石片，各种动物化石19种并人牙化石一颗[4]。

1981年4月和1982年3月，在裴文中教授指导下，北京自然博物馆和柳州市博物馆联合对洞内堆积物进行清理，获得更多文化遗物和动物化石，并另一颗人牙化石，并且在北京大学、四川大学、成都地质学院、中国历史博物馆、广西水文工程地质队和古脊椎动物与古人类研究所有关专业人员的协助下[5]，开展了多方面的研究。

白莲洞遗址所在的白面山海拔249.8米，高出附近地面152米。白莲洞分外厅和其后的长穴道两部分。外厅实际上是一个半隐蔽岩厦式的洞窟，洞口朝南，并高出附近地面27米。

白莲洞内富含文化遗存的主堆积厚度在3米以上，保存完好的东部堆积物可分8层，西部堆积为7层，其中东3层和西2层是连续的横贯全室的厚钙华扳，它将主堆积物分为上部灰黄色和下部棕红色两套沉积。北大历史系^{14}C实验室曾测得东部上层螺壳的^{14}C年代为距今12900±150年，校正后为11400±150年。

白莲洞内发现不少动物化石，最多的是螺壳，堆积物的上层螺壳多，往下则含量减少。此外，哺乳动物化石亦多，不过多为破碎的肢骨和零星的牙齿化石。据初步统计，已鉴定的动物有软体动物5种，鱼类2种，两栖、龟鳖类各1种，鸟类肢首残段，其种属待定，哺乳类23种。

出自上部黄色堆积物中的哺乳动物共15种；下部红色堆积中的为18种，其中有犀、大熊猫、剑齿象和真象等绝灭种或当地现已绝灭的种类，且它们与人牙化石一齐出自不含螺壳的较低层位中。人牙化石除齿根局部有缺失外，齿冠均完整，化石程度较深，除个别性状具一定的原始性外，总的特点上与现代人无显著差异，当属智人类型，是化石智人的晚期代表。由此可见，白莲洞遗址中的哺乳动物化石明显可分为两组，代表了两个动物群：上组为现代哺乳动物群，下组为含化石智人的大熊猫—剑齿象动物群。

根据堆积物的岩性和所含动物群的特点，白莲洞内上部堆积当为全新世早期堆积物，而下部堆积为晚更新世堆积物，它们之间以大钙华板间隔之。

白莲洞遗址中的文化遗存十分丰富，据各层的出土器物和文化遗迹，可将洞穴主要堆积物划分为若干组。

（1）东1层。东部主堆积物的最上层钙华板中含原始陶片。

（2）东3、4层。以灰黄色螺壳堆积为其特征，含原始磨光刃石器，磨制角凿、骨器和磨制装饰品。打制石器以砾石工具为主，仅含少量小燧石石片制品，有用火遗迹。

（3）东6层。为含螺壳的棕色亚黏土堆积物，含有穿孔砾石（“重石”）和砾石工具，有用火遗迹。

（4）西2、3层。含螺壳的黄褐色亚黏土堆积，含穿孔砾石（“重石”），磨制小砾石切割器，大量由燧石石片制作的带有细石器风貌的小石器，其中包括箭镞。少量砾石工具，制作粗糙。有用火痕迹。

（5）西5、7层。堆积物中含螺壳极少，到第7层则阙如。无论砾石工具，还是小石器均具有很明显旧石器时代风貌。

由上可知，集中在洞室东部的上部灰黄色堆积物中是以大型砾石工具为主，含少量燧石石片制品。这一螺壳层从岩性上由上而下又可分为A、B、C三组（相当东3、4、6三层）。在A、B两组中出现原始磨光制品，在与C组中则有粗制的“重石”，据此可进一步将A、B与C组划分为上、下两文化阶段，其间有一较厚的钙华板，表明上有间断。集中在洞室中西部的下部红色堆积物中，以燧石石片制品为主，砾石工具少见，打制石器多具旧石器风格。它们亦可分为两组，上组出现粗糙的“重石”，而燧石石器具细石器特点，且有箭镞出现；下组石器则具明显的旧石器风格，还有烧火堆的残迹。在上、下两组之间亦存在一钙华板。归纳起来，白莲洞内所含文化层自上而下有如下五组发展趋向：

（1）含原始陶片的钙华板层；

（2）含原始磨刃石斧，以砾石工具为主的灰黄色螺壳文化层；

（3）含原始穿孔砾石，以砾石工具为主的棕黄色螺壳文化层；

（4）含原始穿孔砾石，出现众多细石器风貌燧石小石器的螺壳文化层；

（5）含绝灭种哺乳动物，明显旧石器风貌打击石器，并出现不少燧石小石器的文化层。在第3、4两组之间有大钙华板间隔之。

同时在这一序列中，又反映出以下各具特色的器物，在层位中出现的顺序：

典型的旧石器→原始穿孔砾石、细小燧石石器→粗犷的砾石石器→原始磨光石器、骨器→原始陶片。

其中值得注意的是，穿孔砾石或“重石”，和磨刃石斧的出现，在华南地区是与原始农耕活动相联系的，它们可能是原始农业萌芽的标志，也就是由掠夺性经济向生产性经济过渡——中石器时代存在的标志之一。细石器风貌的燧石小石器的众多出现亦有同等意义，这样，上述五组文化层可进一步作如下的归纳和划分，它们代表着石器时代晚期的三期文化：

白莲洞Ⅰ期文化（5）——旧石器时代晚期文化。

白莲洞Ⅱ期文化（4～2）——由旧石器时代文化向新石器时代文化过渡（中石器时代）。

白莲洞Ⅲ期文化（1）——新石器时代早期文化。

像这样包含着由旧石器时代晚期向新石器时代早期过渡连续层位的遗址并不多，在白莲洞内连续层位仍完整地被保存下来，可供研究人员深入考察和研究，这在国内遗址中是罕见的。

白莲洞文化的发现与研究至少具有以下三方面的重要价值：首先，解决了柳江人文化的问题，柳江人遗址与白莲洞相距二公里，实际上它并非居住遗址，亦非葬地，在包括柳江人化石的土状堆积物中迄今也没有发现任何文化遗存供仔细考察，表明柳江人的遗骸和同期埋葬的大熊猫骨架并不是现在作为进口的洞口冲进来的，而是从另一方向延伸来的支洞中，由厚砾石层，即当时夹有角砾和泥沙的洪流带进洞内的。种种迹象表明，白莲洞上期文化的创造者包括柳江人，或是说，白莲洞人在采集食物或追踪猎物时，遭到了意外，其尸骸被暴雨的洪流带进了现在埋藏他的洞内，而成为著名的“柳江人”，所以白莲洞Ⅰ期文化，可能也就是柳江人的文化[6]。

其次，在华南曾发现不少被认作是新石器时代早期的洞穴遗址，如万年仙人洞、阳春独石仔洞、封开黄岩洞等，部分遗址已获^{14}C年龄，在距今10000年左右，然而不少著作中认为这些遗址并无原始农业的迹象，这就与将它们划归新石器时代相矛盾了。白莲洞Ⅱ期文化大约处在晚更新世与早全新世之交，已测定的但尚未正式公布的^{14}C年龄表明，其存在的绝对年代在距今12000年前后，跨越数千年之久，白莲洞Ⅱ期文化的性质可能属中石器时代，这就为如何看待那些被认作是新石器时代早期遗址，探讨华南地区旧石器文化如何向新石器时代过渡以及建立华南中石器文化系统提供了重要线索和对比资料。

再者，国外不少学者将我国华南地区属于中石器时代的文化跟东南亚“和平文化”相比较，将之归于“和平文化”系列之内[7]。白莲洞文化的深入研究，必将会对这一问题进行认真的剖析。

白莲洞洞穴遗址的发现与研究得到了各方面的关注和重视，国家拨款决定在此兴建洞穴博物馆，这里将成为华南地区古人类、古文化和洞穴堆积研究的重要基地，也是有关洞穴科学科普宣传和教学的课堂，无疑，白莲洞洞穴博物馆将在四化建设中发挥越来越大的作用。

注　释

[1] 贾兰坡、邱中郎．广西洞穴中打击石器的时代，古脊椎动物与古人类．1960，(2) 1.

[2] 柳州市博物馆．柳州市白莲洞旧石器时代晚期遗址中的脊椎动物遗骸．古脊椎动物与古人类，1975，(13) 2.

[3] 杨群．白莲洞遗址又出土了一批打制石器．文物通讯，1980，(7)．

[4] 周国兴、易光远．广西柳州地区岩溶群人类化石的研究．北京自然博物馆研究报，1983，(20)．

[5] 参加1981～1982年清理和研究工作的，除本文作者外，主要还有易光远、童恩正、刘兴诗、宋兆麟、刘文、余善书、唐民一、钱小鄂、郭绒先等．

[6] 周国兴、童恩正、刘兴诗．三探柳江人洞．大自然，1982，(4)．

[7] Aigner Jean S. *The Hoabinhian in China*. 1976.

（原载《史前研究》，1984年2期）

广西柳州白莲洞石器时代洞穴遗址发掘报告

柳州白莲洞洞穴科学博物馆　北京自然博物馆　广西民族学院历史系

白莲洞石器时代洞穴遗址，位于广西柳州市东南郊都乐生产大队的白面山南麓，东经 109°25′37″，北纬 24°12′54″，距市中心约 12 公里。

1956 年，中国科学院古脊椎动物与古人类研究所的裴文中、贾兰坡两教授率领的华南调查队在广西调查巨猿和人类化石时发现了白莲洞遗址。调查队在白莲洞内的扰乱土层中发现了多量的软体动物外壳、少数鹿牙等化石和用砾石打制的石器，还发现了 1 件残破的骨锥和 1 件残骨针。其后，柳州市政府即将该遗址列为市重点文物保护单位。

1973 年 8 月，柳州市博物馆专业人员对该洞东北部的残存螺壳堆积物进行了小规模的试掘。1979 年 6 月至 7 月，再次对遗址东部扰乱层进行了清理，开挖了一东西向 4 米 ×2 米的探沟。1980 年 2 月开始对遗址西部扰乱层进行了第三次清理，开挖了一条 2 米 ×4 米东西向的探沟。1981 年 4 月和 1982 年 3 月，柳州市博物馆在北京自然博物馆的协助下对白莲洞遗址进行了较大规模的发掘，清理出整个遗址的剖面，弄清了层位关系，并获得了更多种类的文化遗物和动物化石。经历次发掘和清理，我们对白莲洞遗址的文化面貌有了较全面的了解，现将历次收获报告如下。

一、地貌与地层

白莲洞遗址所处的白面山海拔 249. 8 米，高出附近的地平面约 152 米。白面山南临一片开阔的波状起伏的溶蚀平原，背面和两侧是成簇成片点缀在平原上的孤峰和峰林式丘陵，它们组成了具有特色的孤峰平原景观。白莲洞分外厅和其后的长穴道两部分，洞体相当宽敞。文化遗址所处的白莲洞外厅，实为一半隐蔽的岩厦式洞窟，洞口朝南，洞口高 5 ~6 米，洞内宽 18 米左右。洞口海拔为 123. 3 米，高出附近地面约 27 米，白莲洞的最下方溶洞系一水洞，洞口向南，底板低于洞外地面约 2. 7 米，洞内有地下暗河，该河流经白面山、葡萄山、磨盘岭等地，汇入柳江的洛维地下河的一部分中。

白莲洞经附近农民常年挖取“岩泥”，原有堆积物已大部丧失。对洞内现存的堆积物清理后可知堆积物自老而新可分三套。

最早的堆积物见于东侧的洞口处，是一套厚约 1. 5 米的微砾—细砾层，胶结坚硬，其上为巨厚的石灰华堆积，两者浑然一体。该砾石层是洞外水流流入洞穴堆积生存的，时代可能在晚更新世之初。当其洞内延续部分被后期剥蚀破坏后，堆积了以下两套沉积物，与其成内叠接触关系。

后期沉积物可以洞室东侧剖面为例：

第1层 含陶片钙华板，部分陶片夹在钙华板中和贴在钙华板面上，局部夹有零星螺壳，被钙质紧密胶结。^{14}C 年代距今7080±125年（BK82092）。

第2层 含螺壳钙华板，即第一钙华板，产状43°<22°，与上层共厚5~25厘米。

第3层 灰黄色亚黏土，局部呈灰白色或黄褐色，呈微细层理，含大量螺壳、动物化石以及磨制石器、打制石器、烧骨、炭粒等；钙质胶结坚硬，层内含灰岩角砾，向下渐多；砾径一般数厘米，大者达27厘米×15厘米，扁平面与钙板产状一致，平均厚约38厘米。本层铀系年代距今8000±800年（BKY82239）。

第4层 黄褐色亚黏土，含细小岩屑和红色黏土团块，钙质胶结坚硬，有少量螺壳，并含动物化石、磨制和打制石器以及炭粒，砾径数厘米，层理不显，层中见钙质条带，向西渐灭，厚36厘米。

第5层 第二钙华板，其间偶见螺壳，产状40°<9°，厚1~4厘米。

第6层 棕褐色含岩屑亚黏土，顶部富集螺壳，有一定程度胶结，向下渐趋坚硬，有打制石器及穿孔砾石，含少量角砾，有炭粒，层理不显，但角砾扁平面仍大致与钙华板产状一致，厚43厘米。

第7层 第三钙华板，间夹透镜体状含岩屑红色亚黏土和乳白色钙质条带，厚44厘米，表面呈大型莲台状结构。^{14}C 年代距今11670±150年（BK82096）。

第8层 红褐色角砾层，亚黏土填充，角砾成分为石灰岩、白云岩，砾径最大达到2~3厘米，顶部胶结坚硬，向下胶结渐弱，有动物化石和黑色燧石碎片，出露厚度约1米，未见底。

这一剖面可以第三钙华板（东7层）为界，划为上部黄色沉积和下部红色沉积两套堆积，其时代分别为全新统和上更新统。

人牙化石出自洞穴西侧。西侧剖面划分如下：

第1层 浅灰黄色亚黏土，钙质胶结紧密，含螺壳、动物化石碎片和烧骨，其顶部有一薄层石灰华，内含螺壳，厚20~34厘米。

第2层 钙华板，含少量螺壳及骨化石，厚5~30厘米。^{14}C 年代距今19910±180年（BK82097）。

第3层 黄褐色亚黏土，含较多螺壳及动物化石，有炭粒和打制石器，黑燧石质增多，有原始穿孔砾石，厚18~36厘米。

第4层 薄钙华板，向东渐灭，其间有炭屑，厚4厘米。^{14}C 年代26680±625年（BK82098）。

第5层 黄褐色亚黏土，局部呈红褐色，胶结较坚硬，含动物化石和打制石器，黑燧石质增多，厚30~40厘米。

第6层 钙华板，产状335°<20°，厚10厘米。铀系年代距今28000±2000年（BKY82141）。

第7层　暗黄褐色亚黏土，含大小不等的角砾，偶见铁、锰质结核，含动物化石、打制石器及两枚古人类臼齿化石，厚18厘米。

第8层　钙华板，厚10厘米。

第9层　黄褐色亚黏土，偶见铁、锰质微粒，厚12厘米。

第10层　钙板数层，上部夹黏土，偶见动物化石碎片，以下未见底。^{14}C年代为距今37000±2000年（BK82101）。

西侧剖面第2层与东侧剖面第7层在后室中部接为一体，成为划分上、下两套堆积物的明显标志。

二、文化遗存

白莲洞遗址中的文化遗存十分丰富，现分遗迹和遗物加以介绍。

（一）遗　迹

烧火堆两处　两者均呈椭圆状。T_1A：0.66米×1.03米，厚0.3米；B：0.20米×0.45米，厚0.15米。烧土处土质发红，有灰白色灰烬夹杂其间，并有烧过的小动物骨骸、炭屑和小的烧石块，局部含有较多的烧灰胶结。两者均处于西5层中，坐落于钙华板（西6层）之上，时代属更新世晚期，为旧石器晚期人类所遗留。

（二）遗　物

遗址出土的遗物有石制品、骨角器和陶片，其中以石制品最丰富。

1. 石制品

遗址中历次所出的石器成品、半成品及废石料共500多件，其中较为典型的有265件，包括石核70件、石片68件、有使用痕迹的石片36件和各类加工成形的石器91件（参见附录）。制作石器的原料有两类：一类是本地所产矽质岩、碳酸岩、硅质岩、红色砂岩等；另一类是流水作用由远处携带而来，有变质砂岩、石英砂岩、石英岩和火成岩（如辉绿岩、闪长岩、辉长岩）等。

（1）打制石器

依石料和制作方法以及工具用途可分为两大类：一是用黑色燧石制作的小型石器，以石片石器为主，且有经二次加工的较为精致的器物，加工方法除一般的锤击法外，有时还采用压削法，相当多小器物带有细石器的特点；另一类是用砾石制作的大型工具，多施以反向锤击法，值得注意的是砾石石片的制备，即常从砾石横断面上取得圆形石片，其周边仍保留一圈砾石岩面，再在其一侧反向加工使成刃缘。这种特殊的砾石石片制取和加工方法，可称为“白莲洞式打片法”。

以横贯整个厅室的厚钙华板为界，整个堆积物可分为上组全新世堆积物和下组晚更新世堆积物。上组的打制石器以砾石工具为主，下组除砾石工具外，燧石石器占很大比例。现择两类石器的典型者简述如下。

敲砸器15件。基本器形有两类：一为利用长而略扁平的砾石从中部打断，再将断面修理成弧形平面，以便于把握，除断面外，余多为砾石岩面，用作敲砸处或呈尖锥状，或为棱脊，上有敲砸剥落岩屑的痕迹；另一为利用较长圆或较厚重的砾石加工而成。

标本BLWS③:50，系石英砂岩制成，用一较圆长的砾石，打掉粗大一端略加修理而成，前端有敲砸过的痕迹，长9.4、宽7.4、厚5.6厘米。

标本BLES⑥:12，系石英岩制成，用一较圆长的砾石打掉粗大一端，再反向修理侧缘而成，长9.4、宽6.8、厚5.6厘米。

标本BLWS②:49，系石英砂岩制成，将整块砾石较扁的一侧加工而成，长7.2、宽9.6、厚5厘米。

标本BLES③:5，系石英砂岩制成，将一扁平砾石打断，然后反向修理前端而成，长8.8、宽10.4、厚3厘米。

标本BLES③:6，系石英砂岩制成，将一带打击台面的砾石石核打断，然后反向修理两端而成，前端有砸痕，长12.9、宽8.8、厚5.8厘米。

砍砸器34件。基本器形有两类：一是利用整块砾石加工其较扁的一侧，使成刃缘，或利用石核再加工，可称“厚体砍砸器”；一是利用厚石片加工使之成为“薄刃砍砸器”，有的形似劈刀。加工方法多为反向锤击法，少数为交互加工。

标本BLWS⑦:48，系燧石质，为石核砍砸器，长5.6、宽7.4、厚4厘米。

标本BLWS⑦:60，系矽质粉砂岩质，器身略呈方形，为石核砍砸器，刃缘有明显的使用痕迹，长7.3、宽6.4、厚3.9厘米。

标本BLWS③:63，系浅变质粉砂岩质，将一截取的扁圆形厚砾石片反向加工使之成刃，便于手握处保留一圈岩面，长5.6、宽6.8、厚3.6厘米。

标本BLWS③:64，系硅质岩质，将一保留打击台面的砾石石核截断，再反向加工使之成刃，便于手握处保留岩面，长4.6、宽8.7、厚3.4厘米。

标本BLWS③:51，系浅变质粉砂岩质，将一厚长的砾石从中部截断，再反向加工前端使成刃缘，长8.3、宽7.2、厚4.2厘米。

标本BLES⑥:37，系浅变质粉砂岩质，为石核经反向修理周边而成刃缘，长9.1、宽6.8、厚5.4厘米。

标本BLES③:18，系硅质岩质，为石核砍砸器，仍保留部分打击台面，长7.9、宽7.2、厚4.1厘米。

标本BLWS③:52，系石英砂岩质，凹刃，将砾石片交互加工使之成刃，手握处保留岩面，长 5.9、宽 11、厚 4.1 厘米。

标本 BLWS③: 59，系硅质岩质，弧刃，利用砾石片反向加工使之成弧状刃缘，长 6.2、宽 13.2、厚 2.5 厘米。

标本 BLWS②: 61，系硅质岩质，为一砾石片，经二步加工，劈裂面与岩面相交呈锛形，弧刃，长 8.2、宽 6.2、厚 2.1 厘米。

标本 BLES④: 163，系浅变质粉砂岩质，将砾石片反向加工成刃，背部保留岩面，也可作尖状器用，长 6.6、宽 8、厚 3.9 厘米。

标本 BLES④: 17，系浅变质粉砂岩质，利用一剥落的椭圆形石片略加修理而成，劈裂面与岩面相交成刃，形似劈刀，长 7.2、宽 11.7、厚 1.4 厘米。

标本 BLES③: 16，系石英砂岩质，将一截断的椭圆形砾石片边沿反向修理面成，为复刃砍砸器，长 9.3、宽 8.6、厚 2.6 厘米。

石核　大型砾石石核共 34 件，小型（包括少数大型）燧石石核共 36 件。

柱状石核　核身有数条不等的剥片疤痕。

标本 BLWS⑤: 79，系硅质岩质，高 3.5、厚 0.6 厘米，台面最大径 1.1 厘米。

标本 BLES⑥: 39，系硅质岩质，高 4.7、厚 1.5 厘米，台面最大径 2.6 厘米。

标本 BLWS③: 77，系燧石质，高 1.4、厚 0.8 厘米，台面最大面径 1.4 厘米。

不规则形石核　核身有剥片疤痕，也保留有岩面或自然纹理。

标本 BLES⑥: 22，系燧石质，长 4.7、宽 5、厚 2.8 厘米。

标本 BLES⑥: 38，系浅变质粉砂岩质，为砾石石核，长 4.8、宽 8.6、厚 4.8 厘米。

标本 BLES⑥: 100，系浅变质粉砂岩质，长 6.6、宽 6.7、厚 5.1 厘米。

标本 BLES③: 11，系石英砂岩质，仍保留部分打击台面，长 9.6、宽 11.3、厚 5.6 厘米。

石片和石片工具　由大型砾石剥落的石片 24 件，由小型燧石石核剥落的石片 44 件，有使用痕迹石片 36 件。

打击石片　这是未经二次加工的打击砾石石片和燧石石片，可作若干器类使用。

标本 BLES③: 111，系硅质岩质，可作刮削器用，长 4.5、宽 3.4、厚 1.1 厘米。

标本 BLES③: 34，系石英砂岩质，可作尖状器用，长 5.8、宽 3.5、厚 0.9 厘米。

标本 BLES③: 44，系燧石质，可作刮削器用，长 2、宽 5.3、厚 0.6 厘米。

有使用痕迹的石片　36 件。2/3 以上为燧石质，其中可作刮削器用者最多。

标本 BLES⑦: 170，系浅变质粉砂岩质，可作刮削器用，刃缘的半圆形凹口，当为刮削细小的木骨质器物留下的痕迹，长 4.6、宽 4.8、厚 1.2 厘米。

标本 BLES⑤: 68，系燧石质，器身呈尖啄状，可作雕刻器用，长 3.7、宽 1.9、厚 0.6 厘米。

标本 BLES⑤: 113，系燧石质，器身呈菱形，可作刮削器用，长 2、宽 2、厚 0.4 厘米。

标本 BLES③:74，系燧石质，器身呈三棱尖状，可作刮削器或箭镞用，长2.2、宽2.1、厚0.8厘米。

标本 BLES③:55，系石英砂岩质，为一岩皮，可作长柄刮削器用，长8.7、宽4.3、厚1.1厘米。

标本 BLES④:28，系浅变质粉砂岩质，可作刮削器用，长5.5、宽4.7，厚1.7厘米。

标本 BLES③:33，系浅变质粉砂岩质，可作砍砸器用，长8.2、宽5.1、厚3.2厘米。

标本 BLES③:116，系石英砂岩质，形似锛形，长9.6、宽5.7、厚2.1厘米。

刮削器　这是利用较大石片经二步加工制作的石器，加工方法多施以反向锤击法。

标本 BLWS⑦:67，系燧石质，为圆头刮削器，通体留有剥片疤痕，长4.1、宽4.6、厚1.8厘米。

标本 BLWS⑤:56，系硅质岩质，器身呈扇形，将砾石片反向加工使之成弧状刃缘，与刃缘相对一侧保留岩面，为短柄刮削器，长8.1、宽4.7、厚2厘米。

标本 BLWS③:19，系石英砂岩质，将一扁圆形砾石截断略加修理而成，劈裂面与岩面相交成刃，为直刃刮削器，周边仍保留一圈岩面，长4.8、宽7.3、厚1.6厘米。

标本 BLES⑥:30，系浅变质粉砂岩质，器身略呈梯形，将砾石片略加修理而成，为弧刃刮削器，长6、宽5.1、厚2.2厘米。

标本 BLES③:35，系硅质岩质，将一砾石片反向修理使之成刃，也可作尖状器用，长6、宽6.5、厚1.3厘米。

标本 BLES③:58，系辉长岩质，将砾石片反向加工使之成刃，为盘状刮削器，长7、宽6.1、厚2.2厘米。

标本 BLWS③:21，系石英闪长岩质，略呈扇形，将一砾石片略加修理而成，长4.5、宽6.2、厚1.1厘米。

尖状器　利用较大的打击石片进行二步加工，修理两边，使成一尖。

标本 BLES④:36，系石英砂岩质，器身呈三棱尖状，长5.5、宽5.3、厚2.6厘米。

标本 BLES③:45，系燧石质，将厚燧石片加工其一侧缘，使之呈三棱尖状，长4.2、宽3.3、厚1.6厘米。

燧石石片工具　多出自大钙板之下堆积，极少数出自上部堆积。器形有刮削器、尖状器、箭镞、雕刻器，有的将燧石片略加修理，有的用压削法制成，具有细石器风貌。

刮削器　数量最多，可分凸刃、凹刃、圆刃、复刃。

标本 BLWS⑦:71，凸刃，器身略呈三角形，用压削法加工而成，长4、宽3.1、厚1.2厘米。

标本 BLWS③:87，圆盘状刮削器，刃缘有压削加工痕迹，长3.2、宽2.8、厚1厘米。

标本 BLWS③:69，复刃，一边压削成锯齿形刃缘，长2.3、宽2.9、厚0.5厘米。

标本 BLWS③:47，复刃，一边有压削痕迹，长5.2、宽3.8、厚0.9厘米。

标本 BLWS③:70，直刃，长3.2、宽1.9、厚0.5厘米。

标本 BLWS③:78，复刃，为石核刮削器，器身有两条长宽的剥片疤痕，刃缘有压削痕迹，高2.9、宽3.3、厚1.2厘米。

尖状器　数量较少，多用压剥法修理，个别用锤击法制成。

标本 BLWS⑤:85，器身略成五边形，长3.2、宽2.1、厚0.7厘米。

标本 BLWS③:72，利用一歪尾燧石片加工成形，尖部呈三棱尖状，长4、宽2.2、厚0.9厘米。

标本 BLWS③:106，将一薄燧石片修整一侧使成尖状，长2.3、宽1.5、厚0.4厘米。

箭镞　2件。

标本 BLWS③:75，利用一薄燧石片加工而成，器身略呈三角形，在背部底缘剥去小片以便夹缚，长2.3、宽2.1、厚0.35厘米。

雕刻器　3件。

标本 BLWS③:73，将薄燧石片加工成阔叶形啄状，长2.6、宽1.8、厚0.45厘米。

标本 BLWS③:76，将一棱柱状石核侧缘加工成尖突鸟啄状，长3.2、宽1.6、厚0.9厘米。

（2）磨制石器

遗址出土的磨制石器较少，种类也不多。

切割器　1件。标本 BLWS②:57，系浅变质粉砂岩质，将一小扁平砾石片疤痕磨光而成弧状斜刃，刃缘有使用痕迹，长2.7、宽4.5、厚1.2厘米。

锛　2件。

标本 BLWS④:2，系石英闪长岩质，单边刃，利用一弧顶梯形的扁平砾石将其下沿磨出弧刃，长8.3、宽5.1、厚1.1厘米。

标本 BLES③:1，系辉绿岩质，双刃，通体磨光，两侧有切割槽痕，系由两面磨切，两端磨出斜刃，长5.8、宽2.5、厚0.6厘米。

穿孔“重石”3件。

标本 BLWS③:102，系矽质粉砂岩质，为残块，器身呈圆角方形，孔未穿透，断裂处通过穿孔处，穿孔方法是在石料两面琢凿成孔，再加磨孔壁，因加工断裂而弃之，尺寸为9.5厘米×5.5厘米×4.6厘米，孔径3.2厘米。

标本 BLES⑥:101，系矽质砂岩质，器身呈不规则形，孔未穿透，断裂处能过穿孔处，加工方法同 BLWS③:102，尺寸为9.2厘米×5.7厘米×5.6厘米，孔径3.2厘米。

标本 BLES③:41，系矽质砂岩质，为成品残块，器身呈圆角长方形，孔壁加磨光滑，尺寸为8.4厘米×6.4厘米×3.8厘米，孔径3.8～1.5厘米。

穿孔小砾石　2件。

标本BLES③:3，系含铁质浅变质砂岩质，器身呈椭圆形，部分残缺，从两面中央对磨成孔，孔径0.8、外径7.8～6.6厘米。

标本BLES③:4，系矽质砂岩质，器身略呈椭圆形，小部残缺，将中部加工成凹槽，并由两面对凿成一0.4厘米×1.2厘米的椭圆孔，长径残长4.1、短径3.2、厚1.1厘米。

2. 陶片

均为残片，器形不明，仅出自东1层钙华板中，有数片在钙华板表面。系夹砂红陶，胎色不纯，外表呈灰褐色，内面为红褐色，胎呈深灰色或浅黑褐色，内夹石英砂，质地较粗糙，厚薄不匀，器壁厚0.4～0.8厘米，表明制陶术不高。纹饰主要是粗绳纹，可辨的还有数片划纹和个别弦纹，其中划纹用凹弦纹间隔，较为规整。

3. 骨角器

动物残骸中有不少似磨制的锥状器物，但过于残破，有待进一步鉴定。较清楚的是2件鹿角制品，均为斑鹿角端的角部分，磨为斜刃。

标本BLES④:103，为凿状器，残长4.5厘米。

标本BLES④:104，似为尖状器，柄处有人工砍切痕迹，长12厘米。

三、动物化石与人类化石

遗址内出土很多动物化石，极破碎，其石化程度因时代早晚而有深浅。此外还找到两枚人牙化石。

堆积物中富集螺壳，越晚越多，多见人工敲去尾端。鱼类喉齿化石也不少，还有部分两栖类、爬行类和鸟类的残骨。哺乳动物化石很多，上部堆积约有1550件碎骨，下部堆积约有2000件。牙齿化石也很多，多为单颗牙齿，东区见150枚，西区见240枚，多系残牙冠，较完整的只占1/2左右。

经鉴定的动物化石种类，以主厅的大钙板（西2层～东7层）为界，其上部堆积中有：

软体动物：

双棱田螺　*Viviparus dispiralis*

李氏环棱螺　*Bellamya leei*

乌螺　*Semisulcospira* sp.

大蜗牛　*Helix* sp.

道氏珠蚌　*Unio douglasiae*

鱼类：

鲤鱼　*Cyprinus carpio*

青鱼　*Mylopharyngodon piceus*

两栖动物：

蛙　*Rana* sp.

龟鳖类：

陆龟　*Testudinidae* indet

鸟类（种属待定）

哺乳类：

啮齿目：

竹鼠　*Rhizomys* sp.

鼠类　*Muridae* indet.

灵长目：

猕猴　*Macaca* sp.

金丝猴　*Rhinopithecus*

食肉目：

貂　*Martes* sp.

果子狸　*paguma larvata*

狐　*Vulpes* cf. *vulgaris*

食虫目：

蝙蝠　*Vespertilionidae* indet.

偶蹄目：

野猪　*Sus scrofa*

水牛　*Babulus* sp.

斑鹿　*Pseudaxis* sp.

赤麂　*Muntiacus* sp.

鹿　*Cervus* sp.

秀丽漓江鹿　*Lijiangocerus speciosus*

羊　*Ovis* sp.

以上种类同样见于大钙板以下的下部堆积。此外，下部堆积还含有不见于上部堆积的如下种类：

灵长目：

化石智人　*Homo sapiens sapiens fossilis*

啮齿目：

豪猪　*Hystrix subcristata*

食肉目：

熊　*Ursus* sp.

猪獾　*Arctonyx collaris*

大熊猫　*Ailuropoda melanoleuca*

长鼻目：

剑齿象　*Stegodon* sp.

真象　*Eliphas* sp.

奇蹄目：

中国犀　*Rhinoceros sinensis*

偶蹄目：

水鹿　*Rusa unicolor*

上列的动物种类计有：软体动物5种、鱼类2种、两栖类1种、龟鳖类1种、鸟类（待定）、哺乳类23种（其中鼠类待定）。上部堆积含15种，下部堆积含18种。其中犀、大熊猫、剑齿象和真象等都是绝灭种或为当地现代已绝迹的种类，均出自不含螺壳的西7层中，人牙化石也出自该层。

白莲洞遗址中的哺乳动物化石明显可以划分为两组，代表了两个动物群：上组为"现代哺乳动物群"，可与溧水神仙洞、阳春独石仔洞、桂林甑皮岩诸遗址的动物群对比，属全新世；下组为含化石智人的"大熊猫—剑齿象动物群"，可与都安九楞山、仙洞、封开黄岩洞第四层、"柳江人"洞诸遗址的动物群对比，属晚更新世。这也跟以往的华南第四纪哺乳动物群的划分规律相符。两者所含种类不多，化石也很残破，其中多为偶蹄类，大型食肉类很少见，这是因为洞内堆积主要是人工堆积，这些动物残骸当是人类食后的残渣。

人牙化石　2枚。均出自西7层中，一枚为下左侧第三臼齿（左下M3），另一枚为下右侧第三臼齿（右下M3）。这两枚人牙化石的石化程度较深，齿冠表面呈淡黄色，光泽较好，齿根表面有黑色铁锰质的斑点。牙齿保存状况颇佳，除根局部有缺失外，齿冠均完整。

人牙Ⅰ：齿冠硕大粗壮，似代表一男性个体。

人牙Ⅱ：除齿根有被啮齿类轻微啃噬的痕迹外，齿冠完整。牙齿体积较小，显得纤细，似为女性个体，咬合面有一定程度的磨蚀，颊侧磨蚀程度较大，似为青年个体。

综观两枚人牙，它们在个别性状上表现出一定的原始性，如右M齿冠基部有齿带的痕迹，但在更多性状上与现代人牙并没有显著的差别，故应属化石智人的晚期代表。

人牙测量表

测量项目	齿冠（mm）			齿根（mm）	
	近中—远中径	颊—舌径	高	近中根长	近中根长
左 M	13	10.8	(6.6)	破	破
右 M	10.8	9.7	7	11.5	11.2

四、结　　语

白莲洞遗址各层出土的文化遗物表明其文化层有5组发展序列：①含明显旧石器风貌的打制石器，并有不少的燧石小石器的西5层—西7层；②含原始穿孔砾石和磨制刃部的石器，有众多细石器风貌的燧石小石器的螺壳层（西3层—西2层）；③含穿孔砾石，以砾石工具为主的棕黄色螺壳（东6层）；④含磨制石锛，以砾石工具为主的灰黄色螺壳（东4层—东3层）；⑤含陶片的钙华板层（东1层）。它们代表了石器时代的三期文化：

Ⅰ期（1组）——旧石器晚期文化；

Ⅱ期（2组）——中石器时代文化；

Ⅲ期（3~5组）——新石器时代文化。

据^{14}C和铀系年代测定，西10层距今37000±2000年；西6层距今28000±2000年；西4层距今26680±625年；东7层距今11670±150年；东3层距今8000±800年；东1层距今7080±125年。可见整个遗址的年代经历了30000年之久。以大钙板（西2层—东7层）为界，其上下层代表了早全新世和晚更新世两个时代，这与伴生动物群前者为“现代动物群”，后者为含智人化石的“大熊猫—剑齿象动物群”所反映的相对年代是吻合的。

前述表明，白莲洞遗址是一处内涵十分丰富的石器时代文化遗址，它与华南的许多史前文化遗存有着密切的联系。如砾石工艺可在百色和桂林宝积岩诸旧石器晚期地点中找到相似的例证。中石器遗存可跟阳春独石仔的类似遗存对比。还有绳纹陶也见于柳州鲤鱼嘴和桂林甑皮岩诸遗址。白莲洞遗存的特征主要表现在：洞内堆积以含螺壳的土状堆积为主，越下的堆积螺壳也逐渐减少，主堆积常为一些钙板所间隔，代表着沉积过程的间断，也反映出文化的阶段性变化；石器以打制的砾石工具为主，多施反向单面加工，存在细石器风貌的小型燧石石器，磨制石器多出自上部堆积，少数出自下部堆积的仅磨制刃部，到后期才通体磨制；骨角器也以磨制为多；陶器一般出在磨光石斧之后，早期多为夹砂粗陶系，以绳纹为主；穿孔砾石出现较早，原始类型是双面对凿成孔，后发展到加磨孔壁；伴生动物群主要是现代动物群，但早期也含绝灭种；堆积中有大量用火遗迹。

综上所述，可见该遗址包含了自旧石器晚期经中石器时代过渡到新石器早期（或更晚）的文化发展序列。这些发现对研究华南地区古人类和古文化的发展及其与邻近地区古文化的关系，特别是探讨旧石器晚期文化如何向新石器早期文化过渡，具有重要的科研价值。

后记：在发掘清理和研究白莲洞遗存的过程中，我们先后得到贵阳师院秦启万，柳州市勘探测量队，广西水文地质队唐民一、钱小鄂，成都地质学院刘兴诗，四川大学历史系童恩正诸位专家的大力支援和指导，北京大学考古系年代测定实验室帮助测定了白莲洞文化遗存的绝对年代，谨此深表谢意！

发掘和整理：易光远、杨群、黄云忠、刘文、郭绒先、陈国康、周国兴

执笔：周国兴、易光远、张小骅、谢崇安、刘文、余善书

注　　释

[1] 贾兰坡、邱中郎．广西洞穴中打击石器的时代．古脊椎动物与古人类，1960，2（1）．

[2] 广西柳州市博物馆．柳州市白莲洞旧石器时代晚期文化遗址中的脊椎动物遗骸．古脊椎动物与古人类，1975，13（2）．

[3] 原思训等．阳春独石仔和柳州白莲洞遗址的年代测定，1985（打印稿）．

[4] 李炎贤等．江苏溧水发现的动物化石．古脊椎动作与古人类，1980，18（1）．

[5] 邱立诚等．广东阳春独石仔洞穴文化遗址发掘简讯．古脊椎动物与古人类，1980，18（3）．

[6] 邱立诚等．广东阳春独石仔新石器时代洞穴遗址发掘．考古，1982，（5）．

[7] 李有恒等．广西桂林甑皮岩遗址动物群．古脊椎动物与古人类，1978，16（4）．

[8] 赵仲如等．广西都安九楞山人类化石与共生动物群及其在岩溶发育史上的意义．古脊椎动物与古人类，1981，19（1）．

[9] 吴茂霖等．广西都安仙洞发掘简报．古脊椎动物与古人类，1976，14（3）．

[10] 宋方义等．广东封开黄岩洞古人类文化遗址简讯．古脊椎动物与古人类，1981，19（1）．

[11] 邱立诚等．广东黄岩洞洞穴遗址发掘．考古，1983，（1）．

[12] 吴汝康．广西柳江发现的人类化石．古脊椎动物与古人类，1959，1（3）．

[13] 李炎贤等．广西百色发现的旧石器．古脊椎动物与古人类，1975，13（4）．

[14] 王令红等．桂林宝积岩发现的人类化石和石器．人类学学报，1982，（1）．

[15] 柳州市博物馆、广西壮族自治区文物工作队．柳州市大龙潭鲤鱼嘴新石器时代贝丘遗址．考古，1983，（9）．

[16] 广西文物工作队、桂林市文物管理委员会．广西桂林甑皮岩新石器时代洞穴遗址的试掘．考古，1976，（3）．

附表　白莲洞遗址出土石器小计

名称 \ 数量 \ 层位		东3层	东4层	东6层	扰乱层（T2）·2	西2层	西3层	西5层	西7层	合计
打制石器	敲砸器	6	1	5	1	1	1			15
	砍砸器	6	4	4	（8）	1	7	2	2	34
	刮削器	5		1			8	6	3	23
	尖状器	1	1				2	1	1	6
	其他种类石器						5			5
	砾石石核	8		4	（18）		3	1		34
	燧石石核			1		1	3	10	21	36
	砾石石片	7	1	1	（7）		2	3	3	24
	燧石石片	2		2			21	11	8	44
	有使用痕迹的石片	8	3	6			10	6	3	36
磨制石器	锛	1								2
	切割器					1				1
	穿孔小砾石	2								2
	穿孔“重石”	1		1			1			3
	合计	47	11	25	34	4	63	40	41	265

（原载四川大学博物馆、中国古代铜鼓研究学会编：《南方民族考古》（第一辑），四川大学出版社，1987年）

阳春独石仔和柳州白莲洞遗址的年代测定

——试探华南地区旧石器文化向新石器文化过渡的时间

原思训　陈铁梅　高世君　马力

旧石器文化向新石器文化的过渡是人类进化与文化发展史上一个重要的时期，追溯与其相关联的年代问题，无疑是颇有意义的话题。为此，我们试图通过广东省阳春县独石仔洞穴遗址和广西壮族自治区柳州市白莲洞洞穴遗址的年代测定数据，探讨华南地区旧石器文化向新石器文化过渡的时间问题。

白莲洞遗址的样品是1982年11月我们在柳州市博物馆协助下采集的；独石仔遗址的样品是1982年1月由广东省博物馆宋方义、李浪林与阳春县文化馆的同志一起采集的。对他们的热情支持谨致衷心的谢意。

一、年代测定

本文绝大多数样品的年代数据是用^{14}C法测定的，少数样品的年代测定使用了不平衡系法。两种方法所标误差只是放射性测量的统计偏差，取一个标准偏差。

1. 阳春独石仔遗址的年代测定

阳春独石仔洞穴遗址位于广东省阳春县城北30公里处的独石仔山。1960～1978年，考古工作者先后进行了三次发掘[1]。该遗址堆积厚约4米，自上而下分五层。1983年1月进行了第四次发掘[2]。在遗址的东南洞口距原T5探方1米处新开了3米×2米的T6探方。T6的上文化层已遭破坏，只得在T5探方上文化层壁上采集了一些螺壳和少量兽骨作样品。但因兽骨量太少无法得到年代结果。为了便于考察该遗址文化发展与年代的联系，现根据已发表的发掘资料将地层、文化遗物和^{14}C法测定的年代结果综述如下（表一）。

表一中的样品分为两类。一类是烧过的兽骨。这些烧骨几乎都已炭化，由此测得的年代应该是可靠的。另一类是螺壳。石灰岩地区螺壳的年代也比同层烧骨样品的年代偏老。其中，中文化层的螺壳年代与烧骨年代相比，平均偏老2600年，此状况可反映了这一地区的实际[3]。但中文化层延续1100年左右，如果螺壳和烧骨样品堆积的时间不严格一致，也会导致这一差值的波动。

由于上文化层没采到足够的兽骨和木炭样品，给年代测定带来了一定困难。1981年中国社会科学院考古研究所^{14}C实验室曾测得独石仔遗址T3上文化层的螺壳年代为

14900 ± 300 年（ZK-714-1）[4]。为了较正确地反映这一层位的年代，我们考虑以表一中的 BK83009 和 ZK-714-1 的平均值减去 2600 年所得数值作为上文化层的年代，其年代为 11500 年左右。

表一　阳春独石仔遗址年代测定结果

<table>
<tr><th rowspan="2">层位</th><th rowspan="2">文化遗物</th><th colspan="4">年 代 测 定</th></tr>
<tr><th colspan="2">实验室编号（原编号）</th><th>样品物质</th><th>^{14}C 年代</th></tr>
<tr><td>第一层
表土被扰乱的现代堆积</td><td>零星文化遗物</td><td colspan="2"></td><td></td><td></td></tr>
<tr><td>第二层
上文化层，灰褐色砂土</td><td>打制石器，磨制切割器（7 件），磨制穿孔器（5 件），骨器、蚌器、烧石、烧骨、灰烬，大量螺蚌壳及现生动物化石</td><td colspan="2">BK83009（临 5）</td><td>螺壳</td><td>13220 ± 130</td></tr>
<tr><td rowspan="4">第三层
中文化层，灰黑色砂黏土</td><td rowspan="4">打制石器，磨制穿孔器（1 件）*，骨器、烧骨、灰烬，螺蚌壳自上而下递减，动物化石除犀外均为现生种</td><td rowspan="2">上层</td><td>BK83010（临 6）</td><td>螺壳</td><td>17700 ± 200</td></tr>
<tr><td>BK83016（临 12）</td><td>烧骨</td><td>14260 ± 130</td></tr>
<tr><td rowspan="2">下层</td><td>BK83011（临 7）</td><td>螺壳</td><td>17170 ± 180</td></tr>
<tr><td>BK83017（临 13）</td><td>烧骨</td><td>15350 ± 250</td></tr>
<tr><td>第四层
下文化层，灰黑色砂黏土</td><td>人牙 1 枚，打制石器，穿孔石器 4 件，其中两件磨制穿孔（一件是两面凿打，只有一面可见加磨痕迹；另一件是单面凿打，加磨穿孔），骨器、角器、烧骨、灰烬，仅上部见少量螺壳，动物除貘和犀外均为现生种</td><td colspan="2">BK83018（临 14）</td><td>烧骨</td><td>16680 ± 570</td></tr>
<tr><td>第五层
生土，河湖相沉积的黄褐色砂黏土</td><td></td><td colspan="2"></td><td></td><td></td></tr>
</table>

* 1983 年 1 月第四次发掘出土。

综合以上数据，独石仔遗址的上、中、下三个文化层的年代分别为：

上文化层　　　　距今 11500 年左右；
中文化层上部　　距今 14260 ± 130 年；
中文化层下部　　距今 15350 ± 250 年；
下文化层　　　　距今 16680 ± 570 年。

2. 白莲洞遗址年代测定

白莲洞洞穴遗址位于广西壮族自治区柳州市西南部的白面山。1956 年发现以来，考古工作者曾多次进行过清理和发掘[5]。该遗址文化堆积分东、西两部分，为了便于考察其文化发展与年代的联系，根据已发表的资料，将地层、文化遗物和我们的^{14}C 及铀系年代结果综述于下（表二）。

表二　白莲洞遗址地层、文物遗物以及测年结果

层位		文化遗物	年代测定			
			实验室编号	样品物质	^{14}C 年代	铀系年代
东部堆积物	第一层，钙板	粗绳纹夹砂粗陶片，有零星螺壳	BK82092	钙板	7080 ± 125	
	第二层，钙板	螺壳、动物骨骼				
	第三层，灰黄色亚黏土	打制石器，少量燧石石片制品，磨光石锛 1 件，穿孔石制品 2 件，动物化石，烧骨，炭粒，大量螺壳	BK82239	骨化石	8000 ± 800	
	第四层，黄褐色亚黏土	打制石器，少量燧石石片制品，磨光石器 1 件，磨制骨、角器，动物化石，炭粒，少量螺壳				
	第五层，钙板	偶见螺壳				
	第六层，棕褐色含砂岩屑亚黏土	打制石器，穿孔砾石 1 件，炭粒，顶部富集螺壳				
	第七层，钙板		BK82096	钙板	11670 ± 150	
	第八层，红褐色亚黏土，含大量角砾	黑色燧石石片，动物化石				
西部堆积物	第一层，浅灰黄色亚黏土	骨化石，烧骨，螺壳				
	第二层，钙板	磨制小砾石切割器（仅刃部加磨）1 件，骨化石，少量螺壳	BK82097	钙板	19910 ± 180	
	第三层，黄褐色亚黏土	打制石器，其中黑色燧石质增多，相当部分带细石器风貌，箭镞 1 件，穿孔砾石 1 件，动物化石，炭粒，还有较多螺壳				

续表

层位		文化遗物	年代测定			
			实验室编号	样品物质	^{14}C 年代	铀系年代
西部堆积物	第四层，钙板	有炭屑	BK82098	钙板	26680 ± 625	
	第五层，黄褐色亚黏土	打制石器，燧石质石器占相当部分，砾石工具和小石器均带明显的旧石器时代风貌，动物化石、螺壳极少				
	第六层，钙板	骨化石	BKY82141	钙板	28000 ± 2000	

表二中的^{14}C数据所用样品物质均为钙华（石灰华），这类物质年代测定的可靠性较为复杂，但如果不是在密闭或纵深的洞窟，样品纯净，形成时水中溶解的碳酸盐和大气 CO_2进行过充分交换，其测量结果还是可靠的。桂林甑皮岩遗址文化层上覆钙华板的情况即如此[6]，甑皮岩遗址文化层堆积紧临洞口，取样点钙华板层厚 53 厘米，钙华板厚度与测得的^{14}C 年代如下：

实验室编号	样品离钙华板顶距离（厘米）	年代
BK78302	7 ~ 14	3370 ± 90
BK78305	28 ~ 33	3930 ± 80
BK78306	33 ~ 41	5460 ± 90
BK78308	46 ~ 50	6600 ± 150

根据以上数据可得出样品年代与钙华板层厚度的关系。开始形成钙华板的时间为 7200 年左右，它与下伏文化层上层的年代相当[7]。我们还用^{14}C 法测定过南方一处岩厦型遗址中包裹有炭粒的钙华板，炭粒和钙华板的年代分别为 9280 ± 120 年（BK84118）和 9175 ± 320 年（BK84117），两者一致。说明这两处钙华板的^{14}C 年代是可信的。白莲洞文化层堆积紧临洞口，空气流通，情况与前者类似，故我们估计其钙华板物质的^{14}C 年代也是可靠的。

白莲洞东部堆积第二层 BKY82239 样品和西部堆积第六层 BKY82141 样品是用铀系法测定的，两个样品均为骨化石，实验和数据分析方法我们已在它文阐述[8]，现仅将测定结果列表如下（表三）。

表三　白莲洞遗址骨化石铀系年代

样品编号	层　位	铀含量 ppm	$23234_{U}/238_{U}$	$230_{Th}/234_{U}$	230_{Th}年代	$231_{Pa}/235_{U}$	231_{pa}年代
BKY82239	东部第 3 层	7. 1 ± 0. 5	1. 44 ± 0. 10	0. 070 ± 0. 007	8000 ± 800	0. 169 ± 0. 044	8700 ± 2400
BKY82141	西部第 6 层	47. 4 ± 1. 5	1. 07 ± 0. 03	0. 231 ± 0. 0072	8000 ± 2000	0. 415 ± 0. 0432	5000 ± 4000

表三中两个样品的^{230}Th年代和^{231}Pa年代在测量误差范围内是一致的，样品封闭，它们的年代可靠。一般情况下，由于样品铀含量少，^{231}Pa法的年代误差较大，多用^{230}Th法年代，表二中所列的两个骨化石年代，即为它们的^{230}Th年代。将表二中BKY82239和BKY82141两个铀系法年代数据与其所在层位的上、下层^{14}C年代数据比较，可以看到，两种年代学方法所得数据是协调的，从而也验证了用两种年代学方法所得到的白莲洞遗址年代都是可靠的。

二、华南地区旧石器文化向新石器文化过渡的时间

目前，考古学界对于新石器文化开始的标志看法不完全一致。我们认为，旧石器文化向新石器文化过渡时间，必定在现已公认的旧石器文化之后和新石器文化之前。为了更好地探讨这一过渡时间，除了上面两个遗址的年代数据之外，我们再将已发表的南方广西桂林宝积岩[9]、四川铜梁遗址[10]的旧石器文化年代与广西桂林甑皮岩遗址[11]、江西万年仙人洞遗址[12]的新石器文化年代综合汇列成表四。

表四　南方部分新石器时代和旧石器时代遗址年代数据表

文化性质	遗址	实验室编号	样品物质	层　位	年　代
旧石器文化	宝积岩	BK79410	钙华	距剖面顶4～6厘米	24760±900
		BK79413	钙华	距剖面顶17～20厘米	27940±1000
		BK79421	钙华	距剖面顶67～72厘米	35600±1500
	铜梁	BK76050	乌木	文化层顶部	21550±310
		PV-128	胡桃壳	文化层下部	25450±850
新石器文化	甑皮岩	ZK-910	木炭	文化层上部	7680±150
		ZK-280-0	兽骨	文化层上部	7580±410
		ZK-911	木炭	文化层下部	9000±150
		BK79314	兽骨	文化层下部	9100±250
	仙人洞	ZK-90-0	兽骨	第一期文化	8825±240

注：BK——北京大学考古系^{14}C实验室，ZK——中国社会科学院考古研究所^{14}C实验室，PV——中国科学院古脊椎动物与古人类研究所^{14}C实验室。

这四个遗址在有关文章中都有详细论述。这里仅就宝积岩样品做一点说明。样品系我们自采，采样点在岩洞南壁靠近第二地点处。发掘者说第二地点的“灰黄色胶结为数层钙板分隔，化石及石器出于此层”[13]。南壁残余的堆积物和第二地点一致，在1米多厚的采样剖面上有多层钙华板。宝积岩的堆积物部位紧临洞口，且岩洞不大，因此由这些钙华板所测得的^{14}C年代应属可靠。

联系有关资料，观察这一时间区间中气候的变化、遗址的动物群演化和人类历史发

展的情况是很有意义的。

这个阶段，正是从玉木冰期温暖的间冰阶段经过玉木冰期的极盛期而转变到全新世阶段。世界各地的玉木冰期极盛期的年代，多在18000年前后。然后气温逐渐回升，到距今10000年左右，气候迅速转暖[14]。国内根据^{14}C数据分析得到的最低海平面时间也和上述玉本冰期极盛时期的时间相当[15]。

这个时期正是从“含真人化石的大熊猫—剑齿象动物群”[16]演化到全新世动物群的时期[17]。

这一时期也正是从旧石器晚期文化过渡到新石器文化的时期。我们从宝积岩、铜梁、白莲洞西部文化层→独石仔（可能尚包括白莲洞东部下文化层）→甑皮岩、仙人洞、白莲洞东部第一文化层发展的进程中，依稀可以看到华南地区旧石器文化向新石器文化过渡的脚印。在距今2万多年前，还处在旧石器时代的华南地区古人类，到距今9000多年前，跃进到了使用磨光石器、陶器、饲养家畜，可能还具有原始农业的新石器时代。可能由于人为的破坏，白莲洞遗址在距今20000～11500年有一段空缺，文化发展的脉络不很清楚。独石仔遗址的年代正处于这一时期之中。从下文化层经中文化层到上文化层，无论从动物群的演化、打制石器技术的进步以及磨制石器的出现与发展等方面都反映了人类历史发展的这一进程。

上面我们根据已发表一些发掘资料和年代数据，对华南地区旧石器文化向新石器文化的过渡时间进行了试探性分析。随着发掘资料的增多和年代数据的积累，我们相信历史发展的脉络将变得更加清晰。

注　释

[1] 邱立诚、宋方义、王令红．广东阳春独石仔洞穴文化遗址发掘简讯．古脊椎动物与古人类，1980，(3)；邱立诚、宋方义、王令红．广东阳春独石仔新石器时代洞穴遗址发掘．考古，1982，(5)；邱立诚、宋方义、王令红．作者来信．考古，1983，(7)．

[2] 宋方义、李浪林．阳春独石仔洞穴遗址第四次发掘简报，未刊稿．

[3][7] 北京大学历史系考古专业^{14}C实验室、中国社会科学院考古研究所^{14}C实验室．石灰岩地区^{14}C样品年代的可靠性与甑皮岩等遗址的年代问题．考古学报，1982，(2)．

[4] 中国社会科学院考古研究所^{14}C实验室．放射性碳素测定年代报告（八）．考古，1981，(4)．

[5] 贾兰坡、邱中郎．广西洞穴中打击石器的时代．古脊椎动物与古人类，1960（1）；柳州市博物馆．柳州市白莲洞旧石器时代晚期文化遗址中的脊椎动物遗骸．古脊椎动物与古人类，1975，(2)；杨群．白莲洞又出土了一批打制化石．文物通讯（柳州市博物馆），1978，(6)；易光远．白莲洞发现古人类化石．文物通讯（柳州市博物馆），1980，(7)；周国兴．白莲洞遗址的发现及其意义．史前研究，1984，(2)．

[6] 原思训、陈铁梅、王良训、马力、杜勤、蒙清平．^{14}C测定报告——地质部分．地震地质，1980，(3)．

[8] 陈铁梅、原思训、高世君、王良训、赵桂英．许家窑遗址哺乳动物化石的铀系年代测定．人

类学学报，1982，（1）；原思训、陈铁梅、高世君．铀系法测定骨化石年龄的可靠性研究及华北地区主要旧石器地点的铀系年代序列．人类学学报，1984，（3）．

［9］［13］［16］　王令红、彭书琳、陈远璋．桂林宝积岩发现的古人类化石和石器．人类学学报，1982，（1）；陈铁梅、原思训、王良训、马力、蒙清平．^{14}C 年代测定报告（六）．文物，1984，（4）．

［10］　李宣民、张森水．铜梁旧石器文化之研究．古脊椎动物与古人类，1981，（4）；张森水、吴玉书、李宣民、杨兴隆．铜梁旧石器遗址自然环境的探讨．古脊椎动物与人类，1982，（2）；北京大学历史系考古专业 ^{14}C 实验室．^{14}C 年代测定报告（二）．文物，1978，（5）；黎兴国、刘光联、许国英、王福林、刘昆山．一批地质与考古标本的 ^{14}C 年代测定．古脊椎动物与古人类，1979，（2）．

［11］　广西壮族自治区工作队，桂林市文管会．广西桂林甑皮岩洞穴遗址的试掘．考古，1976，（3）．

［12］　江西省文物管理委员会．江西万年大源仙人洞洞穴遗址试掘．考古学报，1963，（1）；江西省博物馆．江西万年大源仙人洞洞穴遗址第二次发掘报告．文物，1976，（12）；中国社会科学院考古研究所 ^{14}C 实验室．放射性碳素测定年代报告（四）．考古，1977，（3）．

［14］　高迪著，邢嘉明等译．环境变迁．海洋出版社，1981．

［15］　赵希涛、耿秀山、张景文．中国东部 20000 年来的海平变化．海洋学报，1978，（2）．

［17］　李有恒、韩德芬．广西桂林甑皮岩动物群．古脊椎动物与人类，1978，（4）；黄万坡、计宏祥．江西万年仙人洞全新世洞穴堆积．古脊椎动物与古人类，1963，（3）．

（原载北京大学考古系编：《纪念北京大学考古专业三十周年论文集（1952～1982）》，文物出版社，1990 年）

白莲洞遗址的年代再测定

原思训　高世君

北京大学第四纪年代测定实验室与加速器质谱实验室整理和公布了新的年代测定数据如下：

白莲洞遗址地层年代

距今年代（年）	层位	测试样编号	样品物质
7080 ±125	东一层	BK82092（1）	钙板
7140 ±60	东二层上部	BK94044	钙板
9260 ±90	西南二层	BK94022	钙华
9520 ±90	东二层下部	BK94043	钙板
10310 ±290	西一层上部	BA94027（2）	炭屑
11160 ±580	东三层	BA93016	炭屑
11670 ±150	东七层次生方解石带	BK82096	方解石
12780 ±180	西二层顶部	BK93033	钙板
12980 ±150	东文化层	BK81025	螺壳
13550 ±590	东四层	BA93017	炭屑
13905 ±250	东五层	PV-455（3）	钙板
14650 ±230	东六层左半部	BA92003	螺壳
15120 ±200	“白莲洞”底部钙板	BK93030	钙板
17320 ±330	西南三层	BA92010	螺壳
17680 ±300	西一层下部	BK94011	螺壳
18450 ±410	西三层	BA92017	螺壳
18570 ±210	西南四层	BA92016	炭屑
19145 ±180	西二层底部	BK94049	钙板
19645 ±200	东七层	BK94041	钙板
19910 ±180	西四层顶部	BK82097	钙板
20240 ±660	东八层	BA92013	烧骨
21575 ±150	西四层上部	BK92039	钙华
26680 ±625	西四层底部	BK82098	钙板
28000 ±2，000	西六层	BKY82141（4）	骨化石
37000 ±2，000	西十层	BK82101	钙板

注：（1）BK——常规^{14}C法；（2）BA——AMS^{14}C法；（3）PV——中科院古脊椎动物与古人类研究所测^{14}C年代；（4）铀系法测年。

（原载周国兴主编：《中日古人类与史前文化渊源关系国际学术研讨会论文集》，中国国际广播出版社，1994年）

华南早期新石器 ^{14}C 年代数据引起的困惑与真实年代

原思训

可靠的数据是研究工作的基础，十多年来，我国一些考古学家一直为华南地区早期新石器的 ^{14}C 年代数据所困扰。1977 年夏鼐认为当时已发表的几个仙人洞和甑皮岩遗址数据与遗存相比显得偏老，并认为系由石灰岩特殊地理环境所引起[1]。之后随着 ^{14}C 数据的增多，不少数据不仅明显偏老，而且上、下层位倒置，问题愈亦扑朔迷离。最近安志敏讨论了这一问题，并指出以华南早期新石器为代表的许多遗存在 ^{14}C 数据上“还存在一定矛盾和争议，有待继续解决”。[2]

考古年代数据的可靠性或可信程度由多种因素决定，在假定实验室测定工作无误的情况下至少还必须着重考虑样品材料和样品层位，本文拟就已发表的可能归属于早期新石器的华南地区 ^{14}C 年代数据探讨其年代问题。

一、石灰岩环境对不同材料样品

目前，华南地区被认为可能归属于早期新石器而有 ^{14}C 年代数据的地点有广西桂林甑皮岩、南宁豹子头、柳州白莲洞、大龙潭、扶绥江西岸、广东阳春独石仔洞、封开黄岩洞 、罗髻岩、英德朱屋岩、江西万年仙人洞等，上述遗址都处于石灰岩地区，目前这种特殊地理环境对 ^{14}C 年代数据真实性的可能影响就为人们所关注，为研究石灰岩地区 ^{14}C 实验室（原历史系考古专业 ^{14}C 实验室）和中国社会科学院考古研究所 ^{14}C 实验室人员于 1978、1979 年两度赴桂林和南宁地区考察、采样测定。研究结果成文“石灰岩地区 ^{14}C 样品年代的可靠性与甑皮岩等遗址的年代问题”[3]（下面简称“石”文）。虽然因为当时无法得到该试验前的对比样品，和限于主要目的是解决一些 ^{14}C 年代数据和考古学估计相差悬殊的问题没有考虑若干较小影响因素，但是并未影响所得结论的正确性。本节将围绕石灰岩对 ^{14}C 样品年代可靠性影响作一些补充说明。安志敏汇集了前述遗址 ^{14}C 年代数据，[2] 为讨论方便，我们核对了这些数据，并列于表一。

石灰岩地区的突出特点是山体主要由含“死碳”的碳酸盐岩构成。土壤和山体中也含有较多“死碳”。这一特点可经两条途径影响样品年代可靠性，一是影响样品的起始 ^{14}C 浓度（℃）。另一是对样品造成污染。一般说来解决后一问题较为简单，对无机样品（螺、蚌壳、钙华板）只要在于处理时认真检查，刮除或用酸溶去可能的污染层，对有机（木头、木炭、骨头等）样品经常规的清洗步骤，就能除去碳酸盐物质污染。而前一问题则相当复杂，以下着重讨论石灰岩环境引起样品℃变化造成的年代偏离问题。

表一　可能归属于早期新石器的一些华南考古遗址的^{14}C年代数据

地　　点	样品编号	样品物质	层　　位	年代（距今）	参考文献
江西万年仙人洞	ZK-92-0	兽骨	石灰岩洞穴下层	8825 ± 240	[23]
江西万年仙人洞	ZK-39-1	蚌壳	石灰岩洞穴下层	10870 ± 240	[32]
广西桂林甑皮岩	ZK-906-1	螺蚌壳	79KJDT6，上钙华板下 50 ~ 70 厘米	10875 ± 150	[3]
广西桂林甑皮岩	ZK-907-1	螺蚌壳	79KJDT6，上钙板下 100 ~ 120 厘米	10870 ± 330	[3]
广西桂林甑皮岩	ZK-908-1	螺蚌壳	79KJDT6，上钙板下 170 ~ 190 厘米	11055 ± 230	[3]
广西桂林甑皮岩	ZK-909-1	螺蚌壳	79KJDT6，上钙板下 190 ~ 250 厘米	10990 ± 330	[3]
广西桂林甑皮岩	ZK-279-1	蚌壳	DT5③	11310 ± 180	[23]
广西桂林甑皮岩	ZK-280-0	兽骨	DT5③	7580 ± 410	[23]
广西桂林甑皮岩	ZK-630	木炭		5950 ± 265	[2]
广西桂林甑皮岩	BK78308	钙华板		6600 ± 150	[22]
广西桂林甑皮岩	BK78309	螺壳	上钙华板底部	10300 ± 100	[3]
广西桂林甑皮岩	BK79310	螺壳	79KJDT5，上钙板下 80 厘米	10270 ± 150	[3]
广西桂林甑皮岩	BK79316	螺壳	79KJDT5，上钙板下 130 厘米	10090 ± 105	[3]
广西桂林甑皮岩	BK79314	兽骨	79KJDT5，上钙板下 170 厘米左右	9100 ± 250	[3]
广西桂林甑皮岩	ZK-910	木炭	79KJDT5，上钙板下 170 厘米	7680 ± 150	[3]
广西桂林甑皮岩	ZK-911	木炭	79KJDT6，上钙板下 30 厘米左右	9000 ± 150	[3]
广西桂林甑皮岩	BK79308	螺壳	79KJDT6，上钙板下 30 厘米左右	8970 ± 100	[3]
			79KJDT5，紧靠上钙板		
广西南宁豹子头	ZK-284-1	蚌壳	T2③	10720 ± 260	[23]
广西南宁豹子头	ZK-856-0	兽骨	T2②	5155 ± 300	[23]
广西南宁豹子头	ZK-839-1	螺壳	距地表 50 厘米	9985 ± 200	[3]
广西南宁豹子头	ZK-843-1	螺壳	距地表 100 厘米	10155 ± 200	[3]
广西南宁豹子头	ZK-840-1	螺壳	距地表 110 厘米	9625 ± 120	[23]
广西南宁豹子头	ZK-841-1	螺壳	距地表 190 厘米	10565 ± 200	[3]
广西南宁豹子头	ZK-842-1	螺壳	距地表 200 厘米	10735 ± 200	[3]
广西柳州白莲洞	PV-455	钙板	东壁二层	13905 ± 250	[25]
广西柳州白莲洞	BK81025	螺壳	东剖面文化层	12980 ± 150	[21]
广西柳州白莲洞	BK82092	钙华板	东部堆积物第一层	7080 ± 125	[12]
广西柳州白莲洞	BK82096	钙华板	东部堆积物第七层	11670 ± 150	[12]
广西柳州白莲洞	BK82097	钙华板	西部堆积物第二层	19910 ± 180	[12]
广西柳州白莲洞	BK82098	钙华板	西部堆积物第四层	26680 ± 625	[12]
广西柳州白莲洞	BK82101	钙华板	西部堆积物第十层表层	37000 ±	[12]
广西柳州大龙潭	PV-376	螺壳	扰乱层	2000	[24]
广西柳州大龙潭	PV-378（2）	螺壳	上文化层	5820 ± 100	[24]
广西柳州大龙潭	PV-401	人骨	下文化层上部	7820 ± 100	[24]

续表

地　　点	样品编号	样品物质	层　　位	年代（距今）	参考文献
广西柳州大龙潭	PV-402	人骨	下文化层上部	10510±150	[24]
广西柳州大龙潭	BK82090	螺壳	下文化层**，靠人骨架	11450±150	[20]
广西柳州大龙潭	PV-379（1）	螺壳	下文化层	12880±220	[24]
广西柳州大龙潭	PV-379（2）	螺壳	下文化层	18560±300	[24]
				21020±450	
广西柳州大龙潭	BK82091	螺壳	下文化层下部	23330±250	[20]
广西扶绥江西岸	ZK-848-1	螺壳	距地表0~25厘米	9385±140	[3]
广西扶绥江西岸	ZK-850-1	螺壳	距地表0~60厘米	8950±130	[3]
广西扶绥江西岸	ZK-851-1	螺壳	距地表110厘米	9245±140	[3]
广东阳春独石仔	ZK-714-1	螺壳	T3，上层	14900±300	[12]
广东阳春独石仔	BK83009	螺壳	T5，上文化层	13200±130	[12]
广东阳春独石仔	BK83016	烧骨	T6，中文化层上层	14260±130	[12]
广东阳春独石仔	BK83017	烧骨	T6，中文化层下层	15350±250	[12]
广东阳春独石仔	BK83018	烧骨	T6，下文化层	16680±570	[12]
广东阳春独石仔	BK83010	螺壳	T6，中文化层上层	17700±200	[12]
广东阳春独石仔	BK83011	螺壳	T6，中文化层下层	17170±180	[12]
广东封开黄岩洞	ZK-676-1	贝壳	洞口	11930±200	[23]
广东封开黄岩洞	ZK-677-1	贝壳	洞内大厅	10950±300	[23]
广东封开螺髻岩	ZK-678-1	螺蚌壳		11175±500	[23]
广东英德朱屋岩	BK83019	螺壳		17140±260	

*计算表中年代数据采用^{14}C半衰期为5730年，并且全部年代数据均未作树轮年代校正。**数据报告误为上层。

1. 木头、木炭

木头和木炭样品通常被认为是^{14}C测年的最佳材料。树木和其他陆生物都是经光合作用固定碳以构成机体。

植物生理研究表明，光合作用过程中的碳几乎100%来自大气CO_2，借助根部输送的碳可以忽略不计[4]。因此从理论上讲石灰岩环境不会使木头、木炭及陆生植物样品的可靠性发生疑问，许多实验数据也充分肯定了这一点。

为了研究溶解的碳酸盐对于树木^{14}C浓度的影响，Olss on（1972）不仅对比了采自生长于软水和硬功夫水地区的树叶中的^{14}C浓度而且对比了栽培在泥中央和加碳酸钙泥炭中的土豆及土豆根里的^{14}C浓度，结果说明都没有发现明显的差异[5]。

Srdoc等（1980，1982）的数据可能为本论题提供更为直接的说明[6]；捷克Plitvice国家公园区为石灰岩地区，Srdoc等测定了该区湖水、大气和树枝的^{14}C浓度结果如表二。

表二中数据不仅说明石灰岩地区的树木即使根部浸泡在^{14}C浓度远小于大气的湖水中，树枝^{14}C浓度没有受到影响，并且和大气^{14}C浓度一致。

表二　石灰岩地区树木、湖水碳酸盐及大气 CO_2的^{14}C浓度对比

样品物质	说明	与现代碳化值（%）
嫩树枝	1978 年 3 月采集，树根浸入湖水中	130.4 ±1.0
湖水碳酸盐	1973 年采自 Kozjak 湖	85.0 ±0.9
湖区大气 CO_2	1973 年采自 Kozjak 湖区	131.5 ±0.8

Tauber（1983）对比测定了生长在丹麦碳酸钙含量达 18% 及 52% 的钙质土和碳酸钙含量小于 1% 的正常土壤中的山毛榉树的^{14}C浓度，并和美国的 Douglas 冷杉的相应年轮的^{14}C浓度作比较[8]，表三列出了以惯用^{14}C年代表的测量结果。

对比表三数据，几乎看不出在高钙质土中生长的树木和正常地区有什么差别。以上一系列研究和“石”文的数据都充分证明了石灰岩地区的树木，木炭等样品的^{14}C年代和非石灰地区一样是可信赖的。至于“石”文中一些陆生动植物的^{14}C浓度（比度）较同时期大气^{14}C浓度偏低 0.4%～0.5%，问题该文已作了解释，主要是由于缺乏该试验前对比样品，作为对比标准的大气压^{14}C浓度的近似性以及样品生长时期与对比标准不严格同时等因素所引起，那些数据并不定量，因而它们不能作为偏老趋势的证据。表三丹麦高钙土，普通壤土生长的山毛榉以及美国 Donglas 冷杉同年轮部^{14}C浓度一致性正好提供了石灰岩地区生长的树木样品并不比正常地区^{14}C年代偏老的例证。退一步说，即使石灰岩地区可能导致某些陆生动植物样品略微偏老，譬如^{14}C浓度低 0.4%～4.5%，它所引起的偏老值至多不大于 400 年，由此也绝不会引起目前的华南早期新石器年代上混乱。

表三　钙质土与正常壤土中生长的树木^{14}C浓度对比

树轮（AD）	^{14}C年龄（BP）			
	钙质土（含碳酸钙 18%）山毛榉 A1　1	钙质土（含碳酸钙 52%）山毛榉 A1　11	正常壤土（含碳酸钙 <1%）山毛榉 So　1	美国太平洋 Douglas 冷杉（Stuiver，1982）
1850～1860	29 ±35		48 ±40	116 ±10
1870～1880	61 ±40		43 ±40	113 ±10
1880～1900	149 ±40		70 ±40	82 ±10
1900～1910		143 ±40 *	62 ±40	75 ±10
1910～1920		122 ±40	133 ±40	114 ±10
1920～1930		141 ±40	164 ±40	132 ±10
1930～1940		123 ±40	126 ±40	150 ±10

* 仅 1903～1910 树轮部分。

2. 骨头

动物和人不能直接利用大气中 CO_2 合成机体组织，只能以植物和其他动物为大气 CO_2 进行间接交换，他们机体中的 ^{14}C 浓度与摄取的食物有关[9]，相对地说骨头样品的问题稍复杂一些，不过许多实验表明，通常骨头样品的 ^{14}C 年代是可靠的[7]。如果生活在石灰岩地区的动物或人，生前主要以水生动植物为食，其骨骼的 ^{14}C 年代可能偏老。

3. 螺蚌壳

它是软体动物的介壳，可分为海洋和淡水两大类。螺、蚌以水中植物、动物和和浮游生物为食，他们机体中的 ^{14}C 浓度最终决于水体中溶解的 CO_2 和碳酸盐的 ^{14}C 浓度。海洋螺、蚌壳的情况较为简单。海洋是一个浩瀚的水体巨大的 ^{14}C 储存库。虽然因受浓度和洋流等到影响不同地点和部位海水的 ^{14}C 浓度有差别，但是广大的温带地区表层海水的 ^{14}C 浓度相近，比大气低5%左右，这个因素可使海洋螺、蚌壳的 ^{14}C 年代偏老400年上下。但是海洋螺、蚌壳的 $\delta^{13}C$ 为0‰左右，它表明这些螺、蚌壳由于生物同位素分留效应浓集 ^{14}C，此因素又使它们的 ^{14}C 年代偏年轻400年上下，在这两种影响幅度相近，作用方向相反的因素作用下，海洋、蚌壳的 ^{14}C 年代一般说是可靠的。

陆生的淡水螺、蚌壳的情况要复杂得多，淡水水体不像海洋那样广袤无垠，它星散在地表各处。各个水体中的 ^{14}C 浓度因水源、地域、气候等不同所溶解的含死碳的碳酸盐量不同。这一情况不但导致一些水体中的水生动植物的 ^{14}C 浓度偏低，而且不同水体偏低程度也不同，石灰岩地区水中溶解了相当多的含水量“死碳”的碳酸盐，致使其中水生动植物的 ^{14}C 浓偏低尤甚。如果能设法测定出样品生成时，其所在水体的 ^{14}C 浓度，便可能确定该样品的 ^{14}C 年代的校正量。但是 ^{14}C 测年样品来自古代，很难获得当时水体的 ^{14}C 浓度。测定样品出土地点周围现存水体 ^{14}C 浓度也只能作为重要参考。因而目前有关石灰岩地区螺蚌壳及水生动植物样品的 ^{14}C 年代偏老数值尚无定量校正方法。

4. 钙华板

钙华板、钟乳石、石笋等都是由含碳酸盐的水中生成的沉积物。这类物质在石灰岩地区的洞穴中十分发育，露天亦多见，它们的 ^{14}C 年代可靠性相当复杂。其 $_0C$ 不仅取决于沉积物生成时水体的 ^{14}C 浓度，而且和周围空气的 ^{14}C 浓度，以及碳同位素在空气、水溶液及新生沉积物间的交换程度有关。如果洞穴开阔、空气畅通，形成沉物中的碳和水溶液及大气中碳同位素交换充分，则沉积物的 ^{14}C 年代基本上是可靠的，如甑皮岩及白莲洞主厅的钙华板，反而则偏老[10,12]，因此在应用钙华板数据时应十分慎重。

二、可能归属于早期新石器的一些华南地区考古遗址的^{14}C 年代数据甄别

在上节讨论的基础上，本节主要围绕华南早期新石器测年所用样品材料和出土层位对各遗址样品逐个甄别。各遗址^{14}C 测年的样品材料及数据个数列于表四。

表四　华南地区一些遗址的^{14}C 年代数据量及所用测年样品物质

样品个数 / 遗址 / 样品物质	仙人洞	甑皮岩	豹子头	白莲洞	大龙潭	江西岸	独石仔	黄岩洞	螺髻岩	朱屋岩
木炭		3								
骨头	1	2	1		2		3			
钙华板		1		6						
螺蚌壳	1	9	6	1	6	3	4	2	1	1

由上表可见所用^{14}C 测年材料中螺蚌壳高达 65%，从这些螺蚌壳出土的地点、环境及送测的样品看，它们都是淡水螺蚌。据前讨论这类样品的^{14}C 年代不仅偏老，而且没有定量的校正方法，如果不加分析地使用这些数据资料，势必会给研究工作带来迷惘，看来这是引起华南早期新石器^{14}C 年代上混乱的主要原因。江西岸、黄岩洞、螺髻岩、朱屋岩四个地点都只有螺蚌壳数据，因此不能据以它们的考古年代作确切判断。至于朱屋岩，不仅样品没有肯定的出土层位，而且据说对该地点是否曾出过陶片都有分歧，因之更难以讨论该样品年代的联系的文化问题。

不过，由现有资料出发，淡水螺蚌壳的^{14}C 年代偏老幅度多在几百至二三千年，如果权且作为参考，亦不妨由测定数据中扣除 500～2500 年来估计有关遗存的大致年代范围。

表四中的 7 个钙华板样品，其中甑皮岩 1 个，白莲洞 6 个。甑皮岩 BK78308 是 1978 年在甑皮岩陈列馆人员协助下由北京大学和考古研究所实验室人员采集。样品取自文化层上覆的厚钙华板底部，根据它和下伏文化层上部木炭样 ZK910 的年代及层位关系看，其年代基本上是可信的，但该样品只能说明文化层的下限。

白莲洞 PV-455 样系古脊椎动物与古人类研究所实验室所测，样品来自“东壁第二层”。因“东壁”含义不清，一时又弄不清确切所指，暂不对该数据做进一步讨论。其他 5 个白莲洞样品 BK82092、82096、82097、82098 和 82101 是 1982 年在柳州市博物馆协助下由北京大学实验室人员采集，层位依据原发掘分层[11]，如前所述钙华板类样品的年代可靠性较为复杂，但据遗址样品环境及与铀系法数据对比，这些样品的年代基本可靠[12]。

骨头样品年代的可靠性受人和动物食物构成的影响。从仙人洞、甑皮岩、独石仔的动物群中兽类组成来看多为牛、羊、鹿、麂、竹鼠、虎、豹等，并非主要以食水生动物植物为生者，它们年代应可靠。其中仙人洞兽骨样 ZK-92-0 为江西博物馆 1964 年采集的洞穴下层样品。三个独石仔兽骨样是受北京大学实验室之托，由广东博物馆宋方义、李浪林所采，他们为采样专门对遗址进行了第四次发掘[1]。ZK-280-0 兽骨样为桂林市文管会送测的甑皮岩 DT5③样品，因为发掘时认为遗址是单一文化层，没有对出土部位作更多说明。BK79314 样多为猪骨和鹿角，系 1979 年由实验室人员采自 DT5，并有许多陶片伴出[3]，上海博物馆王维达用热释光法测定了其中一些陶片的年代，结果与^{14}C法吻合[13]。

豹子头兽骨 ZK856-I 为广西博物馆送测，出土于 T2②，应系第二层，发掘报告称"第二层为扰乱层，……混有铁钉、'开元通宝'和唐宋时代陶片"[14]，该样品数据显然不宜用于探讨遗址年代，应当删除。

据报道大龙潭人骨样品属下文化层上部[15]。大龙潭为贝丘遗址，据遗物推测当时人们过着渔猎采集生活，如果食用较多螺、蚌肉及其他水生动植物，不能排除 PV401，PV402 两个样品^{14}C 年代偏老的可能性。

三个木炭样品均为实验室人员采集，但是鉴于 ZK-630 样品时的具体情况，该样品数据应剔除：1978 年考古研究所与北京大学两个实验室人员第一次到桂林考察，当时没有准备系统采集甑皮岩遗址文化层样品，只是在取覆盖在文化层顶部的钙华板时，顺便收集了分散在遗址各处的木炭颗粒，该样品没有确切层位，考虑到这一事实，实验室才未正式发表这一数据，因此显然不宜用它来探讨遗址年代。

ZK-910 和 ZK-911 为 1979 年所采，是年考察的主要任务是采集遗址文化层样品。考察人员在仔细观察了剖面后，发现在厚大的顶部钙华板之下半米左右还有一层厚约 2 厘米的薄钙华板，即"石"文中的第二层钙华板，在它的上下散布着许多木炭粒，ZK-910 和 ZK-911 分别采自上、下两部分。

三、可能归属于早期新石器的一些华南考古遗址的^{14}C 年代

经过上节甄别剩下甑皮岩、仙人洞、独石仔、大龙潭五个遗址的 16 个可靠（木炭、兽骨）或基本上可用（钙华板、人骨）的^{14}C 数据。我们将根据这些年代数据，并参考螺蚌壳资料来探讨华南早期新石器及这些遗址的年代。

1. 甑皮岩、仙人洞

甑皮岩是目前华南地区经过系统发掘、遗存丰富、年代数据较多的一处遗址。据试掘报告"第三层为新石器时代堆积层"，"第三层出土的文化遗物和遗迹均属新石器时代的遗存，看不出有早晚的不同"[16]。经过北京大学和考古研究所两个实验室研究认为

“甑皮岩遗址似以第二层钙华板为界分为早晚两期，晚期年代大约距今 7500 年左右，早期年代在 9000 年以上”[3]。经上节数据甄别，进一步肯定“石”文中依据数据得出的这一结论。

据上节讨论对甑皮岩^{14}C 数据的一些疑虑，不难消除，例如“同一浓度的两块木炭（ZK-911 和 ZK-910）相差 1300 年”[2]，如前所述具体情况是两者相隔第二层钙华板，也并非同一深度，它们分别代表上、下两期的年代。再如“同一层位的蚌壳（ZK279-1）比兽骨早 3700 年，而木炭比蚌壳晚了 5300 年”[2]。ZK-279-1（蚌壳 11310 ± 180 年）和 ZK-280-0（兽骨 7580 ± 410 年），虽按送测者意见同出一层，而蚌壳较兽骨老许多的可能原因是：两者出土层位有别，因发掘时认为“均属新石器的遗存”而没有细分，而实际上 ZK-279-1 应为下层，ZK-280-0 为上层，再加上淡水贝壳年代偏老更扩大了两者年代上的差距。至于 ZK-630 木炭比蚌壳晚了 5300 年是因为除了蚌壳本身偏老外，据前讨论 ZK-630 是实验室认为不宜使用而未正式发表的数据。

仙人洞 ZK-920 兽骨年代数据，我们不作更多讨论[3]。

2. 白莲洞

1956 年发现，经过多次发掘主要有两套沉积物，前期沉积物以洞室西部为代表，后期沉积物集中于洞室东部，据对地层、文化遗物、动物、人化石研究，发掘者认为遗址代表了石器时代的三期文化——旧石器文化、中石器文化和新石器文化[11]，北京大学^{14}C 法和铀系法对遗址各层年代系统测定表明白莲洞文化延续时间长达 30000 以上[12]，不宜笼统地都归属为新石器早期文化。

3. 独石仔

1960 年发现，1964、1973、1978 年三次发掘[17~19]。为配合北京大学实验室的年代研究工作，广东省博物馆于 1983 年进行地第四次发掘。遗址分上、中、下三个文化层，上文化层因没有足够的可靠测年材料，只有两个螺壳年代数据。中、下文化层的三个烧骨样品年代分别为 14260 ± 130，15350 ± 250 和 16680 ± 570 年，同层采到的兽骨与贝壳样品年代相关较多，可能性主要因为这些软体动物生活的水体中死碳含量较高。

4. 大龙潭

大龙潭遗址年代揣测，现有大龙潭遗址^{14}C 年代数据 8 个，其中人骨样品 2 个，螺壳样品 6 个，删除扰乱层螺壳样 PV-376 后，其余 7 个数据或许可分为三组：

第三组	PV-378（2）	7820 ± 100	上文化层
第二组	PV-401	10510 ± 150	下文化层
	PV-402	11450 ± 150	下文化层
	BK82090	12880 ± 220	靠人骨架上文化层

第一组	PV379（1）	18560±300	下文化层
	PV379（2）	21020±450	下文化层
	BK82091	23330±250	下文化层下部

上列分组是基于如下两点考虑：①从现有的淡水螺壳堆积的贝丘及一些洞穴遗址的螺蚌壳^{14}C数据看，例如表一中的甑皮岩ZK-906-1，ZK-907-1，ZK-908-1，ZK-909-1（79KJDT6），BK79309，BK79310，BK79316（79KJDT5），豹子头ZK-839-1，ZK-843-1，ZK-841-1，ZK-842-1和江西岸ZK-848-1，ZK-850-1，ZK-851-1等，往往1～2米深度内各^{14}C数据年代在误差范围内相近，它反映了先民们采食螺蚌后抛弃的这类物质堆积很快，或可说明他们固定在一处活动延续时间较短。②虽然淡水螺蚌壳年代偏老而且没有准确的校正方法，但是其偏老幅度通常不会大于^{14}C的半衰期，即5730年。前面所列三组大龙潭螺壳年代，各组间相距都在5000年以上，这样差距不像是由样品的测量误差或者由于同时期螺壳样品因为来源不同所致。除了发掘报告已指明有两个文化期外，是否可将第二、三组数据视为第一期文化的两个阶段，据前所述，如果权作参考，在扣除了因螺蚌年代偏老的因素之后，大龙潭遗址似可分为三个时间相距较大的阶段：

第三阶段	报告中的第二期文化（上文化层）	距今6000～5000年
第二阶段	报告中的第一期文化（下文化层上部）	距今10000年前后
第一阶段	报告中的第一期文化（下文化层下部）	距今20000年左右

几年前有关陶片的层位笔者曾专门求教过参加发掘工作的何乃汉，他称陶片出土的最低部位为上文化层底部和下文化层顶部，不低于人骨所在部位。若如是，是否可作这样推论，即陶片的年代至多为10000年前后。

大龙潭与白莲洞相距很近，基于前面对大龙潭年代的推测，两者在文化发展阶段上可作如下对比：大龙潭上文化层稍晚于白莲洞东部堆积第一层；大龙潭下文化层顶部（人骨部位）约相应于白莲洞东部堆积的4～6层；大龙潭下文化层下部大约与白莲洞西部堆积的第二层相当。

5. 豹子头、江西岸、黄岩洞、螺髻岩

这四处遗址只有螺蚌壳年代，据前如果姑且作为参考，可由螺蚌壳年代减去500～2500年得出遗址的大致年代范围。

华南地区新石器文化发展上尚有不少缺环，近年陆续有一批较早新石器遗存被发现，如湖北宜都城背溪[20]、湖南石门皂市[21]、临澧胡家屋场[26]、澧县彭头山[27]等。这些遗址的^{14}C年代都较余姚河姆渡为早，它们多与北方的武安磁山、新郑裴李岗相近，而彭头山还较前两遗址早上千年。这些发现正逐渐填补着河姆渡到甑皮岩、仙人洞间的缺环。

如果以陶器的出现作为主要特征之一来衡量新石器时代的开始，那么目前甑皮岩、仙人洞是遗物和层位确凿、^{14}C数据可靠的华南最早新石器遗存。虽然大龙潭下文化层的陶片可能更早，但有待进一步核查。

白莲洞遗址在时间上延续较久，尽管在地层和文化上存在缺失，但如果以它为主线结合独石仔、大龙潭、甑皮岩等遗址，纵观华南地区旧石器到新石器文化的时间进程是颇有意思的，我们曾就此做过探讨[12]，即大约距今9000年或稍早一点时间处于新石器早期，而距今20000～10000年左右的时间区间在文化发展上具过渡性质或者说是新石器文化的孕育期，这一状况和华北地区考古文化进程也大体相当。而令人玩味的是这一过渡时间正是伴随着末次冰期主冰期的到来与结束而实现的。

注　释

[1] 夏鼐．碳—14测定年代和中国史前考古学．考古，1977，(4)：217-232.

[2] 安志敏．华南早期新石器的^{14}C断代和问题．第四纪研究，1989，(2)：121-131.

[3] 北京大学历史系考古专业^{14}C实验室、中国社会科学院考古研究所^{14}C实验室．石灰岩地区^{14}C样品年代的可靠性与甑皮岩等遗址的年代问题．考古学报，1982，(2)：243-250.

[4] 曹宗异．根系在植物碳素营养中的作用，北京大学学报（自然科学），1964，(1)：82-88.

[5] Clsson, I, U, *et al.* Uppsala Natural Radiocarbon Measurements XI. *Radiocarbon*, 1972, 14 (1): 368-296.

[6] Srdoc D, Obelic B and Horvatincic N. Radio carbon Dating of Calcareous Tufa; How Reliable Data can We Expect? *Radiocarben*, 1980, 22 (3): 858-862.

[7] 中国社会科学院考古研究所实验室，古脊椎动物与古人类研究实验室．骨质标本的碳—14年代学测定方法．考古，1976，(1)：28-30.

[8] Tauber, H. Possible Depletion in ^{14}C in Trees Growing in Calcareous Soils, *Radiocarbon*, 1983, 25 (2): 417-420.

[9] 蔡莲珍，仇士华．碳十三测定和古代食谱研究．考古，1984，(10)：949-955.

[10] 原思训．洞穴堆积物的^{14}C年代测定研究．仇士华主编：中国^{14}C年代学研究，科学出版社，1990：213-222.

[11] 柳州白莲洞洞穴科学博物馆等．广西柳白莲洞石器时代洞穴遗址发掘报告．南方民族考古（第一辑），1987：143-160.

[12] 原思训等．阳春独石仔和柳州白莲洞遗址的年代测定．北京大学考古系编：纪念北京大学考古专业三十周年论文集，文物出版社，1990：40-47.

[13] 王维达．河姆渡和甑皮岩陶片热释光年代的测定，考古学集刊（第四集）．中国社会科学出版社，1984：321-327.

[14] 广西壮族自治区文物考古训练班，广西壮族自治区文物工作队．广西南宁地区新石器时代贝丘遗址，文物，1975，(5)：297.

[15] 柳州市博物馆，广西壮族自治区文物工作队．柳州市大龙潭鲤鱼嘴新石器时代贝丘遗址．考古，1983，(9)：769-774.

[16] 广西壮族自治区文物工作队，桂林市文管会．广西桂林甑皮岩岩洞穴遗址的试掘．考古，1976，(3)：175-179.

[17]　邱立诚等．广东阳春独石仔洞穴文化遗址发掘简讯．古脊椎动物与古人类，1980，(3)：260.
[18]　邱立诚等．广东阳春独石仔新石器时代洞穴文化遗址发掘．考古，1982，(5)：456-459.
[19]　邱立诚等．作者来信．考古，1983，(7)：669.
[20]　北京大学考古系^{14}C 实验室．^{14}C 年代测定报告（七）．文物，1984，(11)：89-92.
[21]　北京大学考古系^{14}C 实验室．^{14}C 年代测定报告（六）．文物，1984，(4)：92-96.
[22]　北京大学历史系考古专业^{14}C 实验室．^{14}C 年代测定报告（三）．文物，1979，(12)：79.
[23]　中国社会科学院考古研究所．中国考古学中碳十四年代数据集（1965～1981）．文物出版社，1983：60、100-108、101.
[24]　黎兴国等．柳州大龙潭贝丘遗址年代及其附近地区对比．第四纪冰川与第四纪地质论文集（^{14}C专集），地质出版社，1987：229-234.
[25]　黎兴国等．^{14}C 年代测定报告（PV）I. 中国第四纪冰与第四纪地质论文集（^{14}C 专集），地质出版社，1987：30.
[26]　湖南省文物普查办公室，湖南省博物馆．湖南临澧早期新石器文化调查报告．考古，1986，(5)：385-393.
[27]　湖南省文物考古研究所，澧县文物管理所．湖南澧县彭头山新石器早期遗址发掘简报．文物，1990，(8)：17-29.

（原载封开县博物馆编：《纪念黄岩洞遗址发现三十周年论文集》，广东旅游出版社，1991 年）

广西柳州白莲洞遗址的铀系年龄

沈冠军　王家齐　徐必学　匡　云　赵建新

白莲洞位于广西壮族自治区柳州市南郊约 12km 处的白面山南麓，地理坐标东经 109°25′37″，北纬 24°12′54″。洞穴发育于上石炭统的石灰岩和白云岩中，洞口南向，海拔标高 123. 3 米，高出邻近地面约 27 米。由于当地居民历年挖取岩泥作肥料，白莲洞原有堆积已大部分缺失。1956 年中国科学院古脊椎动物与古人类研究所华南调查队在洞内扰乱土层中发现动物化石、石器和骨器（贾兰坡等，1960）。其后，柳州市博物馆、北京自然博物馆等单位的研究人员对该遗址进行了多次较大规模的发掘，计发现人牙化石 2 枚、石制品 500 余件、动物化石 30 余种。白莲洞是我国少有的涵盖新—旧石器过渡的地点，出土了可能属于早期现代人类的牙化石和具鲜明特色的用“白莲洞式打击法”生产的石器（柳州白莲洞洞穴科学博物馆等，1987；周国兴，1986，1994），其年代位置的确立对人类体质和石器文化演化的研究具有重要意义。

我国的晚更新世人类遗址多缺乏综合研究，年代研究尤显薄弱。与此相比，白莲洞已有了相当多的测年数据。原思训等（1990）测定了 13 个钙华和 2 个螺壳样的常规 ^{14}C 年代，并测定了 2 个骨化石样的 ^{230}Th / ^{234}U 和 ^{231}Pa / ^{235}U 年代。后原思训、高世军（1994）又测定了 4 个炭屑、1 个烧骨和 2 个螺壳样的加速器质谱（AMS）^{14}C 年代。由此框定白莲洞整套堆积的年代跨度为距今 37ka ~ 7ka。

白莲洞现存堆积可分为东、西两部分。周国兴（1994）基于地层古生物和测年数据，将东侧堆积分为 8 层，西侧堆积分为 10 层，并按出土遗物的性质，划分出 5 个文化层：其中东 1 ~ 3 层为第一文化层，含磨光石制品、穿孔砾石、穿孔饰品和陶器；东 4 层为第 2 文化层，出土磨刃石器和磨制骨、角器；东 6 层为第 3 文化层，出土粗犷的砾石工具、原始穿孔砾石和赤铁矿粉；西 4 层为第 4 文化层，含细石器风貌的燧石石器、箭镞和原始磨制品；西 5 ~ 7 层为第 5 文化层，含典型的旧石器、小型燧石石器和准箭镞。第 1 文化层代表新石器时代早、中期，第 2、3 文化层归于新—旧石器过渡期（或中石器时代），第 4、5 文化层属旧石器时代晚期。东 7 层与西 4 层上部为横贯东西的“大钙板”，其上出土的动物化石为“现代哺乳动物群”，其下为“大熊猫—剑齿象动物群”，人牙化石出土于西 7 层（图 1）。

分析已有的测年数据，可发现样品明显集中于西 4 层以上的堆积，这些样品的年代范围为 27 ~ 7 ka，在 ^{14}C 法最佳适用范围内，其中并有多个可作为年代基准点的炭屑样 AMS ^{14}C 测试数据。由此建立的白莲洞上部地层的年代系列，应基本正确。但由于“死碳”的干扰，贡献大部分测年数据的钙板和螺壳并不是测定 ^{14}C 年代的理想材料。与上

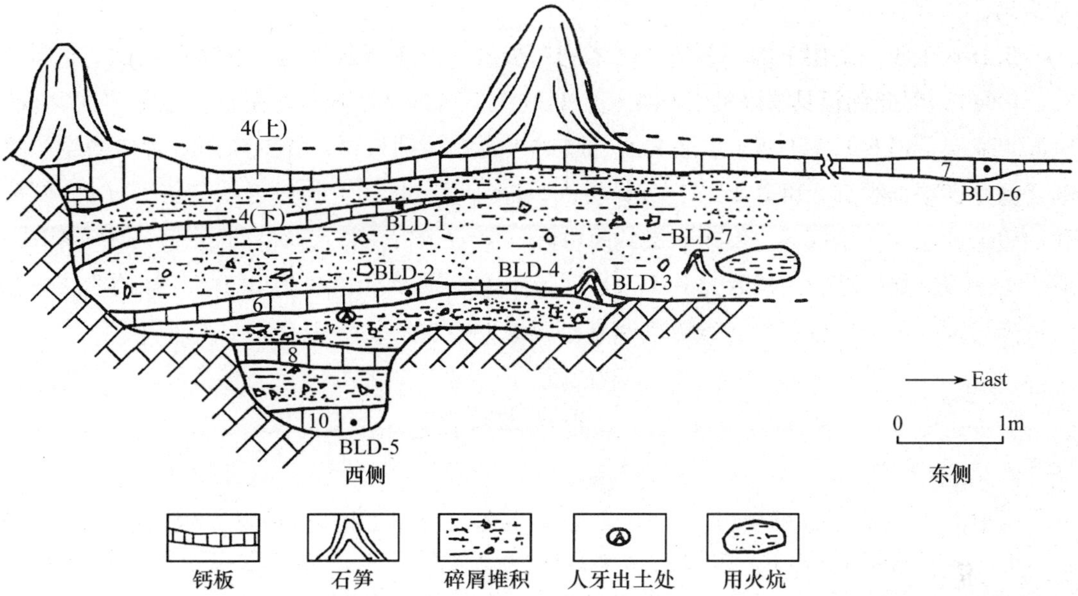

图1　白莲洞测年样品剖面位置示意图

部地层相比，西5～10层的年代研究则显薄弱。6个自然层只采过2个测年样品，分别为西10层钙板样（^{14}C年龄37±2 ka）和西6层的骨化石样（铀系定年28±2 ka）。对大于30 ka的样品，常规^{14}C法的分辨率有限（Grün & Stringer，1991）。由于铀加入模式的不确定性，骨化石铀系年代的可信度也不高（Shen Guan jun，1996a）。据此白莲洞遗址年代有进一步研究的余地，其年代底界更有出现重大偏差的可能。

具现代解剖特征智人（晚期智人、现代人）起源的时间和地点，是当今古人类学界的研究热点（吴新智，1999；Stringer，1994）。相关遗物年代的准确测定，对破解现代人起源之谜十分重要。纯净致密的洞穴新生碳酸盐岩铀系年代的可信度已为学术界广泛接受（Schwarcz，1992；Shen Guanjun，1996b）。白莲洞遗址中有与文化堆积互层的钙板和其他形式钟乳石类碳酸盐岩，有可能为人类活动提供可信的年代界限。原思训等（原思训等，1990）只测定了这类物质的^{14}C年代，本文将报道其铀系测年的结果，并讨论白莲洞年代位置新证据对人类体质和石器文化演化研究的意义。

一、样品采集

具明确层位意义、纯净致密的新生碳酸盐岩样品的采集，为本项研究的重要一环。白莲洞堆积中虽有多层钙板，但只在少数层位的有限地段可采得适于作铀系年代测定的样品。我们仔细探查了现有剖面，采集了性状较好的样品7个，其剖面位置在图1中示意给出。

BLD-6采于东7层下部一厚约4厘米的钙板层，发掘者认为是“次生胶结层”（周国兴，1994），但此钙板具清晰的沉积纹理，且与上、下碎屑堆积良好整合，应是“大钙板”中原生亚层。BLD-1采于西4层底部的一厚约4厘米的钙板层，该层在向东延伸的途中逐渐变薄并在中部尖灭。BLD-2采于西6层，该样纯度欠佳，为找到形状稍好一些的样品，我们曾沿此层位仔细探寻，发现一高约10厘米的小石笋，由较为纯净致密的方解石构成，取为BLD-3，其附近的钙板取为BLD-4。划为西10层的钙板取样为BLD-5。在西5层东侧火坑旁发现一石笋，仅据形态难以判断其是否原地生成，取为BLD-7。

二、结果与讨论

原样经仔细剔选，以尽可能去除碎屑物质污染和疏松多孔的部分。用经典的α能谱法（Ivanovich and Harmon，1992），6个白莲洞新生碳酸盐岩样9次$^{230}Th/^{234}U$分析的结果于表一给出。BLD-4因未能剔选出相对纯净部分而未作年代测定。

表一　白莲洞新生碳酸岩盐样$^{230}Th/^{234}U$法测年结果

Table 1　$^{230}Th/^{234}U$ isotopic ratios and age results of Bailiandong speleothem samples

原样编号	实验室分析号	铀含量（×10^6）	$^{230}Th/^{234}Th$	$^{234}U/^{238}U$	$^{230}Th/^{234}U$	^{230}Th年龄（ka）	修正值（ka）$(^{230}Th/232Th)_0=1\pm0.5$	修正值（ka）$(^{230}Th/^{232}Th)_0=2\pm1$
BLD-1（1）	9803	0.39	99.8	1.067±0.018	0.337±0.010	44.5±1.6		
（2）	9808	0.33	136.1	1.078±0.016	0.332±0.011	43.6±1.8		
BLD-2（1）	9825	0.22	8.8	1.058±0.022	0.824±0.028	183±19	173±20	161±21
（2）	9902	0.23	8.9	1.053±0.019	0.795±0.024	168±14	158±15	147±17
BLD-2′（1）*		0.2031	7.15	1.0979±0.0029	0.8064±0.0095	171±5	158±7	144±12
（2）*		0.1785	6.26	1.0982±0.0034	0.8032±0.0065	169±3	155±6	138±13
BLD-3	9809	0.38	126.9	1.103±0.001	0.784±0.016	160±7		
BLD-5	9804	0.22	73.1	1.077±0.019	0.958±0.021	301^{+40}_{-29}		
BLD-6（1）	9811	0.28	17	1.127±0.030	0.134±0.010	15.6±1.2	14.7±1.4	13.8±1.6
（2）	9813	0.28	23.3	1.083±0.012	0.126±0.006	14.6±0.7	14.0±0.8	13.4±1.0
BLD-7	9810	0.11	51.5	1.046±0.021	1.044±0.030	>500		

* TIMS法测定。

BLD-6第一次分析得$^{230}Th/^{232}Th$为17，表明已需要考虑碎屑物质对年代结果的干扰。样品在经更严格的剔选后再次分析，钍同位素比上升为23.3。这二次测试所得结果表明，“大钙板”下部的年代约为15ka。此数据与原思训、高世君（1994）东7层第二次^{14}C测定（19.6±0.2ka）和西4层顶部钙板的^{14}C年代（19.9±0.2ka）相近，其差异指示“死碳”对后者干扰的程度。应提及的是，东7层测定的^{14}C年代为11.7±1.5ka（原思训等，1990），为解释由此引起的地层倒序，这一钙板层被认为是次生的。实际上，原生钙板难免有疏松多孔的部位，其中可能包含次生碳酸盐沉积。如样品未经严格剔选，其^{14}C年代偏年轻也并非不可能。

BLD-2第一次分析得$^{230}Th/^{232}Th$值仅为8.8，样品在经更严格的剔选再次分析，钍同位素比无显著变化。由于该样为确定人牙化石年代界限的关键样品，我们挑选了一些性状尽可能好的颗粒，用高精度热电离质谱仪（TIMS）测定其铀系年代（Edwards et al.，1987），两次分析均获与α能谱法一致的结果（参见表一）。所得$^{230}Th/^{232}Th$值分别为7.15和6.26。对这些数据，应修正碎屑物质携带初始^{230}Th的干扰（Schwarcz，1980）。设$(^{230}Th/^{232}Th)_0$为1±0.5和2±1修正所得的年代结果亦在表一中给出。

BLD-3相当纯净致密，$^{230}Th/^{232}Th$高达126.9，其年代结果160±7ka应有较高的可信度。此结果与同层的BLD-2经初始^{230}Th修正得出的年代基本一致。表明BLD-2虽纯度欠佳，但给出了合理的^{230}Th年代。白莲洞人牙化石出土于下伏的西7层，其年代应大于160ka。BLD-2、3与原思训等（1990）测得的西6层骨化石样铀系年代（28±2ka）差异显著。类似情况在其他地点的测年过程中多有发生。我们曾讨论过新生碳酸盐岩和骨化石铀系年代的可信度，并倾向于认为骨化石的铀加入模式难以确定，且封闭性欠佳（Shen Guan jun，1996a）。

BLD-1较为纯净致密，二次分析获一致结果，$^{230}Th/^{232}Th \geqslant 100$，$^{230}Th/^{234}U$年代约44ka，应有较高的可信度。据此，出土于西7层人牙化石的年龄至少应大于44ka；西4层的年代范围应为15ka～44ka，而不是原认为的20ka～27ka；西5层的年代范围应为44ka～160ka。原思训等（1990）取于西4层底部的钙板样（BK82098，^{14}C年代为26±2ka），应与BLD-1基本同层，但二者年代差异显著。实际上，西4层底部多疏松多孔的钙板亚层，未知BK82098是否取于此，若是，则有可能因包含次生碳酸钙而其^{14}C年代偏年轻。

BLD-5采于西10层，$^{230}Th/^{234}U$年代为301ka，人牙的年代应不大于此值。白莲洞文化堆积始于西7层，倘能从西8层钙板采得适于测年的样品，或可测得更接近实际的年代底界。BLD-7的年代已接近铀系测年的极限，这与地层顺序不相吻合，因此该样应该是一垮塌的石笋。白莲洞西侧“大钙板”以下2米多厚的堆积，在约略300ka间形成，沉积速度较慢，提示洞穴处于半封闭状态和人类间歇居住的可能。但剥取石片的“白莲洞式打击法”自西7层初显雏形，到东3层臻于完善（周国兴，1994），在至少150ka内可追寻其演化脉络，这对人类及其石器文化演化模式的研究有重要性。

纯净致密、结晶良好的新生碳酸盐岩的铀系年代的可信度较高（Schwarcz，1992；Shen Guan jun，1996b）。本文实验数据与地层顺序相符，同一层位多个样品、α能谱和TIMS、同一样品多次分析均获在误差范围内一致的结果，支持数据的可信度。

洞穴堆积包含着古气候变迁的信息。白莲洞内在暖湿气候条件下形成的化学堆积和在冷干气候条件下形成的碎屑堆积相同，代表了约300ka以来当地气候冷暖干湿的旋回。与深海$\delta^{18}O$曲线相比，可明显看到二者变化趋势的相似性，即“大钙板”和西4层底部钙板可与$\delta^{18}O$第1、3期对应，西6、8、10层的钙板则分别相当于$\delta^{18}O$第5、7、9期。但步调不完全一致。若依气候地层的控制，“大钙板”应在末次盛冰期后形成，即稍晚于约15ka；将西6层放在$\delta^{18}O$第5期之初，即约140ka（Winograd *et al.*, 1992），似更合理些；出土人牙化石的西7层则应与$\delta^{18}O$第6期相当。实际上，“大钙板”和西6层铀系年代与气候地层的偏差并不大，在初始^{230}Th干扰和测量统计误差的范围内。这一偏差也可能反映局部与全球气候变化的不同步；此外，在大冰期相对暖湿的小间冰段内，也有生成钙板的可能。

基于本文结果，作为旧石器和中石器时代界线的“大钙板”的年代约15ka或更年轻一些。考虑到此值实际上是“大钙板”下部一钙板亚层的平均年龄，且这约4厘米化学沉积的形成亦需相当时日，“大钙板”之上的堆积应在冰消期和全新世形成。代表新石器时代早期的东3层炭屑AMS ^{14}C年代为11.2±0.6ka（原思训等，1994），校正到日历年龄则应为约12ka（Bard，1998）。据此代表新—旧石器过渡的东4～6层，时间跨度应不大于3ka。倘能用高精度TIMS铀系测定此S钙板层的生长起止年代，并系统测定其上、下碎屑堆积中炭屑样的AMS ^{14}C年代，应可进一步澄清有关新—旧石器过渡的诸多疑点。

发掘者基于形态学研究，认为白莲洞人牙化石虽“在个别形状上表现出一定的原始性”，“但在更多的形状上与现代人牙没有显著差别，故应属化石智人的晚期代表。”若这一判断能成立，则在约160ka前现代人类已在华南繁衍生息。此结论与已有的我国晚期智人年代框架（吴茂霖，1989）相去甚远。近年来，由于第四纪测年技术的发展（Wintle，1996）国际上不少晚期智人化石的年代位置发生了重大变化，总的趋势为前移（Grün and Stringer，1991）。像白莲洞人类化石那样被推至氧同位素第6期的，也有北非Singa头骨为先例。基于动物化石的^{14}C测年，该地点曾被定在约17ka。后钙质胶结物$^{230}Th/^{234}U$和动物牙珐琅质ESR年代测定表明，Singa人类化石至少为133ka。这一人类化石因此被修订为现代智人的直系祖先（McDermott *et al.*, 1996）。本文研究结果表明，我国晚期智人出现的年代，很可能比原认为的早得多。但仅据人牙化石的形态，难以得出分类学位置的中肯结论。即使白莲洞人实际上应归于早期智人，本文研究结果也表明了远在约160ka前，在中国居住的人类种群已出现了明显的现代特征。在现代人类起源方面，中国不应是远离中心的滞后地区。

基于新生碳酸盐岩铀系定年，我们还研究了邻近的柳江人地点（吴汝康，1959）和柳江土博甘前洞（李有恒等，1984；王頠等，1999）的年代，结果也比原认为的老得多。这些地点年代位置的大幅度前移，是我国晚更新世人类遗址的已有年代框架被总体压缩的例证（Shen Guan jun and Wang Jia qi，2000）。我国广西、云南、贵州等岩溶发育地区，有为数众多的晚更新世洞穴人类遗址，堆积中多有适于测年的钙板和其他形式的新生碳酸盐岩发育。这些遗址年代位置的确立，应可为现代人在中国起源演化和扩散等诸多疑点的澄清提供坚实依据。

柳州市博物馆协助考察现场，王頠、刘文先生协助取样，周国兴、王谦先生提供了有益的讨论，作者们于此致谢。

参考文献

贾兰坡，邱中郎. 1960. 广西洞穴打击石器的时代. 古脊椎动物与古人类，2（1）：64-68.

李有恒，吴茂霖，彭书琳，周石保. 1984. 广西柳江土博出土的人牙化石及共生的哺乳动物群. 人类学学报，3（4）：322-329.

王頠，黄启善，周石保. 1999. 广西柳江土博新发现的人类化石. 龙骨坡史前文化志，1：104-108.

柳州白莲洞洞穴科学博物馆，北京自然博物馆，广西民族学院历史系. 1987. 广西柳州白莲洞石器时代洞穴遗址发掘报告. 南方民族考古，（1）：143-160.

吴汝康. 1959. 广西柳江发现的人类化石. 古脊椎动物与古人类，3（1）：97-104.

吴茂霖. 1989. 中国的晚期智人//吴汝康等主编，中国远古人类. 北京：科学出版社，42-61.

吴新智. 1999. 20 世纪的中国人类古生物研究与展望. 人类学学报，18（3）：165-175.

原思训，陈铁梅，高世君，马力. 1990. 阳春独石仔和柳州白莲洞遗址的年代测定//纪念北京大学考古专业三十周年论文集. 北京：文物出版社，40-47.

原思训，高世君. 1994. 白莲洞遗址年代的再测定//周国兴等主编，中日古人类与史前文化渊源关系国际学术研讨会论文集. 北京：中国广播出版社，175.

周国兴. 1986. 论白莲洞文化——兼论华南地区的中石器时代文化. 北京自然博物馆研究报告，25：147-155.

周国兴. 1994. 再论白莲洞文化//周国兴等主编，中日古人类与史前文化渊源关系国际学术研讨会论文集. 北京：中国广播出版社，203-246.

Bard E. 1998. Geochemical and geophysical implications of the radiocarbon calibration. *Geochimica et Cosmochimica*，62：2025-2038.

Edwards R L，Chen J H and Wasserburg G J. 1987. ^{238}U-^{234}U-^{230}Th-^{232}Th systematic and the precise measurement of time over the past 500,000 years. *Earth and Planetary Science Letters*，81：175-192.

Gr n R and Stringer C B. 1991. Electron spin resonance dating and the evolution of modern human. *Archaeometry*，33（2）：153-199.

McDermott F，Stringer C B，Grün R，Williams C T，Din V K and Hawkesworth C J. 1996. New Late-Pleistocene uranium-thorium and ESR dates for the Singa hominid（Sudan）. *Journal of Human Evolution*，31：507-516.

Schwarcz H P. 1980. Absolute age determination of archaeological sites by uranium series dating of travertine. *Archaeometry*，22（1）：3-24.

Schwarcz H P. 1992. Uranium-series dating and the origin of modern man. *Philosophical Transactions of the Royal Society London*，Series B，337：131-137.

Shen Guan jun. 1996a. U-series dating of fossil bones：results from Chinese sites and discussion on its reliabili-

ty. Chinese Journal of Geochemistry, 15 (4): 303-313.

Shen Guan jun. 1996b. ^{227}Th / ^{230}Th dating of method, methodology and application to Chinese speleothem samples. *Quaternary Science Reviews* (*Quaternary Geochronology*), 15: 699-707.

Shen Guan jun and Wang Jia qi. 2000. Chronological studies on Chinese Middle-Late Pleistocene hominid sites, actualities and prospects. *Acta Anthropologica Sinica*, 19 (supp.): 279-284.

Stringer C B. 1994. Out of Africa-a personal history. In: Nitecki M N & Nitecki D V eds., *Origins of anatomically modern Humand.* Boston and London: Jones & Bartlett. 75-84.

Vanovich M and Harmon R S. 1992. *Uranium-series Disequilibrium: application to earth, marine, and environmental sciences* (2nd edition). Oxford: Clarendon Press. 1-901.

Winograd I J, Coplen T B, Landwehr J M, Riggs A C, Ludwig K R, Szabo B J, Kolesar P T and Revesz K M. 1992. Continuous 500,000-year climatic record from vein calcite in Devils Hole, Nevada. Science, 258: 255-256.

Wintle A G. 1996. Archaeologically-relevant dating techniques for the next century. *Journal of Archaeological Science*, 23: 123-138.

（原载《地层学杂志》，2001 年 25 卷 2 期）

关于白莲洞堆积年代测定的新数据

周国兴

今年（2001年）4月《地层学杂志》（25卷2期，89～94页）发表了沈冠军等“广西柳州白莲洞遗址的铀系年龄”一文，对白莲洞洞穴堆积物的年代提出了一些新的数据，并就此提出了一些新的见解。

沈文指出“分析已有的测年数据，可发现样品明显集中于西4层以上的堆积，这些样品的年代范围为27ka～7ka，在^{14}C法最佳适用范围内，其中并有多个可作为年代基准点的炭屑样AMS ^{14}C测试数据，由此建立的白莲洞上部地层的年代系列，应基本正确”。这点无毋置疑，但关于这部分堆积层重测年代出现的问题是，沈等利用新生碳酸盐岩铀系测得东7层年代为14ka，并由此得出结论，旧、新石器时代间的过渡不似前已认定的6ka，而是3ka。设想，如果认为新石器时代测定的东7层年代为14ka是确实的话，而其上的东6层AMS ^{14}C年代为14650±230年，而西侧相应的层位即西1层下部为17680年，这里就出现层位年代数据上层早而下层晚的不协调的现象，显然又重蹈我们早期研究的旧辙！

据称，沈等测试东7层的试样取自该层下部的纯净方解石条带，即我们最初测东7层年代时取试样处，必须指出，这条方解石带并非沈等所强调的为“原生亚层”，而确是一个次生沉积物。

从岩性上看，横贯主厅的巨厚钙华板，系由东7层和西3层与西4层上部在主厅中部无间断密切相融合而成，成为划分整个堆积物为上、下两部分的明显标志：

巨厚钙华板的西侧部分：

西3层　为浅黄褐色钙华板，总厚度15～35厘米，层内可细分为三个亚层：

上部为边石坝沉积，结构较疏松，局部见隆状边石坝断面，厚度3至5厘米；

中部为红褐色钙质胶结致密的亚黏土，含大量螺壳、少量角砾、灰烬、碎骨及砖红色土粒，厚约25厘米，AMS^{14}C年代为18450±410年；

下部为浅黄褐色钙质胶结致密的亚黏土，含少量骨化石碎片和烧骨，偶见燧石块及铁锰质小球，底部胶结较疏松。厚度25厘米。

西4层　为浅黄褐色厚层钙华板，本层上部与上覆西3层构成大钙华板的西侧部，两者呈上下叠置关系产状，在本层表面的边石坝构造与上层平整的底板之间，有空隙生成。本层总厚度约50厘米，亦可细分为三个亚层：

上部为下边石坝沉积，局部出露，断面呈灰白色，厚约12厘米，其^{14}C年代为21575±150年，而顶部为19910±180年；

中部为固结的棕红色亚黏土，内中可见少量骨化石碎片、螺壳及铁锰质小球，厚度为 18 厘米；

下部为胶结紧密的黄褐色钙质亚黏土，含较多动物化石碎块与螺壳。打制石器中黑色燧石质增多，堆积物中有炭粒。层底为厚约 4 厘米的薄层状钙华板，向东渐灭，底面平坦，^{14}C 年代为 26680 ± 625 年。

再看巨厚钙华板的东侧部分：

东 7 层　为浅黄褐色厚层钙华板，顶、底面大致平齐，共厚 44 厘米，可分上、中、下三亚层：

上部呈浅质黄褐色，表面有大型边石坝结构，沉积物内含灰岩屑及少量铁锰质小球，厚 5 ~ 10 厘米；

中部为疏松的红棕色亚黏土，层内多空隙，多为次生的枝状、钟乳状和葡萄状白色方解石所充填，其中方解石小钟乳石密集分布，成为该部特征，厚 5 ~ 10 厘米；

下部为胶结较紧密的钙质棕褐色亚黏土，顶面含白色方解石条带。该条带两端尖灭呈透镜体状，其底面参差不齐呈锯齿状，而顶面平坦，与上伏的方解石小钟乳石密集分布区相对应，且两者之间沉积物疏松易剔除，出现较大空间，呈现上方水流淋泄、下方沉积的产状。镜下观察此条带由纯净方解石晶体组成，测其^{14}C 年代为 11670 ± 150 年。下部总厚 13 ~ 18 厘米，其底部^{14}C 年代为 19645 ± 200 年。

东 7 层中纯净方解石条带的测年数据，不论是原先测得的 11670 年，或沈等所新测的 14ka，与巨厚钙华板的其他数据，从 18570 年（西 3 层）、19910 年（西 4 层顶面）、19645 年（东 7 层底）到 21575 年（西 4 层上部）均相去甚远，它所代表的应是次生胶结年代，正如沈等所说“原生钙板难免有疏松多孔的部位，其中可能包含次生碳酸盐沉积”。实际上，根据上面对组成大钙华板层位岩性和产状的描述正证明了这点，更何况相似的现象，在第四纪期间以四川盆地为主体的西南广大地区广泛发育，在广西红水河中游与南宁邕江江边亦有分布，搞清楚这点很重要，说明了大钙华板中方解石条带的年代是不能代表该钙华板的年代的，故不能以它的距今年代作为过渡期的起始时间。

以白莲洞文化为例，从旧石器文化向新石器文化过渡，即中石器时代似以距今 18000 ~ 12000 年间为佳，虽然有学者认为起始时间可推前至距今 20000 年前，也有学者认为起始时间应推迟到距今 15000 年前，我认为均不妥。

长期以来，传统的观念认为这个过渡期始于末次冰期的盛冰期结束气温转暖之际，甚至为更新世与全新世交替之时，在沉积物岩性与内涵物上则表现为含螺壳堆积物的大量出现。实际情况并不全是如此，就柳州而言，它位于广西中部，地处桂北、桂西山区和桂东南丘陵的过渡地带，很具代表性。在白莲洞遗址剖面内，除脊椎动物概系喜暖种属外，值得注意的是，从西 3 层和西 4 层到大钙华板以上堆积物，均含数量不等的螺壳化石，证明当时气候温暖潮湿，附近长期有广大水域存在，水中软体动物成为原始人取食的主要来源，即使在古冰川活动鼎盛时代的主玉木冰期亦不例外。含大量螺壳的西 3

层中部的年代为距今 18450 ± 410 年，西 4 层中部虽然没有直接测年，但其上部测得距今年代为 19910 ± 180 和 21575 ± 150 年，故西 4 层中部的距今年代显然要大于此。此外，洞室西南侧尚有一富集螺壳的堆积物，其包涵螺壳的第 3 层，上部测得 ^{14}C 的距今年代为 17320 ± 330 年，而下部测得炭屑的 AMS ^{14}C 年代为距今 18570 ± 210 年，后一数据十分重要，可作为这一系列数据的基准点。所以就白莲洞文化遗址而言，早在距今 18ka 左右，这里的原始人已广泛采食水生软体动物！其实这也是环境的变化所致，盛冰期的来临，尽管这里气候温湿，毕竟使得对气温变化敏感的大型哺乳动物南迁，大熊猫—剑齿象动物群逐渐为以小型哺乳动物为主的现代动物群所替代，原始人的狩猎对象逐渐变化，失去大宗肉食的来源，自然会转向广大水域去求生源。螺蚌类生食不易，以后为了熟食它们导致原始制陶术的产生；另一方面，为了保障食物的稳定来源，在掠夺性的采集活动基础上，萌发了原始种植活动，最后导致了原始农耕，包括稻作的产生。所有这一切都源于 18ka 前环境的变化与由之而来原始人的新生活方式的产生，这也说明我将这过渡期的起始时间厘定在距今 18ka 前是有充分理由的。

现在转向其余新测数据。诚如沈等所言，与上部地层相比，西 5 ~ 10 层的年代研究显弱，6 个自然层只采测了 2 个自然层试样。很遗憾的是沈等新的测定也并未增添新层的试样，仅只对原测层位的复测，所得结果令人惊异，同层差异实在太大。主要反映在西 6 与西 10 两层上：

新测年代（ka）			原测年代（ka）	
西 6 层	（第一次测）	183 ± 19		
		168 ± 14		
	校正后的变异范围：173 ± 20 ~ 47 ± 17			
	（第二次测）	171 ± 5		
		169 ± 3		
	校正后的变异范围：158 ± 7 ~ 138 ± 13		28 ± 2	（常规碳-14 法）
西 10 层	301 + 40、- 29		37 ± 2	（铀系法）

沈等据此并参照深海 $\delta^{18}O$，认为西 7 层的年代，亦即所含人化石的年代应大于 160ka。

总的来说，沈等所测数据均比原测数据来得高，而且层位愈低，距原测数据相差倍数愈大：东 7 层中的方解石条带 11ka→14ka；西 4 层下部 26ka→44ka；西 6 层 28ka→160ka 以及西 10 层 37ka→300ka！将白莲洞遗址低层位的年代推前并不是坏事，不仅会因年代的久远，使得原先视作化石智人晚期代表，势必晋升到与早期代表同期之列；西 7 层中黑燧石细小石器与准箭头出现时间也大大提前，而且“具有鲜明特色的用"白莲洞式打击法"生产的石器”“在至少 150ka 内可追寻其演化脉络，这对人类及其石器文化演化模式的研究有重要性”，年代的这一久远性如能被进一步确认，白莲洞文化遗址的科学价值与学术地位无疑将会大大提升。现在的问题是，要确认这点需解除以下诸点困惑。

首先是人化石的形态特征的合理性问题。

如果白莲洞人牙化石的年代提前到距今 150ka，并根据牙化石形态上的原始性，将白莲洞人实际上归于化石智人早期代表之列，而同期柳江人头骨（沈等在文中暗示，他们测得同期的柳江人和甘前岩人亦有 150ka 之古老性）的形态特征与华南地区早期代表，如马坝人，相去甚远，并未呈现早期类型的典型特点，而且跟距今 200ka 的北京直立人晚期代表的头骨形态差异更大，这就不免使人对所测年代的古远性持怀疑态度。如果将白莲洞人牙化石依然作为晚期代表，其年代的前移作为对“我国晚更新世人类遗址已有年代框架被总体压缩”的反弹，也不以为训。我国晚更新世人类遗址的年代框架并非我国所独有，而是与国际通行标准相符，它们的确立是多学科，包括地层学、考古学、古人类学、测年学等综合研究的结果，其绝对年代的数据也随测年技术的不断完善而改变，并不存在人为压缩的因素，合理的改动不断在进行，但它必须符合各方面的实情，人骨形态不过是其中一方面。沈等对总体压缩的反弹、其反弹程度之大（150ka 已超过晚更新世起始时间被认可的范围：100ka ~ 130ka ），恐怕难以为多数人所接受的。

其次是地层年代与成洞时间的不协调。

柳州地区的柳江沿岸有五级阶地，相应地，附近山体有五层溶洞，它们是同步形成的。白莲洞属第三层溶洞，形成于中、新更新世交替之际，年代为距今 130ka ~ 100ka，现在沈等所测西 6 层超出 150ka，西 10 层达 300ka，更有甚者，西 5 层中有一石笋试样（7 号试样）测出超于 500ka 的年代，它们都远远超出该洞的成洞时间，很不协调。如果说 7 号试样可能为垮塌石笋，不作考虑，但西 6、10 两层明显属原生沉积物，新测年代远远超出成洞时间，令人难以理解，不作出合理解释，必然会怀疑新测年代的准确性。

再次是该测年法的验证。

沈等所采用的新生碳酸盐岩铀系定年法看来并非完美无缺，这从沈等文章中亦可窥视一二。西 6 层曾取样三份，试样 2 号初测结果，作者认为钍同位素比值偏高，然后重选试样并采用高精度热电离质谱仪测年，始获满意结果，这是否以同层中小石笋的方解石构成为试样，所测出的数据为准而作如此调整？如果没有这个小石笋呢？小石笋究竟是同期还是后期产物呢？再者，是此层中尚取试样 4，但未见测试结果，作者不示结果自有取舍道理，但也足以引起疑问，是否与其他数据不吻合、或其他什么原因？新生碳酸盐岩铀系定年法其正确性，光靠自身来证明自己的准确性是不够的，还得借助其他测年手段来验证才行。

（本文为周国兴《三论白莲洞文化》之一部分，原载《史前研究》，2004 年增刊）

白莲洞遗址地层学研究及其科学意义

刘兴诗　谢静波

一、白莲洞遗址的地质环境

白莲洞遗址所在的白面山，高出附近的溶蚀平原面约152米，由石炭系上统马平组石灰岩和白云岩构成。其基部与北侧的胡广岩等丘陵相连接，乃一巨大的连座峰林山体的一部分。

在其面向开阔的溶蚀平原的南坡陡壁上，有五层溶洞分布。

第一层系一水洞，洞口朝向正南，十分宽敞。底板海拔94.5米，低于洞外地面约2.7米。洞内有地下暗河，长达380米左右，流向变化为340°~360°。该地下河全长达7.25公里，是经白面山、葡萄山、磨盘岭等地，在洛维农场附近汇入柳江的洛维地下河的一部分。

第二层主洞口在白面山西麓，洞口朝向260°，相对高程约14米。自白莲洞后厅向东逶迤而下，亦有同期的水平溶洞分布。该层溶洞的洞体规模较小，钟乳石不发育，洞顶常出露产状倾斜的中厚层至厚层岩层盖板，可以作为特征。

第三层即白莲洞遗址所在层位。洞口海拔123.3米，高出附近地面约27米，洞体十分宽敞。测量第二、三层洞的洞身走向、钟乳带，与构造裂隙相比较，清晰可见它基本沿东——西向和南—北向两组构造裂隙发育，洞身并受岩层走向和倾斜向影响，构成复杂的棋盘状和菱形格式。

第四、五层洞高悬在山腰以上，相对高程大致为50~60米和90~100米。虽然其生成与层面有关，然而与低层溶洞相比较，其层状构造仍十分明显，应是新构造运动间歇性上升的产物。

白面山的五层溶洞，可以和柳江沿岸的五级阶地相对比。后者划分如下：

一级阶地，高10余米，由疏松的全新世亚砂土和砂砾层组成，含绳纹陶片和磨制石器，分布范围较局促。

二级阶地，高约20余米，由10~20米的棕黄色黏土覆盖3~10米的黏土砾石层所构成，黏土层顶部常见高岭土条带构成的网纹。在柳州拖拉机厂附近取得炭化木，测得其^{14}C年代为16100±600年和23600±1900年。

三级阶地，高30~40米，由两组二元结构相叠置而组成。自上而下依次是：红色砾石层，1~2米；网纹状红色黏土，下部渐变为黄色，5~7米；红褐色铁壳，0.3~0.9米；灰至灰白黏土（高岭土），偶含小砾石，5~7米；黏土夹砾石，4~7米。

柳州地区的第二、三级阶地分布最为广泛，柳州市即坐落于其上，地形微有起伏，河间地区如白面山、都乐岩一带，以及柳城巨猿洞附近的波状起伏的溶蚀平原面与其可以相当。第一、二级阶地的砾石层的成分较复杂，不乏径达 10 余厘米的岩浆岩和变质岩砾石，而以一级阶地保存最为新鲜，未见显著风化迹象，这点很值得注意，因为白莲洞内所发现的砾石石器中屡见浅变质粉、细砂岩和闪长岩、辉绿岩等成分，可以推知当时加工的石料来源，即主要出自柳江沿岸的河漫滩和一级阶地，当时古人类的活动半径至少可达 5 ~ 6 公里以上。

四级阶地，高 50 ~ 65 米，残余的红色砾石层厚 2 ~ 10 米，表面有起伏变化不定的红褐色铁壳，向上过渡为厚 1 米左右的透镜状黄褐色砾石层，有同色调的薄层黏土覆盖。

五级阶地，高 90 ~ 100 米，只有厚 1 ~ 3 米的砾石层残留。四、五级阶地经后期切割破坏均已呈丘陵状，砾石成分十分单一，以石英为主。

一级阶地无风化淋滤所产生的次生剖面分异现象，时代十分新近；二级阶地局部网纹化发生，但尚未发育成红色风化壳。三级以上则有发育良好的网纹红土剖面，表明曾经长期湿热风化，这是我国华中、华南地区中更新统的一个鉴定特征。

白面山的五层溶洞除可以与柳江沿岸的阶地对比外，还可以从洞穴层序与附近的一些化石地点相比较，这样就可以大致推知白面山洞穴层的生成时代。

第五层溶洞相当于柳城巨猿洞[1,2]生成于早更新世；第四级溶洞相当于柳州笔架山动物群化石产地[3]，生成于中更世；第三级溶洞，即白莲洞生成于更新世与晚更新世之交；第二层溶洞相当于柳州人化石产地，生成于晚更新世；第一层溶洞，即白莲洞水洞，略早于大龙潭遗址，生成于晚更新世与全新世之交。

二、白莲洞遗址地层及时代

白莲洞遗址位于洞口的一处半隐蔽的岩厦式洞窟内，除洞底的石灰岩风化生成的残积黏土外，洞内堆积自老而新大略可分三套。

最早的堆积物于东侧的洞口处，是一套厚约 1.5 米的微砾—细砾层，具层理，倾向洞内，含较多的石英成分，以次棱状为主，通体胶结十分坚硬，其上为巨厚的石灰华堆积，两者已浑然成为一体。这个砾石层是洞外水流流入洞穴而堆积成的，其时代应晚于成洞时期，可能在晚更新世之初。当其洞内延续部分被后期剥蚀破坏后，堆积了以下两套沉积物，与其呈内叠接触关系。

横贯窟室东西部分有一巨厚钙华板，由两道古边石坝上下叠置构成，标志异常明显。以这个大钙华板为界，可以划分出其他二套最主要的洞穴堆积。

钙华板以下为晚更新世红褐至黄褐色堆积物，含化石智人及大熊猫—剑齿象动物群。其文化遗物除砾石工具外，燧石类石器亦占很大部分。

大钙华板以上，为晚更新世末次冰期主冰段以来的堆积物，包括末次冰期晚冰段灰黄色和早全新世、中全新世灰色堆积。含鹿—竹鼠现生种动物群，并有大量螺类。其文化遗物上层以含陶片为特征，下层以打制的砾石工具为主，充分体现了晚更新世末次冰期晚冰段，至中全新世新石器时代文化鼎盛期的发展历程。

由于洞穴沉积的特殊性，受洞形、水流方向和大小、物质来源等因素的影响，白莲洞遗址原生堆积即以多套重叠和不均匀分布为特点。以后再经人为破坏，剖面更加不完整，予地层研究和对比造成困难。

洞内残存堆积物主要保存在东侧、西侧和西南侧部分地方，分别描述如下：

东侧剖面可划分 8 层，以前述大钙华板以上的晚更新世末和早、中全新世堆积物为主：

第一层　灰褐色含陶片钙华板与钙质胶结亚黏土。局部残存于洞壁内凹处。顶部为 2～4 厘米薄层状钙华板数层，具层理，顶面平坦。含陶片，部分夹在钙华板中、部分附着于钙华板上。中部为灰褐色钙质胶结亚黏土，含螺壳及少量灰岩角砾。最大厚度 28 厘米。层底悬垂若干小钟乳，与下层相隔，形成一较明显分层界线。局部与下层紧密接触。^{14}C 年代距今 7080±125 年。

第二层　乳白色钙华板。顶面大致平坦，局部与洞顶胶结一体，产状 35°∠25°。由该层在洞内残留的痕迹推测，该钙华板在洞内分布广泛，构成文化堆积的“盖板”。^{14}C 年代距今 7140±60 年。钙华板下为灰褐色钙质胶结亚黏土，含少量螺壳及骨骼化石。^{14}C 年代距今 9520±90 年。

第三层　灰黄色亚黏土。局部呈灰白色或黄褐色，呈微细层理，含大量螺壳，动物化石以及磨光石器、穿孔砾石、打制石器、烧骨、炭粒等。层内含灰岩角砾，向下部逐渐增多，砾径一般数厘米，大者可达 27 厘米×15 厘米，扁平面与钙华板产状一致。胶结程度自上而下渐弱。因后期各种作用及人工发掘，部分堆积物悬空附着于洞壁。厚 30～37 厘米，^{14}C 年代距今 11160±580 年。

第四层　黄褐色亚黏土。含细小岩屑和砖红色黏土小团块。钙质胶结紧密坚硬，含有大量螺壳及动物化石，见磨刃石器、打制石器及炭粒。层内含钙质条带和灰岩角砾，向下部角砾逐渐增多，砾径数厘米，扁平面与钙质条带产状一致。平均厚 38 厘米。^{14}C 年代距今 13550±590 年。

第五层　灰白色钙华板。由 2～3 层薄层状钙华板组成，产状 50°∠8°，厚 1～4 厘米。^{14}C 年代距今 13905±250 年。

第六层　棕褐色亚黏土。顶部富集螺壳，有一定胶结，向下渐趋坚硬。有打制石器及穿孔砾石，含少量角砾，有炭粒及少量砖红色黏土小团块，厚 48 厘米。^{14}C 年代距今 14650±230 年。

第七层　浅黄褐色厚层钙华板。即前述横贯窟室的大钙华板。顶、底面大致平齐，表面有大型边石坝构造。胶结坚硬，与上、下层松散堆积物有明显差异。全层可分上、中、下三部分。共厚44厘米。

上部：呈浅黄褐色，胶结紧密，含灰岩岩屑及少量铁锰质小球。厚15～21厘米；

中部：红棕色亚黏土，胶结较疏松。层内空隙多被钟乳状、枝状、葡萄状白色次生方解石所充填。其中方解石小钟乳石密集分布，成为该部特征。厚5～10厘米；

下部：棕褐色亚黏土，胶结较紧密。顶面含白色次生方解石条带。该条带两端尖灭，顶面平坦，底面参差不齐呈锯齿状。镜下观察此条带由纯净方解石晶体组成。该条带样品做^{14}C年代测试，结果为11670±150年，应代表次生胶结年代。下部厚13～18厘米，^{14}C年代测得为距今19645±200年。

第八层　红褐色亚黏土。含大量灰岩、白云岩角砾，砾径自2～3厘米至10厘米左右，大小不等。顶部胶结紧密，向下胶结程度逐渐减弱，有动物化石及黑色燧石碎片，出露厚度约1米，未见底。^{14}C年代距今20240±660年。

西侧剖面划分为10层，以大钙华板以下的晚更新世堆积物为主。

第一层　灰褐色亚黏土。堆积物主要存在于剖面西部，少量附着石笋周围。该层表面被2厘米左右的薄层状钙华板覆盖。其下是含螺壳的灰褐色亚黏土层，含哺乳动物化石、打制石器、原始穿孔砾石、少量灰岩角砾、燧石石块及烧骨、炭粒等。该层自上而下胶结渐疏松，厚度20～56厘米。^{14}C年代上部为距今10310±290年，下部距今年代为17680±300年。

第二层　乳黄色钙华板。该层由数层厚1～2厘米的薄层状钙华板组成，呈裙状由石笋基部向四周延展，厚度渐薄。其表层钙华板^{14}C年代距今12780±180年，底层为距今19145±180年。内部小层之钙华板因构造疏密不同，经差异风化后，断面呈凹凸不平的参差状。厚度约40厘米。

第三层　浅黄褐色厚层钙华板。上部由边石坝类沉积物组成，顶部可见小型边石坝构造。其下是钙质胶结的亚粘土，较致密坚硬。该层与东侧第7层构成贯穿洞室东西的“大钙华板”，作为划分上、下两套堆积物的明显标志。层内可细分为三个亚层，总厚度15～35厘米；

上部：为上边石坝沉积，厚薄不均，由黄色钙华板组成，结构较疏松，具水平细层理，局部见隆状边石坝断面。厚度为3～5厘米；

中部：红褐色钙质胶结亚黏土，含大量螺壳，少量灰岩角砾、灰屑、碎骨及砖红色土粒，胶结较紧密，厚约25厘米。^{14}C年代距今18450±410年；

下部：浅黄褐色钙质胶结亚黏土，致密胶结，不显层理，层内见较多细小砖红土粒，含少量动物化石碎片、烧骨及灰岩角砾，偶见燧石石块和铁锰质小球，底部胶结较疏松。厚度约25厘米。

第四层　浅黄褐色厚层钙华板。本层与上层同系“大钙华板”的一部分，呈上下叠置关系产状。在本层表面的边石坝构造和上层平整的底板之间，有空隙生成。层内可划分为三个亚层，共厚约50厘米。

上部：为下边石坝沉积。局部出露，厚约12厘米，断面呈灰白色，略显层理。^{14}C年代距今19910±180年和21575±150年；

中部：棕红色亚黏土。紧密固结，含灰岩角砾、钙华板碎块及少量铁锰小球、砖红色土粒等。可见骨化石碎片及少量螺壳。厚18厘米；

下部：黄褐色亚黏土。钙质胶结紧密。含较多动物化石碎块、螺壳及灰岩角砾。角砾大者可达50厘米。层内出土有打制石器，石器中黑燧石质增多。堆积物中有炭粒。层底见厚约4厘米左右的薄层状钙华板，向东渐灭，底面平坦，产状345°<6°，^{14}C年代距今26680±625年。

第五层　红褐色亚黏土。该层顶北倾，略显层理，胶结较疏松，层内局部见薄层状钙质胶结带和不规则胶结团块。含少量灰岩角砾、钙板碎块及穴珠。层内出土有动物化石、打制石器，其中燧石质增多。厚30~55厘米。

第六层　浅黄色钙华板。厚约10厘米。东部产状335°<20°西部倾角小。铀系测年代28000±2000年。

第七层　黄褐色亚黏土。松散胶结，含大小不等的灰岩角砾和钙质小穴珠。偶见铁锰质结核。含动物化石、打制石器及古人类臼齿化石。厚18厘米。

第八层　灰黄色钙华板。厚10厘米。

第九层　棕褐色亚黏土。局部呈黄色、黄褐色、黑色等杂色。层内见黑色铁锰质条带和铁锰质结核。厚12厘米。

第十层　乳黄色钙华板。数层钙华板组成。层间夹黏土，偶见动物化石碎片，以下未见底。^{14}C年代距今37000±2000年。

位于洞室西南侧的凹壁下，残留一处以含螺壳堆积为主的堆积物。自上而下共分五层。

第1层　帽状。顶面为灰白色钙华板层，其下为含螺壳的灰褐色亚黏土。厚40厘米。

第2层　乳黄色钙华板，产状80°<23°。厚约10厘米。^{14}C年代距今9260±90年。

第3层　外观颜色分为上、下两部分。

上部：灰白色，新鲜面为灰褐色之亚黏土，含砖红色黏土小团块、炭粒、烧骨、螺壳等。胶结紧密。厚50厘米。^{14}C年代距今17320±330年；

下部：灰绿色新鲜面为棕褐色之亚黏土。含炭粒、烧骨、螺壳等。胶结较疏松。上、下两部分均含大量灰岩角砾。^{14}C年代距今18570±210年。

第 4 层　上部为乳黄色钙华板，局部出露，其下为黄褐色亚黏土，胶结较紧，厚 35～60 厘米。

第 5 层　红棕色亚黏土，含灰岩角砾，不规则钙质胶结团块，较松散。以下未见底。

南侧“白莲”石笋下，受钙华板保护，在“帽状”钙板下，残留部分含螺壳的堆积物，呈悬空附着状态。可分为三层。

第 1 层：灰褐色含螺壳的亚黏土，胶结紧密，含灰岩角砾，打制石器等。

第 2 层：薄层状钙华板，厚约 1 厘米。^{14}C 年代距今 15120±200 年。

第 3 层：灰褐色含螺壳的亚黏土。胶结较紧密，含灰岩角砾，砖红色黏土小团块及骨化石等，以下悬空。

上述洞穴堆积中，含化石和文化遗物丰富的东、西侧地层较完整重要。虽然由于发掘前的人为破坏，层位过渡关系部分缺失，仍可大致对比如下表。

<table>
<tr><th colspan="2">西　侧</th><th>东　侧</th><th colspan="3">时　代</th></tr>
<tr><td rowspan="7">西一层
灰褐色
亚黏土

上部
10310±20

下部
17680±300</td><td rowspan="4"></td><td>东一层
含陶片钙华板与
钙质胶结亚黏土
7080±125 年</td><td colspan="2" rowspan="3">全
新
世</td><td>大西洋期
7500 年</td></tr>
<tr><td rowspan="2">东二层
乳白色钙华板与
7140±60 年

钙质胶结亚黏土
9520±90 年</td><td>北方期
9500 年</td></tr>
<tr><td>前北方期
10000～11000 年</td></tr>
<tr><td>东三层
黄褐色亚黏土
11160±580 年</td><td rowspan="4">晚
更
新
世</td><td rowspan="3">晚
冰
期</td><td>阿尔路德温暖期
12000 年</td></tr>
<tr><td rowspan="3">西二层
乳黄色多层钙华板
顶层：12780±180

底层：19145±180</td><td>东四层
黄褐色亚黏土
13550±590 年</td><td rowspan="2">博林温暖期

14000 年</td></tr>
<tr><td>东五层
灰白色钙华板
13905±250 年</td></tr>
<tr><td>东六层
棕褐色亚黏土
14650±230 年</td><td>玉
木
冰
期</td><td>主
玉
木
期
26000 年</td></tr>
</table>

续表

<table>
<tr><th>西　侧</th><th>东　侧</th><th colspan="3">时　代</th></tr>
<tr><td>第三层
浅黄褐色厚层钙华板
上边石坝构造
18450±410</td><td rowspan="2">东七层
浅黄褐色厚钙华板
（上边石坝构造）

（中央次生胶结方解石带
11670±150 年）
19645±200 年</td><td rowspan="10">晚
更
新
世</td><td rowspan="10">玉
木
冰
期</td><td rowspan="4">主
玉
木
期
26000 年</td></tr>
<tr><td rowspan="2">第四层
浅黄褐色厚层钙华板
下边石坝构造
顶部 19910±180 年
21575±150 年

底部 26680±625 年</td></tr>
<tr><td rowspan="8">东八层
红褐色亚黏土
20240±660 年

以下未见底</td></tr>
<tr><td rowspan="2">西五层
红褐色亚黏土</td></tr>
<tr><td rowspan="2">帕多夫间冰期
28000 年</td></tr>
<tr><td>西六层
浅黄色钙华板
28000±2000 年</td></tr>
<tr><td>西七层
黄褐色亚黏土</td><td rowspan="4">早
玉
木
期</td></tr>
<tr><td>西八层
灰黄色钙华板</td></tr>
<tr><td>西九层
棕褐色亚黏土</td></tr>
<tr><td>西十层
乳黄色钙华板
37000±2000 年
以下未见底</td></tr>
</table>

三、白莲洞遗址研究的地学意义

由于所在的白面山洞穴层和遗址剖面完整，具有若干典型性特征，佐以其特殊的地理纬度位置及和邻近一些化石地点的关系，白莲洞遗址蕴有丰富的重要地学研究意义，集中表现在以下方面：

（1）南亚热带罕见的晚更新世玉木冰期以来的全球性古气候信息储存库。

白莲洞虽然位处温暖潮湿的南亚热带，附近地域在第四纪期间未发现确切不移的古冰川活动的证据，所有的哺乳动物化石和孢粉概系喜暖种属。然而剖面内却清晰记录了玉木冰期以来的全球性古气候演化过程，具有重要的古气候信息储存价值。加之含有人类化石[5,6]，丰富的古文化遗存[7]和哺乳动物化石[8]，是低纬度地区不可多得的一个重要研究地点，理应得到学术界的关注。

从遗址剖面底部的西10层，至顶部的东1层，基本连续堆积了自晚更新世玉木冰段，即早玉木期以来，直至中全新世大西洋期的不同时期堆积物。在剖面中可见，干冷的冰期时代，由于水溶液内的碳酸钙易发生沉淀而倍增，生成了厚薄不一的钙华板，蔚为一种特征。

在玉木冰期第二冰段，即阿尔卑斯等地中、高纬地区晚更新世冰川活动最盛的主玉木期，虽然当地并无冰川分布，全球性的这一特别干冷气候，亦在白莲洞遗址有清晰表现，生成了纵贯整个窟室的大钙华板，它和剖面内其他分布局促的薄层钙华板有显著区别。

值得注意的是，经^{14}C年龄测定，与主玉木期相当的大钙华板西侧，在距今18450±410至21575±150年间，尚可解析为上、下两个边石坝构造。暗示当时古气候曾经出现两个极大的干冷峰值，代表两个积极活动的亚冰段，可以为玉木冰期的古冰川活动，冰段和亚冰段划分，以及对全球性古气候的影响，提供重要科学依据。利用低纬度地区的洞穴沉积剖面，反馈中、高纬度地区的古冰川信息，白莲洞遗址尚属首次，自然赋有不可低估的意义。

与此相应，剖面内其他厚薄不一的钙华板，也分别标志了各该时期的干冷气候特征。倘能进一步从古水化学、溶态等与气候的成因关系分析探讨，可以开辟洞穴沉积学和第四纪古气候学研究的新途径。十分注意使用钙华板作为洞穴地层划分的依据，也是本课题的一个重要特色。

还需要指出的是，在以温湿著称的中全新世大西洋期堆积的顶部，亦有数层薄层钙华板分布，应代表其末期向干热的亚北方期过渡的表征。干燥将促使蒸发作用加剧，水溶液中碳酸钙浓度增加，易到过饱和状态，而发生沉淀，因此，气候干燥是生成钙华板的基本原因，无论干冷的冰期时代，抑或干热气候，均可促进钙华板的发育。这个现象在白莲洞遗址早全新世的前北方期、北方期地层中也有表现。

干燥气候在白莲洞遗址剖面内的另一反映，是由于沉积减少，致使地层缺失。以此检验晚更新世向全新世过渡，玉木冰期末的晚冰期阶段的剖面，可以得到佐证。其间干冷的老、中新德里阿斯期地层缺失，仅余博林、阿尔路德温暖期堆积，即充分表现了这一特征，也更加丰富了白莲洞遗址剖面内干燥气候的表现方式。

（2）发现中国西南地区最早次生胶结期，揭示其与全新世古气候的继承性发展规律。

白莲洞遗址内，东7层大钙华板的空洞内，有距今约11670±150年的次生方解石晶体填充，形成透镜状构造。其生成机制与前述原理相同，亦是干燥期含碳酸钙浓度较高的水溶液，渗入剖面，在大钙华板的空洞内沉淀结晶而成者。虽然内部结晶良好，其总体构造形态却受原有空洞的制约，次生填充现象十分明显。从^{14}C测年可知，其次生生成期为晚冰期内的中德里阿斯干冷期。虽然由于气候干燥，以致沉积减少，在剖面内其他部位造成地层缺失，却在这里有所表现，通过这一特殊沉积方式表达了整个剖面沉积的连续性。

还需指出的是，在以四川盆地为主体的中国西南广大地区，第四纪期间有相似现象发育，前人称为“江北砾岩”[9]或“江北砾层”[10]，认为其时代十分古老，是“白垩纪以后的第一种地层”[11]，或以为是晚更新世代表性地层[12]，沿江分布着。实际上都是干燥气候下，水溶液的碳酸钙浓度增加，在松散砂、砾层的孔隙内沉淀结晶，生成方解石晶体，使原有砂、砾次生胶结成岩者[13]。其主要次生胶结时代为距今约3300±1100年的中全新世亚北方期，可追溯至距今约9100±700年的早全新世前北方期、北方期[14]。

这种次生胶结砂、砾岩，在广西红水河中游大化电站、南宁邕江江边亦有分布[15]。白莲洞遗址剖面中德里阿斯期次生填充的方解石透镜体的发现，证实中国西南地区这种大面积次生胶结现象可以溯源得更早，对于研究本区地方性古气候的发展具有重要意义。由此亦可间接反映全新世古气候是玉木冰期结束以来渐次发展，尤其是晚冰期的波及影响，具有清晰的继承性质，从而揭示了一种重要的规律性现象。

（3）确证晚更新世末期以来，桂中地区气候温湿，无古冰川活动存在的可能性。

广西地区是否有第四纪冰川存在？前人评说不一[15~18]。虽然从宏观的古气候条件，微观的具体地点的地貌和堆积剖面分析，过去所认定曾有第四纪古冰川遗址分布地区，均缺乏令人信服的确切证据，然而论争依旧，迄无定论。

柳州位于广西中部，处在桂北、桂西山区和桂东、桂南丘陵的过渡地带，无论从什么角度，都具有代表性意义。白莲洞遗址剖面内，除脊椎动物化石概系喜暖种属外，值得注意的是，从西3和西4层到钙华板以上，均含有数量不等的螺壳化石。证明当时气候温暖潮湿，附近长期有广大水域存在，成为原始人取食的主要来源，即使世界其他地区古冰川活动鼎盛时代的主玉木期也不例外。在判定广西地区是否存在第四纪冰川遗迹，白莲洞遗址无疑具有重要的参考价值。

（4）证实华南板块北部与毗邻的扬子板块西部，存在新构造运动同步性发展的规律。

白莲洞遗址所在的白面山有五层溶洞分布，可与柳江五级阶地对比，显示出其是同一地区新构造运动间歇性抬升的结果。从白莲洞遗址和柳州地区其他化石地点，可以清楚推知各该洞穴层和阶地层次的生成时代。这一现象在其他地方并不多见。

需要强调的是，这一溶洞层和河流阶地对比的新构造运动模式，不限于本地，还具有更加广阔的对比意义。从而揭示了华南板块的更加广阔的对比意义。

在广西红水河中游都安地区、桂西南南宁地区，亦有同样的五级阶地或溶洞层。红水河中游尚有发育完全的三级夷平面，可以和扬子板块西部的四川盆地、鄂西、湖南等地对比[19]。所有各处的阶地分期，均由于缺乏完整的化石和测年资料，时代难以确切划定。引入包括白面山在内的柳州地区的资料，即可完满解决，进一步突出了白莲洞遗址和柳州地区有关地点，在研究广大区域内的新构造运动的意义。

<table>
<tr><td colspan="2" rowspan="3">长江三峡</td><td colspan="2" rowspan="3">四川盆地</td><td colspan="5">广　西</td><td rowspan="3">地质时代</td></tr>
<tr><td colspan="2" rowspan="2">红水河中游
（都安）</td><td colspan="3">柳　州　地　区</td></tr>
<tr><td>柳江
阶地</td><td>白面山
洞穴层</td><td>化石地点及
文化遗址</td></tr>
<tr><td rowspan="2">鄂西期</td><td>云合荒亚期
夷平面</td><td rowspan="2">大巴山期</td><td>1500～1600 米
夷平面</td><td rowspan="2">柱西期</td><td rowspan="2">500～1000 米
夷平面</td><td rowspan="4"></td><td rowspan="4"></td><td rowspan="6"></td><td>E</td></tr>
<tr><td>召风台亚期
夷平面</td><td>1200～1300 米
夷平面</td><td rowspan="3">N</td></tr>
<tr><td rowspan="2">山原期</td><td>周家脑亚期
夷平面</td><td rowspan="2">九曲山期</td><td rowspan="2">750～900 米
夷平面</td><td rowspan="2">峰丛期</td><td>700～750 米
夷平面</td></tr>
<tr><td>王家坪亚期
夷平面</td><td>800～850 米
夷平面</td></tr>
<tr><td colspan="2" rowspan="2">云梦期
夷平面</td><td rowspan="2">盆地期</td><td>盆地一期
450～500 米
夷平面</td><td rowspan="2">峰林期</td><td>500 米夷平面</td><td rowspan="2">峰林期
夷平面</td><td rowspan="2">峰林期
夷平面
（白面山顶）</td><td>Q1</td></tr>
<tr><td>盆地二期
350～400 米
夷平面</td><td>400 米夷平面</td><td>Q2</td></tr>
<tr><td rowspan="8">三峡期</td><td>6 级阶地</td><td rowspan="8">扬子期</td><td rowspan="2">天鹅抱蛋期
5 级阶地</td><td rowspan="8">红水河期</td><td rowspan="2">红水河 5 级阶地
及 300 米溶洞层</td><td rowspan="2">柳江
5 级
阶地</td><td rowspan="2">第 5 层溶洞</td><td rowspan="2">柳城巨猿洞</td><td rowspan="5">Q3</td></tr>
<tr><td>5 级阶地</td></tr>
<tr><td>4 级阶地</td><td>松林坡期
4 级阶地</td><td>红水河 4 级阶地
及 260 米溶洞层</td><td>柳江
4 级
阶地</td><td>第 4 层溶洞</td><td>柳州笔架山
动物群</td></tr>
<tr><td>3 级阶地</td><td>雅安期
3 级阶地</td><td>红水河 3 级阶地
及 220 米溶洞层</td><td>柳江
3 级
阶地</td><td>第 3 层溶洞
（白莲洞）</td><td>柳州白莲洞
遗址</td></tr>
<tr><td>2 级阶地</td><td>广汉期
2 级阶地</td><td>红水河 2 级阶地
及 200 米溶洞层</td><td>柳江
2 级
阶地</td><td>第 2 层溶洞</td><td>柳江人
化石产地</td></tr>
<tr><td>1 级阶地</td><td>资阳期
1 级阶地</td><td>红水河 1 级阶地
及 160 米溶洞层</td><td>柳江
1 级
阶地</td><td rowspan="3">第 1 层
溶洞
（白莲洞
水洞）</td><td rowspan="3">柳州大龙潭
遗址</td><td rowspan="3">Q4</td></tr>
<tr><td rowspan="2">现代谷底</td><td>黄家残坝期
高河温滩阶地</td><td rowspan="2">现代谷底</td><td rowspan="2">现代
谷底</td></tr>
<tr><td>现代谷底</td></tr>
</table>

（5）与柳江人化石地点对比，存在时代与来源关系的可能性。

著名的柳江人头骨化石地点位于白莲洞遗址附近约 2 公里处，柳江县新兴农场通天岩的一个溶洞内。关于这个化石地点的性质，有人认为是柳江人的居住地点，或以为是埋葬处所，迄今尚无结论。

经调查，柳江人头骨化石产于洞穴里暗深处，洞内无任何文化遗迹和遗物，洞口附近缺乏可供常年饮用的水源。一切征兆均表明其不适于人类居住，排斥了是古人类居住遗址的可能性。洞内未见陪葬品和其他埋葬迹象，也排斥了是古人类墓地的推测。

柳江人头骨化石所在的通天岩洞海拔165米，高出附近地面约17米。其洞穴层次相当于白面山第二层溶洞，生成时代较白莲洞晚。然而从其所含的动物化石成分，洞内后期填充的堆积物却大致可以对比，基本时代均属晚更新世。

柳江人洞穴有三层钙华板分布，其厚度自上而下分别是5~9厘米，50~70厘米和20~26厘米。其中，以巨厚的第二钙华板为主，自洞口向洞内倾斜延层，分布范围最广。柳江人头骨化石，即产于该钙华板以下约1~1.2米的暗褐色岩洞屑亚黏土中。将其与白莲洞主玉木期大钙华板的白莲洞人的产出状相对比，情况大致相似。虽然略有先后区别，似亦可作对比，视为是同一宏观时代，生活在相同区域的古人类。

值得注意的是，两个洞穴的大钙华板成因略有差别。白莲洞具有上、下边石坝叠置构造的大钙华石板，明显是以洞内向外渗流而生成的。柳江人洞穴的大钙华板则是洞外水流的产物。在进洞不远处的一个支洞口，有厚层角砾堆积，最存可达1.8米，属于泥石流性质。其表层固结，即生成了这个大钙华石板。顺层延续至柳江人头骨埋葬处，黏土层内仍有零星角砾分布。由此可见，柳江人头骨化石显然是被洞外汹涌水流冲带而来的。由此又引出了柳江人的来源的新问题。

考虑到附近除同时代的白莲洞遗址外，并无其他古人类居住地点发现，一个较为合理的设想是其可能来自附近的白莲洞。这有待进一步研究证实。白莲洞遗址的科学价值，也就因而更加引人注目。

注　　释

[1] 裴文中．广西柳城巨猿洞及其他山洞的第四纪哺乳动物．古脊椎动物与古人类，1962，6（3）．

[2] 裴文中．广西柳城巨猿洞的发掘和广西其他山洞的探查．中国科学院古脊椎动物与古人类研究所甲种专刊，1965，第七号。

[3] 韩德芬等．广西柳州笔架山第四纪哺乳动物化石．古脊椎动物与古人类，1969，13（4）．

[4] 吴汝康．广西柳江发现的人类化石．古脊椎动物与古人类，1959，1（3）．

[5] 易光远．白莲洞发现古人类化石．柳州市博物馆文物通讯，1980，（7）．

[6] 周国兴等．广西柳州地区古人类化石和石器的初步研究．北京自然博物馆研究报告，1983，（20）．

[7] 周国兴．论白莲洞文化—兼论华南地区的中石器时代．北京自然博物馆研究报告，1986，（40）．

[8] 柳州市博物馆．柳州市白莲洞石器时代晚期文化遗址中的脊椎动物遗骸．古脊椎动物与古人类，1975，13（2）．

[9] 哈安姆．四川重庆附近地质构造及石油．两广地质调查所特刊，1931，第8号。

[10]　李春昱．雅安期与江北期砾石层之生成．地质论评，1947，12（1-2）.

[11]　常隆庆等．四川嘉陵江三峡地质志．中国西部科学院地质调查所刊，1933，1（2）.

[12]　全国地层委员会．中国的新生界．科学出版社，1963.

[13]　刘兴诗．四川盆地的第四系．四川科学技术出版社，1983.

[14]　Liu Xingshi. le Pleistocene Recent et Holocene Dans Le Bassin de Sichuan. *Lanthropologie*. 1990, Tome 94 No. 4.

[15]　孙殿卿等．广西第四纪冰川遗迹之初步观察．地质论评，1944，9（3-4）.

[16]　丁骕．论广西第四纪冰流遗迹．地质论评，1945，10（1-2）.

[17]　王克钧．桂林—兴安地区第四纪冰川遗迹初步观察．第三届全国第四纪学术会议论文集，科学出版社，1982.

[18]　周慧祥等．广西兴安—桂林地区地貌与红土砾石层的特征及其成因．中国第四纪冰川冰缘学术讨论会文集，科学出版社，1985.

[19]　刘兴诗．广西都安岩溶地貌及其发育史．成都地质学院学报，1984，（1）.

（原载周国兴主编：《中日古人类与史前文化渊源关系国际学术研讨会论文集》，中国国际广播出版社，1994 年）

白莲洞遗址孢粉分析及对植被和自然环境的探讨

孔昭宸　杜乃秋　宋长青　张佳华

白莲洞位于东经109°25′37″，北纬24°12′54″，坐落在柳州市白面山南麓，洞穴发育于石炭系上统石灰岩和白云岩中。洞口海拔高123.3米。现已高出附近地面约27米，早在1956年曾发现过旧石器文化遗物，后在1981年4月和1982年进行过两次初步发掘，确认了洞穴内有旧石器晚期、中石器和新石器早期的连续堆积（周国兴，1986）。尽管1985年曾从西剖面原2层、7层，东剖面3层中分析出较丰富的孢粉，但却难以系统揭示洞穴堆积古生态环境。在“白莲洞洞穴堆积的年代与古环境”国家自然科学基金项目资助下，笔者们承担了孢粉分析课题，试图通过孢粉分析的手段对地处低纬度的柳州地区晚更新世以来的植被和自然环境进行研讨。

一、材料和方法

1991年和1992年三次从白莲洞东、西、南侧剖面以及文化期可以对比的大龙潭剖面，采集样品共33个，样品各称重30克，进行粉碎，为了弥补因孢粉种类互相牵动造成百分比统计的不足，故均采取外加石松（Lycopodium）孢子103000粒，以便进行孢粉浓度的计算。除对少数取自钙板层样用50%的盐酸溶液去钙外，其余绝大多数样采用无酸碱重液浮选法进行处理（杜乃秋等，1991）。在选用比重为1∶1.8的重液进行浮选后，将样中添加1∶9的硫酸—醋酸酐混合液置水浴上加热三分钟，然后用甘油制片进行鉴定统计。由于洞穴样岩性差，所含花粉浓度低，绝大多数样中的孢粉组合难以达到常规百分比计算并作出孢粉图式的要求，因此应用外加花粉计算各类粉重量浓度的公式：

A类花粉量浓度＝统计的A类花粉数/统计的外加花粉数×外加花粉总数/样品量（g）

从而计算每克样中A类花粉浓度＝统计的A类花粉数/统计的外加花粉数×103000粒/30（g）

尽管研究区自然植被应属亚热带石灰岩落叶阔叶树和常绿阔叶树所组成的混交林区（侯学煜，1982）。但该石灰岩裸露，土壤覆盖较薄，众多灰岩裂隙，加之长期人类生产活动，使得该区原始自然植被遭受严重破坏，而为次生林或人工栽培植被所代替（何妙光等，1981）。因此难以通过表土孢粉分析资料，反映出本区自然植被和植物区系成分的实际组成，从而增加了再造白莲洞洞穴遗址历史植被和自然环境对比上的困难。从白莲洞遗址周围地区采集到现代植物标本（现代植物标本由张元真、蒋远金采集，刘安仁、陈艺林、邢共侠诸先生鉴定，现代花粉样由彭涛处理，在此一并致谢），经鉴定共59种，分属于樟科、木兰科、椴科、豆科、木樨科、桑科、五加科、芸香科、蔷薇科、大戟科、番石榴科、茄科、马鞭草科、紫堇科、十字花科、禾本科和菊科的多种。蕨类中有蜈蚣草（*Pteris vittata*）、槲蕨（*Drynaria fortunei*）、小叶海金沙（*Lygodium microphyllum*）和芒萁（*Dicranopteris pedata*）。尽管这些现代植物难以与遗址内出现的化石孢粉科属完全对比，但取得的20种现代植物孢粉却增加了本区植物学和环境考古学研究上的基础资料。

二、孢粉组合特征

白莲洞和大龙潭剖面共统计孢粉样21个，统计孢粉共1905粒，它们分属于65个科属（附表1～4）。

由于洞穴常呈封闭或半封闭状态，从而不利于孢粉的大量侵入，在孢粉组合中往往出现了种类单调。由于在湖沼相沉积中通常以乔木植物花粉作为解释孢粉图式的基础，并不完全适用于洞穴沉积。然而洞穴所处的厌氧环境不利于微生物对孢粉的破坏，因此却能分析出保存甚好的孢粉（Dimbleby D. W，1984）。

在白莲洞洞穴孢粉组合中，针叶乔木有松（*Pinus*）、云杉（*Picea*）、冷杉（*Abies*）、陆均松（*Dacrydium pierret*）、杉（*Cunninghamia*）、柏（*Cupressus*）。落叶阔叶乔木有栎（*Quercus*）、水青冈（*Fagus*）、枫香（*Lyquidambir*）、桦（*Betula*）、榛（*Coryius*）、鹅耳枥（*Carpinus*）、椴（*Tilia*）、胡桃（*Juglans*）、槭（*Acer*）、盐肤木（*Rhus*）、榆（*Ulmus*）、小腊（*Ligustrum sinensis*）、含笑（*Michelia*）以及枫杨（*Pterocarya*）、黄杞（*Englnardtia*）等。常绿阔叶乔木有青冈栎（*Cyclobalanopsis*）、栲（*Castanopsis*）、桃金娘科（*Myrtaceae*）、山龙眼（*Helicia*）、柃（*eurya*）等。落叶阔叶灌木及中旱生草本有杨梅（*Myrica*）、惚木（*Araliadecaisneara*）、芸香科（Rutaceae）、大戟科（Euphorbiaceae）、蔷薇科（Rosaceae）、蓼（*Polygonum*）、地榆（*Sanguisorba*）、石竹科（Caryophyllaceae）、藜科（Chenopodiaceae）、蒿（*Artemisia*）、禾本科（Gramineae）、莎草科（Cyperaceae）等。蕨类植物种类特别丰富，有石松（*Lycopodium* spp.）、卷柏（*Selaginlla* spp.）、中华里白（*Hicrioptenis chinensis*）、凤尾蕨（*Pteris vittata*）、金毛狗（*Cibotiumbarameta*）、海金沙（*Lygodium microphyllum*）、莎草蕨（*Schizaea*）、桫椤（*Cyathea*）、瘤足蕨（*Plagiogyriaceae*）、中国蕨（*Sinopteris*）、芒萁（*Dicranoptenis pedata*）、膜蕨科（Hymenophyllaceae）、剑蕨（*Laxogramme*）及水龙骨科（Polypadiaceae）。水生植物的花粉和藻类并不丰富，只有狸藻（*Utricularia vulagaris*）、狐尾藻（*Myriophyllum*）、菱角（*Trapa*）、双星藻（*Zygnema*）以及硅藻中的双菱藻和菱形椭圆小环藻（*Cyclotella rhomoboide-elliptia*），此外尚见可能是水生的环纹孢（*Concentrisystes*）。

由于受当时自然环境和人类活动影响的不同，因此样品中的花粉重量浓度相差甚远。除西剖面因未外加石松不能进行花粉重量计算外，其他的绝大多数样进行了重量花粉浓度的计算。从统计表上不难看出，东3层所取的东7号样中，花粉浓度高达4089粒/克，但其种类并不丰富，其中仅山毛榉科的花粉浓度就有3821粒/克，其次浓度较高的有东一层中的东12号（221粒/克），东9层的东1号（182粒/克）和南剖面的3号（157粒/克），而东剖面8层中所取的3个样花粉浓度总共只有120粒/克，值得注意的是，大龙潭剖面中，孢粉浓度普遍偏高。这有可能和沉积过程中与外界环境联系密切有关。

1. 白莲洞西剖面孢粉组合特征

样品取自西四层（即原2～4层）。尽管岩性为浅黄褐色钙质胶结的亚黏土，但却分析并统计出338粒孢粉（附表1，编号X2）。该孢粉组合中，乔木植物的花粉占孢粉总数的46%（文中除注明者外，均指占孢粉总数的百分比）。组合中以喜温稍耐干的松为主，占乔木植物花粉总数的75.3%。其次有北温带植物区系主要组成的落叶阔叶乔木，如栎、椴、桦、榛、水青冈、柳。引人注目的是在该组合中出现了云杉、冷杉和陆均松。鉴于云杉、冷杉性喜冷湿，对于外界环境变化的适应性特别脆弱，在我国，它们现分布在华北、东北和西北的山地，组成寒温带常绿针叶林或混交某些落叶阔叶乔木树种。而在中国的西南部和台湾省则长在亚热带的山地。在华东、华南的平原、丘陵乃至山地则缺少记录。近些年，不仅在浙江庆元县百山祖、贵州梵净山发现了冷杉，而且在广西东北部的融安海拔1700～2050米地段发现了元宝山冷杉。在广西资源县银竹老山海拔1650～1700米以及湖南新宁县舜皇山海拔1750米发现了资源冷杉（傅立国等，1980）。这两种冷杉现生长在山地常绿与落叶阔叶林中，组成针阔叶混交林。伴生有水青冈、华南桦、槭以及栲、柯。

鉴于冷杉的分布与特定的生态条件特别是水热条件相联系，而浙、桂、湘山地生长的冷杉则与落叶阔叶乃至常绿阔叶乔木树种混交，无疑属于东亚分布较温暖潮湿的类型。广西、湖南山地所以得以保存冷杉，是与其复杂的地形、充沛的雨量、夏凉冬暖、霜降频繁、冬常积雪的气候条件有关。在X2样组合中，引人注目的还出现了陆均松的花粉。由于陆均松现生长在南、北半球的热带、亚热带岛屿或靠近海洋接受海洋性气候的山地，在中国现仅生长在海南岛海拔1000～1500的山地雨林。但在中国40～20kaBP期间，其分布区可扩展到北纬22°～24°（唐领余等，1987；郑卓，1991）。

在X2的组合中，灌木及草本植物有蒿（20%）、豆科（14%）、藜科、乔本科和个别的地榆和石竹科的花粉以及少量中华里白、卷柏、水龙骨和蜈蚣草的孢子。此外该样中还见到一粒菱角的花粉。鉴于菱角现生在富营养、一般深度不超过2米的水体，它在温暖晴朗夏季得以繁殖。在台湾海拔745.5米吉潭相当大理冰期时，菱角花粉变化，反映出气温波动和土壤状况（冢田松雄，1966）。综合 X2 样的孢粉组合特征，结合西三层取得的实测年龄，我们不难推测在 20kaBP 左右，白莲洞附近曾生长着温带或亚热带山地针阔叶混交林。乔木植物的种类较少，林下灌丛和地被层的组成也比较单调，附近较高的山地曾生长着由云杉、冷杉和落叶阔叶乔木树种混交的寒温或温性针叶林。洞穴附近可能有不大深的水体，通过水流将菱角花粉带入洞穴。因此柳州当时的气候较冷干，反映出盛冰期低纬度地区的气候和植被特征。

西七层所取的 X7 样，岩性暗黄色黏土，实测年龄 >30kaBP。共统计孢粉 67 粒。尽管孢粉数量较少，但从表中的百分比仍大体反映组合特征。不难发现，由栎为主要组成的落叶阔叶乔木树种增加，除栎外，尚有鹅耳枥、桦、椴、榛和枫杨等。不见寒温性的冷杉，喜温干的松比例下降。禾本科植物缺失，但却出现了喜湿的莎草和沉水生的狐尾藻。就 X2 和 X7 样组合比较，似乎 X7 样堆积时期气候较暖，附近生长着暖温带落叶林。但总的来看，在大约 30 ~ 19kaBP 期间，柳州地区很大程度上反映出温暖指数（VVI）的明显下降（方精云，1991）。

2. 白莲洞东剖面的孢粉组合特征

白莲洞东剖面共取样 12 个。然而只在东 1 层的 D12，东 3 层的 D7，东 6 层的 D8，东 8 层的 D5、D4、D3 和 D1 等 8 个样中取得种类不多、浓度不高的孢粉。由于孢粉统计量太低，不足以作出该剖面的孢粉百分比图式。而取其中孢粉统计，输入微型计算机，应用 Tilia 程序（Tilia program）虽试作出了白莲洞东剖面孢粉重量浓度图式，但却难以进行孢粉分带。

D12，取自东剖面含陶片的钙华板层。两次分析共统计孢粉 53 粒。该样花粉的重量浓度有 221 粒/克，尽管乔木植物花粉浓度只有 72 粒/克，但出现的却是常绿阔叶乔木树种如青㭎、栲。此外尚有棕榈、木犀科、山龙眼，值得注意是，出现了较多的乔本科（花粉浓度为 36. 18 粒/克）和蒿（36. 18 粒/克）。尽管我们不能依据花粉形态确定这是野生的或是种植禾本科农作物，但其实测的^{14}C 年龄和含陶片很可能该样堆积时期受到人为性活动的干扰，从而导致森林覆盖面积减少。就其孢粉组合看，仍反映出全新世大暖期的气候和植被特征（施雅风，1992）。该样中蕨类丰富，除中华卷柏、水龙骨、垂穗石松、细叶卷柏、大叶卷柏、瘤足蕨、中国蕨、膜蕨等分布较广的草本状蕨类外，还出现了该区现仍生长的小叶海金沙和曲轴海金沙。此外，该样中除见沉水植物狐尾藻外，还见较多生长在温暖水体中的小环藻、双菱硅藻和环纹孢。因此综合 D12 样的组合，可以推测在 7kaBP 前后，柳州地区的植被应属亚热带常绿阔叶区，可能由于受人类活动的影响，森林受到破坏，但当时白莲洞附近湖沼水体较发育，使得在洞穴附近大量生长的蕨类植物和水生植物通过水流进入洞穴中。

D7 样，采在第 2 层钙华板下，距地表 43. 29 厘米，属东 3 层。实测年龄为 11. 6kaBP，尽管该样孢粉浓度很高，但其植物种类较单调。组合中以栲、青㭎栎和栎占优势，其次还有桧、竹叶椒、小蜡等。草本中仅见个别的蒿和中国蕨、里白和水龙骨科。与D12样的组合相比，似乎反映出当时森林繁盛，但其林下层和地被层的植物种类却不丰富。

D8样，取自第7层钙华板上，距地面深216.45厘米，该样仅统计孢粉55粒。孢粉总浓度只有65粒/克。组合中，乔木植物计有松、杉、水青冈、枫香、桦、榛、山黄麻、含笑。灌木中有杨梅。草本植物有蒿、藜科、乔本科和蜈蚣草、水龙骨、中国蕨、里白等。该样与同时期的X2样组合相比则有明显的差异，突出地反映出D8样中缺少云杉、冷杉。似乎D8样反映的植被应属亚热带落叶阔叶林。这很可能反映出不同时期的组合特征。

D5、D4、D3样，取自第7层钙华板下不同深度。三个样中，除深263.07厘米的D5样统计孢粉88粒外，D4和D3样仅见很少的孢粉。在D5样中，乔木中有松、青枫栎、桦、鹅耳枥、桃金娘、竹叶椒。草本有中蒿、藜科、中华里白、芒萁。三个样中均有较多可能为水生的环纹孢。与D8样组合不同的是，松有明显的增高。但对第8层说来，其沉积早期植被和气候状况对花粉保存不利，仅见个别的榛花粉和蕨类孢子，而至后期植物种类和花粉浓度增高，显现出气候向温暖潮湿的方向发展。

D1样，采自东9层。距地表326.34厘米，该样仅统计孢粉11粒，但花粉深度却有182粒/克。组合中除松外，还有桃金娘、桧、中华里白、水龙骨以及个别的蒿和禾本科。由于孢粉太少，难以对植被作进一步推测。

综合东剖面的孢粉深浓度图式特征，大致可划分为明显的三段：即其早期约20kaBP左右，植被比较稀疏，气候较温干。至11kaBP左右，植被已属常绿阔叶林。一直到7.7kaBP左右，森林虽有不同程度的破坏，但现生亚热带乃至热带的蕨类植物却空前繁盛，而禾本科植物的增多有可能与原始农业的出现有关。

3. 白莲洞南壁剖面的孢粉组合特征

该剖面分析并统计孢粉样三个。总的看孢粉重量浓度不高，植物种类组成也比较单调，即使在孢粉重量浓度较高的南壁中层，孢粉的重量浓度也只有157粒/克。

N2，取自南壁上层，沿壁往下50厘米处。尽管岩性为胶结较紧密的灰褐色含螺壳的亚黏土，仍计出孢粉53粒。但其浓度只有86粒/克。在孢粉组合中，乔木植物中仅见少量的松。灌木中有榛、杨梅。草本中主要有蒿、藜和个别的禾本科。地被层中的蕨类植物仍较丰富，除中华里白外，还见蜈蚣草和个别的莎草蕨。水生植物花粉缺少，仅见亲缘关系并不明确的少量环纹孢。上述组合中，从乔木植物种类单调、草本中蕨类和蒿较丰富看，并不能说明当时的自然植被特征，很能反映出人为的扰动。值得注意的是，蕨类中的中华里白、蜈蚣草和莎草蕨是现生热带、亚热带地区的草本状蕨类。由于在组合中占了较高的比例，因此反映了在南壁剖面N2样堆积时期气候是温暖潮湿的。

N3，取自南壁中层。该样中孢粉种类较为丰富。在统计的 180 粒孢粉组合看，乔木植物花粉占孢粉数的 30% 以上，除大量松外，还有少量的柏科、栎、鹅耳枥、黄杞、山麻杆等等。草本植物中仍以蒿、藜、莎草等为主，但出现保存很好的水生植物狸藻的花粉和包括中华里白、蜈蚣草、曲轴海金沙、瘤足蕨、石松等在内的草本状蕨类。与西 1、2 层相比，乔木中都以松占优势，中华里白占了较高比例。但不同的是，N3 样中未见寒温性的云杉和冷杉，但却出现了含笑和山麻杆，似乎 N3 样堆积时期的气候状况较西剖面二层有利。

N1，样取自白莲洞南壁面下层，沿壁往下 80 厘米，岩性和 N3 相似，为灰褐色含螺壳的亚黏土。统计孢粉共 55 粒，孢粉总浓度 53 粒/克。尽管组合中的乔木植物花粉浓度不高，但其种类却较为丰富。除松、柏、桦、胡桃等北温带植物区系成分外，还出现了栲、桃金娘、棕榈等常绿阔叶成分。草本植物中，仍以蒿和诸如蜈蚣草、中国蕨、剑蕨等草本状蕨类为主要组成。

综合南壁剖面孢粉组合特征，可以看出，N1 样堆积时期周围地区可能生长常绿阔叶林，而后在 N3 时由于气候变干，以松为主要组成的针叶林得到扩展，至 N2 样堆积时期尽管气温再次升高，一些热带、亚热带的蕨类在白莲洞邻区仍能生长。尤其现生热带地区干燥贫瘠酸性土壤上莎草蕨的出现，表明当时广西柳州地区生长的蕨类植物具有中国现代蕨类华南地理分布区的特征（中国科学院植物研究所古植物室，1976）。很可能由于受人为性的影响，森林在研究区减少。尽管南壁剖面尚缺少和其他剖面可以对比的年龄资料，但三个样的不同组合仍反映出本区植被和气候的变化。

4. 大龙潭剖面的孢粉组合特征

柳州大龙潭鲤鱼嘴剖面取孢粉 10 个，对其中 7 个样品进行了花粉重量浓度统计。由于孢粉在 50 粒以下，难以作出孢粉浓度图式。

B4 样，系大龙潭上文化层，距剖面顶部 20 厘米。尽管人工统计孢粉 53 粒，但其孢粉重量浓度却有 503 粒/克。在乔、灌木植物组合中，除松为主外，还见桃金娘科、竹叶椒（Zantlan xylum planispinum）。草本植物中，仍以蕨类为主，其次是蒿、藜科。

B3 样，取自上文化层，距顶部 50 厘米，岩性为含螺壳的灰褐色土状堆积，文化遗物中有石器、骨器、蚌器和陶片等。该样共统计孢粉 31 粒，占优势的是蕨类植物孢子，其中有剑蕨、中华里白、垂穗石松、水龙骨和海金沙。旱生草本植物有蒿和藜。乔木种类单调，除松外，还有桃金娘。

B2 为上文化层，距剖面顶部 70 厘米，仅统计孢粉 34 粒，孢粉浓度极低，有 49 粒/克。禾本植物中除松为主外，还见个别的云杉、栎、枫杨、柳、棕榈和杨梅。草本植物中仍以蕨类为主，但其种类较单调，只有水龙骨科、中华里白和垂穗石松。和 B3、B4 样一样，组合中未见水生植物的孢粉。

B1 样，为大龙潭上文化层，但已距顶部 130 厘米。尽管统计孢粉只有 24 粒，但组合中仍以松为主，其次是槭。草本植物中有蓼、蒿、藜。蕨类中除水龙骨为主外，还见 2 粒金毛狗属的孢子。

B10 样，采自大龙潭 2 号人骨架台面，统计孢粉共 45 粒，但其孢粉浓度却有 255 粒/克。组合中，除松、桧、榆、山黄麻等乔木植物花粉外，草本中则有蒿、水龙骨、中国蕨和中华里白。

B5 样，采自大龙潭第 2 层，距底部 110 厘米，仅统计孢粉 12 粒。组合中，除见到个别的松、椴、榆外，和西 2 层组合一样，再次出现了较多的禾本科植物花粉。

B9 样，为大龙潭第 2 层底部。统计孢粉 35 粒。总浓度 234 粒/克。该样中的孢粉种类比较单调，除松外，还有桧、柳、竹叶椒。草本中除蒿、藜、禾本科之外，还有种类较少的蕨类植物孢子，如中华里白。

由于大龙潭剖面中缺少实际测年数据，因此难以从孢粉组合特征与白莲洞遗址各文化期的孢粉组合特征进行对比。但综合上文化层中的 B1、B2、B3 和 B4 样，总共统计孢粉 142 粒。其中出现的松树花粉接近孢粉总数的 30% 。其次是占孢粉总数 28% 的蕨类植物孢子和少量中旱生的草本植物如蒿、藜的花粉以及落叶阔叶乔木植物花粉。由于在上文化层中未见水生植物的孢粉，因此大龙潭上文化层的堆积时期气候偏温干，使得缺少常绿阔叶乔木树种，而为适应温干环境的松林所代替。值得注意的是，尽管在 B2 样中仅见到 1 粒云杉花粉，但也有可能去追溯与白莲洞西剖面 2 层间的组合关系。

然而在大龙潭下文化层的孢粉组合中，松又明显减少，而常绿阔叶乔木树种增加，似乎当时的气候和环境状况较上文化层有利。

5. 11kaBP 以来植被和环境变化

由于植物的孢粉产量高，广泛分布，易于保存，从而使孢粉分析手段在恢复历史植被和环境中发挥了重要作用。尤其是从封闭好、沉积速率快、岩性变化不大及富含有机物的湖沼相沉积物中取得的有时间序列的高分辨率的孢粉分析资料，更能起到令人满意的结果。然而在考古遗址或受人为性活动影响的洞穴堆积内却难以取得系统的孢粉分析资料。特别是在石灰岩地区封闭或半封闭的洞穴堆积中，自然植被产生的孢粉是通过灰岩裂隙、渗流、地下河或狭窄的洞口进入洞穴内，因此常规分析得到花粉不多，而种类又往往单一的孢粉组合。再加上在低纬度的热带、亚热带地区，作为自然植被的主要组成的樟科、桑科、柏科植物花粉，因外壁薄易受到外界环境的腐蚀和微生物的破坏，因此在样品的孢粉组合中则难以发现。尽管如此，在史前考古遗址范围内自然变化以及先民的经济状况还是最直接地反映在植被上。因此采自考古遗址范围内的植被遗存非常有助于史前环境的恢复，并对一些特殊的生态问题作回答（Behre K-E and Jacomet S.，1991）。

柳州地处东经109°24′，北纬24°21′，海拔96.9米，依据中国气象局编的1961～1969年气候资料可以得知，柳州的1月平均气温10.6℃，7月的平均气温28.9℃，全年的平均气温20.5℃，年较差18.3℃，全年的相对湿度76%，年降水量1455.5毫米。依照>5℃的月平均气温总数作出的热量指数为186.1℃。该区的生物气候带应属亚热带和热带季雨林（方精云，1991）。然而与柳州水热因子相适应的植被都属华中、西南常绿阔叶林区域中的柳州区域丘陵区（李治基等，1965）。在常绿阔叶中的乔木层是以山毛榉科、樟科、茶科为主要组成。灌木层中有杜鹃科、山矾科、冬青科、鼠刺（ltea）、安息香科和紫金牛科。草本地被层则以蕨类为主，诸如狗脊、东方乌毛蕨、金毛狗、瘤足蕨、鳞毛蕨、铁角蕨、卷柏、石松等（胡舜士，1979），然而因研究区灰岩出露植被属亚热带落叶阔叶林，其主要建群种是壳斗科、桦木科、安息香科、金缕梅科、山矾科等（王献博，1990）。无疑，柳州地区的现代植被及其植物区系组成会受到现代生态条件的支配和人类经济活动的影响。同时作为低纬度和低海拔的柳州地区亦会受到大约13万年以来晚更新世和全新世期间所发生的地球轨道移动的驱动，导致太阳辐射日总量的变化（徐钦琦，1991），从而引起大气环流的改变、海面的升降、植被带的移动和大型哺乳动物的迁徙。只不过是低纬度地区不像高、中纬度地区的变化那么明显（施雅风等，1989；孔昭宸等，1991）。

在白莲洞Ⅰ期文化堆积期间出现了可打制和加工多种石器的智人，以及与化石智人相伴生的大熊猫—剑齿象动物群，反映出当时柳州尚处于晚更新世气候温暖湿润的土生土长的动物群特征（尤玉柱，1992）。尽管代表该文化期植被和气候特征的孢粉资料并不丰富，但取自西剖面7层孢粉组合大体反映30kaBP左右白莲洞周围地区生长着由多种北温带植物区系成分所组成的暖温带落叶阔叶林。与现今植被和气候况相比，显然在30～2kaBP期间，气候较今凉干。

尤其在末次冰期盛冰期间（23～15kaBP），作为低海拔的柳州白莲洞第Ⅱ期文化堆积和桂林所取得的孢粉资料（王丽娟，1989），说明现生广西东北部山区的冷杉林曾下降到低海拔和低纬度的柳州和桂林地区。尽管因当时柳州所处的复杂地貌、充沛的雨量所形成的特定生态环境使得进入白莲洞西剖面二层堆积中的孢粉组合不如中国北部、中部及日本、韩国同一时段的资料丰富（徐仁等，1980；孔昭宸等，1980，1991；Takeuti. s. *et al*, 1987；Noshsro s. *et al*, 1993；Kang S. J and Choi K. P., 1993），从而为定量推测当时的气温状况带来困难。但从18～15kaBP期间，柳州地区的植被主要由喜温偏干的松、栎为主；其次是椴、桦、榛、水青冈、蕨类植物的比例下降，引人注目地出现了云杉、冷杉、陆均松，因此，有理由推测在当时盛冰期时广西柳州、桂林气候较今冷干，驱使热带动物群迁徙或某些大型哺乳动物绝迹。

自大约11kaBP以来，随着全球性气温回升，海面升高，大气环流改变，驱使夏季风明显加强，此时白莲洞进入第三文化层堆积时期。在盛冰期曾生长的暖温性针叶阔叶林缩小分布区，而对冷湿环境适应性强的冷杉、云杉、铁杉在柳州、桂林地区消失，而冷杉则在广西西部和湖南西南部的山区得以保存，从白莲洞东部剖面D7样的孢粉组合说明以山毛榉科常绿乔木树种为主要组成的常绿阔叶林再次占据了低纬度、低海拔的柳州盆地。由于气候温暖潮湿，其林下、林隙以及白莲洞附近生长着丰富的蕨类植物，如金毛狗、海金沙、里白、凤尾蕨等。而至东剖面D12样堆积时期的孢粉组合，表明在中全新世暖期时，约8kaBP左右，白莲洞地区常绿林减少，但现生热带、亚热带温暖潮湿地区蕨类仍相当繁盛。由于组合中出现了较多的禾本科和蒿的花粉，很可能受到当时古人类活动的影响。由于仅见到禾本科植物的花粉，未见到原始农作物的遗存，因此尚难确定白莲洞遗址是否存在农耕文化，但由于当时洞外水源增多，使之大量软体动物和硅藻进入洞内。而进入3kaBP以来，全球气温再次下降，加上人为活动影响的加剧，广西柳州和桂林地区适应温干环境的松林得以扩展，而喜温干的某些蕨类和蒿则成为草本植被的重要组成。

总之，白莲洞和大龙潭遗址取得的孢粉分析资料表明低纬度地区最近30000年以来植被和环境的大体变化。这种变化和日本、韩国同一时期有着可比性。

三、问题与研究

晚更新世以来，我国中低纬度的自然环境演变一直为地理学界所关注。桂林地区第四纪冰川遗迹的争论已久（施雅风等，1989）。通过广西柳州白莲洞遗址、桂林盆地、临桂盆地钻孔及露头剖面孢粉分析，表明20kaBP左右性喜冷湿的云杉、冷杉、铁杉曾在柳州、桂林盆地扩展（王丽娟，1989）。尤其是取自临桂县地质一队CK-55孔埋深15.37～15.49米褐黄色亚黏土中共统计孢粉1379粒，分属18个属。组合中以乔木植物花粉占优势（96%），除栎、栗、栲、枫香、山矾等亚热带常绿阔叶和落叶乔木树种为主外，还有桦、榆、椴等落叶阔叶树种，尤其是出现了占11%的冷杉花粉并见到云杉、铁杉和松等。尽管现有资料还不能作出柳州、桂林盆地有无冰川分布的结论，但仍表明全球性气候及环境的变化曾影响低纬度和低海拔的桂林和柳州盆地，使植被的植物组成发生演替，某些科属植物发生迁移。广西东北部和湖南西南部海拔1100米左右两种冷杉局部的生长，很可能是晚更新世冰盛期植物群的孑遗。令人不可思议的是，往往与冷杉伴生，生态条件比较一致的云杉并未在广西、湖南、浙江、柳州、江西山区发现。这可能因冷杉、云杉要求的特定生态条件并不一致，导致云杉消失，而冷杉却能被保留在复杂的地貌、充沛的雨量、霜冻期长和夏季低温的山区。而在18kaBP左右真正盛冰期植被在华北和东北大部分地区是无林的干草原和苔原（施雅风等，1989；孔昭宸等，1991）。而在日本群岛则广布针叶林（Tsukada. M，1985），8月的平均气温较今低5～9℃。作为广西柳州、桂林盆地在20kaBP左右很可能分布着落叶阔叶树种云杉、冷杉、铁杉、松所组成的温性针阔叶混交林，而进入11kaBP的全新世冰后期，由于云杉、冷杉、铁杉表现出对生态条件的脆弱性，在盆地失去优势而被常绿和落叶阔叶林所代替，而冷杉却向山区退缩，得以保存在狭小的空间。值得注意的是，从孢粉资料所反映出的气候和环境特征，恰好和白莲洞、甑皮岩洞穴文化期更迭有着一致性。

由于史前遗址人类聚落状况以及经济活动极明显地反映在历史植被上，因此从考古遗址范围内找到的植物遗存（果实、木材、种子、植物硅酸体及孢粉）是恢复当时人类活动环境的重要工具。就一般说来，栽培植物不利于人类史前环境的恢复，因此更应注重野生植物状况。由于湖沼相沉积物中取得的孢粉资料更能反映区域性植被特征，而洞穴中得到的孢粉却易受当时和后期人类活动的影响，甚至会受到进入洞穴的大型动物乃至昆虫的扰动，将不同文化期的孢粉混杂，从而影响对取得的资料作出正确解释。即使真正取自代表当时人类活动的地表样，出自数理统计的需要也必须分析并统计出足够多的孢粉，才得以作出孢粉相对和浓度图式，进而作出令人置信的结论（Dimpleby，1985）。尽管从白莲洞遗址取得的孢粉并不丰富，但取得的结果却有助于说明白莲洞晚更新世和全新世三个文化期的特征。然而白莲洞东、西、南剖面以及大龙潭剖面间的对比关系从孢粉资料上反映得并不清楚。

农耕文化的出现和发达极大地破坏了邻近的自然植被。研究考古遗址的孢粉已不仅仅是注意当时农作物的类型，而是遗址所处的整个环境。白莲洞遗址东剖面中，曾出现了较多的禾本科植物花粉，但难以区分是种植禾谷还是野生的禾本科植物。因此广西白莲洞遗址是否存在农耕文化还待深入研究。

依靠洞穴遗址孢粉在回答一些特殊的生态问题时常强调乔木植被物花粉，而事实上在桂林甑皮岩洞穴遗址（王丽娟，1989）、巫山猿人遗址（陈因硕等，1991）以及周口店北京猿人遗址中都出现了大量的附生、丛生或匍匐状态生长的蕨类植物孢子（孔昭宸等，1985）。这些孢子的植物母体大都生长于温暖阴湿的森林环境，成为森林植被中草本层重要组成成分。种类的不同，可明显地指示气候的干湿、气温的高低和土壤的状况（中国科学院植物研究所古植物室孢粉组，1976）。而白莲洞遗址Ⅰ、Ⅱ、Ⅲ期文化的孢子组合状况同样反映了不同的植被和环境状况。

综上所述，本文所涉及白莲洞和大龙潭洞穴中取得的有限孢粉分析资料说明，广西柳州地区的植被分布亦受到过去全球性气候变化和人类活动的影响。不仅在盛冰期存在着以冷杉等为代表的针阔叶混交林在盆地扩展，而且在进入全新世冰后期也发生过植被水平和垂直带的移动。由于资料的不足，对白莲洞遗址堆积过程环境状况和人类的状况停留在定性阶段，因此白莲洞洞穴堆积年代剖面间的比较以及环境状况仍待资料的补充和学科间的互相渗透。

参考文献

陈国硕、杜乃秋. 1991. 孢粉分析//黄万波等著. 巫山猿人遗址. 海洋出版社：150-155.
杜乃秋、陈因硕. 1990. 重液浮选对花粉浓度计算的影响. 植物学报，22（10）：794-798.
方精云. 1991. 我国森林植被带的生态气候学分析. 生态学报，11（4）：377-387.

傅立国、吕庸俊、莫新礼．1980．冷杉属植物在广西与湖南首次发现．植物分类学报，18（2）：205.
何妙光、王献淳．1981．广西1∶25,000,000植被图的编制及其说明．植物生态学与地植物学丛刊，5（1）：282-288.
胡舜士等．1980．广西石灰岩地区季节性雨林的群落学特点．东北林学院学报，4：11-26.
侯学煜著．1982．中国植被地理及优势植物的化学成分．科学出版社.
孔昭宸、杜乃秋．1980．中国晚冰期的植物群．冰川冻土，2（4）：29-31.
孔昭宸、杜乃秋．1991．中国东部晚更新世以来植被和气候的戏剧性变化//梁名胜、张吉林主编．中国海陆第四纪对比研究．科学出版社，165-172.
孔昭宸等．1985．依据孢粉资料讨论周口店地区北京猿人生活时期及其前后自然环境的演变//吴汝康等著．中国远古人类．科学出版社：119-154.
李治基、王献淳．1965．关于广西主要经济林木的生态地理分布及其布局问题．植物生态学与地植学丛刊，3（1）：1-49.
施雅风等．1989．中国东部第四纪冰川与环境问题．科学出版社.
施雅风主编、孔昭宸副主编．1992．中国全新世大暖期气候与环境．海洋出版社.
唐领余、刘金陵．1987．Dacrydium花粉在云南等四系的发现．微体古生物学报，4（1）：13-24.
王丽娟．1989．桂林甑皮岩洞穴遗址第四纪孢粉分析．人类学学报，8（1）：69-76.
王献淳．1990．广西酸性土地区亚热带落叶阔叶林的群落学特点及其合理利用的方向．广西植物，10（4）：307-319.
徐仁、孔昭宸、杜乃秋．1980．中国更新世的云杉、冷杉植物群及其在第四纪研究上的意义．中国第四纪研究，5（1）：48-56.
徐钦琦．1991．天文气候学．中国科学技术出版社.
尤玉柱．1992．动物群及人类文化的古气候变迁记录//李克让主编，张远副主编．中国气候变化及其影响．海洋出版社，178-190.
中国科学院植物研究所古植物研究室孢粉组．1976．中国蕨类植物孢子形态．科学出版社.
郑卓．1991．晚第四纪陆均松属在中国南方的分布．植物学报，33（2）：130-139.
周国兴．1986．论白莲洞文化——兼论华南地区的中石器时代．北京自然博物馆研究报告，25期，北京科学技术出版社.
Behre K E and jacomet S. 1991. The Ecological lnterpretation of Archaeobotanical Data. *Progress in Old World Palaeoethnobotany*. Van Zeist , Wasylikowa & Beher (eds) Balkema, Rotterdam , Rotterdam: 81-108.
Dimbleby G W. 1985. *The Palynology of Archaeological Sites*. AcademicPress, INC.
Kang S j and Chol K. 1993. *Vegetation History in Korea XV intenational Botanical Congress*. Abstracts Yokohama Japan Paciffco Yokohama August 28-September3.
Takeuti S and Ozali H. 1987. Takeuti, S. 1985. The Climatic Change During The Last Interglaciation in Northeast Honshu, Japan. Saito Ho-on Kai Mus. *Nat. Hist*, *Res. Bull. No.* 53: 13-19.
Tsukada M. 1966. late Pleistocene Vegetation and Climate in Taiwan (Fomosa). *Proceedings of the National Academy of Sciences* Vol. 55, No. 3: 543-548.

附表一　广西柳州白莲洞剖面孢粉百分比统计表

样号	Sample	X2	X7	D12	D7	D10	D8	D5	D4	D3	D1	N2	N3	N1
样深	Depth（cm）			16. 65	43. 29	146. 52	216. 45	263. 07	293. 04	309. 69	326. 34			
样重	Weight			30	30	30	30	30	30	30	30	30	30	30
外加石松数	Extra Ly			103000	103000	103000	103000	103000	103000	103000	103000	103000	103000	103000
统计石松数	Lycopid			513		628		2884	4676	1242	368	302	2111	3942
冷杉	Abies	0. 29												
云杉	Picea	2. 95	1. 49											
松	Pinus	33. 33	22. 39	2. 70	1. 07		3. 64	18. 18			11. 76	7. 55	24. 44	3. 64
柏科	Cupress	0. 59					1. 82						1. 67	1. 82
陆均松	Dacrydi	0. 29												
青冈	Cyclobla			2. 70	0. 53			2. 27						
栎	Quercus	4. 42	46. 27		1. 60			1014					1. 11	
水青冈	Fagus	0. 59			0. 13		1. 82							
栲	Castanp			2. 70	93. 45									3. 64
枫香	Lyquidambir						1. 82							
桦	Betula	0. 29	4. 48				1. 82	1. 14						1. 82
榛	Corylus	1. 18	5. 97						15. 38			1. 89		
鹅耳枥	Carpinus		2. 99					2. 27					1. 67	
椴	Tilia	0. 29	4. 48											
槭十漆	Acer + Rhus				0. 53									
枫杨	Pterocarya		1. 49											
黄杞	Engelnardtiah + j												0. 56	3. 64
桃金娘科	Myrtaceae				0. 13		7. 27	10. 23			17. 65		1. 11	14. 55
山龙眼	Helicia													

续表

样号	Sample	X2	X7	D12	D7	D10	D8	D5	D4	D3	D1	N2	N3	N1
柃 + 桑科	Eurya + Monacea				0. 40						17. 65			
柳 + 蔷薇	Salix + rosaceae	0. 29		2. 70										1. 82
棕榈	Palmae													5. 45
杨梅	Myrica	0. 29					3. 64					13. 21	0. 56	1. 82
水犀科	Oleaceae	1. 18			0. 13							11. 32		
山黄麻 + 榆	Trema + Ulmus						1. 82							
大戟科	Euphorbiaceae	0. 88											0. 56	
花椒	Zanthoxylum				0. 13			6. 82						
豆科	Leguminosae	14. 45												
含笑	Michelia						1. 82						1. 11	
木	Aralia decaisne												2. 22	
山麻杆	Alchonea												0. 56	
蓼	Polygonum													
地榆	Sanguisorba	0. 29												
石竹科	Caryophyllacea	0. 29						2. 27						
乔本科	Gramineae	4. 13		5. 41			3. 64				11. 76	1. 89		
莎草科	Cyperaceae	0. 59	1. 49										0. 56	
菊科	Compositae	0. 88			0. 13			18. 18					1. 11	
蒿	Artemisia	19. 7	4. 48	5. 41	0. 13	66. 67	18. 18	2. 27			5. 88	20. 75	14. 44	16. 36
		6												
藜科	Chenopodiaceae	4. 42					3. 64					5. 66	2. 78	
狸藻	Utricularia vul												0. 56	

续表

样号	Sample	X2	X7	D12	D7	D10	D8	D5	D4	D3	D1	N2	N3	N1
狐尾藻	Myriophyllum		1. 49											
菱	Trapa	0. 29						2. 27						
水龙骨科	Polypidiaceae	2. 36	2. 99	2. 70	0. 27	33. 33	12. 73			50. 00	5. 88	1. 89	3. 89	1. 82
剑蕨	Loxogramme													10. 91
中国蕨	Sinopteris + Phy			8. 11			7. 27		15. 38					14. 55
里白	Hicriopteris Chi	5. 01		5. 41	0. 13		1. 82	11. 36		50. 00	23. 53	22. 64	18. 33	
蜈蚣草	Pteris vittata	0. 29			0. 13		16. 36		7. 69			5. 66	3. 33	10. 91
垂穗石松	Lycopodium cor			5. 41									1. 11	
西藏石松	L. hamiteni													
深绿卷柏	Selaginella doe	0. 29												
细叶卷柏	S. labordei			2. 70										
大叶卷柏	S. labodincri			24. 32					23. 08					
金毛狗	Cibotium baram													
小叶海金沙	Lypodium micro													
曲轴海金沙	L. flex			2. 70										
海金沙	Lypidium. sp			5. 41									6. 11	
莎草蕨 + 沙	Schiza + Cyathea											1. 89		
瘤足蕨	Plagiogyriaceae			2. 70									7. 78	
海金沙	Lypidium. sp.			5. 41									6. 11	
莎草蕨 + 沙	Schiza + Cyathea											1. 89		
瘤足蕨	Plagiogyriaceae			2. 70									7. 78	

附表二　广西柳州白莲洞东剖面孢粉重量浓度统计表

样号	Sample	D12	D7	D8	D5	D4	D3	D1
样深	Depth（cm）	16. 65	43. 29	216. 45	263. 07	293. 04	309. 69	36. 34
样重	Weight	30	30	30	30	30	30	30
外加石松数	Extra Ly	103000	103000	103000	103000	103000	103000	103000
统计石松数	Lycopid	513	628	2884	4676	1242	368	302
冷杉	Abies							
云杉	Picea							
松	Pinea	18. 09	5. 85	4. 33	13. 35			133. 75
柏科	Cupress			2. 16				
陆均松	Dacrydi							
青桐	Cyclobla	18. 09	2. 92		1. 67			
栎	Quercus		8. 77		0. 83			
水青㭎	Fagus		0. 73	2. 16				
栲	Castanp	18. 09	510. 90					
枫香	Lyquidambir			2. 16				
桦	Betula			2. 16	0. 83			
榛	Corylus					42. 53		
鹅耳枥	Carpinus				1. 67			
椴	Tilia							
槭 + 漆	Acer + Rhus		2. 92					
枫杨	Pterocarya							
黄杞	Engelnardtiah + j							
桃金娘科	Mytaceae		0. 73	8. 66	7. 51			200. 62
山龙眼	Helicia							
柃 + 桑科	Eurya + Monacea		2. 19					200. 62
柳 + 蔷薇	Salix + rosaceae							
棕榈	Palmae	18. 09						
杨梅	Myrica			4. 33				
木犀科	Oleaceac	18. 09	0. 73					
山黄麻 + 榆	Trema + Ulmus			2. 16				
大戟科	Euphorbiaceae							
花椒	Zanthoxylum		0. 73		5. 01			
豆科	Leguminosae							
含笑	Michelia			2. 16				
林木	Aralis drcaisne							
山麻杆	Alchonea							

续表

样号	Sample	D12	D7	D8	D5	D4	D3	D1
蓼	Polygonum							
地榆	Sanguisorba							
石竹科	Caryophyllacea							
乔本科	Gramineae	36.18		4.33	1.67			133.75
莎草科	Cyperaceae							
菊科	Compositae		0.73					
蒿	Artemisia	36.18	0.73	21.65	13.35			66.87
藜科	Chenopodiaceae			4.33	1.67			
狸藻	Utricularia vul							
狐尾藻	Myriophyllum							
菱	Trapa							
水龙骨科	Polypidiaceae	18.09	1.46	15.15	1.67		466.69	66.87
剑蕨	Loxogramme							
中国蕨	Sinopteris + Phy	54.26	4.39	8.66		42.53		
里白	Hicriopteris Chi	36.18	0.73	2.16	8.34		466.69	267.50
蜈蚣草	Pteris vittata		0.73	19.48		21.26		
垂穗石松	Lycopodium cor	36.18						
西藏石松	L. hamiteni							
深绿卷柏	Selaginella doe							
细叶卷柏	S. labordei	18.09						
大叶卷柏	S. labodineri	162.79				63.79		
金毛狗	Cibotium baram							
小叶海金沙	Lypodium micro							
曲轴海金沙	L. flex	18.09						
海金沙	Lypidium sp	36.18						
莎草蕨 + 桫椤	Schizs + Cyathea							
瘤足蕨	Plagiogyriaceac	18.09						
芒萁	Dieranopterisp				5.84			
膜蕨	Hymenophyllace	54.26						
环纹孢	Concentrisytes	54.29	1.46	12.99	10.01	106.32		66.87
双菱藻	Surirella							
小球藻	Cyclotella							
双星藻	Zygnema							
孢粉统计总数	Total	33	748	55	88	13	2	16

附表三　广西柳州大龙潭剖面孢粉百分比统计

样号	Sample	B3	B2	B1	B5	B9	B10	B4
样深	Depth（cm）							
样重	Weight	30	30	30	30	30	30	30
外加石松数	Extra Ly	103000	103000	103000	103000	103000	103000	103000
统计石松数	Lycopid	351	2362	717	234	514	606	362
冷杉	Abies							
云杉	Picea							
松	Pinea	10.34	37.50	45.83	9.09	8.33	25.00	30.19
柏科	Cupress							
陆均松	Dacrydi							
青枫	Cyclobla							
栎	Quercus		3.13					
水青枫	Fagus							
栲	Castanp							
枫香	Lyquidambir							
桦	Betula							
榛	Corylus							
鹅耳枥	Carpinus							
椴	Tilia			4.17	18.18			
槭 + 漆	Acer + Rhus							
枫杨	Pterocarya		6.25					
黄杞	Engelnardtiah + j		3.13					
桃金娘科	Mytaceae			8.33				3.77
山龙眼	Helicia							
柃 + 桑科	Eurya + Monacea	17.24				4.44	22.73	
柳 + 蔷薇	Salix + rosaceae					5.56		
棕榈	Palmae							
杨梅	Myrica							
木犀科	Oleaceac							
山黄麻 + 榆	Trema + Ulmus				9.09		9.09	
大戟科	Euphorbiaceae							
花椒	Zanthoxylum					13.89		1.89
豆科	Leguminosae							
含笑	Michelia		3.13					
林木	Aralis drcaisne							
山麻杆	Alchonea							

续表

样号	Sample	D12	D7	D8	D5	D4	D3	D1
蓼	Polygonum			4. 17				
地榆	Sanguisorba							
石竹科	Caryophyllacea							
乔本科	Gramineae				45. 45	8. 33		
莎草科	Cyperaceae							
菊科	Compositae		3. 13	8. 33				
蒿	Artemisia	6. 90		8. 33	18. 18	5. 56	18. 18	1. 89
藜科	Chenopodiaceae	3. 45		8. 33		8. 33		7. 55
狸藻	Utricularia vul							
狐尾藻	Myriophyllum							
菱	Trapa							
水龙骨科	Polypidiaceae	6. 90	15. 63				2. 27	3. 77
剑蕨	Loxogramme							
中国蕨	Sinopteris + Phy	20. 69		4. 17			9. 09	
里白	Hicriopteris Chi	27. 59				2. 78	6. 82	9. 43
蜈蚣草	Pteris vittata		9. 38					
垂穗石松	Lycopodium cor	6. 90	18. 75				4. 55	
西藏石松	L. hamiteni							
深绿卷柏	Selaginella doe							
细叶卷柏	S. labordei							
大叶卷柏	S. labodineri							
金毛狗	Cibotium baram			8. 33				1. 89
小叶海金沙	Lypodium micro							
曲轴海金沙	L. flex							
海金沙	Lypidium sp							
莎草蕨 + 桫椤	Schizs + Cyathea						2. 27	
瘤足蕨	Plagiogyriaceac							
芒萁	Dieranopterisp							
膜蕨	Hymenophyllace							20. 75
环纹孢	Concentrisytes					2. 78		18. 87
双菱藻	Surirella							
小球藻	Cyclotella							
双星藻	Zygnema							
孢粉统计总数	Total	31	34	524	12	35	45	53

附表四　广西柳州白莲洞南剖面、大龙潭剖面孢粉重量浓度统计表

Sample	N2	N3	N1	B4	B3	B2	B1	B5	B9	B10
Depth（cm）										
Weight	30	30	30	30	30	30	30	30	30	30
Extra Ly	103000	103000	103000	103000	103000	103000	103000	103000	103000	103000
Lycopid	2111	3942	3591	362	351	2362	717	234	514	606
Abies										
Picea										
Pinea	12. 27	21. 29	3. 48	286. 32	101. 19	54. 51	219. 47	133. 39	55. 66	141. 64
Cupress		1. 45	1. 74							
Dacrydi										
Cyclobla										
Quercus		0. 97				4. 54				
Fagus										
Castanp			3. 48							
Lyquidambir										
Betula			1. 747							
Corylus	3. 07									
Carpinus		1. 45								
Tilia							19. 95	266. 77		
Acer + Rhus										
Pterocarya						9. 08				
Engelnardtiah + j		0. 48	3. 48			4. 54				
Mytaceae		0. 97	13. 91	35. 79			39. 90			
Helicia										
Eurya + Monacea					168. 65					128. 76
Salix + rosaceae			1. 74						196. 87	
Palmae			5. 22						37. 11	
Myrica	21. 48	0. 48	1. 74							
Oleaceac	18. 41									
Trema + Ulmus								133. 39		51. 51
Euphorbiaceae										
Zanthoxylum				17. 89						
Leguminosae									92. 77	
Michelia		0. 97				4. 54				
Aralis drcaisne		1. 94								
Alchonea		0. 48								
Polygonum							19. 95			
Sanguisorba										
Caryophyllacea										
Gramineae	3. 07							666. 93		
Cyperaceae									55. 66	

续表

Sample	N2	N3	N1	B4	B3	B2	B1	B5	B9	B10
Compositae		0. 97				4. 54	39. 90			
Artemisia	33. 76	12. 58	15. 65	17. 89	67. 46		39. 90	266. 77		103. 01
Chenopodiaceae	9. 21	2. 42		71. 58	373. 73		39. 90		37. 11	
Utricularia vul		0. 48							55. 66	
Myriophyllum										
Trapa										
Polypidiaceae	3. 07	3. 39	1. 74	35. 79	67. 46	22. 71				12. 88
Loxogramme			10. 43							
Sinopteris + Phy			13. 91		202. 38		19. 95			51. 51
Hicriopteris Chi	36. 82	15. 97		89. 47	269. 84				18. 55	38. 63
Pteris vittata	9. 21	2. 90	10. 43			13. 63				
Lycopodium cor		0. 97			76. 46	27. 25				25. 75
L. hamiteni										
Selaginella doe										
S. labordei										
S. labodineri										
Cibotium baram				17. 89			39. 90			
Lypodium micro										
L. flex										
Lypidium sp		5. 32								
Schizs + Cyathea	3. 07									12. 88
Plagiogyriaceac		6. 77								
Dieranopterisp										
Hymenophyllace				196. 84						
Concentrisytes	9. 21	3. 87	6. 95	178. 95					18. 55	
Surirella										
Cyclotella										
Zygnema										
Total	53	180	55	53	31	34	24	12	35	45

（原载周国兴主编：《中日古人类与史前文化渊源关系国际学术研讨会论文集》，中国国际广播出版社，1994 年）

白莲洞遗址附近植被及其植物种类调查

叶　亮　黄云峰

2007年5~7月，在相关专业人员的支持下，白莲洞博物馆对白莲洞石器时代遗址附近的自然和人工植被的科、属组成，植被类型及特点，主要植物资源等课题进行了详细调查。此次调查共从白莲洞遗址周围地区采集到现代植物标本，经鉴定主要有85科173种。

本文将柳州白莲洞的植被分为白莲洞所在山体——白面山和其周边的植被两部分加以叙述。其植物种类已按哈钦森系统汇编成《柳州白莲洞及其周围植物名录》附于文后。

一、白莲洞所在山体的天然植被

1. 次生天然藤刺灌丛类型

本类型位于白莲洞山脚至山顶的所有地区（山体的西面及南面山脚除外），几乎占全山总面积的90%。本植被类型有以下几个特点：①乔木层缺乏，仅有极个别的乔木植株；②次生性质明显，即这些灌木层植物多属原生植被尤其原生林木被人为破坏或砍伐后长出的种类，有的甚至是经多次人为砍伐后长出的植物；③有钩刺的灌木占有较大比例；④木质藤本和灌木状种类普遍；⑤从山脚到山顶的种类变化不大，山顶灌丛高一般不超过4米。

该植被类型可分为灌木层和草本层，灌木层覆盖度约80%，岩石露头率15%，土层几乎看不见，仅在石穴、石缝零星分布有深达数厘米或10余厘米的土层。枯枝落叶少有成层，土壤腐殖质少。植物多为耐旱的阳生物种，根系发达。群落的优势种为常绿的竹叶花椒、牡荆、飞龙掌血、粗糠柴、九龙藤、皱鹊梅藤；落叶的优势种类多为铜钱树，其他较为常见的灌木还有红背山麻杆、云实、灰毛酱果楝、青篱柴、潺稿树、野漆树等，偶见的有小叶柿、滇枣、乌桕、南天竹、穿破石等。

草木层覆盖度约3%，其高度一般在30~60厘米，常见的种类为野菊花、五节芒、石油菜、猫眼草、珠穗苔草、荩草、千里光、一年蓬等。常见的藤本植物有威灵仙、羊角藤、粪箕笃、广东蛇葡萄、三叶薯等。

2. 白莲洞遗址周围样方及植被类型

在白莲洞遗址（西洞口）的左边和正下方，我们分别做了一个400平方米的样方调查，结果显示，白莲洞遗址洞口的左右两侧与洞口下方的植物群落因山体坡度的不同而呈现不同的群落类型，其具体情况如下。

（1）组成洞口左右两侧的天然常绿落叶阔叶林主要位于山体的南面山脚，小部分分布于山体的西面山脚，山体坡度约40°，其群落的总覆盖度为90%，有乔木层、灌木层和草本层组成。

乔木层，盖度约35%，均高约13米，主要由苦楝树，构树和牛尾树组成，在所设的400平方米样方内共有苦楝树3棵，均高13米，牛尾树一株，高11米。

灌木层，盖度约75%，均高5米，主要优势种由石山巴豆、铜钱树、潺稿树和灰毛酱果楝组成，在400平方米的样方内共有石山巴豆21株，均高约5.5米，是该群落的绝对优势种和建群种，其他比较多的灌木种类还有铜钱树4棵，均高4米；潺稿树3棵，均高5米；牡荆2棵，均高3.5米；盐肤木、大叶榕、灰毛酱果楝、野漆树、青檀各1株，均高4米左右，其他较为常见的低矮灌木有皱雀菊藤、红背山麻杆、粗糠柴、滇枣、九龙藤、竹叶花椒等。

草本层，在该群落中分布非常稀疏，盖度在1.5%左右，主要由野菊花、荩草、千里光组成。

（2）遗址洞口下方，该地位于山体西面的山脚处，面积较小，地势比较平缓，土层较厚，分布的群落同样为常绿落叶阔叶林，但相对于洞口两侧的群落，建群种和优势种发生了很大的改变，其群落结构也是由乔木层、灌木层和草本层构成。

乔木层，盖度约70%，可分两层，上层约16米，全由落叶的构树组成，在我们做的400平方米样方内共有8株，下层一般高7～12米，由八角枫、构树、阴香、牛尾树组成，在400平方米样方内，共有八角枫6株，构树3株，阴香2株，牛尾树1株，潺稿树1株。

灌木层，盖度约40%，一般高4～6米，在400平方米样方内，共有阴香8株、牛尾树3株、牡荆2株、构树3株、八角枫3株、灰毛酱果楝1株和石山巴豆1株组成。

草本层稀疏，盖度约3%，主要由半边旗、野菊花、荩草组成。

二、白面山周围平原区的人工植被类型

本林型位于白莲洞前方的西面及南面平原区，从公园大门口一直延伸至水塘边。此地域较平坦，这里的林木外貌终年常绿，大多数树种为常绿阔叶树种，但有相当一部分面积分布着针叶林。本林型的营造目的主要是绿化、美化白莲洞遗址周围环境和生产经济林。

1. 人工常绿阔叶林

该林型被公园围墙所包围，其结构可分为乔木层，灌木层和草木层。乔木层覆盖度

约40%，终年常绿，以常绿阔叶树为主，杂有少数阔叶落叶树种。主要的常绿阔叶林树种有阴香，约181株，高7～20米之间；台湾相思，约22株，高约16米；银桦，32株，高约15米；鱼尾葵，36株，均高约20米；荷花玉兰，20株，均高约6.5米；红花羊蹄甲，11株，均高7米；桂花树10株，均高6.5米；柘树，2株，均高6米；夹竹桃，2株，均高5米，细叶桉10株，均高约16米。落叶树种包括构树，10株，均高约18米；苦楝树，6株，均高约20米；乌桕，7株，均高约7米；白花泡桐5株，均高约16米。

此外，还分布有面积较大的麻竹（甜竹）林，约350丛，株高约16米；单竹林约37丛，株高约14米。

灌木层覆盖度约占15%，结构疏散，由常绿和针叶树种组成，林冠参差不齐，一般高1～4米，局部达5米，常见的有假连翘、阴香、小叶女贞、构树、榕树等。针叶树种有圆柏，54株，高约3.5米；罗汉松，约20株，高约3米。

草本层处于植被的最下层，覆盖度约10%，以多年生草本为主，主要有吉祥草、西瓜皮、马兰、飞扬草、半边旗等，一年生的以小飞蓬最常见。

2. 人工常绿针叶林

该林型位于西面围墙至水塘边一带，群落可分为乔木层、灌木层和草本层。乔木层由纯的马尾松构成，胸围约70厘米，均高约16米，在400平方米样地内共分布有马尾松22株。

灌木层，均高约2～3米，主要由人为破坏后长出的次生林木构成，最常见的有水麻、黄花稔、博落回等。

草本层，在该林型中较发达，盖度75%左右，主要由半边旗、大托叶耳草、凤尾蕨、胜红蓟等构成。

三、主要食用植物种类及其食用部位

经初步调查，这些可食用的植物种类及其食用部位如下：

马尾松（种子），皱果鹊梅藤（果），苦楝（果肉），蕒芝（果），少花龙葵（嫩茎叶），柘树（果），蕨（嫩芽），蓴菜（嫩茎叶），佛甲草（嫩茎叶），地肤（嫩茎叶），土牛膝（嫩茎叶），刺苋（嫩茎叶），番石榴（果），木棉（花），朱槿（花），白饭树（果），拐枣（果），广东蛇葡萄（果），黄皮（果），香椿（嫩茎叶），野菊花（花），野茼蒿（嫩茎叶），马兰（嫩茎叶），车前草（嫩叶），芭蕉（花序），麻竹（嫩芽）。

附录　柳州白莲洞及其周围主要地区植物名录

蕨类植物门 Pleridophyta

P3 卷柏科 Selaginellaceae

江南卷柏 *Selaginella moellendorfii* Hieron.

P17 海金沙科 Lygodiaceae

海金沙 *Lygodium japonicum*（Thunb.）Sw.

小叶海金沙 *Lygodium microphyllum*（Cav.）R. Br.

P21 碎骨补科 Davalliaceae

肾蕨 *Nephrolepis cordifolia*（L.）Presl

P23 凤尾蕨科 Pteridaceae

半边旗 *Pteris semipinnata* L.

蜈蚣草 *Pteris vittata* L.

蕨 *Pteridium aquilinum*（L.）Kuhn var. *latiusculum*（Desv.）Underw.

P31 乌毛蕨科 Blechnam

乌毛蕨 *Blechnum orientale* L.

狗脊蕨 *Woodwardia japonica*（L. f.）Smith.

P31 铁线蕨科 Adiantaceae

假鞭叶铁线蕨 *Adiantum malesiana Ghatak.*

P57 槲蕨科 Drynariaceae

槲蕨 *Drynaria fortunei*（Kze.）. J. Smith

种子植物门 Spermatophyta

裸子植物亚门 Gymnospermae

G4 松科 Pinaceae

雪松 *Cedrus deodara*（Roxb.）Loud.

马尾松 *Pinus massoniana* Lamb.

G5 杉科 Taxodiaceae

柳杉 *Cryptomeria fortunei Hooibrenk* ex Otto er Dietr.

G6 柏科 Cupressaceae

圆柏 *Sabina chinesis*（L.）Ant.

龙柏 *Sabina chinensis*（L.）Antoine f. *globosa*（Hornibr.）Iwata et Kusaka

G7 罗汉松科

罗汉松 *Podocarpus macrophyllus*（Thunb.）D. Don

被子植物亚门 Angiospermae

1 木兰科 Magnoliaceae

荷花玉兰 *Magnolia grandiflora* L.

11 樟科 Lauraceae

阴香 *Cinnamomum burmanni*（Ness）Bl.

潺槁科 *Litsea glutinosa*（Lour.）C. B. Rob.

15 毛茛科 Ranunculaceae

威灵仙 *Clematis chinensis* Osb.

山木通 *Clematis finetiana* Lévl. et Vant.

盾叶唐松草 *Thalictrum ichangense* Lecoy. ex Oliv.

19 小檗科 Berberidaceae

南天竹 *Nandina domestica* Thunb.

23 防己科 Menispermaceae

金线吊乌龟 *Stephania cepharantha* Hay.

粪箕笃 *Stephania longa* Lour.

32 罂粟科 Fumariaceae

博落回 *Macleaya cordata*（Willd.）R. Br.

33 紫堇科 Fumariaceae

黄堇 *Corydalis racemosa*（Thunb.）Pers.

39 十字花科 Cruciferae

焯菜 *Rorippa Montana*（Wall.）Small

45 景天科 Crassulaceae

佛甲草 *Sedum lineare* Thunb.

53 石竹科 Caryophyllaceae

牛繁缕 *Malachium aguaticum*（L.）Fries

57 蓼科 Polygonaceae

火炭母 *Polygonum chinense* L.

红蓼 *Polygonum orientale* L.

杠板归 *Polygonum perfoliatum* L.

59 商陆科 Phytolaccaceae

商陆 *Phytolacca acinosa* Roxb.

61 藜科 Chenopodiaceae

地肤 *Kochia scoparia*（L.）Schrad.

63 苋科 Amaranthaceae

土牛膝 *Achyranthes aspera* L.

刺苋 *Amaranthus spinosus* L.

65 亚麻科 Linaceae

青篱柴 *Tirpitzia sinensis*（Hemsl.）Hall.

69 酢酱草科 Oxalidaceae

黄花酢酱草 *Oxalis corniculata* L.

71 凤仙花科 Balsaminaceae

凤仙花 *Impatiens balsamina* L.

81 瑞香科 Thymelaeaceae

了哥王 *Wikstroemia indica*（L.）C. A. Mey.

83 紫茉莉科 Nyctaginaceae

紫茉莉 *Mirabilis jalapa* L.

84 山龙眼科 Proteaceae

银桦 *Grevillea robusta* A. Cunn.

88 海桐花科 Pittosporaceae

海桐花 *Pittosporum tobira*（Thunb.）Ait.

108 山茶科 Theaceae

山茶 *Camellia japonica* L.

118 桃金娘科 Myrtaceae

细叶桉 *Eucalyptus umbellata*（Gaertn.）Domin

番石榴 *Psidium guajave* L.

128 椴树科 Tiliaceae

扁担杆 *Grewiabiloba* G. Don

130 梧桐科 Sterculiceae

梧桐 *Firmiana platanifolia*（L. f.）Marsili

131 木棉科 Bombacaceae

木棉 *Bombax malabaricum* Dc.

132 锦葵科 Malvaceae

朱槿 *Hibiscus rosa-sinensis* L.

树棉 *Gossypium arboreum* L.

黄花捻 *Sida acuta* Burm. f.

地桃花 *Urena lobata* L.

136 大戟科 Euphorbiaceae

红背山麻杆 *Alchornea trewioides* M. -A.

绿背山麻杆 *Alchornea trewioides*（Benth.）M. -A. var. *sinica* H. S，Kiu

黑面神 *Breynia fruticosa*（L.）Hook. f.

石山巴豆 *Croton cavaleriei* Gagnep.

猫眼草 *Euphorbia lunulata* Bunge

飞杨草 *Euphoribia hirta* L.

千根草 *Euphoribia thymifolia* L.

铁海棠 *Euphoribia milii* Ch. des Moulins

红背桂 *Excoecaria cochinchinensis* Lour.

野桐 *Mallotus japonicus*（Thunb.）M. -A. var. *floccosus*（M. -A）S. M. Hwang

石岩枫 *Mallotus repandus*（Willd.）M. -A.

烂头钵 *Phyllanthus reticulata* Poir.

叶下珠 *Phyllanthus urinaria* L.

蓖麻 *Ricinus communis* L.

圆叶乌桕 *Sapium rotundifolium* Hemsl.

乌桕 *Sapium sebiferum*（L.）Roxb.

白饭树 *Securinega virosa*（Roxb. Ex Willd.）Baill.

143 蔷薇科 Rosaceae

日本樱花 *Prunus yedoensis* Matsum.

豆梨 *Pyrus calleryana* Decne.

小果蔷薇 *Rosa cymoda* Tratt.

粗叶悬钩子 *Rubus alceaefolius* Poir.

茅莓 *Rubus parvifolius* L.

146 含羞草科 Mimosaceae

台湾相思 *Acacia confusa* Merr.

147 苏木科 Caesalpiniaceae

九龙藤 *Bauhinia championi* Benth.

云实 *Caesalpinia sepiaria* Roxb.

草决明 *Cassia tora* L.

老虎刺 *Pterolobium punctatum* Hemsl.

148 蝶形花科 Papilionaceae

鸡眼草 *Kummerowia striata*（Thunb.）Schindl.

151 金缕梅科 Hamamelidaceae

继木 *Loropetalum chinense*（R. Br.）Oliv.

156 杨柳科 Salicaceae

垂柳 *Salix babylonica* L.

165 榆科 Ulmaceae

朴树 *Celtis sinensis* Pers.

青檀 *Pteroceltis tatarinowii* Maxim.

狭叶山黄麻 *Trema angustofolia* Bl.

167 桑科 Moraceae

构树 *Broussonetia papyrifera*（L.）Vent.

柘树 *Cudrania tricuspidata*（Carr.）Bureau

葨芝 *Cudrania cochinchinensis* Kudo et Masam.

高山榕 *Ficus altissima* Bl.

斜叶榕 *Ficus gibbosa* Bl.

石山榕 *Ficus virens* Ait. var. *sublanceolata*（Miq.）Corner

榕树一种 *Ficus* sp. L.

桑树 *Morus alba* L.

169 荨麻科 Urticaceae

苎麻 *Boehmeria nivea*（L.）Gaud.

石生楼梯草 *Elatostema rupestre*（Ham.）Wedd.

石油菜 *Pilea cavaleriei* Lévl.

173 卫矛科 Celastraceae

冬青卫矛 *Eunoymus japonicus* L.

190 鼠李科 Rhamnaceae

拐枣 *Hovenia dulcis* Thunb.

铜钱树 *Paliurus hemsleyanus* Rehd.

马甲子 *Paliurus ramosissimus* Poir.

冻绿 *Rhamnus utilis* Decne.

皱鹊梅藤 *Sageretia rugosa* Hance

滇枣 *Ziziphus yunnanensis* Schneid.

193 葡萄科 Vitaceae

广东蛇葡萄 *Ampelopsis cantoniensis* （Hook et Arn.） Planch.

爬山虎 *Parthenocissus heterophylla* （Bl.） Merr.

毛葡萄 *Vitis quinquangularis* Rehd.

194 芸香科 Rutaceae

黄皮 *Clausena lansium* （Lour.） Skeels

九里香 *Murraya paniculata* （L.） Jacks.

飞龙掌血 *Toddalia asiatica* （L.） Lam.

竹叶椒 *Zanthoxylum armatum* DC.

197 楝科 Meliaceae

灰毛浆果楝 *Cipadessa cinerasccens* （Pell.） H. -M.

苦楝 *Melia azedarach* L.

香椿 *Toona sinessis* （A. Juss.） Roem.

205 漆树科 Anacardiaceae

盐肤木 *Rhus chinensis* Mill.

野漆树 *Toxicodendrom succedaneum* （L.） O. Kuntze

210 八角枫科 Alangiaceae

八角枫 *Alangium chinense* （Lour.） Harms

212 五加科 Araliaceae

罗伞 *Brassaiopsis glomerulata* （Bl.） Regel

团花鸭脚木 *Schefflera glomerulata* H. L. L.

213 伞形科 Umbelliferae

窃衣 *Torilis scabra* （Thunb.） DC.

215 杜鹃花科 Ericaceae

映山红 *Rhododendron simsii* Planch.

221 柿科 Ebenaceae

小叶山柿 *Diospyros dumetorum* W. W. Smith

228 马钱科 Loganiaceae

密蒙花 *Buddleja officinalis* Maxim.

229 木犀科 Oleaceae

小叶女贞 *Ligustrum sinense* Lour.

桂花 *Osmanthus fragrans* Lour.

230 夹竹桃科 Apocynaceae

夹竹桃 *Nerium indicum* Mill.

络石 *Trachelospermum axillaris* HK. f.

232 茜草科 Rubiaceae

栀子 *Gardenia jasminoides* Ellis

大托叶耳草 *Hedyotis platystipula* Merr.

235 败酱科 Valerianaceae

白花败酱 *Patrinia villosa*（Thunb.）Juss.

238 菊科 Compositae

胜红蓟 *Ageratum conyzoides* L.

五月艾 *Artemisia vulgaris* L.

三叶鬼针草 *Bidens pilosa* L.

野菊花 *Chrysanthemum indicum* L.

旱墨莲 *Eclipta prostrata* L.

小飞蓬 *Erigeron Canadensis* L.

野茼蒿 *Gynura crepidioides* Benth.

马兰 *Kalimeris indica*（L.）Sch. -Bip.

银胶菊 *Parthenium hysterophorus* L.

千里光 *Senecio scandens* Buch. -Ham.

肿柄菊 *Tithonia diversifolia* A. Gray

242 车前草科 Plantaginaceae

车前草 *Plantago major* L.

250 茄科

少花龙葵 *Solanum photeinocarpum* Nakam. et. Odash

251 旋花科 Convolvulaceae

五爪金龙 *Ipomoea cairica*（L.）Sweet

圆叶牵牛 *Pharbitis purpurea*（Z.）Voigt

252 玄参科 Scrophulariaceae

泡桐 *Paulownia fortunei*（Seem.）Hems L.

256 苦苣苔科 Gesneriaceae

牛耳朵 *Chirita eburnean* Hance.

257 紫葳科 Bignoniaceae

菜豆树 *Radermachera frondosa* Chun et How

263 马鞭草科 Verbenaceae

大青 *Clerodendrum cyrtophyllum* Turcz.

假连翘 *Duranta repens* L.

马鞭草 *Verbena officinalis* L.

牡荆 *Vitex negundo* L. var. *cannabifolia*（Sieb. et. Zucc）H. -M.

264 唇形科 Labiatae

耳挖草 *Scutellaria indica* L.

280 鸭跖草科 Commelinaceae

鸭跖草 *Commelina communis* L.

287 芭蕉科 Musaceae

芭蕉 *Musa paradisiacal* Da Jiao.

293 百合科 Liliaceae

天门冬 *Asparagus cochinchinensis*（Lour.）Merr.

麦冬 *Ophiopogon japonicus*（L. f.）Ker. -Gawl.

297 菝葜科 Smilacaceae

粉背菝葜 *Smilax hypoglauca* Benth.

302 天南星科 Araceae

海芋 *Alocasia macrorrhiza*（L.）Schott

306 石蒜科 Amaryllidaceae

文珠兰 *Crinumasia ticum* L. var. *sinicum*（Roxb. ex. Herb.）Baker

忽地笑 *Lycoris aurea* Herb.

311 薯蓣科 Dioscoreaceae

三叶薯 *Dioscorea simulans* Prain er Burk.

314 棕榈科 Palmaceae

鱼尾葵 *Caryota ochlandra* Hance.

棕竹 *Rhapis excelsa*（Thunb.）Henry ex Rehd.

石山棕 *Trachycarpus argyratus* S. Lee et F. N. Wei

332 禾本科

332a 竹亚科 Bambusoideae

麻竹 *Dendrocalamus latiflorus* Munro

粉单竹 *Lingnania chungii*（McClure）McClure

芸香竹 *Monocladus amplexicaulis* Chia et al.

刚竹 *Phyllostachys bambusoides* S. et Z.

332b 禾亚科 Agrostidoideae

荩草 *Arthraxon hispidus*（Thunb.）Makino

升马唐 *Digitaria adscendens*（H. B. K.）Henrard.

牛筋草 *Eleusine indica*（L.）Gaertn.

龙须草 *Eulaliopsis binata*（Retz.）C. E. Hubb.

五节芒 *Miscanthus floridulus*（Labill.）Warb.

狼尾草 *Penni setum alopecuroides*（L.）Spreng.

试析华南中石器时代文化的本土传统与外来影响

吴春明

旧石器时代向新石器时代的过渡不仅仅是人类开发自然、谋求生存手段的进步即生产力水平提高的问题，更是一项重要的文化生态学课题。换句话说，在世界各地处于不同自然背景、不同文化传统的旧石器时代文化向新石器时代的过渡过程中，都相对独立地走过了不同的发展道路，即各地中石器时代的形态与内涵是相对独立的。在中石器时代的欧洲和西亚，磨制石器、农耕文化、制陶术等新石器时代的主要文化成就尚未出现，但以地中海为中心形成了一个以几何形精细石器为特征的采集狩猎文化群，成为欧洲中石器时代的重要标志。在以华北为中心的东北亚地区，中石器时代也以细石器为特点，与欧洲、西亚的中石器文化具有不可否认的相似性，但特点又不同。建立在间接打击法基础上的，以不同形状的楔形、圆锥形、梭柱形、船底形石核和各式狭长石片等典型产品构成华北中石器文化的基本特征；在长江中、下游以南所在的华南以及相邻的东南亚地区，中石器时代的内涵是由多种文化因素构成的复杂结构，但延续旧石器时代砾石石器工业而来的本土传统仍是主流，主要来自华北的外来影响是次要的。

一、晚更新世晚期华南文化的因素分析

华南地区的砾石石器工业从旧石器时代早期到晚期延续发展，是旧石器时代本土文化传统最典型的内涵，成为制约本地区原始文化向新石器时代过渡方式的基本文化背景。

从现有材料看，华南地区的旧石器时代早期遗存目前仅见鄂东南的大冶石龙头一例[1]，绝对年代为中更新世中晚期，距今约 30 万 ~20 万年。石龙头文化展示了东南砾石石器工业传统的初期形态。旧石器时代中期阶段的文化遗存已发现于广东曲江马坝狮子岩、枫湾骑马石，江西乐平涌山岩、安义潦河、萍乡竹山园，皖南水阳江诸地点，广西百色盆地诸地点等[2]，绝对年代为中更新世末至晚更新世早期，约距今 15 万年至 4 万 ~5 万年。从上述若干地点的文化内涵看，华南旧石器中期文化均属于典型的砾石石器工业，基本上是早期石龙头文化的延续，但在加工技术和石器形态上也出现了一些新的发展。潦河、百色盆地所出现的少量小型石片尖状器、石钻、刮削器等也是该技术传统细化、发展的结果。

华南旧石器时代晚期阶段的文化遗存分布范围更加广泛，它们是广西柳州白莲洞第 1 期、桂林宝积岩、田东定模洞，广东封开罗沙岩上层，江苏吴县三山岛，江西新余龚家山和打鼓岭，福建漳州莲花池山和竹村山下层，台湾台东乾元洞等[3]。这些遗存比岭

南山洞含介壳类堆积地层中的文化遗存早一个阶段，绝对年代为晚更新世晚期，距今5万~4万年及至2万年间或稍晚些。在这些文化内涵中，砾石工业无疑仍是石器文化的绝对主体，这是该文化传统在东南区域内部更加全面扩展的结果。同时，在一些地点以及砾石石器工业中共出了类似于、但不完全相同于北方旧石器时代细小石器文化的内涵，成为探索砾石石器文化的发展、变化的重要线索。

（一）从白莲洞第1期文化的构成谈起

白莲洞第1期文化，即白莲洞西⑤~西⑦层所见的文化遗存，共出石制品81件。从原料、打法和用途看，可分成两大类，一是用原砾石或砾石石片制作的大型工具，圆形石片是用锤击法从砾石横断面上打下的，石片周边仍保留一圈砾石岩面，再从石片的一侧单向加工成刃缘，形成独有的打片法。另一类是用黑色燧石制成的小型石器，以石片石器为主，使用锤击法甚至压制法加工，石器精致。

白莲洞第1期文化内涵的两大类实际上就是本地区旧石器晚期文化两组主要文化因素构成的集中反映。A组因素是原砾石或砾石石片单向锤击打片形成的大型砍砸器、刮削器，属于典型的砾石文化传统的延续。B组因素是燧石小石片制作的各式刮削器，不见于石龙头、水阳江、百色等各阶段的砾石文化中，是旧石器时代晚期华南文化变动、新文化形态出现的反映。

两组因素不同程度地共存于各类石制品中。

（1）石核32件，其中属于A组的大型砾石石核1件，B组的小型（少数大型）燧石石核31件，小石核中的尖柱状石核，核身有数目不等的剥片长疤。

（2）石片34件，其中A组的砾石石片6件，B组的燧石小石片19件，有使用痕迹的石片9件（多数燧石小石片），这些石片可作刮削器、尖状器，甚至雕刻器使用。

（3）石器15件，有砍砸器、刮削器、尖状器诸类。砍砸器都属于砾石工具。刮削器既有用大砾石石片经锤击法二步加工而成的圆头刮削器和扇状刮削器，又有燧石小石片经压制法加工成的小型凸刃刮削器、圆头盘状刮削器、雕刻器等。

白莲洞第1期文化是华南地区旧石器文化早一阶段的砾石石器文化传统的延续，并与新出的小石器文化因素复合的结果。以这一初步的尺度去衡量，大体可以把握华南旧石器晚期文化的变化与构成。

（二）白莲洞A组文化的空间分布：砾石石器工业的全面扩展

同于白莲洞第1期A组的砾石石器工业在旧石器时代晚期于华南全面发现，是砾石石器工业传统全面扩展的结果。从赣、闽、台地区到两广山洞，砾石石器工业是这一时空文化的主体。

新余龚家山、打鼓岭的49件石制品，主要是脉石英和石英岩砾石制成，包括石核、石片、有痕石块、石器等类。石核利用率低。主要是单台面石核，多保留原来砾石形态，或利用长条砾石一端打片，或利用椭圆砾石的一平面打片；双台面石核和多台面石核很少。石器向背面加工为主，修理简单粗糙。器类有砍砸器、刮削器和球形器。其中砍砸器是用石块向背面加工成凸刃；刮削器有直刃、凹刃和凸刃；球形器是用轮廓呈球形的砾石稍加打击而成。

漳州莲花池山和竹林山下层石制品27件，以脉石英、石英结晶、水晶、硬砂岩砾石为原料，有石核、石片、砍砸器、刮削器4类。石核利用砾石面或石英结晶面为天然台面，进行锤击或砸击法打片，有1件似人工修理台面，石核表面不同程度保留砾石皮。砍砸器是在扁平砾石一侧打片形成的单边砍砸器；刮削器器形都稍小，既有用砸击下来的小砾石块加工成的单刃、复刃、厚刃刮削器，又有用石片加工成的单刃、复刃刮削器。

台东乾元洞遗址发现的20件打制石器，均使用粗大砾石经简单的单向打击加工而成的，器形较大，包括砾石石片打击成的刮削器和少量砾石或石核打击而成的砍砸器，不见骨角器和小型刮削器、尖状器和刀形器。

两广山洞旧石器晚期的砾石石器文化内涵特征显著，是东南砾石石器文化传统发展的典型形态。

（1）桂林宝积岩的打制石制品12件，原料为石英砂岩砾石，在原砾石上使用锤击法打片加工石器，以砾石面为台面，包括砍砸器和刮削器。砍砸器分别是在原砾石的一侧、两端或周边单向不同程度地打片，形成直刃、凸刃或圆刃等不同的砍砸器；刮削器是在砾石小石核的一端单向剥片形成的。

（2）田东定模洞文化包括石制品10多件和一批用火痕迹。除石核、石片外，石器形态只有砍砸器、刮削器。砍砸器是在扁平砾石的一侧单向打片成的，仅加工直缘的刃部，外形半圆、保留大部分砾石皮。刮削器是在砾石石片的一侧或多侧，由破裂面向背面、或背面向破裂面剥片，形成单刃或复刃的刮削器。

（3）封开罗沙岩上层发现石制品31件，原料为石英砂岩、安山岩砾石，包括砍砸器、刮削器、石片等类。砍砸器7件；在扁圆砾石的一侧用锤击法单面打击成圆刃；石片和刮削器24件，出现了两面加工的刮削器。

（三）三山石片工业的性质

细小石器工业在华南旧石器早、中期文化中不见，不是华南本土文化的内涵，白莲洞第1期B组文化应是旧石器晚期华南文化受到北方小石器工业影响的新因素。与白莲洞第1期B组文化相同的内涵在同期的华南尚未进一步发现，但江苏吴县三山岛的小石片工业是受到北方传统影响而出现新变化的另一重要形态。

吴县三山岛清风岭发现的石制品5200余件，石料为燧石、石髓、玛瑙等，石制品包括石核、石片和石器。

（1）石核主要是中小型的，多为锤击石核，由于打片技术和石核利用率较高，多数石核不见石料自然面。以多台面石核为主，还有双台面和单台面石核。少量梭柱状石核留有长条规整石片疤，类似于细石核。

（2）石片是石制品的主要内涵。这些石片多为打片和制作石器的副产品。石片普遍较小，部分较薄。主要使用锤击法打片，少量砸击法打出细长条石片。有些石片薄长，类似于细石叶。

（3）石器包括刮削器、尖状器、砍砸器、使用石片和少量锥、钻、雕刻器等。刮削器是三山石器的主体，占石器总数的42.1%，形态丰富多样，包括单直刃刮削器、凸刃刮削器、凹刃刮削器、端侧凹刃刮削器、盘状刮削器、复刃刮削器、拇指盖状刮削器、端刃刮削器、陡刃刮削器等。其中凹刃、端侧凹刃刮削器最具特色，而拇指盖状刮削器虽不及细石器传统中同类器精致，但也已经相当典型。尖状器是最精致的工具之一，有斜底尖状器、双尖尖状器、双凹刃尖状器、小三棱尖状器等形态。锥、钻、雕刻器类虽不多，但同样是最精致的石器种类，尖端精细锐利，代表了三山石器工业的进步水平。使用石片比刮削器还多，是三山石器组合的重要特点。这些石片多数是使用石片的直刃、凹刃、凸刃作为刮削工具，刃缘都有经不同程度使用留下的锯齿状缺口。砍砸器数量不多，特征也不显著。

三山石器的总体特点是小型石片石器和使用石片，是东南旧石器文化小石片文化的最集中发现。以锤击法、砸击法打片，以小型石片石器和刮削器为主的组合以及少量梭柱状石核、端刃刮削器、拇指盖状刮削器等形态，都与华北同期的峙峪、小南海等文化的总体风格相似[4]。但是，三山石器不但缺乏后者的典型形态，而且其大量的使用石片、凹刃和端侧凹刃的刮削器等内涵是华北同期文化所不见的。因此，三山小石片工业应是受到华北旧石器晚期文化影响下产生的区域形态，与东南砾石石器工业传统无关。

东南区旧石器晚期文化是在本地区更早阶段形成的砾石石器文化传统基础上的延续、发展与变化。从赣、闽、台到两广山洞，该阶段的砾石石器文化总体面貌仍一致，多以天然砾石面为台面打片，单台面为主，锤击法为主要的剥片和修理技术，以原砾石或砾石石片加工的砍砸器和刮削器仍是石器的大宗。但该阶段文化孕育了一系列新的变化，特别是在白莲洞第1期文化中从原砾石的横断面上截取石片技术的定型，压制法修理刃口技术的出现，小型刮削器、雕刻器、尖状器等的增多，使得该期文化表现出区别于本区其他砾石石器文化的复杂性，是旧石器时代晚期东南地区砾石石器文化传统发展、变化的标志之一。而吴县三山岛的小石片工业则与华北旧石器晚期文化的影响有关，是这一时空文化出现的新动向。这些新的因素就是原始文化开始迈向新阶段的标志。

二、更新世、全新世之交华南文化的因素分析

在旧石器晚期文化初步变化的基础上，旧石器时代末期即中石器时代的华南文化总体特点为砾石石器工业的进一步延续、细小石器工业的发展及向新石器文化的过渡。

东南区更新世末期至全新世初期地层中的文化遗存面貌比较复杂，大体上可以归为三大类文化因素：一是砾石石器工业的典型文化内涵的延续；二是形态多样的细小石器工业群的进一步发展；三是穿孔、磨刃石器的最初出现。三类文化因素单独出现，或不同程度地共出，但均不见陶器和方形斧、锛等“新石器型”的磨制石器，处于旧石器时代向新石器时代的过渡阶段，绝对年代约距今2万~1万年或稍晚，是东南旧石器时代末期或中石器文化的典型特点。这类遗存有广西柳州白莲洞第2、3期（早）文化，柳州思多岩，柳江陈家岩，崇左矮洞，来宾盖头洞，武鸣、桂林A、B、C、D洞，桂林东岩洞；广东阳春独石仔下、中、上层，封开黄岩洞下层、水石岩、乞丐岩、罗髻岩，罗定饭甑山，海南三亚落笔洞，福建漳州莲花池山上层和竹林山上层为代表的上百处地点[5]。

（一）从白莲洞第2、3期文化的复合结构谈起

在东南旧石器末期文化中，岭南山洞“介壳堆积层”中的文化最为典型，特别是白莲洞第2、3期文化中的复合文化结构集中代表了东南地区旧石器晚期向新石器时代过渡的特殊形态。

该文化就是白莲洞西③、②层~东⑥层的文化遗存，出土石制品92件，其中打制89件，“原始”穿孔磨刃石器3件。石器制作工艺与1期相同，仍以打制的砾石石器和燧石小石器组合为主，所不同的是种类和数量有所增加，主要是燧石小石器数量和形态的增加，特别是其中雕刻器、镞的新出现；而穿孔石器和磨刃石器的新出现更反映了一个全新的文化阶段。

三类内涵集中代表了这一时空文化的三组因素，A组是本地区源远流长的砾石石器文化传统，B组是燧石小石器工艺，上述两组是白莲洞第1期文化的延续；C组是本期出现的以磨刃、穿孔技术为代表的新文化因素，在石制品上均有不同程度的体现。

（1）石核12件，其中A组大型砾石石核7件，B组小型（少量大型）燧石石核5件。从形态和功能看有两类：一为柱状石核，核身有数条剥片疤痕；二为不规则石核，核身除剥片疤痕外，仍不同程度保留自然岩面。

（2）石片42件，其中A组大型砾石石片3件，B组小型燧石石片23件，有使用痕迹的石片16件。因器形的不同可不同程度地充当刮削器、雕刻器、尖状器、镞等器类使用。

（3）石器35件，有敲砸器、砍砸器、刮削器、尖状器、雕刻器、镞等。敲砸器、砍砸器都属于A组的砾石石器工业产品；刮削器与第1组文化一样，A、B两组因素共出；雕刻器、镞都属于B组，其中雕刻器是将剥小燧石石片或柱状石核侧缘加工成尖突鸟喙状雕刻器，镞是用薄小燧右石片加工成两侧刃剥去若干小石片的三角形。除打制石器外，还前所未有地新出现了C组因素，即1件磨刃切割器和2件穿孔“重石”。其中切割器是将扁平砾石石片的疤痕磨光而成弧状斜刃，并有使用痕迹；穿孔“重石”都是在矽质砂岩砾石上两面琢凿成孔，再加磨孔壁而成。

从形态上分析，3组因素是第1期文化的延续和发展。其中A、B两组性质分别同于第1期的两组内涵，但具有明显的发展，特别是B组的燧石小石器工艺的进步与形态的分化；C组内涵代表了华南远古文化的一个崭新阶段，但从石器的形态和功能上分析，磨刃和穿孔技术的作用对象显然都属广义的砾石石器，实际上该组因素正是本地区源远流长的砾石石器传统在新文化阶段自身发展的结果。这一点是把握这一时空文化本质即华南中石器时代文化源头的关键。

（二）岭南山洞“介壳堆积层”中同于白莲洞A、C组的复合结构

岭南山洞更新世、全新世之交地层即“介壳堆积层”中的内涵已在粤、桂、琼等地广泛发现，白莲洞第2、3期文化的A、C组因素均不同程度地共出于这些地点，是中石器时代华南文化统一性的集中反映。

（1）广东阳春独石仔所获石制品400余件，骨、角、蚌器52件。原料均为砾石，石核石器多，石片石器少。主要是打制石器，少量磨刃和穿孔石器。经整理并正式报告的文化遗存有石器243件，骨器6件。以白莲洞第2、3期内涵的复合结构去衡量，独石仔的内涵可以明确地归入A、C两组之中：A组为打制石制品227件，打制方法简单，均单面打击，上层有少量经第二步加工，器身保留大部分砾石石皮，下层石器粗糙不规整。石制品主要有砍砸器、刮削器、石核、石片以及石锤、石钻、半成品等。B组为原始磨刃、穿孔石器16件，磨刃切割器形状不规整，多为石片和石核打制后将器身下端加磨成弧刃。穿孔石器用扁圆砾石上面或两面凿孔后加磨，下层有些只凿孔不加磨。此外有骨器6件，用动物骨骼磨制成，有镞、锥等器形。

（2）广东封开黄岩洞下层发现的石制品有589件，石器多用砂岩砾石制成，大部分保留砾石皮，加工时不见修理台面，多用锤击法直接加工，器类贫乏单调，以砍砸器、刮削器为大宗，出现少量原始磨刃和穿孔石器，同样体现了白莲洞A、C组的特征：A组为打制石器252件，主要是砍砸器和刮削器。此外还有半成品328件，用砾石多次打击而不成型的石制品，可见成品率低。B组为原始穿孔和磨刃石器7件，以及砺石3件。

（3）海南三亚落笔洞文化包括一批石制品、骨角制品。比较成型的石制品90件，

主要原料是火山岩、黑曜石，还有石灰岩、水晶石、燧石、石英岩等。石器的两组因素为：A组为砾石打制石器84件，是落笔洞石器的主体。使用单向直接加工技术，双向技术少见，器身普遍留有石片疤。器类有敲砸器、砍砸器、石锤、刮削器、石核、石片等。B组为穿孔、磨制石器，仅见6件。使用砾石打凿成型后再磨制成两面平整的圆形或椭圆形，之后沿中部两面钻孔。此外，也有数量不少的骨角制品。

（4）此外，广西武鸣苞桥A洞、芭勋B洞、腾翔C洞、桂林北门D洞，发现的石制品也包括砾石制成的刮削器、尖状器、穿孔重石、“磨盘”和“磨棒”等。柳州思多岩、柳江陈家岩、崇左矮洞、来宾盖头洞、桂林东岩洞等遗址中也采集少量砾石砍砸器、石片等制品，但未见穿孔、磨刃石器。广东封开水石岩、乞丐岩、罗髻岩、罗定饭甑山发现的少量石制品中也有类似的砾石砍砸器、刮削器、石锤以及极少穿孔器等。它们与白莲洞A、C两组的构成一致。

（三）细小石器工业的新形态：粤东闽南的“小石器”遗存

以漳州市北郊的莲花池山、竹林山上层为代表的闽西南的漳州、龙岩、厦门及粤东的潮汕地区广泛分布的200多处打制石器地点先后都有发现，是华南中石器时代形态多样的细小石器工业群的有机组成部分。

这一小石器文化的原料主要是砾石和石块，质料有黑、灰黑、灰色的燧石，其次为玄武岩、石英岩、石英。石核细小，用砸击法和锤击法及可能的间接法生产小石片，且石核常充分打片，石片普遍薄小且类型多样。打片时用经修理或不经修理的平面为台面，多二步或三步加工。石器类型复杂，加工精细，加工痕迹细小、连续，多双向加工，器形普遍细小。石核个体均较小，主要通过砸击法、锤击法打下短、宽石片，从个别石核的窄长石条遗痕看，可能有间接剥片。石片是数量最多的石制品，宽多大于长，主要是锤击法、砸击法取得的，有条状石片、长石片、短石片、翼状石片、歪尾石片诸类。石器普遍精细、类型复杂，加工方法多样，有单向、错向、双向加工，有刮削器、尖状器、镞形器、雕刻器、石钻、石杵等。其中刮削器数量最多，类型最复杂，除单直刃、单凹刃、凸刃、凹刃4种刮削器数量最多外，还有双直刃、双凹刃、双凸刃、圆头、端刃、盘状等计10余种刮削器形态。凹缺刮富有特色，且有单凹缺刮、双凹缺刮、三凹缺刮、石核凹缺刮等复杂类型。

粤东闽南的“小石器”遗存以砸击、锤击打下的小石片和小石核经二步或三步加工成以多种形态的刮削器和尖状器为主流的小石器组合，是东南旧石器末期细小石器工业群的重要组成部分。该类遗存明显与北方旧石器晚期以来形成的细石器文化不同，与东南同期的白莲洞第2、3期组合中的B组燧石小石器工艺的时代特征相似，但刮削器、尖状器等主要形态差别很大。在东南旧石器晚期文化中，吴县三山的石器组合中的凹刃、端侧凹刃与粤东闽南的小石器中最典型的“凹缺刮”形态相似。

（四）“持续型”打制石器的文化构成

当全国范围史前文化普遍发展到新石器文化阶段的全新世早、中期甚至更晚些，华南的一些史前文化还保留着打制石器的文化内涵。它们不见磨制石器和陶器等新石器文化的特点，属于旧石器文化的残存形态，即“持续型”的打制石器文化遗存，它们是华南地区旧石器时代向新石器时代过渡形态复杂性与特殊性的又一体现。这类遗存包括广东西樵山，台湾海雷洞、潮音洞、鹅銮鼻等[6]。

（1）台湾垦丁鹅銮鼻的内涵是全新世时期华南边远地带砾石石器传统顽强延续的考古反映。鹅銮鼻文化遗存包括打制石器、骨器、贝器等项，打制石器均用砂岩砾石制成，包括砍砸器、刮削器、凹石和具有使用痕迹的石片，表现出砾石石器工业的原始形态特点。不见细小石器和磨刃、穿孔技术。此外还有兽骨和贝壳制成的尖、刮工具。

（2）台湾长滨海雷洞、潮音洞的石器工业中，既有与乾元洞相同的大型砾石石器，但主要是为乾元洞所不见的小型砾石石器，是持续型期的砾石石器工业内涵发展的又一新的复合形态。这类小石器利用海边捡来的石英、玉髓、燧石、铁石英等质地致密的小砾石制成，共有数百件标本，最大一件标本长径不超过8厘米。加工方法也较细致，大多数仍是直接敲击砾石面连续打片，少量石片具有小片疤痕所构成的打击台面。其中典型的石制品是不定型石核、楔型石器及其相应的各种石片。与细小石器工业相适应的，潮音洞还发现了110余件骨角器，多是用石英类细小石器为工具加工成的。主要器类有长条尖器、一端带关节的尖器、骨针、凿形器。因此，我们将两洞的复合文化内涵视为A、B两组，A组文化是延续乾元洞下来的华南旧石器时代砾石石器传统，B组是作为旧石器晚期以来共同文化趋势的细小石器工业群的组成部分。

（3）广东南海西樵山17、18地点的细石器文化基本上是华北同类文化移植的结果。西樵山石核种类多，有楔状石核、柱状石核、锥状石核、带把石核、多台面石核。除核体和台面呈三角形一类楔状石核和带把石核具有鲜明的地方特点外，其他的楔状、柱状、锥状、多台面石核均类似于华北地区常见者。西樵山细石片薄而锋利，主要有双脊、单脊2类，与北方细石片基本相同。石器中的石核石器有扇状石器、石核刮削器、石核雕刻器、尖状器等，利用带把石核的把部修成刮刃的一类为西樵山独有，其他也类同于华北。石片石器主要有刮削器、尖状器、琢背小刀、镞等，刮削器种类、数量多，有圆头、端刃、船底形、单边、双边、复刃刮削器；琢背小刀的背与刃部独有琢打痕迹。

从总体上说，东南地区旧石器末期文化还是晚期文化的延续和发展。在文化的传承上，本地区旧石器文化的主流——砾石石器文化传统得以延续，表现在以独石仔、黄岩洞下层、白莲洞第2、3期文化的主体（A组），甚至更晚的鹅銮鼻石器工业还属于典型的砾石石器文化，以砾石为素材，以锤击法直接打片为主，大型砾石砍砸器、刮削器仍是石器形态的主体等；工艺和形态要较早期文化进一步精细和多样，如两面加工、二次加工技术的普遍，砍、刮工具刃部形态多样、规范等。在文化的发展上，表现为地域特征非常显著的两种新的文化形态与因素的发展。其一是作为旧石器时代晚期以来人类文化发展共同趋势的细小工具群体，另一是磨刃、穿孔技术的初现。细小工具群包括了与白莲洞第 2、3 期等砾石石器中共存的燧石小石器文化（B 组），这是以锤击、压制法加工的石片石器文化，是旧石器晚期的白莲洞第 1 期文化的延续；莲花山上层式的燧石小石器文化，是一砸击、锤击法打片经二次加工形成的多种形态刮削器和尖状器组合，某些典型因素如凹缺刮器与晚期的三山文化有相似性；潮音洞的小石器工业（B 组）是由各种石英质小石器组成，楔形石器及相关石片是这一文化的特点；西樵山的细石器工业则基本上是华北细石器文化传统传播的结果。白莲洞 B 组、莲花山上层、潮音洞 B 组三群分别代表了这一时空细小石器工业的三种地域内涵，西樵山石器工业则是华北细石器文化的南播所致。磨刃、穿孔技术共存于白莲洞第 2、3 期及独石仔、黄岩洞下层（C 组）、落笔洞等砾石石器文化中，表明这一新的文化形态的初现是本地区旧石器文化的主体——砾石石器文化内部发展、变化过程中形成的。

三、华南中石器时代文化形态的总体评估

综上个案分析，华南地区更新世、全新世之交的原始文化表现在本地区砾石石器传统基础上的延续、发展，同时受到来自华北文化的不同影响，形成了本土传统与外来文化因素的复合。从内涵形态上说，这一复合体包括三大类、七种文化因素，体现了这一时空文化的总体特点（表一）。

表一　华南地区中石器时代及其前后文化内涵的初步分类

文化形态		旧石器时代早、中期		旧石器晚期	中石器时代	持续型期
		中更新世晚	晚更亲世早期	晚更新世晚期	更新世末至全新世早	全新世早、中期
砾石石器工业		石龙头	皖南水阳江、赣鄱潦河等、岭南狮子岩等、百色盆地	赣鄱龚家山等，两广定模洞、宝积岩、罗沙岩，闽台莲花池山下层、乾元洞、白莲洞第 1 期 A 组	湖南道县 5 洞、两广独石仔、黄岩洞下层、白莲洞第 2、3 期等 A 组、海南落笔洞 A 组	台湾鹅銮鼻、海雷洞 A 组
细小石器工业群	Ⅰ			白莲洞第 1 期 B 组	白莲洞第 2、3 期 B 组	
	Ⅱ			三山小石片工业		
	Ⅲ				闽粤莲花池山上层等	
	Ⅳ					海雷洞、潮音洞 B 组
	Ⅴ					西樵山细石器文化
磨刃、穿孔技术					独石仔、黄岩洞下层及白莲洞第 2、3 期为代表的两广山洞 C 组	

（一）砾石石器工业的延续

在华南地区旧石器文化体系中，砾石石器工业发生最早、分布最广泛、数量最多、延续时间最晚，是本地区早期石器工业的主流：在时空分布与内涵的演变上，华南砾石石器工业经历了产生、发展与变化的过程。

到了晚更新世晚期，砾石石器文化的发现几乎遍及东南各省区，特别是在两广山地洞穴中的砾石石器渐成强势文化内涵。在更新世、全新世之交，虽然随着更多新的文化因素、形态的出现使得东南史前文化的面貌更加复杂，从宏观上看前期那种砾石石器文化的单纯内涵或绝对优势的状况已经改变，但不能说砾石石器文化传统的终结。台湾鹅銮鼻等地的石器工业仍旧基本上是砾石石器传统的延续；即使像两广山洞“介壳堆积层”中的文化内涵中以白莲洞第 2 ~ 3 期 B 组等为代表的燧石小石器文化和 C 组的磨刃、穿孔技术也没有完全取代共存的大型砾石石器。

（二）细小石器工业群的形态与性质

晚更新世晚期至全新世初期，几种类型各异的细小石器文化开始逐步地出现、发展于华南地区，一些类型还与延续发展的砾石石器工业共存、融合，成为这一时空文化的一个重要特点。

（1）白莲洞 B 组的小石器文化。该组文化见于两广山洞，从更新世晚期延续至全新世初期，共出于砾石石器文化传统中，以各种燧石加工的小石片石器为特点，也出现了少量柱状细石核。因此，该组文化应是更新世晚期以来受到北方小石片石器和细石器文化的共同影响下形成的区域性小石器文化。

（2）三山石片工业。三山文化是迄今东南所见最典型的石片工业，以刮削器和尖状器为主流的小石片工艺，梭柱石核、拇指盖刮削器和端刃刮削器等部分形态与北方同期石片工业和细石器文化的同类内涵有相似性。但大量使用石片，刮削器、尖状器等主体器类的形态，尤其是凹刃刮削器、端侧凹刃刮削器等与华北文化截然有别。推测是在旧石器时代晚期北方小石片工业传统的影响下形成的东南区域细小石器工业群之一。

（3）粤东闽南小石器类型。该类型分布于粤东闽南的沿海和丘陵地区，用砸击和锤击获得小石片和小石核，通过二步或三步多向加工制作各种形态的小型刮削器和尖状器，特征浓厚。除了三山文化中的一些凹刃刮削器与该类型同类器相似外，东南其他地点及东南以外地区旧石器晚期以来所见的细小石器文化内涵均不同，是东南区域细小石器工业群的特殊形态之一。

（4）潮音洞 B 组小石器。潮音洞等长滨文化 B 组内涵是台湾旧石器晚期（持续期）石器细化变迁的主要证据。该组中的楔形石器和相关石片与华北细石器文化内涵很相似，但总体面貌还难归于细石器文化范畴中，一些石片还与日本列岛西部旧石器晚期文化相似。

(5) 西樵山文化。该文化是东南区所见唯一一处典型的细石器文化地点，除个别石核工艺具有地方特点外，总体面貌与华北晚更新世以来的典型细石器文化无大的差别。该文化主要是华北细石器文化传播的结果。

(三) 东南地区旧石器文化向新石器文化过渡的问题

在更新世、全新世之交，华南地区开启新石器工艺先河的磨刃、穿孔技术最早见于岭南山洞的“介壳堆积层”中，即以白莲洞第2、3期C组为代表的有别于砾石石器工业的文化内涵，更不同于这一时空中常见的细小石器工业群，代表了这个阶段全新的文化内涵。磨制、穿孔技术实际上就是新石器时代石器工艺的基础。

但是，这些穿孔、磨刃的砾石石器与传统的砾石石器文化并非截然分开的，这种新的工艺毫无疑问地分别出现于砾石石器的刃部和中上部。因此，它们是砾石石器传统本身的新变革，从这种变化可以看到更新世末期以来砾石石器文化传统发展的方向，从这个意义上我们还看到了华南地区新石器文化本地起源的一个重要线索。

注　释

[1] 李炎贤等．湖北大冶石龙头旧石器时代遗址发掘报告．古脊椎动物与古人类，1974 (2)．

[2] 房迎山．皖南水阳江旧石器地点群调查简报．文物研究，1988，(3)；安徽文化溯源——安徽古人类和旧石器考古的十年进展．东南文化，1991，(1)；李超荣等．江西安义潦河发现的旧石器及其意义．人类学学报，1991，(1)；黄万波等．江西乐平“大熊猫—剑齿象”化石及其洞穴堆积．古脊椎动物与古人类，1963，(2)；李家和等．江西萍乡竹山园的哺乳类化石和石制品．人类学学报，1992，(1)；李炎贤等．广西百色发现的旧石器．古脊椎动物与古人类，1975，(4)；广西文物工作队．广西新州打制石器地点的调查．考古，1983，(10)；曾祥旺．广西百色新发现的旧石器．史前研究，1983，(2)；何乃汉．百色旧石器的研究．人类学学报，1987，(4)；宋方义等．马坝人化石地点发现石器．人类学学报，1985，(2)．

[3] 李超荣等．江西新余发现的旧石器．人类学学报，1994，(4)；尤玉柱主编，漳州史前文化．福建人民出版社，1991年；宋文薰．长滨文化，载台湾史迹研究会，台湾丛谈，台北幼狮文化事业公司，1997；韩起．台湾省原始社会考古概述．考古，1979，(3)；贾兰坡等．广西洞穴中打击石器的时代．古脊椎动物与古人类，1960，(1)；柳州白莲洞博物馆等．广西柳州白莲洞石器时代洞穴遗址发掘报告．南方民族考古（第1辑），四川大学出版社，1987；王令红等．桂林宝积岩发现古人类化石和石器．人类学学报，1982，(1)；李有恒等．广西田东定模洞调查报告．人类学学报，1985，(2)；曾祥望．广西田东县定模洞人类化石及其文化遗存．考古与文物，1989，(4)；张镇洪等．广东封开县罗沙岩洞穴遗址第一期发掘简报．人类学学报，1994，(4)；陈淳等．长江下游首次发现旧石器．人类学学报，1986，(4)；三山文化——江苏

吴县三山岛旧石器时代晚期遗址发掘报告. 南京博物院院刊, 1987.

[4] 贾兰坡等. 山西峙峪旧石器时代遗址发掘报告. 考古学报, 1972, (1); 安志敏. 河南安阳小南海旧石器时代洞穴遗址的试掘. 考古学报, 1965, (1).

[5] 莫稚. 广东考古调查的新收获. 考古, 1961, (12); 邱立诚等. 广东阳春独石仔洞穴文化遗址发掘简讯. 古脊椎动物与古人类, 1980, (3); 广东阳春独石仔新石器时代洞穴遗址的发掘. 考古, 1982, (5); 宋方义等. 广东封开黄岩洞古人类文化遗址调查简讯. 古脊椎动物与古人类, 1981, (1); 广东封开黄岩洞洞穴遗址. 考古, 1983, (1); 张镇洪等. 广东封开黄岩洞遗址综述. 纪念黄岩洞遗址发掘三十周年论文集. 广东旅游出版社, 1991; Pei Wen-Chung. OnaMesolithic lndustry. OftheCavesOf Kwangsi. *Bull. Ged. Soc.* 1935 (3); 转引自何乃汉等. 试论岭南中石器时代. 人类学学报, 1985, (4); 宋方义等. 广东罗定饭甑山岩、下山洞洞穴遗址发掘报告. 人类学学报, 1989, (2); 邱立诚. 广东封开、怀集的几处洞穴人类文化遗存. 考古与文物, 1989, (4); 郝思德等. 海南三亚人遗址 1992 年发掘报告. 人类学学报, 1994, (2); 三亚落笔洞遗址. 南方出版社, 1998; 尤玉柱主编, 漳州史前文化. 福建人民出版社, 1991 年; 曾骐等. 广东南澳县象山新石器时代遗址. 考古与文物, 1995, (5).

[6] 广东省博物馆. 广东省南海县西樵山出土的石器. 考古学报, 1959, (4); 贾兰坡. 广东地区古人类学及考古学的未来希望. 理论与实践, 1960, (3); 黄慰文等. 广东南海县西樵山遗址的复查. 考古, 1979, (4); 曾骐. 西樵山石器和"西樵山文化". 中国考古学会第三次年会论文集. 文物出版社, 1984; 宋文薰. 长滨文化, 载台湾史迹研究会, 台湾丛谈, 台北幼狮文化事业公司, 1997; 加藤晋平著、邓聪译. 长滨文化的若干问题. 人类学学报, 1990, (1); 李光周. 垦丁国家公园所见先陶文化及其相关问题. 台湾大学, 考古人类学刊, (44).

(原载英德市博物馆, 中山大学人类学系, 广东省博物馆编:《中石器文化及有关问题研讨会论文集》, 广东人民出版社, 1999 年)

论南中国与东南亚的中石器时代

童恩正　卡尔·L·赫特勒

一、前　　言

在过去的50多年中，很多考古学家都已经指出了南中国与东南亚具有某些共同的文化传统。但直至最近30年来，系统的考古发掘方在这两个区域展开。遗憾的是，到现在为止，中国学者与西方的文化交流始终存在着局限性，因为西方学者能够直接阅读中文的并不多，而中国学者在获取西方资料方面也存在困难。为此，对于这两个区域之间在史前文化的发展中存在的共同点和相异点的了解，实际上是非常少的。

本文是中美双方的学者企图通过共同的努力来弥补这一缺陷的初步尝试，在此之后，我们还将在此领域内作一些其他的探索。由于在这辽阔的地区之内，对于有关史前文化发展相似性的程度和性质至今还缺乏足够的研究，所以我们必须首先将南中国和东南亚的资料加以比较。通过这一比较，我们希望能重建这一地区内为近代政治疆域所割裂的古代文化发展的完整的图画。

本文讨论的重点集中在更新世晚期和全新世初期。其主要的目的并非泛泛地讨论有关的理论问题，如狩猎采集人群的社会组织或文化变迁等，而是全面地对田野发掘所获的实际资料作一次观察。考察的目的有二：概括性地介绍现有的资料以及它们显示出的文化系列；澄清一些妨碍比较研究的文化分类和名词使用中的混乱。

在更新世的晚期和全新世初期，我们特别注意一种文化现象的复合体。在东南亚，人们习惯称之为“和平文化”（Hoabinhian），而在南中国，类似的或相近的文化现象则笼统地归纳为“中石器时代”。华南中石器时代的概念，最初是由裴文中在1935年提出的，当时他使用了这一名词来描述广西洞穴遗址中的某些石器工艺（Pei，1935）。20世纪80年代以来，由于广西柳州白莲洞遗址从晚更新世延续到早更新世的文化系列的发现，这一问题又被重新提了出来（周国兴、易光远，1983）。

在东南亚，“和平文化”的名词最初是由玛德雷琳·科拉尼（Madeleine Colani）所创造的，从20年代开始，她即在越南北部的和平省（Hoabinh）的洞穴遗址中发掘出不少利用砾石打击而成的石核石器（Colani，1926）。1932年，在河内召开的第一届远东史前学会议正式通过科拉尼的命名，并且确定和平文化是一种中石器时代文化，因为它缺乏陶器和通体磨光的石器（Colani，1933；Saurin，1971；Solheim，1974）。尽管各家对于“和平文化”的看法很不一致，如有人认为这是一种文化，有人认为是一种传统，有人认为是一种技术复合体（Matthews，1966；Dunn，1970；Gorman，1971），但是这一名词仍然在东南亚考古学中约定俗成地被采用了。

有关东南亚中石器时代或时期的内涵，学术界的意见十分分歧。所谓中石器时代的概念，是19世纪70年代在欧洲发展起来的，一般学者均将之视为从旧石器时代到新石器时代技术上的一种转变（Bandi，1966）。在欧洲，中石器时代技术是以石器成分中出现大量的细石叶工具为其特征的，这些细石叶一般都呈几何形状。不过最近20年以来，很多学者在讨论中石器时代时，都不再强调技术变迁的本身，而是强调更新世末至全新世初人类对于急骤改变的自然环境的适应（Bandi，1966；Milisauskas，1978）。早期研究东南亚的考古学家一般都接受欧洲有关史前时代的分期法，以及其分类标准（Beyer，1948；Dani，1960；Heekeren，1972）。最近以来，对于东南亚自然环境的变迁以及人们对这一变迁所采取的社会和技术的适应是否与欧洲一致等问题，已经提出了疑问；相应地，欧洲的断代是否适用于东南亚，也就有进一步讨论的必要（Aigner，1976；Hutterer，1976；Solheim，1969）。本文作者的意见是：如果从旧石器时代文化至新石器时代文化发展系列中一个转变的阶段来看，那么在南中国和东南亚，确实存在着一个特征明显的中石器时代。

以下我们将要介绍从晚更新世至全新世初南中国和东南亚文化变迁的有关资料。我们想要讨论的问题是：这一时期的石器工艺，其他人工制品或自然遗物是否与旧石器时代或以后的农业社会（新石器时代）所遗留的相同？这些遗物的特征和发展序列如何？南中国与东南亚文化发展的相似程度究竟如何？这些相似性又受到了哪些地理因素的局限？最后，我们还要讨论产生这一转变时期的器物群的特征的原因，以及这些器物群具有不同的地理分布的原因。

二、研究历史的回顾

回顾一下本地区对这一问题考古学研究的历史，将有助于我们理解本文将要征引的资料。所以我们在此介绍一下南中国和东南亚考古学研究的简况。

在南中国，有关史前遗物的介绍最初可能是由科尔伯恩·巴伯（Colborne Barber）开始的。1882年，当他在四川省旅行时，曾经在重庆找到了两件石斧并且写了报告（Barber，1882）。从1913年开始，休斯顿·埃德加（J·Hutson Edgar）在长江、岷江两岸以及川西高原上发现了一系列的遗址（Edgar，1917，1926～1929，1933～1934）。

20世纪20年代前期，美国中亚考古队的沃尔特·格兰杰（walter Granger）在四川东部地区进行了旧石器时代的调查。在万县盐井沟，他发现了大量的动物化石。在采集品中有一穿孔石盘状器，其上有很厚的钙质沉积。另有一件鹿角，有些丫枝曾经被粗糙的工具砍掉。为此格兰杰假设曾经有人类与盐井沟动物群同时存在，其时代约在上新世至更新世（Granger，1932）。

1926～1927年，格兰杰和纳尔逊（N. C. Nelson）在云南进行了一次调查，在龙家找到了一处新石器时代遗址，其石器与川东的发现相似（Nelson，1927）。不久以后，有的学者在原西康省（今四川甘孜藏族自治州）进行了一些考察，如阿诺德·海姆（Amold Heim）和埃德加于1930年在此调查。找到了两件石刮削器，他们认为这是属于莫斯特林技术（Mousterian Technique）（Heim，1933：175～176）。1931年，戈登·鲍尔斯（Gordon T. Bowles）也在此发现了一些打制石器（Bowles，1933）。1985年，根据鲍尔斯手绘的地图，童恩正又在此进行了复查，沿炉霍县境内之达曲河—尼曲河—鲜水河流域发现了一些砾石打击的石器，但均为地表采集，没有发现文化层[1]。

1935年，裴文中曾在广西进行洞穴调查，在武鸣县发现了芭桥、芭勋、腾翔遗址，在桂林发现了D洞遗址。采集的遗物有砾石工具、穿孔砾石、磨石、石刀等，裴文中均将之纳入中石器时代工艺的范畴（Pei，1935）。这是中国学者第一次提出在中国南方有石器时代存在。

1939～1949年，华南的石器时代考古完全停顿了，可以说在中华人民共和国成立之前，有关旧石器时代晚期的发现仅仅是局限在很少数的几个遗址中，没有进行过科学的发掘，所有被认为是属于这一时期的遗物都是从地表采集的。大部分考察者均为外国人，很多属于自然科学家（如地址学家或生物学家）而非经过训练的考古学家。

从1950年开始，特别是最近20年以来，中国考古学家在华南获得了许多重要的发现。新的资料均是由科学发掘而来，具有明确的地层序列，而且器物群往往与动物化石相联系。这些发现为我们提供了大量的新信息，使我们可以提出新的问题并且从新的理论框架的角度加以探讨。

在东南亚，考古学家研究史与中国南方大致相近，但是在这里考古学的活动更加频繁，都是由各个殖民政府所支持的。由于东南亚文化的多样性以及殖民地时期和殖民地以后的时期历史的复杂性，我们很难准确地总结出这一地区的考古学研究史，而仅能在此勾画出一幅简单的轮廓。

在最早对东南亚石器时代的遗物作出研究并写出报告的学者中，在马来西亚有厄尔（G. W. Earl）（Earl，1863；Adi Haji Taha，1987），在中南半岛有卡泰哈克（E. Cartailhac）（Cartailhac，1877；Saurin，1969），在印度尼西亚有普莱特（C. M. Pleyte）（Pleyte，1887；Soejono，1969）。从19世纪后期至20世纪前期，零星的考古调查都是自然科学家所主持的，他们之中有著名的学者如艾尔弗雷德·华莱士（Alfred R. wallace）（wallace，1869）、托马斯·赫胥黎（Tomas H. Huxley）（Huxley，1864）以及萨拉辛·卡曾斯（Sarasin Cousins）（F. Sarasin，1933；P. Sarasin，1914；P. and F. Sarasin，1905）等人，此外还有民族学家和殖民第官员等。他们所作出的报告，内容十分贫乏，仅仅是证明本地区存在着古老的文化以及提出了东南亚的出土物可能与已有较多了解的欧洲史前文化存在着某种关系的问题。

自从20世纪20年代以来，东南亚地区才开始了系统的科学发掘。值得一提的是亨利·曼修（Henri Mansuy）的工作。他曾经服务于印度支那的地理局。从20年代初开始，他即在越南北山（Bacson）的山区发掘洞穴遗址（Mansuy，1931）。以后他与科拉尼合作，而后者曾经在和平省调查过洞穴和岩荫，这一工作的结果是确立了和平文化，并且将之归于中石器时代（Colani，1933，1939）。伊梯埃勒·帕蒂（Etienne Patte）在北越调查了贝丘遗址，从另一个方面加深了对和平文化的了解（Patte，1925）。不久以后，爱德蒙·索尔文（Edmond Saurin）在老挝进行了发掘，证实了此地古文化的存在。

在马来西亚和印度尼西亚西部，埃文斯（I. H. N. Evans）（Evans，1927）、科林斯（H. D. Collings）（Collings，1936）以及斯坦·卡勒菲尔斯（P. V. van stein Callenfels）（Callenfels，1936a）等人也做了不少工作。卡勒菲尔斯认为和平文化遗址的分布表明了史前“美拉尼西亚文明”（Melanesoid Civilization）从亚洲大陆到太平洋的扩展（Callenfels，1936b）。上述这些学者的工作，不仅积累了大量的和平文化的资料，而且也增强了对于东南亚大陆和岛屿上的晚更新世和早全新世的其他文化的了解。遗憾的是，尽管很多发掘都进行得很细致，但是当时却不具备现在的新发展的技术和方法，因此在这些报告中往往缺乏重要的细节。

与中国的情况相似，在第二次世界大战期间，东南亚考古工作也全面停顿。但是在战后，它又得到了迅速的恢复。我们在此只提一下与本文主题有关的几位学者，如在缅甸工作的翁塔（Aung Thaw，1971），在马来西亚工作的西尔维金（G. de G. Sieveking，1955）和邓恩（Dunn，1964），在柬埔寨工作的塞西尔和罗兰·穆雷（Roland Mourer，1970），以及在泰国工作的切西斯特·戈尔曼（Chester Gorman，1970）。从20世纪60年代早期开始，越南考古学家也对晚更新世和早全新世的遗址做了不少研究。但是西方学术界对他们的成果却了解甚少[2]。

在本世纪的前半期，学者们已经发现，在岛屿东南亚部分，晚更新世和全新世的工艺和文化与大陆东南亚是有区别的，而且变异更多。

第二次世界大战以后所积累的大量资料，更加证实了这一假设。

战后在岛屿东南亚部分进行过工作而应个别体积的学者有以下几位：汤姆·哈里森（Tom Harrisson，1970）在婆罗洲，格洛弗（Glover，1971，1976，1977，1981）在东印度尼西亚和西里伯斯岛以及罗伯特·福克斯（Robert B. Fox，1970）和他的同事在菲律宾。

在最近20年以来，东南亚的考古学研究发展很快。大量新出土的资料反映出了从旧石器时代至新石器时代人们生活方式转变的情况。如果再考虑到这一时期中南中国研究的进展，我们就可以发现，时至今日，这两个地区之间的比较分析不但是可能的，而且也是必需的。这种比较不但会使我们对这一地区的文化发展有一更深入的了解，而且使我们可以为未来的研究提出新的假设。

在80年来所积累资料的基础上，我们为南中国和东南亚万更新实和全新世的文化发展建立了一个序列，这一序列将在以下两个小节中予以讨论。遗憾的是，由于我们力图在此建立的是一个粗略的理论框架，所以无法讨论大量资料的细节。建立新的模式的依据，既有今年来新发现的资料，也有根据新的情况而作了重新解释的旧资料。

三、更新世晚期和全新世初期南中国的文化序列和断代

有关东南亚旧石器时代文化发展不同阶段划分以及其时代的确定，一直是这一地区考古学的基本课题，至今还在引起热烈的讨论。有些学者采用了三分法，即旧石器时代的早期，中期和晚期；而另一些学者则主张只分成两个阶段，即早期和晚期阶段（Ikawa-Smith，1978）。引人注意的是，在旧石器时代的晚期阶段，并没有人建议作更进一步的划分。这样，我们就必须提出一个有关旧石器时代到新石器时代的转变问题：这是一个突变或是渐变？如果是渐变，它是否可以区分出一个或一个以上的独立时期？

在南中国，经过发掘的这一时期的遗址大部分属于石灰岩地区的洞穴遗址，所以我们以下的讨论，就集中在洞穴遗址方面。一般而言，南中国洞穴中第四纪堆积的层次大致如下（莫稚，1985）：

第一层：灰褐色硬土，多被钙质胶结，厚1～4米。内含有大量的介壳，灰烬。哺乳动物都是现生种。共出的文化遗物有打制砾石石器、磨制石器、穿孔砾石，磨制的骨、角、蚌器以及绳纹粗陶片等。此层地址上的分期属于全新世早期，绝对年代在距今10000～7000年左右。如著名的江西万年仙人洞（江西省文管会，1963；江西省博物馆，1976）、桂林甑皮岩（广西壮族自治区文物工作队，1976）以及柳州白莲洞上层文化（Ⅲ期）（柳州白莲洞洞穴科学博物馆，1987）等，均属于这一地层。

第二层：黄褐色硬土，部分被钙质胶结，厚1～3米，内含少量介壳和成层的灰烬。哺乳动物化石主要都是现生种，但也有少量全新世所没有的绝灭种属，如华南巨貘，中国犀牛等。此层属于更新世之末，距今20000～10000年。出土的文化遗物主要是用从砾石上打击下来的石片制成的石器，有砍砸器、刮削器、尖状器以及凿穿的圆形扁砾石，与砾石片石器共存的尚有用坚硬石料制成的小石器。磨制的工具除骨、角器外，首先出现了刃部磨制的斧和锛。有的刃部磨制石器是用打制石器加工而成，也有的是选择自然的大小合适的扁平砾石，在其一端磨出直刃。以上这一类工具的组合既发现于洞穴里，也发现于露天遗址中，特别是湖、海岸边的贝丘遗址中。

陶片出现于这一地层的末期。陶质粗疏，器壁很厚，火候很低。在华南或整个中国，最早的陶片是发现与柳州鲤鱼嘴岩荫遗址（柳州市博物馆，1983），其中^{14}C时代为距今12880±220年（BK82090）（谢崇安，张小骅，1987）。属于这一时期的文化堆积有：白莲洞中层文化（柳州白莲洞洞穴科学博物馆，1987）、广东阳春独石仔洞穴（邱立诚等，1982）、贵州普定白岩脚洞穴上层文化（李炎贤等，1986）、柳州鲤鱼嘴遗址、广东封开黄岩洞穴遗址（宋万义等，1983）以及攀枝花市回龙洞穴遗址[3]。

第三层：黄色含沙黏土堆积，多无胶结。厚1～3米。动物化石基本上属于大熊猫

—剑齿象动物群。此层延续的时间很长，从更新世中期之末到晚更新世。我们再次仅仅讨论与本文主题有关的一个时期，即本层最晚的一个阶段，年代为距今 50000 ~ 20000 年。

我们可以用桂林宝积岩洞穴遗址的资料作为这一时期的代表（王令红等，1982）。遗址所出的动物化石有大熊猫、最后鬣狗、华南巨貘、中国犀牛、东方剑齿象等。大部分工具均用砾石制成，形制简单，有石核、砍砸器和削器等。采用直接打击法，打击之前没有准备步骤，而以砾石的自然面作为台面。第二次加工多为单面进行。

在南中国旧石器时代的晚期，大多数石器均用从砾石上打下的石片制成，其上多保留部分原来的砾石面[4]。如贵州黔西观音洞（裴文中，1965；李炎贤，1978），其铀系年代为距今 80000 年（原思训等，1986）；水城硝灰洞（曹泽田，1978），其铀系年代为 52000 年（原思训等，1986）；兴义猫猫洞（曹泽田，1982c）以及四川资阳鲤鱼桥遗址（北京大学考古专业，1983）等，其出土的石工具均属于这一范畴。另外有少数遗址则既出砾石（石核）工具，也出石片工具，如贵州威宁草海遗址，在石工具中 56.2% 为石片工具，43.7% 则属于石核工具（吴茂森等，1983）；四川资阳人 B 地点，出土的 172 件石工具中 55.5% 是石片制成，而 44.4% 则属于石核工具（李宣民等，1984）。

从以上我们介绍的文化序列中可以看出，在更新世的末期，即 20000 ~ 10000 年，在华南的物质文化中出现了一些新的因素。这些因素既不同于以前的旧石器时代文化，也不同于以后的新石器时代文化，因此应该视为一种转变阶段的文化。它们包括：砾石工具，用燧石、石英等坚硬材料制成的细小石片工具，石器的刃部磨制技术以及扁圆形穿凿孔砾石。如果单纯从技术的角度来看，这些新因素与南中国及大陆东南亚的旧石器时代传统有别，可以作为中石器时代文化而单独划分出来。当然，有关这一阶段人类对生态环境的适应以及社会发展的情况，尚待作进一步的研究。

四、更新世晚期和全新世初期东南亚的文化序列和断代

由于在研究东南亚史前文化的学者中，包括了很多国家和不同的学派的人，所以在概括这一地区的考古发现并建立一全面的文化发展序列，其困难要比华南大一些。与中国的情况不同的是，这里所有的发掘报告并没有提供足够的资料以建立全地区性的地层发展序列。不过考虑到东南亚地区自然环境极大的变异性，除了最笼统的概括以外，恐怕也不可能出现任何地层方面的一致规律性。尽管如此，即使在资料相对缺乏，在学者们使用的考古调查和发掘方法各不相同，惯用的名词术语和报道的重点也不一致的情况下，我们仍然可以描绘一幅粗略的图画。就现有资料来看，在更新世以后的文化发展中，大陆东南亚与岛屿东南亚之间存在着明显的差异。不过另一方面在南中国与大陆东南亚之间，其文化发展却具有相当的一致性。所以我们在以下的讨论中，主要集中于大

陆东南亚，对于岛屿东南亚的问题，只有在相关时才作简要的介绍。

更新世晚期和全新世初期大陆东南亚的文化发展大致可以分为三个时期：

（1）晚期　这一时期也可称为“晚转变期”，迄今为止，对于其特征的了解仍然很少。不过至少在北越，它是以素面陶及绳纹陶、单面加工的砾石工具、石片石器、磨石、骨工具、穿孔扁平砾石（Sorenson，1975）以及刃部磨之技术的工具可以是打制的石器，也可以是一块打下形状适合的砾石。在越南的北山地区（Bacson Area），刃部磨制技术非常普遍，以致有的学者将包含刃部磨制工具在内的器物群称为”北山式工具”（Bacsonian）。

从遗址的地理分布和时间上来看，这一期文化与中期文化的区划尚不是很清楚。但是如果我们以刃部磨制甚至部分器身磨制作为主要特征来考察，那么本区的遗址可以用一系列越南——特别是北山山区——的洞穴遗址和岩荫遗址，位于沱巴（Da But）的贝丘遗址（Patte，1932）和另外几处类似的遗址以及某些过去分类为“和平文化”遗址的上层文化（Boriskovskii，1966～1968）作为代表。打制的以及刃部磨光的砾石工具也还见于缅甸的巴打林洞穴遗址（Padah-lin Cave）（Aung Thaw，1971），马来西亚的几处洞穴遗址（Matthews，1961），菲律宾巴拉望岛的马拉梅洞穴遗址（Mara'may Cave）（Fox，1970）以及沙捞越（Sarawak）的尼阿洞穴（Niah Cave）（Harrisson，1959；Majid，1982）。应当指出的是，在各处遗址中，刃部磨制工具的断代是很不一致的，为此越南考古学家一直在争论所谓“北山式工具”究竟属于和平文化的后一个阶段，或者仅仅是和平文化的地区性变异[5]。所以仅就刃部磨制技术这一单一因素而言，也许难以成为划分转变阶段与新石器时代阶段的标准。陶器出现的情况，可能也与之类似。不过另有一点也是值得注意的，凡是和平文化延续很长的遗址，其上层经常出现刃部磨制工具和陶片；如果这两个因素已经在较早的时期出现，则其数量必然增加。

在北越，北山文化洞穴遗址的时代约距今10000～7900年（Bronson，1983；Ha Van Tan，1980）。沱巴贝丘遗址有一个^{14}C数据，为距今6096±60年。另外一个大贝丘遗址昆万（Quyn Van）同样出土有陶片，打击石器，两面加工的石核石器，但是却没有发现刃部磨光工具。其^{14}C时代有两个数据，较沱巴晚2000年。有的学者对此年代提出质疑，认为昆万遗址应为北山文化的沿海类型。在越南以外，所有发现刃部磨制技术的遗址都没有^{14}C数据。

（2）中期　这一时期的遗址在东南亚的分布极广泛。在大陆东南亚，它属于典型和平文化阶段。其文化特征是两面或单面加工的砾石石器。小石片（包括少量石叶）、磨石。在晚期，则出现了绳纹陶片。动物骨骼均为现生种。由于遗址的位置不同，其中也可能包括淡水软体动物，海生软体动物以及各种脊椎动物，反映出对于自然资源的极为广泛的利用。

在北越，很多洞穴遗址的文化均属于此类，其时代为距今12000～7500年（Ha Van Tan，1978，1980）。在越南以外的其他地区，也有很多遗址显示出相似的文化，但其年代差距很大，从距今12000年至1000年不等（参考表一）。其中最重要的有：泰国西北部的仙人洞（Spirit Cave）以及其他的洞穴遗址（Gorman，1970；Heekeren and Knuth，1967；Pookajorn，1981），泰国南部的朗隆日遗址（Lang Rongrien）（Anderson，1978），柬埔寨的拉昂斯皮恩遗址（laang Spean）（Mourer，1977），马来西亚的古克奇尔洞穴遗址（Gua Kechil）和古察洞穴遗址（Gua Cha）（Adi，1985；Dunn，1964；Sieveking，1955），苏门答腊的海岸贝丘遗址和其他露天遗址（Heekeren，1972；Brandt，1976），沙捞越的尼阿洞穴遗址（Harrisson，1959；Majid，1982）以及巴拉望和吕宋东北部的一些洞穴遗址（Kress，1977；Thiel，1981）。

在东南亚苏门答腊及菲律宾以东的岛屿上，迄今尚没有发现全新世早期的以砾石工具为主体的文化，不过与和平文化相似的砾石工具的零星发现却遍于整个岛屿东南亚。由于这些工具出土时多缺乏地层依据，所以过去的研究者经常将之归入旧石器时代早期（Hutterer，1985；Heekeren，1972）。概括而言，岛屿东南亚更新世早期的石器工艺是以石片和石叶为基础的，不过它们与大陆东南亚的文化关系现在尚不清楚。

就出土器物的组合而言，东南亚存在着很多区域性的或甚至地区性的变异。这种变异包括某种工具类型的有无或出现多少的相对频率，砾石（石核）石器与石片石器的比例，动物骨骼的不同等。这一事实过去曾经在学术界引起过激烈的、然而却毫无结果的争论，争论的内容往往是某一群器物是否可以归之于和平文化。在那种时候，人们还不了解这种变异是否反映地区之间的文化差异，或者是二者兼而有之。人们也不了解在全部出土物中石片石器成分多少的不同，究竟是说明了什么问题。在那种时候，人们还认为和平文化只分布于两种地形之中，即内陆丘陵和山地的洞穴以及沿海的贝丘（Gorman，1971），而现在我们已经知道和平文化类型的砾石工具亦散见于露天遗址之中，其分布非常广泛，北至泰国的东北部（Sood Sangvichien，pers. comm），南至菲律宾（K. L. H.，personal observation）和苏门答腊均有发现（Brandt，1976）。

近年来费了很大的精力研究和平文化的越南考古学家，已经识别了典型和平文化发展之前的一个阶段，他们称之为山维文化（Son Vi Culture）。这种文化在很多山地的露天遗址以及洞穴遗址中均有发现，从地层上看叠压在典型和平文化之下。其特征是粗糙的砾石石器（但是没有特征性的和平文化工具，如"杏形砍器"及短斧等），砾石碎片制的工具，以及未作第二次加工的石片等。从时代上看，较早的为距今18000年，如翁屈云洞（Ong Quyen）；较迟的为距今11000年，如昆穆恩洞（Con Moong）（Ha Van Tan，1980；Pham Hi Thong，1980）。

除了越南以外，这一文化阶段在东南亚其他的地区并无发现。考虑到在马来西亚半岛及岛屿东南亚均有一些经过发掘的遗址，其时代距今30000年以前一直延续到全新世，但是未见这一文化阶段的痕迹，所以我们推测它可能并不存在于这些地区。如果有这一阶段的存在，起码也不是采取的同一形式。除此以外，这种由山维文化发展到和平文化的序列也未见于除越南以外的任何大陆东南亚的报告。为此我们认为，所谓山维文化阶段究竟是仅仅局限于北越，或者它同样存在于东南亚其他的地方和南中国石油化工总公司一个值得更进一步研究的问题。

（3）早期　即旧石器时代晚期。在整个岛屿东南亚，旧石器时代晚期的工具是以石片工艺技术以及少量的砾石工具及两面加工的石核工具为特征的。典型遗址见于菲律宾巴拉望岛的塔邦洞（Fox，1970），马来西亚沙捞越岛的尼阿洞（Harrisson，1959；Majid，1982）以及加里曼丹岛的丁卡约（Tingkayu）露天遗址（Bellwood，1984）和印度尼西亚苏拉威西岛的良布伦第二地点（Leang Burung 2）（Golver，1981）。

在大陆东南亚，唯一经过科学发掘的，且有可靠的报告和准确断代的旧石器时代末期的遗址就是泰国南部的朗隆日遗址（Anderson，1987）。该遗址可分为两层，在这两层之间，有一长时期的间隔。下层为旧石器时代晚期，距今30000～27000年。上层为全新世早期，时代为距今9600～7500年。下层出土的石器均为制作良好的一面或两面加工的石片工具，外加极少数砾石工具。一些石片工具还保留有部分原来的砾石面。上层则为典型的和平文化，包括石片工具和15%的用页岩打制的砾石工具。发掘者安德逊（Anderson）曾经指出上下两层之间明显的技术差异，并对所谓和平文化在全新世继承了旧石器时代传统的说法，提出了质疑。他认为朗隆日遗址的和平文化层代表了人类一种新的适应方式，反映出从较早的旧石器时代文化到晚期的新石器时代文化之间的一种过渡。

也就是说，在时代表上排列的每一文化因素，都可能延续到以后的阶段。

总体上看，南中国和东南亚的这一文化序列在考古学上呈现出一套有关联的复合体，明显地反映出一种转变的特征，它既不同于以前的旧石器时代文化，也与以后的新石器时代文化有别，故而我们有理由将之定为“中石器时代文化”。

对于上述观点，我们尚须作进一步的说明。从附表断代的情况来看，各阶段时代参差不齐的情况在东南亚非常明显，然而在南中国则不存在。产生这一现象的原因可能有两种，一是南中国和东南亚之间，在文化发展的速度上确定存在差异。如果情况真是如此，那么由此就会派生出另一个有趣的问题：出现这种差异的原因何在？另一种可能性是：在南中国，同样存在着时代参差不齐的情况，但是由于^{14}C断代资料太少，所以没有反映也来。而在东南亚，有关这一时期的^{14}C数据很多，要想提出怀疑是很难的。

至于同一文化出现很大的时代差异的原因，我们在此只能提出问题，而不能解决问题。这个问题实际上是与另一项争论密切相连的，这就是我们究竟将和平文化看成什么性质？是一种文化？一种技术传统？或者是技术复合体？换句话说，和平文化出土器物的特征究竟是什么因素所决定的？是决定于文化传统？是决定于对于独特的环境的适应？或者是二者兼而有之？在研究任何一种人类的社会组织和文化组织是，我们都不能采用只具有简单因果关系的概念模式，即使在中石器时代，分散的狩猎—采集群所遭受的自然环境的压力要比以后的农业社会或城市社会强大得多，直接得多，情况仍然是如此。在东南亚，某些文化因素长期延续到后代的情况，不但仅仅出现于中石器时代，而且出现于整个史前时代[6]。其深层的原因应该是与这一区域中人群集团的迅速分化有关，这一分化可视为一种“生态的”进程，亦即一种文化的力量与自然环境的力量交互作用的过程。

另外一个值得讨论的问题是这一地区中石器时代转变时期的性质。为什么较早的旧石器时代技术会被以砾石工具为主的技术所代替？而砾石工具以后又逐渐为新石器时代的技术所代替？在欧洲，当“中石器时代”这一概念首次提出时，当时已有大量的资料足以证明在更新世之末与全新世之初当地的自然环境有着广泛的变迁，迫使人们采用新的适应方式。在南中国和东南亚，这种激烈的自然变迁是否也存在呢？

由于限于篇幅，我们对此不能详细讨论，但是有一点可以指出的是：对于这一课题的研究，现在已经在加紧进行，很多结果均已表明，这一地区的环境变迁可能比过去想象的要大得多（whyte，1984；Anderson，1987）。在当代，南中国和大陆东南亚（特别是其北部），均有着大致相同的自然环境，从更新世全球性的气候波动的性质来看，如果在更新世至全新世转变之际有任何变动，那么这两个地区所经历的也应该相同，至少就总的趋势来说是如此。

五、对某些“新石器时代”技术因素的再认识

英国考古学家柴尔德（V · Gordon Childe）曾经使用“新石器时代革命”一词，以概括全新世早期发生的经济、技术和社会的变迁。从物质上看，他以一些新的文化因素来区别新石器时代，其主要成分是农业、家畜、陶器、磨制石器以及纺织品等（Childe，1936：59）。现在看来，如果我们考虑到新石器时代产生的经济和社会体系的激烈变动，使用“革命”这一概念仍在是可以的；但是另一方面，世界各地考古学的新资料均已经表明，这些变化并不是如同紫尔德所想象的那样是突发的、事变性的，这些文化因素也并非产生于某一个中心，然后再传播到世界各地。

时至今日，考古发现和理论分析均足以证明人类向食品生产经济的过渡是世界很多地方独立发生的，这是一种人类文化与当地的具体环境不断地交互作用的缓慢过程。由于不同的历史传统和经济环境，所以在这一过程中呈现的文化形式也是多样的。为了更好地了解新石器时代这一影响浓远的变迁，我们必须在比较研究的基础上进行研究。就这一意义而言，南中国和东南亚的中石器时代和新石器时代的考古资料，除了足以阐明本地区人类的历史以外，也具有全球的重要性。

在南中国更新世末期堆积中所发现的磨制的骨角器，是一饶有趣味的问题。1981年，在贵州普定的穿洞遗址，发现了400多件磨制的骨角器，其种类有锥、叉、“铲”等，均是初步打制成型然后再加以磨制（曹泽田，1982a）。1975年，在贵州兴义猫猫洞也发现过14件磨制骨器，包括锥和刀（曹泽田，1982b）。在以上讨论的南中国的中石器时代遗址中，磨制的骨角工具非常普遍；而在东南亚的某些和平文化的遗址中，亦

有类似的发现。此现象的重要性，可以从两个层次上加以考察：首先它说明了磨制技术的起源过程，其次它也表现了人类获取食物和准备食物的技术的进化。

根据现有的资料我们基本上可以肯定的，至少在南中国，制造工具中使用的磨制技术并非出现于新石器时代，而是肇源于旧石器时代晚期。最初加工的物质乃是有机的原料，如骨、角、木等，它们都相对的松软，而且来源丰富。在有的情况下，这些有机物质制造的工具在磨制以后尚需加热，使其表面炭化，以增加硬度。在穿洞和猫猫洞发现的骨角工具很多均有烧过的痕迹，当出于这种目的。如果考虑到旧石器时人晚期制造石器时也使用过加热的技术，那么这一点也是很自然的事。

在中石器时代，碾磨技术开始使用于石器制造。由于石质坚硬，碾磨时需要大量的时间和精力，所以归初人们只磨制其刃部。刃部磨制的工具最早出现于白莲洞 2 期文化，以后才迅速传播至其他地方。

在南中国，陶片最早发现于鲤鱼嘴遗址，其年代约为距今 12880 ± 220 年，如果断代无误，这可能也是迄今为止亚洲发现的最早的陶片。略迟一点的是白莲洞 3 期文化所发现的陶片，其年代约为距今 11670 ± 150 年。在东南亚，最早的陶片发现于泰国北部的仙人洞，^{14}C 年代为 8142 ± 390 年。文化的对比研究已足以证明，陶器的发明和使用是与某种主食的烹调紧密相连的，这种主食经常意味着小颗粒的食物的采用，特别是稻类之类的谷物。要弄熟这类食物，耐火的器皿几乎是难以缺少的，尤其是采用煮或蒸的方法[7]。这样，在中石器时代本地区出现陶器一事，也许就暗示着此有稻米已成为居民的重要食物。有一点应注意的是：在南中国和东南亚北部，野生稻是非常丰富的，而且从遗传学的、生态学的和考古学的观点来看，这一区域都可能是最早栽培稻米的地方。

对于现有的考古学资料的研究使我们可以得出一个结论，即无论是碾磨技术或是陶器制造，就其本身而言均不一定要与农业相联系，或者一定是新石器时代的指示[8]。至少在南中国或东南亚，它们仍是中石器时代文化技术的一个组成部分。在发现最早陶片的鲤鱼嘴遗址或白莲洞遗址，就并没有任何农业、家畜驯养或纺织的痕迹。

戈尔曼曾经认为，仙人洞发现的植物遗存有可能暗示出早期农业的存在（Gorman，1970）。但进一步的植物学的研究却不能支持这种论点（Yen，1977）。在戈尔曼的论点的启发下，越南考古学家也曾经宣传在和平文化阶段已有初期的植物栽培，如对北越宋桑洞穴遗址（Sung Sam Gave）出土植物的孢粉分析就曾经引起很多讨论，但其结果亦与仙人洞的讨论相似（Ha Van Tan，1980）。

总结上文，我们可以得出这样一个结论，即在南中国和东南亚，磨制及陶器等技术因素并不一定与农业有关，因而不能作为“新石器时代”的因素来看待。不过在另一方面，它们似乎又与更新世末至全新世初人类谋生技术的转变相联系，从而构成中石器时代文化的一个组成部分。

六、小石片工具工艺的问题

在更新世末期，由坚石原料制作的细小石片工具，开始出现于南中国的某些洞穴中。它们与粗糙的砾石工具并存。尽管它们经常只构成全部工具组合的一小部分，但仍然值得我们注意。

就现有资料而言，这种细小石片工具在广西、四川和贵州均有发现。过去在云南元谋盆地采集的一批小石器，原报告虽称为“细石器”（周国兴，1980），但据童恩正的观察亦应属于这一范畴[9]。同类的石器还见于台湾的海雷洞和潮音洞，属于长滨文化。虽然其绝对年代较迟（约距今6000年），但其文化序列仍然属于从旧石器时代到新石器时代的转变时期。正因为如此，所以发掘者称这一文化为“前陶文化”（Sung，1969）。由于这一工艺分布广泛，所以我们不能简单地将之看成为一种地方现象，而应视为南中国中石器时代的一种重要因素。

在绝大部分和平文化遗址中，同样发现有小石片工具，多由燧石或类似的原料制成，而与砾石工具的石质有别，如仙人洞（Corman，1970）、古察遗址（Adi，1987）、沙约遗址（Sai Yok）（Heek. eren and knuth，1967）、朗隆日遗址（Anderson，1987）等。在有些报告中，发掘者则提及了少量的由锤击法产生的石叶的存在。上文已经谈到，在岛屿东南亚的西部，有一些晚更新世至早全新世的遗址，其石制品主要是由石片工具、石叶工具以及大小不一的砾石工具所构成，如塔邦洞（Majid，1982）、巴拉望岛上其他几个洞穴（Fox，1982）以及菲律宾吕宋岛北部的一些洞穴（Henson，1978；Peterson，1974；Thiel，1980）。

尽管东南亚的细小石器工艺内部也有一些变异，但就总的技术而言仍然与南中国的工艺相似，因此我们对南中国细小石器特征的总结，也可以代表这两个地区。这种细小石器一般长2～3厘米，按用途分类包括刮削器、尖状器、刀、箭头等。均用直接打击法制成，既使用石核，也使用石片，大多数没有第二次加工的痕迹，仅有少数标本存在简单的第二次加工。由于没有压剥技术，所以也没有典型的细石器，如细石叶、细石核等。除了箭头以外，所有的工具均是手执使用而非装柄的，同样也不见复合工具（Compound Fools）。由于这些原因，我们将这类工具称为小石器工艺而不称为细石器。真正的细石器在爪哇和苏拉威西（Glover，1985）以及菲律宾的中部和南部（Cherry，1978）均有发现，但是其时代却很迟（距今6000～2000年，有时甚至更迟）。

在旧石器时代晚期，欧洲、北非、西亚、南亚甚至中国北部，其石器的大小都有愈发展愈趋小型的倾向。大致而言，打制石器是循着石核石器→石片石器→石叶石器→细石器的方向而发展。不过在南中国（除西藏高原以外），更新世石器工艺的主流始终是粗糙的由砾石打击的石片制成的工具。在东南亚，尽管我们对距今40000年以前的石器工艺情况所知甚少，但至少在更新世后期，绝大部分的石器还是石片石器，仅仅到了更新世之末，小型石片石器以及单面打击的砾石工具（石核工具）才出现于石器组合之中。

小石器可能是用以加工骨、角、竹、木工具的。对于仙人洞出土的石片工具刃部的微痕研究支持了这一假设（Gorman，1970）。这些有机物的用途是多方面的，而且在热带的自然环境中，也是丰富易得的。它们是很理想的制造生产工具的原料，特别是尖状器和切割器。与此同时，有机物工具的广泛使用，又抵消了小石器工具向精致化发展的需要，如同在欧洲、近东、南亚及北亚那样，导致了细石器的出现。到了新石器时代，小石片工具很快即为磨制石器所代替。如果我们这一推断是正确的话，那么由此就会产生一个问题：为什么到全新世的中期，围绕着南中国和大陆东南亚的边沿之地，会出现真正的细石器？它们的出现应当是代表一种特殊的适应形式，但这种适应的性质我们在目前还不明了。

七、结　　论

本文所结论的重点，乃是南中国和东南亚史前文化发展的共同性，特别是这两个地区更新世末至全新世初的转变阶段。我们认为，在南中国与东南亚各自的文化序列中，确实存在很多的共同点，而且这一转变阶段代表了从旧石器时代至新石器时代之间的一个独具特征的时代，我们称之为中石器时代。那么，这一地区的中石器时代从哪些方面可以与首先采用这一名词的欧洲的中石器时代相比较呢？

最初提出在欧洲存在一个独立的中石器时代的，是艾伦·布朗（Alien Brown），时间是1892年。1921年，麦卡里斯特（Macalister）在其影响很大的《欧洲考古手册》中再次引用了这一概念。其后，格雷厄姆·克拉克（Graham Clark）在1932年写的《不列颠的中石器时代》及1936年写的《北欧的中石器时代文化》中，又对此作了进一步的界说（Daniel，1976：128）。自此以后，这一名词即为考古学界所广泛采用，并且推广到欧洲以外的地区。随着这一概念的普及，人们逐渐了解到在世界不同的地区，从更新世到全新世的转变在文化上和社会上的表现都是不一样的。这样，我们就必须回答一个问题，这就是中石器时代最基本的特征究竟是什么？

有的学者曾经使用欧洲的标准以研究中国北部的中石器时代，而以细石器的存在作为考虑问题的焦点。由这一点出发，他们认为长城以北广泛存在的细石器均属于中石器时代。不过进一步的研究却已证明，东北与华北的细石器是与多种生计经济相联系的，而且其延续的下限也很不一致，有的已经进入了金属时代或甚至历史时代（佟柱臣，1979）。这就足以证明至少在中国北部，仅就细石器本身而言并不能成为中石器时代的标志。

早在20世纪30年代，有的考古学家即提及了南中国及北部东南亚的中石器时代，但是证据十分薄弱，概念也很模糊。在很多情况下，依靠的都是反证，这也就是说，凡是讨论的文化既缺少欧洲旧石器时代的基本特征，又缺乏欧洲新石器时代的基本特征时，往往就被认为是中石器时代。这样，所谓中石器时代的问题实际上并未解决，这里面既包含了它的特征，也包括了通过技术特征所反映出来的人群组织。

本文的结论是基于对南中国和东南亚（特别是其北部）已有的考古资料的全面综合评述之上的，概括的时代是更新世之末至全新世之初。从综合资料可以看出，在这两个区域之内，由更新世至全新世的转变，可以通过考古学遗存而表现出来。比之于以前的旧石器时代和以后的新石器时代，这些考古学遗存一方面表现出高度的独特性；但另一方面，它又并不意味着这两大时代之间文化的中断，而是表现出一种技术进化的连续性。尽管到目前为止，与这一技术变迁相联系的社会、经济和文化的性质还不清楚，但是我们仍然可以观察到这一转变时期是与自然环境的重大改变以及人类的经济组织由狩猎采集到农业的深刻变化相联系的。这样，我们可以将本文的主要内容总结为以下三点：

（1）从生计经济发展的观点来看，我们将人类从旧石器时代文化至新石器时代文化的转变视为从狩猎采集经济至生产经济的转变。这种转变乃是深刻的质的变化而非量的变化，所以它不可能突然发生。就如同任何进化的过程一样，这一变化意味着新的因素逐渐从旧的因素中产生，而且在一段时期中与旧的因素并存。这样，新旧两个阶段之间的界线就不可能十分明确，尽管在二者之间可以看出一个清楚的转变时期。

（2）虽然我们不能将文化的本质全部归结为人类适应自然的手段，但是这一定义仍然显示了文化的某些基本要素。环境的差异和环境的变化，是可以从人类的文化和社会组织的变迁中反映出来的。如果承认这一点，那么我们可以由此引申出两条结论：第一，重大的环境变迁，如同更新世晚期发生的那样，必然对当时人类的文化产生深刻的影响，正是这种文化的改变，使我们得以识别出中石器时代文化；第二，由于欧洲和东亚之间巨大的环境差异，以及欧洲内部、东亚内部环境的差异，甚至北中国与南中国之间存在的差异，我们绝不能期望在所有这些地区之内中石器时代文化只有一种表现。另一方面，南中国和东南亚北部的很多地区，其自然环境却存在着共同之处，正是这一相似的自然背景，解释了它们的中石器时代文化相似的原因。概括起来，这些相似的文化因素有：单面加工的砾石工具，由燧石、石英等打制的小石器、磨制的骨角器、刃部磨制技术，穿孔石器以及粗陶。当然，目前我们尚不明白这些文化因素是怎样具体地与自然环境的或生态的特征相联系，这一课题尚有待进一步的研究。

（3）有一些文化因素，如磨制石器、陶器等，在欧洲考古学中被认为是紧密地、在某些情况下甚至是必须地与农业及动物驯养相联系，从而构成了新石器时代的标准。中国的考古学家曾经在带旧石器文化特征的遗物群中发现过这些因素，其年代为距今20000～10000年。为了要将这些器物群放进一定的文化序列，他们的解释也是不一致的，或称为“旧石器时代”，或称为“新石器时代”，或称为“前陶新石器时代”（张之恒，1985）。类似的混乱同样存在于东南亚考古学，特别是在解释“北山式”遗存时，情况更是如此。我们认为，这些文化因素各自与环境、社会及文化变异之间的关系，应该按照其自己的规律进行考察，而且每一种因素都有其独特的历史和发展过程。换句话说，在全世界范围之内，它们绝不能被视为某一特定文化阶段的先验的标志。

我们对于现有的考古学资料的解释，就是在这种观点指导之下进行的。遵循这一观点，我们得以分辨出南中国与东南亚、文化发展中的一个明显的时代一中石器时代，这是介于旧石器时代与新石器时代之间的一个转变时代，也是人类适应巨大的环境变迁的时代。与此同时，我们还提出了这一时代的考古学标准，并希望这能有助于澄清在这一问题上存在的长时期的争论并且促进以后更深入的研究。

注　释

[1]　1981年夏，童恩正在哈佛大学的皮博迪博物馆（Peabody Museum）会见了鲍尔斯。当时他已年过80，但仍记忆清楚，精力充沛。承他的美意，向童恩正提供了1931年调查的有关资料及地图。

[2]　1984年，越南的考古学刊物《考古学报》（Khao Co Hoc）出了一期特刊（1、2期合刊）专门讨论和平文化问题，所载的全是在河内举行的一次学术会议的论文。

[3]　据童恩正实地观察结果，资料尚未发表。

[4]　有的中国学者习称此类石器为“砾石工具”。这一点很容易收引起误会。因为西方学者中，“砾石工具”仅指用砾石制成的石核工具。

[5]　有关这一争议的详情，请参考Ha van Tan，1978，1980；Saurin and Carbonnel，1974；Buivinh，1984；Ha Hun Nga and Nguyen Trung Chien，1984；Nguyen van Hao，1984；Nguyen viet，1984.

[6]　正是由于这种断代上的不整合性，所以很多东南亚考古学者都不再采用欧洲考古学者的某些名词，因为这些名词往往是与清楚的时间界限相连的。

[7]　当然，这里也可以采取其他的代用技术，如在东南亚某些地区，人们用竹筒煮饭，或者将米粒磨成粉，再烘烤成饼。不过这些方法均有其局限性，并不是很方便的。

[8]　举例来说，在澳大利亚曾发现过通体磨光的石斧，其时代约在距今20，000年，而这种文化是绝对没有农业的。

[9]　对于“细石器”一词，在使用上有时存在着一定的混乱。在欧洲，这是指由压制法产生的小石叶工具，经常呈几何形。而在东亚，这一名词则使用于形制细小的工具，包括由打制法产生的石片工艺。

参考文献

北京大学历史系考古教研室等．1983. 四川资阳鲤鱼桥旧石器地点发掘报告．考古学报，（3）：331-345.

曹泽田．1978. 贵州水城硝灰洞旧石器文化遗址．古脊椎动物与古人类，16（1）：67-72.

曹泽田．1982a. 贵州新发现的穿洞旧石器时代文化遗址．贵州社会科学，（4）：61-65.

曹泽田．1982b. 猫猫洞的骨器和角器研究．人类学学报，1（1）：36-41.

曹泽田．1982c. 猫猫洞旧石器之研究．古脊椎动物与古人类，20（2）：155-164.

广西壮族自治区文物工作队 . 1976. 广西桂林甑皮岩洞穴遗址的试掘 . 考古，(3)：175-179，160.

江西省文管会 . 1963. 江西万年大源仙人洞洞穴遗址试掘 . 考古学报，(1)：1-16.

江西省博物馆 . 1976. 江西万年大源仙人洞洞穴遗址第二次发掘报告 . 文物，(12)：23-35.

李宣民、张森水 . 1984. 资阳人 B 地点发现的旧石器 . 人类学学报，3 (3)：215-224；柳州白莲洞洞穴科学博物馆. 1987. 广西柳州白莲洞石器时代洞穴遗址发掘报告 . 南方民族考古，(1)：143-160.

李炎贤、蔡回阳 . 1986. 贵州普定白岩脚旧石器时代遗址 . 人类学学报，5 (2)：162-171.

李炎贤等 . 1978. 贵州黔西县观音洞旧石器时代文化的发现及其意义 . 古人类论文集，科学出版社：77-93.

柳州市博物馆 . 1983. 柳州市大龙潭鲤鱼嘴新石器时代贝丘遗址 . 考古，(9)：769-774.

莫维 . 1985. 广东旧石器文化及其若干问题 . 史前研究，(4)：23-27.

裴文中等 . 1965. 贵州黔西县观音洞试掘报告 . 古脊椎动物与古人类，9 (3)：270-279.

邱立诚、宋方义、王令红 . 1982. 广东阳春独石仔新石器时代洞穴遗址发掘 . 考古，(5)：456-459，475.

宋方义、邱立诚、王令红 . 1983. 广东封开黄岩洞洞穴遗址 . 考古，(1)：1-3.

佟柱臣 . 1979. 试论中国北方和东北地区含有细石器的诸文化问题 . 考古学报，(4)：403-422.

王令红、彭书琳、陈远璋 . 1982. 桂林宝积岩发现的古人类化石和石器 . 人类学学报，1 (1)：30-35.

吴茂林、张森水、林树基 . 1983. 贵州省旧石器新发现 . 人类学学报，2 (4)：320-330.

谢崇安、张小骅 . 1987. 试论白莲洞石器时代遗存-兼论相关问题 . 南方民族考古，(1)：161-169.

原思训等 . 1986. 华南若干旧石器时代的铀系年代 . 人类学学报，5 (2)：179-190.

张之恒 . 1985. 华南地区的前陶新石器文化 . 考古与文物，(4)：41-46.

周国兴 . 1980. 元谋盆地发现的细石器 . 自然博物馆研究报告，(5) .

周国兴、易光远 . 1983. 白莲洞遗址的发现和意义 . 白莲洞洞穴科学博物馆编印 .

Adi Haji Taha. 1985. *The Re-Excavation of the Rockshelter of Cua Cha*, *Ulu Kelantan*, *West Malaysia*. Federation Museums Journal, n. s. vol. 30; 1987. Archaeology in Peninsular Malaysia: Past, Present and Future. *Journal of Southeast Asian Studies*, 18: 205-211.

Aigner, Jean S. 1976. The Hoabinhian in China. Unpublished manuscript.

Anderson, Douglas D. 1987. A Pleistocene-Early Holocene Rock Shelter in Peninsular Thailand. *National Geographic Research*, 3: 184-198.

Aung Thaw. 1971. The "Neolithic" Culture of the Padah-lin Caves. *Asian Perspectives*, 14: 123-133.

Baber, E. Colborne. 1882. Travels and Researches in Western China. *Roval Geographical Society* (*London*), Supplementary Papers, 1: 129-144.

Bandi, Hans-Georg. 1966. Die mittler Steinzeit Europas. In *Handbuch der Urgeschichte*. edited by K. J. Narr. vol. l. pp. 321-346. Benn: Francke Varlag.

Bellwood, Peter. 1984. Archaeological Research in the Madai-Baturong Region, Sapah. *Bulletin of Indo-Pacific Prehistory Association* 5: 38-54; 1985. *Prehistory of the Indo-Pacific Archipelago*. Sydney: Academic Press.

Beyer, H. Otley. 1948. *Philippine and East Asian Archaeology and its Relation to the Origin of the Pacific Islands Population*. Quezon City: National Research Council of the Philippines, Bulletin no. 29.

Bien, M. N. and Chia Lanpo. 1938. Cave and Rock-shelter Deposits in Yunnan. *Bulletin of the Geological Society of China* (Peking), 18: 325-347.

Boriskovskii, P. I. 1966/68. *Vietnam in Primeval Times. Moscow: Nauka. Translate in Sovi-et Anthropology and Archaeology*, 7 (2): 14-32; 7 (3): 3-19; 8: 214-257. 355-366; 9: 154-172, 226-264.

Bowles, G. T. 1933. A Preliminary Report of Archaeological Investigations on the Sino-Tibetan Border of Ssu-ch'uan. *Bulletin of the Geological Society of China* (Peking), 13: 119-141.

Brandt, R. W. 1976. *The Hoabinhian of Sumatra: Some Remarks. Modern Quaternary Research In Southeast Asia*, 2: 49-52.

Bronson, Bennett. 1983. *Southeast Asian Radiocarbon Dates by Region, Date, and Site Ex-tended Listing.* Manuscript.

Bui Vinh. 1984. The Hoa Binh Culture in the Early Neolithic Viet Nam. *Khao Co Hoc*, 1-2: 104-111. (in Vietnamese)

Cartailhac, E. 1877. L'ago de Ia Pieerre dans *I' Indochine. Mat. pour I'hist. primitive et nat. de I'homme. pp.* 98-100.

Cherry Roger. 1978. An Analysis of the Lithic Industry of Buad Island, Samar. *Philippine Quarterly of Culture and Society*, 6: 3-80.

Childe, V. Gordon. 1936. *Man Makes Himself.* New York: The New American Library.

Colani, Madeleine. 1926. Decouvert d'industries paleolithiques dans la province de Hoa-Binh, Tonkin. *L'Anthropologie*, 36: 609-611; 1933. Communications au permier congres de prehistoire d'Extreme-Orient, Hanoi, Janvier 1932; 1939. La Civilization Hoabinhienne Extreme-Orientale. *Bulletin de Ia Societe Prehistorique Francaise* , 36: 170-174.

Collings, H. D. 1936. Reports on an Archaeological Excavation in Kedah, Malay Peninsula. *Bulletin of the Raffles Museum Series B*, 1: 5-16.

Dani, A. H. 1960. *Prehistory and Posthistory of Eastern India*. Calcutta: K. L. Mukho-padhvay.

Daniel, Glyn. 1976. *A Hundred and Fifty of Archaeology*. Cambridge, MA: Harvard University Press.

Dunn, Frederick L. 1964. Excavations at Bua Kechil. *Journal of the Malay Branch Royal Asiatic Society*, 37: 87-124.

Earl, G. W. 1863. On the Shell-mounds of Province Wellesley in the Malay Peninsula. *Transactions of the Ethnological Society*, 2: 119-129.

Edgar, J. Huston. 1917. Stone Implements on the Upper Yangtze and Min Rivers. *Journal of the North China Branch of the Royal Asiatic Society*, 48: 85-87; 1926-29. Stone Age in China. *Journal of the West China Border Research Society*, 3: 107; 1933-34. Prehistoric Remains in Hsikang. *Journal of the West China Border Research Society*, 6: 56-61.

Evans, I. H. N. 1927. *Papers on the Ethnology and Archaeology of the Malay Peninsula*. Cambridge: Cambridge University Press.

Fox, Robert B. 1970. *The Tabon Caves: Archaeological Explorations and Excavations on Palawan Island, Philippines*. Manila: National Museum.

Glover, Ian C. 1971. Prehistoric Research in Timor. In *Aboriginal Man and Environment in Australia*, edited by J. Golson and D. J. Mulvaney. pp. 158-181; 1976. Ulu Leang Cave. Maros: A Preliminary Sequence of Post-Pleistocene Cultural Development in South Sulawesi. *Archipel*, 11: 113-154; 1977. The Late Stone Age in Eastern Indonesia. *World Archaeology*, 9: 42-61; 1981. Leang Burung 2: An Upper palaeolithic Rockshelter in South Sulawesi, Indonesia. *Modern Quaternary Research in Southeast Asia*, 6: 1-38.

Glover, Ian C. and Gary Presland. 1985. Microliths Indonesian Flaked Stone Industries. In *Recent Advances in Indo-Pacific prehistory*, edited by V. N. Misra and P. Bellwood. pp. 185-195. New Delhi: Oxford & IBH Publishing.

Gorman, cheste. 1970. Excavation at Spirit Cave, North Thailand: Some Interim Interpretations. *Asian Perspectives*, 13: 80-107; 1971. The Hoabinhian and after: Subsistence Patterns in Southeast Asia during the Late Pleistocene and early Recent Periods. *World Archaeology*, 2: 300-320.

Granger, Walter. 1932. Paleontological Exploration in Eastern Szechwan. *Natural History of Central Asia*, 1: 501-528.

Ha Huu Nga and Nguyen Trung Chien. 1984. Quynh Van Stone Tools and the Hoa Binh-Bac Son Industry. *Khao Co Hoc*, 1-2: 97-103. (in Vietnamese)

Ha Van Tan. 1978. The Hoabinhian in the Context of Viet Nam. Vietnamese Studies 12 (46): 125-197; 1979. Nouvelles Recherches Prehistoriques et protohistoriques au Vietnam. *Bulletin de I' Ecole Francaise d' Extreme-Orient* , 68: 113-154.

Harrisson, Tom. 1959. New archaeological and Ethnological Results from Niah Caves, Sarawak, *man*, 59: 1-22; 1970. The Prehistory of Bomeo. *Asian Perspectives*, 13: 17-45.

Heekeren, H. R. van. 1972. *The Stone Age of Indonesia*. The Hague: Martinus Nijhoff.

Heekeren, H. R. van and Count E. Knuth. 1967. *Archaeological Excavations in Thailand I*; Sai-Yok. Copenhagen: Munksgaard.

Heim. Amold. 1933. Minva Gonkar Berlin.

Henson, Florante G. 1978. The Flake Tool Industry at Laurent Cave. M. A. thesis, Anthropology, University of the Philippines.

Hutterer, Karl L. 1976. An Evolutionary Approach to the Southeast Asia Cultural Sequence. *Current Anthropology*, 17: 221-242; 1985. The Pleistocene Archaeology of Southeast Asia in Ragional Context. *Modern Quaternary Research in Southeast Asia*, 9: 1-23.

Huxley, Thomas H. 1864. *Natural History Review*, 4: 308.

Ikawa-Smith, Fumiko. 1976. The Early Paleolithic Tradition in East Asia. *In Early Paleolithic in South and East Asia, edited by F. Ikawa-Smith. pp.* 1-10. *the Hague: Mouton Publishers.*

Kress, Jonathan. 1977. Contemporary and Prehistoric Subsistence Patterns on Palawan. In *Cultural Ecological Perspectives on Southeast Asia, edited by W. Wood.* pp. 29-47. Athens, OH: Ohio University, Center for International Studies.

Majid, Zuraina. 1982. *The West Mouth. Niah. In the Prehistory of Southeast Asia*. Sarawak Museum Journal n. s. 31 (52).

Mansuy, Henri. 1909. Gisement Prehistorique de la caverne de Pho Binh Gia (Tonkin). *L' Anthropologie*, 20: 532-543; 1924. *Stations Prehistoriques dans les Cavernes du Massif Calcaire de Bac-Son (Tonkin)*.

Memoires du Service Geologique de I Indochine 11 (2); 1924. *Nouvelles Decouvertes dans les Cavernes du Massif Calc aire de Bac-Son (Tonkin)*. Memoires du Service Geologique de I' Indochine, 12 (1); 1931. *La Prehistoire en Indoxhine: Resume de I' Etat de nos Connaissance*. Macon: Protat Freres.

Matthews, J. M. 1961. *A Check-List of' Hoabinhian' Sites Excavated in Malaya*1860-1939.

Singapore: Eastern Universities Press; 1966. A Review of the 'Hoabinhian' in Indo-China. Asian Perspectives 9: 86-95.

Milisauskas, Sarunas. 1978. *European Prehistory*. New York: Acadenic Press.

Mourer, Roland. 1977. Laang Spean and the Prehistory of Cambodia. *Modern Quaternary Re-search in Southeast Asia* , 3: 29-56.

Mourer, Cecile and Roland Mourer. 1970. The Prehistoric Industry of Laang Spean. Province of Battambang, Canbodia. *Archaeology and Physical Anthropology in Oceania*, 5: 128-146.

Nelson, Nels C. 1927. *Central Asiatic Expedition of the American Museum of Natural History to the Province of Yunnan. Septenber*. 1926 to March. 1927. New York: American Museum of Natural History.

Nguyen van Hao. 1984. The Hoa Binh and the Bac Son Cultures. *Khao Co Hoc*, 1-2: 94-96. (in Vietnamese)

Nguyen Viet. 1984. On the' Late Neolithic' Objexts in Hoa Binh Caves. *Khao Co Hoc*, 1-2: 112-114. (in Vietnamese)

Patte, E. 1925. Le Kjokkenmodding neolithique du Bau Tro a Tam Toa pres de Dong

Hoi (Annam). *Bulletin de I' Ecole Francaise d' Extreme-Orient*, 24 (3-40); 1932. *Le Kjokkenmodding Neolithique de Da But et ses Sepultures (Province dethanh Hoa, Indochine)*, *Bulletin de la Service Geologique de l' Indo-chine*, 19 (3); 1936. L' Indochine Prehistorique. *Revue Anthropologique*, 46: 277-314.

Pei wen-chung. 1935. On a mesolithic (?) industry in the caves of kwangsi. *Bulletin of the Geological Society of China*, 14 (3): 413-425.

Peterson, Warren E. 1974. Summary Report of two Archaeological Sites from North-Eastern Luzon. *Archaeology and Physical Anthropology in Oceania* , 9: 26-35.

Phan Hui Thong. 1980. Con Moong Cave. A Noteworthy Discovery in Vietnam. *Asian Perspec-tives*, 23: 17-21.

Pleyte, C. M. 1887. De praehistorische steenen wapenen en werktuigen uit den Oost-Indis-chen Archipel, beschouwd uit een archeologish oogpunt. *Bijdragen tot de Taal. Land-en Volkenkunde* , 36: 586-604.

Pookajorn, Surin. 1981. The Hoabinhian of Mainland Southeast Asia: Hew Data from the Recent Thai Excavation in the Ban Kao Area. M. A. Thesis, Anthropology, University of Pennsylvania.

Sarasin, Fritz. 1933. Prehistoric Researches in Siam. *Journal of the Siam Society*, 26: 171-202.

Sarasin, Paul. 1914. Neue lithochrone Funde im Innern von Sumatra. *Verhandlungen der Naturforschenden Gesellschaft in Basel*, 25: 97-111.

Sarasin, Paul and Fritz Sarasin. 1905. *Versuch einer Anthropologie der Insel Celebes*. I: Die Toala Hohlen Von Lamontjong. Wiesbaden.

Saurin, E. 1936. Mesolithique et Neolithique dans le Haut Laos. *Compts Rendue. Congres Prehistorique de*

France (*Toulouse*), 12: 816-823; 1969. Les Recherches Pershistoriques au Cambodge, Laos, et Viet Nam (1877-1966). *Asian Perspectives*, 12: 27-41.

Sieveking, G. de. G. 1955. Excavations at Gua Cha, Kelantan. 1954. *Federation Museums Journal*, 1-2: 75-138.

Soejono, R. P. 1969. The History of Prehistoric Research in Indonesia to 1950. *Asian Perspectives*, 12: 69-91.

Solheim, Wilhelm G. Ⅱ. 1969. Reworking Southeast Asian Prehistory. *Paideuma*, 15: 125-139; 1974 The Hoabinhian and Island Southeast Asia. In *Proceedings of the First Regional Seminar on Southeast Asian Prehistory and Ethnology*. pp. 19-25. *Manila*: National Museum.

Sorensen. Per. 1976. A Note on Perforated Stones. *Asian Perspectives*, 18: 166-176.

Stein Callenfels, P. V. van. 1936a. The Excavation of Three Kitchen Middens at Guak Kepah, Province Wellesley, Straits Settlements. *Bulletin of the Raffles Museum Series B*, 1: 27-37.

Sung Wen-hsun. 1969. Changpinian-A Newly Discovered Preceramic Culture from the Agglom-Erate Caves on the East Coast of Taiwan. reprinted from the *Newsletter of Chinese Ethnology no.* 9, *Taipei.*

Thiel, Barbara. 1980. Excavations in the Pinacanauan Valley, Northern Luzon, *Bulletin of the Indo-Pacific Prehistory Asociation*, 2: 40-48.

Wallace, Alfred R. 1869. *The Malay Archipelago*. London. (republished 1962 by Dover, New York.)

Whyte, Robert Orr (editor). 1984. The *Evolution of the East Asian Environment*. 2 vols. Hong Kong: University of Hong Kong Centre of Asian Studies.

Yen, Douglas. 1977. Hoabinhian Horticulture: the Evidence and the Questions from North-West Thailand. In *Sunda and Sanhul*, edited by J. Allen, J. Golson, and R. Jones. pp. 567-599. New York: Academic Press.

附录一　南中国及东南亚部分遗址^{14}C年代表

遗址名称	地点	年代	标本	遗址内容
		（第一期）		
朗隆日	泰国甲米	37000±1780	S16819	石片工艺
尼阿	马来西亚沙捞越	32630±700	GRN1159	石片工艺
良布伦第二地地点	印尼亚沙捞	32160±330	GRN8469	石片及石叶工具
塔邦	菲律宾巴拉望	30500±1100	UCLA958	石片工艺
宝积岩	中国广西	27940±1000	BK79403	砾石石片工艺
宝积岩	中国广西	24760±900	BK79410	砾石石片工艺
塔邦	菲律宾巴拉望	23200±1100	UCLA699	石片工艺、少量砾石工具
		（第二期）		
白莲洞Ⅱ	中国广西	19910±180		砾石工具、小石器、穿孔石器、刃部磨制、骨工具
翁屈云	越南河山平省	18390±125	BLN1735/1	山维文化
尼阿	马来西亚沙捞越	17520±730	GX4918	石片及砾石工艺
独石仔	中国广东	14900±300		砾石工具、穿孔石器、骨工具
白岩脚	中国贵州	14630±200		砾石工具、小石器、骨工具
努莫	越南清化县	13808±115	BLN1844/1	山维文化
鲤鱼嘴	中国广西	12880±220		砾石工具、小石器、陶器、穿孔石器、刃部磨制
昆穆恩	越南清化县	11840±75	BLN1713/1	山维文化
仙人洞	泰国夜丰颂府	11690±560	FSB315	和平文化
木桑	菲律宾卡加延	11450±170	ISCS496	小石片工艺
宋桑	越南河西县	11365±80	BLN1541/1	和平文化
蓬县	越南山萝县	11330±180	BLN135	山维文化
黄岩洞	中国广东	10950±300		砾石工具、小石片工具、穿孔石器、刃部磨制
回龙洞	中国四川	更新世末		砾石工具、小石片工具、穿孔石器、骨器
亚贡．萨兰沛德	马来西亚沙巴州	10900±120	ANU3088	砾石工具、小石片工具
姜柯．潘姜	印尼苏门答腊	9950±130	P2250	小石片工具
尼阿	马来西亚沙捞越	9885±175	GX4836	砾石工具、石片工具
考塔娄	泰国北碧	9530±1050	OAEP058	和平文化
杭佐	越南义安县	9075±120	BLN1274/1	和平文化

续表

遗址名称	地点	年代	标本	遗址内容
拉昂．斯皮恩	柬埔寨	8750 ±900	LY439	石片工艺
朗隆日	泰国甲米府	8300 ±85	S162153	和平文化、陶器
杭丹	越南宁平	7665 ±65	BLN913/1	和平文化
古察	马来西亚吉兰丹	6300 ±170	ANU2218	和平文化、陶器
		（第三期）		
博卢	越南凉山	10259 ±200	BLN1001/2	北山文化
仙人洞	中国江西	8875 ±140		砾石工具、磨制石器、骨器、陶器
仙人洞	泰国夜丰颂府	8142 ±390	FSB314	和平文化
白莲洞Ⅱ	中国广西	8000 ±800		砾石工具、磨制石器、骨器、陶器
博南	越南凉山	7875 ±60	BLN915/2	北山文化
甑皮岩	中国广西	7630 ±410		砾石石具、磨制石器、骨器、陶器、驯养猪
尼阿	马来西亚沙捞越	7020 ±135	NI355	砾石石器、刃部磨制、石片石器
拉昂．斯皮恩	柬埔寨	6240 ±70	MC273	和平文化、陶器
沱巴	越南清化县	6095 ±60	BLN1407	北山文化
古克奇尔	马来西亚彭亨州	4800 ±800	GX0418	
昂万	越南义安县	4785 ±75	BLN914/1	石片工艺、陶器
拉昂．斯皮恩	柬埔寨	3970 ±90	MC274	和平文化、陶器
平图	菲律宾	3880 ±240	GAK2943	砾石工具、小伊莎贝拉省石器、陶器
考塔娄	泰国北碧	3420 ±380	OAEP053	和平文化
古察	马来西亚吉兰丹	3020 ±230	ANU2217	
拉昂．斯皮恩	柬埔寨	1120 ±50	MC271	

附录二　华南及东南亚旧石器时代晚期及中石器时代主要遗址分布图

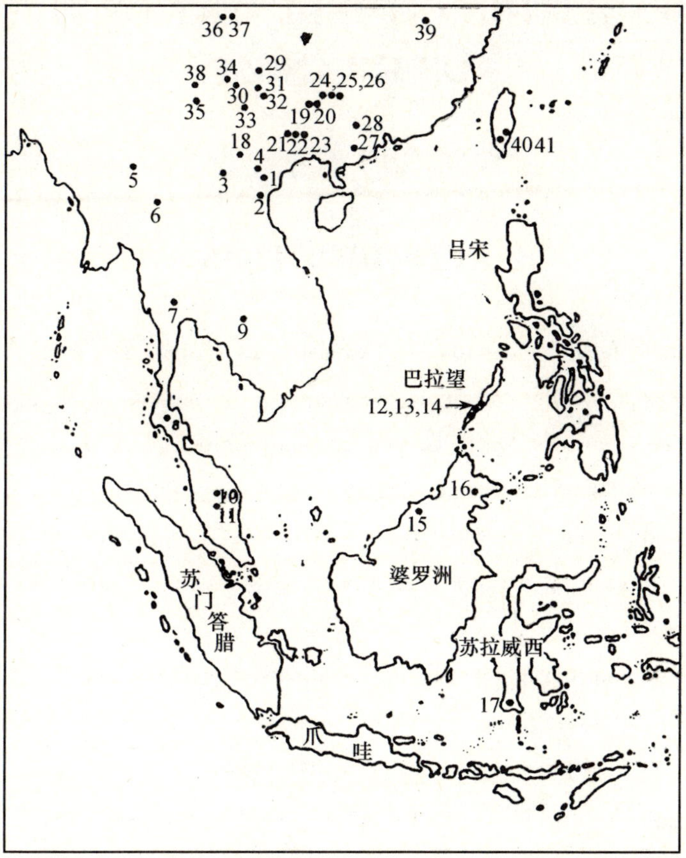

1. 沱巴贝丘遗址	越南	2. 昆万贝丘遗址	越南	3. 翁屈云洞穴遗址	越南
4. 昆穆恩洞穴遗址	越南	5. 巴打林洞穴遗址	缅甸	6. 仙人洞遗址	泰国
7. 沙约岩荫遗址	泰国	8. 朗隆日岩荫遗址	泰国	9. 拉昂斯皮恩洞穴遗址	柬埔寨
10. 古克奇尔洞穴遗址	马来西亚	11. 古察洞穴遗址	马来西亚	12. 塔邦洞穴遗址	菲律宾
13. 平图洞穴遗址	菲律宾	14. 马拉梅洞穴遗址	菲律宾	15. 尼阿洞穴遗址	马来西亚
16. 丁卡约遗址	马来西亚	17. 良布伦岩荫遗址	印度尼西亚	18. 山维洞穴遗址	越南
19. 白莲洞穴遗址	广西	20. 鲤鱼嘴洞穴遗址	广西	21. 芭桥洞穴遗址	广西
22. 芭勋洞穴遗址	广西	23. 腾翔洞穴遗址	广西	24. D 洞	广西
25. 甑皮岩洞穴遗址	广西	26. 宝积岩洞穴遗址	广西	27. 独石仔洞穴遗址	广东
28. 黄岩洞穴遗址	广东	29. 观音洞	贵州	30. 硝灰洞	贵州
31. 白岩脚洞穴遗址	贵州	32. 穿洞	贵州	33. 猫猫洞	贵州
34. 草海遗址	贵州	35. 元谋	云南	36. 鲤鱼桥遗址	四川
37. 资阳	四川	38. 回龙洞	四川	39. 仙人洞	江西
40. 海雷洞	台湾	41. 潮音洞	台湾		

（原载四川大学博物馆、中国古代铜鼓研究学会编：《南方民族考古》（第 2 辑），四川科学技术出版社，1989 年，与美国密执安大学卡尔 · L · 赫特勒合作）

ON A MESOLITHIC (?) INDUSTRY OF THE CAVES OF KWANGSI

W. C. PEI (裴文中)

INTRODUCTION

In the beginning of 1935, a party of geologists was sent by Dr. W. H. Wong, Director of the Geological Survey, in order to survey the Cenozoic formations of Kwangsi. The party, including P. Teihard de Chardin, Dr. C. C. Young and the author, was met in Canton and greatly assisted in the field by Dr. H. C. Chang, Professor at the Sunyatsen University (Canton).

One of the results of our observations was to ascertain the presence in the Kwangsi caves of a very definite type of cultural deposits, clearly traceable all over the karstic areas of the province.

A summary of the stratigraphical conditions observed in the caves is to be found in another paper, published in the same Bulletin[1]. Here we shall only deal with the description of the artifacts collected by us in the course of our short investigations.

I am greatly indebted to Prof. H. Breuil for the valuable suggestions he gave me in the writing of the present note.

DESCRIPTION OF THE KWANGSI ARTIFACTS

1. CAVE A (near Paochiao 苞橋, Wuminghsien)

From this site (cf. Teilhard, Young etc., 1935, fig. 11, p. 194); already visited by Canton geologists, several artifacts (perforated stones) had been collected, in 1934, by Mr. J. L. Hsu of the Geological Survey of Kwangtung and Kwangsi. At this place most of the cultural deposits have been disturbed by the local people. Yet, large heaps of *débris* are still left in the cave, amongst which we found the following pieces (mixed with an enormous quantity of shells, chiefly *Paludina*):

(1) *Decorated grinder* (text-fig. 1, and Pl. I, fig. 1). This remarkable piece consists of a flat pebble in green slate (72 × 101mm.), polished by use on one side, and ornamented on the other. The polished face (grinder) is very smooth, slightly concave, and marked with a number of fine scratches in every direction. The ornamented face decorated with a series of

crossed lines deeply incised with a pointed (rather blunt) instrument. On the specimen orientated as in fig. 1, three roughly parallel lines (Vertical lines) extend from the top to the base of the right side of the considered face, intersected at right angle by seventeen also parallel lines running from side to side in a transversal direction (horizontal lines). One only of these transversal lines, namely the 11th, stops before crossing the longitudinal lines. Now on this fundamental pattern several secondary ornamentations are superimposed. On the first upper interline are incised a series of short parallel lines, obliquely to the right (8 of these lines are preserved). The next four interlines are left untouched. The fifth interline is again marked by short parallel incisions, but obliquely to the left. At the middle of the sixth interline is a zigzag line. The 6th is decorated in the same manner as the 5th. The 8th shows a zigzag line, but very faint in the present condition of the specimen. The 9th is incised in the same way as the 5th. The 10th, narrower than the others, is left blank. The next two, 11th and 12th, are marked with short lines obliquely to the right. The 13th has a zigzag line. The 14th and 16th are decorated with short lines parallel each to the others, obliquely to the left. The 15th and the 17th are blank (possibly because the design has been worn out).

We suppose that this oramented piece was used for grinding colour, a supposition supported by the occurrence of hematite and of a probably painted hammer stone (see below).

Similar (although much simpler) ornamental incisions have been reported from the "Bacsonian" deposits of Indochina[2].

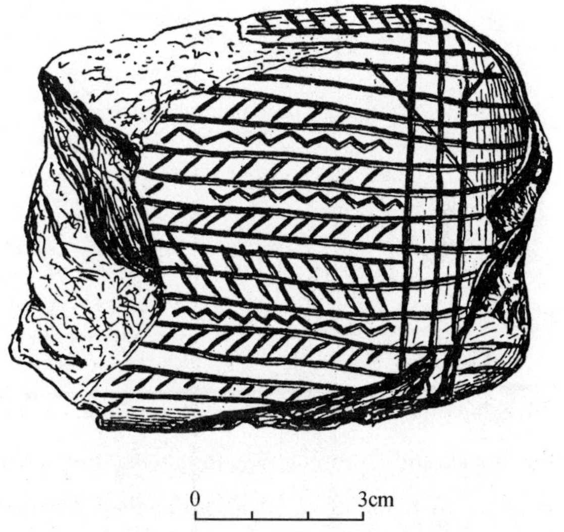

Fig. 1　Decorated grinder, ×1, from Cave A, Wuminghsien

(2) *Grinding stone* (Pl. Ⅱ, fig. 1). A long, slender, roughly cylindrical pebble of sandstone, with a face flattened, or even concave, most probably was worn by usage. Blows, observable at both ends, are possibly due to recent breaking.

(3) *Weight-stone* (Pl. Ⅱ, figs. 2&3). Five fragments of large rounded sandstone pebbles, with a median perforation were collected. On two of the specimens the perforation is finished, while on the other three unfinished.

The perforation was *not* made by *drilling*, but by *pitting*, from both flatter faces of the pebble, at the middle. When the perforation was made, the surface of the hole was again smoothened, this last operation leaving but a few traces of the pitting.

Such perforated stones were possibly used as weight-stones, a wooden stick being inserted in the perforation (for digging ground, etc.) . But, judging by traces of blows along the margin of the pebble (we are not sure that these blows are not recent bruises), they may also have been used as hammers, a handle being fixed in the perforation.

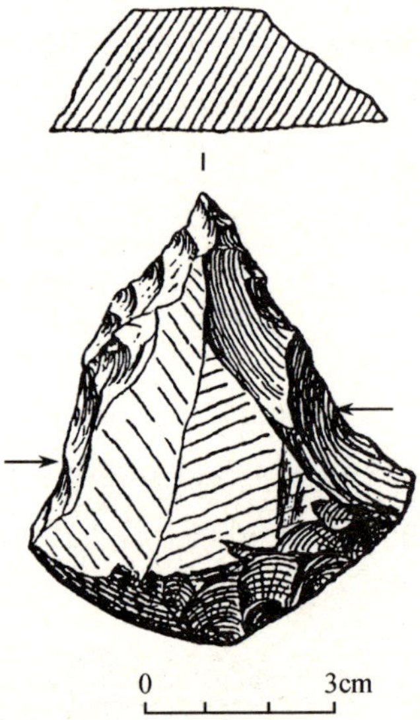

Fig. 2 Point, made of quartz pebble, $\times\frac{3}{4}$, from Cave A, Wuminghsien

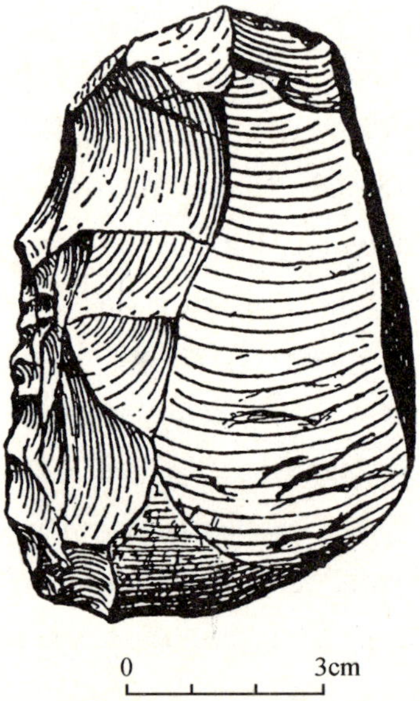

Fig. 3 Side scraper or chopper, quartzite, $\times\frac{3}{4}$, from Cave A, Wuminghsien

(4) *Pitted stones.* Three specimens, of various sizes, but all made with sandstones pebbles.

Specimen 1 (Pl. Ⅱ, fig. 4), rounded, is pitted on both upper and lower faces, and on three lateral sides a big blow (due to hammering) in addition is observed on one side. On the flat upper and lower faces, the blows are irregularly distributed and not concentrated at the middle, as it would be for an unfinished weight-stone. This is evidently a pebble used as an anvil or a hand-hammer, probably for preparing stone implements.

Specimen 2, also rounded, shows pitted marks on one of its flat faces (the other seems disintegrated), and along an edge. One end is broken by hammering.

Specimen 3 (Pl. Ⅱ, fig. 5), an elongated pebble, is pitted at both ends on one face and at one end only on the other face. It probably is also a hammer for working stone.

(5) *Hammer-stones.* Two specimens, in sandstone.

Specimen 1 (half-broken, Pl. Ⅱ, fig. 6) is interesting because it shows a painting of hematite. The coating of hematite was laid after the hammer has been used for, and covers

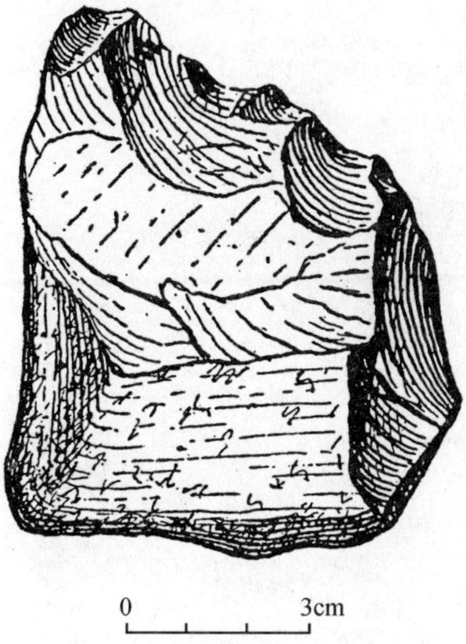

Fig. 4　Pointed side scraper, quartzite, $\times\frac{3}{4}$,
from Cave A, Wuminghsien

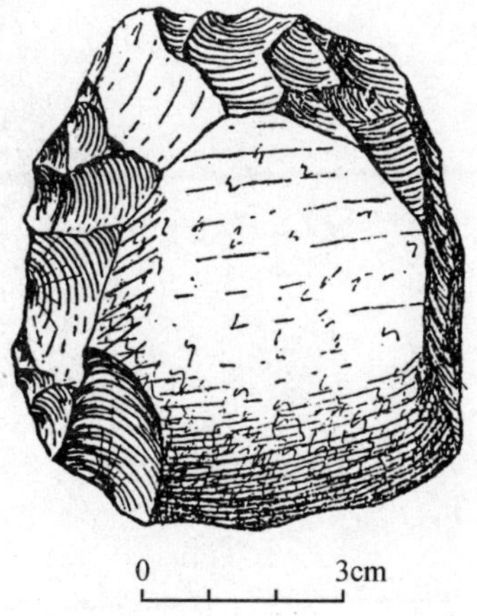

Fig. 5　Round scraper, quartzite, $\times\frac{3}{4}$,
from Cave A, Wuminghsien

several blows and pitted spots on the sandstone. On the blows or pits made in the course of a second period of use, the colour is missing.

Specimen 2 shows a series of strong blows along a great part of its edges. As a difference with the pitted stones which seem to have been used for giving light blows, such a piece was probably used for heavy striking.

(6) *Chipped implements.* Several types, all made from siliceous rocks (quartz, quartzite, cherty limestone). With the exception of a non-retouched flake of quartzite, all these implements consist of chipped pebbles.

a) Point (text-fig. 2). This specimen, made of a quartz pebble, is chipped on both sides, and bears a curved projecting medium edge("rostro-carinate"). The base was trimmed by several blows.

b) Large scrapers or choppers. Several types.

Side-scrapers. Two specimens in greenish quartzite. Specimen 1 (text-fig. 3), chipped from a flat pebble, has an edge well retouched by a series of blows given in a same direction. Specimen 2, retouched in the same way, was previously flaked from both ends, in order to flatten the original pebble.

Pointed side-scraper (text-fig. 4). One specimen, made of a quartzite pebble chipped obliquely along an edge, a blunt point being produced in this way at one extremity of the edge.

A somewhat similar specimen consists of a green quartzite pebble chipped along two adja-

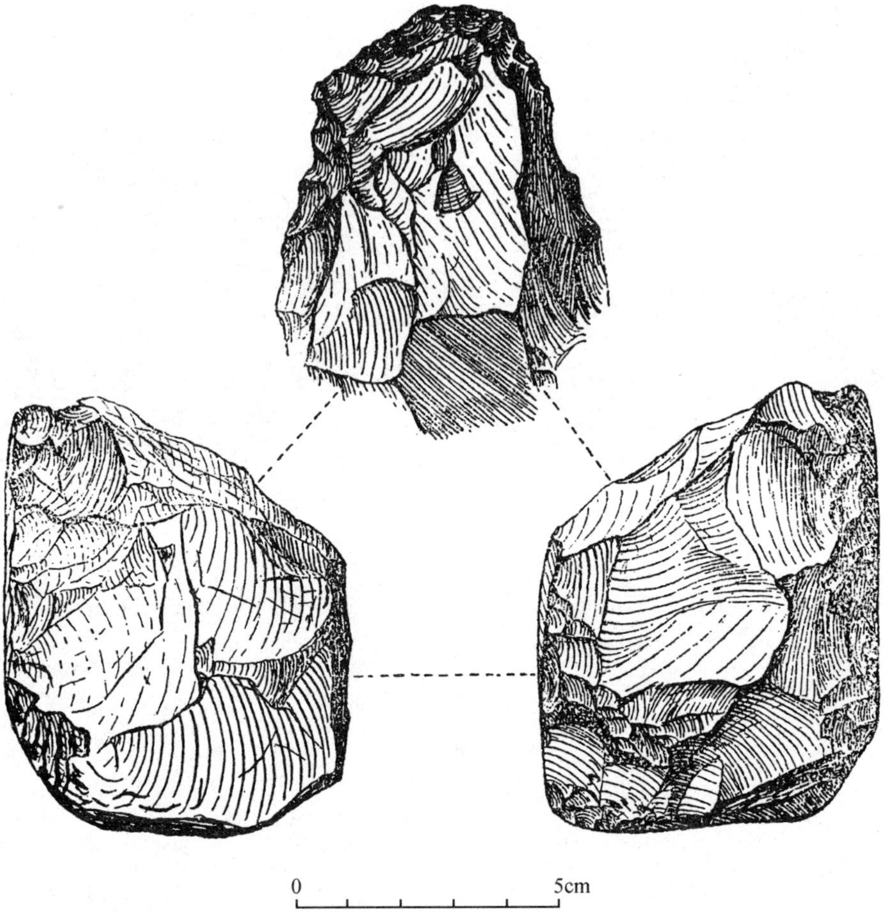

Fig. 6　Sub-quadratic side-scraper, quartzite, $\times\frac{3}{4}$, from Cave A, Wuminghsien

cent edges, the design resulting in the production of a wide round point between the edges (this however may be interpreted only as a two-sided scraper).

Round scraper (text-fig. 5). A flat quartzite pebble, chipped along two adjacent edges by blows given from a single direction.

Sub-quadratic side-scrapers. Three specimens, in green quartzite pebbles.

Specimen 1 (text-fig. 6), after flaking, has been reworked all along the edges, the chipping being from one direction only. Shape sub-quadratic.

Specimens 2 and 3, were first flaked also, and then worked along three sides only, the fourth one being left untouched. Specimen 3 less flat than specimen 2.

Two-times worked core-scraper (Pl. Ⅱ, fig. 7 and text-fig. 7). As an exceptionally interesting specimen has to be mentioned the thick, pyramidal artifact in green quartzite illustrated in text-fig. 7. This piece, in its present state, is chipped along an edge in the shape of core-scraper (chipping faces noted as *a* in the figure). But the "pebble" used for this purpose is nothing else but an *older*, rolled implement, positively recognisable in spite of its highly worn condition. This older implement ("implement Ⅰ"), approximately shaped as the actual one("implement Ⅱ"), has been worked out, it seems from a large original piece of quartzite in the following way[3]: ① production of a large flake B by striking the flaking-surface A; ②reduction of this flake by the oblique flakings C1, C2……③final retouching of one of the faces C by very distinct minor flakings such as D, in order to get a trenchant edges (rejuvenated and shortened by the flakings *a* in implement Ⅱ).

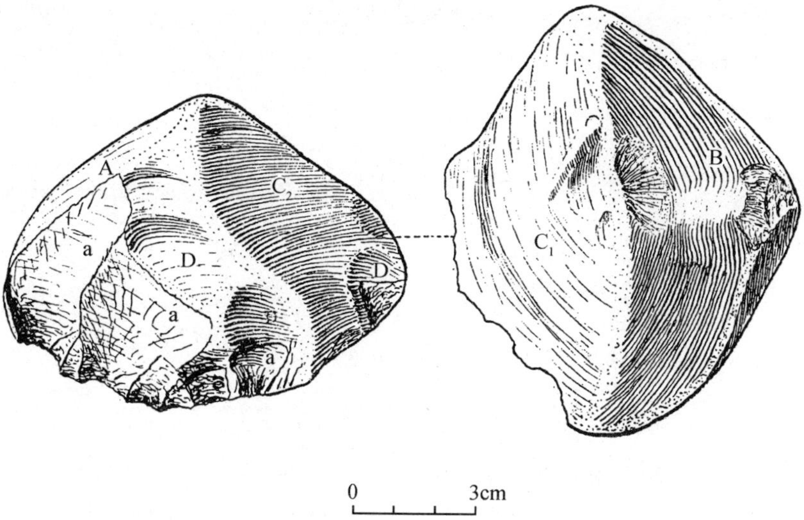

Fig. 7　Core scraper, two-times worked, quartzite, $\times\frac{3}{4}$, from Cave A, Wuminghsien

(sketch made by Prof, H. Breuil)

Between the flaking surfaces belonging to implements Ⅰ and Ⅱ respectively, the difference of preservation is complete, the latter ones being fresh (as in the other implements of the cave), and the former strongly water-worn and patinated.

If "implement Ⅰ" is more than a deceptive appearance, its age is evidently widely different from that of the other artifacts described in this paper. And then we should hold in Kwangsi the trace of a *very old Palaolithic* industry.

2. CAVE B (Near Pashung 芭勳, Wuminghsien)

This second cave, never visited so far by geologists, shows the same essential stratigraphical characters as Cave A. The cultural deposits, 7-8 meters thick in average, and lying apparently on the rock without any interposited sediments, have been mostly destroyed by native people. A number of large and thick shells of Unionids in addition to the *Paludina* was collected. From the rubbish accumulated on the floor we could only recover a small number of artifacts.

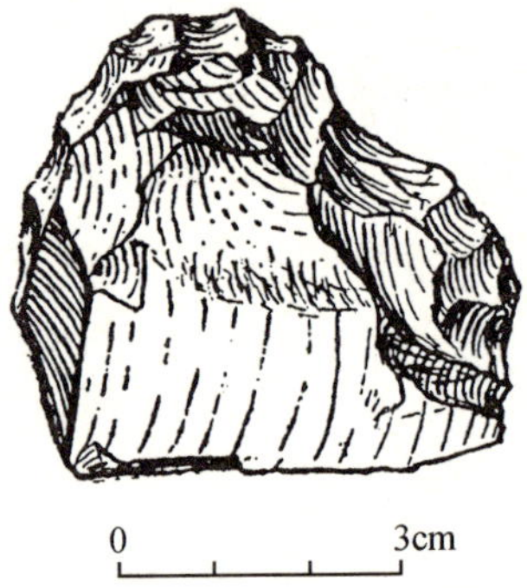

Fig. 8　Scraper, quartzite, × $\frac{3}{4}$, from Cave B, Wuminghsien

(1) *Grinder* (Pl. 1, fig. 2). This remarkable piece is derived from a large flat pebble in green quartzitic sandstone, the two faces of which are flattened and excavated by wear. One face deeply, the other face slightly concave, numerous elongated bruises being observable in every direction on the highly polished surfaces. It seems that the piece, first used by one of its faces only, has been later used by the other one when the first one was too deeply worn.

The specimen was found entirely incrusted with stalagmite.

(2) *Scraper* (text-fig. 8). A single specimen in green quartzite. After flaking, the pebble was chipped along two sides, in order to get a rounded sharp edge.

(3) An irregularly broken and chipped quartz pebble.

3. CAVE C (Near T'unghsiang 騰翔, Wuminghsien 武鳴)

Cave C, found at some 10 meters over the plain along the slopes of a limestone "tower", was also excavated by native people. The cultural deposits, 1-2 meters thick in average, had the same characters as in Caves A and B. In the rubbish, on the floor, we were only able to pick up the following specimens, among numerous shells of *Paludina* and large Unionids.

(1) *Weight-stones.* Two incomplete specimens, the one rather small, the other one much larger (maximum diameter, 14. 5 mm., maximum thickness, 8 mm.). This latter specimen (Pl, I, fig. 3) shows exactly the same technique as the one noted for the specimens of Cave A. The surface of the perforation is smooth, dur probably to a protracted use and the piece has traces of burning.

(2) *End and side scraper* (text-fig. 9). This artifact was made of a quartzite pebble, and used *two times.* Traces of the first period of work are found along one of the longer edges; their surface is slightly worn. The other longer edge was chipped, and one of the shorter edges bruised during a second period of use: the surfaces of these latter marks are pretty fresh, without indications of wear.

As compared however with the piece used two-times found in Cave A (text-fig. 7), the time interval between the first and the second utilisation was rather short.

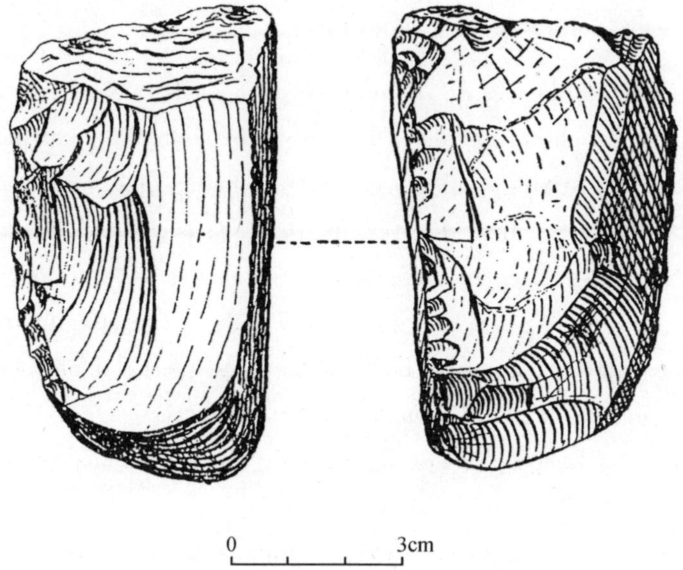

Fig. 9　End and side scraper, two-times worked, quartzite, $\times\frac{3}{4}$, from Cave C, Wuminghsien

(3) *Side scrapers or choppers.* Two specimens, made of quartzite pebbles and chipped by blows struck from one direction only.

Specimen 1 (text-fig. 10), in black quartzite, chipped along a convex edge.

Specimen 2 (text-fig. 11), in yellow quartzite, chipped along two edges.

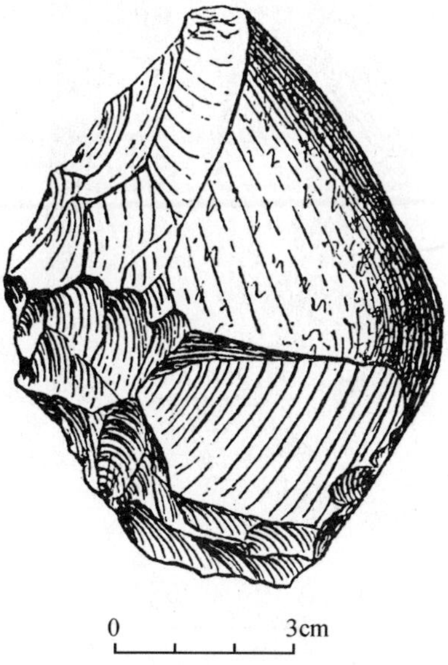

Fig. 10　Side scraper or chopper, quartzite, $\times\frac{3}{4}$, from Cave C, Wuminghsien

Fig. 11　Side scraper or chopper, quartzite, $\times\frac{3}{4}$, from Cave C, Wuminghsien

4. CAVE D (Near the North Gate of Kweilin City)

The three first mentioned caves A, B and C occur in southern Kwangsi, almost at the border of Indochina. Cave D, on the contrary, is found in the north of the province, a proof of the wide extension and of the striking similarity of the here studied prehistoric culture over a larger part of South China. The site, first observed by Dr. V. K. Ting, and investigated again (in 1933) by Mr. C. Li, shows the same stratigraphical features as the caves of Wuminghsien (see Teilhard, Young, etc., 1935; fig. 13 (2), p. 197). By investigating the rubbish left on the floor by the local excavations, and also by breaking large pieces of untouched deposits, we were able to collect amongst heaps of *Paludina* several artifacts.

(1)? Worked tip of Deer antler (pl. II, fig. 8): a small terminal piece of tine (length, 28. 5 mm.), much work all around its surface.

(2) *Pitted pebble.* A broken piece only. The pitting occurs at the middle and near the border of the specimen, exactly in the same way as in the specimens described from Cave A.

(3) *Chipped pebbles.* Double end and side scraper (text-fig. 12) . One specimen made from a pebble of black quartzite. The piece is chipped along one edge and at both ends. In addition, a few splitted flakes have been detached from one face at one end, this fact suggesting that, besides scratching, the implement was used as an hand-ax. In this case we would have here a fore-runner of the Neolithic polished hand-axes.

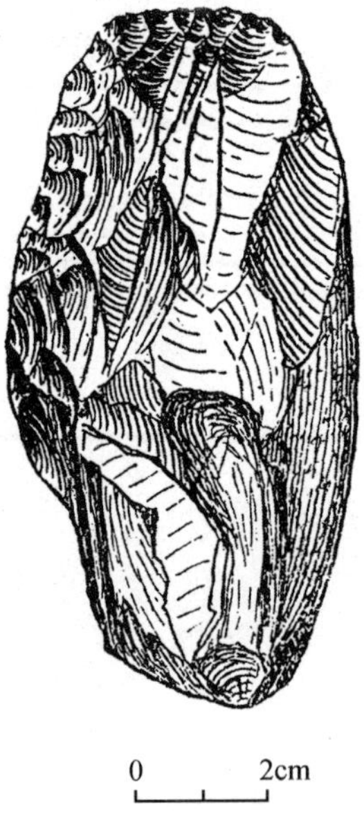

Fig. 12 Double ends and side scraper, quartzite, $\times\frac{3}{4}$, from Cave D, Kwailin

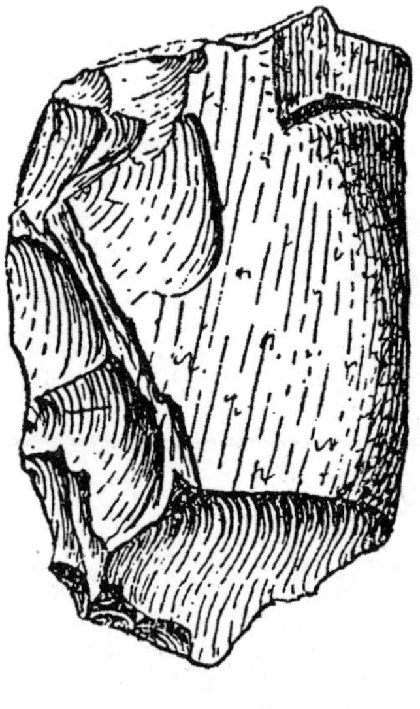

Fig. 13 Side-scraper, quartzite, $\times\frac{3}{4}$, from Cave D, Kweilin

（4） *Side-scrapers*. Two specimens, made of dark green quartzite pebbles (text-fig. 13). They are chipped along one edge and bruised at one end. Technique as in similar specimen of Cave C (text-fig. 9).

CONCLUSION

Cultural stage of the Kwangsi deposits and comparison
With the Bacsonian culture of Indochina

Both by their plaeontological content (no ewtinct fauna, poor fossilisation of the bones) and the characters of their artifacts (perforated pebbles, grinders, incised stones), the Kwangsi late cave-deposits have evidently to be referred to a rather young age. In addition, by many of their cultural features[4], they are closely similar to the "Bacsonian" (Early Neolithic) kjökkenmöddings of Indochina. Yet, the absence in the cultural layers above described of any pottery and of any even incompletely polished celts (*this absence of course ought to be better demonstrated by excavation of some undisturbed cave*) is a remarkable fact pointing to a pre-Bacsonian and typically Mesolithic cultural stage.

Both the Kwangsi and the Indochina industries are evidently akin. Now whether the former is a fore-runner, or only a geographical facies of the latter will be decided by further investigations.

Human remains. As human bones probably found in association with the here described industry are only known, so far: the much damaged fragment of a lower jaw described by Dr. H. C. Chang in a recent paper[5], and a few foot-bones (a metacarpal and two phalanges) bought by us from local people at Wuming.

Reference

[1] Teihard de Chardin and others. On the Cenozoic Formations of Kwangsi and Kwangtung Provin-ces. Bull. Geol. Soc. China, Vol. XIV, No. 2, 1935, pp. 179-210.

[2] Colani, M. L'Age de la Pierre dans La Province de Hoa-Binh (Tonkin). Mem. Service Geol. de L'Indochina, Vol. XIV, Fasc. 1, Pl, XⅡ, figs. 1-5&c.

[3] This analysis has been suggested by Prof. Berail.

[4] As Bacsonian pieces specialy similar to the Kwangsi specimens let us mention: the perforated pebbles (see Colani, M., Notice sur la Prehistoire du Tonkin, Bull. Serv. Geol. d'indochina, vol. XVII, fasc. 1, 1928, Pl. II, figs. 13-15); the grinders (see Colani, M., L'age de la Pierre dans la province de Hoa-Binh, Tonkin, Mem. serv. Geol. d'Indochine, vol. XIV, fasc. 1, 1927, Pl. XI, fig. 16): the incised slates (see Colani, *ibid.*, 1927. Pl. XIV, figs. 3-5): the chipped pebbles (see Colani, 1927, passim).

[5] Chang, H. C.. On some Fossil mammals from Kwangsi, South China. Special Publication, No. XV, Geological Surbey of Kwangtung and Kwangsi Canton, China, 1934, p. 10, and Pl. Ⅲ. figs. 6&7.

（原载《中国地质学会志》，1935 年 14 卷 3 期）

附录二、柳州白莲洞遗址大事记

1956 年底，在裴文中、贾兰坡教授率领下，中国科学院古脊椎动物与古人类研究所古人类研究室华南调查队在广西调查巨猿和人类化石时，由农民带领进入白莲洞考察，调查队于洞内扰乱土层中发现 4 件石器、1 件骨锥和 1 件粗制的骨针。

1961 年，柳州市人民政府将白莲洞石器时代文化遗址列为市重点文物保护单位。

1973 年 8 月 22 日，柳州市博物馆的专业人员陈慧琪、易光远、朱镇邦、杨群、刘文、覃溥和陈国康对白莲洞东北部螺壳堆积物进行小规模清理，发现 1 件用灰黑色石英岩砾石打制的石器。此外还发现木炭颗粒、烧骨、烧石等用火遗迹以及猕猴、果子狸、竹鼠、鹿和羊 5 种哺乳动物残破的牙齿化石及鱼的咽喉齿。

1976 年 1 月，中国科学院古脊椎动物与古人类研究所古人类学者周国兴与摄影师杜治来柳州地区考察并为古人类画册拍摄柳城巨猿洞、柳江人化石出土点、白莲洞和都乐岩照片。白莲洞内较多的堆积物引起周国兴的注意与重视，此次考察为促成日后北京自然博物馆与柳州市博物馆对白莲洞的联合发掘与共同研究奠定了基础。

1979 年 6 月 22 日至 7 月底，由柳州市博物馆的专业人员：易光远、杨群、黄云忠和陈国康等人对白莲洞东部扰乱层进行清理，并试掘一个东西向 4 米 ×2 米的探沟。此次清理共找到有人工痕迹的石制品 87 件，另有残石料 11 件，除 4 件出自灰黄色含有螺壳的原生层外，其余均出自扰乱层。所用原料大多为砾石，并有少量黑色燧石，后者为首次发现。还找到不少破残的哺乳动物化石，计有猪、牛、羊、鹿 4 种。其中牛、猪是新发现的种类。

1979 年 12 月，在北京举办的北京猿人第一头盖骨出土 50 周年纪念大会上，裴文中教授向与会的柳州市博物馆馆长易光远提出建立白莲洞洞穴科学博物馆的设想。

1980 年 2 月至 1981 年 3 月，由柳州市博物馆的专业人员易光远、杨青和郭绒先在白莲洞主厅的西部扰乱层再度进行清理，并试掘了另一个 4 米 ×2 米东西向的探沟。此外，还在洞口外侧开掘稍小探沟一个，以摸清洞口外沿的堆积情况。4 月 15 日，在这次清理过程中，清理工人张汝英和程凤华两人由第 4 层中获得人牙化石 1 颗。同时找到石制品与碎石片约 150 件以及烧骨、烧石等。此外还找到各类动物化石 19 种，其中有大熊猫、熊、竹鼠和裂齿类等新发现的哺乳动物。

贾兰坡教授十分关心白莲洞文化遗址的发掘与研究工作，1981 年 2 月 7 日，他在写给易光远同志的信中对白莲洞石器时代文化遗址的研究提出了具体指导意见。

1981 年 3 月 5 日，在裴文中教授亲自指导下，北京自然博物馆和柳州市博物馆签订了联合发掘白莲洞的协议书，3 月 17 日协议书获得柳州市人民政府的批准。

1981 年 3 月 28 日，柳州市博物馆将《关于成立柳州白莲洞博物馆报告》上报柳州市人民政府，4 月 11 日，柳州市人民政府批复同意成立“柳州白莲洞洞穴科学博物馆筹备处”，裴文中教授亲自担任筹备处主任。

1981 年 4 月至 1982 年 3 月，北京自然博物馆和柳州市博物馆对白莲洞石器时代文化遗址进行联合发掘，由裴文中教授亲自担任发掘队长。专业人员易光远、周国兴、余善书、刘文和郭绒先等人除了清理第一探沟和第一探沟周围的扰乱层，还按照考古学的方法布方，进行了一定规模的发掘，清理出完整剖面，搞清了层位关系，为今后进一步的研究工作奠定了良好的基础。在这两次清理发掘过程中，获得更多种类的哺乳动物化石以及文化遗物。

1981 年 5 月 1 日，周国兴与余善书代表北京自然博物和柳州白莲洞洞穴科学博物馆筹备处看望和慰问病中的裴文中教授，裴老于病榻上为未来的洞穴博物馆题词：“中国可以成为世界上古人类学的中心，广西是中心的中心。”

1981 年 8 月 10、11 日，日本考古与人类学专家铃木尚与赤泽威来访柳江人及白莲洞遗址，高度评价了白莲洞的发掘与研究工作。

1982 年 2 月 10 日，贾兰坡收到柳州白莲洞洞穴博物馆专刊第 2 号后，于病榻上来函指出：“（白莲洞洞穴博物馆的）陈列最好是只陈列白莲洞的遗物……陈列内容，不要华丽，要有科学内容和使人看了有明快之感为佳。”

1982 年夏，童恩正、刘兴诗和周国兴考察“柳江人洞”，论证该洞并非古人类的居住地或墓葬，只是人化石的埋藏地点，人体遗骸系由暴风雨泥石流冲入洞内。“柳江人”实际是白莲洞文化的创造者，其本身就是白莲洞人；或者说，白莲洞人偶然被埋入了“柳江人”洞内。

1982 年秋，中国科学院植物研究所的孔昭宸与杜乃秋两位专家对白莲洞的堆积物进行了孢粉鉴定与分析；北京大学考古系^{14}C实验室对白莲洞的主要层位进行绝对年代的测定，取得了首批重要的年代数据。

1982 年 9 月 18 日，柳州白莲洞洞穴科学博物馆筹备处主任裴文中教授辞世。

1982 年 11 月 6～11 日，中国自然科学博物馆协会首届年会在柳州召开，周国兴和易光远在会上宣读并分发论文单行本《中国第一座洞穴科学博物馆——白莲洞遗址的重要发现（一九八二年十月，北京）》。

1983 年 4 日，柳州市文化局批文，柳州白莲洞洞穴科学博物馆筹备处主任之职改由易光远担任。

1983 年 6 月 23 日，经柳州市人民政府［柳编委（1983）3 号文件］批准，成立柳州白莲洞洞穴科学博物馆筹建小组，着手正式组建博物馆。该馆将属事业单位，编制 9 人，归口柳州市文化局，组长由柳州市文化局局长牛秀兼任，副组长由易光远担任。

1984 年，白莲洞遗址初步研究的成果由周国兴教授在《史前研究》第 2 期上以《白莲洞遗址的发现及其意义》为题正式对外报道。

1985 年 5 月 20 日，经柳州市人民政府［柳编委（1985）13 号文件］批准，白莲洞洞穴科学博物馆正式成立，编制 16 人，由易光远和张小骅分别担任馆长和副馆长，归口柳州市文化局。

1985 年 2 月至 5 月，中央电视台、中央人民广播电台、中国国际广播电台、《人民日报》、《广西日报》、《羊城晚报》、《新民晚报》及日本国家电视台、英国国家电视台、香港电视台等媒体相继发表、播放有关白莲洞洞穴科学博物馆对外开放及研究成果的文章和消息。

1985 年 4、5 月间，周国兴教授应美国考古学会主席的邀请赴美进行讲学和学术交流，在美国考古学会成立 50 周年纪念会及美国西北人类学会第 38 届年会上，宣读了有关白莲洞遗址的论文，引起美国考古界权威人士对白莲洞的关注。会上宣讲的论文后以《白莲洞文化——兼论华南地区的中石器时代》为题，正式发表。

1986 年 6 月，美国柏克利加州大学古人类学家艾特勒（D. A. Etler）和依阿华大学石汉（R. Ciochon）博士来白莲洞考察，并作学术报告，进行交流。

1986 年 11 月，"中国地质博物馆专业委员会成立暨地质博物馆事业 70 周年庆祝大会"在北京召开，白莲洞博物馆易光远馆长在会上作"柳州白莲洞地质概况的探讨"的发言，白莲洞典型的喀斯特引起了与会专家学者们的浓厚兴趣。

1987 年，《白莲洞发掘报告（1981 ~ 1982）》发表于《南方民族考古》创刊号上。

1987 年 2 月 22 日，时任国务委员的陈慕华到白莲洞视察。

1987 年 3 月，日本别府大学亚洲历史文化研究所二宫淳一郎教授首次率考察团来白莲洞考察并进行学术交流，这是中日学者正式共同研讨白莲洞文化的序幕。

1987 年 10 月 18 日，时任副总理田纪云到白莲洞视察。

1988 年 1 月 23 日，时任全国政协副主席刘澜涛视察白莲洞。

1988 年 3 月，美国北依阿华州教育考察团来白莲洞洞穴科学博物馆进行学术考察，听取了本馆专业人员有关研究与教育活动的报告后，考察团赞誉白莲洞是很好的"第二课堂"。

1988 年 9 月，美国辛辛那提市代表团考察白莲洞。

1988 年 10 月，北京自然博物馆举办《人之由来》展，白莲洞石器时代文化遗址的内容是展出重点之一。除了版面与展橱内实物的展出外，还展出中石器时代白莲洞人生活景观的雕塑场景。

1988 年 12 日，日本国立自然博物馆人类学部部长山口敏博士来白莲洞洞穴科学博物馆进行学术考察。

1989 年 7 月 27 日，前苏联科学院民族研究所民族学专家刘克甫教授到白莲洞洞穴科学博物馆进行学术交流，他指出中石器时代的研究是一个"很有意义的重大课题，它具有国际人类学方面研究的重要价值，白莲洞的研究成果是可喜的"。

1990 年 8 月，国家自然科学基金批准"白莲洞洞穴堆积年代考古生态环境"专题，并予以资助。在国家自然科学基金委员会的资助下，为期三年（1991 ~ 1993）的白莲洞新一轮的研究于 1991 年初开始。参加此次研究工作的有北京自然博物馆、白莲洞洞穴科学博物馆、北京大学、成都理工学院、桂林冶金地质学院和中国科学院植物研究所为主的六个科研机构的13位科研人员：北京自然博物馆周国兴、张元真，白莲洞洞穴科学博物馆易光远、张小骅、蒋远金、陈国康，北京大学原思训、高世君，中国科学院植物研究所孔昭宸、杜乃秋、宋长青，成都工学院刘兴诗和桂林冶金地质学院谢静波。课题负责人周国兴与易光远。

1993年10~11月，周国兴教授应邀前往日本进行学术交流。在别府大学举行大型讲座阐述白莲洞文化及其意义，引起与会学者们的极大兴趣和关注。其后，还在二宫淳一郎教授与木匠村教育委员会柴田幸夫教育长的陪同下，考察了大分县的圣岳洞。此洞不仅出土了人化石，还伴随有“细石刃文化”的遗存。在此次访问期间，中日双方对在柳州白莲洞现场召开“中日古人类与史前文化渊源关系”国际学术研讨会进行了磋商，建议由北京自然博物馆、别府大学和柳州市人民政府联合筹办这次研讨会。

1994年11月，由北京自然博物馆、日本别府大学和柳州市人民政府联合筹办的《中日古人类与史前渊源关系》国际学术研讨会在白莲洞召开。贾兰坡教授担任大会主席。与会正式共代表86人，其中中方代表50人、日方代表32人，越南、韩国和香港地区也派学者参加，另有日方研究生及毕业生10人于会议进行过程中前来参加活动。在这次学术研讨会上中方10人与日方8人作了学术报告，涉及古人类学、史前考古学、第四纪地质等诸多方面。发表的论文中方32篇、日方10篇，均在会前结集成册出版。

1994年12月，白莲洞洞穴科学博物专业人员罗安鹄、张小骅应和周国兴越南考古所何文晋所长邀请，赴越访问并进行学术交流，并与越南学者就白莲洞文化与和平文化的对比进行研讨。

1995年春，原思训等在第15届国际^{14}C年会中，以“^{14}C AMS Dating the Transition from the Paleolithic to the Neolithic in South China”为题，对白莲洞遗址原有年代数据进行了修正，并对外公布这些修正后的数据。

1996年6月，柳州市人民政府重新确认和公布包括白莲洞遗址在内的第一批重点文物保护单位。

1996年11月，白莲洞遗址发现四十周年纪念会在白莲洞召开。会上柳州市政府表彰了对白莲洞遗址发现、发掘、研究和建设的所有有功人员。为配合纪念会，还举办了“人之由来”、“柳州市原始文化”和“柳州文物精品”三个展览。贾兰坡教授给白莲洞洞穴科学博物馆发来贺信，并托人给大会带来他为1994年在柳州举行的中日古人类与史前文化渊源关系国际学术研讨会论题词的手迹：“白莲出污泥不染，洞里堆积内涵多。”

1996年11月，白莲洞博物馆获柳州市爱国主义教育基地荣誉称号。

1998年1月，英国皇家洞穴学会考察团来白莲洞洞穴科学博物馆考察，并进行讲学活动。

1998年7月5日至7日，在马来西亚举办第16届泛太平洋考古年会，周国兴教授应邀并在会上作“论白莲洞文化”（On Bailiandong Culture）的报告。

1998 年 11 月，“柳江人”发现四十周年学术恳谈会暨贾兰坡教授九十华诞祝寿会在白莲洞博物馆举行。来自日本、韩国和国内的 40 多名专家、学者与会。

1999 ~ 2003 年，“江苏省南通中学——白莲洞科普夏令营”活动在白莲洞连续举办。这是旨在培养在校学生科研兴趣、拓宽视野、增长知识、锻炼意志和提高素质的综合性夏令营。2000 年该校在白莲洞正式挂牌建立“江苏南通中学社会实践基地”。

1999 年 12 月 10 日至 14 日，“中石器文化及有关问题国际学术研讨会”在广东英德举行，白莲洞洞穴科学博物专业人员罗安鹄、蒋远金和周国兴参会，并在会上作有关白莲洞文化的学术报告，还展示了一批石器精品。

2000 年 5 月 22 日至 27 日，周国兴教授赴斯洛文尼亚卢布尔亚纳大学（University of Ljubljana）参加欧洲第 7 届新石器会议（Neolithic Seminar）。会上周国兴教授介绍了有关白莲洞文化研究的成果，期间还接受斯洛文尼亚国家电视台的采访，介绍中国中石器文化研究概况和“白莲洞文化系列框架”确立的重要意义。会议主席 Dr. Mihael Budja 将白莲洞史前遗址与希腊新近发掘和研究的另一遗址并立，誉为近期最重要的发现。

2000 年 8 月，白莲洞遗址被列为广西壮族自治区重点文物保护单位。

2000 年 9 ~ 11 月，蒋远金副馆长带队对白莲洞周边洞穴开展普查，完成附近约 30 平方公里的 50 余个洞穴调查，新发现三处石器时代遗址。

2001 年 11 月，中国博物馆学会史前遗址专业委员会第四届学术年会在白莲洞博物馆举行。

2003 年 5 月，柳州市发改委下文对白莲洞博物馆改扩建项目予以立项。

2003 年 6 月，柳州市发改委把东通公司作为“白莲洞陈列综合楼”的代建单位，从此，开启了白莲洞陈列综合楼的论证设计工作。

2004 年，白莲洞博物馆与广西工学院建立爱国主义教学实践基地友好单位。

2005 年 1 月 9 日，柳州市委彭晓春副书记到白莲洞调研。

2005 年 2 月，白莲洞博物馆与 75100 部队干休所建立军民共建友好单位。

2005 年 2 月，柳州市委常委、宣传部部长甘霖一行到白莲洞调研。

2005 年 7 月，柳州白莲洞洞穴科学博物馆荣获柳州市鱼峰区文明单位荣誉称号。

2005 年，全国人大秘书局王培英局长参观考采白莲洞遗址。

2005 年 11 月，柳州市市长陈向群一行到白莲洞指导工作。

2005 年 11 月，“白莲洞古人类生态圈”获柳州首届“瞭望柳州”最佳理念奖。

2006 年 3 月，白莲洞与柳州市四十中建立爱国主义教育实践基地友好单位。

2006 年 4 月，市发改委、市城市规划局下文将柳石路收费站西侧 35.6 亩土地拨给白莲洞博物馆。

2006 年 5 月 25 日，白莲洞遗址成功申报为全国重点文物保护单位。

2006 年 6 月，白莲洞博物馆与广西商校建立爱国主义教育基地友好单位。

2007 年 1 月 20 日，中国科学院吴新智院士与张森水教授到白莲洞遗址考察，吴新智院士与蒋远金副馆长讨论了沈冠军等人新测定白莲洞年代的问题，并向白莲洞博物馆赠送了他的新书《人类进化足迹》和个人论文集的单印本。张森水教授对白莲洞石器进行了重新鉴定分类，并现场讲解石器鉴别的方法。白莲洞遗址有两块金牌，一是南方少有的包涵旧石器到新石器时代的文化遗址，二是中国南方发现的第一个旧石器文化遗址。

2007年3月15日，中国人民解放军刘蒙将军一行3人到白莲洞博物馆参观。

2007年3月19日，中国科学院、中国工程院蔡鹤皋院士一行12人到白莲洞博物馆参观。

2007年5月31日，越南国家博物馆一行5人到白莲洞博物馆参观访问，并进行学术交流。

2007年7月23日，国家文物鉴定组杜迺松等专家参观白莲洞博物馆。

2007年8月12日，广西新闻出版局局长于开金在市委常委、副市长张福海陪同下参观白莲洞博物馆。

2007年7~8月，在广西师范大学生命科学院研究生黄云峰等人的支持下，我馆开始初步进行白莲洞遗址附件主要植物资源调查等课题研究工作。

2007年11月3日，柳州市人民政府陈刚市长考察白莲洞博物馆，在馆长李刚的陪同下参观洞穴和遗址部分。陈市长表示，要在2008年加大对文化事业的投入力度，并指示我馆要创新宣传手段，重视科研工作，重视人才培养工作。

2007年12月13日，厦门大学吴棉吉、钟礼强教授一行11人参观考察白莲洞博物馆。

2008年3月11日，日本东京大学考古教研室、日中考古学会大贯静夫教授考察了白莲洞遗址并研究了白莲洞部分出土标本。大贯静夫教授认为，白莲洞遗址是中外著名的史前文化遗址，白莲洞出土的陡刃石器与东南亚和平文化出土的同类器物非常相似。他还为白莲洞题词：“白莲洞遗址是日中考古界文化交流的基点”。

后　　记

时光飞逝，弹指之间白莲洞遗址自发现至今已走过了整整50年的风雨历程。在过去50年的流光岁月里，各方专家、学者通力合作，用自己的智慧与灵光、辛勤和汗水，培育、浇灌着这朵绚丽多姿的白莲之花，并初步廓清了白莲洞文化的面貌。本书在前人研究的基础上编撰而成，它负载着白莲洞遗址50年来的风雨历程，承传着白莲洞遗址50年来的研究足迹，倾诉着白莲洞遗址50年来的悲欢故事，是白莲洞遗址悠悠50年来具体而又生动的物质载体。

本报告由蒋远金研究员负责策划、统稿和编写。

在编写过程中，叶亮参与了第一章、第二章、第四章、第六章，梁戈参与了第二章、第四章，罗怡倩参与了第七章第三节等章节资料的整理或部分内容的编写。史建兴、罗怡倩和叶亮参与了大事记的汇编。线图由张小波、郑云峰绘制。英文摘要由梁戈译、谢光茂校对。白莲洞遗址附近现代植被的调查与鉴定工作由叶亮、黄云峰完成。

柳州市文化局党委书记、副局长李乐年不仅自始至终关心本书的编辑出版，其间还不辞辛劳多次到白莲洞遗址、鲤鱼嘴遗址和柳江人遗址拍摄遗址现场、外景及出土文物标本，为彩版的制作提供了绝大部分照片。另有部分学术交流和专家参观考察的照片由周国兴、史建兴和徐剑等提供。

白莲洞博物馆馆长李刚、副书记史建兴，柳州市博物馆副馆长刘文等在本书的资料收集、绘图、编审和出版过程中给予了高度重视和鼎力支持。

在编撰过程中，中国科学院古脊椎动物与古人类研究所张森水教授曾两度莅临白莲洞博物馆，亲自对白莲洞遗址出土石器进行了分类和定名。中国社会科学院考古研究所傅宪国教授，广西壮族自治区文物局覃溥局长、副局长陈远璋和谢日万，广西壮族自治区博物馆蓝日勇教授对本书的编撰给予了诸多支持和具体指导。广西壮族自治区文物考古研究所林强、韦江、谢光茂和李珍诸教授亦于百忙之中抽出宝贵时间对文集进行了审阅和匡正。叶亮、梁戈、罗怡倩等为本书部分文稿的打印、编辑和初校付出了艰辛的劳动。吴兵、闫少朋、徐剑、潘晓军、陈坚、谢利民、杨铁英、易浩、滕寿恒、晏云、毛善权、李震宇等同志对本书的出版给予了大力的支持。科学出版社曹明明、刘能女士为本书的出版更是倾注了极大热情。可以这样说，如果没有他们的无私支持和帮助，本书能否出版尚不得而知。借此，我们谨向以上各位表示最衷心的感谢。

在这里，我们还要特别感谢那些50年来曾经参与白莲洞遗址发现、发掘和研究以及关心和支持白莲洞各项工作的周国兴、于开金、徐伟崇、刘诗兴、原思训、高世君、陈淳、孔昭宸、杜乃秋、唐柳荫、李乐年、刘沛盛、黄长星、王富运、鄢立清、郎香萍、罗云贵、张元真、宋长青、张佳华、蒋廷瑜、何乃汉、郑超雄、黄云忠、刘文、谢崇安、程州、徐志达、罗安鹄、张小骅、杨群、唐民一、钱小鄂、陈慧琪、杨颖瑜、邝家华、孙国瑞、黄丽英、罗自强、于广生、耿乙平、覃惠兰以及那些在此无法列出姓名，而又一直默默关注、关心和支持我们工作的各位领导、专家、学者和朋友。缅怀裴文中、杨钟健、贾兰坡、张森水、童恩正、易光远、牛秀、覃荣辉、肖泽昌、朱镇邦、陈国康等那些曾为白莲洞遗址鞠躬尽瘁、死而后已的先哲前贤和同行。

在《柳州白莲洞》即将付梓之际，需要指出的是，悠悠岁月，漫漫长河，白莲洞遗址上下3万年的厚重积淀，50年来的研究成果，并不是一本书所能囊括得了的。本文内容虽然涵盖了白莲洞文化的方方面面，但它只是大体反映了白莲洞遗址的前期研究历程和目前的研究现状。本文的出版，若能起到抛砖引玉、万中取一的作用，若能让读者“管中窥豹”，一睹白莲洞文化的一斑，若能就此引起学术界的侧目，则固所愿也。

俗语云：人生苦短，学海无涯。尽管我们在此书的编撰过程中几经反复斟酌，亦曾数度夜阑挑灯苦干，然为个人水平和条件所限，书中定然存在不少舛错。倘蒙海内外同行不吝赐教，并以此为契机，将白莲洞文化的研究引向深入，这便是我们编写此书的初衷。

此为记。

编　者

2009年5月18日

白莲洞遗址周边地形

1. 南侧地貌

2. 北侧地貌

白莲洞遗址周边地貌

白面山远景

1. 遗址外景

2. 遗址内景

白莲洞遗址

1. 西部堆积

2. 东部堆积

白莲洞文化堆积

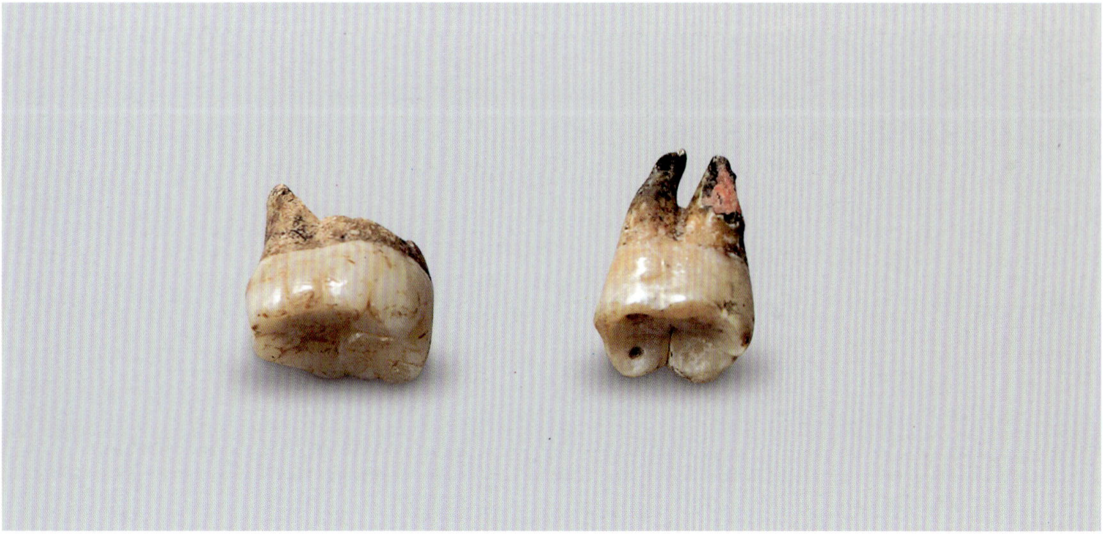

1. 人牙化石

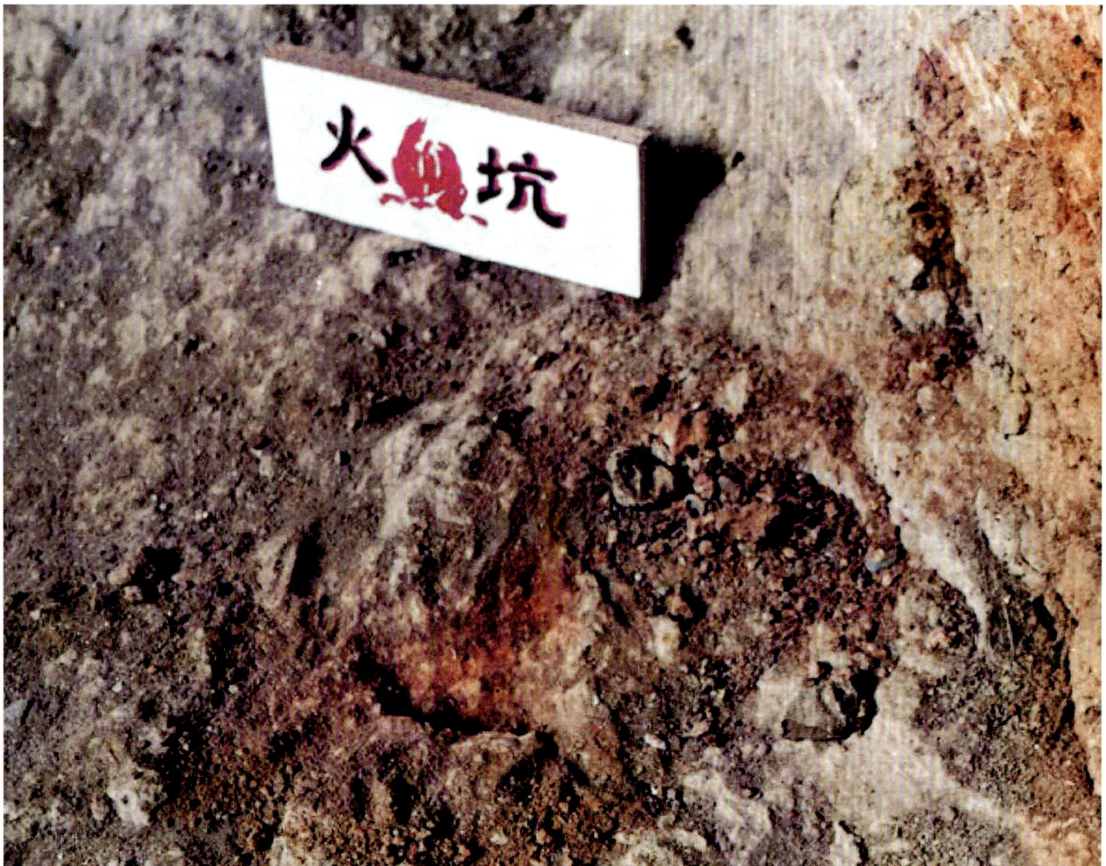

2. 火坑遗迹

白莲洞出土的人牙化石及用火遗迹

1. 双台面石核（BLWS④：149）

2. 石片（BLWS⑤：112）

3. 石片（BLWS⑤：256）

4. 有使用痕迹石片（BLWS⑤：117）

5. 砍砸器（BLWS⑦：48）

6. 砍砸器（BLWS⑤：65）

第一期石核、石片、砍砸器

1. BLWS⑦：60

2. BLWS⑤：27

3. BLWS⑦：70

4. BLWS⑤：24

5. BLWS⑤：56

6. BLWS⑤：62

第一期砾石刮削器

1. BLWS⑦：166

2. BLWS⑦：390

3. BLWS⑦：392

4. BLWS⑤：361

5. BLWS⑤：97

6. BLWS⑤：98

第一期燧石石核

1. 西7层燧石石片

2. 西5层燧石石片

第一期燧石石片

1. BLWS⑤：113

2. BLWS⑤：85

3. BLWS⑤：74

4. BLWS⑤：68

5. BLWS⑤：70

6. BLWS⑦：72

第一期有使用痕迹的燧石石片

1. BLWS⑦：71

2. BLWS⑤：73

3. BLWS⑦：78

4. BLWS⑤：114

5. BLWS⑦：90

6. BLWS⑤：87

第一期燧石刮削器

1. 断块（BLWS④：20）

2. 断块（BLWS④：36）

3. 断块（BLWS④：38）

4. 断块（BLWS④：216）

5. 双台面石核（BLWS④：114）

6. 石核（BLWS④：408）

第二期砾石断块、石核

1. 石片（BLWS④：21）

2. 石片（BLWS④：35）

3. 石片（BLWS④：156）

4. 石片（BLWS④：40）

5. 有使用痕迹石片（BLWS④：55）

6. 有使用痕迹石片（BLWS④：25）

第二期砾石石片、有使用痕迹的石片

1. BLWS④：435

2. BLWS④：52

3. BLWS④：66

4. BLWS④：59

5. BLWS④：51

6. BLWS④：63

第二期砍砸器

1. 刮削器（BLWS④：19）

2. 刮削器（BLWS④：64）

3. 刮削器（BLWS④：30）

4. 刮削器（BLWS④：54）

5. 石锤（BLWS④：50）

6. 切割器（BLWS④：57）

第二期刮削器、石锤、切割器

1. BLWS④：48

2. BLWS④：50

3. BLWS④：69

4. BLWS④：155

5. BLWS④：75

6. BLWS④：31

7.

第二期燧石石片

1. BLWS④：148

2. BLWS④：82

3. BLWS④：154

4. BLWS④：74

5. BLWS④：146

6. BLWS④：151

第二期有使用痕迹的燧石石片

1. BLWS④：86

2. BLWS④：105

3. BLWS④：121

4. BLWS④：83

5. BLWS④：58

6. BLWS④：70

第二期燧石刮削器

1. 刮削器（BLWS④：47）

2. 刮削器（BLWS④：78）

3. 尖状器（BLWS④：106）

4. 雕刻器（BLWS④：76）

5. 雕刻器（BLWS④：84）

6. 石叶（BLWS④：44）

第二期刮削器、尖状器、雕刻器、石叶

1. BLES⑥：100

2. BLES⑥：55

3. BLES⑥：199

4. BLES⑥：38

5. BLES⑥：169

6. BLES⑥：209

第三期砾石石核

1. 断块（BLES⑥：69）

2. 石片（BLES⑥：22）

3. 石片（BLES④：43）

4. 石片（BLES④：33）

5. 石片（BLES⑥：110）

6. 石片（BLES⑥：191）

第三期断块、石片

1. 有使用痕迹石片（BLES④：166）

2. 有使用痕迹石片（BLES⑥：177）

3. 有使用痕迹石片（BLES④：55）

4. 刮削器（BLES④：11）

5. 刮削器（BLES⑥：164）

6. 刮削器（BLES⑥：39）

第三期有使用痕迹的砾石石片、刮削器

1. BLES④：163

2. BLES④：9

3. BLWS①：61

4. BLES⑥：13

5. BLES⑥：37

第三期砾石砍砸器

1. BLES⑥：12

2. BLES⑥：7

3. BLES⑥：201

4. BLES⑥：8

第三期石锤

1. BLES④ : 17

2. BLES⑥ : 15

3. BLES⑥ : 32

4. BLES⑥ : 30

5. BLES④ : 115

第三期砾石刮削器

1. BLES④：201

2. BLES⑥：101

3. BLWS①：102

第三期穿孔石器

1. 研磨器（BLES⑥：208）

2. 切割器（BLES④：2）

3. 角锥（BLES④：104）

第三期磨制石器、骨器

1. BLES③：27

2. BLES③：410

3. BLES③：138

4. BLES③：409

5. BLES③：11

6. BLES③：412

第四期砾石石核

1. BLES③：159

2. BLES③：34

3. BLES③：42

4. BLES③：58

5. BLES③：54

6. BLES③：156

第四期砾石石片

1. 石片（BLES③：146）

2. 石片（BLES③：35）

3. 石片（BLES③：162）

4. 有使用痕迹的石片（BLES③：139）

5. 有使用痕迹的石片（BLES③：81）

6. 有使用痕迹的石片（BLES③：144）

第四期砾石石片、有使用痕迹的石片

1. BLES③：107

2. BLES③：10

3. BLES③：12

4. BLES③：18

5. BLES③：98

第四期砾石砍砸器

1. BLES③：6

2. BLES③：129

3. BLES③：5

4. BLES③：421

第四期石锤

1. BLES③：33

2. BLES③：406

3. BLES③：14

4. BLES③：150

5. BLES③：13

6. BLES③：20

第四期刮削器

1. BLES③：31

2. BLES③：54

3. BLES③：16

4. BLES③：172

5. BLES③：47

6. 燧石刮削器（BLES③：45）

第四期刮削器

1. 石斧（毛坯）（BLES③：116）

2. 穿孔石器（BLES③：41）

3. 双刃切割器（BLES③：1）（正面）

4. 双刃切割器（BLES③：1）（背面）

5. 穿孔装饰品（BLES③：3）

6. 穿孔装饰品（BLES③：4）

第四期石斧磨制石器穿孔装饰品

1. 东1层出土燧石石片

2. 东1层出土陶片

第五期燧石石片、陶片

1. 石核（BLT_2：428）

2. 砍砸器（BLT_2：457）

3. 刮削器（BLT_2：456）

4. 石锤（BLT_2：458）

5. 石棒（BLT_1：422）

其他文化遗物

1. 竹鼠牙化石

2. 猕猴牙齿化石

3. 猕猴牙化石

4. 金丝猴牙化石

5. 貂牙化石

6. 果子狸牙化石

动物化石

1. 猪牙化石

2. 猪牙化石

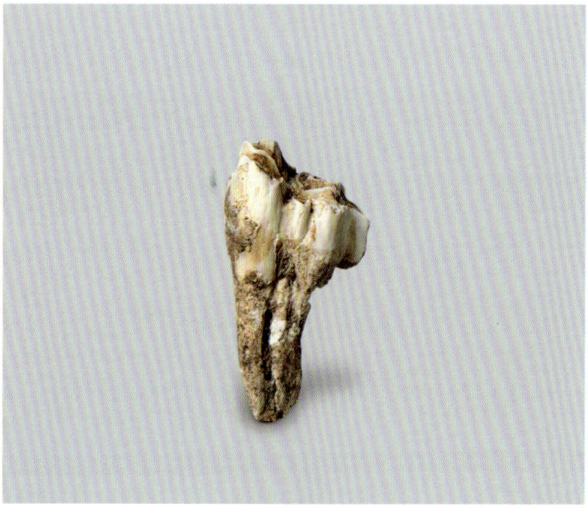

3. 水牛牙化石

4. 牛牙化石

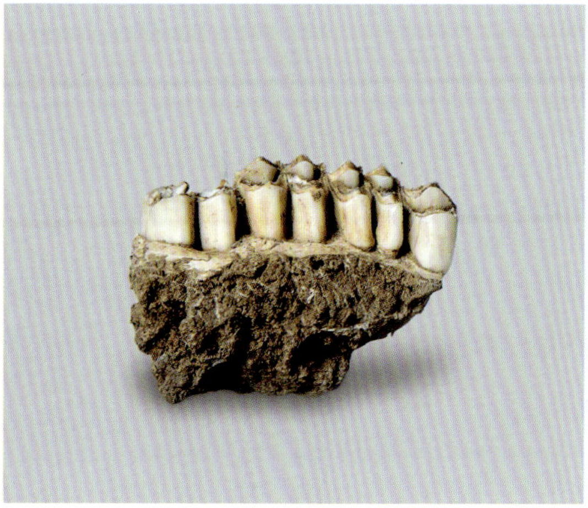

5. 鹿牙和部分颌骨化石

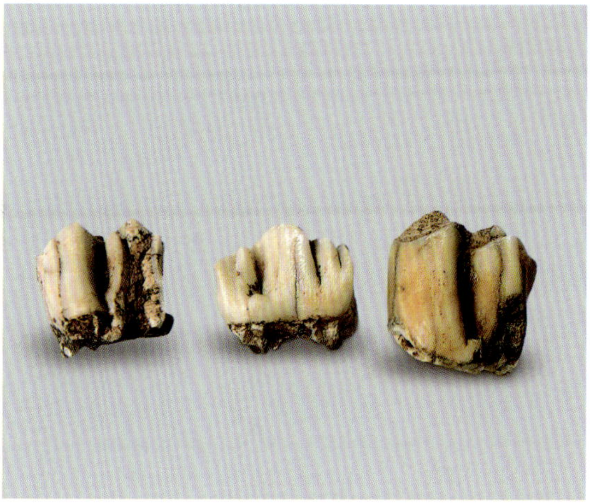

6. 羊牙化石

动物化石

1. 蚌壳化石

2. 青鱼牙齿化石

3. 鲤鱼喉齿化石

4. 龟壳化石

5. 水獭牙化石

动物化石

1. 大熊猫颌骨及牙齿化石

2. 大熊猫颌骨及牙齿化石

3. 剑齿象牙齿化石

4. 剑齿象牙齿化石

5. 真象齿板化石

6. 犀牛牙齿化石

动物化石

1. 熊牙化石

2. 熊牙化石

3. 猪獾牙化石

4. 獾牙化石

5. 水鹿牙化石

6. 麝牙化石

动物化石

1. 柳江人遗址

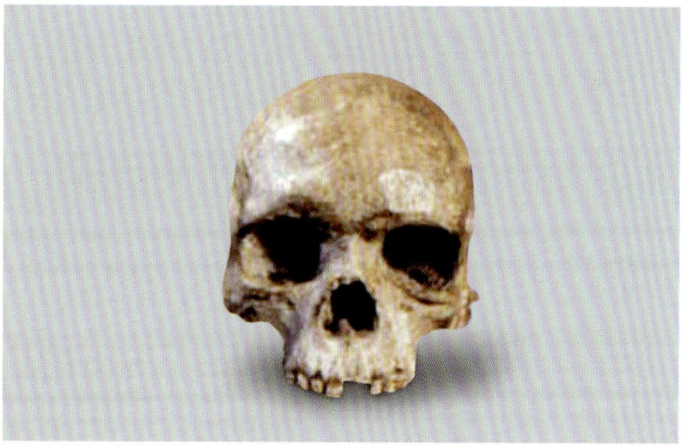

2. 柳江人头骨化石（正面）

3. 柳江人头骨化石（侧面）

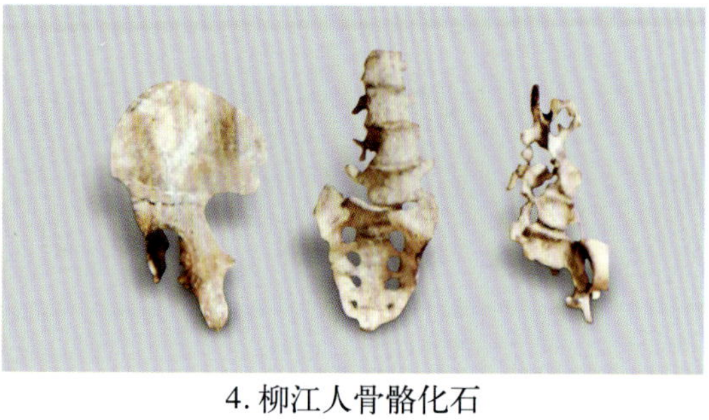

4. 柳江人骨骼化石

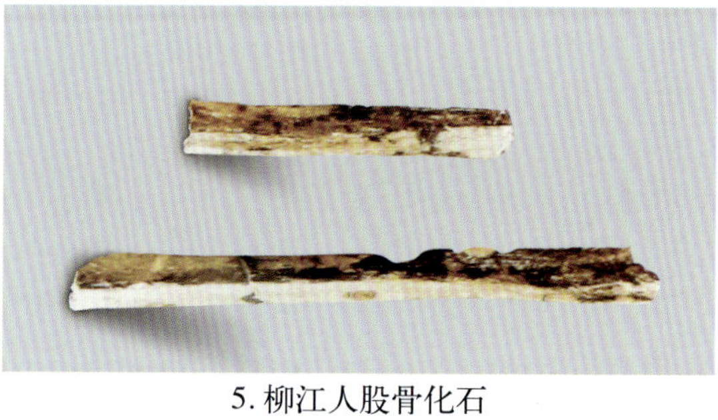

5. 柳江人股骨化石

1. 遗址外景

2. 遗址内景

鲤鱼嘴遗址

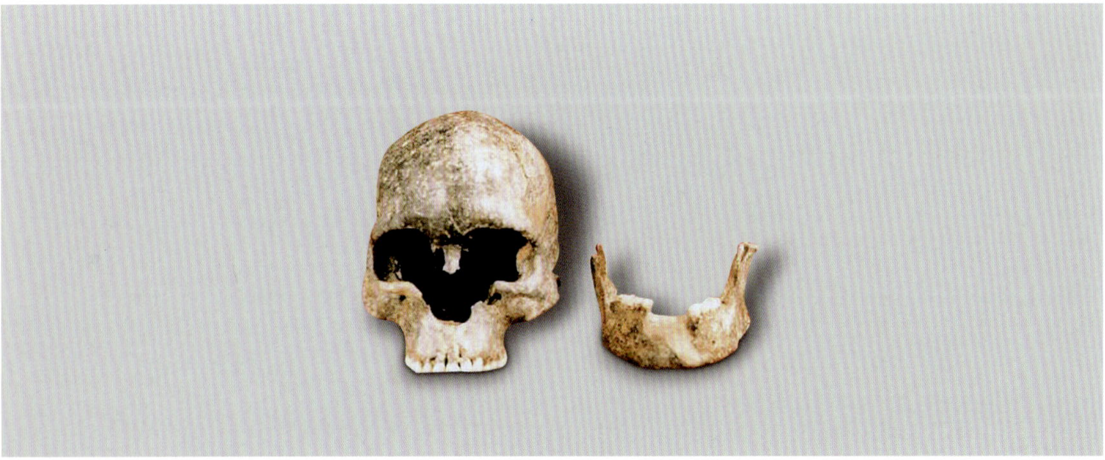

1. 头骨化石

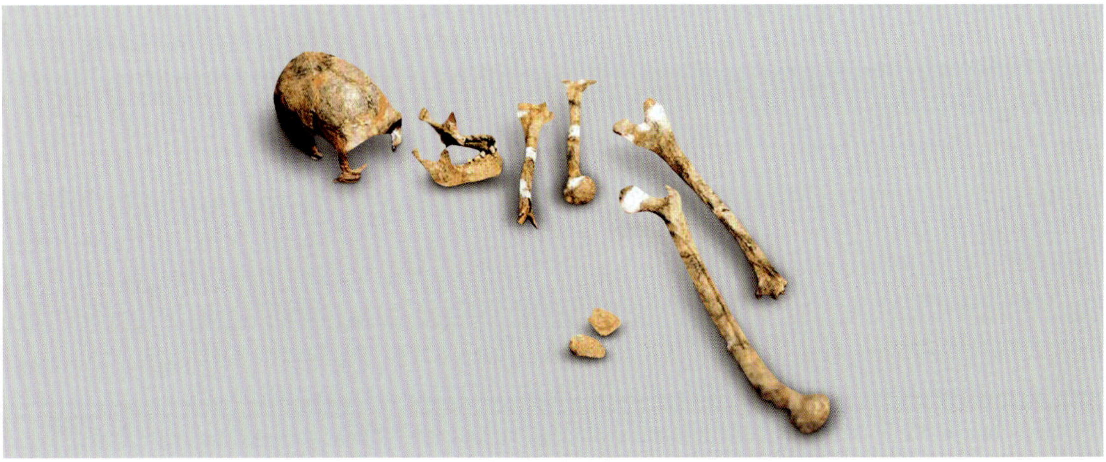

2. 头骨及肢骨化石

3. 头骨及肢骨化石

鲤鱼嘴人骨化石

1. 1980年出土打制石器

2. 2003年第一期出土打制石器

3. 1980年出土磨制石器

4. 1980年出土磨制石斧

5. 1980年出土穿孔石器

鲤鱼嘴遗址出土砾石石器

1. 燧石石器

2. 骨器

3. 上文化层陶片

4. 下文化层陶片

鲤鱼嘴遗址出土燧石石器、骨器、陶片